新时代"一带一路"古文明文献萃编丛书

杨共乐　主编

古代罗马文明文献萃编

（上）

杨共乐◎本册主编

华夏出版社
HUAXIA PUBLISHING HOUSE

图书在版编目（CIP）数据

古代罗马文明文献萃编.上/杨共乐主编.—— 北京：华夏出版社有限公司，2023.4

（新时代"一带一路"古文明文献萃编/杨共乐主编）

ISBN 978-7-5222-0273-0

Ⅰ.①古… Ⅱ.①杨… Ⅲ.①古罗马—文化史—文献—汇编 Ⅳ.①K126

中国版本图书馆 CIP 数据核字（2022）第 003401 号

古代罗马文明文献萃编（全二册）

本册主编	杨共乐
选题策划	潘　平
责任编辑	罗　云
责任印制	周　然
美术设计	殷丽云

出版发行	华夏出版社有限公司
经　　销	新华书店
印　　装	北京汇林印务有限公司
版　　次	2023 年 4 月北京第 1 版　2023 年 4 月北京第 1 次印刷
开　　本	710×1000　1/16
印　　张	41.25
字　　数	617 千字
定　　价	198.00 元

华夏出版社有限公司 地址：北京市东直门外香河园北里 4 号　邮编：100028
网址：www.hxph.com.cn　电话：(010) 64663331（转）
若发现本版图书有印装质量问题，请与我社营销中心联系调换。

总　序

2013年秋天，中国国家主席习近平在出访哈萨克斯坦和印度尼西亚期间，先后提出共建丝绸之路经济带（The Silk Road Economic Belt）和21世纪海上丝绸之路（The 21st Century Maritime Silk Road），简称"一带一路"倡议（The Belt and Road Initiative）。"一带一路"倡议的主旨是：世界各参与国，通过全方位的交流合作，携手打造政治互信、经济互惠、文化包容的利益共同体、命运共同体和责任共同体。这一由中国发起的倡议得到了国际社会的高度重视。经过近十年的努力，至今已有一百多个国家和国际组织参与了"一带一路"建设。相关的建设项目也从无到有，由小而大，取得令世人羡慕的成绩。"一带一路"倡议始于中国，但惠及世界，必将有力促进人类文明事业的发展。

"一带一路"倡议有深厚的历史渊源和人文基础。早在两千多年前，我们的先人就开通了陆上和海上丝绸之路。丝绸之路把尼罗河流域、底格里斯河和幼发拉底河流域、印度河和恒河流域、黄河和长江流域连接起来，将埃及文明、两河流域文明、印度文明和中华文明的发祥地连接起来。世界不同的文明经过丝绸之路交流互鉴、紧密相连。通过丝绸之路，中国的丝、漆、瓷器、铁器以及它们的制作技术被传到西方，西方的苜蓿、胡椒和葡萄等也传到了中国。通过丝绸之路，拜占廷的金币、波斯的器皿及阿拉伯的医学等传入中国，中国的造纸术、印刷术、火药和指南针等重大发明也由此传向世界并对世界产生重大影响。[1] 通过丝绸之路，源自印度的佛教、大秦的景教等传入中国。源自中国的儒家文化，也被推介到西方，受到德国莱布尼茨和法国伏尔泰等思想

---

[1] 参阅杨共乐："人类文明进程中的中华文明"，《光明日报》，2021年12月31日。

家的赞赏。他们推崇儒家的道德与伦理并以此来丰富自己的思想学说。

当今中国首创的"一带一路",既承继历史传统,又立足世界未来,应时代之需,顺全球发展之势,赋丝路以全新之内涵,为人类进步提供极具价值的中国智慧。

当然,要通过"一带一路"与世界建立"互联互通",我们还需加强对世界上主要古文明进行的更为深入的研究。因为产生这些文明的几大古国大多分布于"一带一路"沿线,其文化对后世的影响既广泛又深远。从源头上厘清各文明的发展特点,有助于我们更好地认识"和平发展""开放包容"和"文明互鉴"的重要意义,有助于我们更深刻地理解"一带一路"倡议的重大价值。为此,从2013年年末开始,我们专门组织专家学者编纂了一套《"一带一路"古文明书系》(六卷七册),试图回答下述系列问题:(1)世界古代的文明成果主要体现在哪些方面?(2)多源产生的文明有何特点?(3)各文明区所创造的成果对后世有何影响?(4)各文明古国的国家治理体系如何构建?政治治理如何运行?(5)国家的经济保障主要体现在哪些方面?居民的等级特点与国家政权之间的关系如何?(6)在古代埃及、两河流域有没有像公元前8—前3世纪的中国、印度和希腊那样出现过精神觉醒的时代?(7)各文明古国所实行的文化政策有何特点?其对居民有何影响?(8)古代文明兴起的具体原因以及个别文明消亡的关键因素是什么?(9)中华文明连续不中断的原因究竟在哪里?等等。[①]《"一带一路"古文明书系》得到北京师范大学出版社的大力支持,已由2018年11月出版。出版后,社会反响良好,至今已连续重印两三次。

与此同时,我们又组织相关学者集中精力,协同攻关,对世界上主要文明地区留下的文献资料进行精选、翻译。经过近八年的努力,我们又完成了《"一带一路"古文明书系》的姊妹篇——《新时代"一带一路"古文明文献萃编》(七卷十册)的编译工作。

《新时代"一带一路"古文明文献萃编》以"一带一路"沿途所经且在历

[①] 参见杨共乐总主编:《"一带一路"古文明书系》总序,北京:北京师范大学出版社,2018年版。

史上有重要影响的古文明文献为萃编、译注对象，以中国人特有的视角选择文献资料，展示人类文明的内涵与特色。让文献说话，让文献在当代发挥作用，是我们这套丛书的显著特色。《新时代"一带一路"古文明文献萃编》共七卷十册，分别是《古代美索不达米亚文明文献萃编》《古代埃及文明文献萃编（上、下册）》《古代印度波斯文明文献萃编》《古代希腊文明文献萃编》《古代罗马文明文献萃编（上、下册）》《古代中国文明文献萃编（上、下册）》和《古代丝绸之路文明文献萃编》。范围涉及北非、西亚、南亚、东亚和南欧五大区。我们衷心希望《新时代"一带一路"古文明文献萃编》能为学界提供一种新的、认识古代世界的视角，为我国的"一带一路"建设贡献微薄的力量。

杨共乐

北京师范大学史学理论与史学史研究中心

2022 年 2 月 15 日

本册主要编译者

（以内容的先后顺序排列）

杨共乐　北京师范大学教授

陈凤姑　北京邮电大学副教授

莫　凡　北京师范大学历史学院博士候选人

李雅书　北京师范大学教授

李小迟　中国传媒大学新闻传播学部博士后

李艳辉　山东师范大学美术学院副教授

张尧娉　北京师范大学珠海校区人文和社会科学高等研究院讲师

尹　宁　吉首大学人文学院副教授

安凤仙　北京警察学院思想政治理论教研部讲师

崔丽娜　首都师范大学历史学院教授

付　杰　博士

王聿闻　北京师范大学教育学部博士候选人

杨晨桢　中国政法大学政治与公共管理学院讲师

目 录

上 册

罗马文明序言 …………………………………… 001

一、监察官迦图 …………………………………… 001

二、萨鲁斯特书中的部分演说辞与相关信件 ……… 027

三、奥古斯都自传 ………………………………… 065

四、小普林尼颂词 ………………………………… 075

五、小普林尼致塔西佗书信两封 ………………… 153

六、罗马颂 ………………………………………… 163

七、论水道 ………………………………………… 191

八、罗马帝王简史 ………………………………… 235

下 册

九、狄奥尼修斯的《罗马古事纪》选译⋯⋯⋯⋯⋯⋯⋯⋯ 275

十、约瑟夫斯的《约瑟夫斯自传》⋯⋯⋯⋯⋯⋯⋯⋯⋯⋯ 385

十一、塔西佗的《演说家的对话》⋯⋯⋯⋯⋯⋯⋯⋯⋯⋯ 427

十二、迪奥·卡西乌斯的《罗马史》⋯⋯⋯⋯⋯⋯⋯⋯⋯ 463

十三、普鲁丹提乌斯的《反叙马库斯》⋯⋯⋯⋯⋯⋯⋯⋯ 573

十四、出访阿提拉⋯⋯⋯⋯⋯⋯⋯⋯⋯⋯⋯⋯⋯⋯⋯⋯ 619

后　记⋯⋯⋯⋯⋯⋯⋯⋯⋯⋯⋯⋯⋯⋯⋯⋯⋯⋯⋯⋯ 635

罗马文明序言

就世界历史而言,罗马是后起的国家。无论是两河流域的国家,还是古代埃及,无论是希腊,还是迦太基,都比罗马发展得要早。公元前334年,马其顿国王亚历山大东征,用10年时间打败波斯军队,建立了亚历山大帝国。公元前323年,亚历山大在巴比伦去世,由他创建的帝国随即解体。亚历山大的主要部将将帝国一分为多,其中主要有希腊马其顿王国、埃及托勒密王国和叙利亚塞琉古王国等,西方历史进入了所谓的"希腊化时代"。希腊化的各国竞争不断,攻伐不绝,始终找不到大国治理的良好方法。而就在希腊化国家于东方相互厮杀、激烈争斗的时候,在他们的西部,也就是希腊人眼中的蛮荒之地,却悄然出现了一个新兴的国家。这个国家就是赫赫有名的罗马,也就是中国史书上记载的"大秦"。它不仅将改变意大利、迦太基、希腊的命运,也将改变整个地中海世界的命运。两河流域、埃及、腓尼基、希腊,这些曾经创造过古代辉煌成就的地区和国家都将成为这个帝国的一部分。

早在公元前2世纪,波利比乌斯等西方学者就开始对罗马帝国的兴起这个历史上非常重要的问题进行了研究,并书写了40卷本的《通史》。此后,从西塞罗到李维,从马基雅维利到孟德斯鸠,从吉本到蒙森,从维科到黑格尔,很多大学问家都对此作过研究,且留有众多极具价值的探索成果。大家总是在思考:究竟是什么力量使名不见经传的罗马变成了一个囊括地中海,地跨欧、亚、非的大国?这确实是世界史上的一个奇迹。

创造这个奇迹的罗马人,或许根本没有想过这一辉煌的结果,但它确实出现了。周边强大的敌人消失了,埃特鲁里亚人、高卢人、厄魁人和伏尔西人等都被罗马打败了;意大利中部的萨莫奈人也被罗马人征服了;意大利南部的

"大希腊"虽然邀请亚历山大的远房亲戚皮洛士带兵参与和罗马人的战争,但除了留下"我们是在跟一条九头蛇作战""罗马是许多将军之城""罗马是许多国王之城"等一系列经典名句、取得一丁点"皮洛士式的胜利"之外,根本无法挽回其失败的命运。

罗马人对意大利的征服不但收获了大片的土地与巨大的人力资源,更重要的是锻炼了一支敢打硬仗、能打胜仗的陆军,使尚武文化成了罗马民族崇尚的核心理念。

在征服意大利大部分地区以后,罗马的战车开始走出意大利,驶向更为广阔的地中海战场。首先向罗马人挑战的是迦太基人。迦太基是当时西部地中海最强大的国家,占有迦太基本部、地中海西部的众多岛屿、西班牙南部、西西里西部等广大地区,其富裕程度远远超过地中海地区的其他国家。迦太基拥有一支强大的海军以及装备精良的陆军,还有一批智勇双全的军事家,号称"闪电"的哈米尔卡以及天才的汉尼拔就是他们的杰出代表。汉尼拔应该说是世界上超一流的军事家,但罗马也有击败超一流军事家的方略,这就是"只有在迫不得已的情况下,才和天才绝顶的军事家作战"。罗马人通过拖延战略,历时18年,终于把汉尼拔逼入了绝境。公元前201年,第2次布匿战争最后以汉尼拔的失败而宣告结束。公元前146年,迦太基军队被罗马战将小西庇阿彻底击溃。[①]迦太基城被夷为平地,剩下的迦太基人全被卖为奴隶,昔日强盛的海上帝国永远失去了生存的空间。

面对罗马人的迅速崛起,东部的希腊人也开始关注罗马。有人盛赞罗马,认为罗马人的行为是在捍卫自己的帝国,具有政治家的风范。因为铲除威胁的根源,摧毁反复与他们争夺霸权的迦太基,确保自己国家的主权,是英明、远见卓识之举。

也有人持相反的观点,说罗马人远没有坚守他们赖以赢得世界霸权的那些原则,而是出于与雅典人和斯巴达人同样的统治欲望。的确,罗马开始称霸过程的时间要比这两个城邦更晚,但一切迹象表明,它必定会抵达相同的目的

---

① 阿庇安,《汉尼拔战争》,13。

地。因为罗马人最初对所有民族进行战争，只是到对手战败、承认自己必须服从他们、执行他们的命令时就罢手了。而现在，在对珀修斯的行动中，罗马的新政策首次引起了人们的注意，它导致了马其顿王朝的彻底覆灭。而新政策在有关迦太基的决定中更到达了顶点。因为迦太基人对罗马并没有刻意的冒犯行为，但罗马人却对他们施与了严厉而彻底的惩罚，即使他们已接受了罗马人的一切条件，并同意服从他们的一切命令。

更有人认为，罗马人总的来说是一个文明民族，他们有引以为豪的特殊美德。他们总是以一种直率而高尚的方式作战，既不夜袭或埋伏，也不屑于搞各种欺诈行为。他们认为，直接而公开的袭击是他们正当合法的作战方式。不过，在对迦太基的整个行动中，罗马人使用了欺骗手段。他们在某个时候提出某些条件，但隐瞒了其他条件，直到他们剥夺了这个城市的任何希望。[①]

希腊人的评论并没有影响罗马人向东扩张的步伐。当时活跃在这一地区的国家主要有：希腊马其顿王国、叙利亚塞琉古王国和埃及托勒密王国等。这些希腊化国家虽然在当地还有一定的实力，但由于墨守成规、不思进取，加上内忧外患不断，根本无法与日益强大的罗马抗衡。通过3次马其顿战争，希腊马其顿王国成了罗马的行省。随着对马其顿的征服，罗马的国库财富与日俱增。据普林尼记载："在塞克斯图斯·尤利乌斯（Sextus Julius）和路西乌斯·奥勒里乌斯（Lucius Aurelius）任执政官的那一年，即第3次布匿战争爆发前7年（前156），在罗马人民的国库之中有17,410磅没有铸成货币的黄金，有22,070磅白银以及6,135,400塞斯退斯银币。在塞克斯图斯·尤利乌斯和路西乌斯·马尔西乌斯（Lucius Marcius）任执政官的那一年，也就是同盟战争爆发的那一年（前91），罗马公共财库中有……黄金和1,620,831磅白银。尤利乌斯·恺撒在内战中第一次进入罗马时，从国库中拿出了1.5万磅黄金、3万磅没有铸成货币的白银，还有3,000万塞斯退斯钱币。事实上，国家从来没有这样富有过。埃米利乌斯·鲍鲁斯（Aemilius Paulus）在打败佩尔修斯国王后，从在马其顿王国获得的战利品中抽取数量达3亿塞斯退斯的钱财放入了国库。此后，

[①] 波利比乌斯，《通史》，9。

罗马人便不再交纳赋税了。"①

公元前60年，罗马大将庞培征服叙利亚，叙利亚塞琉古王国灭亡，成为罗马帝国的行省。公元前30年，屋大维挺进埃及，埃及女王克里奥帕特拉自杀身亡，托勒密王朝也随即从地中海的舞台消失。罗马终于成了地中海地区的主人，地中海也就变成了罗马领土的一部分，成了"罗马人的海"。

那么，罗马人究竟是以何种手段、在何种政制下，用不到53年的时间，成功地将地中海世界几乎所有人类居住的地方置于自己的统治之下的？

波利比乌斯是希腊阿卡迪亚联盟的将军，也是罗马崛起的见证人。他把罗马的崛起归结于政治制度的优越。因为这种分权制衡的共和政制可以应付多种事变并产生良好的效果，这在希腊的政治实践中是没有出现过的。"当外来的危险威胁并迫使他们团结一致、互相支持时，国家的力量就会变得十分强大，任何必做的事都不会被忽略，大家都争着想办法来解决当前的难题；任何已经做出的决定都会马上落实。所有人无论在公共事务方面还是在私人事务方面都会通力合作，以求实现他们自己设定的目标。因此，这种政体具有不可抗拒的力量，它所追求的任何目标都可成为现实。当他们再度消除了外来的威胁，获得了由他们的成功带来的幸运和富裕，并在享受这种繁荣的过程时，他们却被阿谀和懒惰所腐蚀，变得傲慢和霸道，像世上经常出现的那样。不过，我们看到国家本身已为它所犯之过错提供了一种补救之法，这就是它的特殊之处。因为当三大机构中的某一机构发展得跟其他机构已不相称，并企图取得优势、变得过分揽权时，由于上面所提到的理由，即三者之中没有一个可以专权，大机构的意图要受到其他机构的反制和阻挠，所以，很明显，它们之中没有一个可以凌驾于其他机构之上，或者以轻蔑的态度对待其他机构。事实上，各个机构永远都保持着原状，这是因为任何越权的行为都会遭到制止，而且每个机构从一开始就得考虑受到其他机构的制约。"②

阿庇安把帝国的崛起归结为谨慎和幸运。"由于谨慎和幸运，罗马人的帝

---

① 老普林尼，《博物志》，33，17。
② 波利比乌斯，《通史》6，18。

国达到伟大而持久的地位,当取得这个地位的时候,在勇敢、忍耐和艰苦奋斗方面,他们超过了所有其他的民族。在他们牢牢地巩固他们的势力之前,他们绝对不因为胜利而骄傲。虽然他们有时候,在单独一天内丧失了2万人,在另一次丧失了4万人,又一次丧失了5万人;①虽然罗马城本身常在危急之中,②他们也绝不会因为不幸而沮丧;饥馑、时常发生的瘟疫、人民暴动,甚至所有这些事情同时发生,都不能使他们的热忱受挫。直到经过700年胜负不能预测的斗争和危险,最后他们才达成现在的伟大,取得现在的繁荣,作为老谋深算的报酬。"③

启蒙时代的法国学者孟德斯鸠则认为,共和时期的罗马之所以强盛,是因为当时的罗马公民享有政治权利。他们都是国家的主人,具有勤劳、勇敢、爱国家、爱自由的主人翁精神。

应该说,罗马的崛起依托于共和政治,这是不争的事实;而崛起后的罗马内争又与共和政治密切相关,这也是不争的事实。经过百余年的内部斗争,屋大维终于恢复了罗马的和平,开启了帝国罗马的元首时代。维吉尔是时代的亲历者,也是讴歌时代的诗人。他没有辜负奥古斯都的期望,用了将近13年的时间,写出了罗马成功的必然以及建立奥古斯都元首政治的合理性。他以预言的笔调向世人宣布:"罗马将由于他(罗慕卢斯)的掌权而闻名于世,罗马的统治将遍布大地,它的威灵将与天相侔,它将用城墙围起7座山寨,建成一座城市,它将幸福地看到子孙昌盛,就像众神之母库别列,头戴峨冠,乘车驰过弗利吉亚的大小城市,众神是她的后代,使她感到骄傲,她抚摸拥抱着成百的子孙,个个都是以天堂为家,个个都住在清虚之府。""这就是恺撒(指奥古斯都),这里是你(指埃涅阿斯)的儿子尤路斯那一支,他们的伟业有朝一日都将与天比高。这千真万确就是他,就是你经常听到要归在你名下的他——奥古斯都·恺撒,神之子,他将在拉丁姆,在朱庇特之父萨图努斯一度统治过的国土上重新建立无数个黄金时代,他的权威将越过北非的迦拉曼特和印度,直到

---

① 例如在坎尼之役丧失了5万人。——中译者注
② 例如汉尼拔进攻罗马。——中译者注
③ 阿庇安,《罗马史》,上册,北京:商务印书馆,1979年,第16–17页。

星河之外，直到太岁和太阳的轨道之外，直到背负苍天的阿特拉斯神在他肩上转动着繁星万点的天宇的地方。"①

史学家李维也在《建城以来》(又称《罗马史》)的序言中强调："从来没有哪个国家具有比罗马更伟大、更神圣、更杰出的典范；从来没有哪个国家能像罗马那样如此长时间地将贪婪和奢侈杜绝于社会之外；也从来没有一个国家能对清贫和简朴的生活保持如此特别的敬意和如此长期的尊重。"

鼎盛时期的罗马，疆域辽阔，人口众多。版图西起英格兰北部，东至亚美尼亚山区、叙利亚沙漠和幼发拉底河上游，南达撒哈拉沙漠，北到莱茵河、多瑙河及北苏格兰高地。所辖人口约5,400万，约占当时世界人口的五分之一，庞大的地中海完全成了罗马人的"内湖"。它与中国的汉朝，一东一西，遥相对应，是当时世界上最大、最强的两个国家。

在罗马治下，"整个世界都好像是在欢度假期一样，脱下了古代的战袍，穿上了自由欢乐的锦袍。所有的城市都已经放弃了它们旧有的争端，希望在一件单纯的事情上取胜，那就是每个城市都希望使它自己变得更快乐、更美丽。到处都是游戏场、喷泉、纪念碑、神庙、工场和学校……所有城市都充满着光明和美丽，整个大地都好像是元首的花园一样。友好的烽火从它的平原上升起，而那些战争的硝烟就好像是随风散去，到了山海以外，代替它们的是说不尽的美景和欢快……今天，希腊人和外国人都可以空着手，或是满载着金钱，到处作自由的旅行，好像是在自己家里一样……只要做了罗马人，或者成为你们治下的一位居民，即有了安全的保障"。荷马曾经说过，"大地是属于大家的，你们使这句话变成了现实。你们已经测量了整个世界，架桥梁于河川之上，开驿道于山地之间，建基地于荒漠之中，使万物都有了文明，使万物都有了秩序和生命"②。

在罗马治下，"各种商品的交换，以及和平带给我们的福祉，大大提升了我们的生活质量，甚至连过去一些不知名的事物，现在也都进入了我们的日常

---

① 维吉尔，《埃涅阿斯纪》，杨周翰译，北京：人民文学出版社，1984年版，第61页。
② 阿里斯提德斯，《罗马颂》，97-101。

生活之中"①。

在罗马治下,"整个世界,包括人类享用的所有物产,都在不停地进行着交换和流通"②。

大约在公元100-101年,罗马属下的一支马其顿商队不远万里,跨越崇山峻岭,来到汉朝的首都洛阳,受到了东汉政府的欢迎。马其顿遣使内附之事被正式写入中国正史,这是中西交往史上的一件大事。

罗马人不但武功盖世,文化建设也很有成就。以拉丁语的发展为例,罗马的拉丁文有23个字母,其中21个是从先进的近邻埃特鲁里亚人那里学来的。早期罗马的拉丁语很不成熟,学校以及大量的作品都用希腊文完成。监察官迦图是第一个用拉丁文书写历史的人。以后,经过恺撒、西塞罗、维吉尔等人的不断努力,拉丁语才开始在罗马世界传播并产生影响。帝国时期,随着帝国政府对其他民族统治的加强,拉丁语这一罗马帝国的官方语言得到了更为迅速的传播。除了在少数地区受到希腊语抵制外,它逐渐取代了其他民族的语言,成了地中海世界最主要的语言。正如恩格斯所言:"罗马的世界霸权的刨子,刨削地中海盆地的所有地区已经有数百年之久。凡在希腊语没有进行抵抗的地方,一切民族语言都不得不让位于被败坏的拉丁语;一切民族差别都消失了,高卢人、伊比利亚人、利古里亚人、诺里克人都不复存在,他们都变成罗马人了。"③

人们常说,"光荣属于希腊,伟大属于罗马"。罗马是古代西方伟大的实践者和建设者。伟大的罗马不但创建了伟大的地域帝国,还创造了伟大的精神帝国。卢克莱修、迦图、波利比乌斯、西塞罗、瓦罗、恺撒、李维、维吉尔、贺拉斯、奥维德、昆提良、普林尼、塔西佗、普鲁塔克、阿庇安等都是创建罗马帝国的功臣。他们用自己的智慧和辛劳为罗马增光添彩,为西方乃至世界文明的发展作出了重大的贡献。

---

① 老普林尼,《博物志》,14,1。
② 老普林尼,《博物志》,27,1。
③ 恩格斯,"家庭、私有制和国家的起源",《马克思恩格斯选集》,第4卷,北京:人民出版社,1995年版,第148页。

公元284年，罗马进入君主制时代，也就是历史上所说的晚期罗马帝国时代。原先连接帝国领土上广大人群的罗马国家，逐渐成了"他们最凶恶的敌人和压迫者。各行省消灭了罗马，罗马本身变成了行省的城市，像其他城市一样。它虽然有特权，但已经不再居于统治地位，已经不再是世界帝国的中心了，甚至也不再是皇帝和副皇帝的所在地了，他们现在住在君士坦丁堡、特里尔、米兰。罗马国家变成了一架庞大的复杂机器，专门用来榨取臣民的膏血。捐税、国家徭役和各种代役租使人民日益陷于穷困的深渊，地方官、收税官以及兵士的勒索，更使压迫加重到使人不能忍受的地步。罗马国家及其世界霸权引起了这样的结果：它把自己的生存权建立在对内维持秩序、对外防御野蛮人的基础上，然而它的秩序却比最坏的无秩序还要坏，它说是保护公民、防御野蛮人的，而公民却把野蛮人奉为救星来祈望"。

普遍的贫困化，商业、手工业和艺术的衰落，人口的减少，都市的衰败，农业退回到更低的水平——这就是罗马人的世界霸权的最终结果。[①]

公元378年，罗马军团为西哥特骑兵所败，罗马失去了地中海世界军事上的优势。公元410年8月24日，阿拉里克带领的西哥特军队攻占罗马，罗马城陷落。公元455年6月，罗马再次遭到汪达尔人的洗劫。公元476年，西罗马帝国终于在罗马人民和日耳曼人的双重打击下灭亡了，西罗马帝国已经失去了其生存的条件，永远地退出了历史的舞台。帝国已逝，但影响久存。罗马不但为后人提供了许多实践的案例，还留下了丰富的遗产。后来的尤其是近现代的西方文明皆与罗马人培植的历史土壤密切相关，更与罗马人奠定的人文基础紧密相连。正如恩格斯所言："没有希腊文化和罗马帝国所奠定的基础，也就没有现代的欧洲。"[②]

[①] 《马克思恩格斯选集》，第4卷，北京：人民出版社，1995年版，第148–150页。
[②] 《马克思恩格斯选集》，第3卷，北京：人民出版社，1995年版，第524页。

一、监察官迦图

马尔库斯·波尔奇乌斯·迦图（Marcus Porcius Cato），又称大迦图或监察官迦图，其生卒年为公元前234-前149年。迦图出身于意大利图斯库鲁姆城的一个平民农家，少时在雷亚特农村务农。公元前217年，也即第二次布匿战争（前218-前201）爆发后的第二年，年仅17岁的迦图便毅然从军，参加了反对汉尼拔的战争。从此，他依靠自己的能力和才干，在罗马仕途阶梯上不断晋升，历任财务官（前204）、平民营造官（前199）、萨丁尼亚总督（前198）、执政官（前195）、西班牙总督（前194）、监察官（前184）等要职。迦图从一名普通士兵开始，逐步跻身罗马最高统治阶层的行列。当时在罗马把这类出身低微而最后奋斗成功的人称作"新人"（homo novus），迦图便是这类新人中的典型代表。

作为政治家，迦图顽固地支持共和传统，恪守古风旧制。他视希腊文化为罗马奢靡之风的源头而加以抵制，他所喜爱的格言是"快乐是邪恶的主要诱饵；躯体是灵魂的主要灾难"。作为一名杰出的演说家和文学家，他在拉丁文学的发展中起到了奠基的作用。他所创作的《创始记》，上起罗马城建立，下迄公元前149年，是用拉丁散文形式写成的第一部罗马史。此外，他还著有《农业志》一书，此书保存完整，是我们研究公元前2世纪中叶意大利经济变革的重要材料。

迦图是公元前2世纪罗马经济变革时期出现的重要人物，从迦图身上，我们可以看到传统与现实的冲突以及传统与现实的统一。

1. 据说，马尔库斯·迦图这一家族属托斯坎尼部族。不过，在迦图从军和步入政界以前，他已经生活在萨宾乡村的一块世袭地产上了。在一般人看来，他的祖先无论在哪一方面都不算知名，只有迦图自己才把他的父亲马尔库斯称作坚强的人和骁勇的战士。他也声称：他的祖父迦图常因作战勇敢而荣获奖赏，他也曾因英勇善战而从国库中获取了由他在战斗中亲手杀死的五匹战马。以前，罗马人常常把那些没有家族声望，只是通过自身努力而跻身政界的人称作"新人"，他们也这样称呼迦图。迦图自己常说，就官职和名声而言，他确实是一名新人；但就祖先的勇敢而言，他的资格可算得上是最老的。起初，迦图的姓并不叫迦图，而是叫帕利思库斯。后来，由于他那卓尔不群的才能，他得到了迦图这一绰号，因为罗马人常常把那些英明而又谨慎的人称作迦图斯。

从外表看，他长有一头红发和一双锐利的灰色眼睛。如同著名的警句作家恶意地让人知晓的那样："他头长红色头发，生性急躁而严厉，他那灰色的眼睛总闪现着向人挑衅的目光。帕利思库斯，哪怕你死后，阎王也不会让你进入阴间。"

迦图自幼勤于耕种，生活简朴，而且较早参加了军队生活，这一切对于他的体质大有裨益，使他的身体结实、强健。同时，他还在邻里近村实践和训练自己的雄辩能力，并视之如第二身体一般重要，因为这是人们摆脱出身低微和生活无聊状况从而使自己跃居国家要职的敲门砖。他总是盛情地接待那些需要他帮忙的人，并热情地为他们辩护。因此，他很快就赢得了信誉，被人们称为热心的辩护者和杰出的演说家。从这时起，他的影响和为人正直的声誉就在与他接触的人中日益传播开来，人们认为他定能有大成就，将担任国家要职。

他给别人解决法律纠纷，不仅不要任何报酬，而且从不奢望从中赢得声誉，他更希望获得的是在对敌作战中立功的荣誉。当他还年轻时，他胸前就布满了光荣的伤痕。他自己说：在他17岁时，也即汉尼拔正肆意蹂躏意大利时，他便首次参加了战斗。

在战斗中，他出手有力，步法稳健，表情凶猛，总用恫吓的语言、粗猛的喊叫攻击敌人。因为他自己确信并努力使别人相信，这样做对敌人带来的恐吓程度绝不逊于刀剑。在行军途中，他总是亲自肩负盔甲，徒步行进，只有一名侍从携带着他野营所需的器物，跟随左右。据说，当做饭时，他从没有怒斥或责备过这位侍从。不仅如此，只要没有军事任务，他就会亲自与侍从一起烧菜做饭。在军队中，他所饮用的主要是水，只在偶尔特别饥渴的情况下才要些醋，只有在体力极度衰退的时候才喝些酒。

2. 在迦图的地产附近有一处农舍，是曾3次荣获凯旋式的英雄马尼乌斯·库利乌斯的地产。迦图经常来这里观看，狭小的农场和简陋的小屋使他能够想象从前的主人那勤俭而朴素的生活。这个人虽然已经成了罗马人中最伟大的人物，曾经征服了一些最好战的民族，而且把皮鲁斯赶出了意大利，但在荣获3次凯旋式荣誉以后，他依旧耕种着原来的那一小块土地，在这简朴的农场里生活。就是在这里，撒姆尼乌姆的使者看到他正坐在炉边烤萝卜，于是便对他说，他们愿意向他馈赠许多黄金，但他拒绝了。他说，能够满足于这些食物的人，不需要金子。他认为，占有金子远不如征服金子占有者那样光荣。迦图常常带着这些回忆，离开这个农场。当重新对比自己的房子、土地、奴仆和生活方式时，这些回忆总促使他勤于耕耘，紧缩多余的开支。

当法比乌斯·马克西姆斯攻占塔林敦城的时候，迦图还只是个青年，正在法比乌斯麾下服役，那时他恰好与一位信奉毕达哥拉斯派哲学的名叫尼尔库斯的人住在一起，这使他很热望学习这一派的哲学。尼尔库斯用柏拉图式的语言表达论点，谴责享乐，说享乐是把人们引向邪恶的最大诱饵，认为肉体是使心灵招致损害的罪魁祸首；要想使心灵得到解脱和净化，只有用理智去克制，摈弃一切享乐欲望。聆听这些言论后，迦图越发崇尚俭朴和节制。不仅如此，据说直到晚年他才学习希腊语，当他能够阅读希腊文书籍时，已经年事很高了。然而，他仍能从修昔底德的著作中学习演说术，从德谟斯提尼那里学到的东西可能更多。在迦图的作品中常常夹杂着希腊人的思想和故事，在他的格言和谚语中也不时能找到从希腊文翻译过来的材料。

3. 在罗马，有一位出身高贵、德隆望重的人，名叫瓦列利乌斯·弗拉库斯（Valerius Flaccus）。他既具有识别千里马的能力，又具有对千里马大力扶植、直至把他培养成才的美德。瓦列利乌斯有一个农场与迦图的毗邻，他从迦图的奴隶那里获悉迦图勤劳节俭的生活方式。他听说迦图常常在黎明时分步行到市场，替需要迦图帮助的人辩护，事情处理完后，又返回农场，与奴隶们一起劳动。这让他十分惊讶。他还听说，在冬季，迦图总是穿一件宽大的工作服，夏季则常常光着上身，与奴隶们在一起，坐下来吃同样的饭，喝同样的酒。除此以外，奴隶们还向瓦列利乌斯讲了许多有关迦图公正和仁慈的其他事例，引用了迦图的各种精辟说教。于是，瓦列利乌斯就遣人邀请迦图与他共进晚餐。此后，通过与迦图本人的交谈，瓦列利乌斯发现他具有温文尔雅而又有教养的品行，像一株茁壮成长的树木，需要扶植，需要有成长的环境。瓦列利乌斯就苦口婆心地劝说迦图，并最后说服他到罗马去从事公共事务活动。迦图来到罗马后，由于热心为人辩护，很快就结识了许多景仰他的朋友，而瓦列利乌斯的支持又给他带来了更大的声誉和影响。他先是被任命为军事保民官（Military Tribune），而后又被选为财务官。这样，迦图开始了他一生卓越而辉煌的事业。随后，他与瓦列利乌斯共同担任了具有最高荣誉的执政官。最后，他还担任了监察官。

　　在所有老政治家中，迦图最崇拜的是享有最高声誉且具有最大影响力的法比乌斯·马克西姆斯。但他更重视的是法比乌斯的品行和生活方式，他时常把这些作为自己效仿的最好榜样。正因为如此，他也毫不犹豫地反对法比乌斯的年轻劲敌、嫉妒法比乌斯的大西庇阿。当迦图以财务官的身份被派往非洲与西庇阿一起作战时，他发现西庇阿用钱浪费、开支惊人，对战士慷慨赏赐毫不吝惜，于是便大胆地提醒西庇阿说，钱财支出并不十分可忧，而可忧的倒是西庇阿那正在改变战士原先俭朴生活的行动。因为当士兵们所得的钱财超过他们的实际需要时，他们就会使自己沉溺于纵情享乐和奢侈之中。西庇阿对此却回答说，当他倾尽全力从事战争的时候，他不需要吝啬的财务官。他还说，人民所期望的是他的胜利而不是金钱。迦图于是便离开了西西里。他和法比乌斯一起在元老院会议上谴责西庇阿浪费钱财，指责西庇阿像青少年一样在角斗场和剧院里消磨时间，好像西庇阿并不是战争的指挥官而是度假的主人。为此，元老院便派了数名保民官前往西西里对此事进行调查。如果证据确凿，他们就可将西庇阿带回罗马。然而，西庇阿却使保民官们相信，战争的胜利取决于战前的准备。同时，他也承认，当他有空的时候，他十分乐意与朋友来往，但从没有因社交活动而忽略自己的重任。随后，他起航到阿非利加去进行决战。

4. 迦图的演说技能给他带来了巨大的声望，人们甚至称他为罗马的德谟斯提尼。然而，他的生活方式更为人所津津乐道，并且传到了城外。因为他的演说技能只不过为青年人树立了一个奋斗目标，很多人已在奋力追求；而像他那样乐于按父辈的生活习惯躬耕田亩，以清茶淡饭、简朴衣服、卑陋住房为满足，不愿沾染奢侈生活的人，在当时却已经寥寥无几。另外，由于国家的扩大，对广大领土和众多种族的统治带来了广泛的风俗和习惯的融合，国家已无法保持原先的生活习惯，不得不采纳各种混合的习俗或新的生活方式。正因为如此，当人们发现许多人因劳累而衰弱，因纵欲而体力下降时，迦图却强健如初，无论是在朝气蓬勃的青年时代，还是在担任执政官和举行凯旋式以后的皓首老年，都没改变。所以，人们都非常赞赏他。他也像有些著名的体育运动员一样，始终坚持自己的一套锻炼方法。

迦图自称，他从来没有穿过价格在100德拉克马以上的衣服，他与奴隶喝的是质量相同的酒，即使在担任财务官和执政官时也是如此。至于鱼和肉一类，他每次从公共市场上也不过购买30阿司左右。即使这个，也是为了罗马国家的利益，为的是不使自己单纯靠面包为生，可以更好地增强自己的体力。为准备服军役，他把曾经从祖宗那里继承来的一件绣织精致的巴比伦长袍都卖掉了，他拥有的房屋每一堵墙都没有粉刷墙灰，他也永不花超出1,500德拉克马的钱购买一名奴隶，因为他不注重外表的娇嫩漂亮，而只挑选像赶车人和牧人那样身体健壮的劳动者。他认为，当奴隶变老时就应该出卖他们，既然已无用，就不必继续豢养他们。总之，他认为一切不必需的东西，无论多么贱，也不便宜。而凡是需要的东西，哪怕只卖一个钱也是好的。他只买那些能够生长谷物、牧养牲畜的土地，而不买那些需要喷洒草坪、清扫甬道的地。

5. 有人把这些事归结为小气，但也有人对这些事非常赞赏。他们相信，他之所以这样俭朴地生活，完全是为了纠正和改进世人的浪费之风。但就我个人而言，我对他把奴隶当做牲畜对待，并最大限度地剥削他们，在他们老年之时又赶走他们、出卖他们的行为十分不满，我认为这是他品德低下的标志，因为他不承认人与人之间的关系，而只承认需要与不需要之间的关系。而且我们知道，仁慈比正义有更广泛的内涵。人们把法律和正义自然地只应用于人，但慷慨和仁慈这种发自善良的感情，却像泉水一样汇流成河，可涉及不会说话的动物。仁慈的人总是十分关心自己的马和狗，无论是在它们的幼年时期还是在它们体力衰弱和需要饲养的老年时期，都是如此。

雅典人在建造帕特农神庙的时候，就常常让那些一向持续辛劳服役的牲畜（骡子）在公共牧场上自由吃草。他们说，在这些动物中，有一动物自愿地参加了服役，它一会儿在那些往卫城运输物资的骡子旁边奔跑，一会儿又跑到它们前边领路，看上去好像是在劝说和鼓励它们前进似的。为此，雅典人便通过了一项法令，规定：该动物只要活着，就必须以公费抚养。西蒙则更仁慈，他亲自把那几只曾帮助他在奥林匹克比赛中 3 次夺魁的母马埋葬于自己家族坟墓的附近。狗，这种人类最亲密的友伴，也常常被光荣地埋葬。老卡萨底普斯（Xanthippus）曾把在雅典人撤离雅典时跟随他的船游往萨拉米斯岛的狗厚葬于山顶。就是到了今天，人们还把这一地方叫做狗山或 Cynossema。

我们不应像对待鞋子、盘子和锅一样对待有生命的动物，在破旧和无用时就丢弃它们。如果没有其他原因，那么我们应当在对人类仁慈的同时，也温柔仁慈地对待动物。就我本人而言，我绝不会为了少量的钱财而出卖一位老人，如逐出国境似的把他驱逐出长期居住的地方和已经习惯的环境，尤其是这位老人对买者和卖者都不会有用时更是如此。而迦图却不同，他似乎对这种事很感兴趣。他曾自豪地说：为了不向罗马要求运费，他把自己当执政官时的坐骑都留在了西班牙。这到底算是精神崇高还是心灵狭隘，读者可自己发表意见。

6. 在其他方面，迦图的自我节制能力确实值得高度赞扬。例如，当他指挥军队作战时，他和侍从每月的口粮从不超过 3 阿提卡摩底，他的驮畜每天的食粮（大麦）也不会多于 1.5 摩底。他受命治理撒丁尼亚行省时，生活简朴，和他的前任相比，简直是天壤之别。他的前任总督们总是把建造帐篷，购置床帐、被褥和服饰的钱都记入国家的账内，把大批奴隶和朋友的费用、慷慨和豪奢的宴会支出都加在行省人民头上。而迦图则不然，他从没向国库索取过任何物品。他经常步行巡视各城市，只允许一名公职人员伴随，帮助他携带祭祀用的衣服和酒杯。他对自己辖区的居民一向十分温柔、爱惜。但在另一些事情上，他又表现得非常庄重严峻，在代替国家进行审判时，他是无情的；在推行政府的法令时，他又是苛刻和认真的。正因为如此，罗马人的统治从来没有像在迦图统治下那样能引起人们的恐惧，但同时又激起人们的喜爱。

7. 迦图的许多类似特征还反映在他的演说词中。在这里，我们既能发现谦恭有礼的言辞，也能找到强有力的行动；既能发现内心的欢乐，也能看到锐不可当的气势；既能发现滑稽可笑的想法，也能找到严肃认真的作风；既能发现简洁的格言，也能了解好斗的性格。他给人们留下的印象很像柏拉图笔下的苏格拉底，外表上显得粗鲁笨拙而又放荡，但在内心里却充满着热情，贮藏着许多催人泪下、动人心弦的话题。有人认为迦图的演说风格十分近似吕西阿斯的作品，但我还不知道他们所指的具体意思，这个问题只能由那些更能辨别罗马演说术的专家来鉴定。这里我只想报道一下他的某些著名格言，我深信，从言论中表现出来的人的本性比从外表上能看出来的要多得多。

8. 他曾想说服罗马人不要不合时宜地分配谷物。他总是用这样的话来开始他的发言："公民们，与肚子争论是很难办的事，因为它没有耳朵。"他还指责在公民间流行的奢侈和浪费之风。他说："要拯救这样一个城市，即一条鱼的价格远远高于一头牛的价格的城市，这是很难办的事。"他还说："罗马人好像一头山羊，不可能一个一个地被说服，而只会整群盲目地追随其首领。"所以他说："作为个人，你们不屑听从某些人的劝告，但当你们聚集在一起的时候还是容忍他们的领导。"在谈及妇女权力方面，他说："异国的男子统治着他们的妻子，我们又统治着这些男子，但我们却受到我们妻子的统治。"这一说教可能是从特米斯托克利斯的说教中转译过来的。因为特米斯托克利斯发现自己常常得按儿子的命令办事，而儿子的命令又来源于他的母亲。所以他说："妻子，现在是雅典人统治希腊人，我统治雅典人，而你统治着我，你的儿子又统治着你。所以不要让你的儿子滥用他的权力。因为虽然他还年轻，但他掌握着主宰希腊人的大权。"

迦图说，罗马人不但规定了染料的市场价格，也制定了人们的行为标准。

他说:"洗染工最喜爱讨人喜欢的染色,同样,年轻人也必须学会能赢得你们赞扬的东西。"他劝说那些通过勇敢和节制而成为显贵的人,不要向坏的方面转化。他同时也劝说那些通过无节制和不道德的方法变成显贵的人,应该向好的方面转化,因为通过这些方法已经使他们够富贵了。对于那些渴求高位的人,他说:"他们似乎不熟悉道路,常常要由利克多尔(Lictor)来领路,好像离开了指引,他们就要误入迷途似的。"他也指责公民们一次又一次地选择同一个人担任行政官员,他说:"你们既没有考虑官职的重要性,也没有调查还有许多人能胜任这些官职。"他指责自己那些私敌中过着下贱而又荒唐生活的人,他说:"这个人的母亲希望他长寿的愿望,与其说是虔诚祈祷,不如说是邪恶的诅咒。"他指责那个已经出卖祖宗留下来的那份位于海边的地产的人,假装称赞这个人比海还强,他说,这人已经毫不费力地吞下了大海都难以冲走的田产。

当优美纳斯国王访问罗马的时候,元老院以隆重的礼仪迎接他,罗马城的主要人物也争相陪伴。但迦图却显然对他持有怀疑和警惕。有人曾告诉他"国王一定是位杰出的人物,是罗马人的朋友"。迦图说:"不管怎样,通称为国王的动物是决不会改变其食肉本性的。"他强调说,人们所赞赏的国王之中没有一个人能与伊帕密浓达[①]、伯利克里[②]、特米斯托克利斯[③]、马尼乌斯·库利乌斯或哈米尔卡[④](绰号为闪电)相比。迦图过去常常说,他的敌人之所以恨他,主要是因为他总是在拂晓以前起床,并放弃自己的私人事务把时间全部用在公共事业上。他常说,他宁愿做一件好事而得不到感谢,也不愿做一件错事而不受到惩罚。他常常宽恕别人的错误,但对自己却相当严格。

---

① 伊帕密浓达(Epaminonadas),公元前4世纪希腊底比斯联盟的首领。他曾率领底比斯军队多次击败斯巴达军。——中译者注

② 伯利克里(Pericles),古代希腊著名的政治家。公元前443年,他被选为雅典首席将军,并连任此职务多年。——中译者注

③ 特米斯托克利斯(Themistocles),古代雅典将军,曾带领雅典海军于萨拉米斯海湾击败波斯海军。——中译者注

④ 哈米尔卡(Hamilcar Barca),迦太基大将,著名将领汉尼拔的父亲,曾参加了第一次布匿战争。——中译者注

9. 罗马人曾经选派了 3 名使者到比提尼亚去。其中有一名是痛风病患者，另一名也是痛风病患者，第三位则被认为是一个傻瓜。迦图讽刺地说，罗马人选派了一个没脚、没头又没心的代表团。西庇阿由于波利比乌斯的缘故，曾为阿卡亚的流放者返回故乡的事向迦图请求过援助。元老院对这一问题进行了长时间的讨论，有人赞成，有人反对。迦图于是站起来说："我们整天坐在这里，无休无止地争论几个希腊老头是葬在罗马还是葬在阿卡亚这一无聊的问题，好像我们没事做似的。"结果元老院表决，允许阿卡亚人重返故乡。不久以后，波利比乌斯等又提出了另一建议，要求元老院恢复这些流放者在阿卡亚从前的地位和声誉。对此，波利比乌斯等人请教了迦图，迦图笑着说："波利比乌斯，你好像是第二个奥底修斯，竟为了遗忘在独眼巨人（Cyclops）洞里的帽子和皮带而不惜再入此洞。"

迦图还说，聪明的人往往能从傻瓜那里获取很多好的东西，而傻瓜则不尽然。因为聪明的人常常能避免傻瓜的错误，而傻瓜却不能模仿聪明者的成就。他说他喜欢看到年轻人面色羞红，而不愿看到他们惨白的脸容。他还说，他不喜欢那些在行军时挥舞双手、在战斗时动用双脚、其鼾声大于作战时的喊声的战士。他也指责那些身体发胖的骑士，他说："这些从咽喉到股沟各个部位都被肚子占去的人怎么能为国家服务呢？"当一名享乐主义者希望同他结识时，他推辞说，他不能与那些味觉灵于知觉的人一起生活。对于坠入情网的人，他说，那些人的心灵深居于心上人的体内。对于忏悔，他说，他一生只有三次，第一次是当他把一个不能告诉别人的秘密透露给他妻子的时候。第二次是乘船到达某一目的地而没有步行去。第三次便是当他忙了一整天而没有处理任何事务的时候。对于那些罪恶深重的老人，他说："老年本身就够不幸的了，不要再给他们增加恶劣行为的耻辱吧！"对于一个曾被指控使用毒药、现在正努力通过一个毫无意义的法案的人民保民官，他说："年轻人啊，我真不知道饮你的混合剂好还是通过你的法案好。"而当他遭到一个生活放荡的无赖辱骂时，他说："我与你进行的是一场不平等的论战。你对于不堪入耳的谩骂可以无动于衷，而且随口说出的也都是这些下流的秽语，而对于我来说，这些都是说不出口和极少听说的。"

上面便是迦图的著名说教。

10. 迦图和他的亲密朋友瓦列利乌斯·弗拉库斯一起当选为执政官。期满后，他被分派到罗马人称之为近西班牙的行省管理事务。在那里，当他正在用武力征服一些部落，同时以外交手段诱降另一些部族时，许多野蛮人向他发动了进攻。迦图和他的士兵们始终都处于被敌人逐出西班牙的危险之中，为了摆脱这一困境，他便急切地笼络克尔特邻邦，把他们拉入自己的联盟。克尔特人要求罗马人付给他们 200 塔连特的酬金作为援助条件。迦图的部下对此议论纷纷，认为罗马人决不能用金钱来获取野蛮人的援助。但迦图却认为这样做并没有什么可怕的，因为如果他们在战斗中取得胜利，他们就用不着动用自己的钱财，只要使用战利品就能付清这些酬金；如果他们战败，那么也不会有人去付或要这笔钱。结果，他完全赢得了这次战役的胜利。这次战争的其他战役也取得了辉煌的成功。波利比乌斯报道说：只有一天的工夫，倍利斯河（Baelis）这边所有城市的城墙——城市为数甚多，其中充满好战的民族——就完全被他夷为平地。迦图本人也说，他所占领的城市已经超过了他在西班牙逗留的天数。这不是自夸，因为被他占领的城市确实有 400 座之多。

在这次战争中，他的战士获得了许多战利品，另外，他还给每人发了一镑银子。他说，让许多罗马人带银回家总比少数人带金回家要好些。而对他自己，他说，除了吃的和喝的，几乎没拿任何东西。他解释："这不是说我对那些想用战利品致富的人抱有不满，而是因为我宁愿同最勇敢者比勇敢，而不愿与最富者比财富，不愿同贪婪者比赛谁更渴求。"他不但努力使自己廉洁奉公，而且尽量要求自己的侍从清白正直，不多拿任何东西。在战场上，他常与 5 名侍从相随，其中有一名叫帕库斯的人曾从战俘营中购买了 3 个男孩，但他发现迦图已经注意到这笔交易，便不敢去见迦图，竟上吊自尽。迦图于是出卖了这些男孩，并把这些钱上交给公共财库。

11. 当迦图在西班牙取得一系列胜利的时候，迦图的私敌大西庇阿就出来阻挠他，希望剥夺他在西班牙掌握的行政大权，设法使自己接替迦图获得治理该省的任命。于是，大西庇阿立马出发，结束了迦图在西班牙的统治。迦图对此也不肯示弱，在卸职回家的时候，他带走了 5 个军团的武装士兵和 500 名骑兵，把他们编成警卫队。一路上，他征服了莱爱踏尼（Laeetanian）部落，处死了600多名解送来的逃兵。大西庇阿对此大为震怒。迦图却轻蔑地对他说："罗马人只有在出身高贵的人拒绝把勇敢的桂冠让给低等级平民，而这些出身低微的平民又努力在这方面同那些享有较高出身和声望的人竞争的时候，才能变得更强。"同时，元老院也作出决定，让大西庇阿继续执行迦图已经制定和安排的政策，所以，大西庇阿在西班牙的统治一直处于无所事事和政绩平平之中。这样，实际上贬低了大西庇阿自己的形象，而对迦图的声誉却毫无影响。从西班牙回来后不久，迦图便举行了一次凯旋式。在罗马，一般人都比较重名声而轻德行，他们一旦享有担任执政官和举行凯旋式这些最高荣誉，就立即改变过去的生活方式，过上了悠闲自在的享乐生活，对公共事务不加过问。但迦图却不是这样，他没有放弃对美德的追求，而是像第一次参加公共服务的人那样，全力追求荣誉和声望，随时准备为他的朋友和公民服务，无论在广场上还是在战场上都一样。

12. 迦图曾经作为执政官的使者帮助执政官提比略乌斯·塞姆普罗尼乌斯征服了色雷斯和多瑙河地区的居民，他也以军团长的身份随主帅马尼乌斯·阿西利乌斯前往希腊与安提奥库斯作战。据说，安提奥库斯给罗马人带来的恐慌远远超过了汉尼拔以来的任何一个人，他几乎重新恢复了从前塞莱古斯·尼克多尔在亚洲所占领的全部领土，使许多好战的野蛮人俯首称臣，而且正渴望与罗马人作战。安提奥库斯认为，只有罗马才是唯一能与他匹敌的对手。因此，他便以解放希腊这一貌似有理的口号作为其发动战争的借口，进兵希腊。实际上，当时的希腊并不存在解放这一问题，因为它最近已经依靠罗马人的正义行为从腓力普和马其顿的统治下解放和独立出来了。安提奥库斯的入侵，马上又使希腊这一被那些奢望从国王手中得到好处的鼓动家所腐蚀了的地区重新变成动荡不安、风波迭起的大海。为此，马尼乌斯马上派人前往一些城市，这些城市中的大部分人都对双方持犹豫和观望的态度。提图斯·弗拉米尼努斯轻而易举地制止了他们，并使他们安定下来。但科林斯、帕特莱和爱琴海等城还是通过迦图的说服后才转向罗马的。

迦图在雅典逗留了很长一段时间。据说他向雅典人发表演讲的讲稿还流传于世。在这次演讲中，他称赞古代雅典人的美德，并且对自己能有幸看到这座美丽而又伟大的城市感到高兴。其实这是不符合实际的捏造，因为他虽然可能已经能直接与雅典人对话，但他在处理雅典事务时总是通过翻译来完成。他始终坚持罗马人的方法，嘲笑那些整天称赞希腊事物的学者。例如，他曾挖苦波斯图米斯·阿尔比努斯，这位学者曾著有一部希腊史，并要求阅读者对它发生兴趣。迦图说：如果他是在安菲克底尼克（Amphictyonic）议会[①]的强迫下来写这本书的，那么读者可能会对他的著作感些兴趣。此外，迦图还说，雅典人对他说话的敏捷性和尖锐性感到非常吃惊，他讲的短短一句话，翻译往往要用很长的句子把它表达出来。而且他认为，从总体上讲，希腊的语言只来源于他们的嘴，而罗马的语言则发自他们的内心。

13. 安提奥库斯派遣军队封锁了位于温泉关附近的小路，并在自然屏障和险要的地方扩修了许多壕沟和城墙，派专人驻守。国王[②]认为他完全能够控制希腊的战局，罗马人根本无法通过这一防守严密的通道。然而，迦图却想起了波斯人从前走过的绕道，于是带上一支人数相当的军队，乘夜寻找。但当他们爬到山顶的时候，他们的向导（他是一名战俘）却迷失了方向，他们一直徘徊于绝路或悬崖之间。眼前的一切马上就使战士们产生了沮丧和害怕的情绪。面对当时的处境，迦图一面命令战士们就地休息，一面亲自带领一位叫路契乌斯·曼利乌斯的登山专家，不顾路途的疲劳和生命的危险，在漆黑的夜里，在野橄榄树和岩石严重妨碍视线的情况下，继续探路。最后，他们终于找到了一条小道，他们断定，这条小道一定能通向敌营。于是，他们便在屹立于卡尔里特罗姆斯山（Callidromus）的一些显眼的悬崖边设立路标，然后再回去找正在休息的战士。战士们顺着已经设立的路标找到了迦图所发现的小路。他们在这里稍作休息，但当他们继续前进时，却发现这条路也不见了，展现在他们眼前的则是深谷陷窟，战士们再次陷入了绝望和恐惧之中，他们并没觉察到他们要找的敌人近在眼前。但是过了不久，东方吐出了一丝鱼肚白，有人说似乎听到了

---

① 安菲克底尼克议会为古代希腊安菲克底尼克联盟的最高权力机构。——中译者注
② 指叙利亚国王安提奥库斯。——中译者注

什么声音，一会儿，他们看到了建筑于悬崖下的希腊岗哨。于是，迦图就让战士就地待命，自己则召集亲信（Firmum）举行秘密会议，因为他认为这些战士是信得过并乐于为他服务的。迦图就对他们说出了自己的想法："我想从敌人中活捉一个俘虏，从他那里了解一下他们这支部队的前哨是些什么人，他们到底有多少人，他们的主力部队准备用什么装备和阵形来对付我们。""但是，这项工作需要迅速和勇敢，应该如狮子扑向受惊的动物那样扑向毫无防备的敌人。"迦图的话音刚落，他的亲信就开始了行动。正像他们所希望的，当他们刚来到山边就遇上了敌人的哨兵，他们便出其不意地对其发动了袭击。这一突然的进攻，吓坏了不知内情的敌人，他们纷纷向别处逃跑。迦图的亲信便乘机活捉了一名全副武装的士兵，并把他带到迦图跟前。从战俘口中，迦图获悉：敌人的主要兵士都布置在道路两旁，由国王亲自指挥；负责警戒山上袭击的分遣队只有600名士兵，他们都是从埃托利亚人那里挑选出来的精兵。迦图对于这一人数不多而又粗心草率的部队根本不放在眼里，决定与敌人作战。随着军号声和冲喊声，迦图第一个拔刀冲向敌人。面对这一突如其来的冲杀，敌人个个不知所措，纷纷向主力部队所在地逃去。而这一逃跑又一下子扰乱了安提奥库斯的其他兵马，整座军营都陷于混乱和无秩序的状态之中。

14. 与此同时，山下的马尼乌斯也出动了全部兵力向正路冲杀，猛攻敌人的堡垒。突然，一块石头打中了安提奥库斯的嘴巴，打掉了他的几颗牙齿，痛得他无心恋战，策马便跑。而他的军队也同他一样，在罗马人强大的进攻面前显得毫无办法，只得逃亡。虽然逃亡对于他们来说也只是一条死路，因为无论是滑还是跌下去，都逃不出深得可怕的沼泽和陡峭的悬崖，但他们还是成群地往那里奔跑，结果都拥挤在一起惨死于罗马人可怕的刀剑之下。

迦图对自己总是不吝赞美之词，他常常夸大其词地宣扬自己的伟大成就。这一次也不例外，他夸大自己的丰功伟绩，说那些当时看见他穷追并砍杀敌人的人，一定会相信，并不是罗马拯救了迦图，而是迦图拯救了罗马。他还说，刚从战场上下来的执政官马尼乌斯，因为战争的胜利，也顾不得两人身上的汗水，长时间地拥抱了他，并惊喜地叫道，所有罗马人民和他自己都无法报答迦图给他们带来的恩情。战后不久，迦图就被作为胜利的使者送往罗马，他顺利地渡过了亚德里亚海，在布隆度辛登陆，一天后来到塔林敦，此后又连续步行了4天多，终于在登陆后的第5天到达罗马。在那里，他第一个向罗马人民宣布了胜利的消息，罗马人民为之振奋，整个城市都沉浸在欢乐和祭祀之中，他们得意地认为罗马城将成为世界的主人。

15. 这可能是迦图的军事生涯中最灿烂的一章。在政治方面，他总是把对罪犯的指责和控告作为自己要完成的主要任务。对于那些不合理的事，他除了亲自诉讼外，还帮助别人甚至鼓励别人向法庭提出诉讼，像佩底利乌斯对西庇阿[①]的起诉便是如此。但这次诉讼没有成功，因为西庇阿凭借着高贵的家族和自己崇高的心灵，对他们的诬陷根本不加理睬。迦图在找不到足够的证据后，也只得撤销这一指控。然而，他和别人一起对西庇阿的兄弟路契乌斯的指控却获得了胜利，法院对路契乌斯判了一大笔罚金。路契乌斯因为不能提供这笔罚金，只得以流放替代。最后，在保民官的极力调解下，他才获得释放。据说有一位年轻人，他在对已故父亲的敌人的诉讼中取得了胜利，法庭剥夺了被告的公民权。审判结束后，这位年轻人路过人民广场时遇见了迦图，迦图握着他的手向他表示祝贺，并对他说："我们向已故父母献祭的祭品，应该不是羔羊，而是他们的敌人的判决和眼泪。"在迦图的政治生涯中，虽然没有受到大的损害，但还是给他的私敌留下了许多可以攻击的把柄，所以他一直处于受控告和可能被判刑的困境之中。据说，他至少有50次被人控告，最后一次发生在他86岁的时候。在这次受审当中，他说了一句值得纪念的话。他说："在这代人之间生活的人，要在另一代人面前保护自己是很不容易的事。"尽管这样，他还是没有放弃他的法庭斗争。4年以后，即当他90岁时，他还弹劾了塞尔维乌斯·加尔巴。可以认为，迦图的一生及其一生的行动也像纳斯托尔（Nestor）[②]一样，已经跨越了三代人。因为如上所述，他参加了与大西庇阿的政治斗争，以后也一直没有退出政治生涯，直到小西庇阿（大西庇阿的养孙、佩尔修斯及马其顿征服者埃米利乌斯·鲍鲁斯的儿子）时代为止。[③]

---

① 即大西庇阿（Lucius Cornelius Scipio）。——中译者注
② 《荷马史诗》中的英雄。据说他活得很长。——中译者注
③ 小西庇阿为鲍鲁斯之子，但他被过继给西庇阿家族，为大西庇阿之子的养子。——中译者注

| 一、监察官迦图 |

16. 在担任执政官后10年，迦图被选为监察官。这一职位是最受人尊敬的，在某些意义上说，它又是一切官职的最高层。它掌握着很大的权力，其中包括对公民生活和风俗习惯的监视。因为创立者们认为，不能让人们在婚姻、生育、日常生活和娱乐方面自行其是，没有检查，没有监督。而且他们还认为，一个人在婚姻、生育等方面所表现出来的真实本性往往超过了在公众场合所能发现的。于是他们就设立这一官职，选举官员去监督、劝告和惩罚那些习俗的违背者，使人们抛弃那种奢侈腐化的风气，而继续按自己的习惯生活。担任这一官职的官员有两名，一名从贵族中选举出来，另一名则从平民中选举出来，他们被称为监察官。监察官握有降低骑士的地位、把生活放荡而又目无法纪的元老驱逐出元老院的大权。他们也可以修改财产的估计数，按照公民的社会和政治地位排列公民顺序。除此以外，还有许多其他的权力与这一职位有密切的关系。

正因为如此，当迦图出任这一职务的时候，几乎所有最有名和最有影响力的元老都联合起来反对他。其中出身高贵的人，他们嫉妒他担任这一职务，因为他们认为，如果让非贵族出身的人担任这一声誉最大、职位最高的职务，那么他们就会被踩入泥潭。而那些已经干了下贱活动且又背离祖先习俗的人，却害怕迦图的严厉，他们相信，在行使权力方面，迦图是严酷无情的。于是他们经过了一段时间的商量和准备，决定推选7位候选人与迦图竞争。他们用迷人的诺言来讨好公众，企图以此获取大众的支持，好像人民喜欢的仅是办事宽容而又温和的政府。迦图则相反，他没有在人民面前显示各种殷勤，在演讲中，他直言不讳地警告那些吃喝玩乐、生活放荡的人，他公开宣称，城市需要来一次大的清洗。他劝告人民说，如果他们是英明的，那么就不要挑选最令他们惬意的医生，而应该选择最热忱为他们服务的医生。他说，他和贵族出身的瓦列利乌斯·弗拉库斯就是这样的医生。他相信，如果他能与瓦列利乌斯·弗拉库斯一起担任监察官，那么他定能为罗马人民做一些有益的事，剔除和消灭当时流行的奢侈和好色之风。至于其余的竞选者，他认为他们竭力想担任监察官的目的，就是不认真执行这一职务，因为他们害怕那些准备认真执行监察官职务的人。但罗马人民是伟大的人民，他们应该配有伟大的领袖，他们绝不会害怕严厉和孤傲的迦图，他们一定会拒绝那些总想千方百计取悦于民心的候选人，而选举瓦列利乌斯和迦图为监察官。罗马人民倾听迦图的演讲，觉得他似乎不是一位竞选者，倒像一名已经就职、正在发号施令的监察官。

17. 迦图在当选为监察官以后，第一件事就是把他的同僚和朋友路契乌斯·瓦列利乌斯·弗拉库斯列为第一元老。然后他清除了一批元老，其中包括路契乌斯·昆图斯这位 7 年前曾担任过执政官的人。他的兄弟提图斯·弗拉米尼努斯是腓力普国王的征服者（这给他带来的声誉远远超过了他担任执政官时的声誉）。他被逐出元老院的主要理由是："有一位年轻人，在幼年时期，他就受到了路契乌斯[①]的喜欢。路契乌斯一直把他留在自己的身边，即使在战斗时也不例外，而且常常授予他比路契乌斯的朋友和亲属更大的荣誉和权利。路契乌斯曾被选为执政官、行省的总督。在担任总督期间，他举行了一次宴会，在宴会上，这个年轻人也像往常一样斜靠在他的身边，并开始对他讲捧场话。（要知道，一个人喝醉酒的时候，是很容易被别人驾驭的。）"年轻人说："我很爱你，即使在罗马举行我从未见过的角斗表演，我也不会离开你，尽管我很想看一下杀人的场面。"路契乌斯听了这话后，马上回答说："这个，请不必忧虑，我很快就能补救它。"于是他立即命令手下把其中正要处以死刑的一名罪犯带到宴会厅，同时命令侍从带一把斧头站在他的旁边。然后路契乌斯再问那位年轻人是否愿意看杀人。年轻人说他很想看，于是路契乌斯就命令侍从砍下了那名罪犯的脑袋。

上面就是大部分作家对这件事的描写，西塞罗也在"论老年"的对话里引用了迦图自己对这件事的叙述。但李维却认为，被杀的是一个高卢逃兵，杀他的也不是侍从，而是路契乌斯自己。而且李维说，上述材料是迦图在一次演讲中自己叙述的。

路契乌斯的兄弟对迦图把路契乌斯驱逐出元老院非常不满，他请求人民敦促迦图陈述路契乌斯被逐的原因，迦图确实也这样做了。但当迦图叙述这件事时，路契乌斯却矢口抵赖。只是到迦图提出要对这一案件进行正式调查时，

---

① 指路契乌斯·昆图斯（Lucius Quintus）。——中译者注

路契乌斯才开始缄默。这实际上也就默认了对路契乌斯的处罚,但人民对他还是比较同情的。有一次,戏院里演戏,路契乌斯也去了。他经过元老的座位,并在离其较远的地方坐了下来。人民对此非常怜悯,他们喊叫着,迫使他调换了自己的座位。这样,也就在可能的范围内弥补了他在不久前所发生的不幸。

被迦图逐出的另一位元老是马尼利乌斯(Manilius),人们都认为他很有希望当选下年度的执政官。他被逐的原因是,在白天当着女儿的面拥抱了他的妻子。至于迦图自己,他说,只有在雷声隆隆的时候他才拥抱自己的妻子。所以,他曾打趣地说,只有在打雷的时候,他才称得上一个幸福的人。

18. 由于对西庇阿的兄弟路契乌斯的处理,迦图遭到了人们对他的严厉指责。因为他不顾路契乌斯荣获一次凯旋式的荣誉,擅自把他逐出了骑士等级。人们认为,这是迦图有意侮辱西庇阿·阿非利加①的一种表现。但迦图最被他的大部分敌人所讨厌的是他剔除生活上的奢侈。对于这件事,他发现不可能直接处理,因为在当时,大部分人已经受到了奢侈风气的影响和侵蚀。所以,他采取了别的方法,转弯抹角地进行改革。他规定,人们拥有的服饰、化妆品、珍宝首饰、家具和金银餐具等,凡价格超过1,500德拉克马的,一律按其价格的10倍估算,这样试图用高估财产的办法使所有者纳高税。他规定,每占有1,000阿司的财产,就得付3阿司的税。这样就可以使这些纳税者看到,那些同他们财产相等的人,由于过简朴和节俭的生活,就可以少交税,从而用此来改掉其奢侈浪费的习尚。这一措施,马上就激起了那些因过奢侈生活而不得不向国家交税的人和那些因为要征高额税收而不得不放弃过奢侈生活的人的愤懑。大部分人认为,不让他们摆设东西,实际上就是剥夺他们的财产,因为人们的富裕程度往往表现在剩余物的多少而不是必需品的多少。据说,哲学家阿利斯通(Ariston)最惊讶的就是这样的事实:只有那些占有生活多余物的人才算得上幸福的人,而那些提供生活必需品和有用品的人却不是。有一位名叫

---

① 指大西庇阿,他带领罗马军队在阿非利加击败了汉尼拔,取得了第二次布匿战争的胜利,被罗马人尊称为西庇阿·阿非利加。——中译者注

斯科帕斯（Scopas）的帖撒利人，他有个朋友曾向他要些对他无用而又不是必需的东西，他对此回答说，他的财富和幸福恰恰依赖于这些无用而又多余的东西。从上可知，对财富的要求并不来源于人的自然本性，而许多是受外部世界那种错误意见的影响。

19. 迦图对他的谴责者并没有心慈手软，而是更加严厉。他切断了用公共水源来冲洗私宅、灌溉花园的管道，摧毁或拆除了建立在公共土地上的各种建筑，并且把公共建筑的费用降低到最低的限度，而把公共土地的租价提到最高的数额。当然，这些措施也引起了人们对他的憎恨，提图斯·弗拉米尼努斯带头发难，他带领一部分亲信用维修建筑神庙和公共建筑物对国家毫无好处的理由，劝告元老院取消迦图已经同意的拨款。他们还煽动保民官中最勇敢的人召迦图到人民面前清点账目，并对他罚款2塔连特。元老院本身也强烈反对迦图用公款在人民广场修建位于议事厅之下的波尔奇乌斯大会堂。

然而，人民对他工作的赞美却达到了令人吃惊的程度，他们为了向他表示敬意，就在健康女神的神庙里给他立了像，并在塑像下面刻了一段铭文。铭文中既不是记录他在军事指挥方面的成就，也没有报道他获得凯旋式的光荣，而是这样写的：当罗马国家处于摇摇欲坠、濒临崩溃的时候，他被选为监察官。由于他的循循善诱、英明决策以及深刻教诲，罗马才重新获得了新生。在他被立碑以前，他常常嘲笑那些非常喜欢这种荣誉的人，他说，他们不知道他们的自豪只不过依赖于雕塑家和画家的创作，而他的最精美的影像却藏在人民的内心深处。当人们发现有些没有声誉的人设有塑像而像他这样有声望的人却没有，并对此感到不解时，他说：我宁愿人们问我为什么没有塑像，而不愿人们问我为什么有塑像。总而言之，他认为，一名好的公民就不应允许自己受到别人的表扬，除非这样做对国家有益。

迦图也大肆宣扬自己的功德。他告诉人们，那些做错事而受到责备的人常常说：我们不应受到指责，因为我们不是迦图。他说，就是元老院，也常常把他看作是危难时期的舵手。在处理重大问题时，只要他不在场，他们就会推迟处理。他的这些自夸也确实被其他的证据所证实。因为他在罗马极负威望，无论他的生活、演说和年龄等都备受尊重。

20. 迦图也是一个好父亲、体贴入微的丈夫和精明的家庭管理者，他并不把这些看作微不足道的小事或不重要而不予以应有的重视。我认为，我有必要在这些方面给以适当的例子。他娶了一位出身高贵而并不富裕的妻子，因为他认为，虽然出身高贵和富家的妇女都具有傲慢和盛气凌人的特点，但出身高贵的人更耻于干坏事，因而她们的丈夫能把她们引上正途。他常说，殴打自己的妻子或儿子的男人是用亵渎之手伤害最神圣的事物。他还说，作一位好丈夫比当一位出色的元老更应受到赞扬。对于哲学家苏格拉底，他最欣赏的是苏格拉底对他那泼辣的妻子和愚蠢的孩子所表现出的耐心和仁慈。在他的儿子出世以后，除非事关公务，否则任何其他事情都不能阻止他亲眼察看妻子给婴儿洗澡和用襁褓包裹孩子。迦图的妻子也亲自给儿子喂奶，她还常常给奴隶的婴儿喂奶。因为，她认为这样做就可能在她的儿子与奴隶们的儿子之间培养亲密的感情。儿子懂事以后，迦图就亲自指导他阅读书籍，虽然他有一位学识渊博的奴隶在教他学习。这位奴隶名叫契罗（Chilo），曾担任过学校教师，教过许多小孩的课。迦图认为，让儿子因阅读缓慢等而遭到奴隶的训斥或拉耳朵是不对的，他也不敢把教育儿子这样重大的事完全委托给奴隶去做。正因为如此，迦图既是儿子的读写教师，又是他的法学教师和体育教练。迦图教儿子扔标枪、用盾牌作战、骑马、拳击，也注意对他进行忍冷耐旱能力的训练，并亲自领他到巨浪滔滔的第伯河中强渡。迦图还亲手用大字写了一部罗马史，以便儿子不出家门就能了解和熟悉自己的祖先以及他们的习惯。迦图宣称，在他的儿子面前，他就像在维斯塔贞女面前一样，非常注意讲话的方式，尽力不讲下流话。他还说，他永不与儿子一起洗澡。这似乎是罗马人的习俗，就是岳父在洗澡的时候也得避开自己的女婿，因为他们羞于裸体相见。但后来，他们从希腊人那里学到了裸体自由，又反过来用更放荡的做法影响希腊人，即使有女人在旁也毫无顾忌。

迦图努力以培养儿子的德行、诱发儿子的兴趣、使他的精神与美好的自然本性相一致为己任。但他发现儿子的身体比较虚弱，无法忍受艰苦的生活。所以，迦图允许在生活上给他照顾，不让他过着像自己那样的苛刻生活。然而，迦图的儿子虽然在体质上不如别人，但还称得上是一位刚强不屈的战士。在反对佩尔修斯的战斗中，他在埃米利乌斯·鲍鲁斯的领导下作战勇敢。在这次战斗中，他的剑不知是由于不慎还是由于剑柄潮湿而滑落于地，对此，他十分痛心，立即请求同伴给以援助。在同伴们的掩护下，他再次冲入密集的敌群。在长时期的残酷战斗以后，他终于成功地清除了这里的敌人，并在无数的武器和死人堆里（这里既有朋友的尸体也有敌人的尸体）找到了自己的宝剑。为此，指挥官鲍鲁斯曾给予他高度的赞扬。在迦图给儿子的一封信中，迦图高度赞扬了儿子舍身找寻宝剑的高贵热情。以后，这位年轻人与鲍鲁斯的女儿即小西庇阿的姐姐特尔契阿（Tertia）结了婚。这一结合与其归功于他自己的美德优行，倒不如归功于他父亲的正确引导，这是他父亲十分注意儿子的教育所结出的累累硕果。

21. 正当他步入老年的时候，从雅典来了一个使团。这个使团由柏拉图学派的加尔纳阿特斯（Carneades the Academic）和一名斯多噶派哲学家组成，他们的任务是恳求罗马人撤销对雅典人课以500塔连特罚款的判决。这是由俄罗普斯（Oropus）人起诉、在雅典人缺席的情况下由斯克奥尼（Sicyonian）人作出的宣判。他们一到罗马，就受到了城里好奇青年的欢迎和跟随，这些青年经常怀着钦佩的心情倾听他们的演讲。尤其是那位具有无穷魅力、名声远扬的加尔纳阿特斯，他的演讲常常能吸引大量的听众，并博取他们的阵阵喝彩。他们的声誉像巨大的狂风吹遍了城市的每个角落。于是远远传开了，说一位有才华的希腊人用他能说善道的魅力，几乎征服了所有反对者，引起了罗马年轻人对他的喜爱，使他们放弃了自己的享乐、爱好和消遣，都去追求哲学家。别的罗马人对此都非常高兴，他们为年轻人掌握希腊文化并与这样令人钦佩的人在一起而感到兴奋。而迦图对这股像潮水一样倾注全城的希腊语言热一开始就感到非常忧虑，他害怕年轻人将雄心引到这一方向后，宁愿追求知识上的声誉，而不要军事上的成就。正当来访的哲学家的声誉日益增高的时候，元老院举行了第一次聆听他们演说的大会。盖乌斯·阿西利乌斯，这位出身高贵的人自告奋勇地担任他们的翻译。迦图决心用某些体面的借口，把他们全部赶出罗马。他在元老院发言，指责行政长官没有采取措施把这些能够轻易地说服人民的人早点打发走。他说："我们应该，尽快对希腊使者所提出的问题作出决断，以便他们能迅速回到他们自己的学校，去给希腊孩子授课。罗马的年轻人又可以像以前那样倾听自己的法律，服从自己的行政官员的命令。"

22. 迦图之所以这样做，绝不是像有人所认为的，是出于对加尔纳阿特斯本人的不满，主要是他讨厌那些缺乏爱国热情的希腊哲学，他嘲笑希腊的一切文化和训练，他曾举例说："苏格拉底这位伟大的空谈家，他为了夺取国家的最高权力，就不惜用废除国家习俗、唆使公民反对法律的方法。"他讽刺伊索克拉特斯（Isocrates）学派，说伊索克拉特斯的学生终身都与伊索克拉特斯一起孜孜不倦地从事研究工作一直到老，好像他们要在到地府中见到米诺斯的面时才开始从事艺术和法律活动。为了使儿子们对希腊文化抱有成见，他曾用与其年龄极不适合的轻率态度，以预言家或占卜者的口吻宣称，罗马城一旦充斥了希腊字母，罗马人也就失去了他们自己的帝国。但以后的历史恰恰表明，他的这一不祥的预言完全缺乏足够的证据，因为罗马人在进入帝国的全盛时期以后，几乎完全接受了希腊的学术和文化。

迦图不但憎恨希腊的哲学家，也怀疑在罗马行医的希腊人。他似乎已经听说了希波克拉特（Hippocrate）在波斯皇帝答应给予他大量费用，并向他求教某些问题时的态度。希波克拉特说，他绝不愿意为那些与希腊人为敌的野蛮人行医和服务。迦图说，几乎所有的希腊医生都立下了和希波克拉特同样的誓言，所以他力劝子孙们谨防这些人。他还说，他亲自写了一本有关医药处方的书，他就用这些处方来医治家人的各种疾病。他不允许病人不吃东西，经常要他们吃些绿色蔬菜、鸭、鸽子或母兔等。他说，对病人来说，这样的饮食是容易消化的，唯一的不足便是它们容易引起梦呓。他说，由于使用这些方法，所以他的身体一直很好，他家人的身体也很健康。

23. 就迦图自身而言，这样的推论似乎并不完全正确，因为他失去了自己的妻子和儿子。然而，他自己的身体却非常健壮，精力也很充沛，并没有出现因年事增长而衰退的现象。即使到了花甲之年，他的性欲还很旺盛，他重新娶了一位妻子，而当时他的岁数已经远远地超出了一般人的结婚年龄。这件事的经过是这样的：在第一个妻子死后，迦图为儿子娶了鲍鲁斯的女儿，她是小西庇阿的姐姐。而他自己由于失去了妻子却变成了鳏夫，只得与一个女奴私通以寻求快慰。但他们居住的房屋不大，而且里面还住有一位年轻的主妇，所以，这件事很快就被别人发觉了。有一次，这个女奴还当着他儿子的面大模大样地来到迦图的卧室。年轻人见到后，虽然没说什么，但看得出，他对她相当愤慨。老人觉察到了儿子的不满，但并没有责怪他，只是不声不响地走出家门，并像往常一样，由奴仆陪同前往广场。在前往广场的路上，他大声地呼唤与他同车的萨罗尼乌斯（Salonius，这人原先是迦图的副秘书），询问对方是否已经给女儿物色好了一名合适的丈夫。萨罗尼乌斯说还没有，他不想在不征求主人的意见的情况下，擅自为女儿的婚事作主。"那好，"迦图说，"我已经替你找到了一位合适的女婿，唯一的缺陷就是他的年龄稍大一些，其他方面几乎是没有什么可挑剔的。"萨罗尼乌斯立即表示，他愿意把女儿的婚事托付给迦图，只要迦图看中的，什么人都可以，因为他是迦图的仆人，需要主人仁慈的关照。然后，迦图就毫不犹豫地说自己愿意娶他的女儿为妻。起初，萨罗尼乌斯对这一突如其来的求婚感到非常惊讶，因为他认为迦图的年纪已经远远超过了一般人的婚龄，而他自己也远没有与这位享有执政官尊严、凯旋式荣誉的人联姻的条件。但后来，看到迦图一本正经的样子，他也就高兴地接受了迦图的求婚。到达人民广场后，他们就公布了这一喜讯。

婚期将到，迦图的儿子就带着自己的朋友找到父亲，询问他是否因为儿子惹他生气，才给自己找一位继母。"啊唷！天啊！我的儿子，"迦图叫道，"我对你和你所干的事几乎找不出任何毛病。我之所以要再娶，就是想多些儿子，给我们国家多添些像你这样的公民。"据说，庇西特拉图，这位雅典人的僭主在娶第二个妻子——阿尔戈斯（Argos）的提摩纳斯萨（Timonossa）——时对他那成年的儿子就是这样说的。通过这次结婚，提摩纳斯萨给他生了两个儿子，名叫伊奥弗（Iophon）和帖萨努斯（Thessalus）。迦图也同样，婚后，他便得了一个儿子，他们仿照其外祖父的名字，给孩子取名为萨罗尼乌斯。同一时间，他的大儿子死于财务官的任职期间。迦图在他的著作中经常谈到他的大儿子，称赞其是位勇敢而又高尚的人。据说他对待这一损失几乎像哲学家那样平静，他没有因此而忽略了对公共事务的关心。另外，他也不像后来的路契乌斯·鲁古路斯和麦铁路斯·庇乌斯那样，因为年事过高而衰弱，不能为公众服务，把为国服务视为繁重的义务。他也不像西庇阿·阿非利加那样因为对人们的嫉妒损害了自己的荣誉，而对人民的事情不加理睬，不闻不问地度过自己的余生。迦图认为，正像人们劝说狄奥尼修斯时所说的那样，只有死于治理国家的人，才称得上死得其所。因此，他认为老年人应该忙于公共事务，这才是他们最光荣的。在迦图有空的时候，他常常以写书和农耕消遣自己。

24. 在一生中，迦图编写了许多题目各异的演说稿和通史。在他年轻和家境贫穷的时候，他常常热衷于农耕，因为在当时，他只有两种方法获取钱财，一是农耕，一是节约，但到了晚年，农耕却变成他消遣的场所和研究的课题。他写了一本有关农业的著作，书中他特别论及了制糕和保存果实的技术。他热望精通各种事务并在这些方面比别人更有发言权，在乡村，他常常设丰盛的家宴，邀请那些意气相投的乡村邻居，与他们一起谈笑。因为他经历丰富、见识广博，所以他能跟别人讲述许多有趣的故事。为此，老人们和年轻人都把他当做惬意的伙伴。迦图自己也把吃饭的桌子看作是结交朋友的最好场所，他们在这里常常谈到那些有荣誉而又高尚的公民，但很少提及那些卑鄙而无耻的人，因为迦图不允许他们轻易地评论这些人的优点或缺点。

（译自普鲁塔克的《迦图传》，第 1—25 章）

二、萨鲁斯特书中的部分演说辞与相关信件

撒路斯提乌斯，又译萨鲁斯特（约前86—前34），是罗马共和国晚期的一位政治家，同时也是一位著名史学家。其主要著作有《喀提林阴谋》《朱古达战争》以及晚年所写的《历史》。

《历史》共五卷，主要记述公元前78—前67年的史事，大部分内容都已散失，只有少数片段流传至今，其中包括四篇完整的演说辞和两封书信。下文的第一部分即为这六篇文本的译文，译自洛布古典丛书中的英译本。六篇文本的主要内容大致如下：第一篇为"执政官雷必达致罗马民众的演说辞"。演说发表于公元前78年，意在抨击苏拉的统治。第二篇为"菲利普斯在元老院的演说辞"。此篇演说辞是贵族领袖菲利普斯对前一篇演说辞的驳斥。第三篇为"盖乌斯·科塔致罗马民众的演说辞"。公元前75年，罗马发生骚乱，平民频繁攻击贵族。这一年度的执政官科塔发表演说，意在安抚平民。第四篇为"格涅乌斯·庞培给元老院的信件"。公元前75年，庞培的供给被切断。于是庞培写信给元老院，要求金钱与物资的支援。第五篇为"保民官马格尔致罗马民众的演说辞"。公元前73年，贵族与平民间的斗争仍未平息。保民官马格尔发表演说，攻击贵族。第六篇为"来自米特拉达梯的书信"。公元前69年，米特拉达梯国王写信给帕提亚国王阿萨息斯，希望与其结盟，共同抗击罗马。

下文的第二部分为四篇存疑的萨鲁斯特作品的译文，同样译自洛布古典丛书中的英译本。关于这四篇作品是否真为萨鲁斯特所作，目前尚无定论。这四篇作品包括一篇致晚年恺撒的公开演说辞、一篇致恺撒的公开书信、一篇萨鲁斯特对马尔库斯·图利乌斯的抨击以及一篇西塞罗对萨鲁斯特·克里斯普斯的回击。其中，前两篇作品的内容都是论对共和国的管理。

I 《历史》中的演说辞与信件

（一）执政官雷必达致罗马民众的演说辞

尊敬的公民们，你们的宽容与正直使你们在国内外享有至高无上的地位与卓越的声誉，但这也正是当我在面对卢基乌斯·苏拉的暴政时最令我忧虑的。一方面，苏拉已经意识到周遭环境并不安全，开始疯狂实施欺诈与犯罪。而你们深受欺瞒，并不相信会有人做出那些可憎的行为。除非当苏拉越发残暴并开始侵犯你们的自由时，你们才会拒绝被他奴役。另一方面，即便你们决定提防苏拉，也往往会选择躲避危险，而非主动攻击。

至于那些苏拉的追随者，我实在难以理解他们的心态。他们的祖先拥有杰出的功绩，才使他们能够享有高贵的姓氏。但这些人却甘愿如奴隶一般受人管束，只为购得对你们的统治权。他们宁愿身处缺乏公平与正义的社会，也不愿意生活在充分的自由与权利之中。布鲁迪、埃弥里和卢塔提击败了皮拉斯、汉尼拔、菲利普和安条克，使我们得享自由与家庭，得享法律至上。而他们的后代却正在试图丢弃这些荣誉！这位"罗慕卢斯"开始疯狂攫取所有特权，仿佛是将它们从外族人的手中夺回一般。他不满于庞大的军队建设，敌视其他执政官和在战场上牺牲的将领。当胜利使人们由愤怒变得怜悯时，他却变得更加残忍。他甚至去防备婴儿，令他们在出生之前就遭到排挤。最糟糕的是，即使苏拉犯下如此滔天的罪行，他却仍被严密地保护着。而你们则因害怕遭受更加残酷的奴役，不敢去恢复自由。

公民们，你们应当觉醒，去反抗他的独裁，去拒绝被他摧毁。切勿再犹疑，也别再只知道向神祇祈祷。除非你们觉得苏拉会突然对权力心生厌倦或自感羞愧，那么他还有可能会为了避免被逮捕判刑而主动请辞。但相反，他已越陷越深。在苏拉的眼中，只有荣誉是绝对安全的，他正试图用尽所有手段来维护自己至高无上的地位。在过去，国家的宁静与和平是和自由联系在一起的。杰出的公民辛勤工作，便会得到额外的丰厚奖赏。那时，无论是主人还是奴隶，都会怀有敬畏之心。可现在留给我们的还有什么？眼下的社会难道还有人类的法律可言吗？谁能找到还不曾被暴力亵渎的神祇的律法？如今的统治者不仅剥夺罗马人的权力、声誉与利益，无视民众艰难的生存处境，对民众极尽蔑视之能事，甚至无法保证奴隶的足量供应。我们队伍里的绝大部分人和拉丁姆的人都凭借杰出的表现得到公民权，但苏拉却无情地剥夺他们的权力，并将这些权力作为报酬赐予他的亲信。这些人则凭借特权四处迫害无辜的公民，抢夺他们的祖产。事实上，法律、法庭、国库、行省、国家，这些关乎公民生死的权力都被苏拉攥在手中。你们甚至还能见到用活人献祭和用公民的鲜血玷污陵墓的场景。作为男人，你们只能选择去结束这场压迫或是勇敢地牺牲自己。事实上，大自然总是会挑选出一些人，然后给予他们相同的结局，即便其中有些人如钢铁般坚硬，他们不会一味等待，也不会畏惧，除非他们有着女人一般的心。

然而，苏拉称我是暴动的煽动者，因为我反对给城市骚乱拨款；称我是战争的爱好者，因为我要求重新定义和平的权利。但这是毋庸置疑的！在苏拉的统治之下，你们无法保证自己的绝对安全，除非你们愿意忍受维提乌斯·皮切诺和书记员科尼利厄斯肆意挥霍你们辛勤得来的劳动成果；忍受无辜的富人被放逐，受人尊敬的公民被拷问；忍受城市人口因遭到流放和谋害而日益减少；忍受悲惨的公民贱卖或是丢弃他们的货物，仿佛那是辛布里人的战利品。苏拉甚至攻讦我藏有违禁品。但事实上，无论是我还是你们，若想在苏拉的统治下去做一些在自己看来是正确的事情，就都可能有性命之虞。其实我已经把当时出于恐惧而购置的物品全部归还给了它们真正的主人，我并不想从民众手中掠夺任何东西。眼看着士兵们相互争抢，军队不去攻打敌人而是调头攻击我们，难道我们还没受够民众的暴怒与不满吗？所有罪恶与暴行都该结束了。苏拉在得到荣耀的头衔之后就更不会回头了，他是不会忏悔的，他只会更加迫不及待地去争抢荣誉。

但现在，我在意的并不是你们如何看待苏拉，而是你们敢于做些什么。如果你们现在什么都不做，只想等待出现一个人来领导你们，那么你们最终很有可能会被苏拉抓捕。这并非因为他毫无意义且日渐衰退的高压，而是你们的冷漠使他得以大肆抢掠，并愈发自大自满、目空一切。除了那些替他跑腿的亲信，还有谁会愿意待在他的身边？又有谁不想取得胜利，发动一场巨大的变革？如果你是一个士兵，你愿意忍受你用鲜血换来的胜利被塔鲁拉和斯格特斯这样卑鄙的奴仆抢走，或者看着官员们被起诉，他们的价值甚至还不如佛福蒂斯这个与人通奸的失贞少妇吗？你愿意忍受将所有低贱的行为视作高贵的荣誉？眼看着苏拉的独裁把我们的士兵摧残成这般模样，只留给他们满身的伤痕，我也不再敢期盼什么。除非有一天，士兵们能推翻先祖留下来的保民官，将他们应有的权利和司法权夺回自己的手中。如此，即使他们被放逐到沼泽和森林里，永远背负着侮辱和憎恨，他们之中的一部分人也将得到丰厚的奖赏。

为何苏拉的独裁能够延伸至国外，甚至得到众多的支持和保护？这是因为表面的成功足以遮掩所有的罪行，或者说，他正在用和平与安定欺瞒民众、粉饰罪行。如果我们能将苏拉的政权推翻，他就会受尽谩骂，这也正是他现在内心所恐惧的事情。此外，苏拉宣称已无法恢复共和。事实上，除非任他逼迫平民远离家乡，肆意掠夺市民的财产，把曾经属于全体罗马公民的一切权利与司法权都攥在自己手中，他才会愿意结束战争。如果你们认为这便是和平与有序，那就去支持已彻底败坏的道德吧，去推翻共和体制，去向被强加给你们的法律低头，让受奴役变成我们的常态，让我们的后代毁灭我们的国家。

就我个人而言，即使如今我身居高位，足以彰显祖先的名声和自己的尊严，亦能保证自身的安全，但这些都不是我真正想要的。我想要的并非一己私利，而是宁愿在危险中追求自由，也不愿为了所谓的安宁而受人奴役！罗马的公民们，如果你们跟我一样，那就从现在开始觉醒吧。让我们在神祇的指引下，紧跟着执政官马尔库斯·埃米利乌斯的脚步，去恢复我们应有的自由！

(二）菲利普斯在元老院的演说辞

元老院的各位，祝好。我们的国家既是安全的，也是危险的。英勇的公民既保护着它，也破坏着它。但反过来说，任何无序的状态都是公民冲突的结果，那些负责压制冲突的人却更容易制造争端。继而，很多高贵、聪慧的公民便要听命于一些愚蠢、狡诈的人。即便你们厌恶战争，但你们还是要听从雷必达的命令，将军队送上战场，除非有人能在经受战争的同时提供和平。

伟大的神灵正紧盯着这座城市。罪犯中最低级的马尔库斯·埃米利乌斯，不知该说他是狠毒还是怯懦，正卑劣地召集军队，妄想剥夺我们的自由。而你们却只会小声抱怨、不断退缩，相信虚妄的预言和占卜者的咒语，只知拼命地祈祷，却不肯拿出实际努力来争取和平。你们难道还没有意识到，正是你们的犹豫不决使你们的威望在不断下降吗（这本是你们令他忌惮之处）？自从他使诈当上执政官后，他便拼命煽动公民，很快就得到一个行省和一支军队。但他并非借助杰出的表现来得到这些，而是源于你们如此慷慨地奖赏他所犯下的罪行。

那些直到最后都还赞成派出使团、主张和平与稳定的人纷纷得到雷必达的青睐，但事实上，他们正如抢掠者一般无耻地瓜分着国家。他们曾因恐惧而失去和平，现在又因恐惧而控诉和平。当我看到伊特鲁里亚密谋反叛、禁令被取消、官员们收受贿赂对外租借土地、整个国家因此被分割得四分五裂后，我认为我们不能再沉默下去了。于是我便和同伴一起出发，去寻回卡图鲁斯的标准。然而，仍有人不断歌颂埃米利安家族的伟大事迹，赞扬他的仁厚和对罗马的贡献，甚至称即便如此，雷必达都未曾觊觎过更大的权力，完全无视他早已丢弃肩上的责任，企图利用武力来摧毁自由。这些人为争夺权力和保全自己，已彻底滥用公共建议。

那时的雷必达不过就是一个强盗，是一群随军商贩和刺客里的小头目，任何人都可以用一天的报酬就买下他。而现在的他却成为执政官，掌握着军政大权。但这些都不是他花钱买来的，而是你们双手奉上的，他利用法律逼迫你们对他言听计从。他令人们露出每个阶层最残酷、最狠毒的一面。他用贪婪和对

033

贫困的恐惧控制着那些人，列数他们的罪状，使他们不再满足于稳定与和谐。那些人不断地掀起叛乱、发动战争，先是跟随萨图尔尼努斯，然后转向苏尔比基乌斯，后来又投诚于马吕斯和达马西普斯，现在则紧跟着雷必达。很快，伊特鲁里亚就掀起战火，西班牙行省也出现反叛。米特拉达梯是距离我们最近的附庸国，一直向罗马进贡，现在却也开始对我们虎视眈眈。总之，只需要出现一位优秀的将领来引领他们，我们的国家就会被轻易推翻。

各位，我恳求你们学会提防吧。不要再让犯罪疯狂地肆虐，去玷污那些正直的公民。对任何人来说，不计回报地保持善良与正直都要比随波逐流地谋财害命艰难得多。你们难道还想等着雷必达带着军队进城烧杀抢掠吗？事实上，这种情况随时都有可能发生。雷必达已假借维护和平与稳定之名，控制国家的军队，并利用它们来挑战人类和神祇的法律。他并非想借此弥补自己的过错或是他假意承担的那些错误，而是想彻底毁坏我们的法律与自由。因为他所犯下的那些罪行，他时刻都被野心和恐惧所折磨，但他的智慧却日益枯竭，不断出尔反尔。他害怕和平，却又恐惧战争。他宣称要放弃奢靡和特权，却又无时无刻不在利用你们的懒惰与无知。

至于你们的行为，我实在不知道该称它为怯懦、虚弱还是愚蠢。因为你们每个人似乎都在祈祷他会恐惧于你们所害怕的事物。但事实上，这并不能感化他，甚至连最微弱的作用都发挥不了。

我希望你们能回想一下这些事情都是如何发生反转的。以前，公众首领们是秘密斗争、公开防卫，从而遏制邪恶行径的出现；如今却是秘密防卫，公然挑战国家的和平与稳定。他们利用军队制造混乱，令你们处于恐惧之中。所以你们究竟还在等待什么？难道你们羞于为民众做些好事吗？你们甘心屈服于雷必达吗？他的确声称他会报答每个支持他的人，保护他们的财产；会取消战时所颁布的法律；会授予一些人公民权（尽管他否认曾剥夺过他们的公民权）；会为了追求和平而恢复保民官的职权（而这正是一切骚乱的开始）。

卑鄙无耻的人们啊，为了贫苦悲惨的公民们，你们就不能站出来做一些事吗？你们已经一无所有了，所有的一切都被战争和不公夺走了。你们要求重选执政官，仿佛你们已放弃之前所选出的执政官一般。你们希冀在战争中寻求和谐，殊不知你们原本所拥有的融洽已被人摧毁殆尽。他是个卖国贼，是个不忠于你们的人，是所有优秀公民的敌人。在民众和神灵面前，在那些因为你们做伪证和你们的背信弃义而受到侮辱的人面前，你们难道就不感到羞愧吗？

但若你们生性如此，那就记住你们的职责，看管好你们的军队，切勿妄图发动反叛。不然不仅你们会遭殃，整个国家都会陷入动乱。无论是行省、法律还是神灵，都不会再容忍你们成为罗马公民。若你们仍旧企图一意孤行，那么很快你们就会尝到绝望的滋味。

各位，你们究竟还要等多久才肯为国家设防，才愿意去武装你们的队伍？眼看着他们纠集军队来对付你们，敲诈民众和国库，调走卫戍部队，随意曲解法律，而你们却只知道派使者去调解。如果你们只知一味谋求和平，那么就只能令战争变得更加残酷，令雷必达变得越发安全，因为他清楚你们的恐惧，知道你们不会去追究他发动战争的非正义性。事实上，在雷必达的军队的虎视眈眈之下，那些人宣称厌恶骚乱与民众伤亡，要求你们不要应战，明显是想让你们去品尝被俘者的滋味。这些顾问一边建议你们同雷必达保持和睦，一边又鼓励他向你们开战。如果你们的斗志已被消磨殆尽；如果你们已经忘记辛纳攻入罗马城所带来的灾难；如果你们甘心把自己和妻子、子女交付给雷必达，那还需要这些法令做什么？还需要卡图鲁斯做什么？显然，他和其他优秀的公民所期望为共和国做的一切努力都已经白费了。

站出来吧！你们是想继续容忍西第古斯和其他叛国贼篡夺我们的政权，肆意烧杀抢掠，发动战争颠覆我们的国家；还是愿意追求自由和公义，颁布有助于增添声望的法令，增强你们防卫敌人的信心？一支全新的军队已准备就绪！包括在殖民地的军队在内，所有贵族和优秀的将领都已经准备好了。好运加上实力，我们很快就能消灭掉这支由于我们的疏忽而发展起来的军队。

这便是我的劝告：雷必达密谋篡夺政权，是当前最危险的敌人，他正带着军队朝我们的城市袭来。无论是临时执政者阿庇乌斯·克劳狄乌斯，还是执政官昆图斯·卡图鲁斯，抑或所有拥有军事力量的人，都应该联合起来保卫我们的国家，别令我们的国家再度处于危难之中。

（三）盖乌斯·科塔致罗马民众的演说辞

　　各位，我在国内外遭遇过无数次危险与厄运，有些是依靠自己默默忍受，有些则是在神灵的庇护下借助自身的勇气顺利度过。无论发生什么，我的信念都不曾动摇过。逆境与否只能改变我所拥有的资源，而无法改变我的性格。然而眼前我所遇到的问题却与往常截然不同，现在的我已一无所有，包括那点好运。或者说，日益年迈本身就是一种苦难。它令我的命运变得异常悲惨，使我愈发焦虑不安，让我连在生命的尽头光荣地死去都变成一种奢求。如果我真的是一个叛国贼，即使我能重生回到这里，也不过是在践踏国家的神祇们、我的祖国和高级行政官们。我将在死前受尽折磨，死后亦不会被放过，尽管我愿意在地狱接受任何惩罚来为自己赎罪。

　　我年轻时既是一个普通公民，也是一名政府官员，在你们的注视下兢兢业业。我为你们发声，为你们提供建议与金钱。我从不诡辩也不做坏事，更不偏袒私人情谊，甚至因而招致来自一些民众的深深的公开敌意。当我克服种种困难并遭遇更大的不幸时，当我需要更多的帮助时，我想到了你们。亲爱的公民们，是你们让我回到祖国，重新拥有神灵的庇护，你们才是最为优秀的存在。我永远也无法说尽对你们的赞美之辞，我只想把我的生命献给你们每一个人。然而，出生和死亡都会受到自然规律的控制，我能做的只有毫不羞愧地活着，不辜负你们对我的期望和赐予我的声誉与好运。

　　当国家陷入困境时，你们推选我为执政官。我们的将领正在西班牙遭受严峻的考验，急需金钱、人力、武器与物资的支援。我们的盟友已经倒戈，塞多留亦越过山脉迅速撤退。眼下，我们的军队既无力发动战斗，也无法为自己提供日常所需。而亚细亚和奇里乞亚的军队则被迅速扩张的米特拉达梯牢牢牵制着，马其顿的四周亦布满了敌人，包括意大利的沿海地区和一些行省。同时，战争使我们国家的收入锐减并变得十分不稳定，远远无法平衡所有支出，如海上舰队的规模就明显过小，无法满足我们的防卫需求。

　　若以上这些事端是由于我们的不忠或疏忽而造成的，那我们甘愿承受你们的怒气与惩罚。但若只是因为好运暂时抛弃了我们，那你们又为什么要采取这些无论是对你们、对我们还是对整个国家都毫无益处的做法呢？我的生命即将走向尽头。我愿欣然赴死，如果这能令你们稍感安慰，但我更愿在保卫你们的过程中光荣地死去（尽管死亡是人生必经之事）。看，你们的执政官盖乌斯·科塔已经站出来了！我已效仿先辈去应对战争，将我的一切献给国家。寻找一个值得信赖的人管理国家是你们的责任。但没有任何正直的人会主动请缨，因为谁也不知道自己会有多少好运，不知道自己是否会在战争中或是其他情形下羞愧地死去，就像他永远也无法彻底了解大海一样。但我仍愿用我的生命报答你们的信任，只需你们记住我并非因犯罪或贪婪而被处死。公民们，请用你们伟大的姓氏，用你们先祖的荣耀，忍耐暂时的苦难，一起为这个国家做一些事吧。至高权力的背后自是巨大的焦虑与沉重的负担。当所有的行省和国度、所有的陆地和海洋都已厌倦战争后，谁也无法阻止人们去追寻和平与繁荣。

（四）格涅乌斯·庞培给元老院的信件

我很早就带着军队奋勇杀敌，遭遇重重危险，只为守护你们的安全。而你们却指责我企图同你们开战，同我的国家、我的神祇开战。元老们，你们甚至趁我不在时对我百般攻讦。此后，你们无视我尚且年少，将我送上残酷的战场，令我和我忠诚的队伍忍饥挨饿，几乎就要悲惨地死去。难道这就是罗马人将孩子送上战场的目的吗？难道这就是我们为国家流血牺牲的回报吗？我已经厌倦了无休止地写信给使者，我已经消耗完了所有的私人资源与信心。而你们回报给我的，却是在整整三年的时间里只拨给我仅够一年开支的财物。不朽的神祇啊！你们是以为我私藏着一个宝库，还是认为我可以在没有金钱和物资的情况下，养活一支军队？

我承认我刚走上战场时，并非十分谨慎，更多的还是依靠冲动与激情。但直到 40 天之后，你们才肯授予我指挥官这一空衔。这时，我早已训练出一支队伍，将已进入意大利核心地区的敌军从阿尔卑斯山驱赶至西班牙。越过这些山脉，很快我就开辟了一条远比汉尼拔所走的更为便捷的路线。我先后收回高卢、比利牛斯山、拉齐塔尼亚与印迪吉尔卡河，带着一批新兵和下层士兵击败塞多留，取得第一次进攻性的胜利。事实上，我一整个冬季都在营地里与残暴的敌人周旋，既没有到城镇里去，也没有试图为自己增加名望。

为什么我要提及这些战役和冬季的战斗，指出这些被我们摧毁或是占据的城市？因为事实胜于雄辩。我们在苏克雷摧毁敌人的营地，打赢图里亚河之战，击败盖乌斯·赫伦尼乌斯的军队与瓦伦特城，这些事你们都十分清楚。但是亲爱的元老们，你们回报给我们的却是紧缺的物资与长久的饥荒。我们竟陷入与敌军相同的境地：既得不到支援，也无法战胜对方进入意大利。因此我希望你们能够重视这一情况，别再逼迫我们自筹物资。尽管西班牙还未被敌人控制，但除了几个沿海城市，大部分地区也都已被我们或是塞多留摧毁殆尽。因此它们对我们来说，更像是一个沉重的负担，我们需要在这里耗费巨大开支。去年，高卢曾给梅特鲁斯的军队提供过军费与物资，但在经历过一场大歉收后，它连维持自己最基本的生存都已十分艰难。事实上，我已经想尽所有办法，甚至花光所有借款。你们已是我们唯一的希望，我希望你们能听从我的建议，为我们提供支援。否则，我就只能带着我的军队结束西班牙的战争，返回意大利。

第二年年初，这封信被人在元老院宣读。经过元老院的商议，执政官对行省进行分配。科塔得到高卢。奥克塔维乌斯得到奇里乞亚。新一任的执政官路奇乌斯·卢库鲁斯和马尔库斯·科塔受到庞培的煽动，迅速为他提供了金钱与援军。他们一是出于对国家利益的考量，二是害怕庞培率军进入意大利后，自己的荣誉和地位将会不保。同时，他们还得到许多贵族的援助。这些贵族纷纷向他们表示信任与支持。

（五）保民官马格尔致罗马民众的演说辞

公民们，你们或许还不曾意识到祖先留给你们的权利与苏拉强加给你们的奴役有何区别，那就让我来解释一番，这亦是我的职责。过去，平民们组建军队，脱离贵族阶层，委托保民官维护他们的所有权利。因此，我身为保民官，必须不断激励你们，带领你们走上重获自由的道路。我不清楚贵族的力量究竟有多么强大，但我一个人的力量实在过于弱小。我一直试图剥掉行政官的外衣，露出他们暴政的本质，我也知晓一个正直的人必定无法敌过一群残暴的人。但你们的激励给予我希望，亦消除我的恐惧。我已决定做一个勇敢的人，尽己所能地为你们争取自由，这总好过我什么都不做。

你们曾推选过很多人来维护你们的权利，但他们最终都会被个人利益、欲望或贿赂所诱惑，转而利用他们的权威去压迫你们。他们甘愿为了丰厚的酬劳去做一些坏事，也不愿做没有任何回报的好事。很快，他们便会臣服于一些人的统治，而那些人则以发动战争为借口，疯狂地抢夺金钱、俘虏、领地与行省。他们通过对你们的掠夺严密地保护着自己，而你们就像一群听话的牛，供主人恣意利用和驱使。紧接着，他们就会夺走先辈留给你们的所有特权，只留下投票权。至此，曾经保卫你们的人，便已变成你们的主人。

于是，越来越多的人开始依附和臣服于他们。但事实上，如果你们能夺回原本属于你们的东西，他们之中的大部分人便会回到你们的身边。毕竟很少有人敢于坚持独立，其余的人则会归属于更加强大的一方。如果你们能够摆脱软弱与冷漠，消除对他们的畏惧，团结起来朝着同一个目标奋斗，那么还有什么能够阻挡住你们？除非你们的恐惧远甚于动机。盖乌斯·科塔是由核心贵族推选出的执政官，他曾将一些权力归还给保民官。事实上，即便是路奇乌斯·西吉尼乌斯这样敢于第一个站出来要求夺回保民官的权力的人，也由于你们只会低声抱怨而最终失败了。你们甚至因为他被杀害而感到恐惧与不愉快，却丝毫不反思你们究竟做错了什么。看着你们一次次地失望却仍不肯反抗，我真的十分讶异你们惊人的忍耐力。苏拉曾对你们进行疯狂的奴役，你们本以为在他死后便能结束这种悲惨的遭遇，却未曾料到竟迎来比他更加残暴的卡图鲁斯。之后在布鲁图斯和玛莫库斯执政期间，曾有人进行过反抗。但等到盖乌斯·克里奥出任执政官后，又有许多无辜的保民官遭到迫害。

去年，卢库鲁斯曾猛烈攻击路奇乌斯·昆提乌斯，现在人们又将矛头对准了我。但这些做法都是徒劳的，若他们意在你们遭奴役之前便结束他们的统治。在这些公民间的纠纷中，尽管掺杂着各式各样的动机，但双方的真实意图都是旨在决出谁才是你们真正的主人。因此，无论是颁布特许证、诱发敌意还是进行利诱，都只能起到一时的效果。唯有一项一直争执不下的议题亟待解决，即保民官的权力。保民官是祖先留给你们的武器，能保护你们的自由。因此，我希望你们能牢记这一点：切勿再一味地怯懦，别再打着寻求和平的旗号而受人奴役。眼看着残酷的暴君独揽所有权力和荣耀，若你们再不觉醒，你们甚至会失去最后的和平。他们时刻都在警惕你们，你们越不懂得反抗，就会被他们束缚得越紧。我们的国家越不公正，他们就越安全。

那么有人就会问："你又能有什么好的建议？"首先，你们必须改掉现在的习惯。你们只知道到处指责别人却从未拿出行动，从来没有真正下定决心去团结起来诉求自由。其次（我并非想让你们去做出任何伟大的贡献，你们只需夺回祖先留给你们的保民官。保民官也曾属于统治阶层的执政官，拥有独立制裁贵族的权力），当所有权力都已回到你们手中后，你们便可以开始实施自己的法令，而无须屈服于他人，也无须再等待朱庇特或其他神灵的建议。同时，你们还应认真执行元老院颁布的法令，尊重执政官至高无上的权力，维护他们的权威。总之，我并未要求你们去报复任何人，也不想如他们所愿挑起纷争，而是希望能寻求一种平和的方式结束眼下的状态，在国家法律的框架之内令一切归于原状。然而，即使他们坚持拒绝接受我的提议，我也不会支持你们去发动战争或是脱离国家，但我也不会再让你们去为他们流血牺牲。就让他们用自己的方式管理国家吧，去寻找属于他们的胜利，在他们先辈的指引下去对付米特拉达梯、塞多留和那些曾被他们放逐的人。我们应该做的是让那些没有得到任何回报的人从时时的危险与辛勤的劳作中解脱出来。

那些人的确已匆忙通过法案为你们提供报酬，保证给你们分发谷物。但你们的自由难道是仅仅五配克就能换走的吗？这甚至还不如囚犯在监狱里得到的供给多。按时给囚犯提供极少量的食物，是为了耗尽他们的体力但又不让他们死去。因此，他们向你们分发如此之少的粮食，既是为了避免被人指责没有提供任何财政援助，亦是为了消磨你们的斗志，只留给你们最渺茫的希望。而且即使他们愿意为你们提供大量物资，也只是想迷惑你们。事实上，这些都是你们遭受奴役所付出的代价。他们现在不过就是拿着原本属于你们的财产来欺骗你们，压迫你们，还令你们对他们感恩戴德。你们必须警惕这一诡计。除此之外，他们已经没有别的办法去战胜所有人。因此他们一边安抚你们，一边又不断欺骗你们，直至格涅乌斯·庞培的出现。他们十分畏惧庞培，担心会被他杀害。但眼下，他们更害怕被驱逐，被撕成碎片。有许多极具个人风格的人，纷纷宣称要守护自由，却从来不敢引领人们去保卫大家的权利或是驳斥对手的过错，而是一直羞愧地等待领导者的出现。但就我个人而言，我是全然信任庞培的。他年纪轻轻便享有盛誉，他更愿在你们的支持下成为国家的引领者，而不是同那些人一起奴役你们。他将会带领我们寻回保民官的权力。

曾经有一群同胞，团结一致，努力保护着所有人，没有人可以从你们身上夺走任何东西。我已经说得够多了。你们并非愚昧无知，但你们麻木不仁，甚至不再在乎光荣与耻辱。你们放弃一切，只为换来终日懒散。你们没有后顾之忧，甘愿被富有的主人招之即来、挥之即去，还以为这就是充分的自由。他们甚至剥夺那些斗争失败的人的特权，并将其作为礼物转赠给行省与地方的治安官。随后这些人便会为争夺各种利益而发动战争、相互征服，践踏普通民众。若你们还不肯站出来夺回自由，那就只能令暴君的统治愈发巩固，令以上这些情形愈演愈烈。

（六）来自米特拉达梯的书信

米特拉达梯国王致阿萨息斯国王：

祝好！

所有处于繁荣时期的国家都会组成进攻性的联盟，而我们则需要考虑是否有这个必要。首先，它们是否有能力维护和平？其次，组成联盟是否就一定能保证彼此的安全？这种联盟究竟是正义还是非正义的？因此，如果您觉得仅靠自己就可以维持长久的和平，也不介意敌人在边境虎视眈眈，更觉得推翻罗马的统治无法给您带来任何声誉的话，那我自然不会冒险向您提出联盟的请求，我更不愿将我们的灾祸与你们的繁荣捆绑在一起。但我还是希望您能再认真考虑一番。在最近的几次战争中，你们不断被提格兰滋扰，我们也很少能取胜，但这恰好是一个适宜的机会。提格兰本身是弱于你们的，自然愿意同你们联盟。就我个人而言，尽管命运女神已经许久未曾眷顾过我，但她还是留给我一些必要的经验与良好的建议。虽然我不再执掌大权，但我仍想分享一些自己的经验给您，希望能帮助您更加审慎地处理政务，以促进贵国的兴盛。

事实上，罗马人是非常好战的。他们乐于同所有国家、民族与国王为敌，渴望掠夺全世界的权力与财富。首先，罗马人将目标指向马其顿国王菲利普。当马其顿深受迦太基骚扰时，罗马人以友军的姿态出现前来援助它。随后，他们又狡猾地以放弃亚细亚为条件取信前来支援的安条克。当菲利普的统治被推翻后，罗马人迅速夺走安条克在托罗斯山脉一侧的所有领地以及一万人口。紧接着，菲利普之子帕尔撒斯与罗马人多次交战，各有胜负，最终还是在萨摩色雷斯的神祇的见证下接受了罗马的保护。那些手工艺者和艺术家原本承诺不会杀害他，但后来还是背叛了他，令他被失眠的困扰折磨至死。另外，罗马人总是吹嘘他们与欧迈尼斯的友情。但事实上，他们先是以和平为借口背叛欧迈尼斯，转向安条克，随后又扔给他一块掠夺而来的土地，命他做保护人，对他进行征税与羞辱，将他从一位国王变成最悲惨的奴隶。后来他们又通过伪造遗嘱击败欧迈尼斯的儿子亚里斯托尼库斯，后者本意图重建父亲的王国。至此，罗马人已完全控制亚细亚，并在尼科美得斯死后，彻底占领比提尼亚，完全无视他的王后尼萨还有一个儿子。

为何要提及自己的事情？尽管我的王国与领地都和他们毫无关联，但由于我非常富有，亦不会受人奴役，他们还是通过尼科美得斯将我骗上战场。虽然我尚未清楚他们的意图，但我很早就已警告过克里特人和托勒密国王之后将会发生的事情。那时克里特人仍独自坚守着自由，于是我便开始报复他们强加于我的不公。我先将尼科美得斯从比提尼亚驱赶出去，再竭力恢复被安条克国王所摧毁的亚细亚，将希腊人从痛苦的奴役中解放出来，但我很快就遭遇到阻碍。阿奇劳斯那群卑劣的奴隶背叛了我的军队，那些懦弱狡猾的人也纷纷放下武器，他们本想借助我的不幸来寻求自身的安全，不料却遭受最残酷的惩罚。罗马人不断用金钱收买托勒密，消除他的敌意。克里特人在猛烈的攻击下也已元气大伤，无力再战。于是我很快就明白，以罗马内战为代价换来的和平只能是暂时的，战争依旧无法避免。然而，即使提格兰拒绝加入我们的队伍（现在他终于愿意认同我的预测，但为时已晚），即使你们距离我们如此遥远，即使所有人都选择投降，我也会坚持作战到底。我在卡尔西登的大地上追击罗马将领马尔库斯·科塔，亦在海上击败他装备精良的舰队。但当我围困有着充沛的作战物资的西齐库斯时，却陷入孤立无援的境地。没有任何一个邻近的王国愿意前来援助我，寒冷的冬季亦令我无法渡海离开。但我依旧不愿就此屈服于敌军，最终突破重重阻碍回到祖国，并为此牺牲了最精锐的部队。我的舰队亦在帕里乌姆和赫拉克利亚遭遇海难。后来，我在卡比拉重新组建了一支队伍和卢库鲁斯交战，双方各有胜负，但很快我们便都陷入供给不足的困境。卢库鲁斯命令阿里奥巴尔赞前来援助，后者的王国尚未受到战火的波及。而我所能调动的国家则都已被摧毁殆尽，因此我只能撤回亚美尼亚。之后，罗马人一边追击我，一边继续摧毁所有君主制国家。他们经常在狭隘的山谷内进行夹击，令大量士兵动弹不得，并到处吹嘘这是提格兰轻敌的结果，仿佛他们已经取胜。

我希望您能认真思考，难道您认为一旦我们被摧毁，你们就能更好地同罗马人对抗吗？战争就会因此而结束吗？我知晓你们有庞大的兵力与充足的武器和财富。这正是罗马人进攻你们的原因，亦是我前来向你们请求联盟的原因。我的提议是，既然提格兰王国如今还是完整的，我也有一支同罗马人交过手的作战经验丰富的队伍，那不如就此进行合作。这场战争不仅远离您的本土，无须你们出力太多，而且就连出战的士兵也全部由我们负责。因此，无论结果成功与否，你们都不会遭遇危险。难道您不知道，自从大海阻挡了罗马人继续西进的脚步后，他们已经调转进攻的方向了吗？罗马人本就一无所有。所谓的家园、妻子、土地和国家，从一开始就是他们窃取而来的。这群曾经没有祖国、没有父母的流浪汉，如今却正践踏着全世界。已经没有任何法律、人类和神祇能够阻止他们去破坏所有同盟和友邦（无论距离远近、强大与否），去摧毁一切不愿屈服于他们的政权。他们尤其敌视君主制。

事实上，很少有人会愿意去追寻自由，他们往往满足于现有的被奴役的状态。此外，我们的实力本就弱于罗马，即便在未来也很难同它对抗、向它复仇。但你们不一样。你们拥有世界上最伟大的城市——塞琉西亚，拥有富庶的佩赛斯。难道您想在眼下就被它们背弃,或是让它们在未来陷入战火?罗马人拥有最强大的武器和最惊人的破坏力。他们不断发动战争,变得愈发厚颜无耻、奸诈狡猾。而且依据罗马人的习惯,他们会在征服之后摧毁一切事物……但如果你们能从美索不达米亚出发,而我们则取道亚美尼亚,同时对罗马人进行围攻,届时他们既得不到供给,又没有援军。若他们还想取胜,那就只能倚靠绝佳的好运,或者我们这一方出现极大的疏忽。您亦将因援助伟大的国王、击败众民族的掠夺者,而得到至高无上的荣耀。以上便是我的建议,亦是我希望您能够赞成的,切勿企图利用我们的毁灭去延缓你们的失败。相比之下,与我们联盟并一同去征服罗马才是更加明智的。

II 存疑的作品

（一）萨鲁斯特致晚年恺撒的公开演说辞

1. 毋庸置疑，命运垂怜我们，赐给我们令其他人垂涎不已的国家与统治者。有时，其他人也会随机得到这样的好运，但他们往往不懂得珍惜，也不懂如何把握。但很多事实亦验证了阿庇乌斯的诗句：每个人都是自己命运的设计师。这句话尤其适用于您。您的杰出远远超过其他人，人们甚至会不厌其烦地为您唱赞歌，因为您做了无数件值得称颂的好事。既然命运是由每个人自己创造的，那您就应认真坚守您的美德，别让弱点占了上风。没有人愿意将统治权拱手相让，一个拥有权势的人总是会令其他人感到畏惧，尽管他可能曾经正直且仁慈，因为他的诡计总是合乎法律的。统治者的思想已然扭曲，他们坚信臣民越邪恶，自己就越安全。恰恰相反，统治者应殚精竭虑、正直勇敢，有序地管理臣民。人们越恶劣，就会越痛恨他们。

但对您而言，管理被征服者的难度远远超过您所有的前任，因为您所处的战争时期都远比他们所在的和平时期宽容。何况胜利者总是渴望战利品，但被征服者却是我们的公民。您必须克服这些困难，不断前进，令国家日益强大。您不仅应在军事力量与抗击外敌上取得进一步的发展，更应加强和平时期的国内外建设。事实上，后者更为棘手。因此，根据眼下的环境，您需要一个顾问团。其中有些人地位崇高，有些人谦逊聪慧，他们各擅其长又各司其职，为您提供最合适的建议。这便是我的看法，如此您才能享有长久的胜利。

2. 现在，为了能帮助您更好地安排各项事宜，请允许我真诚地为您提供一些建议。

恺撒，过去您曾深陷战争，您的对手非常优秀，他勇猛果敢又渴望权势。但命运女神还是不够眷顾他，以至于他欠缺一些智慧。他有一群追随者，或是您的仇敌，或是他的亲信，但他不愿与任何人分享权力。如果他能容忍一些对手的存在，也许就不会出现那么多的战争。其他人则都是随波逐流而选择跟从他。与此同时，一些声名狼藉、道德败坏的人，更是一心企图掌控国家。他们涌入您的领地，疯狂掠夺、杀害那些坚守和平的公民，无恶不作。然而，当他们发现在您的领地既没有欠债也没有敌视时，他们便纷纷离开。有些人则选择留在您的阵营里寻求安宁，毕竟在罗马，还有无数的债权人在等着他们还债。但很快，就有一大批优秀的人出于相同的原因涌向庞培那里，庞培的阵营开始成为欠债人在战时寻求保护的收容所。

3. 因此，无论是在战争中还是在和平时期，您都应恰到好处地处理两边的关系，保证其中一边都是优秀的公民，另一边也能安分守己。既然您的职责是管理国家，那您就应随时注意自己的行为是否得当。就我个人而言，我认为严酷的统治只能带来悲惨，而无法持久。人们往往会恐惧他们内心的胆怯与退缩，当他们陷入残酷且漫长的战争时（无论是前线、后方还是侧翼，都充满危险），便会终日活在危险与恐惧之中。相反，仁慈宽容的统治者们则更能促进国家的繁荣昌盛、长治久安，甚至他们的敌人也更加友善。

也许会有人指责我企图破坏您的胜利，认为我对被征服者的处置过于宽容。但无疑地，我相信无论是我们还是我们的先辈，都曾给予外族人（他们本是我们的天敌）同本国人相同的特权。我们不能再同野蛮人一般，倚靠以牙还牙、以血还血的那一套。

4. 在战争之前曾出现一些传言，后因格涅乌斯·庞培和苏拉的取胜而被刻意掩盖。据称，多米提乌斯、卡波与布鲁图斯等人并非根据战时法律在军队或是战斗中被处死，而是在战后请求宽恕时被最残酷的暴行虐杀致死。更有人说，罗马民众就像牛群一样在公共居所中被肆意屠杀。唉！在您获胜之前，残忍的秘密处死随处可见。公民们随时都会遭到暗杀，到处都是逃亡的妇孺，父母则将孩子抱在怀里拼命逃跑，家园已被摧毁得破败不堪。而现在，这群人竟要求您实施同样的暴行，声称对决的目的是判断谁能拥有施暴的权力，并坚称您并未恢复我们的国家，而只是俘获了它。这些人大都是军队中已退役且立有军功的老兵，他们甚至在战场上与自己的父母兄弟作战，喜欢通过折磨别人来满足自己变态的欲望。他们打着爱国的旗号做尽坏事，恰恰是您获胜之后的污点。我想您在战时必然仔细观察过所有战士的品行与纪律，那时我们甚至还无法确定能否取胜，但有些老兵在战场时依旧大肆嫖妓、宴饮，这些行为即使放到平时，就他们的年纪而言都是非常不光彩的。

5. 关于战争我已经说得够多了。现在，我们来探讨您和您的官员们又该如何构筑和平。首先，您应当制定切实可行的目标。如此，当您区别出善恶后，您便更容易接近事实。我的想法是，任何事物都是有始有终的；罗马终有覆灭的一天。到那时，民众会互相攻击，国家亦变得软弱无力，然后被其他国王或民族所征服。否则，无论是全世界还是所有民族联合起来，都无法撼动罗马半分。因此您必须重视国家的和谐，避免出现纷争。若想实现这一点，您应防止公民染上挥霍无度、肆意抢掠的恶习。您不可用旧有的标准去要求他们，那些道德习俗早已因我们长久腐化的心灵而变得荒诞可笑；而是要对他们的收入进行控制，限定他们的开支。当前，很多青年挥霍无度，沉溺于种种欲望，整日与狐朋狗友为伍，甚至将其视作刚毅高昂的象征，反而认为谦逊自制等于胆怯懦弱。这些刚愎自用的人已然滑入错误的泥淖，并越陷越深。若任其发展，势必会影响到我们的军队和公民，破坏原本井然有序的格局，甚至诱发动乱。因此，我们必须管理好自己的财产，以免陷入借债度日的境地。总之，我们应督促行政官对民众负责，而不是一味讨好债权人；监督他们用心治理国家使其日益富强，而非只知抢掠国家财富。

6. 我清楚，这一步刚迈出去时，将会多么惹人不快，尤其是对那些想在胜利后取得更多特权与自由而非约束的人来说。但如果您能分配好他们的福利，而不是一味满足他们的欲望，就可以为国家的和平打下一个坚实的基础。否则，如果我们的青年仍像眼下这般毫无节制，那么不仅您的名望会迅速受损，罗马城也将走向灭亡。

最后，聪明的人发动战争是为了追求和平，甘受种种历练。所以，除非您真的能借此带来永久的和平，否则究竟是取胜还是战败，真的有那么重要吗？

因此，我借助神祇的旨意恳求您，接管共和国，一如既往地克服所有困难。要么就由您来消除一切弊病，要么就让我们放弃所有努力。然而，尽管我们的国家已遭严重破坏，所需的绝非简单的调整，但您也不可实施严刑峻法，而是应让堕落的行径与有害的情感远离我们的青年。真正的仁慈应当是悉心关爱民众，不随意驱逐公民；令民众摆脱愚蠢、欺诈的低级趣味；建立安定、和谐的秩序；不会容忍和纵容犯罪，否则罪犯们必然会因一时的得逞而在不久的将来变得更加猖狂。

7. 对我而言，那些令人恐惧的事物反而会令我拥有特别的信心。您正肩负着伟大的使命，需穿越陆地、渡过海洋去恢复世界秩序。卓越让您无须去关注各类小事。巨大的责任背后定会有丰厚的回报。因此，您应当鼓励民众辛勤工作，防止他们危害社会，切勿让他们继续依赖于丰厚的馈赠和免费分发的谷物而变得意志消沉。同时，您还应督促青年们拥有诚实、勤劳的美德，劝诫他们不可挥霍无度，切勿一心追逐财富。金钱是一切罪恶的源头，我们应当合理利用它的优点与长处。我思索过许多声名显著的人是如何获得名望的，也思考过何为伟大的民众与民族，并研究过一些王国和统治政权覆灭的原因。最终，我总结出其中共同的美德与相同的缺点：胜利者往往轻视财富；征服者才会觊觎它们。事实上，凡人只有通过舍弃财富与肉体的欢愉，不阿谀奉承，不沉溺于欲望，不轻易满足，而是辛勤劳作，坚忍不拔，遵守道德戒律，多做好事，去锻造自己的灵魂，如此才能真正接近神祇并自我完善。

8. 事实上，人们在建造宅邸或是乡村别墅时，通常会用雕塑、挂毯或其他艺术品进行装饰，使其变得更加富丽堂皇。但事实上，这些装饰品并不能为主人的富有赢得名声，反而会成为他们的污点。进一步而言，有些人终日暴饮暴食，每晚都要嫖妓，他们的精神已然被腐蚀，非常容易受控制。他们很快就会变得呆滞迟钝，没有任何行动力可言。这些人的愚蠢最终将会毁掉大部分事物，甚至包括他们自己。然而，所有的不幸都是他们对金钱的贪恋造成的，包括有关行政官或其他物品的出售。

此外，您必须确保意大利和其他行省的安全。这一点其实不难实现，因为一直以来都是同一伙人抛弃自己的家乡，蹂躏他人的家园，到处烧杀抢掠。您还应保证兵役制度的公正与平等。到目前为止，有些人可能已经参加过 30 次战斗，有些人却还没上过一次战场。另外，您应命人将粮食送至自由乡和殖民地，分发给退役返乡的士兵们，切勿再将这些谷物馈赠给那些游手好闲的人。

至此，我已用最简洁的话语表达我的建议。我认为它们既有利于国家的发展，也有利于提升您的名望。但我仍需要简单解释我的动机。很多人有或假装有足够的能力去做出正确的判断，但他们总是急着去谴责其他人的言行，而很少能充分表达自己的想法。我从未后悔成为这些人批评的对象，只会遗憾自己过多地保持沉默。无论您是否接受我的建议或是有其他更好的想法，我都很高兴能尽己所能去帮助您。现在我能做的只有祈求神祇支持您的决定，并赐给您一个好的征兆。

（二）萨鲁斯特致恺撒的公开书信

1. 为一位国王或统治者或是任何拥有至高无上的权威的人提供建议是一件非常困难且危险的事。他们本就拥有大量顾问，何况也没有人能有足够的智慧预见未来。不仅如此，糟糕的建议甚至经常比友善的忠告更加有效。命运女神总是随心所欲地安排事情的进展。

我从年轻时就一直渴望从政，并为此付出巨大的心力。我不仅仅想得到一个官职，毕竟很多人都可以通过各种不光彩的方式得到它；我亦想管理好国内外的公共事务，包括我们的军队、公民与财富。因此，我想为您提供大量建议，借此在您的荣耀里加入我的名望与谦逊。我愿冒尽任何危险，只为增加您的声望。然而，我并不是想分享您的好运，而是钦佩于您众多的优良品质。其中，您不耽于顺境、在逆境中迸发出的强大精神最令我感动。但更显而易见的是，您一直在为民众做值得称颂的好事，而人们也会不厌其烦地赞颂您的功绩与慷慨。

2. 我认为没有什么事情是会艰深到使您无法理解的，我也已将我关于管理公共事务的建议上呈给您。我之所以这样做，并非觉得我的决策水平和能力有多高，而是因为我认为作为战场上屡屡得胜的指挥官，您应当重视城市的利益。若您只是在心里思考这些问题，那么未免显得有些缺乏英雄气概。请问您打算如何防备敌人的攻击，如何赢得民众的支持，又如何应对那个不怀好意的执政官呢？您曾经拥有坚定的信念，勇敢地打击贵族派系，将罗马民众从痛苦的奴役中解放出来，带领他们寻求自由。您在做执政官期间，无须诉诸武力便能击败全副武装的敌人。您的众多光辉事迹已享誉国内外，甚至您的敌人都只敢责备您过于伟大。因此，若您仍愿持有这般信念，那就请您仔细倾听我关于国家福利建设的建议，很快您就会发现它们都是正确的。

3. 盖涅乌斯·庞培性格乖张，渴望攫取所有权力，甚至勾结敌军，您必须针对他企图推翻统治的方式来守护好我们的政权。首先，他赐予一部分元老控制财政收支和解释法律的权力，令原本拥有至高无上的权力的罗马民众再次遭到奴役，又一次被不平等的法律所控制。即使法庭在名义上仍是由三个等级共同管理，但事实上依旧是被这些元老所控制。他们随意曲解法律，欺诈无辜的人，拼命提拔亲信。这些人一心谋求高位，既不害怕犯罪，也无羞耻之心，而是疯狂抢掠他们想要的一切。最终他们俘获了整座城市，开始肆意破坏法律。但我并不会为此太过愤怒，因为我相信，即便他们真的能够靠勇猛专断赢得战争，也不过是在制造奴役他人的工具。但若令这些本就胆小懦弱，只会逞一时口舌之快的人取胜，他们很快就会变成施行暴政的独裁者。有多少杰出的家族没落于这些叛乱和城市的纷争之中？又有谁能仅靠狂暴和蛮横就取得胜利？

4. 卢基乌斯·苏拉在取胜之后同样获得了不受限制的权力，但他就很少杀害仇敌，即使他知道这有助于增强他的力量。他更喜欢用和解而非恫吓的方式来消除对手。而马尔库斯·迦图、路奇乌斯·多米提乌斯等人却屠杀了40名元老和许多有着远大志向的年轻人，仿佛他们是献祭时的牺牲品。这些无辜公民的鲜血甚至无法令这群残忍无情的人感到满足。无论是流离失所的孤儿、年迈无依的父母，还是悲痛哀泣的民众，都不可能感化这些人。不仅如此，他们还剥夺了许多人的头衔与公民权，这些低等生物甚至不惜售卖自己的生命。很快，他们就不再满足于自己所拥有的至高权力，而是开始嫉妒您的名望。他们甚至想逼迫您下台，进而破坏罗马的自由，国家的强大与否则根本不在他们的考虑范围之内。因此，您必须反复思考应该如何强化和巩固您的国家。我不会

二、萨鲁斯特书中的部分演说辞与相关信件

吝啬提出我的想法，但它们对您来说是否有用，就要取决于您自己了。

5.我从先辈那里了解到，我们的共和国包括两部分：贵族与平民。最初，贵族享有主要的统治权。但平民人数众多，力量亦不可小觑。之后通过几次分化，贵族的权力被逐渐削弱，平民的特权则不断增加。但民众仍是自由的，因为没有人的权力能凌驾于法律之上。贵族们亦是依靠良好的名声优于平民，而非财富和浮夸的排场。最低下的民众亦能在农田里或是兵役中体面地得到他们想要的一切。

然而，懒散与贫穷逐渐令平民们不再辛勤劳动，甚至变得居无定所。他们开始垂涎其他人的财富，并将自己的自由与家园作为交换的对象。曾经享有统治权、悉心管理所有民族的公民开始堕落。人人均享的共治权逐渐集中到一个人的手中。人们开始沾染各种不良习惯，彼此之间的联系不再紧密，很快形成不同的职业与生活模式，显然已不再适合统治我们的国家。但新公民的加入或许可以改变这一情形。他们深切地盼望获得自由，渴望摆脱被奴役的束缚，势必能唤醒民众对自由的追求。因此，我建议您妥善安置这些外来者，令他们在殖民地同旧公民和谐相处。如此，我们的军队便会更加强大，我们的公民便能各司其职，不再危害社会。

6.我知道，这些措施若推行起来，势必会引起贵族们巨大的愤怒。他们一定会叫嚣说这是对社会基础的破坏，是对原始公民的奴役。简而言之，他们认为将公民权慷慨地授予更多的人，是在令一个自由的国度变成一个君主制国家。但我相信，既然有人能利用国家福利进行犯罪，借此获取支持，那为何不能令公共服务变成一项优势呢？若再在此事上犹疑不决，那就未免显得有些愚蠢胆怯了。

马尔库斯·德鲁苏出任保民官时，曾竭尽全力为贵族服务。若是没有贵族的支持，他将寸步难行。但对一个充满欺诈与背叛的派系来说，利益远比荣誉重要。他们自己本就是善于欺诈之人，自然害怕马尔库斯拥有至高无上的权力后会背叛他们，便开始与他作对，破坏他的计划。您应将其作为前车之鉴，仔细筛选对您忠诚的朋友，并做好必要的防备。

7.一个勇敢的士兵可以在前线毫无困难地打败一个敌人，但若遇上隐藏着

的陷阱，那么就不是仅靠诚实与正直便能避开的。将新公民纳入公共福利体系之后，公民群体势必会得到革新。您必须认真思考如何提高公民的道德素质，如何保证新、旧公民之间的和谐相处。但眼下您在分配福利时，包括您给予国家和公民的、给予您自己和您的子女们的，简而言之即您给予所有人的福利，要么就增多到令所有人都能放弃对财富的追求，要么就减少到所有人都能接受的最低标准。否则，无论是公共事业还是个人事务，无论是国内还是国外，就都会落入无序的状态。所有领域都充斥着对财富的追求，无论是受教育的水平、优良的品质还是才能与天赋，都无法阻挡人们最终去追逐财富。我经常听到一些国王生于忧患、死于安乐。这种情况并不意外。好人发现卑贱者依靠财富逐渐获得声望和拥护时，一开始会感到愤怒且困惑不已。但时间一久，虚荣心逐渐压过荣誉感，对财富的渴望逐渐超过功勋，他们便会加入享乐的队伍，而放弃对真理的追求。事实上，荣誉感可以促使一个人竭尽全力。但如果拿走它的话，美德本身就是苦涩刺眼的。总之，无论在哪里，财富都会被视作卓越的象征。而荣誉、正直、谦逊、纯洁等所有美德与它相比，则会显得无足轻重。通往美德的道路只有一条，且崎岖不平，但人们却可以选择任意路线去获得财富，无论手段是否公正。

您应减弱金钱的重要性。在挑选陪审员时，若案件涉及性命或荣誉，则不应以财力为标准。在推选顾问或执政官时，也应关注其能力而非财力。若只是推选一个治安官，那么人们还能轻松决定。但若以财富为标准，从派系中挑选一个独断专行的陪审员，就显得非常可耻了。因此，我认为所有第一等级的公民都应当有资格当选陪审员，但他们的义务也应在现有的基础上有所增加。无论是在罗德岛还是其他国家，公民们都不会为他们的法庭感到羞愧。无论重要与否，法庭都会认真处理每一个案件，富人与穷人会享有相同的运气。

8. 至于治安官的选举，我个人相当赞成盖乌斯·格拉古在他任保民官时期所推行的法律。那时，五个等级享有相同的运气，没有任何区别，财富与人的价值同等重要，所有人都致力做出更多的贡献。我认为这些都是抑制富人的权力的必要措施。一切事物都有其价值，我们应当利用它们的优点与长处。人们往往会为获取利益而变得邪恶，若无利可图，人们自然也就不再作恶。贪婪就像一头可怕的巨兽,难以抵抗,会摧毁所有城市与乡村、所有神庙与家庭,泯灭一切人性与神性。任何军队或城墙都无法遏制住它。它会夺走所有人的名声、贞洁、父母、子女与家园。但如果您能令金钱无法购得荣誉,那么即使贪婪的力量再强大,也会很快屈服于优良高尚的品德。然而,即便所有正直和不正直的人都能意识到这一点,那也无法降低您在贵族中推行改革的难度。若您能小心翼翼地避开他们设下的陷阱,一切就会变得轻松很多。如果这些人意识到拥有功勋能令自己更加强大,必然会开始追求良好的品行,而不再嫉妒它们。眼下他们的思想已然变得懒散麻木、迟钝不堪,只知辱骂或诋毁他人,把他人的荣誉视作对自己的侮辱。

9. 但我为何要谈论这么多关于贵族的事,就好像您完全不了解他们似的?马尔库斯·比布鲁斯完全就是依靠他的胆大和蛮力成为执政官的,他的演讲极其无聊,且其人天性愚钝。如他这般可耻的人得到至高无上的执政权后,自然会为所欲为。难道路奇乌斯·多米提乌斯就真的拥有强大的实力?他污点缠身,满身罪孽,有着爱说谎的舌头、沾满鲜血的双手、善于逃跑的双腿和那些无法言说的罪恶。

马尔库斯·迦图就是这样的一个人。我不会轻视他,他多才多艺,拥有雄辩的口才和优越的才能,他曾在希腊接受过大量训练。然而他同那些人一样,完全缺乏刚毅、警觉和勤勉等品质。难道您认为我们的国家可以依靠这些人进行支撑吗?他们本因无能而在家乡失去自由。

除了以上这些我所提到的,我们的队伍里还有大量无能的贵族。他们就像一行题词,没有任何实际贡献,只是空有一个好的姓氏。在我看来,路奇乌斯·珀斯图米乌斯和马尔库斯·法沃尼乌斯这些人,就像是一艘大船上多余的甲板货物。若船队能安全抵达,他们也许还能发挥一些作用。但若遇到任何灾难,他们一定会被最先抛弃,因为他们毫无价值。

10. 至此,我已谈论了很多有关公民改革与复兴的问题。现在我想为您提一些有关元老院的建议。随着年岁渐长,我的思想日益成熟。我很少再去骑马射箭来锻炼身体,但我一直坚持阅读,借此训练思维、活跃头脑。通过大量的阅读与学习,我发现所有国家与民族都曾在贤明的执政官的统治下拥有过长时间的富饶与强大。然而一旦这种繁荣开始被偏执和恐惧所破坏，国家的实力便会迅速衰退，甚至失去统治权，最终沦落至被奴役的状态。

我认为无论一个人在国内的地位是否高于其他人，他都应当认真关注社会福利。对其他公民来说，国家安全只能保证他们的个人自由。但对那些依靠自己的才能赢得财富、尊重与名望的人来说，若国家开始衰退或哪怕仅是一点踉跄，他们便会立刻焦虑不安。他们急于维护自己的名声、自由与财富，四处奔走，惊慌不已。他们平常越富有，之后在陷入窘境时就会越焦虑且备受折磨。

因此，民众之于元老院，就如同躯体之于灵魂。他们必须执行元老院所颁布的法令。元老们应善于提出建议，而民众则无须太过聪明。我们的先辈曾被困于艰苦的战争之中。尽管没有马匹、士兵与金钱，但他们却不曾放弃努力，最终夺得统治权。无论是物资的缺乏、敌人的强大，还是任何灾祸，都无法使我们的先辈畏缩退却，他们勇猛果敢地保卫着赢得的一切。但事实上，他们的成功在很大程度上得益于长老议事会的坚定团结，而非战场上的胜利。那时，全国上下团结一致，所有人都能享受公共福利。彼此结盟也只是为了对抗敌人，每个人都在为国家付出全部身心，而不是考虑自己的权力。但如今，现实却恰恰相反。懒惰懦弱的贵族们早已不知何为艰苦奋斗、何为敌人、何为军营生活。他们只知到处建立派系，自以为是地宣称他们的权力凌驾于所有民族之上。

11. 因此，在高明的元老们的领导下，原先动荡不安的国家逐渐变得稳固。但眼下他们已然变得反复无常、来回不定，他们不停地更换法令，完全根据统治者的好恶来决定这些措施是否对公众有利。

但如果元老们能拥有自行决议的自由，或是他们的投票能够不被公开，那么国家的实力便会增强，贵族的权力则会受到抑制。既然很难实现普遍的平等（贵族依靠祖先的勇猛而得到荣耀、声望与恩赐，其余的人则只能依附于国家），那么至少要给予后一部分人自由投票的权利，令他们免受畏惧。由此，所有人便都可以匿名投票，做出自己的判断，而非受制于他人的权势。无论是好人还是坏人，英雄还是懦夫，他们都应拥有独立自主的权利。然而眼下却有许多愚蠢的民众出于恐惧而放弃独立，懦弱地服从他人。事实上，他们只须拿出一点努力，就会使事情变得全然不同。

我认为有两个办法可以增强元老院的实力：一是增加元老的数量；二是允许不记名投票。不记名投票能有效增强元老院实施权力的独立性，而元老数量的增加则可以加强对元老院的保护并令它更好地发挥作用。最近有些元老忙于民众法庭或是他们自己和朋友们的事情，经常不参加公共事务的讨论。事实上，并不是外界的事物吸引他们离开，而是他们自己没有重视手中的权力。于是有些贵族便和一些支持他们的元老联合起来，随心所欲地提出建议，并控制元老院批准、否决和颁布这些法令。但若能够增加元老的数量并实现不记名投票，这些人便无法滥用权力，他们必须去服从那些他们原本肆意支配的人。

12. 将军，您也许会问我元老的数量应定为多少，又应如何分配众多的职责，以及若将陪审团的职务公开给所有第一等级的人，那么又应当如何分配，每一部分的数量又应是多少。其实解决这些琐碎的问题对我而言并不困难，但我认为自己还是应先制定一份总体的规划来获得您的认可。若您能够同意执行我所提出的建议，那么接下来的事情都十分容易了。我自然希望我的计划是明智且可行的。若您能将它们成功地推行开来，我便也能获得名声。但我最强烈的动机仍是出于希望自己能有益于这个国家。对我而言，自由远甚于荣誉。而面对您这样一位杰出的将军，我请求您在攻克高卢之后，继续管理好伟大且尚未被征服的罗马民众，切勿玩忽职守，别让罗马衰落也别让它分崩离析。若罗马因您而衰亡，您将日夜悔恨，无时无刻不被失眠和怒气所折磨。我一直坚信，有一股神圣的力量在监督所有凡人。它不会辜负任何好人，也不会放过任何坏人。根据自然的法则，好人和坏人将会得到不同的回报。即使惩罚和奖赏有时会来得慢一些，但每个人的良心是不会放过他自己的。

如果您的国家和您的祖先想要对您说些什么，那么内容一定是这样的："恺撒，您是我们之中、是所有伟大的城市之中最勇敢的人。您是我们的荣耀，是我们震慑和击退敌人最强大的武器。在您出生时，我们将历经千辛万苦而得到的东西同生命一起交付给您，那便是一个世界上最强大的国家和这个国家里最卓越的家族，还有杰出的才能与丰厚的财富。简而言之，就是一切和平的奖赏与所有战争的奖励。为了回报这些我们给予您的辉煌的礼物，我们请求您不要做出任何不光彩的事，不要犯罪，而是去恢复我们日渐衰落的自由。一旦实现了这些，您的勇猛之名便将传遍全世界。但现在，即使您在国内外都已拥有突出的功绩，您的荣耀也还只能同那些英雄相提并论。若您能将这些曾经最为著名、最为强大的城市从毁灭的边缘拯救回来，那么在这个世界上还能有谁比您更出名、更伟大？一旦您的统治衰退，全世界便都将陷入毁灭，战争与虐杀随处可见。贵族们一直对您的祖先与您的国家充满感激之情。若您能被这种情感所激励，总有一天您将获得举世无双的荣耀。您将成为国家的救星。您在死后亦将得到超越所有凡人的名声，甚至会超过您在世的荣耀。人的一生经常会被运气和妒忌所困扰。但当您还清亏欠大自然的所有债之后，诽谤便会逐渐消失，荣耀则会越来越多。"

我已用最简洁的话语表达了我的建议，我相信它们将会对您有所帮助。现在，我能做的只剩下向神灵祈求，请求他们庇佑您无论做出什么决定，都会有利于您和国家的繁荣。

（三）萨鲁斯特对马尔库斯·图利乌斯的抨击

1. 马尔库斯·图利乌斯，如果你是有意做出这般鲁莽的言行而非无知，那我真的对你的恶习感到困扰与愤怒。在我意识到你的确不知何为节制与谦逊后，我可以告诉你，若你曾因谩骂他人而收获愉悦，那么接下来你将会因备受责难而感到苦闷。

元老们，请问我应该去哪里抱怨那些轻率鲁莽的人？这些人将我们的国家分割得支离破碎，令国家沦为他们的牺牲品。难道我要向那些已被丰厚的馈赠所腐化的罗马民众求助吗？他们甚至已将自己和自己的好运作为交易的对象。元老们，难道我应该向你们求助吗？你们的职权已然沦为那些卑贱邪恶的人的玩物。无论马尔库斯·图利乌斯在哪里，他都应当是法律、法庭与国家的守护者。然而，他却将自己视作杰出的西庇阿·阿非利加家族里唯一的幸存者，而非城市里刚刚得势的新贵族。马尔库斯·图利乌斯，难道你以为你的所作所为可以瞒过我们所有人？难道你以为你出生至今的所有污点都可以不为人所知？难道你不是用你的节操去和马尔库斯·庇索交换并学习大量未经证实的语言？我毫不讶异你是如何羞耻地交换它的，毕竟你得到它的时候才是最为可耻的。

2. 我想，即使你的妻子犯有渎神与伪证罪，即使你的女儿同她的母亲针锋相对，对你却唯命是从，你依旧会兴奋于自己拥有一个辉煌的家庭。但对你和你的家庭而言，最为致命的是就连你的房子都是你暴力抢夺而来的。你这样一个卑鄙的人，却住在曾经属于伟大的普布利乌斯·克拉苏斯的房子里，更是无时无刻不在提醒我们，我们的国家已经变成什么样子。即使不提这些，西塞罗这样一个为了获得荣耀而不惜给整个国家带去灾难的人，竟宣称自己是诸神的顾问，是被送来保护而非摧毁城市与公民的。这话说得简直像是他不曾使计当上执政官，也是他保护了共和国免于陷入四分五裂的境地一样。

正如你和你的妻子特伦提娅针对我们的国家所谋划的那般，你在获得执政官之位后终于到达权力的巅峰，你开始在家中依据普劳提亚法进行审讯并对一些阴谋家处以罚款。人们分别在图斯库卢姆和庞贝为你建造乡间别墅，其他人则在各地为你购置房产。而那些无法为你所用的人便会遭到虚假的指控，被指责曾攻击你的房子或是密谋反对元老院。总而言之，你坚信他们是有罪的。若我的指控是错误的，那就请你提供账目，详细列出你所继承的遗产金额和你在诉讼案件中所获得的报酬，并解释你是从何处得来的钱用以购买房屋，并在图斯库卢姆和庞贝不惜费用地修建别墅。但如果你一直保持沉默，那么谁都可以怀疑你所积累的财富是从公民身上搜刮而来的血汗钱。

3. 我本以为，一个由马尔库斯·克拉苏斯培养出来的新贵族会效仿伟人的优点，蔑视来自贵族的敌意，爱惜我们的国家，不偏不倚地坚持真理，并拥有忠诚、正直等美德。但恰恰相反，西塞罗的性格十分多变，他时而哀求他的敌人，时而侮辱他的朋友，一会儿依附这个派系，一会儿又追随别的党派，无法对任何人忠诚。他是个善变的元老，是个唯利是图的顾问，浑身上下都充满缺点：爱说谎的舌头、善于偷窃的双手、不知餍足的食道、善于逃跑的双腿，还有那些无法言说的最为可耻的罪恶。然而，即便他有着这般性格，他依旧声称"罗马的好运将出现在我的执政时期"，"我有幸成为你们的执政官"。西塞罗，你曾经历过残忍的放逐，度过一段悲惨不幸的日子。但当你被召回后，你却令国家陷入混乱，令所有正直的公民充满恐惧。你强迫人们服从你残暴的命令，要求所有法庭与法律都须遵从你的意愿。你取消波希阿法案，剥夺我们的自由，将所有人的生杀大权都掌控在自己的手中。即便如此，你甚至仍不满意我们尚未受到惩罚。你不断地侮辱我们，时刻提醒我们正在被你奴役。西塞罗，你已经得到所有你想要的东西，你到底还在追求些什么？我们已经忍无可忍了。你为何还对我们充满敌意？为何还在束缚我们？"令军队听命于托加，将桂冠授予灵活的舌头"？你似乎总是在吹嘘你只需依靠托加，而无需军队的帮助。除了所谓的头衔，你和苏拉这样的独裁者没有任何区别。

4.我该如何放大你的自以为是？你宣称是密涅瓦教授你所有艺术，是众神之首、伟大的朱庇特任命你为他们的顾问。你声称意大利将你从流放地召回是请求你担负起重振意大利的责任。我恳求你，庞努姆的罗慕卢斯，你已凭借卓越的功勋胜过所有保禄、费边和西庇阿，你还想在这个国家占有多少土地？你还想从公共生活中得到多少东西？谁是你的朋友？谁又是你的敌人？你玩弄那些在国内与你敌对的人的女仆，紧紧跟随那些主张将你从迪拉奇乌姆召回的人，讨好那些原本被你斥之为暴君的人。你曾经将一些人视作最杰出的公民，如今却指责他们暴躁疯狂。你替瓦提尼乌斯辩护，厌恶塞斯提乌斯，用放肆无礼的语言攻击庇布鲁斯。你曾经憎恨恺撒，现在却对他高声赞美，卑躬屈膝。在讨论国家事务时，你站着的时候支持这一边，坐下后便支持另一边。你痛斥一些人，又讨厌另一些人。你成为卑鄙的变节者，对任何一方都不愿保持忠诚。

（四）西塞罗对萨鲁斯特·克里斯普斯的抨击

1.萨鲁斯特，我想你一定很满意自己所描述的生活，但你却丝毫不曾提及自己从童年时期便开始形成的与之不相符的种种恶习。你的话语简直同你的性格完全一致，没有人能拥有你口中所言的那般生活方式，也没有人能依靠使用肮脏下流的语言而在生活中得到他人的尊重。

元老们，我该从何处说起呢？你们十分了解我们每一个人，我已很难再向你们说些什么。若我解释我的生活与行为来回击造谣者，他便会嫉妒我，称我是在吹嘘自己。若我揭露他的行为、性格与生活，我则会变得同他一样可耻。若我有任何冒犯之处，你们也应当归咎于他，毕竟我不过是在效仿他。我会尽我所能地为自己辩护，既不吹嘘自己，也不会虚构事实来诬陷他。

元老们，我清楚我针对萨鲁斯特的攻击所做的回应并不会有任何新意，因为你们不会听到任何有关他的新指控。但至少这可以帮助你们回顾他所有的旧罪行，令所有人包括他自己的耳朵都听得发烫。你们应当痛恨此人。他的罪行并非逐渐累积，而是从一开始就已无恶不作，不仅没有人能够超越他，甚至以后他都无法超越他以往所犯下的罪行。他唯一的目的便是令所有人都与他一同深陷泥潭。但显然他大错特错了，任何人都可以根据他的证词来指责他，再荒诞的言语也无法抹掉他生命中的污点。元老们，鉴于此人公然否认过去所发生的一切，你们应当对他认真审问，不可只凭借一场演说，而应仔细检验他的品行。我将尽可能地简明扼要，亦不会在这场争论中触及你们的利益。个人的争论有利于国家的发展，任何人都无法隐藏他的性格品质。

2. 既然萨鲁斯特要以同样的标准去衡量我们的祖先，那么请他告诉我他所提及的西庇阿和梅特鲁斯家族在最初又有什么名望或荣耀呢？难道他们不是依靠自身的功绩与勇猛无畏才崭露头角吗？既然他们可以依靠自己赢得名声与头衔，为何我就不行，因为我出身贵族且生活优渥？萨鲁斯特，倘若你的祖先也曾是英雄，那么他们一定会为你的卑贱而感到痛苦！我所拥有的功绩已超过我的祖先。即使我的祖先原本不为人所知，我也会用我的功绩来为他们增添名望。而你却用你卑贱的生活令你的祖先始终处于浓重的黑暗之中，即使他们曾经是杰出的公民，最终也一定会被湮没。切勿再拿过去的人和事来奚落我。比起凭借祖先的名声，我更愿通过自己的努力去获得成功，并激励我的后代去追求美德，赢得属于他们的头衔。

元老们，将我同那些已经过世的人或是那些不会招致任何憎恨和妒忌的人相比，这并不公平，我更愿同那些曾在公共生活中与我接触过的人相比。即使我乐于寻求不断晋升的机会（我承认我一直想成为同我的祖先一般杰出的人，但我并非指这一点，我是指与萨鲁斯特执政时的濒临毁灭、毫无法纪可言相比），我在管理政务和惩罚恶行时过于严格，在保卫国家时过于警惕，但是萨鲁斯特，你怎么可以指责我是在放逐他人（或许是因为并非所有像你这样的人都能被允许居住在城市里）？若是由你来执政，你又能将这个国家治理得多好？你同那些邪恶的公民本就沆瀣一气。我的确提过"令军队听命于托加"，难道我说错了吗？我作为一名执政官，自然想控制军队的规模，和平地结束战争。我是说过"罗马的好运将出现在我的执政时期"，难道我在撒谎吗？难道不正是我结束了内战并镇压城市叛乱的吗？

3.你才是最反复无常的人，你曾经赞美过我的行为，如今却以此来责备我，你难道不会为此感到羞愧吗？元老们，在文章中或公开演讲中撒谎难道不是更为可耻吗？至于你针对我所做的指控，我想我远远不及你放荡不堪。

但我又该如何回击你的诬蔑？你究竟还要撒多少谎才会感到羞愧？你竟敢指控我雄辩的口才，难道你不正是依靠它来为你的罪行辩护吗？还是你认为一个不曾学习过艺术与知识的人也可以成为杰出的公民？难道培育一颗渴望荣耀的心灵还能依靠别的要素和美德？但是元老们，你们根本无须惊讶，当一个奢侈懒散的人突然见识到这些非同寻常的高尚追求时，他自然会感到惊奇不已。

至于你对我的妻女所做的闻所未闻的恶毒攻击（尽管女性往往不如男性受人注意），足可显现出你的机敏与狡猾。但我不会通过攻击你的家人来报复你，毕竟你自己身上的缺点就已经足够多了，而且你的家中也没有什么是能够比你更加可耻的。

如果你想通过质疑我的财产来激起其他人对我的敌意，那你简直是大错特错了。事实上，我所拥有的财富远远少于我应得的。我情愿看见我的朋友们都还活着，也不想通过继承遗产而使自己变得富有。

萨鲁斯特，你竟指责我是个逃兵？我顺从那个愚蠢的保民官不过是个权宜之计。我宁愿忍受任何磨难，也不愿令所有罗马民众陷入内战。直到那个保民官发动暴乱，并开始威胁到国家的和平与安定后，我才召集同伴回到这里，亦是我的国家在召唤我。我记得就是在那一天，我得到一生中至高无上的荣耀，所有元老都在庆贺我的回归，罗马民众蜂拥而至，欢迎我这个"只知逃跑、唯利是图"的顾问。

4.我从未期盼获得所有人的友谊。我不曾私下服侍过谁,也从未被人奴役。任何人只要能为共和国做出贡献,便都是我的朋友;若他企图破坏共和国,便是我的敌人。许多人都一心追逐自身利益,而我最大的心愿便是国家的和平。很多人希望能依靠战争去震慑他人,而我则因坚守法律而无所畏惧。除了由于你的缘故,我未曾觊觎过权力,但许多人,包括你自己,都曾借助个人权势滥用权力、胡作非为。因此,我更愿与那些一直对我们的国家表示友好的人成为好友。我从未后悔当瓦提尼乌斯被控有罪并向我求助时,我曾承诺为他提供帮助;亦不后悔曾批评塞斯提乌斯的无礼,责备庇布鲁斯的冷漠;更不后悔曾经称赞过恺撒的勇猛。这是对一位杰出公民的赞扬,且是独一无二的。若你以此为过错来控诉我,那你只会因鲁莽而受到责备。

元老们,我已不必再对你们多说些什么,我一直将你们视作我所有行为的典范。但若我必须再向其他人致辞,那么我就继续说下去。其实一旦我们能取得事实的证据,那么再多的话语都已毫无必要。

5.萨鲁斯特,我要开始反击了。首先,我不会责备你父亲。即使他的一生没有犯下任何过错,他也已因生下你这么个儿子而对他的国家造成了巨大损害。同时,我也不会去调查你少年时期所犯下的罪行,除非有一天我想批评你的父亲。毕竟那时的你尚在他的监护之下。但既然提到这一点,那么显而易见,孩童时期的邪恶势必会导致此人在成年后亦变得卑劣无耻且目无法纪。当你非法得来的利益已无法满足你的胃口时,当你已经年长到不愿再忍受别人的控制时,你便会企图去控制他人,将那些在你看来并不可耻的事物强加给他们。因此,元老们,我们很难去分辨他究竟是得到了财富,还是和其他更为无耻的人一起挥霍了它。

他父亲还在世时,他便出售他父亲的房子,可见他早已期盼他父亲的死亡,他甚至在父母去世之前就继承了所有财产。他竟能毫不知耻地问我是谁住在普布利乌斯·克拉苏的房子里,连他自己都无法回答是谁住在他父亲的房子里。你们也许会说,他只是因年纪轻轻而缺乏经验,以后便会有所长进。当然不是!相反,他正是尼吉底乌斯亵渎神灵的帮凶,他曾两度被强行拉至法庭接受审判,却都成功逃过判决。他并非无辜,但陪审员却为他做伪证。

当萨鲁斯特首次出任财务官时,这个卑鄙的人甚至从不掩饰自己对当地民众及议事会的轻视。事实上,尽管他恣意调戏妇女,羞辱她们的丈夫,但你们出于恐惧而不敢揭露他的罪行。他甚至敢在你们面前承认自己犯有通奸罪,且毫无羞赧之色。

6. 萨鲁斯特,你已得到所有你想要的东西,过上你想要的生活,为何还不知满足?既然你不愿令他人知晓你的罪行,那就别再责备我们沉默冷漠。我们时刻警惕着保护妻子的贞洁,却依旧防备不住你,你的胆大妄为足以击败我们的努力。元老们,难道你们认为还有任何言语或行为上的责备能够唤醒此人吗?他甚至敢在你们面前公开承认通奸而不会觉得羞愧。即使我决定一言不发,我也应向你们展示这篇著名的声明及其全文,来了解法律是什么。它是由阿庇乌斯·克劳狄乌斯和路奇乌斯·披索这些毫无瑕疵的人共同发布的。萨鲁斯特,你已被烙下那些无法消除的污点,终其一生都无法摆脱它们。自元老院改革后,我们便再也没有见过你。你是否已加入那个阵营,所有共和国的渣滓都已流向那里。然而,萨鲁斯特这样一个在和平时期都无法成为元老的人,却在共和国被武力征服之后,通过财务官一职,从流放地被召回,并进入元老院。他便是如此管理他的机构,找到无数买家,出售一切物品。他似乎处事公正无误,但事实上,他早已将办公机构视作自己的战利品,尽情滥用权力。结束财务官的任期后,他便勾搭上那些在生活方式上与他相似的人,许下众多承诺,成为那个派系中的一员。萨鲁斯特自加入那个派系之后,就像是进入一条公共的下水道,所有恶习都已如洪流般涌进。意大利所有的淫乱者、娈童者、卖国贼、渎神者和欠债人,无论是来自城市、自由乡、殖民地还是其他地方,都如同汇入大海一样聚集到那里。他们自甘堕落且声名狼藉,因蠢笨而无处可去,只有在那里才能释放所有恶习与无序。

7. "也许他当上执政官之后就会变得节制正直",当然不会。他出任阿非利加的总督时,就曾疯狂劫掠行省。我们的同伴本欣喜于和平的到来,却因此经受着比战时更加剧烈的痛苦。他四处欠债,将抢夺而来的财物塞满船舱,尽他所能地榨干行省。元老们,他掠走所有他想要的东西,然后以 120 万塞斯退斯的价格同恺撒交易，保证自己不会受审。若以上这些陈述有任何错误，那就请来驳斥它们，请告诉我们一个连自己父亲的房子都尚且无法购回的人，是如何在极短的时间内变得如此富有，建起那些美丽的花园，甚至得到恺撒位于迪波迪那的住宅以及其他财富。你自己住着曾经属于恺撒的别墅，却来质问我为何买下普布利乌斯·克拉苏的房子，你难道不感到羞愧吗？我重复一遍，若你不曾侵吞遗产，那你为何会突然变得如此富有？我十分同情你的继承人，他将无法得到任何朋友的敬意，除了那些与你相似的人。

8. 想必你的祖先留给你的所有功绩，都该是恶毒卑贱至极了。不知究竟是你更像你的祖先，还是他们更像你。

也许是你的政治生涯令你变得如此无耻。萨鲁斯特，难道你认为担任过两届元老和两届财政官，能与两届执政官和两届统治者相提并论吗？一个人想责备他人时，应先令他自己毫无过错。有些人疯狂地羞辱他人，却无法接受其他人对他的合理指责。而你，随处可见的寄生虫，少时便开始嫖妓，后来不断与人通奸，简直就是国家秩序的污点，是内战的耻辱。若你能官复原职，那么显然我们还将忍受更多苦难。别再用你放浪的舌头去攻击那些正直的公民，别再用你的罪过去诬蔑他人，别再用你的性格品质去评判所有人。再这样下去，你只会失去所有朋友，得到更多的敌人。

元老们，我的发言到此为止。我清楚，令你们聆听我公开讲述他人的罪行，势必会比倾听我承认自己的过错痛苦得多。我不在意萨鲁斯特能听见多少，我已说出所有我该说的话，这对我而言便是非常光荣的做法了。

三、奥古斯都自传

安齐拉铭文

在罗马有两根青铜柱，其上刻有神圣奥古斯都一生的业绩。正是通过这些业绩，他使罗马人的帝国统治了整个世界。柱上还刻有他为罗马帝国和罗马人民所花费的金钱的数额。下面是原铭文的抄本。

1. 在我19岁时，我主动用自己的财产组织了一支军队，使处于一小撮人暴政压迫下的共和国恢复了自由。因此功绩，元老院于盖乌斯·潘萨和欧卢斯·希尔齐乌斯为执政官时，通过表扬法令使我成为元老院的一名成员，同时授我以等同于执政官的发言权，并授予我最高行政命令权。元老院还任命我为"代行大法官"，并让我以此身份与两执政官一起照管国事，务使国家不受伤害。同一年，当两执政官在战争中阵亡后，人民选我为执政官，我成为处理共和国大事的三巨头之一。

2. 我依照法律程序流放了刺杀我父亲的人，使他们的罪行得到惩罚。这之后，当他们发动战争反对共和国时，我在战场上两次战胜了他们。

3. 我在世界各地的陆地和海上进行了对内、对外多次战争。作为胜利者，我宽恕了所有乞求原谅的公民。对于外邦人，凡可赦免而无害于安全者，我都宁愿赦免而不消灭他们。向我宣誓效忠的罗马公民兵约有50万人，其中30万人在服役期满后，我送他们到殖民地定居或送回原籍。对所有这些人，我都分予土地或赠予金钱作为他们服役的报酬。我俘获了600艘战船，其中尚未计入小于3层桨的小型船只。

4. 我曾两次举行小凯旋式，3次举行英雄凯旋式，21次获得凯旋将军称号。此后，元老院曾一再宣布为我举行凯旋式，我4次拒绝了。每次战争，我在完成自己的誓言之后便把装饰权杖的月桂花环奉还于卡皮脱尔大神殿中。为我及我的代理人在海上或陆上所取得的胜利，元老院曾55次向不朽的神灵举行感恩献礼。按元老院的命令举行感恩礼的日子共达890天。在我历次的凯旋式上，曾有9个国王或王子走在我的马车前。到我写本文书时为止，我已任执政官13次，正担任第37任保民官。

5. 在马尔库斯·马齐卢斯和卢齐乌斯·阿隆齐乌斯任执政官期间，元老院和人民授予我的独裁权，无论是我在场还是我不在场时宣布的，我均谢绝未予接受。在粮食极端缺乏的时期，我承担起粮食供应总监督的责任。我执行此职数日之后，便通过自己的财力和人力购进粮食，解除了全体公民的饥饿危险和忧虑。当时还授予我终身的长年执政官职权，我拒绝接受。

6. 在马库斯·维尼齐乌斯和昆图斯·卢克来齐乌斯任执政官、普布里乌斯·兰图卢斯和格奈乌斯·兰图卢斯任执政官、保卢斯·法比乌斯·马克西穆斯和昆图斯·图贝罗任执政官期间，罗马元老院和人民一致同意推举我为独一的、拥有最高权力的法律和道德监护人，但我拒不接受给我加以任何违背祖宗传统的权力，因此，元老院希望我当时采取的行动我都以保民官权付诸实施。后一项权力，我5次自愿要求，并经元老院许可，与一同僚分担。

7. 我连续10年是处理共和国事务的三人之一。到我写此文书时为止，我已任元老院成员40年。我还是大祭司长、占卜官、负责举行献牲仪式的15人圣典团成员、指导宗教性宴会的7人圣宴团成员、阿瓦尔祭司团成员、火神会成员和交涉外交的典礼官之一。

8. 在我第5次任执政官期间，我遵人民和元老院之命，增加了贵族人数。我3次重订元老院人选名单。在我第6次任执政官期间，我以马尔库斯·阿革里巴为同僚进行了一次人口财产调查。我举行了42年来没举行过的卢斯特鲁母仪式。这次人口调查所记录的罗马公民人数为406.3万人。后来，在盖乌斯·森索里努斯和盖乌斯·阿西利乌斯任执政官期间，我以执政官权为依据，又独自举行了一次人口调查。这次调查记录的罗马公民人数为423.3万人。第3次人口调查是在塞克斯都·庞贝和塞克斯都·阿普来乌斯任执政官期间，我以执政官权为依据，以我儿提比略·恺撒为同僚而完成的。此次记录的罗马公民为493.7万人。依我所创始的新立法，我恢复了已遭吾一代人所废弃的许多祖先旧传统，我本人也在许多方面为后代树立了效法的榜样。

9. 元老院规定，每5年由执政官和祭司为我的健康举行一次祝福宣誓。为履行誓言还愿，我在一生中时常举行庆祝赛会：有时由4个主要祭司团主持，有时由执政官主持。此外，帝国全体公民，或全体一致，或分别代表个人，或作为自治市集体的成员，不断到所有的神殿中为我的健康祈福。

10. 遵元老院命令，我的名字被写入萨利祭司团的赞美诗中。同时，以立法规定我永远神圣不可侵犯，并终身拥有保民官权。人民将我父亲曾担任过的大祭司长职位授予我，但由于一个担任大祭司长的同僚还健在，我拒绝取代其职位。几年之后，当普布里乌斯·苏勒皮齐乌斯和盖乌斯·瓦勒古乌斯为执政官时，原在国内动乱期间占据该职位之人去世，我始接受该职位。当时，全意大利蜂聚了为数众多的公民来参加选我为大祭司长的投票，这是罗马历史上前所未有的情况。

11. 当昆图斯·卢克来齐乌斯和马库斯·维尼齐乌斯为执政官时的某一天，我从叙利亚回转罗马。为纪念我的归来，元老院在卡培那门的"荣誉与美德"神殿之前，向"还乡之命运"女神奉献了一个祭坛，并以法令规定此后每年逢此周年纪念日，各祭司和维斯塔贞女均须向该祭坛奉献牺牲。这一日还因我而命名为奥古斯塔利亚。

12. 这次由元老院下令，一部分行政官员和平民保民官同执政官昆图斯·卢克来齐乌斯以及部分重要市民一起被派往坎配尼亚去迎接我。这是到那时为止除我之外，未曾给过任何其他人的荣誉。在提比略·尼禄和普布里乌斯·昆提利乌斯为执政官期间，我成功地处理了西班牙和高卢行省的事务。从那里返回罗马时，元老院为了纪念我的归来，命令在马尔斯广场奠立一个庄严的和平祭坛，并以法令规定一切行政官员、祭司和维斯塔贞女每年周年日向之献祭。

13. 我们的祖先决定，任何时候，当整个罗马帝国在海上和陆上赢得胜利并取得了和平时，即关闭亚努斯·奎里努斯神庙，这也是他们的愿望。据记载，自建城以来到我出生之前，这个神庙只关闭过两次，而在我任元首期间，元老院曾3次命令关闭它。

14. 由于我的尊荣，我的儿子盖约和卢西恺撒——年轻时就被命运之神从我身边夺走——在年满15岁时就被罗马元老院和人民指定为当选执政官，许可他们5年之后就任正式官职。元老院还决定他们从被引上广场讲坛之日起，就可以参加国事辩论。此外，罗马骑士团还赠予他们银盾和银矛，并尊他们为"青年之首"。

15. 遵照我父亲的遗嘱，我付给罗马平民每人300塞斯退斯；在我第5次任执政官时，我以自己的名义从战利品中赠给每人400塞斯退斯；在我第10次任执政官时，我从自己的财库中再次赠给每人400塞斯退斯；在我第11次任执政官时，我12次用我自己的钱购买粮食进行分配；在我第12次任保民官时，我第3次发给每人400塞斯退斯。我的这些赠款每次所泽及的人数从来不少于25万。在我第18次任保民官和第12次任执政官时，我向32万城市平民每人赠送60狄纳里乌斯。在我第5次任执政官时，我曾从战利品中发给在殖民地定居的士兵每人1,000塞斯退斯。这笔赠款是在我举行凯旋式时发放的，接受者约12万人，分布在各殖民地。在我第13次任执政官时，我给当时接受国家发放食粮的平民每人60狄纳里乌斯，获得者20余万人。

16. 在我第4次任执政官期间以及后来在马尔库斯·克拉苏斯和占卜者格奈乌斯·兰图卢斯任执政官期间，我把一些自治市的土地划分给了我的士兵，为此，我向各自治市偿还了银钱。我为意大利人的地产所付出的银钱总数约6亿塞斯退斯；为行省的土地付出约2.6亿塞斯退斯。到我为止，所有在意大利或行省为士兵建立殖民地的人，我是第一个，也是唯一的一个采取这种偿还行动的人。后来在提比略·尼禄和格奈乌斯·皮索任执政官期间，同样在盖乌斯·安提斯提乌斯和戴齐母斯·来利乌斯，在盖乌斯·卡勒维西乌斯和卢西·帕西恩努斯、卢西·兰因卢斯和马尔库斯·麦萨拉以及卢西·坎尼努斯和昆图斯·法布里齐乌斯等为执政官期间，我让服役期满的士兵返回自己的原籍，用现款向他们发放了退伍金，为此，我花费了约4亿塞斯退斯。

17. 我曾4次用自己的财产资助国库，共向国库管理人拨款1.5亿塞斯退斯。在马尔库斯·雷比图和卢西·阿隆齐乌斯为执政官时,我从自己的财库拨款1.7亿塞斯退斯作为士兵退伍基金。这一军事金库是在我的建议之下建立起来的,目的为向服役满20年或更多年的士兵提供退伍金。

18. 从格奈乌斯·兰图卢斯和普布里乌斯·兰图卢斯为执政官之年起,任何时候行省税收不能收齐,有时缺少10万人的贡赋,有时更多,我总从自己的粮仓和财库支出,代为补齐应纳之钱粮数。

19. 我修建了下列各种建筑物:元老院会堂和与之相连的卡尔齐边大殿,帕拉丁山上的阿波罗神庙及其柱廊;神圣朱理亚庙,卢佩卡尔神龛,弗拉米尼竞技场的柱廊(我同意称这柱廊为"屋大维亚柱廊",这是早先在这同一地点修建一个柱廊者的姓名),还有大竞技场的观礼台,卡皮脱尔山上的"打击者朱庇特"和"雷轰者朱庇特"神殿,奎里努斯神庙;阿芬丁山上的米涅娃、朱诺天后和解放者朱庇特诸神庙;位于神圣大道起点的拉瑞斯神庙,维利亚山头的培那戴斯神庙,以及帕拉丁山上的青年神庙和大母神庙。

20. 我花费巨款重修了卡皮脱尔大庙和庞贝剧场,但未将我的名字铭刻于上。我修复了因年久失修而多处损坏的水道的引水管道,还把一条新的源泉引入称为马尔齐亚的水道,从而使其水量增加一倍。我还修完了我父亲开始修建并已完成大部分的朱理亚广场,及位于卡斯托尔神庙和萨图恩神庙之间的大会堂。后来该大会堂被火焚毁,我扩大了地基,开始重新构筑并准备把我诸子的名字铭刻于上。如果在我有生之年这一建筑不能完成,我嘱托我的继承人把这项工程完成。在我第6次任执政官时,我遵照元老院的决议,在罗马城修复了82座神庙,当时待修的神庙没有一座被忽略。在我第7次任执政官时,我重修了弗拉米尼亚大道,从罗马城直到阿里米努母,也重修了除穆尔维桥和米努齐桥外所有的桥。

21. 在我私人的地产上,我用战争得来的钱修建了复仇者马尔斯神庙和奥古斯都广场。在大半是从私有土地者手中购买来的土地上,我修建了一个剧场和与之相连的阿波罗神庙,并在上面刻上我女婿马尔库斯·马齐卢斯的姓名。在卡皮脱尔,我用战争得来的钱向神圣朱理亚庙、阿波罗神庙、维斯塔神庙和复仇者马尔斯神庙奉献了大量的礼物,花费了约1亿塞斯退斯。在我第5次任执政官时，我把为庆祝我凯旋而征集的加冕黄金 3.5 万磅归还给意大利诸自治市和殖民地。这之后，每当我再被授予凯旋将军称号时，我不再接受加冕黄金，尽管各自治市和殖民地仍以此前同样的热情决定贡献这种黄金。

22. 我 3 次以我自己的名义、5 次以我儿子或外孙的名义举办角斗表演，在这些表演中，约有 1 万人参加战斗。我两次以我自己的名义、第 3 次以我外孙的名义从世界各地聘请运动员为人民举行体育表演。我 4 次以自己的名义、23 次代表其他官员举办各种赛会。在盖乌斯·福尔尼乌斯和盖乌斯·西拉努斯为执政官时，我作为 15 人祭司团的团长，与我的同僚马尔库斯·阿革里巴一起，代表 15 人祭司团，举办了新时代大庆盛会。在我第 13 次任执政官时，我第 1 次举办了马尔斯神赛会。此后执政官遵元老院决议和一条立法，在随后的年份，每年举行这种赛会。我 26 次以我自己的名义，或以我诸子诸孙的名义，在竞技场、广场和圆形剧场举行追猎非洲野兽的表演，在此种表演中，约有 3,500 头野兽被猎杀。

23. 我在台伯河对岸——现在是恺撒园林的地点——为人民举办了一次海战表演。为此，我让人挖了 1,800 尺长、1,200 尺宽的水域。在这次表演中，有 30 艘 3 列桨或 2 列桨的尖头战船和许多小船参加战斗。在这些船上，不算桨手约有 3,000 名战士。

24. 在我胜利之后，我把我的对手在战争中从亚细亚省各城的神庙中掠取、供他私人使用的一切装饰物分别归还给该省各城的神庙。在罗马城中，有为我本人建造的或站立或在马背或战车上的银质塑像约 80 座，我命令把它们通通搬掉熔化，我用由此而得的钱财以我自己和为我塑像者的名义向阿波罗神庙奉献金质礼品。

25. 我镇压了海盗，给海上带来平静。在那次战争中，我把近 3 万名从其主人处逃跑并拿起武器反对国家的奴隶交还其原主去惩治。整个意大利于是自愿向我宣誓效忠，并要求我领导后来在亚克兴获胜的那次战争。高卢和西班牙诸省，阿非利加、西西里和撒丁等省也都举行了效忠宣誓。当时约有 700 名元老站在我的旗帜下。在那之前或之后，直到我写此文件时为止，他们之中有 83 人得任执政官职，约 170 人担任了祭司职。

26. 我把罗马人民一切行省的边界都向外延伸了，臣服于帝国的各族人民在这些边界居住着。我使高卢和西班牙诸省恢复了和平，也使从格地兹到易北河口被海洋包围的广大日耳曼地区获得了和平。我使从近亚德利亚海地区起直到托斯卡海为止的整个阿尔卑斯山恢复了和平，没有把不该进行的战争强加给任何人民。我的舰队从莱茵河河口向东在海洋上航行，直达森布里亚人的地界，以前没有任何罗马人从海上或陆上到过这个地方。森布里亚人、卡里得兹人和塞母诺尼人以及该地的其他日耳曼人都派遣使节寻求与我和罗马人民建立友好关系。在我的指挥和主持下，两支军队几乎同时开进了埃塞俄比亚和阿拉伯（又名"福地"），这两个族群都有大批军人在战争中被歼，许多城镇被占领。在埃塞俄比亚，部队前进直达梅洛埃附近的那帕塔镇。在阿拉伯，部队进到萨白安地区的马里巴城。

27. 我为罗马人民的帝国增加了埃及。当大亚美尼亚王阿尔塔克塞斯被刺杀时，我本可以把大亚美尼亚变成罗马的一个行省，但我宁愿按照祖先的榜样，通过当时我的继子提比略采取行动，把王国交给国王阿尔塔瓦斯戴斯之子、老王提格拉奈斯之孙提格拉奈司去治理。嗣后，该王国发生动乱和叛变，我儿盖约代我征服了他们，我将该王国交给米底王阿尔塔巴祖斯之子阿里欧巴赞耐斯王去治理。该王死后又把王国转给其子阿尔塔瓦斯戴斯。后者被杀之后，我又派亚美尼亚王室子孙提格拉奈司去治理该王国。我收复了亚德利亚海以东一切行省、当时大半在众小王酋掌握中的昔里尼省以及此前收复的曾于奴隶战争中被占领的西西里和撒丁。

28. 我在阿非利加、西西里、马其顿、两个西班牙省、亚加亚、亚细亚、叙利亚、那尔旁·高卢和比西狄亚建立了士兵殖民地。此外，我还在意大利建立了28个殖民地，在我在世时，这些地方已发展成著名而且人口繁茂的地方。

29. 在西班牙、高卢和达尔马提亚等地战胜了敌人之后，我收回了以前其他将军失去的许多军徽。我迫使帕提亚人把他们以前从3个罗马军团夺去的战利品和军徽送还给我，并使他们不得不千方百计寻求与罗马人民建立友好关系。

30. 在我成为元首之前，罗马人民军队从未进入过潘诺尼亚诸部落之地域，我通过我的继子提比略·尼禄将该诸部落征服并将之并入罗马帝国，我还将伊里利亚的边界扩展到多瑙河边。在我主持下，一支越过多瑙河来到我们此岸的达西亚人军队被击溃并歼灭了。嗣后，我的军队越过多瑙河，迫使彼岸的达西亚部落服从罗马人的命令。

31. 印度国王的使臣常被派遣来见我，此前他们从未觐见过任何罗马将军。巴斯塔尼人、斯基泰人、住在顿河两岸的萨尔马提人、阿尔巴尼人、伊伯利人和米底人等的国王都派遣使者来寻求我们的友谊。

32. 投奔我的各民族的国王有：帕提亚王提里达特斯和稍后的老弗拉太斯王之子弗拉太斯；米底王阿塔瓦斯代斯；阿狄亚伯尼王阿塔克萨勒斯；不列颠王杜母诺白劳努斯和汀科米乌斯；苏干布里人的王迈洛以及马可曼尼（苏埃比人的国王西吉美鲁斯）。帕提亚王奥洛代斯之子弗拉太斯将其诸子诸孙均送来意大利我处。这并非出于他在战争中被征服，而是他自愿以子孙为人质寻求与我国友好。在我任元首期间，许多前此未与我们交换使节和友好往来的外族人都体验到了罗马人民的良好信誉。

33. 帕提亚人和米底人派遣其首要人物为使节从我这里接走他们所要求的国王。帕提亚人所接走的是国王奥洛代斯之孙、国王弗拉太斯之子沃诺奈斯；米底人接走的是国王阿里欧巴赞耐斯之孙、国王阿塔瓦斯代斯之子阿里欧巴赞耐斯。

34. 在我结束内战之后，全国普遍拥护我掌握最高权力。在我第 6 次和第 7 次执政官期间，我将国家从我手中移交给罗马元老院和人民。因我的德行，元老院宣布授我以"奥古斯都"尊号，公开在我住宅的门柱上装饰了月桂枝叶，大门口钉上象征公民城邦的冠冕，并且在朱理亚元老院会堂放置一面金盾，上面铭刻文字说明罗马元老院和人民因我勇敢、仁慈、公正和虔诚而授予我这种尊荣。从此，我的威严超过了一切人，但是我在每一种职位上都不比我的同僚握有更多的权力。

35. 当我第 12 次任执政官时，元老院、骑士阶级以及全体罗马人民给我加上了"祖国之父"的尊号，并决定将此尊号铭刻于我住宅的前厅和朱理亚元老院会堂，也铭刻在元老院为给我以荣誉而竖立于奥古斯都广场的战车的基座上。写此文件时，我年 76 岁。

［选自李雅书选译：罗马帝国时期（上），商务印书馆，1985 年，第 2—14 页。］

四、小普林尼颂词

小普林尼约生于公元61年。原名普布利乌斯·凯西里乌斯·西孔杜斯（P. Caecilius Secundus）。后因继承了他的舅舅古罗马著名学者老普林尼的家业而采用普林尼名，史称小普林尼。他受过良好的教育，是著名教育家昆提良的学生，18岁时出任法庭辩护人（律师）。在元首涅尔瓦时（96-98）担任要职，到元首图拉真时期一度担任执政官（100）。公元111年，作为图拉真的特使被派到比提尼亚担任总督，数年后大约死于任所。

《颂词》是公元100年9月小普林尼就任执政官时在元老院发表的就职演说。《颂词》内容丰富，不但包含着对图密善的批判和对图拉真的赞扬，也对元首的职责有了更深刻的思考，堪称罗马的"君主论"。

目录

1. 演说者向神祈祷

2-3. 演说者的诚意

4. 图拉真，理想的元首

5. 图拉真前往上日耳曼（公元96年年末）

6. 涅尔瓦遭遇近卫军之乱，召回图拉真

7-8. 涅尔瓦过继图拉真为继承人

9. 图拉真接受职位

10-11. 涅尔瓦逝世并被尊为神

12. 征服多瑙河流域（公元99年冬）

13. 调遣军队

14. 图拉真早年在帕提亚的战役；大军从西班牙挺进莱茵河（88-89）

15. 图拉真担任军事保民官；任期十年政绩卓著（71-81）

16. 图拉真热爱和平

17. 日后的凯旋式（结束第一次达西亚战争，公元 102 年年末）

18–19. 图拉真整肃军纪；他与将领的关系

20. 图拉真自多瑙河返回罗马（公元 99 年春）

21. "祖国之父"（Pater Patriae）

22–23. 图拉真进入罗马时接受群众的欢呼喝彩

24. 图拉真与虚荣自负无缘

25. 分发津贴（congiarium）

26–28. 发放慈善粮（frumentiones）

29. 粮食供给（Annona）

30–32. 埃及旱灾的影响

33. 角斗表演

34–35. 驱逐告密者

36. 整顿国库（aerarium）与私库（fiscus）

37–41. 改革税收；调整遗产税（vicesima hereditatum）

42. 奴隶不再受唆反抗主人

43. 演说者希望再也不必向元首供奉遗赠

44–45. 图拉真弘扬诚实正直之风，并以身作则

46. 抑制笑剧

47–49. 鼓励艺术；在御所热情好客，对比图密善的背信弃义

50. 赠送而非罚没人民财产

51. 兴建公共事业：大竞技场（the Circus Maximus）

52. 图拉真塑像的简朴

53. 图拉真的元首政治，与坏元首们对比

54. 抵制元老院与剧场里的阿谀奉承之风

55. 图拉真温和谦逊，注定不朽

56–58. 图拉真二度出任执政官（公元98年1月至5月），但拒绝在公元99年第三次出任

59–60. 演说者运用修辞，恳请图拉真同意三任执政官；他表示接受

61–62. 图拉真的同僚同样第三次出任执政官（公元100年1月至2月）

63. 图拉真在选举仪式（renuntiatio）上现身

64–65. 图拉真在就职和卸职时的宣誓

66. 图拉真向元老院致辞（公元100年1月1日）

67–68. 庄严宣誓（nuncupatio votorum）；图拉真信任自己的人民

69. 选举；来自贵族（nobilitas）的候选人

70. 一名新贵（novus homo）的候选人资格

71. 图拉真祝贺自己提名的候选人

72–74. 图拉真向神祈祷；面对元老院的欢呼表现出的姿态

75. 仪式过程录入元老院档案（acta senatus）

76. 马里乌斯·普利斯库斯一案的审判结果（公元100年1月13-15）

77. 宣告（renuntiatio）公元100年的替补执政官（suffect consuls）当选；图拉真处理司法事务

78–79. 演说者建议图拉真第四次出任执政官

80. 图拉真是地上的朱庇特

81–82. 图拉真以狩猎和航海为消遣

83. 元首夫人普罗提娜

84. 元首的姐姐乌尔比娅·马奇亚娜

85. 图拉真对于友谊的赠礼

86–87. 图拉真向一位退休的近卫军长官告别；尊重朋友的选择

88. 图拉真对于自己被释奴的态度；他的"最佳"（Optimus）之名

89. 在天上的涅尔瓦和图拉真的生父饱尝喜悦

90–92. 普林尼和科尔努图斯·泰尔图鲁斯以个人名义向他致谢

93. 图拉真尊重执政官的独立性

94. 演说者向朱庇特致以最后的祈祷

95. 演说者以个人名义致谢元老院

1.1. 元老们，先祖以其英明的智慧为我们留下了这样的惯例：演说同任何活动一样，在开始之前必须先做祈祷。倘若人类开始做事之前，得不到不朽神明的支持与帮助，没有向其表示应有的尊重，那么定将不够得体、有失慎重。2. 有谁比执政官更适合严守这一祖训？有什么场合，比眼下我们接受元老院的召唤齐聚一堂，代表共和国向最优秀的元首庄严致谢，更适合践行这一传统？3. 众神还会有什么样的赠礼，能比一位高洁、虔诚、德行堪比神明自身的元首更显光荣珍贵？4. 如果有人对世间统治者的出现究竟缘于偶然抑或天意还抱有疑问，那么至少我们对此可以毋庸置疑——我们这位元首的出现乃是神意使然。5. 他的降临并非来自命运盲目的举动，而是源于朱庇特的亲自遴选，主神将他展示于我们面前，地点就在卡皮托里的众多神坛中，主神也正是在那个地方现身，如同在天空和繁星之间一样醒目。6. 所以，至高无上的朱庇特，古时国家的奠基人，现今国家的保护者；此时此刻我更应当履行这份义务——向您诚意祷告：请您令我这篇演说无愧执政官之职，不辱在座众元老与元首之耳，字字句句出于自愿，发自内心，合乎事实，愿这篇颂文与受迫而作的虚伪谄辞毫无相似之处。

2.1. 依我之见，不仅是执政官，甚至所有公民，都不应以适用其前任的言语来形容我们眼前的元首。2. 所以，抛弃那些受恐惧胁迫而说出的违心之言吧，我会把它们束之高阁。曾经的苦难已一去不返，属于旧日的文字也必须摒弃。我们私下的交谈已然今是昨非，那么对元首公开的颂词更应改头换面。3. 我们的演说要体现出时代的变迁，通过谢词的形式，向世人昭示——接受致谢之人以及局势已然不同了。我们不必奉承元首仿若神明，[①]我们谈论的是一位公民同胞，而非一个暴君（tyrannus）；他是我们的慈父，而不是主人。4. 他是我们之中的一员，尽管身为统治者，但他始终没有忘记自己只是一个人，是我们中的一分子，这正是他最崇高的品质。5. 因此，让我们珍视并证明自己值得拥有这份幸运。同时不要忘记，一种元首视子民如奴隶，另一种却乐于看到

---

① 参照苏埃托尼乌斯的《图密善传》(13)；马尔提阿利斯，《铭辞集》，V. 801, VII. 34. 8 etc。人们称图密善"我们的主人和神"（dominus et deus noster）。后继的元首们保留了"主人"这个称号，但与暴政无关。小普林尼在向图拉真致辞时经常使用这一称呼，除了《书信集》X、1、4 和 14 外。

同胞享有自由，如若对前者的尊敬超越了后者，那么之前的话就将沦为空谈。6. 罗马人民一定拥有自己的方式来区分不同的统治者，同样的喝彩，不久前还曾用于赞扬那个元首的英俊，① 现在又用来褒扬这位元首的英勇；曾经对前任歌喉与舞姿的欢呼，现在又成了对现今元首尽忠职守、仁慈克己的赞美。7. 我们元老又该怎么做呢？难道不是他的神性、慈爱、温和与谦恭，让我们萌生喜悦与爱戴之情，用同一种声音向他表示祝贺吗？的确，最适合凸显他身为公民和元老的赞誉，莫过于已授予他的"最佳"（Optimus）② 一衔，将他与某个傲慢的前任作比之后，他更有资格要求享受这一殊荣。8. 我们大家全都在歌颂他的幸运，而他的幸运就是我们自己的幸运，并且请求他"再做一次，再听一次"，如果他不这么做，我们也不会这么说。对此，他不由眼含热泪、双颊涨红，说明他明白人们拥戴的不是他元首的身份，而是他本人。

3. 1. 因此，在心潮澎湃时，我们仍然要保持一份克制，为颂词做出更为慎重的准备，并且牢记，没有什么比不假思索地脱口而出、发自内心的毫无粉饰的感激之辞最显诚挚、更为中听。2. 对我个人来说，我要尽力令自己的演说与元首的庄重和节制相符，在恰如其分地称颂元首的丰功伟绩时，不忘提醒自己什么样的话语能被元首的耳朵接受。3. 的确，这足以证明他的光荣超凡脱俗，在赞颂他时，我的担心不在于他会嫌我美言太少，而是过多。4. 这便是我唯一的隐忧、面临的唯一困难。因为，各位元老，对应得之人给予感谢并非难事。所以我无须担心，当我提及他的仁慈时，他误以为我在叱责其傲慢；当我称赞他的节俭时，他误以为我在抨击其铺张；当我强调他的包容时，他误以为我在谴责其残忍；当我赞许他慷慨大方时，他误以为我在申斥其贪得无厌、反复无常；当我嘉许他勇敢时，他误以为我在讥笑其怯懦。5. 我甚至无须担忧，他会根据我致谢的文句多少，来判断或怀疑我的感激之情是否深厚。因为我知道，

---

① 指图密善相貌英俊。参照苏埃托尼乌斯的《图密善传》（18.1）。
② 对照第146页88.4和第147页的88.8；小普林尼，《书信集》I, I. 13.8, III. 13.1。显然，公元98年10月，当图拉真被冠以"祖国之父"这一头衔时，也非正式地得到了这一称号。从公元103年开始，"最佳元首"开始在硬币上出现（S. 34-8）；从公元114年起，"最佳元首"已经成为图拉真的名号出现在铭文上。对照迪奥·卡西乌斯的《罗马史》, LXVIII. 23.1；S. 99-101，以及朵拉的《颂词》（Panegyrique）附录1。

比起精心准备的祷词，诸神更欣赏纯洁无瑕的祈祷者；相比手持复杂冗长祷文之人，诸神更乐意接纳内心纯真无垢的人。

  4.1. 但是，此时，我必须服从元老院的指令。① 为了大众的利益，元老院规定，执政官以演说的方式表达谢意时，要令优秀的元首认识到自己做过什么事，令糟糕的元首认识到自己应做什么。2. 这在今天更为必要且更显严肃，因为我们的父亲（出于谦虚）已禁止个人表达谢意。而且，若不是他不愿违背元老院的法令，也必将谢绝我们公开的演说致谢。3. 哦，恺撒·奥古斯都，您拒绝其他场合的致谢，唯独在此表示接受，这些例子全都是您自制有节的明证。您借此表达的尊重，其对象不是您自己，而是向您致谢的我们。您对我们的请求做出了让步。您本没有必要限制我们称颂您的善行，然而您却克制自己不去过多聆听。4. 元老们，过去我时常暗自思忖，一个人只消一句话或一个手势，便能号令大海与陆地，掌控战争与和平，这样的人将具备怎样无与伦比的天赋？但是，当我为自己勾勒一副值得拥有如神般能力的统治者的形象时，却发现，即便在最美好的愿望中，我也不敢奢望他能像今天我们眼前的元首这般伟大。5. 有人可能会在战争中光芒闪耀，但在和平时期他的荣耀却会渐渐消退；有人身着长袍时兴许会崭露头角，在披甲执剑时却要声名尽丧；有人赢得尊重靠的是向人们逞淫威，有人则是向民众献殷勤；有人在家中赢得了荣誉，在门外便被弃若敝屣；有人在公众间享誉有加，在私人生活里却不值一提。实际上，迄今没有谁的德行不曾被些许缺点所玷污。6. 再对比我们的元首，他凭自己的功绩赢得了我们的尊敬，在他身上，我们发现了足以赢得称颂的全部优点，而且并行不悖！他内在的庄重与严肃不曾因其直率与幽默而消减，他能在展现仁慈的同时保持统治者的威严。7. 此外，他稳健的风度与高大的身材，端庄的头部与高贵的容颜，更不用说他成熟稳健的年龄，以及神明为凸显他的智慧与威仪而点缀的几丝华发，这些标志不都桩桩件件地证明了他的身份——我们的元首吗？

---

  ① 这项传统要追溯到奥古斯都时代，公元8年奥维德被流放之前（《黑海零简》，IV. 4. 35），然而对这项法令的具体情况我们不得而知。对照小普林尼《书信集》，III. 13. 1，III. 18. 1，II. 1. 5（Verginus Rufus）。"颂词"（Panegyrius）已经比最初的"致谢"（gratiarum actio）扩充了很多。

5. 1. 正是如此。因为我们这位元首的诞生并非源自一场内乱，也不是共和国惨遭兵燹的结果，而是来自和平时期的收养①，是我们这片土地上的神明最终对祈愿做出的回应。2. 人类决定的元首岂能与神祇指定的元首比肩？没错，是诸神选择了您，恺撒·奥古斯都，而且神明对您的厚爱，早在您出发前往军队②的那一刻起，便已由一种前所未有的征兆展现无余。3. 前任诸位元首的名字，均是通过牺牲喷涌的鲜血，或是鸟儿在左边飞翔，展示给求神谕之人的。但您的预兆更为不凡。当您遵循先例，登上卡皮托里时，因各种原因汇聚于此的人们尽皆向您欢呼，仿佛您已经是元首一般。4. 因为当神庙的大门为您敞开的一刹那，门口的众人便开始高呼"大统帅"（Imperator）！当时人们以为，大家是在向朱庇特③致敬，而事实最终证明，那个名号是用来称呼您的。由此，人们终于理解了这个预兆，只有您对此不愿接受。5. 您谢绝接管元首至高无上的大权，却恰恰证明您能够正当运用这份权力，所以说，您接受职位实属勉为其难。6. 即使如此，也只有看到祖国身陷危难、共和国摇摇欲坠之时，④您才会接受劝说行使大权；只有当至高权力面临毁灭的危险时，您才愿承起它的重担。7. 我猜，这可以解释为何之前军中会爆发反叛与兵变，它在制造暴力与威胁，让您不得不放下矜持。8. 正如经历了狂风暴雨之后，平静的天空与大海更显可爱，同样，我认为，之前的骚动也是为使我们更加珍惜您赐予我们的和平。9. 这正是人类命运的变迁更替，灾祸孕育繁荣，太平暗伏不幸。神祇在两种形势中隐藏了本意，幸运与不幸的根由大部分时间藏形匿影，各自隐藏在彼此的面具之后。

6. 1. 我们时代中深重的污点，共和国沉痛的创伤，便是一位元首和人类之父在自己的御所被围，身陷囹圄，惨遭监禁。一名善良的老人被剥夺了保护别

---

① 图拉真被涅尔瓦收养，选为继承人。对照本文第84—86页的第7、8小节的内容。
② 作为军团司令前往上日耳曼（公元96年年末）。对照《罗马君王传——哈德良传》，2.5.ff.
③ 公元前380年，图里乌斯·昆提乌斯·辛辛纳图斯将一座大统帅朱庇特（Jupiter Imperator）的雕像从普勒尼斯特（Praeneste）迁至卡皮托里的神庙中。它肯定已毁于公元83年的大火，但是这处文本表明它又被重修了。
④ 禁卫军在其长官率领下爆发兵变（迪奥·卡西乌斯《罗马史》，LXVIII.3.3），这很可能演变成公元69年的内战。对照小普林尼，《书信集》，IX. 13. 1。

人的权力，一位元首丧失了身为元首最大的福佑——不必违背本意受迫行事。2. 然而，如果这是令您接掌国家航船之舵的唯一方式，我仍然要说，它的代价并不昂贵。军队纪律败坏，您才能立即整肃军纪；骇人的恶例现世，您才能拨乱反正、树立新规；最后，一位元首迫不得已处人死刑，①才使得元首遭受胁迫之事不再重演。3. 诸般功绩早就令您成为最合适的继任人选，但如果此事来得过早，我们就无从知晓国家是如何受恩于您了。我们不得不等待那个时刻，它将证明您更多的不是受益，而是施恩。共和国在重击之下步履蹒跚，躲入您的臂弯寻求庇护。在老元首的命令下，将要随它的统帅一起倾覆的帝国，交付到了您的手中。4. 您因为已被收养，不得不接受恳求，响应召唤，就像过去征战在外的将军自遥远的土地被召回，对自己的祖国施以援手。②所以，这对父子在同一时刻，双双以高尚的义举给予彼此最好的回报：他将大权授予您，而您又交还给他。5. 在我们的时代，唯独您能得体地归还如此厚重的赠礼，而方式仅仅是接受它。不仅如此，您反而让赠予者欠您人情，因为分享权力减轻了他的烦恼，却增添了您的负担。

7. 1. 这真是元首制的新颖创建，前所未闻！③令您成为元首的不是您的野心，亦非您的猜忌，而是他人的利益与安危。2. 您似乎已赢得了人类中最高的荣誉，但您宣称自己更大的快乐，在于成为一名优秀元首的助手。3. 您接受召唤，分担他的辛劳与烦恼。令您前来的理由，不是他的地位所带来的欢乐与声誉，而是难题与劳苦。只有当他希望卸下重任之后，您才接管权力。4. 收养人和受养者之间没有血缘亲属关系的纽带，你们唯一的联系便是双方都卓尔不凡，令您二人无论作为收养人还是受养者都不负众望。您之所以被收养，并不像过去的元首那样，是为了取悦自己的妻子。④让您成为养子的不是继父，而

---

① 涅尔瓦受迫处死了刺杀图密善的人（迪奥·卡西乌斯，《罗马史》，LXVIII. 3. 3）。
② 也许在类比汉尼拔被召回迦太基（李维，《建城以来史》，XXX. 9）。
③ 但是，请对照伽尔巴对披索的演讲（塔西佗，《历史》，I. 15-16）。该演说与本文第84—86页的第7、8小节非常相似。
④ 奥古斯都与克劳狄乌斯之所以收养了各自的继子提比略与尼禄为继承人，都是为了取悦自己的妻子——李维娅与小阿格里披娜（塔西佗，《编年史》，I. 3, XII. 25）。

是一位元首。再者，已是您父亲的神圣的涅尔瓦，按同样的意义来说，也是我们所有人的慈父。5. 如果收养人是元首，那么这是收继养子唯一合适的方式。因为，当此事涉及将元老院和罗马人民、军队、行省和盟邦移交给一名继任者时，难道您能仅仅看妻子的脸色行事，在自家的四面围墙内寻找继承人？不，您会在所有公民中遍寻人才，选取品格高尚、最受神明宠爱的贤能，认为这样的人才与您最接近，最令您满意。6. 注定要统治众人的人，必须从众人中选取，自然产生的继承人不可能满足您的要求，因为此时您并不是在为家中的奴隶选一个总管，而是在为自由的罗马公民挑选一位元首和统帅。如若不将继承人之位授予众望所归、在大家眼中足以成为元首的最佳人选，即是傲慢和专制（regium）的表现。7. 由此，涅尔瓦做出了他的选择，他意识到，如果养子得到的评价好于亲子，那么二者也就没什么不同了。不过实际上，大家更不希望看到统治者选择了一个糟糕的继任者。相比之下，如果他让自己力有未逮的儿子继位，反而更容易得到人们的谅解。

8. 1. 他殚精竭虑，竭力避免这种灾难，不仅向凡人，更向神明征求意见。因此，举行收养仪式①的地点并非他的卧室，而是庄严的神庙；并非在与妻子共寝的睡床上，而是在至高天神朱庇特的神榻前。收养不会成为我们遭受奴役的根源②，而将为我们的自由、幸福与安全奠基。2. 诸神宣称，应当享有这份荣誉的应是他们自己，因为这件事就是出自他们的意愿与安排。涅尔瓦不过是他们的代理，无论他收养您还是您接受收养，不过是在表明你们服从了神祇的指示。在神明的授意下，月桂冠从潘诺尼亚被带回③，让这胜利的标志去装点一位常胜将军的即位大典。3. 涅尔瓦把它放在朱庇特的膝头，旋即站立起来，显得比以往更加高大尊贵。当着聚集而来的众神和人类，他选取您——危急时刻自己唯一的支持者——作为养子。4. 从那一刻起，他就可以尽情享受卸任带来

---

① 公元 97 年 10 月。
② 收养仪式（adrogatio），提比略也经历了这一程序（苏埃托尼乌斯，《奥古斯都传》，65.1）。对比收养披索（塔西佗，《历史》，I. 16. 9）。
③ 这不是图拉真自己的胜利，当时他在日耳曼。与月桂冠一起送至的还有宣告胜利的捷报（老普林尼，《博物志》，XV. 133-4）。

的快乐与荣誉（选择退位抑或分享权力差别甚小，只是后者更为困难），全心依靠您，仿佛当时您就在他身旁。他将自己与国家的重担放上您的肩头，从您的年轻与活力中获得力量。5. 所有的骚乱均被一扫而净，尽管这更应该归功于收养人的素质，而非收养行动本身，但却表明，如果当初涅尔瓦另选他人，那可就没这份福气了。我们难道忘记了，不久之前也有一次收养，然而非但没能遏制叛乱，反倒成了动乱的导火索？① 换作是您，如果没有成为最终的候选人，一定也会令人们怒火满腔、高举起义的火炬。6. 毫无疑问，如果一名不受重视的元首得以指定继承人，唯一的理由，便是这名继任者的个人素质出类拔萃。在那同一时刻，您成为养子与恺撒，不久您又成为大统帅，分享保民官的权力，在同一时间立即拥有了各种头衔，而最近只有一名元首与自己的亲儿子分享了这些职权。②

9. 1. 让您感到欣喜的，不是因为自己能继承大权，而是因为能成为他的助手和同僚，这足以证明您的自制。无论谁必然会有个继承人，不管他是否需要，但除非他主动要求，否则就不必有同僚。2. 子孙后代也许很难相信，一个人，拥有出身高贵、曾出任执政官并赢得凯旋式的父亲③，自己率领着强大的军团④，麾下有众多忠于将领的英勇战士，能够被自己的士兵欢呼为"大统帅"，并在统辖日耳曼时获得了罗马授予的"日耳曼尼库斯"（Germanicus）⑤ 称号，然而他却没有采取行动为自己谋取大权，仅仅满足于作为军人服从命令、报效国家。3. 是的，恺撒，您服从，而正是您的服从令您成为元首。您远在罗马千里之外、不知前景如何时，便拥有了"恺撒、大统帅、日耳曼尼库斯"的光荣

---

① 伽尔巴收养披索。
② 韦斯帕芗只与提图斯分享了权力（苏埃托尼乌斯，《提图斯传》，6）。
③ 图拉真的父亲出生于意大利卡（Italica）的贝提卡（Baetica），之后担任了该地总督。在犹太战争期间（67-68）他曾是罗马第 10 海峡军团（Leg. X Fretensis）的司令，并于公元 68 年和公元 71 年出任替补执政官（suffect consul），公元 73-74 年、公元 76-77 年在叙利亚担任军团司令，对帕提亚取得了数次未见记载的胜利，赢得了小凯旋式（Ornamenta Trimphalia）。之后他出任亚洲总督，大约于公元 100 年之前死在该地。图拉真是以地方豪族身份成为元首的第一人。注意，对于他的西班牙出身，普林尼只字不提。
④ 上下日耳曼各辖 3 个军团。
⑤ 在韦斯特里奇乌斯·斯普里那（Vestricius Spurinna）与卜茹克特累人（Bructeri）交涉后，涅尔瓦和图拉真分别在公元 97 年年末与公元 98 年年末获得了这一头衔。

称号，头顶这些光环开始行使职权，然而您在心中仍不忘自己是个任凭祖国调遣的普通人，没有什么比这更能证明您对纪律的坚持。4. 如果我说您当初不知道自己将要成为大统帅，未免有些夸张，但实际上，您当时已经是大统帅了，只是自己还不曾得知。当幸运降临的消息传来时，我相信您宁愿一切照旧，只可惜无从选择。公民服从元首，将领服从统帅，儿子服从父亲，岂不是天经地义？ 5. 否则军纪何在？毫不犹豫地立即服从长官下达的任何命令的传统何在？他本可以指派您前往一个又一个的行省，指挥一场接一场的战斗，所以当他召唤您接受元首职位时，就如同往日派遣您去率领军队一样，也是在行使自己的权力。命令就是命令，无论它要求您作为军团司令出发，还是作为元首归来。当然，如果在并不十分情愿的情况下听从安排，无疑意味着更高的荣誉。

10. 1. 当时您更加无法抗拒这份命令，因为颁布它的权力面临着严重的威胁。您认为，此时除了自己，他别无所依，因此服从命令显得更为必要。2. 此外，您还得知，如此选定继承人并非涅尔瓦一人之意，还得到了元老院和人民的认可，是整个国家的心愿。他行使的不过是身为元首的权力，抢在众人之前颁布旨意。如果事前没有得到大家的支持，这项决议又怎会广为接受呢？ 3. 诸神目睹了您是何等温和地使用所获的权力与幸运！铭文、肖像[①]和军队的旗帜宣告着您是大统帅，但您的谦逊、活跃和警醒，又表明您是将军、司令和战士。您大步走在如今属于自己的旗帜与鹰标之前，没有从收养中捞取好处，只是借机展示出自己作为养子的忠孝，以及为现在背负的姓名争取长久生命与不朽光荣的愿望。4. 明智的神祇已经将您荣升至高之位，但您甘愿屈居次席，在副手位置上任年华流逝。您认为，只要老元首还在与您共治，自己便不过是一介公民。5. 众神听到了您的祈愿，但仅在它有益于那位庄严可敬的老人时才会生效。因为诸神召唤他升天，到自己的位置上就列，以免他在做出如此神圣的行动后，还要被人间的俗事所扰。一项义举应获的最高荣誉，便是让它成为其主人所做的最后一件事。之后他应当立即被封神，这样将来后人还要询问，他在完成最后的功业时是否已经成神。6. 因此，他作为祖国之父最大的权力，便

[①] 嵌在军旗上的元首浮雕（这段文字与塔西佗的《演说家对话录》8.4 相呼应）。

是成为您的父亲。这是他所获的最高荣耀和赞誉，他一度充分证明，帝国由您担负可谓万无一失。他将世界留给了您，也将您留给了世界。他明见万里，令众人无须为自己的去世感到遗憾，而正是这一举动，为他赢得了所有人的爱戴与怀念。①

11. 1. 您给予了他应得的哀荣，首先作为儿子流下了眼泪，之后为供奉他建造了神庙。②其他人也曾这么做，不过动机不同：提比略神化奥古斯都，③但目的却是引入大逆罪；尼禄出于嘲讽神化了克劳狄乌斯；④提图斯神化韦斯帕芗、图密善神化提图斯，只为让自己成为神明的儿子或兄弟。⑤2. 您在群星中为自己的父亲准备了席位，并不想惊吓公民，冒犯神祇，或是借此攫取声誉，仅仅是因为，您相信他已经是神了。3. 这项荣誉，如果是由自诩与神明相当的人给予的，意义就不那么重大了。不像您，一边在神庙中为他安排了祭坛、卧榻和一名祭司，一边以普通人的身份，创造和印证他的神性。因为对一位元首的神性最有力的证明，便是他生前选择的继任者无愧所托。4. 因此，知晓自己父亲的神圣，未让您产生丝毫骄傲，这真是太不可思议了。您不愿效仿最近的恶例，他们仅仅因为前任是神，便愈发傲慢怠惰。您希望追随过去的统治者……他们的帝国……那个元首为自己举行凯旋式，却最清晰地证实了他的耻辱和失败。5. 我们的敌人⑥自此昂起头颅、挣脱枷锁；他们掀起反抗，不仅是为了争取自由，更是为了奴役我们；他们不接受休战协议，只承认平等条约；他们不接受我们的法律，只承认过去本族的法律。

12. 1. 现在，恐惧的情绪再度在他们中间弥漫。我们的敌人感到畏惧，并

---

① 涅尔瓦于公元98年1月27日或28日去世。这种塔西佗版的句式或许可在《历史》1.16.3中找到对应。

② 除了一处可靠性存疑的硬币上有"神·涅尔瓦"（Divus Nerva）的神庙的标记，再无其他记载。[杜里（Durry），《颂词》，第101页]。

③ 塔西佗，《编年史》，I. 10. 8；迪奥·卡西乌斯，《罗马史》，LVI. 46. 1。

④ 塔西佗，《编年史》，XII. 69；XIII. 2；苏埃托尼乌斯，《克劳狄乌斯传》，45。

⑤ 苏埃托尼乌斯，《图密善传》，2。马尔提阿利斯，《铭辞集》，IX. 101. 22。

⑥ 原文有遗缺。空白处没有解释清楚。"我们的敌人"指的应该是造反的臣属；停战协议可能是指公元89年图密善与达西亚的戴凯巴鲁斯（Decebalus）的和谈。对照迪奥·卡西乌斯，《罗马史》，LXVII. 7。

渴望俯首听命。他们看到，罗马拥有一位能与其古代的英雄相提并论的领袖。他大统帅的头衔，建立在遍染胜利之血的海面与尸体堆积如山的战场上。2. 因此，在今天，我们接受人质，却不用回送人质给对方。我们不必再以巨大的损失和众多的钱财为代价，购买和平协议，以换得我们征服者的虚名。① 让祈祷和哀求成为对方该操心的事吧，② 只要我们还能确保自己国家的统治力，便可以随意接受或拒绝。当我们姑且听听请愿时，他们会感激涕零。但如果我们充耳不闻，他们也不敢抱怨——他们都知道您是如何在不利局面下击败强敌的，所以怎敢造次？ 3. 当时的情况让他们占尽优势，对我们却十分不利，多瑙河河面冻结，两岸相通；他们可以踏冰过岸，搬运大量战争物资，所以那些野蛮人拥有双重保护，既有自己的武器，又占尽家乡气候的天时。4. 然而，一旦您抵达前线，季节仿佛随之扭转。敌人龟缩在巢穴之中；与此同时，我们的士兵则热切渴望渡河，只要您允许，他们便要采取敌人的战术，主动在冬季向敌军发起攻势。

13. 1. 敌人就这样拜倒在您的威名之下，我又该如何评说您在自己人中间赢得的赞誉呢？他们说，在实战演习时，您与士兵共同忍受饥饿干渴，身为军团司令和他们一起流汗蒙尘；您没有出众的装扮，唯有高大强壮的体格令您鹤立鸡群；在战斗中，您进退自如，近距离掷出投枪，承受向您袭来的武器；您乐于看到战士们表现得勇猛果敢，若是自己的盾牌或头盔挨了一记重击，您反而会很高兴，夸奖击打您的士兵。2. 您鼓励他们更加放开手脚，而他们也正是这样做的。没有什么能逃过您机警的双眼，一切都在您的监督之下。您在开战前为士兵分配武器，检查投枪，以便若发现哪一柄对别人来说过重，就由您亲自使用。3. 同样，是您安抚疲惫的士兵、照顾伤员病号，因为您在回到自己的御帐前，习惯去巡视每一个战士的营帐，最后一个士兵休班后，您才得

---

① 公元89年，图密善与达西亚人签订停战协议。为赎回罗马俘虏，图密善支付戴凯巴鲁斯每人两奥波尔的赎金。图密善给达西亚使者授冠，象征自己征服了达西亚。见迪奥·卡西乌斯，《罗马史》，LXVII. 7。——中译者注

② 这里说的一定是公元99年冬季的情况，当时图拉真途经多瑙河流域，从上日耳曼返回罗马。

以安歇。4.如果这样的将军出自过去的法布里奇乌斯、斯奇比奥和卡米卢斯家族,①我并不会过多地为之惊叹。因为在那个时代,若有劲敌胜过自己一筹,会激励人们奋发自强。5.但时至今日,人们对武艺的兴趣已经改变,精湛的技艺沦为表演项目,艰苦的训练沦为娱乐活动,指导操练的也不再是头戴攻城冠或公民冠②的老兵,而是一些低劣的希腊教官。所以,现在有一个人乐于效法传统和父辈的英勇,即便无旁人较量,也会与自己竞争,以本人为榜样,鞭策自己前进,这是多么难得一见啊!而既然只有他行使大权,那么必将证明,唯有他配得上这份权力!

14. 1.恺撒,现在我们来回顾您事业的发祥地与起点吧。当您在帕提亚为父扬名的时候;③当您论功已值得拥有日耳曼尼库斯之称的时候;④当帕提亚人仅是听闻您即将到来,凶猛高傲的心脏就随之颤抖的时候;当莱茵河与幼发拉底河出于对您的钦佩汇为一股的时候,您不过是个青年,您的威名先于您传遍世界。而且事实经常证明,对于之后见识过您的人来说,您名声的伟大与真实一点不亚于本人。2.当时您还不是统帅,也不是神祇的儿子。西班牙和日耳曼仍然被无数的好战蛮族与数不清的村间荒地组成的藩篱分隔,更不必说高耸的比利牛斯山和阿尔卑斯山,以及众多哪怕不能与这二者相比却也一眼望不穿的山峦。⑤3.在旅途中,在您的率领下,或者说,在您急切的督促下,军团疾驰前行,而您从未想过骑马或乘车。战马跟在您身后,并不用于骑乘,更多是为了体面而非省力。只有您扎营休整时,才会骑上马在乡间奔驰,激扬起尘土,消耗您旺盛的精力。4.我应该更敬佩您事业的开始还是结束?去缔造功业无疑

---

① 盖乌斯·法布里奇乌斯(Gaius Fabricius),皮洛士战争中的英雄;斯奇比奥父子在第2次布匿战争中对抗汉尼拔;马库斯·弗里乌斯·卡米卢斯(M. Furius Camillus),在公元前387年的高卢入侵后拯救了罗马。

② 攻城冠(corona muralis)和公民冠(corona civica)分别授予第1个登上城墙的和在战斗中挽救了公民性命的士兵。

③ 图拉真在叙利亚父亲的军队中担任军事保民官,但是我们并不清楚他在其父赢得小凯旋式(Ornamenta Trimphalia)的战斗中发挥了什么作用。

④ 也许指的是公元89年1月图拉真在萨图尔尼努斯(Saturninus)叛乱中发挥的作用。

⑤ 公元89年,萨图尔尼努斯叛乱,图拉真受图密善之命,率领麾下的第7军团,从西班牙前往日耳曼协助平叛。——中译者注

是伟大的，但毫不怀疑自己能将它实现，显然更为不凡。5. 可想而知，这就是为何那个人①在日耳曼战争中将您从西班牙召至身边，以确保在战争中得到足够的支持，尽管说，他作为一个懒散的统治者，哪怕在最急需帮助的时候，也会嫉妒其他德行高尚的人②。我猜，他既对您敬佩不已，又在内心深处满怀嫉恨与恐惧，就像欧律斯透斯一样——因为他看到，朱庇特伟大的儿子在自己的刁难下完成了危险重重的艰巨任务，然而依旧是不知疲倦、无所畏惧。③在这次旅程之后，他认为您有能力指挥一系列的战役。④

15. 1. 作为保民官⑤，并且尚在青年时期，您就已经在帝国遥远的边疆证明了自己的勇敢。甚至连命运女神都让您认真，但不急迫地学习日后将由您亲自教授的事情。2. 您绝不会满足于远远地遥望营帐，混过短时间的服役。担任保民官的经历必定赋予您立即接手战争的能力，当运用知识的时刻来临时，已经没有什么是您不曾学到的了。3. 10 年的磨砺⑥让您了解了当地人的风俗、村落的位置、周围的地势地形，赋予您适应各种河流与气候、视恶劣环境如家乡暖春的魄力。在服役期间，您不知已更换过多少匹战马，用坏了多少副武器！4. 将来总有一天，子孙后代会争先恐后地前往您服役时走过的地方，指给年轻人观看，哪片土地曾浸染过您的汗水，哪片树林曾为您遮阴，哪块石头曾供您

---

① 图密善。——中译者注

② 实际上，公元前89年1月12日，图密善在近卫军护卫下离开罗马前往日耳曼（迪奥·卡西乌斯，《罗马史》，LXVII. 11. 5），萨图尔尼努斯于1月25日被下日耳曼军团司令拉庇乌斯·马克西姆斯（Lappius Maximus）击败。

③ 赫拉克勒斯与欧律斯透斯。文章第82.7节再次将图拉真与赫拉克勒斯作比。公元100年的硬币上有"赫拉克勒斯·加底塔努斯"（Hercules Gaditanus）的字样，并有专门为图拉真准备的宗教仪式，也许和他同样来自远西班牙有关。

④ 我们不知道图拉真在公元89—96年期间的军事行动，这里也没有提到他是否担任过执政官或总督。普林尼也爱遮掩自己曾在招人憎恨的图密善手下工作的历史，或者他也想暗示图拉真正像他自己一样，在图密善统治时仕途不顺。

⑤ 即下文提到的"红氅军事保民官"（tribunus militaris laticlavius），是1个军团的副帅。——中译者注

⑥ 连续10年担任"红氅军事保民官"并无先例，此处在时间上一定有所夸大。也许普林尼指的是从穿上成年托加（toga virilis）的15岁到可以出任财务官的25岁之间的10年。一般担任这一职务的年龄是19—20岁。

休憩，哪个山洞曾招待高贵的客人进来藏身，就像您小时候，也有人向您展示过旧时伟大的将军留下的珍贵足迹。5. 不过这些都是后话了。而现在，任何战士只要年纪够大，都能为曾与您一道服役而倍感荣幸。您觉得在成为他们的统帅之前，军中会有多少人不知道您是他们的同袍？而您几乎能叫出每个属下的名字，不用他们详述自己为国效力时如何受伤挂彩，便能了解每人各有什么英勇事迹，因为当时您就在场，亲眼见证并为他们喝彩。

16. 1. 然而，尽管在战争的熏陶中成长，您却依然爱好和平，这份温和不由得让我们更为钦佩。您的生父也曾获得凯旋式的殊荣，但您在被过继的那一天，将桂冠献给了卡皮托里·朱庇特，却不寻找为自己举办凯旋式的机会。2. 您从不畏惧战争，但也不想挑起战争。哦，伟大庄严的统帅，当您驻足多瑙河河岸时，明知只要挥师渡河便能赢得凯旋，却不愿攻打拒绝作战的敌人，这是何等高尚！3. 这是您英勇与仁慈带来的结果——您的英勇令敌人不敢轻易向您宣战，您的仁慈令自己不轻易向敌人宣战。那一天终会来临：① 卡皮托里再也看不到虚假的凯旋式，看不到为庆祝无中生有的胜利而游行的战车和假俘虏，只有一位元首携货真价实的荣耀归来，带来和平，结束纷争。敌人彻底屈服，世上已不剩谁有待征服。4. 这样的成就，是任何凯旋式都无法比拟的！从今以后，只有当统治被藐视时，我们才有再度赢取胜利的机会可言。5. 而现在，如果哪个蛮族的国王②竟然如此愚不可及，胆敢激起您的义愤，那么，即便他躲在宽阔的大海、汹涌的河流与高耸的山峦之后，最终也会意识到，在您的威力之前，这些障碍都会纷纷让路；他会诧异为何高山沉降、河水断流、海洋干涸；他将惊惧地发现，向他开战的不仅是我们的舰队，③还有大地本身！

17. 1. 我已经亲眼看见了一场凯旋式，④堆积如山的不是从行省和盟邦劫掠的战利品与黄金，而是敌人的武器与一个个身戴镣铐的国王。2. 我能辨认出那

---

① 显然，这是在公元 101 年的达西亚战争期间对演说词做的补充。
② 达西亚国王戴凯巴鲁斯。
③ 多瑙河舰队由潘诺尼亚舰队（classis Pannonica）和莫西亚舰队（classis Moesica）组成。
④ 第 1 次达西亚战争的凯旋式，于公元 102—103 年冬举办。对照小普林尼，《书信集》，VIII. 4. 2。

些首领名不副实的高调头衔,我能看到一辆辆大车上展示着野蛮的敌人有多么可怕,①而演出中的主角就跟在每辆车的后面,双手被缚沦为阶下囚。紧随俘虏之后,您威风凛凛地立于战车之上,面前摆放着亲手刺穿的盾牌。3. 如果哪个胆大妄为的国王想要与您比肩,那他注定会成为您荣耀的垫脚石。无须亲自面对您的武器,哪怕只是被您如炬的目光瞥到,那么即便中间有广阔的战场与众多的士兵间隔,他也会因恐惧而瑟瑟发抖。4. 您最近的仁慈让我们坚信,如果您为了帝国的尊严不得不开战,不论是进攻还是防御,也一定是为了胜利才赢得凯旋,而不是为了凯旋才去追求胜利。

18. 1. 这让我想起另一件事。您驱散了之前流毒军中的冷漠、傲慢以及无视命令的轻蔑,②重新点燃了行将熄灭的军纪之火,这是多么出色的举措!2. 今天,每个指挥官都可以安心地赢得尊敬和爱慕,再不必担心不受自己人欢迎——或是太受欢迎。从此,他不用再担忧自己是否太招人喜欢或惹人厌恶,得以将更多的精力投入有意义的工作上,关心如何操练军队,如何安排营防、武器和士兵。3. 因为我们的元首不会把为御敌而造的武器装备视作对自己的威胁,不用像某些前任那样,唯恐沦为自身恶政的牺牲品,所以乐于看到士兵生活散漫、疏于训练、道德败坏,兵器因长期闲置而锈迹斑斑、刀锋钝毁。那时候,比起外域的敌人,将领们更畏惧主人的背信弃义;比起敌人的武器,他们更畏惧自己人的刀剑。

19. 1. 在天空中,当璀璨的明星升起时,较小的星星便会暗淡无光;同样,当大统帅出现时,将领们会感到自身的威望顿时相形见绌。③然而,尽管您比任何人都伟大,却不会让谁因此感到局促,没有人因为您的到来而失去往日的权威。相反,很多将军发现,因为得到了您的尊重,别人便愈发敬重自己。因此,您能得到所有人的爱戴,上至最高将领,下至普通士兵。您

---

① 在大车上有展现这些场景的画或造型,图拉真记功柱上也有刻画。
② 对照小普林尼,《书信集》,VIII. 14. 7, X. 29. 1。
③ 在接受收养(或涅尔瓦去世)与公元99年春回到罗马期间,图拉真曾前往莱茵河流域与潘诺尼亚去视察军队。这里的军团司令既有元首行省的总督(legati Augusti propraetore),又包括元首军团的将领(legati Augusti legionis)。

集统帅与战友与一身，既可以通过检阅昂扬其斗志，又可以通过共事慰藉其辛劳。军队应该感到快乐，因为见证他们忠诚的并非您的耳朵，而是您的眼睛。军队更应感到幸运，因为当您不在军中时，绝不相信流言蜚语，只坚持自己对他们的判断。

20. 1. 但现在，罗马人民的祈祷正呼唤您回家。您听到了他们的呼声，对祖国的热爱胜过了对军旅生活的留恋。您的归程既未大肆声张，也无过高规格，好似是从业已平定的地方返乡。① 2. 依我看，您经过时虽没有让任何一位父亲或丈夫感到恐惧，但不应称其为您身上的美德。其他人假装洁身自好，而这种品质却是您与生俱来的，所以不能记成您的功劳。3. 征用车辆没有造成惊扰，随身物不至过多而难以搬运，饮食与众人无异，随从也保持警觉、严守纪律。这一切如同某个伟大的将军（就像您自己）前往军队，② 因为经您掌握的统帅权力，与它之前的本来面目别无二致。4. 就在不久之前，有一位元首也以完全不同的方式经过了那条道路。③ 那次旅程不如称之为一场浩劫，房屋被强制腾空以放置货物，道路两旁的土地都被焚烧并践踏，仿佛那里遭遇了什么大灾，又像是将他吓跑的蛮族蹂躏过此地。各行省要明白，只有图密善出行时才会为祸一方，并不是每位元首都如此扰民。5. 出于对大众利益而非个人名声的考虑，您发布公告，公开他与自己各自日耳曼之行的账目。一名元首必须学会如何平衡帝国的收支，外出返回后必须公布此行的开销。6. 如此一来，他就不会把钱财花在那些一经公开便会让自己蒙羞的事情上了。此外，您的继任者不管是否情愿，都必然了解您此次可敬旅程的花费。④ 两种先例摆在面前，他们必然会意识到，效仿其中的哪种做法将分别得到怎样的评价。

21. 1. 尽管众多辉煌的功绩足以令您获得更多崭新的头衔与荣誉，但您却拒绝了"祖国之父"的称号。⑤ 在我们的坚持与您的节制展开了长时间的斗争

---

① 当时日耳曼的战事还未平息。——中译者注
② 对照第 83 页 5.2 及其注释。
③ 图密善在公元 92 年 12 月自苏维比－萨尔马提亚战争（Suebian-Sarmatic war）中返回。
④ 此处的文本非常难以确定。
⑤ 第 123 页 57.5 表明，图拉真在公元 98 年的执政官选举前已经拥有了"祖国之父"的头衔。

后，您才终于让步。2. 某些人在刚刚成为元首的第一天，便迫不及待地接受了"大统帅""恺撒"等这些头衔；①但您却将它束之高阁，直到您依照自身严苛的标准，也不得不承认自己实至名归时，才终于受领。3. 所以，唯独您，在拥有"祖国之父"之名前，已具备了"祖国之父"之实。在我们的心中，您当之无愧，有没有这个头衔都不影响人民对您的爱戴。只有一点让大家心感愧疚——我们认为您是父亲，但致意时却只能称您为元首和恺撒，这实在显得不够恭敬啊。4. 现在，您终于有了这个名分，像父亲和子女一样与人民生活在一起，多么地友善和慈爱！您离开我们时是一位普通公民，回到我们身边时成了大统帅。您对人民的了解一如他们对您的了解；在您心中，我们没有发生改变，在我们眼中，您也未有任何不同。您是我们之中的一员，只是您比任何人都更加优秀，所以是我们当中最伟大的。

22. 1. 接下来，先让我们回想一下您入城时的情形。②人民已经等待了太久！您进城的方式就让人们充满惊喜。之前的元首们都选择乘轿或乘车，他们甚至不满足于凯旋式的4匹白马拉的战车，竟要盛气凌人地压在抬轿人的肩膀上。2. 您之所以显得高出我们一头，只是由于您身躯伟岸；您的座下不是人民的屈辱，而是元首的威严。年龄、健康或性别都不能阻碍人们争相目睹那不同寻常的壮观场面：3. 小孩子被父母带来将您相认，年轻人向您欢呼，老年人对您崇拜；甚至病人也不顾医生的嘱托，拖着蹒跚的脚步前来一睹您的风采，仿佛看您一眼，疾病便会痊愈。有些人庆幸自己活得足够长久，终于能见到您本人，并为此激动得痛哭流涕，其他人则将这作为继续活下去的理由。妇女们从未像现在这样信心百倍地争做母亲，因为她们知道，自己的孩子将成为您治下的公民、麾下的战士。4. 屋顶被围观的人群站满，似乎已快不堪重负。地上几乎已无插针之处，只能勉强踮脚立足。街道被围得水泄不通，只留出一条狭窄的通道供您走过。道路两旁是兴高采烈的人民，喜庆的欢呼声响彻每个角落。

---

① 毫无疑问，普林尼指的是图密善，但据铭文记载，在成为元首之始便获得这一称号的只有涅尔瓦一人。

② 公元99年的夏末。当时西利乌斯·意塔利库斯（Silius Italicus）的缺席十分引人注目（小普林尼，《书信集》，III.7.6-7）。

当您像所有人一样步行经过时，所有人都因您的到来而欣喜万分。人们随着您的前进而愈加快乐，甚至可以说，您每前行一步，人民的幸福感就增添一分。

23. 1. 所有人高兴地看到，您热情地拥抱元老院的成员，就像当初离开罗马时他们拥抱您一样，而且无须助手提醒，便能一一叫出各位重要骑士的名字，此外不仅能率先向自己的被保护人打招呼，有时还友好地拍拍他们。2. 更令人欣喜的是，尽管您所在之处就是最拥挤之处，但您还是安静地缓步走向人群后退的地方，像普通人似的和大家拥攘在一起。3. 当天您平易近人，无论谁都能接触到您，因为您没带任何护卫。随着元老和骑士各自聚拢到您身边致意，你周围一会儿是元老，一会儿又换成骑士的精英。扈从则安静而礼貌地为您开道。至于到场的士兵，无论举止、礼节或秩序，都与市民无异。4. 当您登上卡皮托里时，人们幸福地回忆起当初您被选为继承人时的情形，①能在那里率先向您高呼"大统帅"的第一批人又是多么幸运！但我认为，最感到欣慰的，是依照自己的标准生育您的神明。5. 回想当年，当您的父亲公布诸神的秘密时，兴奋的人群爆发出热烈的欢呼。而进城之日，您就站在父亲宣布消息的台阶上，接受人们的致意，此情此景恍然重现了当时的盛况！各地建满了祭坛，然而还是容不下众多的牺牲。每个人皆为您的健康祈祷，因为大家都明白，神赐予您平安，就等于恩赐了自己及孩子平安。6. 随后您走入御所，举止仍是那么谦虚端庄，仿佛那是一所私人住宅。人们回家后，还会不约而同地反复体味刚才的快乐经历。

24. 1. 如此进城无疑远胜他人，但您在日常生活中愈发令人敬佩，愈显完美，而这样的做派只能出现在其他元首的承诺中。唯独您将随时间流逝而赢得更高的威望，因为在您身上结合了两种迥然不同的品质：既怀有一个新手的谦逊，又具备一名习惯下达命令的长官的可靠。2. 您不强迫公民匍匐在脚前，也不希望他们吻您的手。贵为统帅后，您的嘴也保持着旧日的礼节，您的手也维持着应有的自重。您过去步行，现在依旧如此；您曾经以苦为乐，现在仍然未变；尽管围绕您的命运已今非昔比，但它却丝毫没有改变您自身。3. 当元首从

---

① 对照第 85–86 页 8.1–8.6。

人群中走过时，人们可以自由地站在原地或走上前来，与他同行或擦肩而过。因为您走入我们中间并不算什么恩赐，我们与您共行也不算对您有所失礼。任何近身的人都可以待在您身旁，决定交谈何时结束的不是您的傲慢，而是对方的意愿。4. 我们受您统治，从属于您，但这与我们服从法律没什么区别，因为两者同样是为了控制我们身上经常出现的欲望与冲动。您散发的光芒如同荣耀与权威本身，既高居凡人之上，又与其密不可分。5. 过去的统治者藐视我们，也许，他们害怕降至与我们同一水平，因为自己的双腿已不堪其用，是奴隶的肩膀和驼背将他们高高抬过我们的头顶。但您的崇高来自自身的声誉与荣耀，源自自由和公民的爱戴，远远胜过那些自高自大的元首。您脚下的土地为所有人所共享，您高贵的足迹与我们的脚印混在一起，而正是这片土地，将您抬升至天空的高度。

25. 1. 元老们，我不担心自己的发言显得过于冗长，因为再没有什么事比竭力感谢我们的元首更重要。与其将他的诸多功绩做一番浮光掠影的概览，不如将之深藏心中，沉默不语，这样更能表示我们的敬重。因为尚未谈及的事情，可能更容易让人们依照其真实价值做出评判。2. 不过，对他造福市民的贡献，我却不得不说几句。市民们得到了全额的赠礼[①]，相比之下军人只领了一半津贴。[②]这无疑是高尚的证明——把捐赠送给那些更容易拒绝的人。[③]不过，尽管有这一点区别，但他并未忽视公平的原则。军队和市民在某种程度上依然是平等的：军队虽然只得到一半，但可以先领；市民虽然排在军人之后，但可以一次性领足全额。3. 您发放津贴是多么慷慨，施恩时又是多么考虑周全！有些

---

① 这种赠礼有两笔：（1）每月国库将向城市平民（plebs urbana frumentaria）派发平民救济粮（frumentationes），固定有 20 万人可以领取，只有当名额出现空缺时才可以补缺（对照 25.3）。图拉真在收受人名单中又加入了 5,000 名儿童（28.4）。（2）congiarium，不定期向市民（populus）发放的救济款。图密善在统治初年曾向每人发放 3 笔救济款（congiaria），共计 225 纳里。涅尔瓦慷慨的赠送看来如同贿赂，图拉真则赠予每人 650 第纳里，一笔巨款。塞姆（JRS XX）注释，普林尼并没有提到由涅尔瓦建立、图拉真在公元 101 年进一步改进的慈善粮救助制度（S.435-6, "Veleian Table"），也许在演说发表时这套制度尚在改进。

② 每个士兵都能领到现金的退伍津贴（donativum）。显然，涅尔瓦在任职期间发足了退伍金，要么就是普林尼没有理解图拉真的政策。

③ 即，对于发放赠金一事，以往的元首宁得罪市民而不得罪军人。——中译者注

人的名字是您公布法令后才列入名单的，但他们也领取了津贴，取代了被从名单中剔除的人，另有些人尽管起初不符合资格，现在也与其他人一样了。4. 有人可能因为疾病或私事缠身没能及时认领，也有人受阻于江河或大海，但是属于他的那份赠金会一直静候，不会有任何人因为生病、繁忙或远在外地而被遗漏。无论是谁，只要他希望或能够前来领款，都没有问题。5. 这就是您分外伟大之处，恺撒，您的新颖创制将相距遥远的大陆连接在一起，您的慷慨缩短了辽远的距离，您的才智克服了意外和不幸。实际上，您动用所有手段，确保这项福利能让每个身份寒微的罗马人都能体会到，自己是一个人，一名罗马公民。

26. 1. 过去，在派发补贴那天，会有大批儿童——未来的人民——在元首走过的道路上排列成行，等待元首露面。父母亲都操心地将自己的孩子扛在肩上，教他们阿谀奉承之词。2. 他们不断重复说着自己学到的话，而他们的祈求往往会因为元首充耳不闻而徒劳无功。他们既不清楚自己在请求什么，也不知道被拒绝了什么，直至成长到足以理解这些东西的年纪。3. 然而，您不允许这种请愿。尽管您会为亲眼看到罗马成长的新一代而高兴，但您规定，所有儿童在看到或接近自己之前，就应得到重视并被登记在册，以便此后他们自幼年起便能蒙您垂恩得到养育，认识到您是大家共同的父亲。为了向您效力而接受培养的孩子，应该由您付钱将其养育成人，从领取您的赡养费，过渡到领取您的军饷。他们理应像报答亲生父母那样，回报您的养育之恩。4. 恺撒，您自出经费，维系罗马的威名万世长久，这是明智之举。对一名注定名声不朽的伟大元首来说，花在子孙后代身上的钱财比任何开销都值得。5. 对于富人，法律规定了高额的回报和对应的处罚，刺激他们多生育孩子；① 而穷人只有一个依靠——一位好元首。6. 这些孩子都是为了向他效忠而诞生的，倘若不向其提供慷慨的帮助、关怀和拥抱，他就是在葬送帝国与共和国。如果他忽视了贫穷的平民，便不能保护元首的公民，如同人被砍去了肢体，唯头尚存，马上会失去平衡，

---

① 根据公元18年的尤利亚婚姻法（Lex Iulia de maritandis ordinibus）和公元9年的帕皮乌斯-波派乌斯法（lex Papia Poppaea）。

扑倒在地。7. 我们很容易想象，当您听到父亲和孩子、老人与青年的欢呼时是多么喜悦——您首先听到的是最年轻公民的声音，对于他们，你甚至赐予了比津贴更宝贵的东西——未提要求便可以接受资助的权利。

27. 1. 最重要的是，在您的统治下，生育子女不仅是一件乐事，而且有利可图。如今，父亲们只须担心孩子因人类的脆弱而可能遇到的威胁——在致命的恶疾中，他不必再把元首的愤怒考虑在内。的确，在生养孩子的父母看来，有希望获得抚育津贴的确是巨大的鼓励，但他们更渴望的却是远离恐惧、享受安全与自由。2. 也许有的元首从不给予帮助，也从不提供支持，但只要他不掠夺或杀戮，就不会缺少渴望生儿育女的人。相反，如果他一手给予、一手夺走，起先支持、随后摧残，不久之后，所有人都将后悔自己生了孩子，甚至会后悔自己尚有父母健在，自己还未死去。3. 在您的善行中，最令我钦佩的，莫过于所有馈赠和津贴均是出自您的个人财产，让我们的孩子不用像野兽的幼崽那样，靠鲜血和杀戮被抚养长大。4. 此外，最受获赠者欢迎的是，他清楚自己获得补贴并不靠剥夺别人的财产，唯一为造福大家而变穷的人，就是我们的元首。也许他也谈不上什么变穷——因为他掌握着众人所拥有的一切，无论贫富都始终与大家一致。

28. 1. 您诸多其他的光辉业绩在召唤我，但我并不急于换话题，因为我还没有就以下事实向您表示敬意：您散赠赠礼并不是觉得自己有什么罪过，并非借此逃避污名，更不图借此打消不满与质疑的声音。2. 您的馈赠不是为了弥补什么错误，也不是用来补偿某次残酷的作恶；您的义举不是为了抵消过去的罪行；您此般开销是为了寻求人们的爱戴，而不是人们的宽恕；罗马人民在执政官专席听到的不是祈求，他们只会意识到自己欠您一份情。3. 您快乐地分发善款，人们同样快乐地接受，双方都没有隐忧。之前的元首们发放抚慰品是作为贿赂，用以平抚人民愤怒的情绪，缓和大家对自己的仇恨。您却是无条件地赠予，因此，您的给予和人民的接受都毫无污点。4. 元老们，源于元首的慷慨，最近又有 5,000 名出身自由的孩子被挑选出来，写入津贴名单之中。5. 他们将在战争时期保卫国家、和平时期建设国家，并在国家支持的教育中学会爱国，不仅将之视为自己的祖国，更看作是养育自己的乳母。将来，他们会成为军队和公民的主体，并能自己抚养未来的孩子而无需补贴。6. 恺撒，愿诸神唯独赐予您长寿，保持您得自诸神的品德，如此，根据您的命令，津贴名单上的名字将会成倍增加！ 7. 这个数字正与日俱增，不是因为父母更加关爱孩子，而是因为公民得到了元首的关怀。如果您愿意，请继续赠送补贴吧。但是，为何要鼓励生育，您自然心知肚明。①

29. 1. 至于谷物供给，我认为，它的充足好比永久的津贴。尽管庞培曾经革除了选举中的贿赂，剿灭了公海的海盗，在横扫东西方的凯旋式上昂首阔步，但就供应粮食而言，您的功劳丝毫不逊于他。② 2. 若论孰为更优秀的公民，庞培可比不上我们的父亲。后者以其智慧、权威和对人民的信义，铺设了公路，建造了港口，开设了贯连大陆的交通线，令大海衔接海岸，海岸依傍大海，用贸易将相隔遥远的居民联系在一起，各地的物产为所有人共享。③ 3. 显而易见，每年我们的需求都能得到充足的供给，并且无须伤害任何人。填满我们谷仓的粮食并非像洗劫敌人的土地那样，夺自只能对天悲叹的同盟。4. 庄稼在他们自己的土地上生长，在本地的气候中成熟。他们不用承担花样迭出的新税，④ 只须履行可以长期负担的义务。人们可以看到，元首私库若想要什么，都是以购买的方式获得的。5. 在粮食和物资的供给中，买主和卖家可以敲定双方都接受的价格。这样一来，我们在罗马坐享充足的供应，而无须导致别地出现饥荒。

---

① 结合罗伯爵士本和约翰·史密斯本的译法，此处意即："新生儿越多，就有越多的人为其效力。"——中译者注

② 庞培在公元前 57 年受命负责五年的谷物供给（annona）。他在公元前 52 年通过了《庞培法》（Lex Pompeia de ambitu），在公元前 67 年清剿了海盗。他在公元前 81 年镇压了非洲的马里亚人（Marians），在公元前 71 年战胜了塞尔托里乌斯（Sertorius）并在西班牙取得胜利，在公元前 61 年处理完亚洲事务，由此分别获得了 3 次凯旋式。

③ 图拉真即位起就积极从事公共建设；文中分别指的是修葺阿庇亚、阿美利亚、普泰奥拉那大道（Via Appia、Via Aemilia、Via Puteolana）；修建奥斯提亚、特拉齐纳和安科纳港（Ostia、Terracina、Ancona）；110 年建造从阿庇乌斯广场（Forum Appii）到特拉齐纳、穿过旁提纳（Pontine）沼泽的水渠（Decemnovium，字面义为"1,900 步长"）。然而，普林尼只是笼统地说到这些建设。对照小普林尼，《书信集》，X. 18. 3 和注释。

④ 文本最早提到了 indictiones，临时从行省征调的税项以供应罗马和军队的特殊需求；这里在与常规的贡税（tributa）对比。

30. 1. 埃及人曾夸下海口，说他们土地上的种子并不用雨水和气候的滋养，仅凭自己的河流进行灌溉，外加河水上涨溢出后带给土壤的肥力，就足以令埃及的农田遍盖茂密的庄稼，使其可与任何一块最为肥沃的土地媲美，且不必担忧这种情况是否有结束的那一天。2. 然而，他们后来遭遇了突如其来的打击。当尼罗河开始变得慵懒、不愿再跳出河床时，尽管它仍然是世界上最伟大的河流之一，但在人们心中也不再是无与伦比的了。大地随即干枯，田野几近荒芜。3. 曾经被河流冲刷积肥的广大土地，如今变成了烘烤着厚厚灰尘的火炉。埃及人祈祷求雨和注视天空的努力尽归徒劳，盛产粮食的区域严重缩水，只剩小片尚存。4. 因为不仅尼罗河（以往会泛溢到很远的地方）水流减少、水位远远低于往常的高度，甚至在应该涵养住水分的土地上，水分也不像过去那样可被土壤保持住甚至能缓慢流动，而是迅速渗漏。土地得不到充分的浸泡，渐渐干黄龟裂。5. 这个国家得不到赋予土壤肥力的洪水，只得向恺撒而不再向自己的河流求救。没过多久，他就听到了埃及人的求助，他们的麻烦也随即得到解决。恺撒，您的行动是如此迅速，您的仁慈之心随时准备救助子民，任何臣属如果遭遇了不幸，只需让您知晓便能寻求到帮助与安全感。

31. 1. 当然，我私下里也祈求世界各地都能风调雨顺、田肥土沃，但我更认为，埃及的旱灾是为了考验您的才智，见证您如何应对危机。尽管您理应享受治下各地繁荣兴旺、万事顺利的幸福，但偶然出现的不幸却向您提供了一展才华的良机。顺境让人幸运，逆境令人伟大。2. 长久以来一直有种说法——罗马必须依靠埃及的供养才不至于挨饿并维持下去。所以，那个自负而放肆的国家经常吹嘘，它必须喂饱自己的征服者，它的河流和船只保证了我们的需求得到满足。3. 现在，我们将归还尼罗河的财富，送还我们曾接受的谷物，曾经跨洋过海离开故乡的收获现在回家了。让这件事给埃及人上一课吧，这次教训应该让埃及人明白，他们给我们的不是必不可少的给养，而是理所应当的贡赋，埃及是罗马人民的臣仆，但并非不可或缺。4. 从今往后，如果它愿意，尼罗河尽可待在河床里做一条普普通通的河流，这对罗马来说没什么两样，对于埃及也是如此。唯一不同的是，离开埃及的船只将会货仓空空，就像过去它们返回时一般。而离开罗马时却会满载粮食，就像过去它们自埃及起航时一样。大海的作用从此颠倒过来，水手们将祈祷从罗马出航能遇到顺风，经历时间较短的旅程。5. 恺撒，城市的谷物供应丝毫不受埃及粮荒与尼罗河异常的影响，简直是个奇迹。这全都仰赖您的高瞻远瞩与慷慨好施，且证明了两件事：我们不需要埃及，而埃及必须依赖我们。6. 如果这个曾经丰产的国家还保有自由，那它就会毁灭了。这次少见的灾荒让它蒙羞，羞愧和灾祸令它脸红，而您的干预不仅满足了它的请求，也戳破了它的妄自尊大。埃及的农民盯着谷仓被出自他人之手的粮食填满，惊奇不已：是哪片土地获得了如此的丰收？埃及哪儿还有另外一条河流？您仁慈的援助让大地不再吝惜自己的果实。如果说尼罗河经常服务于埃及人，但它从未为我们的光荣更加大方地流淌。

32. 1. 我们幸而拥有这样一位出色的元首，他能够在四方分配大地的物产，满足各自所需，援助和滋养一个被海水隔断的国家，仿佛它的居民属于罗马人民的一部分。当他在位时，各个行省都置于我们的统治和保护之下是一件多么有益的事情！ 2. 事实证明，即使是上天也不会如此仁慈，赐予每一方土地富足。但是他却可以驱逐任何地方的苦难，只要那里不是天生的荒芜之地，也可以带给任何地方繁荣，哪怕那里缺少沃土。他用船队将东西方连接起来，两地的人民或是提供援助，或是需要援助。在经历了放肆与争执之后，他们会先后意识到，能服侍一位共同的主人是何等幸事。3. 将共同的财产分割，个人便必须承担自己的损失；但若将好事聚集在一起，没有谁会蒙受个人损失，相反，大家皆能分享共有的财富。然而，如果在土壤与流水中蕴含着某种神明，那么在此我向埃及的土地与河流祈求：请别再向我们的元首要求过多，温柔地拥抱撒向你们的种子，然后回报以成倍的收获。4. 我们并不贪求什么，但请记住你们有一笔债要偿还：切记在众多的年头中你们曾有一年失信，别忘了挽回自己的信誉。除此之外，我们别无他求。

33. 1. 公民和同盟的需求都得到了满足。接下来我要说一说您举办的大型公共活动——不是让人懒惰懈怠、丧失男子气概的娱乐，而是激励他们勇于面对光荣的伤口、培养其藐视死亡的胆魄的表演。具体方式便是让角斗士甚至是罪犯与奴隶，展示自己对荣耀的热爱与对胜利的渴望。2. 提供这样一场盛大的演出是多么慷慨与崇高！元首的情绪始终不为所动，不受个人感情左右，凌驾于情绪冲动之上。他应允了我们的请求,甚至预料到我们未曾说出口的心愿,现在更毫不犹豫地询问我们还有什么新的愿望。然而,确实还有很多惊喜远超我们的期望。3.观众可以自由地释放热情,毫无畏惧地表露各自的偏好!如果有谁不喜欢某个特定的角斗士,他也无须担心自己被控为不虔诚。没有哪个观众会发现自己竟成了表演者,被铁钩拖拽在地上或被投入烈火之中,以博得他冷酷的狞笑!4.那个人①是个疯子,根本不理解自己的身份意味着什么,把竞技场当做处置大逆罪罪犯的行刑场。如果我们没有对他的角斗士表示敬意,他就自觉遭到了蔑视,认为观众批评自己的角斗士就是在批评自己,他的神性因而受到了侮辱。那个家伙认为自己可以与神明平起平坐,却又把他的角斗士搞得和自己一样。

34.1.恺撒,与那副令人作呕的画面相比,您提供给我们的表演是多么壮观!我们看到告密者被赶进场,就像一帮强盗与杀人犯——只不过他们出没的地点不是道路两旁或人迹罕至的场所,而是在神庙②、广场与法庭。没有任何遗嘱能躲过他们的眼睛,没有任何条款能确保生效,无论有没有孩子都无济于事。2.这份罪恶之所以愈演愈烈,部分是出于……③,部分是出于贪婪。这引起了您的关注,于是和平又回到广场上,一如回到军营中,您切除了我们之中的毒疮。您的深谋远虑确保了一个建立在法律基础上的国家不会因为对法律的滥用浮露毁灭的端倪。3.您的地位与慷慨为我们带来了如此精彩绝伦的表演。首先入场的是体格强健且勇气十足的斗士,然后是接受了不同程度驯化、体内还潜伏着凶蛮本性的野兽,接下来是以前被秘密隐藏、如今在您的统治之下得以被所有人分享的财宝。不过,尽管表演如此绝妙,然而最受大家欢迎的,也是最适合我们这个时代的娱乐,莫过于低头看到告密者在我们脚下,被人从后面扯着头发仰起脸,领教我们憎恶的目光。4.我们认识他们,我们乐意看到他们有此下场,就像选择了为其罪行以死偿命的罪犯一样,告密者踩着先前被杀的犯人流溅的鲜血入场,准备迎接更漫长、更恐怖的惩罚与报应。5.告密者被

---

① 指图密善。
② 也许指的是萨图尔努斯神庙,即国库所在地。
③ 原文遗漏了几个字,应该是表现图密善的恐惧或多疑。

赶上迅速造好的船只，拥挤着登上甲板，随后被抛给狂风暴雨。好，让他们去吧，逃离曾因他们的告密而遍地荒凉的土地。如果海浪将某个幸存者抛到礁石上，就让那个可怜虫在一块可怖的绝壁上自生自灭吧，并且希望他知道，他遭到了全人类的排斥和唾弃。

35. 1. 这一幕实在令人难忘：告密者装满了整整一支船队，命运交由海风裁决，在暴风雨下被迫出航，被愤怒的波涛抛在礁石上。我们目视着船只一驶离港口便被撕成碎片，然后就在那片海域的岸边，感谢我们的元首，他出于不变的仁慈，将陆上之人的仇恨交由海中诸神去裁决。2. 还有什么比这更大快人心的！我们由此深切地感受到，时代确实不同了。那些岩石曾作为无辜之人的十字架，如今钉在上面的是真正的罪犯；那些岛屿曾接待流放的元老，如今岛上满是被您永远（可不仅仅是一两天）剥夺了权势的告密者，他们[①]被无数的惩罚之网紧紧束缚。3. 他们曾搬弄是非，强取豪夺他人财产，现在轮到他们一无所有；他们曾将别人逐出家园，现在轮到他们无家可归。让他们收起不知廉耻、面不改色的厚颜，他们的脸颊被打上耻辱的烙印，别想再对众人的谴责一笑了之。现在他们可以明白，自己的不义之财终究要被损失抵消，之前的期待丝毫不亚于现今的焦虑；此时，他们可以好好体验自己当初掀起的恐惧了。4. 的确，神圣的提图斯品德高尚，采取了很多措施来保障我们的安全，替我们报仇雪耻，因此，他能荣登众神之列。[②] 但说起让他得以成神的功绩，您的成就又远超于他，有朝一日您升天后，又会坐上更高的位置！而且您实现的功绩难度更大，因为元首涅尔瓦[③]——他不愧为您的父亲与前任——在提图斯的法令后又做出了著名的补充，以打击告密者，所以看起来已经没有余地留给后人发挥了。但是，您却有这么多新颖的创见，这么多史无前例的想法。如果您只是赐予我们一种恩惠，我们也会为之感激不已。5. 然而，您却将它们同时惠赐，就宛如白天的日光不会偏向某个人，而是会令所有人一起感受到明亮的光辉。

---

① 普林尼忘了很多告密者（delatores）都是元老，譬如梅塞里努斯（Messalinus）、雷古鲁斯（Regulus）和温尼托（Veiento）。

② 苏埃托尼乌斯，《提图斯传》，8.5。

③ 迪奥·卡西乌斯，《罗马史》，LXVIII. 1. 2。

36. 1. 现在，我们高兴地看到那里重归和平与安宁，回归到告密者猖獗之前的样子。如今国库是名副其实的神祇的庙宇和圣地，不再是公民的停尸房，不再是存放浸满鲜血的赃物的可怕仓库，不再是世上最后一处即便在好元首治下，善人也敌不过恶人的场所。2. 法律仍然得到尊重，公共利益没有减损。但是现有的处罚制度中又添加了一项新的惩恶措施，这项革新的基础在于，人们已不必畏惧告密者，只须畏惧法律。3. 有人可能会认为，您对元首私库的管理不如对国库严格，实际上，因为您深知比起公共财产，自己可以较随意地处理私人财务，所以您治理私库更为严格。4. 任何人都可以对您的财务专使或他的代理说："来主持公道，到法庭上来。"因为元首的法庭可不像其余的法庭那样，只处理显赫之人的事务。① 代表元首财库的官员是从瓮中抽签选出的，并且每个人都能对其表示抗议："不要他来！他很懦弱，年纪也不够成熟——换那个人，他是恺撒独立而忠诚的属下！"同一个法庭，不仅服务元首制，并且服务自由；而更为您的荣誉添彩的，就是元首财库经常败诉——只有元首公正无私，这种事才可能出现。5. 您对专使的选择更值得称赞。尽管完全拥有选择法庭的自由，您的公民同胞却都力争在专使主持的法庭上诉讼。您没有强迫任何人必须使用您提供的服务；您很清楚，一位元首最高的恩惠，就是允许人们不接受这份恩惠。

37. 1. 为维持帝国，有必要开源增税，集合个人之力，帮助作为整体的国家。其中之一便是5%的遗产税。② 如果双方关系较远，那它倒还容易让人接受，但若是家庭成员直接继承，税率就显得过重了。2. 所以迄今为止它只对前者征税，后者则可以免交，无疑是因为它令人难以（或者说，根本不会）接受，因为遗产是人们通过血缘、亲族或家庭关系继承而来的，大家认为它们并非得自外人之手，而属于自己的永久财产，有朝一日还要传给自己最近的亲人，所以无论谁也无法容忍这种财产遭到剥夺和削减。3. 旧公民多年来都享有

---

① 《学说汇纂》(*Digest*, I. 2. 2. 32)称，涅尔瓦建立了一种特别法庭，处理个人与元首财库 (fiscus) 之间的纠纷。（哈德良时期）由骑士担任私库辩护人 (advocati fisci) 后，这种法庭便显得多余了。文中所指的可能是关于诉讼人选择在哪一种法庭上打官司的情况。

② 遗产税由奥古斯都在公元6年设立，和销售税 (centesima rerum venalium) 一样是军用资金 (aerarium militare) 的主要来源。

该项豁免权，然而新近的公民，不管是在拥有拉丁权后被授予公民权，①还是得到了元首的恩赐，除非同时获得了亲属权，②否则都将被该法律视为不同于亲属权拥有者的异类。4. 结果，原本的好事成了严重的不公正待遇，罗马公民权成了仇恨、纠纷和褫夺的代名词，它离间彼此关爱的亲属，浑然不顾亲情的纽带。5. 即便如此，我们还是发现，罗马人的名分对人们来说是如此重要，以至于很多人不仅不惜牺牲 5% 的财产，甚至不惜愧对亲人。就凭他们如此看重公民权，也理应对其予以免税。6. 因此，您的父亲③颁布法令，规定子女继承母亲或母亲继承子女的财产，只要当事人都是公民，那么即便没有亲属权也可以免交 5% 的遗产税。他还将同样的免税权扩大到子继父产上，只要儿子仍然处于父权之下，继承财产也可免税。他认为，如果税吏把他们的名字也登记在册，未免太过分了，简直是前所未闻，甚至可以称之为不敬；在如此神圣的关系中，遗产税从中作梗无疑是一种亵渎。没错，他认为，没有什么税款值得以父母与子女失和为代价。

38. 1. 他所做的就是这么多，一个完美的统治者可能比他更加慷慨，但那样做就不是一位完美的父亲了。他选择您作为养子，并未面面俱到地交代后事，只是略述了该去做什么，以便让儿子有充分的自由和足够的机会去施行善举。这一点，涅尔瓦显然表现出了父亲对孩子的宠爱。2. 因此，您毫不迟疑地在父亲的基础上进一步慷慨施恩。不仅父死子继免征遗产税，子死父继也获此优待，由此当有人无法再享受为父之乐时，不会同时丧失曾经身为人父带给自己的权利。3. 恺撒，拒绝从父亲的眼泪中征税是高贵的，一位父亲接收自己孩子的财产，不应遭受任何克扣，更不应与无法分担自身悲痛的外人分享。无论是谁，也不应该在刚刚经历至亲离世的人身上打主意，也不能强迫一位父亲去

---

① 拉丁权（Ius Latii）一般属于获得全部公民权过程的中间阶段。至于元首恩赐公民权，对照塔西佗《编年史》XI. 23-4 [克劳狄乌斯授予埃杜伊人（Aedui）公民权]。

② 亲属权（Iura cognationis）。小普林尼说得很含糊，但他可能指的是对已长期具有公民身份的立遗嘱人和继承人的免税政策，而对新近成为公民之人来说，除非他们与亲戚的亲属权得到明确的认可，否则就不能享受免税。

③ 指涅尔瓦。

估算儿子的死给自己留下了什么。4. 而且,元老们,我还要特别强调一点,我们慷慨仁慈的元首赐予这份赠礼是经过深思熟虑的。没有这份善解人意的情怀,便不可能是真正的慷慨,只会是喜好虚名、挥霍浪费和爱慕虚荣。5. 元首(imperator)啊,您的仁慈将安抚痛失骨肉者的悲伤,禁止再给蒙受丧子之痛的父亲增添更多的烦扰。白发人送黑发人,自己成了儿子的唯一继承人,已经够让父亲痛苦了,为什么还要他与并非儿子所愿的人分享遗产呢? 6. 除此之外,神圣的涅尔瓦颁布法令,规定子女继承父亲的财产可以免交 5% 的遗产税;只有继续将此豁免权扩展到父亲继承子女的财产,这么做才合乎逻辑。7. 为什么晚辈要比长辈还尊贵?为什么老人不能和年轻人一样同享正义?恺撒,您同样去除了"只要他还处于父权之下"这一条款,我猜,您是认为自然法要求子女永远服从父权、无论何时都不能免除其对父亲的义务,如此才不至将人类堕落到和野兽同一水平——动物的世界弱肉强食,权力和权威只属于强者。

39. 1. 他不满足于免除第一序列亲属间的税收,还将其扩展到第二序列的亲属,让兄弟姐妹、祖父母辈与孙辈互相继承彼此的财产时免交遗产税。2. 此外,他将同样的特惠权赐予经由拉丁权获得罗马公民权的人,他一举将所有亲属间依据自然法应当享有的权利全部授予大家。他的前任们只给予个别请愿的人这项特惠,而且并不十分情愿,更想做出回绝。3. 这是他深谋远虑和仁慈善良的明证——将破碎家庭的成员集合重组,让其焕发新生,承认过去被否认的权利,将大家原本无法获得的东西赐予所有人。简言之,他放弃了无数次将自己表现为施恩者的机会,放弃了无数次赢得威信、让人民亏欠自己的机会。4. 毫无疑问,他一定认为,让人们向自己恳求众神早已赐予他们的东西是不合适的。兄弟、姐妹、祖父祖母、孙子孙女,这些身份关系该是什么样就是什么样,何必还需请人批准呢?你们享受着一位统治者的赐福,他出于一贯的自律,认为比起窃取人们的继承权,批准别人拥有这份权利一样令人厌恶。5. 你们同样可以放心大胆地追求官职和公民权,新的特惠法令不会让任何人吃亏,也不会遗忘任何人,像大树被剪断树枝那样。所有人都能像过去一样,尽享家庭之乐，同时还享受着地位的提高。而且，即便是血缘关系不那么紧密的远亲，此后也不会再有那么名目繁多的遗产税了。

40.1. 我们必须缴纳的税额，已经由我们共同的父亲制定好了。财产较少、所涉数额不大①的一律免税；如果心怀感激的继承人愿意，他可以将继承来的全部财产用于举办葬礼和修建坟墓——但没有人会为此监督他，对他做的事指手画脚。继承中等份额财产的人，都可以无所顾虑，因为继承法的这一条款规定，财产的多寡是影响税额的唯一因素。所有与财产比例不均衡的税款，现在已成为一种表达祝贺的方式，成为一种人皆追求的负担，所有继承人都希望能履行缴纳遗产税的责任。法律中还有一条规定：依照旧法应该付税、到新法颁布之日还未曾缴纳过的人，一律免除旧账。②即使是神明也没有能力补救过去，然而您的义举做到了这一点，将这些未来不会再度出现的债务一笔勾销。多亏了您，让我们仿佛从未经历过在您之前那些坏元首的统治。假如您也能以同样的方式，让众多被屠夫和劫匪所害的人重获新生与幸福，那该多好啊！您禁止依据自己上任之前签订的契约来征收债款。而另一个元首却怀疑人们会拒不执行，因此肆意泄愤，对没有及时交款的人处以两倍甚至四倍的罚金。您发现，无论是根据不公平的法令索债，还是将之定为法律，然后不公平地索债，都一样可耻。③

41.1. 恺撒，身为执政官，我不免为您感到担心和忧虑。您拒绝接受金钱的谢礼，向士兵和市民捐赠钱财，驱逐告密者，减免税款，这一切让我不由想冒昧地多问一句：您是否对帝国的收入有妥善的考虑？有没有足够的财源，能维持元首的财政，在没有帮助的情况下，支付如此多的款项？2. 其他人曾经横征暴敛、巧取豪夺，之后他们却好像从没拿过我们什么一样，仿佛仍然一贫如洗。然而，您给予众多，却没有丝毫索取；您总是有足够的财富与众人分享，仿佛您反倒是只索取而不给予。这该如何解释呢？3. 我们的统治者身边

---

① 迪奥（《罗马史》，LV. 25.25）说近亲和穷人可免缴税款。我们不知道可以免税的财产数额要少到什么程度。
② 两座广场上的浮雕表现了焚烧记账簿的一幕，可能指的就是这件事。
③ 前者强调法令本身不合理，后者强调征收的手段不合理。——中译者注

经常有这么一群人,他们的眼睛严苛无情,紧盯着元首财库的需要,时刻不会放松。甚至有些元首也出于自己无师自通的贪婪,时刻觊觎着各种财富。当然了,更多的情况下,他们是从我们这里学到的这份贪欲,为此我们蒙受了损失,真是自作自受啊。但是,您的耳朵却拒绝纳入各种献媚的建议,尤其是引诱人变得贪婪的。4. 这种谄媚之声马上就销声匿迹了,因为这类意见如果没人听取,也就不会有人提出。因此,我们都深深地欠您一份人情,或者说,双倍的人情——因为您不仅自身品行高洁,甚至也促进我们的人品得到了提高。

42. 1. 过去,无论弗孔尼乌斯法还是尤利亚法①,对元首财库和国库做出的贡献,都远远比不上大逆法——唯一一种判无罪之人有罪的手段。您彻底打消了我们对大逆法的恐惧,满足于展示您的高贵,没有谁比那些假扮威严②的人更欠缺这种高贵。2. 朋友之间重铸了友谊,被释奴重新意识到要履行职责,奴隶重新意识到必须服从——他们现在又得尊重并遵从自己的主人了。3. 从此以后,元首的朋友将是我们,而不是我们的奴隶;我们的"祖国之父"最重视自己的公民,而不是受他人奴役的奴隶。您让我们摆脱了自己家中的控告人,通过提升公共安全的标准,有效地遏制了可能被称为奴隶战争的事件发生——这样做既有益于奴隶,督促他们做好人;也有益于他们的主人,使其免于恐惧。4. 对此您不求称赞,也许您觉得这没什么可赞美的,但在过去,元首曾教唆奴隶去谋害自己主人的性命,在其告密之前,就指使他们提出哪些罪名,以便自己滥用刑罚③。对于这种罪恶,我们既深感恐惧,又无法避免,在元首和奴隶之间无所适从,注定难逃一劫。在我们中间,还有很多人对那种恐怖记忆犹新,对他们来说,您的举措是多么受人欢迎啊!

43. 1. 在这一类的改革中,又不得不提一点,就是我们的遗嘱也得到了新的保障。今后,不会再有某一个人,或是以自己的名字出现在遗嘱中为借口,

---

① 公元前169年,由保民官弗孔尼乌斯(Voconius)制定,它严苛地限定了女儿的继承权;尤利亚法对照第98页26.5及注释。

② 即"侮辱罗马人尊严法"(大逆法)中所谓的尊严。——中译者注

③ 对照塔西佗,《历史》,I. 2. 6。

或是以没有出现为借口，就可以继承所有人的财产。[①] 不会再有人擅用您的名字，为赝造且不公的文件寻找证明；也没有谁能假借您的名义，为自己的发怒、愚蠢和玩忽职守寻找借口。2. 如果您的名字出现在遗嘱之中，那一定不是有谁冒犯了您，而是因为您的功绩，让自己的朋友甚至陌生人主动将财产让渡与您。您之前是普通公民，而今拥有至高无上的地位，实际上，这两种身份之间唯一的区别，就是热爱您的人大大增多了，因为您的仁慈更为广布。3. 只要您坚持这种政策，恺撒，那么事实终将回答，对一名元首来说，哪一种方式更能让他声名远播，同时荷包丰盈，是让人们自愿将财产遗赠给自己，还是强迫他们这么做？4. 您的父亲曾慷慨地施以赠礼，而您像他一样大方。现在，如果有谁去世后没有表达感激，依然将遗产留给了自己的继承人，那对您来说也毫无损失，只会增长您的名望。因为，如果慷慨获得了回报，会变得更加幸运，而即便没有得到，也会变得更加光荣。5. 然而，在您之前，有谁会优先考虑这份荣誉，而不是增加财富？有几个元首能像您一样，拒绝将我们的遗产——哪怕其中有些正是他们所给予的——当做自己的东西？是不是可以这么说，元首的赠礼，就像过去那些国王的赠礼，好似穿着诱饵的铁钩或隐蔽的陷阱，一旦缠上了个人的财富，那么无论抓到什么，都要被他们拽到自己手里？

44. 1. 克服逆境获得成功真是件好事！您分担了我们的生活、我们的危险、我们的恐惧，分担了那段时间所有无辜之人遭遇的命运。您根据经验，深知那些差劲的统治者有多么招人憎恶，哪怕是那些腐蚀他们的人也不例外。您可以回想自己是如何与我们一起祈愿和抗议的。2. 这证明您成为元首后，仍保有一颗公民之心，您对理想元首的形象有自己的预期，而您实际的功德令您已远远胜过自己心中所期望的样子。过去，面对最糟糕的统治者，我们祈求换一个哪怕只比他稍强一点的，也就知足了。然而，您却令我们改变了念头，现在，即便他距离完美仅有一步之遥，我们都无法满意。3. 因此，以后若有谁觊觎您的位置，谁都得先看看您，再掂量掂量自己。如今，相比找到胜任的继承者，想

[①] 对照苏埃托尼乌斯，《尼禄传》，32.2；《图密善传》，12.2。

找出一名自愿继位的人要难得多。4. 因为有谁会主动接过您肩头的重担,甘愿自己总被拿来与您比较短长?经验让您明白,继任于一位优秀的元首之后有多么不易,这可以让您为自己的收养做托词。①5. 没有人会认为,将来的新人能轻而易举地维系这种局面——没有人必须蒙受耻辱以求安全,每个人的生活均有保障并活出尊严,审时度势的明智之士不会一生都躲藏在众人的视线之外。6. 今天,美德在元首治下获得的回报已不输于自由时代。善行义举并非仅仅被人注意,更能获得赞赏与认可。②您尊重公民的事业,培养并鼓励他们发扬个性,而不是像前任那样强迫别人屈从。7. 过去,人们发现诚实是要付出代价的。此时他们却坚信,坦诚对自己无害。的确,它能让人们从您手中得到荣誉、祭司职位与行省;人们因为您的友谊与善意而焕发生机。这份勤奋与正直的回报,激励着像他们一样的人,鼓励不同性格的人修正自己的行为方式;正是作恶与行善的不同结果令世人选择做好人还是坏人。8. 只有少数人意志坚定,坚持求善避恶而不计得失。其余人如果看到努力、积极和节俭的回报都被懒惰、麻木与挥霍拿了去,于是看到别人怎么做,自己也学着做,希望获得同样的好处。人们希望能像那种人一样,成为他们中的一分子,直到这个愿望促使自己变成他们的同类。

45. 1. 您之前的元首,除了您父亲或个别一两个人(这个数字可能都说多了),实际上更愿意看到公民品行恶劣,而不喜欢他们具备美德。究其原因,首先是人以群分,谁都喜欢与自己相似的人,其次是他们以为,做别的都不合适、只应当奴隶的人,最容易接受奴性。2. 这种人饱受荣宠,风光得意,而诚实正直的公民则被迫退隐,被人遗忘,唯一能见到光亮的那一天,就是遭到审判、大难临头之日。3. 相比之下,您从最优秀的公民中挑选朋友,而且,得到好元首宠爱的人,恰恰是坏元首最恨之入骨的。暴君政治(dominatio)和元首政治(principatus)是截然相反的。明白了这一点,您就会认识到,最不能容忍暴君的人,也正是最拥戴真正元首的人。4. 于是您提拔那些人,将其树为榜

---

① 根据约翰·史密斯版的补译,即图拉真在接受收养时也表现出了犹豫和不情愿。——中译者注
② 斯多葛主义的观点。见塞涅卡,《书信集》,*ad Luc.* 81;小普林尼,《书信集》,I. 8. 14。

样，展示何为良好生活，什么样的人能得到您的偏爱；要问起您为什么没有担任监察官或者我们道德上的监督者，那是因为比起纠正错误，您更愿意通过帮助来考验我们的品格。此外，我认为，元首若想在自己的国家弘扬美德，比起强迫，更应该鼓励人们行善。5. 无论他引领我们走向何方，我们都将像过去一样紧随他的脚步。现在，看看我们面前的伟人，我们都力争赢得他的好感与认可，而与其品行相左的人绝不会有这般奢望。因此，受坚定的忠诚所鼓舞，当我们全部与一个人保持一致时，我们便能做到这一点。我们绝不至于如此昏聩，只会模仿糟糕的统治者，不去效仿优秀者。6. 您只须继续做您自己，恺撒，您的一言一行将拥有不亚于监察官的力量。的确，元首的生活就是要履行监察官之职，终身如此；① 这将是我们极佳的指导，比起命令，我们更需要榜样。恐惧不能作为教授道德的导师。人们更容易从榜样身上获益，如果他们给予的建议切实可行，便能让人们受益匪浅。

  46. 1. 无论用什么方法恐吓，也无法动摇因我们尊敬您而实现的成果。某个人的确成功地压制了笑剧② 的盛行，并力劝罗马人民不要再对此津津乐道，然而，他却改变不了人们的意愿。2. 再看您，之前的元首强迫人们不许观看笑剧，而现在大家主动请您对笑剧采取措施；之前人们将禁令视作不得不遵守的规定，现在却将其视为您为公共利益做的好事。大家一致请求您立即将笑剧废除，就像他们曾请求您的父亲将其恢复一样。3. 这两种做法都没有错误——恢复被坏元首废止的活动很有必要，而一旦恢复，同样有必要再度将其废止，因为人们遵从的原则在于，应受到指责的并非行动本身，而是行动的人。当好事的施行者却是个坏人时，这一点更得到了清晰的证明。4. 因此，同样一群人，他们曾经观看一个演员元首③ 的表演并为之鼓掌，现在却转而抵制专业的笑剧，

---

① 图密善从公元85年起成了终身监察官（censor perpetutus）。
② 苏埃托尼乌斯，《图密善传》，7.1。公元前22年，笑剧演员和舞者（pantomimi）被引入罗马。各元首都反复禁止笑剧表演，但是笑剧常常死灰复燃。图拉真在公元99—100年驱逐了笑剧演员，但在公元107年第2次达西亚战争的凯旋式上，他们又回到了罗马。而且在 S. 173（ILS 5184）中还记载了一位最佳笑剧表演者（maximus pantomimorum）的去世。
③ 指尼禄。对照塔西佗，《编年史》，XVI. 4。

谴责他们恶俗的表演，认为它与我们时代的精神不符。5. 这表明，即使是市井大众，也能从自己的元首身上学到一课，因为这场改革是如此广泛而彻底，哪怕由一个人发起，也将迅速普及给所有人。一切荣誉都归功于您崇高的智慧，恺撒，因为它能让您看到，原本由权力强行要求的事，现在却成为一股让人自发接受的风气！6. 以前亟须纠错的人，现在主动改正了缺点，并证明尽管自己之前有待改过，现在则已经焕然一新。因此，尽管您严厉的政策允许人们公开抱怨，但我们却听不到一丝怨言。7. 通常来说，元首越给予人们抱怨的自由，听到的抱怨越少；而在您的统治之下，还没有什么事情不能让各种各样的人都享受到快乐幸福呢。8. 诚实正直之士得到了提拔，不诚实的人既不被人畏惧，自己也无须害怕，这无疑是国家和平、局面稳定的明证。您等待作恶者悔改，您只有在罪犯的恳求下才去矫正其过错，而所有在您的感召下洗心革面的人，又为您的功德增添了一项荣誉：他们都声称自己的改变乃是出于自愿，而非受您强迫。

47. 1. 您又是如何以真正适合元首的方式塑造年轻人的生活与品德，如何以荣誉奖掖修辞教师与哲学家！在您的统治下，自由的艺术再度重生，在自己的国家中焕发生机。过去，残暴野蛮之人将学问家流放，身为元首却与每一种罪恶为伍，驱逐了所有对抗邪恶的人和事。他之所以这么做，部分是出于对知识学问的憎恨，更多的是因为它受人尊敬而令其心生畏惧。① 2. 但是您热情欢迎这种艺术，用双臂拥抱，用双眼观瞻，用双耳倾听，您就是他们箴言中活生生的范例，您喜欢他们，他们也同样拥戴您。3. 每个热爱文化的人一定会为您所有的政策喝彩，您随时准备虚怀纳言的姿态尤为博得他们的称赞。4. 您父亲将御所命名为"开放之屋"，以此展示其主人的高贵，因为（在您和他）之前，那栋房子就是元首森严的堡垒。② 然而，假如他没有选取一位能活在公众视野中的养子做继承人，这也将成为一句空话。5. 在您的品行和那个美称之间有绝

---

① 对照小普林尼，《书信集》，III. 11；塔西佗，《阿古利可拉传》，2.1-2；苏埃托尼乌斯，《图密善传》，10. 3。公元 93 年，图密善将哲学家驱逐出罗马和意大利。

② 帕拉丁山上的弗拉维宫（domus Flavia）；这个头衔被 ILS 9358 证实了。

佳的记录，您的各项功勋让人感觉是您亲自为其命名的。没有哪个广场、哪座神庙能让人如此随意接近，甚至卡皮托里和举行您收养仪式的地方，都不这样随便向公众开放。没有任何阻碍，没有任何级别的限制，让人蒙受羞辱，也不会有穿过千道房门后又发现更多阻碍的无奈。6. 无论是见到您之前，或者告辞之后，最重要的是，当您在场时，一切都平安无虞，元首家中是如此宁静肃穆，昭示了何为庄重节制，为每一个恭谦的壁灶和朴素的家庭树立了榜样。

48. 1. 虽然您每天要为国事投入大量时间和精力，但还是会亲自等候并接待每一名访客，同时在闲暇时光中营造一种从容悠然的氛围。所以，当我们可以聚拢到您身边时，不会再吓得面色苍白，战战兢兢地放缓脚步，仿佛随时要大祸临头，而可以尽享轻松快乐，在合适的时候前来觐见。2. 有时候，我们时逢元首召见，却有要事缠身无法离家，对此您也经常给予谅解，让我们无须寻找借口做出辩白。您知道我们是多么热切地想见到您，多么频繁地出入您的家门，于是预先做好准备，让我们享受更多拜见您的机会。3. 此外，我们呈上敬意之后，无须立即离开，让房间变得空荡荡的，反而可以停下来逗留，仿佛身处自己家中——尽管这座宅邸是不久前一个可怖的怪物为了保护自己，以难以言传的恐惧建成的；在这座巢穴中，他舔舐着被自己杀害的亲人的鲜血，①又会突然冒将出来，密谋如何屠戮最杰出高贵的公民。②4. 威吓与恐惧是他的警卫，无论获许进入或被拒之门外都让人不寒而栗。而他自己同样不敢看到或会见别人，他的眉间透露着傲慢，眼神流露出凶煞，他通体如女人般苍白无色，脸上却时常涌起一股足以匹配其无耻的潮红。③5. 没有人敢接近他，没有人敢开口说话，他喜好黑暗和神出鬼没，只会从自己孤独的荒漠中出来，创造另一块不毛之地。

49. 1. 然而，尽管他躲在石墙之后寻求庇护，与他锁在一起的却是背叛、

---

① 对照苏埃托尼乌斯，《图密善传》，10.2，15.1。图密善处死了叔父萨宾努斯（Sabinus）的两个儿子，弗拉维乌斯·萨宾努斯（Flavius Sabinus）和弗拉维乌斯·克列门尼斯（Flavius Clemens）。

② 对照苏埃托尼乌斯，《图密善传》，10.2；塔西佗，《阿古利可拉传》，45；迪奥·卡西乌斯，《罗马史》，LXVII；小普林尼，《书信集》，I. 5. 3，III. 11. 3。

③ 对照苏埃托尼乌斯，《图密善传》，18.1；塔西佗，《阿古利可拉传》，45.3。

阴谋以及复仇之神对其罪行的惩罚。复仇女神（Poena）突破他的警卫，冲破层层屏障，在狭窄的通道间杀出一条道路，仿佛大门向她敞开，召唤她的到来。①那时什么也救不了他，无论是他所谓的神性还是那些秘密的暗室——他以前就常被恐惧、傲慢和人类的憎恨赶入那些房间。2. 这同一座宅邸现在是多么安全和快乐啊，因为它的主人不以残暴而以民望为守护，希望与公民欢聚一堂，而不是孤独地躲在门后！这对我们是怎样的一课？3. 经验告诉我们，最值得元首信任的守卫，就是自己的清白。唯一无法攻破的堡垒、坚不可摧的城墙，就是从不需要它们。如果缺乏爱的保护，胆战心惊地用武器自卫，终将毫无用处，因为武器只会唤来更多的武器。4. 您不仅在工作时来到我们中间，让所有人见到自己，闲暇时您依然花费同样的时间与我们友好相处。5. 您经常与大家一起用餐，您的餐桌向所有人开放，与我们分享膳食及其带来的快乐，而您也鼓励人们加入进来、互相交流。至于您宴会的时间，出于节俭，它本会缩短，但席间礼貌的举止又使其延长。②6. 您不会在午前就一个人吃饱，浑身散发着威胁的气息坐在客人中间，注视并记下他们的一举一动；也不会在客人禁食或挨饿的时候，一边打着饱嗝一边让人端上或是干脆扔给他们自己不屑去碰的食物，然后在装作容忍了这场宴会中侮辱人的笑柄后，回去自己偷偷大吃大喝，独享奢华。7. 所以说，赢得我们倾慕的不是金银的餐具和精巧的服务，而是您的热情和魅力。我们无比欣赏这些品质，它们满怀诚挚之情，透露着真正的尊贵。8. 元首扫清了自己餐桌上的东方迷信，③驱赶了宴会时小丑们粗俗下流的表演，在他的家中只有友善的好客之情、对文化的热爱与文雅的智慧。而您睡觉的时间却很少，因为您非常喜欢与我们同乐，留给自己独处的时间反倒是那么短暂。

50. 1. 我们能享用您的财富，仿佛自己也占有一份；与此同时，我们的个人财产又确实属于自己所有。您不会处置财富旧有的主人，把每一片湖泊、池塘甚至牧场都划归自己广阔的领地；河流、山峦和大海不再仅供一人娱目。

---

① 图密善在自己的官邸中被刺身亡。见苏埃托尼乌斯，《图密善传》，17。
② 实际上，图拉真喝得多。对照《罗马君王传——哈德良传》，3.3；《亚历山大·塞维鲁传》，39.1。
③ 图密善迷恋奇怪的仪式。公元95年的硬币上就有西布莉（Cybele）和萨拉匹斯（Serapis）的神庙。对照迪奥·卡西乌斯，《罗马史》，LXVIII.9。普林尼不喜欢这种款待，见小普林尼《书信集》，IX.17。

2. 恺撒不再认为看到的一切都该收归己有，最后归其权力所有的属地远远超出其个人财产。①他将继承的许多遗产——来自其前任，他们持有这些财富，与其说是为了供自己享受，不如说是为了拒绝别人来享用——都交还给国家。3. 于是，占据贵族席位与居所的，是同前人相当的新主人，伟大的建筑不会再因奴隶鸠占鹊巢而凋敝，沦为丑陋的残垣断壁。4. 相反，我们看到壮观的宅邸得到扩建与美化，积蒙的尘土一扫而光。恺撒，您高尚地施助，其对象不仅有人，还有建筑，无论是检查破损、清纠玩忽还是挽救将倾的大厦，您都展现出不亚于当初建造者的创意。的确，那些没有生命、不能说话的砖石，仿佛也体会到得以重建辉煌、再度访客盈门的快乐，现在它们终于有了能欣赏其价值的主人。5. 一张长长的清单开列了恺撒名下众多待售的财产，它的公布更加证明了那个元首令人厌恶的贪婪，他坐拥的财富远超其所需，他却依然欲壑难填。②在那段岁月里，拥有宽敞的房屋或引人的财产会惹来杀身之祸。6. 而在今日，我们的元首为那些房产寻找主人，亲自将之介绍给别人。甚至在罗马郊外曾经属于著名的将军③、一度划为元首家产的花园，都可为我们所有，我们可以出个价，买下并住进去。7. 这就是我们元首的善心，这就是我们时代的安全。他认为我们值得享有元首的财产，我们也无须为自己是否有此资格而感到恐惧。您赐予公民的不仅仅是购买的机会——您已经将一些最漂亮的地产作为礼物送给我们，而且将您因被选中得到收养（这是一个经过深思熟虑的决定）而继承的财产转交给我们。因为您认为，若要享受拥有财产的快乐，最好的方式就是与朋友一起分享。

51. 1. 兴建新建筑时，您十分节俭，正如维护旧建筑时，您同样十分仔细。所以，因为不再有载着巨石的货车通过，城市中的屋顶不会再随之颤抖，我们的房屋得以安稳地矗立，神庙也再无摇摇欲塌之忧。作为一名最俭省的元首的

---

① 元首的遗产（patrimonium）与属于元首权力（imperium）所有的东西是有区别的。对照塞涅卡，《论恩惠》，VII.6.2。

② 苏埃托尼乌斯（《图密善》，12.1）说他这么做是需要钱，但是塞姆（*JRS*, XX）说图密善攻击元老是出于政治目的，并非为了谋财。

③ 指卢库鲁斯或庞培。对照第128页63.4。

继承人，您认为自己得到的已经足够多了。2. 您还谢绝并削减了那位元首留给您的甚至是他视为必不可少的东西①。此外，您的父亲拒绝以帝国的福运为自己个人谋利，而您则拒绝以父亲的遗产为自己谋利。3. 但是说到公共建筑，您可处处都是大手笔。这里冒出一座柱廊，那里冒出一座神殿，它们以令人难以察觉的速度完工，让人不由得以为它们不是新建而成，而是出自翻新。在另一处，大竞技场宏伟的外观可与神庙媲美，可谓与征服世界各族的国家相般配。4. 其绝妙不仅在于壮观的外表，更在于在其中上演的竞赛。如果观看建筑本身还不足以让人满意，那么就请看看，元首和平民（plebis）的座位都在同一排上，所有人构成一道连绵不断的长线，栉比鳞次，彼此一般无二。观看表演时，不会再有恺撒独坐高台、观众各坐自己位置的场面了。5. 如此一来，轮到您的公民同胞有机会目睹您的尊荣了。他们现在可以看到的不再是元首的包厢，而是出现在公众面前的元首本人，坐在人民（您为其增添了5,000个座位）中间。您已经大方地为他们增加了观演的机会，而受您的慷慨所鼓励，还会有更多的人前来同乐。

52. 1. 如果某人能自吹做出了您诸多功绩中的一件，他早就会给自己头顶套上光环，在众神之间为自己安放黄金或象牙的座椅，要求在更神圣的祭坛、以更隆重的牺牲，为他呈上祷词。2. 但您并不会进入神庙，除非是为献上自己的祭品——对您来说，最高的荣誉便是将自己的塑像置于殿门之外，为神明站岗。这就是为什么诸神会将您置于人类的顶峰：他们知道您不会妄图僭取属于神明的东西。3. 因此，我们只看到您有一两尊雕像被安置在至高至善朱庇特神庙的前厅，并且材质也是青铜。而最近，神殿的每一个入口、每一级台阶和每一寸区域都闪耀着金银的光泽，或者说，被污染了，因为有一座乱伦元首②的塑像混迹在诸神的圣像中间，亵渎着神明。4. 所以，您的少量青铜雕像依然矗立，并将与神庙一样长存，但再看那些数不清的金像，统统被推倒砸碎，沦

---

① "那位元首留给您的"，原文并无实词；洛布本译为"开支"。——中译者注
② 对照小普林尼，《书信集》，IV. 11；苏埃托尼乌斯，《图密善传》，22。图密善的情妇朱丽娅（Julia）是提图斯的女儿。[实际上，克劳狄乌斯法（Lex Claudia）允许叔叔与侄女结婚。见苏埃托尼乌斯，《克劳狄乌斯传》，26.3；塔西佗，《编年史》，XII. 5。]

117

为供人们庆祝的牺牲品。我们兴高采烈地把他傲慢的脸孔踏入地下，对其刀砍斧劈，似乎每一下砍砸都能溅出鲜血和痛苦。5. 所有人尽情释放压抑已久的狂喜，大家满怀着复仇的快感，目睹着雕像的身躯变得支离破碎，残肢断臂随处散落，看着凶恶可怖的脸最终被投入火中，燃烧熔化，在冲腾的烈焰中，恐怖和威胁变为可为人所用、带给人快乐的东西。① 6. 同样出于对神祇的礼敬，恺撒，人民对您的仁慈深表感激，您却谢绝人们称赞仁慈是您的品质，而是指引人们直接去感谢至高至善的朱庇特，称我们归功于您的一切都应归功于他，是他将您赐予我们，而他给我们的礼物就是赋予您的德行。7. 然而，不久之前，还有大群的牺牲被赶到卡皮托里路上，很多祭牲因为道路堵塞被迫转走别路；为了向那残忍暴君（dominus）冷酷的雕像②致敬，祭牲纷纷被宰杀，就像被他杀害的人类一样，血流成河。

　　53. 1. 元老们，我之所以已经回顾并要继续讲述往届元首的劣迹，是为了展示我们的父亲正如何改良和矫正因长期腐化而堕落的元首制。的确，颂词最好的表达方式便是对比。2. 而且，心怀感激的公民对于最完美元首（imperator）的首要义务，就是谴责与他最不相像的人。因为，如果心中没有对坏元首足够的憎恨，就无法真正理解现在的元首好在哪里。3. 而且，在我们元首的诸多功绩中，没有哪项比这更令人振奋了——那就是，我们可以安全地抨击坏元首。4. 难道我们在痛苦中已经忘记了最近有人为尼禄报仇？③ 这个人为尼禄之死鸣不平，我怎能想象，他会允许有谁批评尼禄的做派与名誉？他难道不会怀疑、谴责那个与他如此相像的人，同样也是在谴责他自己？5. 至于您，恺撒，在您的善行义举中，我认为这一点让您贵为翘楚，即我们每天都能够自由地回敬过去无良的元首，并以实例警示后继者，在子孙后代的咒骂声中，坏元首的魅影将再无存身之时，再无容身之所。6. 元老们，让我们坚定地表达自己的快乐与悲伤，一面庆幸现今的幸福生活，一面感怀曾经的苦难岁

---

　　① 即熔毁金像用来铸币、制作器皿等。——中译者注
　　② 公元89年在广场西边竖立的骑马雕像。对照斯塔提乌斯，《短诗集》（*Silvae*），I.1。
　　③ 公元95年，图密善处死了帮助主人尼禄自杀的艾帕弗洛狄图斯（Epaphroditus），见苏埃托尼乌斯，《图密善传》，14.4。

月；在优秀的元首治下，我们可以二者兼备。因此，我们在私下聊天、公开交谈或发表赞颂演说时，绝不要忘记，对一位元首最佳的称赞，便是根据功过批判其前任。因为，倘若经历过旧元首邪恶统治的人仍然保持缄默，那么显然，新的继任者也是一丘之貉。

54.1.如果对元首的称颂尽是在表演和宴会中，①通过各种声音柔弱、动作滑稽的笑剧来呈现，难道还能指望尚存哪处净土不被可悲的谄媚奉承所污染？但可耻的是，对于赞颂，元老院中上演的一切与舞台上相去无几，执政官的举动与演员别无二致。2.您与这种表演划清了界限。于是，再向您致敬时，严肃的诗歌与我们祖先不朽的光荣历史取代了短暂而可耻的展演。而且，既然如今舞台上已经变得安静起来，②于是剧场中的人改以全体起立向您表示敬意。3.不过，我们授予您的各项荣誉，您不是勉强接受，便是全部拒绝，既如此，此刻我又何必对此大惊小怪呢？之前在元老院中，若轮到谁发言，无论讨论的是多么无关紧要、琐碎无聊的问题，也不得不先对元首大加称颂一番，并为此投出自己的一票。4.我们讨论是否要增加角斗士的数量、建立一个工人协会，我们讨论如何建造带有长篇铭刻、高过神庙的巨大凯旋拱门，仿佛帝国的边境又扩展了似的，或是将好几个月的名称改为元首的名字。③那些元首耐着性子听这些絮叨，仿佛认为这是他们应得的，并且乐在其中。5.但现在，我们中还有谁会在演说中如例行公事一般去夸赞元首，好像忘记了自己议论的问题是什么？这应该归功于您的谦逊，而不是我们的自制；出于遵从您的意愿，我们齐聚到元老院会堂，并非为了争相献谄，而是为了践行正义；并且感谢您的开诚布公，我们得以确信，您绝对心口如一，所接受的就是自己喜欢的，所拒绝的便是自己厌恶的。6.现在，我们想开始讨论便开始，想结束便结束，然而，在别的元首掌权时，这可由不得我们。④之前，也有人拒绝了我们授予他的某些或

---

① 见苏埃托尼乌斯，《图密善传》，4。
② 结合洛布本补译，即：舞台上的人不再高呼元首的名字向其致敬。——中译者注
③ 尼禄用自己的名字命名4月，用克劳狄乌斯和日耳曼尼库斯的名字命名5月和6月（塔西佗，《编年史》，XV. 74. 1, XVI. 12. 2）；图密善用自己"日耳曼尼库斯"的称号命名9月，用自己的名字命名10月（苏埃托尼乌斯，《图密善传》，13.3）。
④ 即讨论议题的时间都被称颂元首占去了。——中译者注

大部分荣誉，但其中没有谁足够伟大，能让我们相信他的谢绝是真心实意的。7. 我认为，这比任何铭文碑刻都要光荣，因为镌刻着您威名的不是木梁或石块，而是不朽的荣光。

55. 1. 这件事会历经岁月流传下去：曾有一位元首，在其盛年也只获得不高不低的荣誉，有时甚至完全没有。2. 当然，我们不能指望能与往日身不由己时相较短长，因为更容易创造新奇的不是真情实感，而是虚情假意，不是自由与仰慕，而是奴性与恐惧。3. 因此，既然过去的阿谀奉承已经榨干了我们创新的灵感，那么在向您致敬时，唯一留给我们的崭新方式，便是有时候大胆地选择不发一言。4. 是啊，如果我们每一次真诚的祈祷，都能打破沉默、压过您的节制，那我们将要给予您怎样的荣誉啊！而什么样的荣誉您才不会拒绝啊！5. 事实将会证明，您谢绝最高的荣誉，只接受另一些相对轻微的，不是因为傲慢或蔑视。恺撒，对您来说，这么做远比拒绝一切高贵。拒绝一切仅仅意味着沽名钓誉，接受最微不足道的才是真正的谦虚。您对待我们，对待国库，同样持这种姿态。我们做什么都不必遭到怀疑。国库的开支也有个限度，因为即使在国库亏空时，您也不会用无辜人士的财产填补它的窟窿。6. 如同过去为国家做出杰出贡献的公民，您的雕像也竖立起来了，恺撒的塑像供所有人瞻仰，并且材料是与布鲁图斯像或卡米卢斯像同样的青铜。7. 此外，更是出于相同的原因，他们将暴君（rex）和战胜我们的外敌逐出罗马的城墙，而恺撒您驱逐的是暴政（regnum）本身和它滋生的一切奴役，并确保他身下的元首专座绝不能成为暴君的王座。8. 我理解您的智慧，因此，当您驳回或限制那些注定无法长久的头衔时，我并未觉得出乎意料。您知道，对于元首来说，真正永恒的荣耀寓于何处。面对这种荣誉，无论是熊熊的烈火、流逝的时间还是继任者的手段，都对它无能为力。9. 拱门、雕像甚至圣坛和神庙，终有腐朽坍塌的一天，泯灭于记忆之中，任凭子孙后代无视或毁弃。与之对比，一种超越了野心、能够抑制不受束缚的权力的品德，却历经岁月依旧生机勃勃，褒扬之声不绝于耳，而且给予最多称赞的人，恰恰是无须被迫恭维奉承的人。再者说，一名元首一旦当选，便注定声名远播，无论美名或恶名。10. 他不需要追寻历时久远的名声（因为不管他是否乐意，这种名声注定会长久），而应追求良好的声誉，而能将之长存的不是画像或雕塑，乃是美德与善行。11. 至于元首的形体与容貌，无关紧要、短暂易逝，最能充分表现与贮存它们的不是黄金白银，而是人民的爱戴。您可以尽情享受幸福，尽情索求快乐，因为您神采奕奕的面容、受人爱戴的笑脸将长存于所有公民的眼中、口中与怀念之中。

56. 1. 元老们，我敢说你们已经注意到了，我已经好久没再选择自己该讲些什么了；我开始称赞我们元首的为人，而不是他的功绩。很多事情即使出自坏人之手，也许依然能受人尊敬；但是，只有当兼具真正的美德时，一个人才能为自己赢得赞誉。因此，庄严尊贵的大统帅，没有什么能比以下的事实带给您更多的荣誉——为了表达对您的感谢，我们事无巨细，万不敢有所隐藏，万不敢有所遗漏。2. 在您的元首任期中，难道会有一篇颂词三言两语便草草结束？难道会有某一时刻、某一瞬间，让人无法受益、不应获得赞许？对您的一切赞誉，连同称您为最佳，难道不仅仅是忠实地描述事实吗？所以，我的演说必然会无尽地延长，尽管我所说的这段时间还不到两年。① 3. 我对您的温和节制已经说得不少了，可言而未尽之处又有何其多啊！举个例子吧，您接受了第 2 次执政官任命，因为一位元首也就是您的父亲，授予您这个职位。但不久之后，众神将至高无上的权力交付您的手中，让您能够运用那份权力去决定所有人的命运，包括您自己，然而此时您却拒绝第 3 任执政官任命，尽管自己足以出色地履行其职责。② 婉拒一个荣衔是高尚之举，而更高尚的是放弃（随它而来的）荣耀。4. 哪一个能让我对您更加钦佩？是您对执政官权力的持有，还是对它的放弃？您不是在一片祥和的气氛中、在一座深享和平之乐的城市里上任，而是在面对野蛮的部落时临危受命，就像古代的英雄脱下紫边的官员托加③、换上战士的征袍，以胜利开拓未知的土地。5. 友邦和同盟在自己的国家

---

① 也许普林尼指的"时间"是 98 年 1 月 28 日图拉真继涅尔瓦元首位之日，到 100 年 1 月 1 日，他第 3 度担任执政官之日。图拉真第 2 次出任执政官是在 98 年 1 月 1 日；第 1 次的同僚是涅尔瓦，第 2 次是塞克斯·尤利乌斯·弗隆提努斯（Sex Julius Frontinus）。

② 对照第 122 页 57.1。

③ 托加是罗马男性公民最正式的外衣。不同社会阶层所穿托加的颜色有所不同。高级官吏一般穿着镶紫色条纹的托加。——中译者注

里、在自己的土地上向您申诉,这无疑是帝国的光荣,也为您赢得了声誉。时隔多年后,人们能看到长着青草的土堆高高垒成执政官的审判席,象征您享有护卫之荣誉的,除了执政官的束棒外,还有士兵的投枪和军旗,这是多么令人骄傲啊!您亲自听取申诉,向您请愿的人身着的服饰五花八门,所操的语言各不相同,他们说话很少有不需要翻译的,这更加彰显了您的伟大。6. 如果为公民主持公道是高贵的,那么对象若是敌人,岂不是更为崇高!如果说,在能保证和平安定的广场听审诉讼已经很光荣了,那么,将显贵的专座安放在空旷的战场上、安置在您征服的土地上,以审慎而冷静的姿态,威慑充满凶险的河对岸,蔑视野蛮人的号呼叫嚷,通过展示托加而非展示武器,来遏制敌意和恐惧,这又是何等的壮举! 7. 士兵欢呼您为大统帅时,并非面对着您的肖像,而是面对您本人,能让您亲耳听到。其他人必须击败敌军才能赢得这一头衔,而对您来说,面对威胁时的藐视与淡定就足以令您拥有这一称号。

57. 1. 以上是赞颂您履行执政官权力,现在我要赞颂您推迟享有执政官权力。当您的元首任期刚刚开始时,仿佛已经对各种荣誉感到满足,您拒绝了执政官职位。相比之下,新任的元首甚至在这一职位已经授予别人后,还要求得到它。2. 在他们之中,有一个元首在自己统治末期,甚至攫取了他亲自授予、已行将期满的执政官职权。① 众元首是如此贪恋这项荣誉,无论是在其统治初期抑或末期,他们都会将它从拥有者身上夺走。然而,您将它留给了普通公民,哪怕这一职位正处于空缺之中。3. 难道我们会不舍得让您第 3 次出任执政官吗?或者说,不舍得让您在成为元首后第 1 次担任执政官吗?当二度当选执政官时,您实际上已经是元首了,但是您仍屈尊于另一位元首之下,② 除了将自己塑造成服从的榜样以示忠诚外,您别无所求。4. 没错,在这座城市里,大家已然目睹过有人 5 次乃至 6 次担任执政官,不仅有在兵荒马乱、自由奄奄

---

① 洛布本译注认为此处指尼禄,面对文戴克斯起义,在慌乱中独霸了执政官职位(苏埃托尼乌斯,《尼禄传》43)。但罗伯爵士本则认为,这指的是图密善将图拉真第 1 次担任元首时的同僚阿奇提乌斯·伽尔波里奥(M. Acitius·Glabrio)放逐,然后自己取而代之。——中译者注

② 对照第 85—86 页 8.3—8.4。普林尼的表述有夸大之处:图拉真被收养时接受了恺撒、大统帅和日耳曼尼库斯的称号,但是从没有与涅尔瓦并列成为元首。

一息之时受命的，①还有赋闲避居在乡间、执政官职位却主动送上门来的。②而您贵为全人类的元首，拒绝了第3任执政官，是否有些不近人情呢？5.您身为奥古斯都、恺撒和"祖国之父"，岂不是比帕庇里乌斯（Papirius）和昆提乌斯（Quinctius）家族的人更加谦恭吗？也许您要说，当时是共和国召唤他们。可是，现在不同样是共和国、元老院和执政官职位本身在召唤您，而且只有您肩负其职权，才能令它们更为崇高、更加伟大吗？

58.1.我并不是请您效仿那个总是把持执政官一职，常年连任、不曾间断的家伙，③而是请您对比一下那些出任执政官却不为自己谋利的人。当您拒绝第3次出任执政官时，元老院中有人已然是3任了。④2.我不清楚，一再用我们的请求强加在您的谦恭之上，要求我们的元首出任执政官的次数应与他的元老一样，这会是多么大的负担。哪怕对一个普通公民来说，如此一再谢绝也未免太过谦逊了。3.对于一个曾举行凯旋式的执政官的儿子来说，第3次出任执政官难道算得上什么晋升吗？哪怕只考虑他高贵的出身，这不也是他应得的吗？普通公民都能享有开启新的一年、揭开历法的荣誉，而执政官不必是恺撒，也是自由得以重建的证明。国王被驱逐，宣告着自由之年的开始；普通公民的名字出现在历法上，象征着奴役的终结。4.希望自己的执政官任期能与元首任期一样长久，这是多么可悲的野心！也许那称不上是野心，更多的是嫉妒和恶意，年年霸占着紫饰的官袍，除非已被穿得破旧黯淡才肯交出来。5.但我应首先钦佩您哪一点呢，是您的高贵、谦逊，还是慷慨？高贵令您谢绝经常主动送上门来的荣誉，谦逊令您将荣誉转让他人，慷慨令您通过别人尽享慷慨之乐。

59.1.但是，现在是时候由您亲自出任执政官了，并通过担任这一职位、

---

① 例如，路奇乌斯·帕庇里乌斯·库洛索（L. Papirius Curosr）、昆图斯·法比乌斯·马克西姆斯（Q. Fabius Maximus）、马库斯·克劳狄乌斯·玛尔凯路斯（M. Claudius Marcellus，5次）、昆提乌斯·卡皮托利努斯（Quinctius Capituolinus，6次）。

② 例如，路奇乌斯·昆提乌斯·辛辛纳图斯（L. Quinctius Cincinnatus）、昆图斯·阿提里乌斯·雷古卢斯（Q. Atilius Regulus）。

③ 图密善曾担任17次执政官，并在84年担任为期10年的执政官，只是在89年有过中断（苏埃托尼乌斯，《图密善传》，13.3；迪奥·卡西乌斯，《罗马史》，LXVII. 4. 3）。

④ 不详。也许是法布里奇乌斯·维恩托（Fabricius Veiento）（塞姆，*JRS XX*），83年的执政官。

行使其职权，使它变得更加伟大。因为过多的拒绝会令人产生怀疑和误解，仿佛您认为它太微不足道似的。没错，您之所以拒绝，是因为这一职位极其重要，但是这无法令任何人信服，2. 除非您有朝一日接受它，不再拒绝。您恳求不要凯旋拱门、纪念碑和雕像，并请我们可以体谅您这份谦虚，因为这些都属于您自己。但是我们此刻要求的，是请您教导未来的元首，让他们少些懒惰，晚点享乐，哪怕时间没有多长，也请从慵懒惬意的睡眠中清醒一会儿，穿上他们所把持的官职的紫边托加，登上他们一直缺席的官椅，一句话，成为他们真心渴望成为的人，不要变成徒具执政官虚名的人。3. 我知道，您已经两次出任执政官了，但是从中受益的是军队、行省乃至外族人，而不是我们。当然啦，我们听说您已经尽职尽责地履行了执政官的职权义务，但这毕竟是我们听来的；传闻您最为公正、仁慈和包容，但这毕竟是传闻。有时候，我们也要依靠自己的判断，依靠自己的眼睛，而不能总是相信名声和传闻。总让我们在您不在场的情况下感受您的伟大，这种局面还要持续多久？ 4. 让我们看看，第2次出任执政官是否真的未曾让您变得傲慢自大！一年的时间对一个人的改变会很大，对一位元首来说尤甚。5. 有人告诉我们，具备一种美德，便拥有了所有美德。①但我们仍然想知道，当今优秀的执政官和优秀的元首是不是一回事。6. 它们同样是至高的大权，要将它们分清，除了一般的难度，有一点确实存在着显著的不同：元首应当最像普通公民，而执政官应最不像普通公民。

60. 1. 我个人的确明白，最近一年您谢绝担任执政官，最主要的顾虑是不能在自己不在场的情况下接受这一职位。②但您现在返回罗马来回应公众的祈愿，您应在哪里，又应如何证明给我们看，我们所渴望的③是多么伟大呢？仅是进入元老院还不够，除非您召唤元老们聚集；仅是到场还不够，除非您亲自主持会议；仅是听别人发言还不够，除非您亲自作出指示。2. 您希望让庄严的执政官座位恢复它往日的崇高吗？那就请您坐上去吧。您希望让官员得到

---

① 斯多葛主义的主张。对照西塞罗，《论义务》，II. 35。
② 也不是完全不能。见苏埃托尼乌斯，《奥古斯都传》，26. 3。
③ 原文并无实词表明"我们所渴望的"是什么。洛布本为"您身上的品质"，罗伯爵士本和约翰·史密斯本为"blessings"。——中译者注

尊重、法律享有权威、鲁莽暴躁的人①遵守秩序吗？那就请您就位吧。3. 为了共和国的利益，当您是普通公民时，您若要担任执政官，必须同时是元老；同理，现在您担任元首，必须同时是执政官。4. 如此大量而令人信服的理由，终于让我们元首节制的品格与坚持的态度做出了让步。②为何能达成这种妥协呢？不是让他变得和普通公民一样，而是让普通公民变得像他一样。因为他第3次接受执政官职位，就同样能交出它。5. 您很清楚，人们很节制、懂廉耻，他们不会第3次出任执政官，除非是与一个已经3任执政官的人共同担任。这项荣誉过去是战时授予将军的副官、在危难时授予同舟共济的同僚的，而且鲜有先例。而您将它授予了两个特别的人，他们的确曾忠诚而勇敢地为您效力，但却是穿着托加的。③ 6. 他们的热忱和警觉，让您欠他们一个情，恺撒。很少有元首能意识到自己欠别人情，即便他意识到了，也不会喜欢这份恩情。但是恺撒您不但承认他们有恩于己，而且希望做出回报，为此您授予他们第3次执政官职位，此时您并不将自己视为一名伟大的元首，而是看做一个知恩图报的朋友。此外，尽管您的公民做的贡献很平常，但您通过自己的级别，令其享受了极大的光荣。7. 每个人都感到，相比所做的贡献，他们已经从您这里获得相应的回报了。对于您这等仁慈善举，我又有什么可说的呢？我只能说一件事，即您总是受恩又施恩，这真让我们搞不明白，究竟是您的公民有恩于您，还是更多地受恩于您。

61. 1. 当我看到一位第3次出任的执政官就座，要求另一位第3次当选的执政官发表意见、做出表决时，我认为自己看到了古老的元老院。这是他们的辉煌时刻，同样也是您的辉煌时刻！然而，身材高大的人如果站在更加魁伟的人身旁，自然会相形见绌。同样，您的公民同胞虽然到达了荣誉的顶点，但与您的崇高地位相比，便立刻黯然失色，他们的地位与您的越接近，便愈发显

---

① 洛布本补译为"诉讼当事人"。——中译者注
② 图拉真在公元100年第3次担任执政官，其中1月到2月的同僚是塞克斯·尤利乌斯·弗隆提努斯（Sex Julius Frontinus），3月到4月的同僚是个身份不明的人（可能是韦斯特里奇乌斯·斯普里纳，Vestricius Spurinna）。或许对于元老来说，3任执政官已经是最高荣誉了（对照小普林尼，《书信集》，II. 1. 2）。
③ 洛布本的译法，即"作为公民"（为您效力）。——中译者注

出自己的不足。2.尽管您非常渴望这么做，但永远不可能把这些人提拔到与您齐平的高度。不过您已经将他们提升到很高的位置了，让他们在其余人中显得出类拔萃，就像您自己在他们中间显得鹤立鸡群那样。3.您在自己第3次执政官的任上，挑选出别人第3次出任执政官，这足以证明您的慷慨。因为，如果幸福是能做你想做的事，那么高贵便是乐意做你能做的事。4.所以，第3次当选执政官的人理应得到夸奖，但更应该称赞的，是那个在其统治下，别人得以获得这种荣誉的元首。赢得这份殊荣的人自然是功勋卓著、值得铭记，但是授予这份嘉奖的人岂不是更为伟大！ 5.您不是挑选了两个人第3次出任执政官、作为同僚分享您神圣的权力吗？没有谁会对此表示怀疑，即您延长自己执政官任期的唯一原因，便是让他们二者都可以成为您的执政官同僚，不至于遗漏另一人。6.不久前，他们两人都于您父亲在位时第2次出任执政官①（这与您授予的荣誉有所不同），刚刚放下的法西斯权标还近在眼前，刚刚解散的扈从和传令遵从祖制的呼喊声②还回荡在耳边，他们再次穿上了紫袍，坐到了高官的专座上。这就像在过去，敌人已经近在咫尺，共和国到了生死存亡的紧要关头，要求久经考验的人履行这一职权，这不是将同样的执政官之职交给他们，而是将同样的人交给执政官之职。7.这便是您善行的力量，令您的慷慨仁慈具备了危急时刻才拥有的效果。这些人前不久刚刚脱下了紫边托加，现在又要再次穿上；刚刚遣散了扈从，现在又要重新召回；他们的朋友刚刚道贺完后离开，现在又要再度回来拜访。8.为什么您能让人们再次享受快乐，让人们再度接受朋友的祝贺，让人们无须忍受就职执政官的等待期，一个任期结束便可立即开始新的任期？一定是因为您被赋予了超越人类的禀赋，超越人类的力量。9.愿您就这样继续下去，愿您的热情和福运永远不会因这项工作有所衰减；将第3任执政官授予我们中更多的人吧，当您将它赐予很多人后，希望还会看到更多的人有资格获得这项殊荣。

---

① 弗隆提努斯（Frontinus）在公元98年第2次出任执政官。
② 即扈从为执政官开路时的吆喝声。——中译者注

四、小普林尼颂词

62. 1. 所有赐予应得之人的好处，不仅让接受者自己感到快乐，更让其他人也像他们一样感到喜悦。他二人当选执政官，不仅让某些人感到满意，更让整个元老院都为之欣喜。所有人既享受了授予荣誉之乐，又兼得了接受荣誉之乐。2. 没错，当元老院挑选最合适的候选者以节约公共开支时①，他们便是元老院的第一人选，正是这一点，让他们更受恺撒喜爱。3. 过去的经验不是经常向我们展示出这种局面吗——元老院若支持某个人，他反而会更遭元首厌恶？就在不久之前，那个元首还认为元老院的意见根本就是无关紧要的。"哦，元老院支持这人？元老院喜欢那人？"他憎恨我们所喜爱的人，而我们也厌恶他所宠信的人。4. 而现在，元首和元老院展开了竞争，争相向最杰出的人投去善意。我们或是提出自己的论据，或是认同他向我们提供的论据，而我们秉持相同态度的明证，便是我们喜欢同样的人。5. 从今往后，元老们，敬请公开表达自己的态度，坚持自己的选择吧。不必再隐藏自己的喜好，以免给别人带来伤害；不必再隐藏自己的厌恶，以免让某些人得益；因为恺撒与元老院是一条心的。无论他是否在场，你们都可以拥有他的意见。他将第 3 任执政官之职授予你们所挑选的人，无异于你们以同样的方式推选出合适的人选。6. 不管是哪种情况——他知道某些人格外受你们推崇，因而特别喜欢他们；或者，尽管他个人比较偏爱某些人，但却不会让他们享受优先的便利与特权——他都给了你们足够的尊重。7. 老人可以追求奖赏，年轻人可以追求榜样。那座会堂终于对所有人广开大门，人们可以安然聚于它的门阶之上。无论是谁，倘若他尊敬元老院所支持的人，一定也能赢得元首的好感。8. 这位元首相信，其他人的地位提高了，自己的地位也就随之提升了。他认为，除非其他人也尽可能地获得崇高的地位，否则自己独居高位也没有什么了不起的。9. 请坚持这种方式吧，恺撒，请相信，我们每个人都符合自己的名声。希望您的眼睛和耳朵只会关注这些名声，不要去在意那些私底下的流言蜚语——这些飞短流长伤害最深的，恰恰

---

① 对照小普林尼，《书信集》，I. 1. 9，迪奥·卡西乌斯，《罗马史》，LXVIII. 2. 3；塞姆认为（*JRS* XX），这项任务的影响并不算十分重要——有些供奉和赛马活动已被取消，但经过改革后，只限于农神节的开支。没有证据表明这种情况一直延续到了图拉真时期。

127

是听信它们的人。大众的意见比个人的意见更为可信，因为个人很可能欺骗，同样很可能受骗。但是大众既不可能一齐受骗，也不可能联合起来去骗人。

63. 1. 现在，尽管在您就任执政官之前还有很多相关事宜，但我还是直接跳到这一话题吧：首先，您出席了选举。您身为候选人不仅是竞逐执政官，更是竞逐不朽的声名和光辉的榜样——让好元首效仿、让坏元首惊惧的榜样。2. 罗马人民目睹您坐在恢复了旧日权力的古老座位上，您耐心地等待选举大会漫长的仪式吧，① 这次的仪式可不再是闹剧了。您就任执政官的方式与我们一样，我们正式以同样的方式被您任命为执政官。3. 在您之前，有几个元首能以这种方式，对执政官和人民表示出尊重呢？我们难道不知道，他们中有的人当时还睁不开睡眼，在仪式前一天的宴飨上饮食多度，只等着信使把他们当选的消息带到自己面前？有的人倒是清醒着，而且整夜不眠，他们躲在自己的房间里密谋，准备流放或处死那名宣布他们当选的执政官。4. 哦，他们的野心是多么卑鄙，他们甚至不知道何为真正的高贵。他们追逐自己内心厌恶的荣誉，回绝自己真正贪求的东西，尽管他们的花园可以俯视选举的广场，② 但从花园到广场间的鸿沟，却仿佛有多瑙河与莱茵河阻隔！5. 难道您会藐视自己打算尊崇的投票？难道您会认为，仅由一道命令宣布您当选就足够了，无须给这座城市保留一点自由的痕迹？难道您会躲起来逃避选举，仿佛它们并非准备将执政官授予您，而是要剥夺您的大权？6. 过去那些傲慢的主人（dominus）坚信，如果自己表现得和元老一样，那么自己看上去就不像元首（imperator）了。然而，他们之所以不出席选举，更多的不是因为傲慢，而是出于恐惧。7. 想到自己夜里有悖伦常的丑行，他们怎敢用罪恶的足迹去污染和亵渎神圣的广场？8. 他们对于神明与人类的藐视，还不至于到了如此胆大妄为的地步，竟敢站在开阔的空地上，承受众人与诸神投来的目光。与之形成鲜明对比的，是您的节制和虔诚令您坦然地面对神祇的仪式与众人的评判。

64. 1. 其他人值得享有这一荣誉的证据，出现在他们接受职位之前。而对

---

① 执政官的卸任和就任仪式都在玛尔斯校场召开的百人团大会上举行。
② 也许是指卢鲁斯的花园。从公元47年起，该花园成为元首的财产，从其上可以俯瞰玛尔斯校场。对照第116页50.6。

您来说，则出现于接受这一职位之时。当选举仪式已经结束（别忘了，这位候选人已经是元首了）、所有人都开始散场时，您再次让我们吃了一惊——您走到执政官的席位前，令自己进行宣誓。①您诵读的誓词，其他元首除了强迫别人发誓时从未说过。您现在看到接受执政官一职是多么必要了吧，假如您拒绝的话，我们可不相信您会有这般举动。2. 元老们，我还在惊愕，至今仍不敢相信自己的眼睛和耳朵，我不停地问自己，是否真的看到和听到了这件事。一位大统帅，恺撒，奥古斯都，大祭司长，站在坐着的执政官面前——是的，执政官坐着，元首在他面前站着，而他不慌不怕地端坐，仿佛眼前的一切是司空见惯的。3. 而且，执政官一边稳坐，一边向仍然站立的元首重复着誓词，后者对其进行宣誓。他道出的誓言清楚地表明，他以自己的性命与家族赌咒，如果诸神得知他做了伪誓，便降下天怒神罚。恺撒，您的荣耀是多么伟大啊，而不管后任的元首是否能做到像您一样，您都同样光荣。4. 当您第 3 次当选执政官时，却表现得像初次当选一般；当一位元首表现得与普通公民别无二致、一位统帅表现得与属下一模一样时，我们该用什么样的词语赞颂他！我不知道哪一点更了不起，是您诵读了前人没说过的誓词，还是您遵从别人的引导读出誓词？

65. 1. 在广场，您主动登上了讲坛，一丝不苟地让自己服从法律。②恺撒，没有人指望元首也能遵从这些法律，但是您不愿让自己的特权超过我们。结果便是，我们更希望您的权利能多过我们。如今，我第一次听说，第一次知晓——不是元首在法律之上，而是法律在元首之上，作为执政官的恺撒也不能拥有高于别人的特权。2. 他宣誓服从法律时，召请诸神来做鉴证（除了恺撒，还有谁能引起他们的关注？）。他在同样必须宣誓服从法律的人面前，立下了此等誓言。这也是在警醒，没有谁比他更应该虔诚地遵守誓言，因为如若违誓，谁也逃脱不了干系。您卸任执政官时，要进行类似的宣誓，即您没有做过违背法律的事情。能做出这种承诺是一项杰出的成就，而兑现诺言则更加伟大。3. 如今，您总是出现在讲坛上，频繁光顾傲慢的元首不屑一去的地方，在

---

① 在大会上，当选执政官应该在主持会议的执政官面前宣誓。
② 执政官接受职权时，要在卡皮托里山上宣读就任誓词（votorum nuncupatio）。

那里接受并交卸自己的职权；这种举动与您是多么匹配，与那些元首相比又是多么迥然有别——他们只会担任一两天执政官（更不必说从未出任过的了），仅是通过一道命令，就将这一职位弃若敝屣！这就是他们在集会中、在讲坛上、在宣誓时的所作所为，无疑让他们的执政官任期刚一开始即告结束，并让人们以为只有他们自己当选，因为其他人都被排斥在外了。

66.1. 元老们，我并没有略过我们元首担任执政官这个话题，只是想先将与宣誓有关的事情一口气讲完，因为这不是一个空洞无聊的话题，想谈论此话题不得不将他的事迹拆得零零散散，翻过来倒过去讲上好多遍。2. 您出任执政官的第一日，刚好在您步入元老院会堂之前的破晓之时。你对我们每个人、对我们全体进行鼓励，鼓励我们重拾自由，履行我们之前仿佛[①]拥有的职权，关注公众的利益并采取行动。3. 您的所有前任也是如此信誓旦旦，但是没有谁能令人信服。在我们眼中，很多人就好比遇难的船只，驶入了表面上风平浪静的海域，却在突如其来的风暴中沉没。因为没有哪片海域要比那些元首的笑里藏刀更加难测了，他们狡诈善变，防备他们的虚情假意远比提防他们的愤怒困难。但对于您，我们安然无虞，并且热情地遵循您的指示。4. 您命令我们自由，我们便自由；您要我们尽情表达意见，我们便照办。我们之前噤若寒蝉，不是出于麻木或天生的惰性，而是因为害怕和恐惧，鉴于不幸的遭遇，我们如履薄冰，只好让自己的眼睛、耳朵和灵魂远离共和国，那个被彻底摧毁的共和国。5. 今天，我们可以信任并仰仗您的誓言，张开被奴役封上的嘴，让被诸多罪恶束缚的舌头再度说话。因为，您确实希望我们像您命令的那样畅所欲言，您的鼓励也绝无暗藏欺骗的弦外之音。不会再有为信任布下的罗网和陷阱，阴谋家一定会玩火自焚。因为没有哪个元首会受到蒙骗，除非他自己先用诡计欺人。

67. 1. 通过他的演讲、他的语气，我已经认识到大家的父亲是怎样的人。请看他那严肃的态度、真诚的言语、确实的声音、坚定的面容，看他的眼神、

---

① 杜里对照小普林尼，《书信集》，IX. 2. 3，认为"quasi"这个词是一种塔西佗式的讽刺，用以形容元老院日渐被削弱的权力。对照 63. 5（*liberae civitatis simulatio*）。

他的举手投足,看他整个人是多么令人信任! 2. 因此,我们可以相信,他一定不会忘记曾给予我们的建议;他一定能明白,每当行使他赋予我们的自由时,我们只是在按照他的吩咐行事。3. 我们无须担忧,如果我们充分信任这个时代是安全的,尽情享受它带给我们的好处,他会由此责怪我们过于轻率,因为他还记得,如果在坏元首的统治下这么做,会有怎样不同的后果。我们已经习惯于进行宣誓,祈求帝国永恒、元首健康;或者,祈求元首健康,因而才祈求帝国永恒。4. 但是对于我们当前的大统帅,要注意,我们献上祷词的同时,还要加上这样一句:"如果他对共和国实行善治,代表所有人的利益。"这样的誓言的确值得反复重申、反复践行。5. 在您的鼓励下,恺撒,共和国与众神达成了协议,即他们会一直保障您的健康与安全,只要您同样保证其他人的健康与安全。否则,他们就会将眼睛移向别处,不再保护您的生命,并将您抛给那些暗中许下的誓言。[①]6. 其他元首曾渴望并力求活得比共和国更为长久,但对于您来说,仅是追求自己个人的安全是会招人厌恨的,除非能与共和国的安全联系在一起。您不允许任何人为您祈祷,除非祷词对祈祷者有益。此外,您每年都会请诸神前来见证,假如您自从被他们选中后已离经叛道,就请他们判决和罢免自己。7. 但是恺撒,您完全明白,在您与神祇的协定里,除非您无愧誓言,他们才会保护您;您完全清楚,没有谁比众神更能就此作出评判。8. 元老们,难道你们想象不出,无论白天黑夜,他会怎样沉思:"我把武器交给自己的近卫军,[②]如果公众的利益需要这样做,就让这武器来对付我自己吧。对于神,我不会设法逃避他们的愤怒,也不会祈求他们默许我作恶。我宁可恳求与祈祷,愿共和国不必受迫为我立誓,即便它已经这样做了,希望它不必履行誓言。"

68. 1. 恺撒,根据与诸神的协定,在持久的安全中,您收获了最光荣的奖励。因为您与神祇的协议是,只有"对共和国实行善治,代表所有人的利益"时,他们才会保护您。因此,只要他们继续让您安然无虞,您便可以确信自己做得很好。2. 您尽可整日高枕无忧、怡然自乐,不必像其他元首那样,终日惶

[①] 即阴谋行刺者私下的宣誓。——中译者注
[②] 赛克斯·阿提乌斯·苏布拉努斯(Sex Attius Suburanus)是近卫军长官(对照迪奥·卡西乌斯,《罗马史》,LXVIII. 16. 1)。他迅速被拔擢进元老院,并在公元101年和公元104年担任执政官。

惶、焦躁恐惧，每天受怀疑和惊吓折磨，不知如何检验我们的耐性，巴望着各地的信使带来我们安于奴役、俯首帖耳的消息。3.一旦消息偶尔受阻于风霜雨雪、姗姗来迟，他们便急着妄下结论，认为自己即将恶贯满盈了。他们的忧惧并无差别，一个坏元首惧怕比自己更为称职的继任者，而既然任何人都比他称职，那他就得惧怕所有人。4.您的安定却不会受迟来的信使和延误的急报所扰，您明白，各地都在为您起誓，正如您为所有人起誓一样，没有人会自食其言。5.没错，我们爱您，您理应得到我们的爱戴，但是我们爱您更多是为了自己，而非为了您。那样的一天绝不会到来，恺撒，即我们为您宣誓仅仅是出于义务，而不是着眼于自己的利益。只能靠命令强求的保护，是一名元首的耻辱。6.我们不禁要抱怨，为什么只有被我们憎恶的元首才热衷窥探我们心中的秘密。7.如果好元首像坏元首一样留意我们的想法，您会发现到处都在崇敬您，您会看到到处充溢着欢乐与喜悦，您会听到在我们以及妻子子女之间的谈话是如何赞美您，甚至在家中灶火与祭坛前的对话也是如此！这样您就能明白，我们是多么怜惜您敏感的耳朵。① 不过，尽管是截然相反的爱与恨，有一点却是相同的，我们能毫无顾忌地爱戴好元首的地方，正是我们能自由憎恶坏元首的地方。

69. 1.然而，您已经体会了我们的拥戴之情，了解了我们的意见，只要您在那一天② 能亲身体察竞选人的焦虑和羞怯，不让任何人的快乐因别人的失望而蒙上污点。有人离开时满怀喜悦，其他人离开时则满怀希望；很多人得到祝贺，却没有人只能得到安慰。2.您积极鼓励我们的年轻人游说元老院，向元老们提出自己的诉求，让他们不要企图从元首那里获得荣誉，而是把希望寄托在元老院。3.如若有谁对此需要一个榜样，您亲自现身说法供人效仿。这个榜样可实在难以企及呀，对元首们来说是如此，对竞选者来说更是如此。在什么地方，于一天之内，候选人可以比您——在生命的每一天中都礼敬元老院的您——更加尊敬元老院？尤其是在您的决定能决定候选人命运的那一天。4.是

---

① 后世译者对此句的寓意不甚了了。洛布本和罗伯爵士本同本译本一样采取了直译。约翰·史密斯本大意为："您很快会承认，（因为心疼您敏感的耳朵，）相比公开的赞美，人们更乐意在私底下说您好话。"乔治·史密斯本则为："如果您像某些前任那样，那么您的耳朵马上就会变得敏感起来。"——中译者注

② 元首对符合条件的候选人进行任命（nominatio）的日子，有时在1月中旬举行。

什么让您不仅令出身高贵的年轻人就任其家族应有的职位，还让其早于规定年限？除了对元老院的尊重还有什么！5.终于，贵族①的光芒不至于因元首而黯淡，反而更加璀璨；终于，伟人的子孙，自由的后代，不必在恺撒面前因恐惧而颤抖；相反，他通过提前授予荣誉，拔擢他们，表彰他们，并将他们归还给其祖先的荣耀。任何古老家族的后裔，任何曾经辉煌过的家族的支脉，他都予以呵护、使其复苏，令他们为共和国所用。6.伟大的名字继续给人们以荣耀，蒙恺撒的恩慈，他们的盛名从遭受遗忘的黑暗中走了出来，再次被人们挂在嘴边；恺撒的目的，既是保存贵族，也是创造贵族。

70. 1.候选人中，有一人②曾经出任行省的财务官，经他的合理规划，当地的一座重要城市获得了可观的收益。2.对此，您认为有必要让元老院了解此事。因为，既然您——一个美德远超出身的人担任元首，那么，为什么理应有贵族子孙的人，地位要低于有贵族祖先的人呢？您以这种方式鼓励我们的官员，通过扬善而非惩恶促人进步，实属明智之举。3.我们的青年的热情被点燃，他们积极效仿受您夸赞的榜样。没有谁不知道，若有谁在行省干得很好，您都一清二楚。4.恺撒，现在的情况对行省的官员们十分有利，他们可以相信，通过自己的廉洁和勤政，便可凭借元首的评判和支持，获得最大的嘉奖。5.在这之前，尽管有的人天性仍是诚实正直的，但鉴于那可悲却真实的事实，他的内心即便没有扭曲，至少也会蒙上阴影：6."我做得很好，但恺撒知或不知又有什么区别呢？即便他知道了，又会有何反应呢？"7.正是元首的漠然与恶意，面对恶政不施处罚，面对善政不予褒奖，让追逐罪恶的人蜂拥而至，令追求荣誉的人退缩不前。8.今天，任何人只要将行省治理得好，都会获得应有的回报；荣誉与光荣的土地向所有人敞开，任何人在那里都能实现自己的愿

---

① 贵族（Nobilitas）从未在法律上予以界定。普林尼和塔西佗用这一称谓指共和国担任过执政官的家族的后裔，或者，这一时期也可能应定于公元14年之前；是年，执政官的选举权转移到元老院，可以说共和国就此终结。对照小普林尼，《书信集》，V. 17. 6。

② 可能是赛克斯图斯·昆克提利乌斯·瓦列里乌斯·马克西姆斯（Sextus Quinctilius Valerius Maximus），生于米西亚（Mysia）的亚历山大·特罗阿斯（Alexandria Troas），被涅尔瓦授予了紫色绶带（latus clavus）；公元97年任比提尼亚省财务官，公元100年任平民保民官，公元103年任政法官，随后任阿凯亚省财务专员（corrector）。

望，收获自己的努力结出的硕果。您还让行省在未来免受恶政之苦，免遭恐惧之忧，并免除了上诉的必要。因为，如果行省人希望，施行善政而得到他们感谢的官员能获得提拔，他们就无须被迫控诉别人。①此外，人们明白，对于追求更高荣誉的人来说，最有帮助的，便是他已经赢得的荣誉。以官职求官职，以荣誉求荣誉，这再好不过了。② 9. 我希望，行省管理者能呈献给我们的，不再仅是他们的朋友写下的推荐信，或是受他们贿赂的某个城市派系递上的请愿书，还会有来自殖民地和其就职城市的决议与法令。③ 在我们的选举中，如果各个城市、国家和部族也能以某种方式发挥作用，这是好事。要想为支持某个候选人而请愿，最有效的办法就是表达对他的感谢。

　　71. 1. 当元老院看到，您就像亲自提名每个候选人那样，④挨个接见、亲吻他们，从上面走下来，仿佛是要与我们一道向其表示祝贺时，对此，元老院是何等欢欣鼓舞、拊掌称快啊！ 2. 我应该更多地钦佩您，还是应该谴责那些令这一场景显得分外伟大的人呢？他们好似被钉在了象牙椅上，只会不情愿地、慵懒地伸一下手，好像对此也就值得他们做这么多了。3. 因此，我们的眼睛得以看到古老⑤的一幕：元首与候选人彼此平等，他们站在一起，荣誉的授予者与接受者显不出什么差别。4. 您的举动，令元老院怀着景仰之情，异口同声地欢呼庆贺："这真是更加伟大、更为可敬啊！"因为，对于一个已经至高无上的尊者，唯一让自己更上一层楼的办法，就是走下来，展示出对自身伟大的信心。5. 对于一名元首来说，最不必担心的便是遭到贬低的危险。在我看来，比

---

　　① 原文非常言简意赅。下引约翰·史密斯本扩译内容供参考："如果有谁获得了行省人的感谢和赞许，那么他从此便赢得了元首的支持与赏识，这样便能很好地管理、警示其他人，因此也就没必要再提出控诉了。"——中译者注

　　② 即，通过履行好已经担任的职位的职责，通过因表现出色获得的表彰，去赢取更重要的官职和荣誉。——中译者注

　　③ 这与特拉塞亚·帕伊图斯（Thrasea Paetus）的观点恰好相反。见塔西佗，《编年史》，XV. 21。

　　④ 这里说的不是通常的推荐（commendatio，由元首推荐某个被提名的候选人），也不是元老院经过投票给予的支持（对照小普林尼，《书信集》，III. 20）。图拉真似乎只是告诉了大家自己的想法而已（对照第135页71. 7）。

　　⑤ 在拉丁文底本中，Mynors 版为 antiqua，"古老的"；Cataneus 版有较大差别，为 insolita，"离奇的、不同寻常的"。——中译者注

起您的谦恭，更引人瞩目的在于您急切希望让人感受到自己是谦恭的。6. 为配合您的演讲，您的眼神、语气和手势都十分得体，仿佛这是某种您必须托付给别人的任务，而您自己没有遗漏任何应有的礼节。不仅如此，当大家高声呼喊以表示对候选人的支持时，在这之中，我们也能听见您的声音，我们从恺撒的口中听到了元老院的赞同。7. 之前，元首能接受我们的证词，已然令我们感到很高兴，而今这些证词更是由元首亲口说出来的。您通过高呼他们是最佳人选，令其成了最佳的人选。而且，您之所以支持他们，不仅是鉴于其生平事迹，更因为他们是元老院支持的对象。对此，元老院高兴地发现，自己因此获得的荣誉，不亚于那些蒙您夸赞的候选人。

72. 1. 您向众神祷告，祈求这场符合程序的选举能给我们、共和国和您自己带来益处与快乐。我们是否应该改变祈祷的顺序，请神明保佑，您现在与未来的一切行动都能为您自己、共和国和我们带来福佑呢？简而言之，就是愿神保佑您一个人，因为共和国与我们都仰仗于您。2. 曾经有一段时间（相当长久的时间），元首的祸福与我们背道而驰，但现在，我们能够与您分享苦乐。没有您，我们不可能快乐，恰如没有我们，您也同样无法快乐。3. 倘若您能做到这一点，[①] 又怎会在祈祷的末尾补充道，除非能一如既往地赢得我们的拥戴，自己的祈愿才会蒙神保佑？没有什么比您公民同胞的爱更重要，在您眼中，我们的爱更甚于神明的爱，只有您拥有我们的爱戴后，才会渴望神祇的宠爱。4. 前任元首们的下场已然明示：若无人的爱，任谁也无法妄求神的爱。对于您的祷词，我们很难找到能与之匹配的称颂之词，然而我们做到了。5. 是何等炽烈的爱与激情，点燃了我们的情绪，让我们迸发出欢呼与喝彩！这种声音并非出自我们才智的创造，而是源自您自身的美德与功绩；这种声音并非谄媚编织的虚情巧言，亦非恐惧压榨出的违心之论。6. 有谁能让我们如此害怕，以至编造出这等谎话？有谁能让我们如此敬爱，以至表达出这般赞颂？您也知道奴役必然会带来什么，您可曾听别人说过或自己说过类似的话？7. 恐惧的确颇具创造力，然而，在其背后却是心不甘情不愿。忧心忡忡与无虑无惧的本质迥然相

---

① 即，没有"我们"的支持也能自享其乐。——中译者注

异,悲伤与快乐所创造的言辞也不可同日而语:它们都是假装不出来的。痛苦自有它的语言,幸福亦然,哪怕它们说的是相同的语句,也会各有不同的语气。

73. 1. 您亲眼见证了我们每个人脸上的笑容。没有谁的表现是口是心非、故作姿态。① 欢呼声在拱顶下回荡,多厚的墙也无法将这声音阻挡。2. 有谁不是在无意之间高兴地跳起来?对我们来说,这确实来自自我冲动,更多的是出于本能和一种力量——甚至在快乐背后也存在某种驱动力。3. 您的节制难道足以抑制它吗?不,您越是试图将其熄灭,它越是燃烧得更加猛烈。恺撒,这并非我们故意违背您的旨意,因为我们是否高兴取决于您的力量,而非我们自己的意志。4. 此外,您的泪水已经证实,我们的欢呼确实出自真心实意。我们看到,您的眼眶湿润,面颊因喜悦而泛红,透过您脸上涌现的血色,我们看到了您内心的惭愧和谦逊。5. 这更加激发了我们的热情,去衷心祈求,愿您永不会因其他原因流泪,永不会为其他事情面挂愁容。6. 让我们来问问这些长凳——假装它们能够做出回答——你们可曾看到过元首的眼泪?(元老的眼泪它们已经看得够多了。)您可是给未来的元首留下了负担,对我们的继任者亦复如是:日后的元老会期待他们的元首值得接受这般喝彩,而听不到欢呼的元首又会顿感自己被人小看了。

74. 1. 除了元老院全体一致的致辞,我找不出更合适的词语了——"噢,有福的您!"在此我们并非羡慕您的财富,而是钦佩您的灵魂。所谓真正的幸福,就是看上去值得享受幸福。2. 但在那天诸多睿智与严肃的话语中,② 这一句最为重要:"相信我们,相信你自己。"说出这番话时,我们对自己有着坚定的信心,对您则怀有更大的信心。3. 因为一个人也许会欺人,但绝不会自欺,只要他仔细审视自己的生活,扪心自问自己值得拥有什么。此外,在我们的称颂中,令最佳元首听后深信不疑的,正是坏元首听后会满腹狐疑的。因为,尽管

---

① 对此句"Non amictus cuiquam non habitus quem modo extulerat"的解释,英译本各不相同。洛布本译为"None kept his cloak or dress as when he lately left his home",补译较多,与上下文突兀,故不采用。乔治·史密斯本与本译本相近:"Here's nothing feigned, disguised, nor forced by any." ——中译者注
② 指通过欢呼向元首提出的建议。详细的释例见《罗马君王传——亚历山大·塞维鲁传》,6-7;《马库斯·克劳狄乌斯·塔西佗传》,4-5。

我们做出了爱慕的姿态,他们也绝不会相信自己真的受人爱戴。4. 而且,我们祈求众神能像您关爱我们那样去关爱您,倘若人们对自己、对元首的感情仅仅是不温不火,又有谁会立下这样的祈愿呢?就我们自己而言,这项祈求的核心内容,便是希望诸神能像您一样关爱我们。在我们的欢呼声、喝彩声之中,不也夹杂着"噢,我们是多么幸福!"的感叹吗?这难道还不足以证明我所言非虚吗?我们又怎样才能更加幸福呢?既然已确保了元首的爱,如今我们只须祈求神祇效仿元首的做法。5. 这座笃敬神明的城市,经常通过虔诚赢得上天的恩惠,此刻它认为,除非神祇能仿效恺撒,否则自己的幸福就难以圆满。

75. 1. 然而,我又何必费尽心力去找寻和收集每一处细节呢?好像我能够记清并在一篇演说中囊括这一切似的——这些详细情况,你们诸位元老已经决定,为了避免被人遗忘,它们应该被写入公开的官方记录,并且被篆刻在铜板上。2. 在这之前,只有元首们的演说可以确保以这种方式供人永远铭记,而我们的演讲与阔论只能留在元老院会堂的围墙之内。的确,那些话不足以令人引以为傲,无论是元老院还是元首。3. 现在,这些话应该传遍世界,传留子孙。这样做符合公共的利益与荣誉。首先,让全世界知晓并见证我们的忠诚;其次,展示出我们敢于对好坏元首分别作出评判,即便他们还在世;最后,以事实证明,尽管之前我们也知恩图报,但如果没有机会表达自己的感激之情,我们依然不会满意。4. 然而,我们是以多么大的热情和决心大声疾呼,强烈要求您不要限制我们的感情、遮掩自己的功绩啊!简而言之,就是请您为后人树立起一个榜样。5. 愿后继的元首学会分辨出喝彩与赞颂是出自真心抑或虚伪,因为您的缘故,他们不会继续被蒙骗。他们无须再开辟通往美名之路,只须循规蹈矩;无须再扫清这条道路上的奉承谄媚,只须防备其卷土重来。他们该做什么,做了之后会听到什么,都不言自明。6. 此时此刻,以元老院的名义,除了以下的祈祷——是为全体元老与我一致的心愿——我还能补充什么呢?愿您目睹那种场面时眼中饱含的喜悦,永远萦绕您的心头;愿您永远满怀感情地铭记那一天,并继续攀取新的高峰,赢得新的喝彩。因为,只有在您实现了同样的功勋后,您才会再次听到同样的称颂。

76. 1. 元老院以您的耐心为榜样，连续 3 天开会就席，① 而在这段时间，您仅仅履行一名执政官分内的职责——这是多么符合传统、多么符合执政官的风范啊！ 2. 面对提问，每个人都可以给出自己认为合适的意见，可以反对，可以撤回，为共和国提供有益的建议；每个人都会被征求到意见，每个人都会被请求发言，而最终采纳的意见并非仅是第一个提出的，而是最好的。② 3. 而在过去，除了那些奉命率先发言表态的可怜之人，有谁敢张开嘴说一个字？其余人战战兢兢地坐着一动不动，在沉默中被迫表示附和，心灵和肉体都备受煎熬，不得不忍受这一切。③ 4. 一个人提出动议，其余人全部赞同，而实际上他们内心并不同意，特别是提议人。明明是大多数人都反对的观点，却偏要假装是所有人一致认同的意见，没有什么比这更令人厌恶了。5. 也许有的元首在会堂内能做出礼敬元老院的姿态，而一旦走出去他就立刻摇身变成元首，轻蔑地将执政官的职责弃如敝屣。6. 而我们的元首作为执政官，表现得如同自己只是执政官，他认为没有谁居于己下，除非他也位居执政官之下。7. 首先，他离开家门后不会受阻于为体现元首尊荣而造就的排场，④ 亦不会被为他开道的大量随从所妨碍。他唯一的停留，便是在入口处驻足以观察飞鸟，心怀敬意地接受神明的指示。8. 没有人推推搡搡，而他的随员举止低调，扈从克制有节，以至于有好几次元首和执政官都得停下脚步等待人群经过。至于他自己的随行队伍，是那么彬彬有礼、纪律严明，让人仿佛看到了旧时那些在优秀元首统治下的杰出执政官列队前行。他通常会前往广场，但也经常会来到玛尔斯校场。

77. 1. 他在那里亲自参加执政官选举大会，看到候选人当选时，心里就像当初提名他们时一样高兴。2. 获选者站在元首的象牙椅前，就像他之前站在执政官的象牙椅前那样。他们按要求诵读的誓词，正是之前他们的元首立下的誓

---

① 马略·普利斯库斯（Marius Priscus）审判大会的最终总结会（对照小普林尼，《书信集》，II. 11）。

② 实际上这条动议也是由科努图斯·泰图鲁斯（Cornutus Tertullus，详见小普林尼，《书信集》，II. 11. 19–22）第一个被提出的。普林尼的意思一定是投票结果表明这个建议也是最好的。

③ 对照小普林尼，《书信集》，VIII. 14. 8。该句是演讲中最具"塔西佗风格"的一种表述，以恰当的 sententia 结尾。塔西佗在《编年史》III. 22. 4 中描写提比略统治下的元老院时，使用了"必须同意（adsentiendi necessitas）"这一短语。

④ 图密善出行伴有 24 名扈从。——罗伯爵士本注。

愿——因为他知道宣誓仪式有多么庄严，所以要求其他人也能重规迭矩。那一天剩下的时间，他用于主持庭审。3. 他对待公正是多么虔诚，对待法律是多么尊敬！倘若有人称他为元首，他便回答自己是执政官。4. 任何官职的权力和权威都没有因他而削减，相反他还尽力予以加强，因为他将很多案件转交政法官裁决，并称其为自己的同僚——这个称呼并非为讨好听到此言的民众，而是他内心的真实想法。5. 他知道政法官有多少权重望崇，因此他认为，若将政法官唤作元首的同僚，也算不上什么溢美。此外，他频繁地从事主持审判的工作，看上去仿佛因为辛勤的工作而再次振作精神、焕发活力。6. 我们之中，是谁如此费心劳神、不辞辛苦？是谁如此渴望、献身和胜任公职的荣誉？ 7. 当然了，他理应显得比其他执政官更胜一筹，因为后者都是由他任命的。假如这一职位可以由不称职的人授予，那么他这种幸运的地位反倒会沦为耻辱。8. 造就执政官的人也必须指导他们，告诉那些将要从自己手中接受最高荣誉的人，自己清楚这份礼物有多么贵重。由此一来，接受者就能明白它有多么宝贵。

78. 1. 由此，元老院以更为公正的原则，要求您服从其命令，第 4 次担任执政官。① 您的顺从已经证明，元老院的话语充满威严，绝非阿谀奉承。而且这份恩惠如此重大，既不是元老院能请求的，也不是您能赐予的。2. 因为，元首和普通人一样，生命短暂而脆弱，即便有人将自己视若神明。因此，我们当中最优秀的人理应留下有关自己公正和节制的光荣业绩，用以服务共和国，哪怕死后也能继续发挥余热。没有谁比执政官更适合这一任务了。3. 我们知道，您是想在我们中间重塑自由。还能有什么荣誉，比它更适合您的心意？还有什么头衔，比当初自由重建时诞生的称号更适合您配享？论符合公民的风范，身兼元首和执政官，与独任执政官并无差别。4. 也请您体谅一下自己的同僚吧——是的，同僚，您不仅这样称呼他们，而且希望看到我们也能如此；5. 对这些最为谦虚的人来说，若回想起自己曾三任执政官，他们会心中有愧的，除非看到您四次出任该职。因为，在元首看来是恰如其分的东西，换到普通人那

---

① 图拉真于公元 101 年 1 月 1 日—12 日第 4 次担任执政官。显然，演说发表时（公元 100 年 9 月）他还不是执政官，但已经获得了任命（designatus）。

里便是过分了。恺撒，面对这些您已习惯为其向神祈愿的人，请满足他们的请求吧，因为这便是您的能力啊。

79. 1. 也许在您看来，三任执政官已经足够了，但这却令我们更加无法满意，只会让我们形成习惯，要求您一次又一次地出任执政官。2. 假如我们截至今日还不知道您将会有怎样的表现，那么我们可能还不至于这样急切。拒绝一个让我们检验您的机会，反而比背离我们所了解的您一贯的做派，更容易接受。3. 我们应该允许目睹他再次担任执政官吗？他会听取并重复之前的誓词，赐予我们不亚于自己得到的快乐吗？他会作为发起者和最终目标，主持公众的快乐吗？他会像过去那样，试图克制我们的热情，但最终又无能为力吗？4. 一边是元老院的忠诚，一边是元首的节制，双方展开了可喜的竞争，无论最终胜负如何都令人欣慰。就我而言，我期盼一种迄今尚未出现、远胜过往的快乐，因为没有谁会如此缺乏想象力，竟不敢希望一名执政官会做得更好，能更频繁地带给人快乐。5. 另外一人，倘若他不曾耽于慵懒和享乐，那么起码能通过放松和休息获得恢复；但是他一旦暂时卸下了执政官的任务，便又重新担起了元首的使命；他对二者的职责权衡得那样仔细，以至于当元首时不做执政官的事，当执政官时不做元首的事。6. 我们曾看到他是如何满足行省的要求，迅速答应每个城市的祈愿。接见使臣毫无困难，给予回复毫无拖延。使者迅速得到召见，又迅速被送走。最终，等待觐见的请愿人群已不会再围堵元首的大门了。

80. 1. 对于案件的裁决，您是何等地严格又不失温和，仁慈又毫无姑息！您登上审判台不是为了给私库创收，作出判决也不为别的回报，只为正义得到实现。2. 诉讼双方站在您面前，相比自身的命运，他们更关心自己在您心中是什么印象；相比案情，他们更担心您对他们的品德作何评判。3. 哦，这真不愧是执政官的使命，甚至可谓是神的职责，解决城市之间的争端，更多以讲道理而非下命令来平息人们的怒气，介入官员处置不公的事件，取缔不正当的做法，让一切重归正轨。总而言之，您就像一颗疾驰的流星，眼观万物，耳听八方，只要有人呼唤您的帮助，您就会立刻出现在他面前。4. 我猜，如果伟大的宇宙之父将视线投向大地，在忙于神事之余拨冗关照人间的俗务，也是像这样凭点一点头而统治万方的。5. 如今，他已从自己的工作中获得部分的解脱，可以专注于天上了，因为他将您赐予了我们，让您来代其管理全人类。您是一名合格的代理，无愧于他的信任：在您治下的每一天，我们都收获着各种好处，您都收获着各种荣耀。

81. 1. 但是，每当处理完重要事务，您视为休息与消遣的，却是换做另一项工作。您唯一的放松，就是在森林中巡猎，将野兽驱赶出巢穴，登上高耸的山峦，立足于险峻的岩石之上，无须旁人扶助或引路。在这期间，您还会怀着虔诚之心，造访神圣的小树林，将自己呈现在该地的神明面前。2. 旧时这些都是给予年轻人的考验，也是他们的乐趣。未来的领袖人物在这种技巧的磨砺中成长——与最敏捷的兽禽竞速，与最凶蛮的猛兽角力，与最狡黠的动物斗法。在和平时期，荡平蹂躏田地的野兽，给饱受其扰的农夫解忧，这可是不小的功劳。3. 那些对此束手无策的元首也觊觎这份荣耀，于是采取诡计，将俘获后经驯化褪去野性的野兽围堵住，然后再放出来供他们自己（还用解释吗？）取乐，假装是凭借高超的技巧赢得了降伏猛兽的荣誉。但是，我们的元首在追捕野兽时流下的汗水与他进行猎杀时一样多，最难以搜寻出的猎物也正是最符合他胃口的。4. 而且，没错，他在航海时也会一展身手。他可不会仅仅目视着、手指着飘动的帆。有时他坐在船舵旁，有时又与最强壮的同伴比试驾驭海浪，驯服逆风，在激流中用桨辟出一条通路。

82. 1. 他与某人相比真是判若天渊哪！那个人不能承受阿尔班湖的水波不兴，不能承受拜伊附近湖面①的安详平静，甚至不能承受划桨的声音和溅起的水花，船桨每荡一下，他便吓得随之一抖。2. 他远离各种响声，躲避船只的每一次震动起伏。他的座舰被紧紧绑缚，拖曳前行，他就好似被拉去献祭的祭品。3. 真是令人羞耻的一幕啊：罗马人的元首跟在别的船只后面，唯前船转舵变向、马首是瞻，有若因于自舰中的俘虏。4. 河流也见证了这出丑剧，多瑙河与莱茵河②在我们的耻辱中欢乐地发挥着作用。这真是帝国的污点啊，让罗马

---

① 指卢克里努斯湖（Lucrinus）。图密善在上述两座湖的湖滨都有别墅。
② 此处小普林尼又在鄙视图密善在日耳曼和苏维汇－萨尔玛提亚的战绩。对照第88页11.4、第91页14.5、第94页20.4及其注释。

的鹰标、军旗、河岸与对面的敌岸同时目睹这一切。5. 对岸的敌人可是习惯于在水面冻结时踏冰而过,在冰融水涨时涉水、驾舟或游泳过河的啊。6. 我对强健的体格并不是很看重,除非统治这具躯体的灵魂更为强大,既不会因命运的恩惠变得柔弱,也不会受元首财富的诱惑变得慵懒和奢侈。既然如此,不管上山还是下海,只要它在工作中愈发坚强,在劳动中愈发健硕,都会赢得我的钦佩。7. 我已经注意到,自远古时代起,那些女神之夫、神明之子,之所以赢得不朽功名,不是借其婚姻或父亲的神性,而是凭自己过人的技艺。① 8. 与此同时,我自问,如果这些便是恺撒的消遣与休闲,那这必定源自他平素关注的严肃事务,所以他休息时才会选择那样的方式。一个人的乐趣,没错,正是人的乐趣,会告诉我们他是否具备价值、品德优秀、自控自律。9. 没有谁会那么放纵,以至于在其日常工作中看不到一点严肃的影子,但我们的闲暇会出卖我们。之前大部分元首都将闲暇时间用于赌博、纵情酒色和铺张挥霍,他们在严肃工作之余本该休息,但却选择了另一种紧张繁重的活动,那便是逐恶。

83. 1. 享受极大幸运的人,有一个首要的特质,便是无事可藏、无处可匿。而对于元首来说,它不仅会推开其家门,更会推开其卧室乃至最隐秘的内室的门扉,让每一个秘密成为街谈巷议。但是,恺撒,对您来说,没有什么比这种透彻的审查更有助于为您增添人望了。2. 您在公开场合的表现已然引人瞩目,在私人领域同样毫不逊色。自己保持不沾染恶习已实属不凡,令您的亲人同样做到这一点则更为不易。3. 保证别人向善,难度远胜于自己洁身自好,因此您在身为最佳的同时,能确保身边的人也向自己看齐,这更值得赞许。4. 很多著名人士,都曾因选择妻子时有欠考虑,或因总是懦弱地忍受,而让自己蒙羞。他们在外的声誉毁于在家中的丑名,他们作为公民的伟大成就毁于其作为丈夫的渺小失败。但是您的妻子② 却会为您增光添彩。5. 有谁比她更庄重,比她更具古人的风范?大祭司长③ 若要娶妻,难道不会选择她,或者像她一样的人

---

① 洛布本并没详细说明是什么技艺;根据罗伯爵士本和约翰·史密斯本,此处指的是前述的关于狩猎和航海的技术。——中译者注
② 元首夫人庞培娅·普罗提娜(Pompeia Plotina)。对照小普林尼,《书信集》,IX. 28. 1。
③ 大祭司长(pontifex maximus)自然指的是元首本人。

（但又有谁能像她一样呢）？对于您的福运，除了带给自己的快乐外，她别无所求。她始终坚贞不渝的对象不是您的权力，而是您本人。你们依旧保持往日的本色，未曾改变相互间的情感；幸运并未带给你们什么改变，除了一种理解与领悟，助你们更好地生活在幸运之中。6. 她的着装是多么得体，她的随从是多么屈指可数，她出行时是多么低调！这都是她丈夫的功劳，令她养成了良好的习惯。对于一个贞顺的妻子来说，这已经足够光荣了。7. 当她看到丈夫从不大讲排场、惊扰众人，于是自己也学会安静地出行，只要她的性别允许，她甚至会效仿丈夫步行上路。这种做法将为她赢得赞誉，哪怕您反其道而行之也是如此；但是以一个如此谦逊的丈夫为榜样，她作为妻子应怎样感谢丈夫，作为女人应怎样感谢自己啊！

84. 1. 同样，您的姐姐[①]从不忘记自己是您的姐姐，在她身上，我们可以看到您的坦诚、真挚与直率。如果将她与您的妻子作比，那么人们不禁会犹豫，究竟什么更有益于过上正直的生活、获得良好的教育、享有幸福的出身。2. 没有什么比进行对比更易引发争执了，就女人而言尤为如此，由于彼此相近而产生竞争，由于身份平等而愈演愈烈，由于争风吃醋而火上浇油，直至升级为公开的仇恨。3. 因此，两名地位相当的女人，同属一个家庭，却做到毫无嫉妒和对抗的迹象，这实在令人称奇。4. 她们彼此敬重，互相体谅，各自全心全意地爱着您，认为无须为您更爱谁一些争得不可开交。她们心怀同样的目标，过着同样的生活，让人难以找到不同之处，将其区分成两个人。她们效仿您的榜样，追随您的作风。5. 所以她们具备同样的美德，因为那些尽皆源自您的美德。因此，她们拥有谦虚的品德，也就拥有持久的安全。她们即便做个普通公民也不会有任何危险，因为她们一向如此。[②] 6. 元老院尊她们为奥古斯都[③]，而两人立即予以谢绝，只要您依然婉拒"祖国之父"的荣誉，她们便不肯接受这

[①] 乌尔比娅·马奇亚娜（Ulpia Marciana）。

[②] 即，一向表现得有如普通公民。——中译者注

[③] 实际上，图拉真在公元98年10月的执政官选举（见第122–123页57.4）前就已经接受了"祖国之父"的称号，但是最早写有"奥古斯都"的铭刻（ILS 288, S. 106）出现在公元104年12月与公元105年之间。小普林尼的说法表明此事并非发生于公元100年。

一头衔；或者她们认为，单是被称作您的妻子与姐姐，已然比被唤作奥古斯都更加光荣了。7. 然而，不管她们如此谦和是出于什么考虑，这个称号都是实至名归的。我们在心中已经视之为奥古斯都，只是没有说出口罢了。8. 对女人来说，判断她们的价值不是通过高贵的称号，而是根据所有人的意见，并确保她们配得上被其拒绝的伟大名衔，还有什么比这更了不起呢？

85. 1. 再者，哪怕在一般人心中，人类先前寄予友谊的祝福也早已泯灭，取而代之的是奉承与谄媚；比仇恨更恶劣的是，它们披着爱的外衣。在元首的御所，友谊已荡然无踪，只余空洞且受人嘲弄的虚名。①2. 如果人被划分为两类，一方是主人，一方是奴隶，友谊又怎么可能在其中幸存！是您将友谊从流放中召回，您之所以拥有朋友，是因为您懂得如何做朋友。3. 爱不像别的东西，可以强行命令属下给予。再没有哪种情绪，比渴望回报更高贵、更自由、更苛刻急躁、更迫切坚决了。4. 身为元首，哪怕他不恨别人，也可能招人憎恨（尽管未必公平）。然而，倘若他不给予爱，就绝不可能得到爱。5. 您就像别人爱您那样去爱别人；荣誉由双方共享，而光荣则归您一人独有，因为是您纡尊降贵承担起友谊的职责，从大统帅屈尊变成朋友——尽管您实际上在扮演朋友的角色时，从未表现得更像是统帅。6. 因为一名元首需要各种各样的友谊，以维护自身的地位，② 所以他首先关心的，便是为自己结交友人。7. 愿您永远遵照这条准则行事，在践行其他美德时也从不忽略这一点。愿您永远不会受怂恿，以为如若不去仇恨，便是折辱了元首的身份。在人类的事务中，没有什么比被人爱更令人欣慰了，然而，唯一不逊于被爱的便是去爱人。而您既能享受爱之乐，又能享受被爱之乐。8. 当您热情地爱朋友时，更会激发朋友热烈地爱您。原因有两点：首先，爱一个人比爱很多人要容易；其次，您具备得天独厚的能力，令朋友们担负起友谊的责任。因此，除了忘恩负义之辈，大家回报您的爱都会超过您给予他的爱。

86. 1. 在此，我必须谈谈您宁可独自承受痛苦也不忍拒绝朋友的事。您准

---

① 暗指"元首之友（amici principis）"地位的凶险。
② 对照塔西佗，《历史》，IV. 7。

许一位最出色、最珍重的朋友①辞职,尽管您为之伤心不已、踟蹰不决,仿佛不可能将他挽留似的。您的悲痛和惋惜足以证明有多么舍不得他了,而尽管您难过得心碎肠断,但面对他的要求时还是让步了。2. 这种情形前所未闻:一位元首与他的朋友产生分歧,占据上风的却是朋友的意愿。这件事应载入史册,记录在案,即,一名近卫军长官不是从自告奋勇的人当中选出的,而是从主动退避的人中产生的;一旦可以选择退休,他又坚决要求这么做。您自己为帝国的事务缠身,却又不吝给予别人光荣的退休。3. 我们明白自己有多么亏欠于您,恺撒,当您背负着责任的全部艰辛与烦恼时,有人向您请辞,您便将它作为最重要的恩惠赐予了对方。我听说,您为朋友送行时,是那样悲伤而无措;您陪他走到岸上,在他登船之处,以拥抱和亲吻做最后的告别。4. 恺撒站在那座见证其友谊的瞭望台上,为远行的朋友祈祷风平浪静,同样祈求,如果对方愿意的话,能尽快归来。他目送友人渐行渐远,忍不住一遍又一遍地祈祷,一次又一次地流泪。5. 我并未谈到您的慷慨。任何贡献都无法与这种元首的挂念与包容相提并论,这足以让他意识到自己有些太过铁石心肠了。毫无疑问,他内心也在挣扎,是否应该调转船舵;他也一定会这么做的,如果他意识到,无论什么快乐也比不上与元首亲近,那么他一定会像您思念他那样思念您。6. 他既享受了接受职位的光荣,又享受了卸下职位更大的荣耀。而您立即答应他的心愿,至少说明您不会强人所难挽留任何人。

87. 1. 身为众人之父,不强迫别人,并永远牢记,无论授予什么样的权力,人们在心中都更看重自由,这是符合公益、恰如其分的。2. 恺撒,您有特权,将职位授予渴望卸任的人,豁免追求退隐之人的义务(尽管这有违您的心意),理解如果朋友渴望退休也并非要弃您而去,并能经常从普通人中找到合适的人选,或送他们回归普通人的生活。3. 而你们这些享有我们的父亲的尊重与友谊的人,请珍视他对你们的赞誉吧,这是你们的职责。4. 因为,作为元首,他可以表现出感受到了某个人的爱戴,而如果在别人身上这种情绪表现得不是这么强烈,他也不应受到苛责。但你们谁能怠慢这个接受友谊的法则、非将自己的

---

① 洛布本译注称此人不详;罗伯爵士本和约翰·史密斯本均注称此人为近卫军长官李奇尼乌斯·苏拉(L. Licinius Sura)。——中译者注

意愿强加于人的朋友？有的人能在恺撒面前赢得好感，有的人会在离开时被他喜爱，让大家各自根据他的喜好便宜从事吧，不会有人因经常露面而遭嫌恶，也不会有人因不在近前而被遗忘。5.无论是谁，一旦展示出自己的价值，就能保持原有的地位，而恺撒即便忘记了不在眼前的朋友的面孔，也不会忘记对朋友的情谊。

88. 1. 大多数元首，尽管是公民的主人，却是其被释奴的奴隶，受他们的意见和命令摆布。① 通过他们，元首的话才能被传达；通过他们，别人的话才能上达元首；人们通过他们——或者说，从他们那里——追求政法官、祭司和执政官的职位。2. 相反，您令自己的被释奴享有很高的荣誉，但仅仅是作为被释奴。而且您认为，他们若能拥有诚实正直的名声就应该知足了。因为您很清楚，被释奴越强势，便越说明元首不够伟大。3. 首先，您不会任用他们中的任何一人，除非他受人尊敬，并且是您自己、您父亲或者以往优秀的元首所中意的；其次，您每天训练他们，让他们根据自己的身份而非您的地位来行事。结果，因为不用受迫向其示好，我们反而更加尊重他们。4. 元老院和罗马人民授予您"最佳"这个称号，理由难道还不够充分吗？也许这看似是拾人牙慧、稀松平常的说法，② 实际上却蕴含新意。尽管假如谁证明自己有资格拥有它，这个荣誉就属于他，然而迄今为止，我们并不知道之前有谁配得上这一荣衔。5. 我们是否更应该称其为"有福的"？这是在描述他的幸运，而非道德上的过人之处，或者是"伟大的"？③ 这会更多地招致嫉恨，而非声誉。在收养您时，最佳的元首赐予您他自己的名字，元老院又补充了"最佳"。6. 它就像您父亲传下名字那样，有如您的本名。从此，"最佳"就像"图拉真"一样，成为您的

---

① 对照苏埃托尼乌斯，《克劳狄乌斯传》，28-9，《伽尔巴传》15；小普林尼，《书信集》，VII. 29，VIII. 6。从此处可以管窥图拉真对于元首被释奴的态度。维特里乌斯将行政岗位留给骑士的政策（塔西佗，《历史》，1.58）被图密善继承，由哈德良最终确定（《罗马君王传——哈德良传》，22. 8）。关于在图拉真治下担任财务专员的被释奴，对照小普林尼，《书信集》，VI. 31. 8，X. 27，85。

② 盖乌斯也曾获得过"最佳·最伟大"的头衔，但此处小普林尼暗示他僭取了这一荣誉，图拉真才是名副其实的"最佳"。——罗伯爵士本注

③ 苏拉和庞培分别获得了"有福的"（Felix）和"伟大的"（Magnus）称号。

身份和标志；恰如披索家族以俭朴著称，①莱利乌斯和麦铁路斯（Metellus）家族以睿智和孝顺闻名一样。②上述美德全都包含在这一个名称之中，因为，唯有在各个方面均胜过其他领域中的佼佼者，才配称得上"最佳"。7. 此外，它必须置于您其他头衔的最后，③作为更重要的荣誉，才是合适的；因为其重点不在于"大统帅""恺撒""奥古斯都"，而是强调您是所有"大统帅""恺撒"和"奥古斯都"中"最佳"的一位。8. 出于同样的理由，人们膜拜众神与人类之父时，先称其为"最佳"，然后尊其为"至高至善"（Maximus）。而您享有更多的荣光，在大家眼中，您不仅是"最佳"，也几近等同于"至高至善"了。9. 您赢得了一个无法传之后人的称誉；如果是好元首，那就是借来的；如果是坏元首，那便是妄称。④尽管后世会有人使用这个名字，但人们总会认为它是属于您的。10. 正如"奥古斯都"总让我们想起第一个获此称号的人，⑤当人们的记忆中浮现出"最佳"时，人们也一定会同时联想到您。当我们的后代被要求授予别人"最佳"时，他们也会铭记是谁真正配享这个头衔。

89. 1. 神圣的涅尔瓦，当您看到所挑选的最佳候选人，证明自己无愧最佳之名，并且被人如是尊称，该有多么高兴啊！自己的儿子青出于蓝，您该多么快乐啊！没有什么比以下事实更能印证您灵魂的崇高了，即尽管您自己已经是最优秀的，却依然毫不犹豫地选中了一个更出色的人。2. 还有您，图拉真的生父（尽管您还未达到星辰的高度，但也占据了最接近群星的位置），当您看到

---

① 自路奇乌斯·卡普尔尼努斯·披索·"俭朴者"（L. Calpurnius Piso Frugi）起，披索家族获得了"俭朴"之名。卡普尔尼努斯·披索是公元前149年的保民官，颁布了"关于搜刮钱财罪之法"（Lex de pecuniisrepetundis）。

② 盖乌斯·莱利乌斯（C. Laelius），西庇阿交际圈中的一员，是西塞罗《论友谊》中的主要人物，因其爱好斯多葛哲学而被称为"睿智的"（Sapiens）。昆图斯·麦铁路斯（Q. Metellus），公元前80年的执政官，因其设法将父亲自流放中召回而被称为"孝顺的"（Pius）。

③ 此时图拉真的官方称谓是"大统帅、恺撒、涅尔瓦、图拉真、奥古斯都、日耳曼尼库斯、大祭司长、祖国之父"（Imperator Caesar Nerva Traianus Augustus Germanicus, pontifex maximus, pater patriae）。在公元113/114年的铭刻中，"最佳"一称出现在"图拉真"之后。（S.99-101）

④ 即，如果后世的元首也使用"最佳"的称号。——中译者注

⑤ 时间是公元前27年1月16日。

曾在自己麾下作为保民官和战士的儿子，①如今成了伟大的统帅，伟大的元首；当您与他的养父展开了友善的竞争，决定谁该获得更大的荣耀，是生育他的人，还是选择他的人——此刻您一定也能体会这份喜悦吧。3. 你们两人都为共和国做出了巨大的贡献，给国家带来了非凡的福利。虽说是凭借儿子的业绩，让你们俩一个获得了小凯旋式，②一个获得了天庭的位置，然而，你们通过儿子获得的荣誉，也等同于你们自己赢得的功勋。

90. 1. 元老们，我很清楚，比起其他公民，执政官更应该代表公众而非个人，对元首表示感谢。2. 因为，如果憎恨坏元首是因其为祸大众而非迫害某个人，那么这种义愤便更加正当与可敬；同理，如果爱戴好元首是因其造福众生而非对某个人施恩，那么这份热爱也就更为崇高。3. 但是，执政官在官方的致谢演说结束后，要向元首表达其个人的感激，这已经成为惯例。因此，请允许我代表自己，以及我高贵的同僚，科尔努图斯·泰尔图鲁斯（Cornutus Tertullus），③履行这项分内的职责。4. 因为他，我对您的感激如同自己受恩于您一样，所以当然要代表我们两人致辞；尤其是，即便元首至高的慷慨仅仅赐予我们之中的一个人，我们俩都会感恩戴德，但您却将这份恩惠同时赐给了我们两人。5. 在那场对我们朋友的屠杀中，我们都经历了每一名正直之士惨遭掠夺和杀戮的悲剧，可怕的闪电就落在我们旁边，④我们以拥有共同的朋友为荣，也一起为他们的离世哀悼，就像今天我们分享同样的希望和喜悦一样，当时我们也共担同样的悲痛和恐惧。6. 神圣的涅尔瓦通过提拔我们为最诚实的公民，⑤来补偿我们过去的遭遇，尽管至今仍不为人知；此前唯愿元首能将自己忘却的人，如今得到了晋升，活跃于人前，这足以证明时代已经不同了。

---

① 对照第 91-92 页 15.1-15.5。显然，图拉真的生父已经去世了。
② 对照第 90 页 14.1 及其注释。
③ 对照小普林尼，《书信集》，V. 14 及索引。
④ 对照小普林尼，《书信集》，III. 11. 3 和 VII. 27. 14，指图密善在公元 93 年的"恐怖统治"。
⑤ 即下文提到的负责国库的官员。——中译者注

| 四、小普林尼颂词 |

91. 1. 我们担任那个辛苦又重要的工作①还未满两年，您，最高贵、最优秀的元首，最英勇的统帅，就任命我们为执政官，2. 并且用迅速的行动，给这份至高的荣誉锦上添花。之前的元首们与您相比真是高下立判，他们试图借设置困难给自己的恩惠增添分量，认为如果先让接受者翘首以待，恼羞成怒，让无尽的等待等同于断然拒绝，让荣誉变成耻辱的标志，他们的恩荣就会变得更加吸引人。3. 出于自持，我们不能详细引述您的推荐词，文中您为表彰我们对于美德和共和国的热爱，将我们与过去最伟大的执政官相提并论。4. 无论这是否公允，我们都不敢妄断，因为倘若我们藐视您的意见，显然是不对的，但假如我们承认您的溢美之词有属实之处，我们就太恬不知耻了。5. 然而，确实无愧于您这份赞誉的人，您确实值得授予他们执政官之职。请原谅我这样说，您赋予我们的美意中，最令我们心仪的，是您决心让我们再度成为同僚。6. 这是由于我们互相仰慕、志向相同、原则一致所决定的。我们性情上的相似甚至淡化了我们意见统一的美名；如果我们中有谁反对另一人的观点，就好似一个人与自己起了纷争那样奇怪。7. 我们两人都为对方出任执政官感到高兴，在这份心情中，没有什么出于偶然或一时冲动的成分，就像自己获得了第二次执政官任命一样喜悦；唯一的不同之处在于，那些曾两任执政官的人确实两次获此殊荣，但却是分别在不同场合下得到的，而我们却一起接到了执政官任命，一起行使执政官职权，通过彼此，每个人都会感觉，我们同时是执政官，而且第二次当上了执政官。

92. 1. 同样引人注目的是，当我们还是国库官员时，您还未任命这一岗位的继任者，便授予我们执政官权力。职权接踵而来，我们的荣誉不仅是不间断地延长，而是加倍；如此一来，在第一个职位尚未期满时，第二个职位已然开始了，仿佛等先前的任期结束后再继任还不够好似的。2. 您就是这样信任我们的廉正，并毫不怀疑，当我们从如此重要的岗位离职时，即便不让我们回归普

---

① 普林尼和泰尔图鲁斯于公元98年1月，涅尔瓦去世的27日之前，被任命为农神国库长官（praefectura aerarii Saturni）。对照小普林尼，《书信集》, V. 14, X. 3a。在《书信集》X. 3a 和 X. 8. 3 中，小普林尼说这项任命是由涅尔瓦和图拉真一起下达的。

通生活，也不会有损自己严格监管的原则。① 我也不能忘记，您在自己担任执政官时，② 也任命我们为同一年的执政官，所以我们将与您出现在共同的记录中，日历上我们的名字会紧随您的大名。3. 亲自主持我们的选举，宣读誓词中神圣的祷词，这不会有损您的尊严；是您的决定让我们成为执政官，是您的声音宣布我们成为执政官；是您在元老院支持我们竞选，是您在校场宣告我们获胜。4. 此外，我们上任的时间，是因您的生日而与众不同的那个月，这是多么地光荣啊！我们真是幸运，能够以演出与官方布告，庆祝那三喜临门的日子——摆脱最差的元首，迎来最好的元首，比前者更出色的元首也在那一天诞生。③ 5. 我们在您的注视下，登上比往常更显庄重的战车，淹没在庆祝吉兆与争相向您祈愿的人群中间；④ 我们快乐地游行，无法分辨哪边传来的声音更加震耳欲聋。

93.1. 还有一点最为值得称赞：当执政官产生后，您允许他们自行其是，不受干扰。我的意思是，他们完全不必担心元首会削弱或弹压执政官的意志，执政官无须听从违背自己意愿的命令，或执行强加于人的决定。我们的职位仍然保有并将继续保持它应有的尊严，在行使职权时，我们不会有所顾虑、心神不宁。2. 而且，如果执政官至高的地位偶尔有所减损，那么应受指责的不是我们所处的时代，而是我们自身。只要仰仗我们的元首，执政官就仍可发挥元首出现之前的作用。3. 我们该做出怎样的回报，才配得上您为我们所做的一切呢？也许唯一的方式，就是：终生不忘我们是执政官，您的执政官；确保我们的观念和判断符合自己曾经担任的职位；在公共事务中发挥积极的作用，以表明我们相信共和国依旧存在；不畏首畏尾，大胆提供建议与帮助；不胡思乱想，认为自己被剥夺了执政官的职权，而要坚信，我们在某种意义上永远紧密联系在一起，由此继续以自己的努力和奉献，支撑这个带给我们如此多荣誉与尊重的职位。

---

① 即，他们继续任职到 8 月末，随后立即开始行使执政官职权。

② 对照第 125 页 60.4 及其注释。

③ 图密善在公元 96 年 9 月 18 日被刺，涅尔瓦在同一天被宣布为元首，而图拉真生于公元 53 年的 9 月 18 日。（S. 148d）

④ 10 月后半个月里，在图拉真的受职日（dies imperii）上。对照第 85-86 页 8.1-8.6。

94. 1. 在演说结束之际,我再次召唤众神,我们帝国的守护者,聆听我作为执政官代表全人类的祈愿;尤其是您,卡皮托里·朱庇特,我向您诚意祈祷,请您继续垂恩,并让您的赐福成为永恒,以使其更加厚重。当坏元首统治时,您听到了我们的祷告;现在为了一个与他截然相反的人,请您再次倾听我们的心愿。2. 我们并不是以誓言给您增添负担,我们祈求的并非和平、和睦与安宁,也不是财富和荣誉;我们的要求很简单,所有人一致希望:我们的元首健康平安。① 3. 这不是什么新的奢求,因为当初您将他从贪婪的怪兽口中救出时,就是您对他施以保护。当所有身居高位的人都岌岌可危时,若无您的介入,没有谁能像他那样更加木秀于林并且安然无恙。所以,他逃出了最坏的元首的视线,同样也不会被最好的元首忽视。4. 当他动身前往自己的军队时,也是您通过赐给他自己的名字与荣耀,以向其传达清晰的信号,展示您对他的厚爱。② 您借大统帅之口,表达自己的意见,为他挑选了一个儿子,替我们挑选了一位父亲,也为自己挑选了一个大祭司长。5. 因此,我怀着更大的信心,以他为自己起誓时所用的同样誓词,献上最诚挚的祈祷:"如果他对共和国实行善治,代表所有人的利益。"那么请先令他长寿,惠及我们的孙辈乃至曾孙;其次,将来赐予他一位继承人,由他所生,由他培养,一如他自己被收养那样;假如命运实在不能成人之美,那么请引导他在您位于卡皮托里的神庙中,挑选一位称职的接班人。③

95. 1. 对于你们,元老们,我亏欠甚多,这已经写入官方记录并公布于外。④ 是你们根据最好的传统,称赞我担任保民官时一丝不苟,担任政法官时温和稳重,⑤ 在执行你们令我保护盟邦的要求时,表现得正直果断。⑥ 2. 最近,你们为我即将出任执政官而喝彩,这番鼓励让我意识到,如果自己想继续得到

---

① 对照小普林尼,《书信集》X. 52。
② 对照第 83 页 5.2–5.4 及注释。
③ 对照第 85 页 8.1。
④ 日常记录公告(acta diurna)或元老院决议公告(acta senatus)。对照 75.1。
⑤ 对照小普林尼,《书信集》, VII. 16。
⑥ 对照小普林尼,《书信集》, X. 3a 和 VI. 29。

你们的支持，令其没有衰减反而与日俱增，就必须加倍努力；我不会忘记，当评判一个人是否胜任某项职务时，最可靠的判断是在他就职的那一刻出现的。我要求的，仅仅是请你们支持我的事业，相信我所说的一切：3. 如果我在最背信弃义的元首隐瞒他对正直之士的憎恨前仕途顺利，在他开始大肆迫害好人后官路受阻；①4. 如果当我看清晋升的捷径是一条怎样的道路时，宁愿选择绕远；如果在黑暗年代，我被视为悲伤与恐惧之人，而在光明年代，我被视为平安与快乐之人；最后，如果我爱戴最佳元首，如同最差元首憎恨我一样；如果以上全部属实，5. 那么，我不会将自己看做是今天的执政官、明天的前任执政官，而会仍把自己当做执政官的候选人，以这种方式，时刻表达对你们的敬意。

---

① 普林尼在图密善在位时担任过财务官、保民官和司法官，也担任过国库军事长官（praefectura aerarii militaris）。如果说他的仕途遇到什么瓶颈，那么一定是指出任执政官受阻。见小普林尼，《书信集》序言，xi。

五、小普林尼致塔西佗书信两封

小普林尼除了留下《颂词》以外，还有《书信集》10卷保存至今。从《书信集》可以看出，小普林尼与当时罗马的许多著名学者、达官贵人以至元首图拉真本人都有密切的来往。这里选择的是小普林尼给塔西佗的两封信。内容包括小普林尼向塔西佗报告了老普林尼在维苏威火山爆发后的相关情况。

（一）

你让我写一份我舅父去世前后情况的说明，以便你能当做依据写一篇更为确切的记载以传诸后世。这一要求是我极其乐于接受的。因为能借你的大手笔来描述他去世之前的实际情况真是他的莫大荣幸！我深信这将使他的光辉永垂不朽。

尽管他是在一个景物极端秀丽的地区发生的一次使人永远难忘的不幸灾难中同许多城市的一大批人民一同遇难而死的，从而得到了人们某种长久的记忆，尽管他本人也曾写过许多不朽的著作，但是我确信，能够蒙你在你的将为万世传颂的作品中提到他，他的声名将流芳千古。我认为那些蒙上天之恩赐以才华、有能力作出值得传述之事迹或写出值得传颂之文章的人是幸福的，但最幸福、最得天独厚的莫过于那些具有这双重天赋的人。我的舅父由于他自己的著作再加上你的大手笔之助，无疑将能恭居后一行列。因此，我更加心甘情愿地应承，不，应该说乞请，你给予我这项任务。

当时他正和他统率的舰队一起驻在麦散那。8月24日那天的下午一点左右，我母亲要他到外面去观看一种特别巨大而且样式异常的云雾。他那天上午晒过日光浴，然后洗了一个冷水浴，悠闲地吃了午餐，正开始读书。他马上要来了鞋子，走上了一块高地，以便更清楚地观看这一极不寻常的现象。在当时那样的距离不可能辨认清楚这些云雾是从什么山上冒出来的，但后来知道了是来自维苏威。我不能更准确地向你形容这片云雾的形状，只能说它像一棵松树，因为它像一棵树干一样高插入云，顶端又扩展成一些枝杈。我想一定是有一股强烈的气流夹带着这些东西直冲天空，高处的气流变弱，包裹不住这些东西，就形成一片四散的烟雾，也许是这些东西本身重量下落的压力造成这种形象。它忽而呈白色，忽而又呈一片黑色，而且斑斑点点，好像把土和焦砟都带上了天空。

我舅父本是一位真正博学之士，他看出这个现象十分重要，认为必须到近处去观察，于是命人准备了一艘轻便的船，并吩咐我如果愿意可以随他同去。我回答说自己宁愿留在家里学习，当时他确实还亲自给我留了一道作文题。

当他走出住宅的时候，他收到巴苏的妻子莱克蒂娜的一个条子，她对当前的危险十分惊恐（他们的别墅正在我们下面，除了海路之外，别无他路可撤离）。她急切地恳求他搭救她以免大难临头。于是他改变了自己最初的意图，从初时一个哲学家的想法转而抱了一种见义勇为的念头。他命令出动一些大船，不仅要帮助莱克蒂娜，也要帮助其他许多人，因为在这一风景美丽的滨海地区，别墅极密。他自己也搭乘了一艘大船，航向危险的地区，迫不及待地向着人们逃出来的方向前进。他毫不惧怕，一心想要赶到那可怖的目的地去对那持续不停的活动和景象作就近的、尽兴的观察。

他愈接近这个地区，火山喷发出来的大量灰尘、砂砾就愈一阵紧似一阵，而且更加炽热炙人。不久就开始落到船上，其中还夹杂着刚刚凝固的熔岩块和被火烧得焦黑、正在爆裂的石砾。这时，海水也陡然高涨起来，同时又有大量的土石从山上崩塌下来堵塞了海岸。此时此地，他不得不考虑一下是否应该退回去。观察了一会儿，他对催促他赶快作出决定的船长说："好运气常伴随着勇敢者，送我到庞贝城去吧！"庞贝城位于斯台比亚海角，距离他当时所在处还有半个海湾之遥（你知道，那里海岸缓慢地伸展成一个圆弧，形成一个港湾）。他的行李早已装在船上以备远行。当时斯台比亚一带还未感到危险临近，但这个地方离火山很近，可以看清一切，不过一旦火山大爆发，它就很危险。当时他决定，如果逆风停止，就回转，但当时风向对送我舅父到庞贝城却很有利。到了那里，他一直安慰、鼓励并拥抱他受惊的朋友。为了平息大家的恐惧，他故意表现出十分镇定的样子，若无其事地让人引他到一个浴堂去。沐浴之后，他安详地坐下来吃晚餐，好像非常愉快，或者说，至少表面上看来是这样（无论怎么说都足够英勇）。

这时可以望见在维苏威火山上有好几处燃烧着大火。冲天的怒焰凶猛地向四方延烧着。火光灿烂夺目，把漆黑的夜晚照得如同白昼一般。但是我舅父为了减轻大家的恐惧，一直说有些火光是惊慌失措的人们自己点燃的，说能见到

157

那么多火是由于一些被弃的别墅着了火。在这之后，他就回到房里去休息了。很肯定的是他真的睡着了，因为他卧室的守卫人员听到他鼾声大作，他很肥胖，所以鼾声大。当时通往他住所的院子里已经积了厚厚的一层火山熔岩石砾和火山灰，如果任他继续留在那里，会无法撤出的。于是人们把他叫醒，引他出来，回到庞贝城众人所在之处，在那里，大家整晚都坐以待旦。他们商议是留在房屋里好还是去到露天里好。房屋由于反复的强烈震动而摇晃不停，好像要从根基撕裂一样摆动着。但是在露天里，他们又害怕不断降落的火山灰和熔岩石砾，尽管这种石块多孔质轻。但是总的比较起来，在户外还是危险较小一点。我舅父从理论上衡量，得出了这样的结论，别人则从担惊受怕的程度也得出同样的结论。他们用头巾把枕头绑在头顶，这是他们抵御那像暴雨一样降落在他们周围的火山灰和熔岩块的全部保障。

这时，其他地方已经是白天了，但在那个地方，比最漆黑的夜晚还黑暗。幸赖人们点了许多火把和其他种灯火才有一些光亮。他们当时考虑最好先下到海边，以便可以就近看到是否可能转到海上去。但是他们发现海浪仍旧很高，而且是逆方向的。就在这个地方，我舅父躺倒在一片没使用的旧帆上，不断地要冷水喝而且喝了很多。不久，一阵强烈刺鼻的硫黄气味弥漫过来，这是火焰的先导，冲天的烈火随之燃烧起来了。这火迫使他周围的人们四散奔逃，他也被惊醒了。在两个奴隶的搀扶下，他站了起来，但立即又倒下了。我推测是某种特殊浓烈的气体窒息了他，堵塞了他的呼吸器官。他的呼吸系统本来就比较脆弱，而且当时正因感冒而发炎。

当再次天亮以后（即他最后见到的白天之后的第三天），人们发现了他的遗体。他完好无损，像生前一样穿着整齐，姿势像熟睡而不像死亡。

当时我母亲和我都留在麦散那。但这同历史无关，而你要问的只是关于我舅父的死，因此我这封信就写到这里吧。不过请允许我再加一句，我忠实地向你叙述的都是我亲眼见到的或当时亲耳听到的最可靠的报道。请你斟酌选用最合适的部分。因为一封信同一段历史大有不同，而且写给一个朋友同写给公众也大有区别。再见。①

---

① 小普林尼，《书信集》，6，16。

（二）

据你说，我应你要求所写的关于我舅父之死的信引起了你的好奇心，使你不仅想知道我们留在麦散那的人受了多少惊吓，还想知道我们遭到了多大的损失（因为上次的信讲到这里就停止了）。

虽然我吓得魂飞魄散了，可我的口想要讲。①

那天我舅父出发之后，我把其余的时间都用在学习上了（这也是我留在家里的目的）。这之外，我沐浴、吃饭和休息，睡眠短而又间断。那几天一直都有一些地震，因为在坎佩尼亚，地震是司空见惯的，我们也不怎么惊慌。可是那天晚上地震激烈的程度使人觉得大地不是在震动，而是要整个翻转过来。我母亲惊慌地跑到我卧室来，我也正起床想去叫醒她，怕她还在熟睡。我们在屋前的庭院里坐了下来，庭院正处在房屋和大海之间。我不知应该把我那时的情况叫做勇敢还是缺少经验。当时我还不满18岁，但是我要了一本李维的作品读了起来，甚至泰然地继续做我一直在做的摘录。恰巧有一位刚从西班牙来的我舅父的朋友来到了我们这地方，他看到我母亲和我静坐在那里，我手里还拿着一本书，便尖锐地批评我母亲的容忍和我的满不在乎。尽管如此，我仍继续专心致志地读我的书。

清晨，天色微晓，还不到六点时，我们周围的房子开始颤抖起来。虽然我们站在户外露天的地方，可是庭院面积小，而且周围有房子，如果房子塌下来肯定有可怕的后果。直到这时我们才决定离开城镇。有些普通百姓也极度惊慌地跟着我们走，人们宁愿听从别人的判断而不信任自己（惧怕达到极点时很像

---

① 维吉尔，《埃尼阿斯记》，2.12。

谨慎)。他们迫使我们不得不继续前进，因为身后已经跟了一大串人了。

　　从住宅出来之后，我们在一个极端奇异和可怕的景象前呆住了。我们准备的车辆虽然都停在平地上，但它们却不停地前后左右滑动着，即使把石块卡在轮子底下也无法使它们停稳。然后我们又看到海好像是被大地的抽动所牵引一样被吸回去了。至少可以肯定的是岸边的沙滩相当大幅度地扩大了，许多海生动物被困在干旱的沙滩上。在另一面，从一团可怖的黑色云雾中一阵阵冒出蛇一样的一股股岩浆蒸汽，它们一下子又突然闪现成一长串奇幻的火焰，看上去像闪电一样，但长大得多。

　　这时，我提到的那位从西班牙来的朋友以更为友好和诚挚的口气对我们说："如果你的兄弟、你的舅父还活着的话，他一定希望你们两人都平安无事。如果他已去世了，他的愿望也是要你们活下去。因此，为什么你们还不赶快逃命呢？"我们说当我们不确知他的安全的时候，我们决不能考虑自己的安全。于是那位朋友不再同我们啰唆，匆匆地走开了，用最快的速度使自己摆脱危险。

　　这之后不久，我所形容过的那一大团黑云开始降落下来，覆盖了整个海面。它包围并隐藏了卡普里岛，锁住了麦散那海角，使人什么都看不见了。于是我母亲开始恳求、劝说甚至命令我尽最大努力去逃生。她说一个青年人是可以做得到的，而她年老体胖，跑不动了，只要不连累我跟着死，她死而无怨。我回答说，不同她一起我也活不成，同时拉着她的手催她快走。她很不情愿地跟着我，还不时地责怪自己拖累了我。这时，火山灰已开始落在我们身上，只是分量还不算很大。我回头看一下，只见极浓厚的一片暗黑的烟雾紧跟在我们后面，像一股洪流顺着我们身后的地面滚滚而来。我当时提出，在我们还能看得清的时候，先转到路边去，以免被后面拥挤而来的人群挤倒在路上、在黑暗中被人践踏而死。还没等我们在路边坐稳，无边的黑暗已经笼罩了我们。那种黑暗不像一个无月光或多云的夜晚，而更像是在一个关紧了门、灭了灯火的暗室里那样一片漆黑，你可以听见妇女的尖叫、儿童的哭声和男人的喊声。一些人找孩子，另一些人找父母，还有些人找妻子或丈夫，只能听声音来辨认人。有些人叹息、抱怨自己命苦，另一些则惋惜自己的家庭，还有些人乞求一死了事，显然是由于极端怕死。许多人伸手向天哀求神灵怜悯，但是大多数人已经觉得没有什么神灵了，天地末日已经来临！

甚至还有些人幻想了许多恐怖的事而加剧了实际的危险。有些新来的人说，在麦散那有某某房屋倒塌了或着火了，其实都是假的，可是人们都相信。不久，天空一点点地显得亮了一些，我们觉得这很像有火要到来的预兆，而不是天亮了（事实果然如此）。不过火离我们很远。不久之后又黑了下来，而且又来了一阵浓厚的火山灰雨，我们不得不时时站起身来抖落尘埃，因为不然我们会被埋起来，甚至会被它们的重量压倒。在这场惊心动魄的灾难之中，我自己并没有表露过丝毫害怕的情绪。这话听来似乎有夸口之嫌，事实上我是从一种很可怜但却强有力的慰藉中得到了支持的，不然我也做不到这点。这支持我的力量就是我当时以为全人类都遭到了同样的灾难，我只是在随着世界本身的灭亡而灭亡。

终于，这一可怕的漫无边际的黑暗一点点地稀薄起来，最后变成一种云或烟，并逐渐散开了；于是白天真的回来了，甚至出了太阳，不过像日食一样显得苍白无华。当时呈现在我们眼前的每件物品，在我们余惊未定的眼神看来似乎都变了样，它们表面像积雪一样都厚厚地积了一层灰尘。

于是我们回到了麦散那，尽可能恢复了一下精神和体力，在期待和焦虑中度过了一个难熬的夜晚。说实在的，后一种心情要多得多，因为地震还在继续，有几个过于担心的人用吓人的猜测把他们自己和邻人的灾难说得十分恐怖。然而即使如此，尽管经历了那样大的危难，而且危难还在威胁着我们，但我母亲和我在收到关于我舅父的消息之前不打算离开那个地方。

现在你可以读一读我的这篇叙述，它够不上一篇严肃的历史，也没从如何把它变为你的东西来着眼。实际上，如果你觉得它连一封信的价值都不够，那你只好怪你自己不该让我写了。再见。①

---

① 小普林尼，《书信集》，6.20。

六、罗马颂

埃利乌斯·阿里斯提德（Aelius Aristides，公元117或129-189年）是公元2世纪罗马帝国治下的希腊演说家，出生于小亚细亚西北部的米西亚（Mysia），曾在雅典、帕加马等地就学，到过埃及，在小亚细亚和罗马发表过演讲。阿里斯提德留下的公共演说词有《泛雅典娜节集会辞》以及后人编的《阿里斯提德文集》。《罗马颂》收录在《阿里斯提德文集》第2卷内。

阿里斯提德在罗马的演讲辞——《罗马颂》（156年、154年或144年）共有109节，主要讲演说家描述罗马的难度、罗马的地理优势、罗马与其他帝国的比较、罗马的军事政策、政治组织体系以及罗马帝国的繁荣等。

《罗马颂》中译本主要依据James H.Oliver的 *Translation of the Roman Oration* 译出。在翻译过程中，我们参阅了Charles A.Behr所著 *P.Aelius Arisdides: The Complete Works(Volume 2)* 中的 *Regarding Rome*。

1. 海陆旅行者在出发前都惯于祈祷，许愿立誓，保证在安全抵达目的地后兑现誓言。这是古老的习俗。我记得一位诗人曾滑稽地模仿这一习俗，许愿以"金角乳香"！大概与自己的职业技艺有关，我起程前来时也曾立过誓，但并不像常人那样愚蠢、离谱。我只是许愿，只要安全抵达，便公开发表演讲，向你们的城市致敬。

2. 不过，由于很难说出与你们的城市相匹配的话，我显然需要作两次祈祷。发表与如此雄伟的城市相匹配的演说或许很冒昧。但无论如何，既已许诺，我只能尽我所能。当然，这也不是不能接受，因为我知道有一些人认为只要尽力而为，甚至众神都会感到欣慰。

3. 然而先生们，你们正是这座伟大城市的主人，如果你们也希望我遵守誓言，那就与我一起祈祷，愿我的勇敢行为成功圆满。在赞美你们的城市之前，先请耐心地听我说，我发现，这里的人，用欧里庇德斯（Euripides）的话说，"能够令不善言辞者巧舌如簧"[①]，纵论超出其天赋的所有话题。

4. 所有的人都在赞美你们的城市，而且会继续下去。然而，他们的赞美还不如不说。因为他们的沉默不会使她增辉，不会给她减彩，也不会改变你们对她的看法。而他们的赞美却起到了适得其反的效果，因为它们并没有准确地展示其值得赞赏的内涵。如果一位画家为一位倾城美女的玉体画像后又涂抹修改，可能所有人都会说最好当初就不要画它，应该让人们直接去欣赏美女的玉体，或（至少）不要让他们看那拙劣的画作。

---

① 断片，666N3（Stheneboea）。

5. 对于你们的城市，我认为，亦是如此。这些演说令她的众多惊人魅力荡然无存。这就像有人努力描述一支庞大的军队，例如薛西斯（Xerxes）的军队。他说在这里看到了1万步兵，在那里看到了2万步兵，还有如何如何多的骑兵，但对于令他震惊的内容却没有作哪怕是些许的报道。

6. 是她，首先证明演说术并非万能。对她，我们无法用语言恰当地将其描述，甚至用肉眼准确地观察都做不到。确实，要观察也需要依赖百眼巨人阿尔古斯（Argus）——更准确地说，需要依赖生活于该城市中眼观六路的天神。因为看着如此诸多的山丘被高楼遮掩，牧草悠悠的平原为都市覆盖，幅员如此辽阔的土地皆处于一座城市名下，谁能够精确观察、又从什么角度确定观察的起点？

7. 荷马曾说，雪在不停地飘降，"覆盖了山峦峰顶和岬角的峭巅，盖满了鲜花盛开的土地以及人类的沃野"，"盖遍了灰白色的海洋、港湾和海岸"。① 这座城市也是如此。她就像雪一样，覆盖了山峰，覆盖了山间的大地，又覆盖至海洋——所有人都在这海洋里进行贸易交换，地球上所有产品都以此作为共同市场。人们无论来到罗马的什么地方，都仿佛在城市中心，任何力量都无法将其阻止。

8. 确实，她不仅覆盖了地平面，而且远远超越了各种类拟物。她高耸入云，独傲群山，雪峰皆很难与其比肩。一个比他人强壮的人，为了显示力量，喜欢将别人扛在肩头。同样，这座城市虽地域辽阔，却仍不满足，不断地将其他同样大的地方一处一处地置于自己的身上，背负着它们。她也因此得名，力量（rômê）② 成了她一切特质的代称。如果可能的话，将她现在肩负的众城放下，平铺于地上，那么我认为意大利所有中间地带都会被置满，从而变成一座超级大都市，一路延伸至奥特兰托（Otranto）海峡。

9. 或许直到现在，我还没有充分地将她的辽阔描绘出来。但眼睛可以清晰地证明，像说其他城市那样说她"坐落在那里"是不可能的。另外，人们还说及雅典人和拉西第梦人的首都——但愿这样的比较不是一种不祥的预兆——说

---

① 荷马，《伊利亚特》，12，282-284。
② 希腊文有力量之意。

前者的规模是内在实力的两倍，后者的规模则远逊于内在实力。但这座城市在各方面都伟大至极，没人敢说她没有创造出与自身的宏伟相匹配的实力。不，如果有人观察整个帝国，发现如此弹丸之地居然统治着整个世界的话，那他肯定会对这座城市感到惊讶。然而，只要他目睹了这座幅员辽阔的城市，那么，他会懂得，整个文明世界之所以会被如此伟大的城市所掌控，是不足为奇的。

10. 某位年代纪作家说，在亚细亚，一个人统治的广阔领土从日出处至日落处。这种说法并不恰当，因为他把整个阿非利加和欧罗巴都置于太阳东升西落的界限之外。而现在，这种说法却变成了事实。你们所占据的领土等同于阳光所及之处，太阳在你们的领土上空运行。塞里多尼亚（Chelidonean）或塞亚尼亚（Cyanean）海角也不是你们帝国的尽头，一个人骑行一日都无法到达海边。你们的统治并不囿于固定的界限，也没有任何人能说出你们的疆域四至；而海洋则犹如舒展的带子，横亘于文明世界和你们的帝国之间。

11. 在帝国周围，各大洲往外无限延伸。它们总是竭力为你们提供一切物产。各个季节的产品，各个国家、河流、湖泊以及希腊和非希腊的艺术品都经陆路海道，源源不绝地运至罗马。因此，如果有人打算一饱眼福，他要么去周游整个文明世界，要么亲临这座城市。因为所有民族中生长和制作的产品全都汇聚于此，应有尽有。一年四季，不分春秋，不同地域的物产通过商船运抵此处。罗马城几乎成了世界贸易的中心。

12. 人们能够看到，来自印度乃至幸福的阿拉伯的货物数量如此之多，甚至可以猜测这些领土上的树皮皆将被削光剥露，其居民若有所需，必来罗马，恳求分取曾经属于他们的东西。此外，人们还可以看到来自蛮族国家巴比伦的服装和装饰，其货物数量比运货人从那克索斯（Naxos）或塞特诺斯（Cythnos）这些地方运入雅典港的还要多得多，运输也更方便。埃及、西西里和阿非利加的开化地区皆变成了你们的农场。

13. 海上运输往来不绝，让人惊奇的不是港口难为商船提供充足的空间，而是海洋能够容纳足够的商船。

赫西俄德（Hesiod）曾说海的尽头有一条河道，是所有水流的源头和归宿之处。① 在罗马，同样也有这样一条河道，一切都在这里汇聚，包括贸易、海运、农业、冶金，所有的技术和工艺以及所有地球上制造或生长的东西。在这里没有见到的东西，一定是世界上不存在的东西。要对罗马城与现存的所有城市、帝国与以前的所有帝国做出比较，评定孰优孰劣，是件非常不易的事。

14. 我现在自觉汗颜，因为在提及了如此伟大崇高且引人入胜的内容后，我的论点却缺乏相应材料的支撑。我只好通过回忆一些蛮族帝国或希腊霸权，从而不大光彩地将自己与其他作家区别开来。我的这种做法显然与伊奥利亚（Aeolic）诗人背道而驰。因为他们若打算贬损当代的工作，就从古代的伟大和著名的事例中寻找比较对象，认为这是揭露弱点的最好方法。而我由于没有办法展示你们帝国的优越，只好将其与那些小的古老的帝国作比较。因为你们的成功业已超越前人所有最伟大的成就，在你们面前，前人的成就显得微不足道。虽然你们会对这些帝国不屑一顾，但我还将择其重要者进行讨论。

15. 首先让我们来看一看波斯帝国，因为它确实在希腊人中间名噪一时，其国王又被冠以"大王"的称号——对于那些乏善可陈的早期帝国，我将忽略不谈。我们还要依次看一下波斯帝国的众多事情，看它的规模与功业。我们一定要同时检查它是如何享受它已经取得的成果并影响臣民的。

16. 大西洋之于现在的你们，犹如地中海之于当时的"国王"。"国王"的帝国止步于地中海。爱奥尼亚人和伊奥利亚人成了他那世界的尽头。这位"从日出处到日落处的国王"，一旦试图渡海到希腊，其惨重的失败远比伟大的成就更令人震惊。他以巨大的损失展示他的辉煌。他失去了对希腊的控制，帝国疆域的尽头也因此被止于爱奥尼亚。我认为他落后于你们的帝国，不是一铁饼或一箭的距离，而是整个文明世界的一半外加地中海。

17. 另外，即使在所辖领土内，他也并非总是全权国王。相反，随着雅典或拉西第梦势力与命运的变更消长，作为国王所统治的地区也在不断变化。有时止于爱奥尼亚、伊奥利亚以及地中海，有时甚至仅到吕底亚（Lydia），还看不到塞亚尼亚（Cyanean）岛西边的领土。这样的国王犹如在儿童游戏中一般，

---

① 赫西俄德，《神谱》，736-741，807-810。

曾使他登上王位的人极有可能又将他推翻。埃吉西劳斯（Agesilaus）的军队以及他之前的克利尔库斯（Clearchus）那1万远征军的行为就是明证。前者直达弗里基亚（Phrygia），如行走于自己的国土上一般；后者到达幼发拉底河以外的地区犹如穿越一片蛮荒之地一样容易。

18. 奥伊巴拉斯（Oebaras）机灵而简洁地阐述了这些国王从自己的帝国里所获取的乐趣。据说，奥伊巴拉斯首先告诉饱受巡游之苦的居鲁士（Cyrus），说如果他打算做国王，无论是否愿意，他应该而且很有必要巡行于帝国的各个地区，应该考虑发生在皮囊（leather bag）上的某种特性，即：踩在哪里，哪里就被压平、触及地面；而一旦离开，原先被压平的部分又会再度隆起；再次踩踏，再次压平。他们属于漂泊国王。与游牧的斯基太人相比，他们的优势在于他们坐着四轮马车而非大篷推车。他们属于游牧国王和巡游者，对定居一处深感恐惧和不信任。他们如踩皮囊一样治理他们的国家。他们时而控制巴比伦，时而控制苏萨，时而控制埃克巴坦那（Ecbatana），却不知道如何永远将它整体占有，也不能如牧人一样将它悉心照料。

19. 事实上，不敢相信帝国属于自己的人，行事就是如此。他们不将帝国视为己有，也不将城市和乡村地区美化充实，而是如粗野地强暴他人财产一般，恬不知耻地消耗它们，尽可能地使自己的属民积贫积弱。他们仿佛在进行相互间的谋杀比赛，后面的人总是努力超过位于他前面的人，就像那些参与五项全能比赛的人所做的那样。这是一种尽可能地屠杀更多的人、驱逐更多的家族和村民、破坏更多的承诺和誓言的比赛。

20. 这就是他们从强权中获取的快乐。这种快乐的自然结果便是，招致被利用者的憎恨和阴谋活动以及背叛、内战、持续的争斗和无休止的敌视。

21. 他们亲自收获了这些奖励，而这种统治仿佛是诅咒的结果，而非祈祷的应验。他们的属民则承受了所有被治者所承受的苦难，仿佛无法回避。这些苦难我或多或少有所提及。① 美丽的孩子成为父母的恐惧，而漂亮的妻子则变成丈夫的恐惧。那些注定要毁灭的，不是罪恶滔天之人，而是腰缠万贯之人。

---

① 指本页19。

我们几乎可以说，当时被摧毁与铲除的城市远远超过了今天建立的城市。

22. 人们若想在波斯人那里保全自己，与其臣服不如抗争。因为波斯人在战斗中不堪一击，但在所辖区域则肆无忌惮。他们轻视为之服务的人如奴隶，而惩罚自由的人则如敌人。结果，他们都是在制造憎恨和遭受憎恨中度过一生。他们解决大多数问题的途径就是战争。而在战争中，他们既怕敌人，更怕属民。

23. 造成上述根本性错误的原因主要有两点：波斯人不通治道，属民则不愿合作。因为如果统治者卑劣，属民也难成良民。行政管理和奴隶管理没有区别，国王和主人几为同义。他们行事必然没有理智，胸中亦无大志。至于"主人"（despôtês）这个词，恰当地说，其范围仅适用于单个家庭。当它扩大到城市和国家中后，统治则难以为继。

24. 此外，在你们崛起之前，亚历山大建立了一个伟大的帝国。事实上，他是通过征服地球才建立帝国的，因而显得更像是一个王国的获取者，而不是一位国王。在我看来，他的人生犹如某个即将获取大片沃土但在得到它之前就故去的普通人。

25. 他曾挺进到地球的大多数地区，征服了所有反对势力，经历过各种艰难险阻。但他英年早逝，不但不能建立自己的帝国，而且无法为自己所承受的辛劳加冕。人们会说，他在战场上所向披靡，但作为国王却少有建树；他成为国王尊位的一个有力竞争者，却没有得到与自身天才和技艺相称的体面结局。他的经历犹如奥林匹克赛会上的一位击败了所有对手却在胜利后未来得及戴上桂冠就暴卒的选手。

26. 他终究为治下的各个民族分别制定了怎样的法律？他在税收、人力或船舶方面奉献了哪些永久的基础？他以什么样常规的管理模式、自然或设定的时间来处理事务？在行政方面，他在自己治下的人民那里取得了怎样的成功？事实上，他仅留下了唯一一座真正的纪念碑，证明自己作为一位政治家的才能，那便是他在埃及所建立的以他自己的名字命名的城市。他为你们建立了这座最伟大的城市，让你们去使用和管理它。这实在是一件功德无量的事。他就这样结束了波斯人的统治，但本人却从未握有治权。

27. 他去世后，马其顿人的帝国即刻四分五裂。马其顿人的行为表明，统治帝国超出了他们的实际能力。他们不能据有自己的国家，而是到了被迫弃之以统治异域的地步。他们更像被驱逐出境者，而不像有能力的统治者。这确是一个谜：马其顿人，每个人所统治的地区都不在马其顿，而是支配他们所能统治的地方。对于所辖的城市和地区，他们是卫戍者，而非统治者。他们是从国内驱逐出来的人。他们不是被大王任命的国王，而是自己命名的国王。如果可能的话，他们可以说是没有国王的总督。我们应该如何描述他们吗？与国王相比，他们不更像山大王吗？

28. 然而，目前的帝国疆域得到极大拓展，疆土广阔，无法度量。相反，一个人若从波斯帝国原先的西部边界继续西行，前面的区域就超过整个波斯帝国。然而现在，任何城市、部落、港口或是地区，没有一处不为你们掌握，除非是那些你们不屑之地。红海、尼罗河大瀑布和美奥提斯湖（Lake Maeotis），以前据说是处于地球尽头的地区，现在却仿佛是你们城市这座"房子"的院墙。此外，你们还探测了海域。以前一些作家根本不相信海洋的存在，或者不相信它流动于地球的周围。他们认为诗人纯粹为了娱乐而将杜撰的名词引入文学当中。但你们已经彻底地勘测了海域，甚至连其中的岛屿也无一疏漏。

29. 你们的帝国广袤无边，但她的伟大更多的是由于自身的完整，而非地域的广阔。米西亚人（Mysians）、塞种人（Sacae）、庇西狄亚人（Pisidians）或其他民族所据有的为数不多的几个帝国，它们的土地是以暴力强占的，那些无法征服者则通过暴动促其分裂。（这些帝国）不只是"国王"的领土。实际上是谁占之，谁据之。现在，各地的总督不能像没有国王管制一般互相攻伐，城市之间没有纷扰战乱，卫戍部队不必频繁地被派出和驱逐。为了帝国的长治久安，整个文明世界共同祈祷，宛如一支经过彻底净化之后的奥罗斯管（aulos），演奏出一串完美精确的音符。指挥者所引领的和谐乐章就是如此美妙。

30. 天下万民全都顺应这一主旋律。山地居民的优越感虽不及平原低地居民，但免除了相互间的争吵；富饶平原的居民，包括那些享有被征服土地的人和拥有你们殖民土地的人，也全都躬耕务农。岛屿与大陆之间的区别不复存在，而所有地区犹如一个连接紧密的国家和一个单一的民族，安详宁静。

31. 整个文明世界就是一个合唱团,你们只需一句话或一个手势,就可轻而易举地实施指挥;如有所需,只要一声令下,万事皆能成真。你们将行政长官派往各城邦和民族,作为当地的统治者。但就他们自身及与民众之间的关系而言,他们都是相互平等的臣民。他们与治下民众之间的首要区别在于:他们必须模范地履行臣民的职责。伟大的元首为大众赢得了一切,因而备受民众的尊崇。

32. 民众认为元首比他们自己更了解他们的事务,因而他们对他的景仰之情绝非人们对一个发号施令的主人的尊崇可以比拟。没有人会如此自命不凡,听到元首的名字居然无动于衷;他定会肃然起敬,连声祈祷,一面祈求神灵保佑元首,一面祈求元首保佑自己。如果行政长官对其辖区官民申诉的合理性有任何的疑虑,他便会立刻向元首请示,然后像合唱团等待指挥的指令一样等候元首的批复。

33. 这样,元首无须事必躬亲而疲于四处奔波,巡游于整个帝国。通过信函,他足不出宫便可轻易治理天下。这些信函几乎朝发夕至,仿佛插上了飞翔的翅膀。

34. 现在,我要说的是同样令人惊奇、同样令人钦佩、让人无法用言行表达谢意的事情。你们不仅掌控着如此辽阔的帝国,以如此牢固的方式和无限的力量对其进行治理,而且赢得了伟大的胜利。这是一种完全属于你们自己的胜利。

35. (缺失)

36. 因为在所有曾经存在过的帝国中,只有你们统治着自由人。卡利亚(Caria)没有给予提萨佩尔纳斯(Tissaphernes),弗里基亚没有给予法尔那巴祖斯(Pharnabazus),埃及也没有给予他人。你们不会把行省治权授予某人,让省民像家庭奴隶那样服从自身身份不自由的主人。正如各城邦任命官员保护和照料人民,你们指挥整个文明世界的公共事务,仿佛一个城邦似的,通过选举而自然地任命官员,让他们保护和照料人民,而不是作为欺压人民的奴隶主。因此,官员在任期结束后,会非常客气地为(后继的)官员让位,而不是长期占据职位,与继任者争夺权力。他甚至可能不待到继任者与自己见面(就离开岗位)。

37. 人民向更高的法庭申诉，如同从地区法庭（deme）向陪审法庭（dicastery）申诉一样。对申诉者而言，上诉更高的法庭给他们带来的威胁较小，而接受当地判决所受的威胁会更大。因此，人们可以说，当今，帝国派出长官对省民行使统治，都是省民自身意愿使然。

38. 这些（统治模式）的优势不是超越了每个民族古时的"民主制"了吗？因为在民主制下，城市法庭作出判决后，人们不能走出城市，甚至不能向其他法官（申诉）；除非是一座城市太小，不得不从外镇请来法官。否则，人们就只能遵循当地的审判……被不恰当地（剥夺）。或者作为原告，甚至在被作出有利裁决后也不能追回财物。但现在人们终于拥有了另一位强大的法官。他不会摈弃公正。

39. 在他面前，卑贱者与高贵者，平庸者与卓越者，尤其是贫穷者与富有者，平民与贵族拥有同样充分而广泛的平等权。赫西俄德说得好："因为他能轻易地使人成为强有力者，也能轻易地抑制强有力者"。[①] 同样，作为诉讼的裁判者和元首，他们会把握分寸，如行船航行于微风之中，不偏袒富者，不打压贫者，对所有人一视同仁。

40. 下面我应该谈一下希腊诸邦的成就，因为我的演说已经到了这一部分内容。但我感到耻辱和恐惧，生怕证据缺乏。尽管即将置喙，然而如刚才所言，我并不是将它们对应比较。由于缺少类似的成就，我被迫使用自己所能了解到的信息。在这种情况下，过分地强调寻找与你们相近或相同的成就的不可能性以及在你们的成就面前一切都显得黯然失色的做法都是非常荒诞的；而主张等待我们能提出相同的成就后再来比较的观点也同样是荒诞的、不合适的，因为即使我们有类似的成就可以报道，但其所引起的影响力是不同的。

41. 此外，我也意识到，希腊人以辽阔的疆域和国家的尊严而自矜，但这些成就都低于我刚才所说的波斯。因此，在智慧和节制方面超过希腊人，在富裕和力量方面超越蛮族，这在我看来是一项巨大的成就。谁达到了上述理想的标准，谁就比其他各方更辉煌荣光。

---

① 赫西俄德，《田功农时》，5。赫西俄德指的是宙斯。

42. 我的下一话题是描述希腊诸邦所创建的邦际组织的类型以及它们是如何运作的。如果它们不能保持小的组织规模，那么，票决的结果显然就倒向你们了。

43. 雅典人和拉西第梦人竭尽全力争夺控制权和霸权。他们的霸权不过是能够进行航海，能够统治基克拉狄斯群岛（Cyclades），并掌控通往色雷斯方向的地区和温泉关（Thermopylae）、赫勒斯滂（Hellespont）以及科利帕西昂（Coryphasion）。那就是他们的霸权所及之处。他们的经历仿佛是一个人企图获得一个身体，而且自认为已然如愿。但实际上，他们得到的却不是整体，而仅为一些手足和部分肢体而已。他们在争夺霸权之后，只占领了狭小的岛屿和岬角（headland）以及港口等诸如此类的地方。他们在海洋周围追逐霸权，耗尽精力，尽管这种霸权更多地存在于梦想中而不是在现实里。

44. 然而，有时他们仿佛抽签似的轮流坐庄，每座城市在成为希腊世界盟主后都没能持续超过一代人，所以那里没有明确的霸权。他们在为霸权进行的纷争中，取得了所谓的卡德摩斯式的（Cadmean）胜利。① 仿佛每座城市永远希望别的城市不成为唯一被憎恨的对象，而它自己也希望分享这种憎恨似的。

45. 因为曾有一位拉西第梦领袖如此处置希腊人，这导致后者要摆脱拉西第梦人并［希望］为自己寻求其他的统治者。他们曾投奔雅典人，但不久之后又感到后悔，因为他们不喜欢强加于他们身上的横征暴敛，也不喜欢那些以贡赋作为贪污借口的人。他们每年都被要求到雅典去报告他们当地的事务。如果另有需要，雅典还会派人前往他们的国家，派船去搜括除贡赋之外的额外资金。

46. 另外，他们甚至不能保证自己卫城（citadel）的自由，时常受到那些无论是出于好心还是恶意的雅典安插的政客的控制。他们还经常在节假日中被迫参与不必要的远征。而从雅典治下获取的利益则远不足以抵偿这些沉重服役的付出。

47. 于是，大多数城邦对雅典人深恶痛绝。它们以前从拉西第梦人倒向雅典人，现在又转往拉西第梦人，并再次遭受后者的欺骗。因为拉西第梦人先是

---

① 以极大的代价换来的胜利。

宣称要为希腊世界的自由而对雅典人作战，从而赢得了很多城邦的拥护。当他们摧毁了雅典城墙，控制了希腊世界，可以为所欲为之时，其霸道程度又远远超过了雅典人。他们在希腊诸邦中建立起僭主政治，并委婉地称之为寡头政府（decarchies）。

48. 他们摧毁了雅典人的一个独裁政府，取而代之的是他们引进了自己众多的独裁政府，不停地危害被统治者。虐待被统治者的并非来自雅典或是斯巴达的中央政府，而是长期安置于当地并与当地机构交织在一起的组织。当他们开始战争时，他们向希腊世界宣称：他们要向雅典人作战，目的是更大更多地伤害雅典人，从而显示希腊世界从雅典人手中夺取的是真正的自由。但取胜后，他们没有更好地信守他们的承诺。

49. 结果，他们不久就被一位流放者击败，为底比斯人抛弃，被科林斯人憎恨；海中充斥着被逐的"和谐缔造者"，因为他们是不和谐的，因为当他们任职城市总督时，他们名不符实。

50. 由于这些人的罪行，同时由于希腊世界因此而引起的对拉西第梦人的憎恨，底比斯人日益强盛起来，并在留克特拉（Leuctra）战役中击败了后者；拉西第梦人衰落以后，人们又不能忍受在一次战役中胜出的底比斯人。相反，对于希腊世界而言，卡德美亚（Cadmeia，即底比斯）受制于拉西第梦比拉西第梦被击败更受欢迎。这样，底比斯人又遭到了人们的憎恨。

51. 我收集了这些例证并非是为了指责整个希腊世界，如"三头怪"的始作俑者一样——但愿永远没有这个必要——而是想说明如何统治在你们的时代之前尚未出现。因为如果这种艺术确实存在，它也只会出现于希腊人中。至少在其他的技艺领域，我敢说，他们是一个以技艺著称的民族。但这种艺术恰恰是你们发明的，别人也只是借鉴而已。当然，如果有人要将仅适用于雅典人的事用到整个希腊世界上，说他们善于抵抗外来统治，击败波斯人，善于将财富花到公共服务上并且忍受艰难劳苦，这么说也并非没有道理。但他们的管理还属于不通治术的管理，在尝试过程中就夭折失败了。

52. 首先，他们经常向各城市派遣卫戍部队。当然，其数量并不总是少于该城中身强力壮的当地居民。其次，他们令那些还没有设置卫戍部队的国家产生疑虑，并由此认为他们处理一切事务都依赖于武力和暴力。这样就出现了两种结果，他们对所侵犯的对象不但不能牢固掌控，而且获得了侵略者的恶名。他们不仅未能安全掌控各座城市，而且招致后者的憎恨。他们虽辛苦操劳，却与帝国无缘。

53. 那么，接着又会出现什么呢？他们曾被分散至各处，彼此相距甚远，现在国内却极度虚弱。他们努力占领他国领土，导致人员分散而无法自保。他们派往别处的军队在数量上无法超过他们所力图统治的国家的军队，也无法在后方保留足够的兵力进行防御。他们在国外的数量极少，国内的数量也不多。由于缺乏帝国统治的锦囊妙计，帝国的扩张给他们带来无法解决的矛盾。他们所追求的目标与自身的需要相悖。对他们而言，成功是累赘，几乎是一种不幸，而失败则是一种解脱，不会给他们带来恐惧。他们不像统治者，却与城市陷落后散落的弃子无异，为了辛劳而辛劳。因为诚如诗人西西弗斯（Sisyphus）所说的，（石头）滚动到尽头时力量会减弱，然后它又会滚回原地。

54. 被统治者无论强弱对他们都毫无益处：他们不希望被统治者强大，因为这有可能发生背叛；他们也不希望被统治者虚弱，因为外部有战争的威胁，同盟对他们还有用。雅典人与被统治者的关系就像在跳棋游戏中的人一样，雅典人用一只手将其放到一个位置，用另一只手又将其收回，被统治者不知道如何发挥作用。雅典人既希望有同盟，又希望没有同盟，总是将同盟掌控于自己的手掌之中并摆布他们，而不告知他们应去何方。

55. 最为奇怪和荒诞的是：他们会使那些有叛逆念头的人去与那些实际参与背叛活动的人作战，这样做仿佛是在要求有叛逆念头者去对付背叛者。他们荒唐地率领那些背叛活动的支持者去对抗背叛者，非常不明智地向那些背叛活动的支持者传递信息，即：如果他们大力支持背叛者，雅典人可能招致失败。

56. 所以，在这方面，雅典人的愿望与利益适得其反。他们本打算平息反叛者，结果却造成了同盟的背叛。因为后者知道，如果维持原状，会被雅典人用来相互对抗，而一起抗争则必获自由，须知最后雅典人的同盟会无一例外地走上背离雅典人的道路。雅典人由此给自己造成的损害明显地超出了他们不忠的同盟给他们所带来的损害，因为后者是个别退出，而雅典人自身行为的结果便是众叛亲离。

57. 因此，在那个时期还不存在帝国统治的秩序体系。他们既不知秩序体系为何物，也不追求这种体系。虽然他们拥有狭小而偏远的领土和军事基地，但由于经验缺乏和实力不足，他们甚至连这些都不能保住。因为他们没有仁慈地领导这些城市，也没有力量牢固地统制它们。他们既有暴虐的一面，又有虚弱的一面。所以，最后他们如伊索（Aesop）笔下被拔除羽毛的乌鸦一样，孤身与群敌作战。

58. 总而言之，秩序体系根本不为前人所掌握，留待你们发现并使之完美，这不足为奇！在其他领域内，当物质基础具备后，技巧就会涌现出来。同样，当一个大帝国崛起后，技巧也会积聚起来并与之结合，形成相互促进的状况。帝国的广大，促使帝国管理经验的增加；同时，由于了解了以公正、理性方式进行治理的规则，帝国也随之走向繁荣、走向强大。

59. 另外，还有一点同样值得关注和钦佩。我说的是你们那范围广阔的公民权，因为在人类历史上还没有先例。你们将你们的帝国——我用该词表示整个文明世界——中的人分成了两个集团。首先是授予文明世界上所有具备天才、勇敢和领袖能力的人以公民权，甚至视其为你们的亲属；然后将余者视作同盟，置于你们的霸权之下。

60. 海洋和大陆都不构成公民权的障碍，亚细亚和欧罗巴也没有受到异样的对待。在你们的帝国中，所有的道路向所有人开放。你们让那些值得统治和信赖的人不再是异邦人。你们将整个世界建成一个文明群体，建成一个一人领导之下的自由共和国。这位领导者是最优秀的管理者和最卓越的领袖。所有的人如前往城市中心那样聚集到这里，各取自己应得的权益。

61. 任何一座城市都有其边界和领土，罗马城也一样。她以整个文明世界的边界为边界，以整个文明世界的领土为领土。整个文明世界好像是城郊地区，而罗马城则被指定为市镇的中心。可以说，这一城市的卫城是所有佩里奥基人（perioeci）或所有边区居民的避难所和集会地。

62. 她从未令他们失望，而是如地球的土壤一样支持着所有人。海洋可纳千川，纵有汇入流出，却也不损不溢。实际上该城市也似海洋一般接纳了世界各地的来客，同样不损不溢。海洋并没有因河流涌入而变大，因为它注定因水源的汇入而保持博大。在罗马城,任何变化都隐而不见,因为她是如此庞大。

63. 顺便的话说到这里,现在言归正传。正像我们刚才所言,"伟大的"你们"极大地"扩散了你们的公民权。公民权成为人们所羡慕的对象,这并非是因为你们拒绝与他人分享。相反,你们努力扩散公民权,令罗马人这一字眼成为一些普通民族的标签,而不仅局限于一城之地;令罗马人这一字眼成为众多民族平等共享的标志,而不为某一民族所独有。须知你们对世界的划分不是希腊人和蛮族,因为你们造就的公民数量可以说超过整个希腊民族。你们将世界上的民族划分为罗马人和非罗马人,这种划分也并不荒诞。你们就这样将自己城市的名字广为传播。

64. 由于如此的划分标准,每座城市中有许多人如你们自己的亲属一样,都是你们的公民。其间的关系不亚于他们自己的亲属关系。即使他们中很多人还没有见过罗马城。他们不需要你们派遣驻军控制他们的卫城,但每座城市中地位最高、影响最大的人为你们守卫着他们自己的家园。你们从这里,并且通过自己在每座城市中的罗马公民,对每一城市进行双重控制。

65. 嫉妒不会流行于帝国,因为你们自己先与嫉妒断绝关系。你们为所有人提供机会,使贤能者扮演统治者角色的机会多于被统治的角色。未被选中的人也不会心生憎恶。因为既然此种政体可以说是一种天下一统的政体,那么自然你们的总督不会像对待外邦人那样,而是像对待自己的事务那样对待被统治者。同时,所有的民众都被允许[在你们那里寻求庇护],躲避本土豪强的迫害;[但]如果他们敢于非法行事,你们会顿生愤怒并施以惩罚。

66. 这样,目前的政体对富者和贫者自然都是恰当而有益的。除此之外再无其他生活方式。在你们的政体下,全民空前团结和睦。以前,[维持]对一个帝国的控制,以及牢固地进行仁慈的统治似乎是不可能的,而在你们的时代却成了现实。

67a. 因此,所有城市可以不驻军。只需骑兵、步兵分队就足以保护整个国家,甚至这些士兵都不集中在每家都有兵舍的城市中,而是分散于整个乡下地区。因此,许多国家不知道他们的卫戍部队何时驻于何地。但如果有一座城市,不管其在何地,因过度的增长而不能自己保持正常的秩序,你们将毫不吝惜地轮流派去军队谨慎防卫。

68. 缺乏力量者进行统治是不安全的。据说进行航行时，退而求其次的最佳方案是被优秀者所统治，但现在，被你们统治被证明是最佳方案。因此，所有的人都被紧紧地团结在一起，不会要求脱离，就如航海者不会要求脱离舵手一样。所有的人，如洞穴中互相依附并紧贴在岩石上的蝙蝠，都小心谨慎地不使自己脱离于城市的链条。因为如果被你们抛弃的话，将会（使他们）感到比他们（自己）抛弃你们还要恐惧。67b. 结果，所有人都乐于向你们缴纳贡赋。其实，对某些人来说，这种快乐甚至超过从别人那里接受贡赋，个中原因不言自明。

69. 以前，统治大权和至高荣誉曾导致了所有战争的爆发；现在，人们对此已不作争抢。一些过去的统治者甚至忘掉了自己曾有的统治区域，还有一些则如静水一般乐于沉寂。他们乐得摆脱艰难困苦，因为他们意识到，如若不然，也只是与影子作战，徒劳无益。各城市与一则帕弗拉戈尼亚人的神话或柏拉图所说的神话一样，① 已经因相互间的争斗和混乱而躺到了火葬堆上，后来它们同时接受了正确的领导，然后突然复兴。如何到了这一步，他们无法解释，只是惊于现状。他们就仿佛做了黄粱一梦，醒来后却发现了眼前这惊人的景象和真实的幸福。

70. 战争，哪怕真的发生，也似乎并不存在；相反，关于战争的故事被口耳相传，渐趋神化。在辽阔的帝国内，边界冲突在所难免，因为有盖提人（Getae）的野蛮、摩尔人的不幸或不能享受自身福祉的红海周边居民的邪恶。但即使这些冲突出现，也会如神话一般迅即停息，相关的故事也当随之消失。

71a. 你们造就了如此伟大的和平，纵使战争是你们的传统。

72a. 关于整个帝国的行政管理，你们的观点以及所建立的相关类型已有所述。现在，应该说一下在军队和军事问题上你们是如何设计与组织的。71b. 是的，因为昨天的鞋匠和泥瓦匠不是今天的重装步兵和骑兵。在舞台上，一个农夫在迅速更换服装后以士兵的身份出现。在简陋的房子中，同一人烹饪食物、

---

① 柏拉图，《理想国》，10，614b。

料理家务、铺设床榻。但你们没有如此不加区别。你们没有期待从事其他行业的人被权且当作士兵，也没有授权你们的敌人召集你们的军队。72b. 在这方面，你们的睿智令人赞叹，古往今来没有先例。

73. 因为埃及人也曾推行军事营区，让保卫自己国家的人驻扎在特殊地区，将他们与其他地区分隔开来。这被认为是一种明智的发明。与其他人相比，他们在诸多方面似乎是俗语所言的"聪明的埃及人"。你们也想做同样的事，但并未因循跟风。相反，你们推行了一种更为公正、更为巧妙的军事营区。在前一种（指埃及人）体系下，（军、民）两个集团之间，每一集团都不能享有平等的公民权。士兵们只有永远地忍受艰难劳苦，但他们的地位始终比未事战事者要卑微、低下。因此这种体系对他们而言既不公正，也不舒服。而在你们的体系下，因为人人平等，所以军队实行独立隔离式建制是（相当）成功的。

74. 这样，人们所能提到的如希腊人、埃及人和其他任何民族的勇气都被你们所超越。同样，所有民族在武器装备、思想意识方面也远远落后于你们。一方面，你们认为，来自该城市中的人不应该应征服役、不应该进行艰苦劳动，而应该从目前的幸福中获取利益；另一方面，你们没有信赖异邦雇佣兵。但为防患于未然，你们仍需要士兵。怎么办？你们在没有骚扰公民的前提下建立了一支自己的军队。这要源于（你们）整个帝国的计划。根据这种计划，你们在用任何人进行任何工作时，如果他可以做好，而且需要他做，你们就不会将其当作异邦人。

75. 那么，你们所笼络的到底是什么人，又是如何笼络的？你们巡视整个同盟，仔细寻找能够胜任军中事务之人，将其从他们的祖国解放出来，并带到你们的城市中。从此，他们再也不愿意提及他们原先的种族。你们将其纳为公民，招为士兵，这样你们城市中的人就能免除兵役，而那些服兵役者也会成为正式公民。因为他们自从被征入伍之后便失去了原来城市的（公民资格），而成了你们的公民和守卫者。

76. 在你们的霸权范围内，所有城市都提供兵源，从来没有出现过不满情绪。你们从每座城市所征集的人不会给城市增加负担。这些人本身就不足以为单一的城市提供一支数量足够的军队。因此，所有城市都非常乐意派出士兵作为他们的代表加入联合军队，而每座城市在本地都没有自己人所组成的军事力量。这些城市除了你们不向其他任何地区寻求［军事保护］，因为让各城市派出士兵并井然有序地将其整合起来，这是（上述设计的）唯一目的。

77. 在各地选拔了最有能力的人加入军队以后，你们又生妙计：你们认为，甚至那些因出众的形体和超人的体魄而被选拔出来的人，因为参与节日庆典和有奖竞赛就得接受训练，那么，那些将在真正的战斗中（冲锋陷阵的）斗士以及将有机会为帝国赢得无数次凯旋的胜利者，就更不应该临时拼凑于危急之时。你们认为后者是千挑万选出来的最强壮者，尤其是最有能力的人，更应该提前进行长期训练，这样他们在战斗岗位上才会发挥更为出色的作用。

78. 你们一旦消除了这些人的道德与社会基础，便将他们［引入］了统治民族的群体之中。这些人享有我所提及的特权，并且不因为自己最初没有平等权利而妒恨那些居住在城里的人，相反会觉得自己对公民权的分享是一种荣耀。你们这样发现和对待他们，并将他们派到帝国的边境。你们将他们分隔开来，安置于不同的地区，让其参与不同地区的防御。

79. 他们还解释了你们所构思和制定的关于城墙的计划，现在值得一提。人们不能认为该城市如鲁莽的拉西第梦人似的未设城墙，也不能认为它设的城墙如巴比伦以及或前或后的那些令人惊叹的雄伟城墙那样坚固辉煌。相反，你们使巴比伦的防御工事显得轻浮，真的像一件女人的作品。

80. 你们认为，若构筑城墙，显得像是在隐藏城市或躲避属民。这显然有失体面，而且与你们的其他观念不相符，感觉就像一个主人恐惧自己的奴隶似的。然而，你们并没有忽略城墙，而是将它建立在帝国周围，而不是城市四周。你们构筑起与自身相配的雄伟城墙，遥远至极。城墙内的人都能看到。但如果有人想一睹它们的全貌，就必须从城市出发，经历成年累月的旅行才能做到。

81. 在文明世界尽头之外，你们又划了第二条线，犹如人们为市镇建筑城墙一般，然而，这是一个更加辽阔曲折和易守难攻的圈子。你们环绕这圈子构筑城墙用于防御，然后在城墙附近各处建立市镇，再派遣殖民者，给他们送去艺术和手工艺，并为之建立舒适、井然之秩序。

82. 一支扎营的军队如堡垒一般将文明世界环绕其中。如果加以勘测，这个圆圈的周长不会是 10 或 20 帕拉桑（parasang，古代波斯的距离单位），不会是稍多一点，也不会是人们所能随便说出的距离，而是从埃塞俄比亚居住区到法西斯河（Phasis），从内陆的幼发拉底河到西边最遥远的岛屿。所有这些，人们可以称之为城墙的一个圆环或一个圆圈。

83. 它们并非以沥青和砖瓦建筑，也没有在那里使用带有光泽的灰泥，而是普遍存在于各地、紧密相连、外形工整的石墙——是的，它们数不胜数，就像荷马所说的宫墙："以巨石紧密修筑，无边无际，比青铜还光彩闪耀。"[1]

84. 然而，还有一个圈子，固若金汤、牢不可破，而且更加雄伟壮丽、引人入胜，令一切城墙皆相形见绌。其坚固程度前所未有。因为这是一道由毫无逃遁习惯的人架构起来的屏障。正是这些人在防御着这些普通的城墙。荷马在诗篇中[2]曾把战争武器的协调使用归功于米尔米敦人（Myrmidons）的联盟，并将其比作城墙，而这些人完善了这种协调：头盔编队如此紧密以至箭都无法刺穿；举过头顶的盾牌构成平面，可以在半空中支撑跑道，比市镇中的这些建筑还要坚固，甚至可以支撑骑兵行进。正如有人会感叹自己见到的是"一片青铜的平原"，与欧里庇德斯的诗文珠联璧合。胸甲紧密相附，如果有人命令两人之间的某人仅带轻武器列队，那么两边的盾牌都会伸过来掩护他，密集的标枪，从天空中如雨水般倾泻而下。这就是蜿蜒于你们周围的平行协调的防御系统，这就是由各个不同要塞连接起来的防御圈，这就是保卫整个世界的士兵们所连成的护卫圈。

85. 很久以前，大流士与阿尔塔费尔涅斯（Artaphernes）和达提斯（Datis）一道，通过拉网捕捉岛上公民的方法，成功地将岛上的一座城市摧毁。[3]从某种意义上说，你们也曾用一张网拉过整个文明世界。然而现在，你们却通过这些捕捉到的市民保护着所有城市。这些公民对于这些城市与对于你们一样都是陌生人。如我所言，你们从所有人中精挑细选，选拔卓越者，并告诉他们不会因此而感到后悔。在你们这里，贵族并不总是列于第一等级，第二阶层也并不

---

[1] 荷马，《伊利亚特》，16，212-214。
[2] 荷马，《伊利亚特》，16，213。
[3] 希罗多德，《历史》，3，149；6，31，1-2。

总是列入第二等级，其他等级也是如此。每个人，从某种程度上讲，只要付诸实践，而不是花言巧语，皆能脱颖而出，都会得到相应的职位。你们给所有的人树立典范，使其懂得耻于无所事事，只有有效率才有获取成就的机会。他们在对抗敌人时同心同德；但在相互间的关系方面，又永远是竞争的伙伴。在所有人中，只有他们祈祷与敌人相遇。

86. 因此，看到你们军队的训练和组织后，人们就会想到荷马诗文中"10倍［或20倍］的"的敌人不久将一触即溃。如果有人对军队的征募和替换体系进行调查，他会明白当冈比西斯（Cambyses）抢劫埃及并掠夺圣所时埃及国王所表达的意思。这位埃及国王站在底比斯城墙上面，交给敌人一抔当地的土和一杯尼罗河的水。他是在说，只要冈比西斯不能将埃及与尼罗河作为战利品带走，就没有夺走埃及人的财富；而只要河流和土地仍在，那么埃及人就会很快再创造出财富，而且埃及的财富永远不会枯竭。同样，关于你们的军事体制，可以说，只要没有人能够将大地连根铲走，留下真空地带，只要文明世界还在，那么你们的兵源就不会枯竭。只要你们需要，文明世界就能满足。

87. 在军事方面，你们又使所有的人相形见绌。你们让士兵和军官进行训练的目的，不仅是战胜敌人，而更重要的是战胜自己。因此，士兵每天都生活在纪律中，没有人擅离职守。正如永久的合唱团中一样，所有的人都知道并坚守自己的岗位。下级并不因此而嫉妒上级，而上级也非常谨慎地指挥着下级。

88. 令人扼腕的是，以前的人们已经谈到了拉西第梦人。他们的军队虽然数量不多，但却由军官中的军官组成。这话本应该留给你们，首先用在你们身上；当时的作者夸耀它显然是过早了。拉西第梦军队规模太小，所以即使他们全都是军官也不足为奇。然而，要说出你们军队的成分和民族属性则绝非易事。在这么多的连队中，从掌控一切，管理国家、城市、军队的人，到那些我无法一一提到的中间等级，再到那些指挥四个人甚至两个人的人，这些士兵本身都是指挥者。正如丝线的编织，将许多细丝逐渐织成越来越少的丝缕。你们众多的单个士兵也常被聚集到越来越少的队伍编制中，并最后通过各个岗位的人行使对下级的层层指挥，将所有的人融合于一个整体之中。这不是超越了人类以往的组织能力吗？

89.我突然产生一种冲动，打算对荷马诗歌的末尾稍作改动。我要说，"我认为，里面的就是奥林匹亚宙斯的帝国"。因为若是一个统治者统治如此芸芸众生，而他的代表和使节即使位卑人低，却比他们所管理的人优越得多。当他们指挥得步调一致、井然有序，不引发丝毫嫉妒，各地所有的行为都体现着公正和尊重，没有人不享受美德的奖励，那么这句史诗不是恰如其分吗？

90.在我看来，你们在国家中建立了一种与其他人截然不同的政体。以前，人类社会中似乎有三种政体。其中两种是僭主政治和寡头政治，或曰君主政治和贵族政治，因为根据人们在解释统治者的特性时所持的观点不同，它们各自具有两个名字。第三种政体无论领导者是好是坏，都被称为民主政治。各城市或者根据自己的选择，或者因为偶然的因素接受了某种政体。你们的国家却完全不同；政府形式仿佛是剔除了上述所有政体的消极面后混合而成似的。这也正是这种政体形式获取胜利的原因。所以，当有人看到人民的力量，看到他们的需要和诉求如何轻易得到满足时，他会认为这完全是一种遏止了民众不良行为的民主政体。当他看到元老院召开政务议事会，并管理各级官员时，他会认为没有比这更完美的贵族政体了。当他看到主持所有这一切事务的长官（Ephor）和领袖（Prytanis），看到人民可以从他们这里各取所需，看到少数人从他们这里获得了官职和权力时，他又在它身上发现了最完美的君主统治。执政者摆脱了僭主的缺陷，其地位甚至比国王还要尊贵。

91.只有你们能对城市内部和外部的治理方式作出区分，并各取其道，这不足为奇。因为可以说，根据自然（法则），只有你们才是统治者。前人所建立的统治独裁而残暴。他们轮番交换着主仆的角色。作为统治者，他们徒有虚名。他们互相更替，好似一场球赛中的选手更换着彼此的位置。马其顿人曾被波斯人奴役，波斯人曾被米底人奴役，米底人又曾被亚述人奴役。但你们自从为人所知，便是他们的统治者。你们从一开始就是自由的，而且处于统治者的位置。你们以所有对统治者这一位置有利的因素武装自己，发明了一种前所未有的新政体。你们为万物制定规则与设定时限。

92.我有一个想法长期萦绕脑中，不吐不快，却总是被搁置，现在应该和盘托出。你们帝国的辽阔、统治的牢固以及行政治理的方式，所有这些都远胜于前人，对此我已有阐述。但在我看来，这样的话不可谓不中肯：所有过去统治地球一大部分的人，可谓孑然一身，其统治的范围仅为部分集团和某个民族而已。

93. 如此众多的城市何时曾密布于内陆、海岸，它们又何曾被广加装扮，美丽优雅？我们能够穿越帝国，日复一日地历数各城市，有时一天内能够骑马穿越两到三座城市，仿佛是在穿越一座城市的不同地区似的，前人何曾能够做到如此程度？因此，过去被如此大幅度地超越。前人的逊色不仅体现在他们帝国的总面积上，而且体现在他们统治着与你们同样的土地，但在他们治下的民众不享有同样或类似的条件。过去的部落哪能与现在的城市相比。可以说，过去的国王仅为某地区和要塞的国王，而你们则是文明人群的统治者。

94. 现在，所有的希腊城市在你们的领导下兴旺起来。他们的纪念碑以及所有的工艺品如美丽的边饰一般为你们增色。海岸和内陆都布满了城市，其中一些是新建的，另一些是由你们扩建的旧城。

95. 被许多人激烈争夺的爱奥尼亚现在没有了总督和卫戍部队。所有人首先看到的是她的美丽。她曾经在高贵典雅方面超过其他领土，现在，她又同样发展提升了自身。亚历山大在埃及建立的那伟大而高贵的城市成了你们霸权的光荣，一如一条项链或手镯以及一位贵妇人的其他财富一样。

96. 你们将希腊人当作生身父母一样细心照料，不断地帮助他们，在将其降伏后，又令其振兴。你们给他们自由，给他们往昔的尊者和领袖以自由，又深谋远虑地对其他人温文引导。对于蛮族，你们根据他们各自的特质，或温和或严厉地进行教育。因为人类的统治者不能比驯马者逊色，你们会根据统治对象的天性对其进行引导与治理。

97. 古时候，武器是整个文明世界的负担；而今天，文明世界如过节日一般，放下武器，拿起饰物，提出各种奇思妙想并尽力促其实现。（各城市）摆脱了所有其他的敌对行为，唯有一种竞争被保留下来，那便是如何让每个城市变得最美丽、最诱人。所有定居地都有体育馆、喷泉、纪念碑、神庙、工场以及学校。

98. 人们可以说，文明世界在一开始比较病弱，现在因正确的知识恢复了健康。你们从未停止赐予各城市礼物。要判定他们中谁是最大的受益者实属不易，因为你们一视同仁。

99. 所有城市都充满光明和美丽，整个大地都好像是元首的花园一样。友好的烽火从它的平原上升起，而那些战争的硝烟就好像随风散去，到了山海以外，代替它们的是说不尽的美景和欢快。这样，各种节庆就如一处永恒燃烧的圣火，从不停息，不断流传于不同的地区和不同的民族之间，因为它与普遍的繁荣相吻合。因此，如果真的有这么一些人生活在你们帝国之外的话，那么实在令人惋惜，因为他们无法享有［你们］如此的赐福。

100. 又是你们，最好地证明了地球是所有人的母亲和共同的祖国这一公理。确实，今天，希腊人抑或外国人，都可以空着手，或是满载着金钱，到处做自由的旅行，好像在自己家里一样。西里西亚山口不再恐怖，阿拉伯国家到埃及的通道不再狭窄而荒芜，没有难以逾越的群山，没有不能渡济的大河，没有充满敌意的蛮族部落给人造成恐惧。只要做了罗马人，或者成为你们治权下的一位居民，即有了安全的保障。

101. 荷马曾经说过："大地是属于大家的。"你们使这句话成为现实。你们已经测量了整个世界，架桥梁于河川之上，开驿道于山地之间，建基地于荒漠之中，使万物都有了文明，使万物都有了秩序和生命。因此，我寻思，所谓特里普托勒摩斯（Triptolemus）①之前的生活，应该就是你们时代之前的生活。这是一种艰难并且粗野的生活，一种还未曾远离荒野山林的生活。虽说雅典公民开启了今天的文明生活，但你们后来居上，令这种生活稳固而成习俗。

102. 写一部关于旅行的书，或者列举各国使用的法律全无必要，因为你们自己就是万民的向导；你们令文明世界所有门户洞开，给所有人目睹的机会；你们为所有人提供了共同的法律，结束了旧制。那旧制听来引人入胜，但若以

---

① 特里普托勒摩斯是一位传说中的英雄。他是第一个把种植技术教给人类的英雄。奥维德，Met.5, 642-661。

理性的观点审视则显得难以容忍。你们又使自由通婚成为可能，将整个文明世界融于一家之中。

103. 诗人们曾言，在宙斯统治之前，宇宙充斥着冲突、混乱和无序。但当宙斯开始统治后，一切皆有了秩序。他与支持者将提坦神（Titans）逼退到地球上最低的洞府中。如果有人思索以前的世界和你们当今的时代，会得出（同样的）结论：在你们的帝国以前，天下混乱，万物无序；但当你们掌握权柄以后，混乱和冲突止息，秩序的光芒照耀人类公私事务，法律出现，神的祭坛得到了人们的信任。

104. 因为以前诸神经常令世界满目疮痍，仿佛在摧毁自己的父母一样（就像克罗诺斯）；他们即使没有吞食自己的孩子（如克罗诺斯一样），也会在冲突中，甚至是在避难所中，互相摧毁了对方和自己的孩子。但现在，整个世界以及其中的居民彻底远离了恐惧。在我看来，似乎他们完全摆脱了恶劣的处境，在诸多因素的激励下接受了英明的领导。而在你们的帝国取得成就的过程中，诸神似乎伸出了友谊的援手，倾其所有帮助你们。

105. 其中宙斯，因为你们以高贵的方式照料了文明世界，这是他高贵的创造；赫拉，她由于合理地举行婚礼仪式而受人尊敬；雅典娜和赫菲斯图斯（Hephaestus），因为手工艺受人尊重；狄奥尼索斯和德墨特耳，因为他们的庄稼没有被践踏；波塞冬，因为人们为他清除了海战，海上布满了商船，而不再是三列桨舰队；阿波罗、阿耳特米斯和缪斯的合唱团从未停止在剧院中的服务；你们又为赫耳墨斯准备了国际性的比赛和使节。阿佛洛狄忒何时曾有更好的机会播种和增强后裔的美丽，各城市何时曾分享过她更多的赐福？现在，阿斯克勒庇乌斯（Asclepius）和埃及神祇给予人类最慷慨的帮助。阿瑞斯当然从未被你们轻视过。人们不再会惧怕他在拉庇特人宴会受忽视时所引起的那种大混乱。相反，他沿着最远处的河岸不停地舞蹈，使武器不血刃。而且，即使是眼观六路的赫利乌斯（Helius）在你们的帝国四处寻觅，也没有发现暴力与不公。他认为，你们的时代不似以前那般灾难频仍。因此，他有极充分的理由愉快地关注并照耀你们的帝国。

106. 荷马意识到你们的帝国即将出现，而且在史诗中预见并预言了它。①同样，赫西俄德若是一位完美的诗人和预言家的话，那么，我认为，他在列举人类的时代时，不再会从黄金时代开始。即使以此为开端，在说及最后的黑铁时代时，至少不会将其灭亡后出现的时代称为"初生婴儿鬓发花白"②，而应该是你们的统治（protectorate）和帝国的出现。这正是他认为黑铁时代的部族在地球上毁灭的时候。在这一时期，他将正义与崇敬重返人间。他为先于你们出生的人感到惋惜。

107. 你们那自创的政治体制将世代坚守，日臻巩固。目前，那伟大的政府如比赛中的冠军一般，明显地超越了他自己的祖先，其超越的层面很难依照他所超越的其他人的程度来判定。有人可能说，他所作出的任何裁决皆为公理和法律。（人们也可以）最为清楚地看到：他用以助其统治的伙伴数量超过任何前辈，这些伙伴又像他的儿子，与他极为相似。

108. 我们在一开始就试图让自己的演说辞能够配得上你们伟大的帝国，但这实在是非人力所能及。因为这所需要的时间必然与帝国同寿，而帝国必将永世长存。因此，我最好如编纂酒神赞歌和赞美诗的诗人那样，补充一次祈祷，并以此结束演说。

109. 让所有天神及其子孙共佑帝国与这座城市持续繁荣，千秋万代，直到巨石浮于海，春来木不发；愿伟大的元首及其后人永受庇护，为万民造福。我大胆的尝试就此结束。现在由你们对其优劣作出判断。

---

① 荷马，《伊利亚特》，20，307-308。
② 赫西俄德，《田功农时》，181。

七、论水道[*]

---

[*] 本文译自 Frontinus, *The Aqueducts of Rome*, with an English translation by Charles E. Bennett, The Loeb Classical Library, Harvard University Press; St Edmundsbury Press Ltd., 1925。译者参考了注释本 R. H. Rodgers, *Frontinus: de Aquaeductu Urbis Romae*, New York: Cambridge University Press, 2004. Repr. 2008;对照了 Herschel, Clemens, *The Two Books on the Water Supply of the City of Rome*, Andesite Press, 2015 和 Harry B. Evans, *Water Distribution in Ancient Rome*, Michigan: The University of Michigan Press, 1997 二书中的英译文;第 2 卷第 98—129 节为李雅书先生所译。我在李先生译文基础上又作了局部的调整和改译。参见李雅书:《世界史资料丛刊(上古史部分)——罗马帝国时期(上册)》,商务印书馆,1985 年版,第 34—38 页。本文注释除特别注明外,皆为英译者所注。

塞克图斯·尤里乌斯·弗仑提努斯（Sextus Julius Frontinus，公元35年左右-103/104年）是著名的政治家、军事家。他分别于公元73年或74年、公元98年和公元100年担任执政官。公元74年，弗仑提努斯前往不列颠任行省总督。在任期间，他镇压了威尔士地区西卢尔人的起义，修建了尤里乌斯大道（Via Julia）。公元78年，他卸任回到罗马。公元97-103年或104年，弗仑提努斯担任水利总监。他还曾任占卜官，但时间不详。弗仑提努斯的作品有《战争的艺术》（Art of War，已佚）、《谋略》（Strategemata，创作于公元78-97年）和《论水道》（De Aquis，创作于他担任水利总监期间）。

《论水道》是西方古典时代留存下来的唯一关于罗马水道的专著，它保留了帝国初期罗马城中9条水道的珍贵资料。全书分为两卷。第一卷介绍了各条水道的基本情况、水管安装中的技术细节。第二卷列举了各条水道的输水量，详述了水务管理的相关事宜，收录了大量关于供水和水道维护的法律法规。此著信息完备、数据准确，是研究罗马水道的重要史料。

序　言

1.元首委派的每一项任务都应该给予特别关注。涅尔瓦·奥古斯都（一位勤勉爱国的元首）委任我为水利总监（water commissioner）。接受任命时，我深受鼓舞。无论是出于强烈的责任感还是出于对国家的忠诚，我都应当尽职尽责、乐于奉献。水利总监管理着关系城市卫生和安全的公共设施，最杰出的人物才有资格担任此职。

2.从事其他公共事务时积累的经验告诉我，就职之后，当务之急是了解工作内容。我确信再没有比那更重要的事了。否则，将无法决定哪些事情该做、哪些不该做。对于一个有尊严的人来说，完全受助手的摆布是非常耻辱的。当然，一个毫无经验的上司不可避免地要参考下级提供的实用信息。副手的辅助虽然必要，但它充当的角色只能是大脑的双手和工具。根据以往的经验，我竭尽所能去收集分散在不同地方、对工作有所帮助的信息，并把它们整合起来（或者说，变成一个系统的整体）。我之前写就的那几部书对继任者帮助很大。鉴于此，这部著作也将对后人有所裨益。当然，最主要的写作目的是为我所用，这毕竟是在为我将要开展的工作做准备。

3.为了避免人们误以为我省略了对工程概况的介绍，我将记录各条水道的以下信息：它们的名称；在何人担任执政官时，由何人主持修建；竣工时间；这些水道的起点在何处，在第几里程碑处；它们的地下渠道（subterranean channel）、地基建筑（substructure）、高架券拱（arch）各有多长；它们进入城市时的水位多高；阀门有几个；分支有几条；每条水道供应城外的水量有多大，分配到城市内每个区域的水量占何比例；公共储水池有多少个，从那儿分配到公共建筑中的水有多少；喷泉和水池用去的水量；以恺撒的名义分配的水量；元首恩赐给个人的水量，有关水道建设和维护的法律有哪些（包括元老院决议和元首敕令），违反这些法律将会受到怎样的惩罚。

第一卷

4. 罗马建城以来的441年中，人们满足于饮用台伯河河水、井水或泉水。罗马人崇拜泉水，他们相信某些泉水可以治愈疾病，例如克米尼泉（Camenae）①、阿波罗泉（Apollo）②和朱图尔纳泉（Juturna）③。迄今为止，引入城市的水道有：阿庇安水道（Appia）、老阿尼奥水道（Anio Vetus）、马尔西亚水道（Marcia）、塔普拉水道（Tepula）、朱利亚水道（Julia）、维戈水道（Virgo）、奥西提亚水道（Alsietina）、奥古斯塔水道（Augusta）④、克劳狄水道（Claudia）和新阿尼奥水道（Anio Novus）。

5. 在马库斯·瓦拉利乌斯·马克西乌斯（Marcus Valerius Maximus）和普布利乌斯·狄西乌斯·慕斯（Publius Decius Mus）担任执政官时（萨谟奈战争爆发后第30年），监察官阿庇乌斯·克劳狄乌斯·克拉西乌斯（Appius Claudius Crassus，绰号"瞎子"）修建了阿庇安水道。同时，他还将阿庇安大道（Appian Way）从卡佩纳门（Porta Capena）延伸至卡普亚（Capua）。阿庇乌斯的同僚是盖乌斯·普劳提乌斯（Gaius Plautius，他发现了水源，因此得到绰号"猎人"）。不过，普劳提乌斯任期不满（一年半）就辞职了。为了防止阿庇乌斯效仿，元老院将修建水道的荣誉全部授予阿庇乌斯，使用各种手段挽留他，并对外宣布：直到水道和大道都竣工，阿庇乌斯才能卸任。阿庇安水道的起点位于鲁库安的地产（Lucullan estate）上、第17和18里程碑之间、普莱尼斯丁

---

① 地点不确定。
② 地点不确定。
③ 这个地方在罗马广场南边，靠近卡斯托尔和波鲁克斯神庙。
④ 它是辅助水道。弗仑提努斯未将其算作独立的水道。

（Praenestine）大道上距离罗马780步①（passus）的十字分岔口处。水道的终点在提格米娜城门（Porta Trigemina）附近的萨利南（Salinae）②。它的总长为11,190步，地下渠道长11,130步，地基建筑加上卡佩纳门（Porta Capena）附近的拱桥共60步。在旧斯珀斯神庙（Spes Vetus）③附近、塔昆提安（Torquatian）花园和埃帕弗劳提安（Epaphroditian）花园旁边，奥古斯塔水道的一条分支与阿庇安水道交汇，作为补充流入其中……这条支渠的起点在普莱尼斯丁大道距离罗马980步（第6里程碑）的十字分岔口处，离克拉提安（Collatian）大道不远，其终点即为两条水道的交汇处④。它总长6,380步，是地下水道。阿庇安水道从普布赫西安（Publician）山脚下、提格米娜城门附近、被称为萨利南（Salinae）的地方开始分流。

6. 阿庇安水道竣工之后的第40年，即罗马建城第481年，马尼乌斯·库瑞乌斯·德塔乌斯（Manius Curius Dentatus）和路西乌斯·帕泊瑞乌斯·库索（Lucius Papirius Cursor）担任监察官。他们受命修建老阿尼奥水道。经费来自打败皮洛士（Pyrrhus）后获得的战利品。此时，斯普瑞乌斯·卡维利乌斯（Spurius Carvilius）和路西乌斯·帕泊瑞乌斯已经是第二次担任执政官。两年后，在执政官的催促下，元老们讨论如何尽快使水道竣工。在此背景下，元老院命令库瑞乌斯和弗利维乌斯·弗拉西乌斯（Fulvius Flaccus）主理相关事务，确保五年内将水道建成。库瑞乌斯死后，重任落在弗拉西乌斯一人身上。老阿尼奥水道的起点在提布尔（Tibur），第20里程碑处，……在那儿供水给提布提尼人（the Tiburtines）。由于地势较高⑤，水道的总长为43,000步，其中地下部

---

① 按照惯例，*passus*被翻译成"步"，尽管严格来讲，这个词是指双臂伸开后的距离，相当于5罗马尺，按照现代的度量，大约是4英尺、$10\frac{1}{3}$英寸。

② 在阿芬丁山的北面，台伯河附近。

③ 这座神庙在奥勒良城墙（Aurelian），位于城市的东部，距离现在的马焦雷门（Porta Maggiore）不远。

④ 很明显，这个名字意为两条水道的交汇。"在塞萨里乌姆城堡（Sessorium）界墙外的花园里，是两个很大的储水池的遗址。这两个巨大的储水池出现在阿庇安水道上，应当是弗仑提努斯所提到的交汇处（Gemelli，此为拉丁文，原意为双胞胎，此处翻译为交汇处）。"——帕克（Parker）

⑤ 所有古代水道设计的原理都是借助水流动的力量，而非压力。水必须从高处流向低处。因此，如果水道的源头地势很高，就可以绕很多圈进入城市。

分 42,779 步，地上部分 221 步。

7. 127 年之后，即罗马建城第 680 年，塞尔维乌斯·苏尔皮基乌斯·加尔巴（Servius Sulpicius Galba）和路奇乌斯·奥列利乌斯·科塔（Lucius Aurelius Cotta）担任执政官时，阿庇安水道和老阿尼奥水道由于年久失修而漏水。有人违反法律私自从水道中引水。马西乌斯（Marcius）是当时的军事执政官，行使司法权。元老院委托马西乌斯管理并维修那些水道。鉴于城市规模逐渐扩大，对水的需求不断增加，元老院要求马西乌斯从尽可能远的地方引水进城。马西乌斯不负重托，不仅修复了旧的水道，还新建了通向罗马的第三条水道——马尔西亚水道（以修建者的名字命名）。这条水道比前两条的流量更大。据芬斯提拉（Fenestella）[①]记载，马尔西亚水道耗资 1.8 亿塞斯退斯。修建这条水道耗时太久，以至于马西乌斯的军事执政官任期被延长了一年。当时，十人委员会（Decemvirs）因其他事情查询西比林预言书（Sibylline Books）时发现，马尔西亚水道和老阿尼奥水道的水都不宜被引入卡皮托里山（Capitol）。据说，在阿庇乌斯·克劳狄乌斯·普尔喀（Appius Claudius Pulcher）和昆特乌斯·卡西里乌斯（Quintus Caecilius）担任执政官时，就是否将马尔西亚水道和老阿尼奥水道引入卡皮托里山，元老们爆发了争吵。马西乌斯·利皮德乌斯（Marcius Lepidus）代表十人委员会强烈反对。3 年后，在盖乌斯·伊利乌斯（Guius Laelius）和昆提乌斯·塞维利乌斯（Quintus Servilius）担任执政官时，卢西乌斯·林图鲁斯（Lucius Lentulus）再次挑起纷争。不过，在上述两次争执中，军事执政官马西乌斯都取得了压倒性的胜利。就这样，马尔西亚水道被引入卡皮托里山。从罗马出发沿着瓦拉里安（Valerian）大道走 3 英里，在十字路口的右边（第 36 里程碑）就可以看到马尔西亚水道的起点。水道的水源在修波莱森（Sublacensian）大道（尼禄担任元首时奠基）第 38 里程碑左侧 200 步处。水道水流平缓，呈现出深绿色。它总长 61,710.5 步，7,463 步在地上，54,247.5 步在地下。拱桥总长为 6,935 步，其中 463 步架在山谷。靠近城市时，水道高度下降。从第 7 里程碑处开始修建地基建筑，这段的长度是 528 步。

[①] 罗马的历史学家，死于公元 21 年。

8. 罗马建城第627年，马西乌斯·普拉提乌斯·哈普萨乌斯（Marcius Plautius Hypsaeus）和马库斯·弗利维乌斯·弗拉西乌斯（Marcus Fulvius Flaccus）担任执政官时，监察官西纳乌斯·塞维利乌斯·卡皮奥（Cnaeus Servilius Caepio）和卢西乌斯·卡西乌斯·隆基乌斯（Lucius Cassius Longinus）（被叫做拉威拉，Ravilla）将塔普拉水道的水引到罗马，引入卡皮托里山。它的水源位于鲁库安的地产（Lucullus），也有人说，水源属于图斯库兰（Tusculan）[1]。塔普拉水道的起点在拉丁大道第10里程碑处（从罗马出发走2英里，十字路口的右边）……之后它使用自己的水渠进入罗马城[2]。

9. 后来……罗马建城第719年（前35），马古斯·阿革里巴（Marcus Agrippa）执政官任期结束，开始担任营造官。在奥古斯都和卢西乌斯·沃卡提乌斯（Lucius Volcatius）担任执政官（这是奥古斯都第二次担任此职，公元前33年）时，一条新的水道被引入罗马城。从罗马出发沿着拉丁大道走2英里，在你的右边，可以看到它的起点（第20里程碑处）。新水道因其建造者而被命名为朱利亚（Julia）水道。它与塔普拉水道交汇，因此也被叫做塔普拉水道。[3]朱利亚水道总长15,426.5步，地上的砖石水道共7,000步。其中，靠近城市的528步在地基建筑上（从第7里程碑开始）；6,472步在拱桥上。朱利亚水道的起点处，有一条叫做克拉布阿（Crabra）的溪流，阿格里帕并没有从那儿引水。他宣布那里的水不能使用，因为他认为这条水源的使用权应该留给图斯库鲁姆的居民，那里的人们轮流在规定的日子从溪流中汲取定量的水。但是，罗马的运水者[4]并不遵守这个约定，他们经常从克拉布阿河中引水到朱利亚水道。然而，朱利亚水道的供水量并没有因此增加，因为他们为了自己获利，经常将朱利亚水道的水用竭。如今，我禁止罗马人从克拉布阿河中引水，遵照元首的命令，将使用权完全归还给图斯库鲁姆的居民。他们可能很惊讶：

---

[1] 图斯库鲁姆（Tusculum）附近的一个城镇，在拉丁姆，罗马东南方大约20英里处。
[2] 之后，它同朱利亚水道共用渠道。
[3] 很明显，它有两个名字：朱利亚水道和塔普拉水道。在第10里程碑处，朱利亚水道汇入塔普拉水道。在第6里程碑处，再次分为两条水道，以供给喷泉用水。——兰西阿尼（Lanciani）
[4] 国家授权运水人将水卖给顾客。

为何河水突然变得丰盈？经过整治，由于私自引水而遭到破坏的朱利亚水道在异常干旱的时节也能够维持正常供水量。公元前 33 年，阿格里帕整修了阿庇安水道、老阿尼奥水道和马尔西亚水道，这些水道已经破旧不堪，几乎不能使用。他非常有远见地建造了很多储水池，以此保证城市的供水。

10. 在盖乌斯·森提乌斯·赛图米努斯（Gaius Sentius Saturninus）和昆图斯·卢西提乌斯（Quintus Lucretius）担任执政官期间（朱利亚水道竣工后第 12 年），阿革里巴第三次执政官任期期满①后，他把维戈水道引入罗马。这条水道的水首次流进罗马城是在 6 月 9 日，其水源位于鲁库安的地产上。之所以取名维戈，是因为士兵们在找水时，一位年轻的姑娘指引他们找到了溪流。他们溯源而上，发现了泉眼。泉眼旁坐落着小小的神庙，神庙中有描绘着水源位置的图画。维戈水道的起点在克拉提安大道第 8 里程碑处，位于一片沼泽地中，其周围围有界碑。这条水道的流量因支流汇入而增加，其长度是 14,105 步，其中 12,865 步在地下，1,240 步在地上。地上部分，540 步在拱桥上，700 步在地基建筑上。其支流位于地下，总长是 1,405 步。

11. 我不确定奥古斯都——这位精明的元首——把奥西提亚（Alsietinian）河水（也称奥古斯塔，Augusta）引向罗马的动机是什么（奥西提亚河非常脏，人们从来都不从这条河中取水）。可能与奥古斯都当时正在修建的海战模拟场②的工程有关。奥古斯都使用专门的渠道将奥西提亚河水引入罗马，以免其污染干净的水源。海战表演剩余的水可以供给附近的花园或用于灌溉。不过，在特殊情况下，例如桥梁③维修时，流经该桥梁的水道断水，这时，就会从奥西提亚河引水供应给跨第伯河地区（Transtiberine ward）的公共喷泉。奥西提亚水道的起点位于奥西提乌斯湖（Alsietinus lake），从罗马出发沿着克劳狄安

---

① 阿革里巴第三次担任执政官是在公元前 27 年。森提乌斯·赛图米努斯（Sentius Saturninus）和昆图斯·卢西提乌斯（Quintus Lucretius）担任执政官是在公元前 19 年。
② 海战模拟场是指表演模拟海战的人工湖，也指模拟海战表演。
③ 水道有时会经过桥梁，例如阿尼奥河上的桥梁、加利卡诺（Gallicano）附近庞特卢波（Ponte Lupo）河上的桥梁有四条水道经过，分别是马尔西亚水道、新阿尼奥水道、老阿尼奥水道和克劳狄水道。它们就在车道和马道旁边。在莱昂斯（Lyons），罗马桥梁的废墟上仍可以看到水道。

（Claudian）大道走 6.5 英里，十字路口的右边，第 14 里程碑处。它的总长为 22,172 步，其中 358 步在拱桥上。

12. 天气干旱导致马尔西亚水道的水量骤减，因此，奥古斯都修建地下渠道将清澈的水输送至马尔西亚水道。这条新的水道因其捐赠者而得名奥古斯塔水道，它的起点在马尔西亚群泉，最终汇入马尔西亚水道，全长 800 步。

13. 在上述工程竣工之后，提比略的继任者盖乌斯·恺撒（Gaius Caesar）[①]统治的第 2 年，即罗马建城第 791 年，马库斯·阿奎拉·朱利阿努斯（Marcus Aquila Julianus）和普布利乌斯·诺尼乌斯·阿斯普雷纳斯（Publius Nonius Asprenas）担任执政官时，已有的 7 条水道已经不能满足公共用水和日益奢侈的私人用水的需求。于是，罗马人开始着手修建两条新的水道。克劳狄乌斯（Claudius）主持完成了大部分的工程，在苏拉（Sulla）和提提阿努斯（Titianus）担任执政官期间（罗马建城第 803 年 8 月 1 日），他宣布水道竣工。克劳狄水道的水源是西如兰泉（Caerulean）和克吞泉（Curtain），水质清冽，可媲美马尔西亚水道。另一条水道被称为新阿尼奥水道，以区别早先修建的那条老阿尼奥水道。

14. 从罗马出发，沿着修波莱森大道不到 300 步，十字路口的左边就可以看到克劳狄水道的起点（第 38 里程碑处）。水道的水源是两个大而美丽的泉：因颜色而得名的西如兰泉（蓝色）和克吞泉。奥布迪努斯（Albudinus）泉同样是克劳狄水道的水源，此泉水质极好，当它供水给马尔西亚水道时，马尔西亚水道的水质没有发生任何改变。通常，奥古斯塔水道的水流向克劳狄水道。马尔西亚水道的水量充足，大部分时候不需要补给。不过，奥古斯塔水道是马尔西亚水道的补给储备。可以这么理解，当马尔西亚水道不需要它时，它流入克劳狄水道。克劳狄水道总长为 46,406 步，其中 36,230 步在地下，10,176 步在地上。拱桥总长为 3,685 步。靠近城市时，从第 7 里程碑开始，609 步在拱桥上，6,491 步在地基建筑上。

---

① 卡里古拉，公元 37 年到 41 年在位。

15. 新阿尼奥水道的起点在西姆布鲁维姆（Simbruvium）[①]地区、修波莱森大道第42里程碑处，其水源来自河流。由于河流临近肥沃的耕地，河岸土质疏松，即使不下雨，水也非常浑浊。河流和水道之间有一个净化池，河水流入水道之前，要先进入其中进行沉淀。尽管如此，下雨的时候，流入城市的水依然浑浊不堪。何库来尼安溪（Herculanean）也注入新阿尼奥水道。这条溪流的源头在苏布莱森西安大道第38里程碑处、克劳狄泉的对面、河流和大道旁边。溪水清澈，不过，流入新阿尼奥水道后，也变得浑浊。新阿尼奥水道总长58,700步，49,300步在地下，9,400步在地上。在某些地势较高的河段，水道修在拱桥或地基建筑上，长度达2,300步。靠近城市，从第7里程碑处开始，609步在地基建筑上，6,491步在拱桥上。拱桥最高处达到109英尺。

16. 这些对罗马人来说不可缺少的伟大工程输送了如此丰富的水！也许，你会拿它们同于埃及人毫无意义的金字塔或希腊人尽管闻名但毫无用处的建筑进行比较。

17. 我记录这些水道的长度和建筑状况[②]是非常必要的，因为水利专员主要的职责就是维护水道，他必须知道何处花费更大。当然，我不满足于笼统的记录，我的宏大计划是详细了解每一条水道的情况：穿过了哪些山谷，山谷有多深；跨过了哪些河流；越过了哪些大山；维护和修理这些特殊地段的水道时需要注意什么。有了充分的准备，当处理问题时，才能仿佛身临其境，立刻做出判断。

18. 每条水道到达城市时的水位各不相同，有些能将水输送到高处，有些则不行。城市里的山头因堆积频繁以及火灾产生的垃圾而变得越来越高。有5条水道能够将水输送到城市的每个地方，当然，它们需要的压力不同。水位最高的是新阿尼奥水道，第二高的是克劳狄水道，朱利亚水道排第三，第四是塔普拉水道，马尔西亚水道排第五，尽管它起点处的水位和克劳狄水道一样高。古人修建的水道水位都比较低，可能是由于技术不够成熟，无法将水道建得更

---

① 西姆布鲁维安（Simbruvian）山在罗马城东北方向大约30英里处。
② 地下有多长，地上有多长。

高，也可能是故意将水道埋入地下，使其免遭战争破坏（当时意大利战乱频繁）。现在，当古老的水道损坏时，我们会将它移到地基建筑或拱桥上以减少长度，而不是在山谷的地下绕来绕去①。海拔排在第六的是老阿尼奥水道，如果将它位于山谷和低洼地段的水道抬高到地基建筑或拱桥上，它便能够为城市中海拔较高的区域供水。海拔排在老阿尼奥水道之后的是维戈水道，再靠后是阿庇安水道。这几条水道的起点离城市很近，所以不能抬得太高。水位最低的是奥西提亚水道，它主要供应跨第伯河地区和海拔最低城区的用水。

19. 6条水道在拉丁大道第7里程碑处流入有盖子的滤污池。经过漫长的流程，它们要进行沉淀，因此，滤污池的大小也会影响它们的供水能力。朱利亚水道、马尔西亚水道和塔普拉水道流出滤污池后共用拱桥。上文我们解释过，塔普拉水道与朱利亚水道流入同一个滤污池，流出时，各分得一定比例的水，使用各自的引水管道和名称。这三者中，水量最大的是朱利亚水道，其次是塔普拉水道，再次是马尔西亚。这些水道经由地下，在维弥纳山（Viminal）——准确地说，是维弥纳门附近——露出地面。朱利亚水道先在旧斯珀斯神庙处分流，之后供应凯里乌斯山（Caelius Mount）的居民。马尔西亚水道的一条支流在帕拉斯花园（Gardens of Pallas）后面流入何库来尼安引水渠（Herculanean Conduit）。马尔西亚水道虽流经凯里乌斯山，因为水位太低，无法给当地供水。它的终点在卡佩纳门。

20. 新阿尼奥水道和克劳狄水道从滤污池流出后，流入高耸的拱桥。新阿尼奥更高一些。它们的终点在帕拉斯花园后面，在那里，水被分配，经水管供应城市。克劳狄水道在旧斯珀斯神庙附近，分流了一部分水到尼禄拱渠（Neronian Arches）。拱渠穿过凯里乌斯山，到达神圣克劳狄乌斯（Deified Claudius）神庙。这两条水道负担了凯里乌斯山、帕拉丁山、阿芬丁山（Aventine Mount）以及跨第伯河地区的供水。

21. 老阿尼奥水道位于新阿尼奥水道的下方，在第4里程碑处，它从拉丁大道转向拉比卡大道（Labican）。它拥有独立的滤污池，流出滤污池后，在

---

① 重建那些老旧水道时，会在山谷上架起拱桥，将其移到地上，而不是像以前那样围绕山谷在地下修造。

第 2 里程碑处，一部分水流入屋大维引水渠（Octavian Conduit）。这条引水渠通往新大道（New Way）旁边的埃西尼安花园（Asinian Gardens）[①]，供应那一区域居民的用水。老阿尼奥水道的干流穿过旧斯珀斯神庙，进入埃斯奎林门（Esquiline），经由高耸的渠道流入城市各个地方。

22. 维戈水道、阿庇安水道和奥西提亚水道没有蓄水池或滤污池。维戈水道的渡槽起点在鲁库安花园（Lucullan Gardens）[②]，终点在选举门廊（Voting Porticoes）前面的马提乌斯竞技场（Campus Martius）。阿庇安水道在阿芬丁山和凯里乌斯山脚下蜿蜒，通往普布赫西安山（Publician Ascent）。奥西提亚水道直达海战演习场（Naumachia），就好像是专门为海战演习场而修建的。

23. 以上我详细记录了 9 条水道的基本情况：它们的建造者、修建时间、水源、长度和水位。在此处增加更多细节应该并不突兀，我将展示它们的供水量是多么巨大，以至于不仅能供应公共和私人的正常用水，而且能够满足人们对水的奢侈需求；它们的蓄水池有多少，这些蓄水池分布在哪些区域；它们输送到罗马城外和城内的水量各是多少；输送进城内的水，有多少流进水池，多少流入喷泉，多少供应公共建筑，多少献给恺撒，多少供给私人使用。在提到奎那里阿（quinaria）[③]、森特那里阿（centenaria）这些名词和控制水量的喷管（ajutage）[④]之前，我会介绍它们的起源、容量、含义和计量规则。我还会讲到，我如何发现了官方记录和实际供水量之间的不相符，以及如何进行改进。

24. 喷管的单位是一指宽（digit）[⑤]或英寸。坎帕尼亚（Campania）和意大利的大部分地方习惯用一指宽这个单位。英寸是……单位。一般来说，一指宽相当于 $\frac{1}{16}$ 罗马尺[⑥]，一英寸相当于 $\frac{1}{12}$ 罗马尺。不过，准确地说，英寸和一指宽是不同的，因为一指宽的长度并不统一。如果一个圆的直径与一个正方形的边

---

① 在西莲山的南边，卡拉古拉浴场附近。
② 在宾西亚（Pincian）山上。
③ 中文无对应词，音译为奎那里阿。——中译者注
④ 喷管与水管匹配。因此，喷管的大小和材质是测量水量的重要指标。量度喷管有很多原则。
⑤ 罗马的运水人最常用的舞弊手段，是接收和分配水时在水管的尺寸上动手脚。喷管的位置和尺寸可以控制水量，非常有必要知道每种类型喷管的确切输水量。所以，弗仑提努斯首先列举这些。
⑥ 1 罗马尺（Roman foot）是 11.6 英寸，0.296 米。

长相等，那么正方形的面积比圆形大 $\frac{3}{14}$，圆形比正方形小 $\frac{3}{11}$，因为四个角被减掉了①。

25. 后来，罗马城中开始使用被称为 1 奎那里阿②的喷管。奎那里阿逐渐取代了以前的计量单位。它既不用一指宽也不用英寸衡量。有人认为，这是阿革里巴引入的单位，也有人认为是水管工们在建筑学家维特鲁维（Vitruvius）的指导下开始使用的。持前一种观点的人们宣称，以前，当供水量不足时，会使用 5 个喷管将其分流，现在则会将 5 个喷管放入同一条水管中。持后一种观点的人们说，之所以称为奎那里阿，是因为，将一个 5 指宽的平板卷成圆筒，就做成了这种喷管。这种说法不太合理，因为平板被卷成圆筒时，外层会扩展，内壁会收缩。对奎那里阿最合理的解释是：包含 5 个直径各为 $\frac{1}{4}$ 指宽的水管（这种喷管的直径为 $\frac{5}{4}$ 指宽③）。每增加 1 个水管，直径增加 $\frac{1}{4}$ 指宽，按照这个比例，可以增加到 20 管。例如，6 个水管时，喷管的直径为 $\frac{6}{4}$，7 个水管时，直径为 $\frac{7}{4}$，以此类推，直到 20 个水管。

26. 这样一来，每种喷管都可以用直径、周长或内横截面的面积来度量，如此，计算它的输水量就能够非常精确了。在使用奎那里阿这个单位时，我们可以很容易地将英寸喷管、一指宽周长喷管、一指宽面积喷管的输水量换算成奎那里阿，便可以更准确地进行度量。例如，一个英寸喷管，直径为 $1\frac{1}{3}$ 指宽，它的输水量超过 $1\frac{1}{8}$ 奎那里阿，即 $1\frac{1}{2} \times \frac{1}{12} + \frac{3}{288} + \frac{2}{3} \times \frac{1}{288}$。一指宽面积喷管，直径为 $1 + 1\frac{1}{2} \times \frac{1}{12} + \frac{1}{72}$ 指宽，它的输水量为 $\frac{10}{12}$ 奎那里阿。一指宽周长喷管直径为 1 指宽，它的输水量为 $\frac{7}{12} + \frac{1}{2} \times \frac{1}{12} + \frac{1}{72}$ 奎那里阿。

27. 那么，可用以下两种方法控制喷管的流量。第一种方法：通过奎那里

---

① 如图所示◯。

② 奎那里阿不是一个体积单位，而是用来度量输水能力，即，一个直径为 $1\frac{1}{4}$ 指宽的水管，在压力下，持续流出的水量。"1 奎那里阿大约相当于 24 小时 5,000-6,000 加仑，根据环境的变化，有 2,000-3,000 加仑的浮动。"——赫歇尔（Herschel）

③ 即 5 管。

阿喷管数量的变化来控制流量。例如，一个洞口中安放同样规格的几条喷管，那么这个洞口的流量取决于奎那里阿喷管数量的变化。当若干奎那里阿喷管通过一条水管流入一个蓄水池，供水给个人用户时，可用这种方法计算水量。这样一来，供水给个人时，就不必频繁地使用主引水渠上的水龙头。①

28. 第二种方法，是不改变奎那里阿喷管的数量，而通过水管直径的变化，增强供水能力。我们有特定的名词来命名水的流量。例如，当1个奎那里阿的直径增加 $\frac{1}{4}$ 指宽时，我们得到6管（senaria）②，不过供水能力并没有增加1整个奎那里阿，因为其供水能力为 $1+\frac{5}{12}+\frac{1}{48}$ 奎那里阿。这样一来，直径按照 $\frac{1}{4}$ 指宽增加，供水能力也会相应增加：7管（septenaria）、8管（octonaria）、20管（vicenaria）。

29. 超过20管时，我们还有其他方法来度量，即依据横截面的面积——每个喷管孔口的横截面。对于不同横截面面积的水管，我们有专门的名字来为其命名。圆形洞口横截面面积是25平方指宽， $\frac{5}{12}$ 我们称之为25管。5平方指宽一个规格，以此类推，直到120管。

30. 20管的流量用直径法或横截面面积法皆可计算，结果是一致的。按照第一种方法，直径是20个 $\frac{1}{4}$ 指宽，也就是5指宽。按照第二种计算方法，面积大约是20平方指宽。③

31. 测算5管到120管的流量，应使用我刚才讲到的方法，不同的规格按照各自的方法去计算。同时，对喷管流量的测算应当以我们最强大、最爱国的元首④公布的规则为准。当测算数据与官方数字不一致时，应遵照权威。水

---

① 弗仑提努斯的意思可能是：这样一来，就不必为私人用户而动用主引水管道上的水龙头。罗马人输送规定数量的水到蓄水池，然后从蓄水池供水给用户。

② 弗仑提努斯的表述换种说法会更加清晰。第一种方法：当我们有很多个相同的水管时，供水量就是奎那里阿的叠加。第二种方法：一排逐渐变粗的水管，每个都比前面一个直径增加 $\frac{1}{4}$ 英寸。或者说，第一种方法的原理是容积叠加，第二种是直径的逐渐增加。

③ 奎那里阿喷管的直径按照 $\frac{1}{4}$ 指宽逐渐增加，20管的直径将会是5指宽，或20个 $\frac{1}{4}$ 指宽。横截面面积是 $\pi(\frac{5}{2})^2$=19.6平方指宽（将近20平方指宽）。

④ 指图拉真。

工们往往在喷管上作弊。经我检验，以下 4 种喷管不合格：12 管、20 管、100 管和 120 管。

32. 12 管的误差不太大，并且这种规格的喷管不经常使用。水工们将它的直径增加 $\frac{1}{24}+\frac{1}{48}$ 指宽，供水量便增加 $\frac{1}{4}$ 奎那里阿。我发现其他三种喷管误差更大。供水人将 20 管的直径减少 $\frac{1}{2}+\frac{1}{24}$ 指宽，供水能力就减少了 $3+\frac{1}{4}+\frac{1}{24}$ 奎那里阿。这种水管往往用来输送水给顾客。但是，用于接收水的 100 管和 120 管，他们就不再减少，而是增加直径。他们将 100 管的直径增加 $\frac{2}{3}+\frac{1}{24}$ 指宽，供水能力就增加 $10+\frac{1}{2}+\frac{1}{24}$ 奎那里阿。他们将 120 管的直径增加 $3+\frac{7}{12}+\frac{1}{24}+\frac{1}{48}$ 指宽，供水能力增加 $66+\frac{1}{6}$ 奎那里阿。

33. 他们削减 20 管、增强 100 管和 120 管的供水能力，利用这样的手段偷水。100 管可以偷走 27 奎那里阿，120 管能够偷走 86 奎那里阿[①]。测量数据可以证实以上结论，实际情况也确实如此。恺撒规定，20 管的供水量应当是 16 奎那里阿，而水工们供应的实际水量不超过 13 奎那里阿。他们通过增加 100 管和 120 管的直径，得到尽可能多的水。恺撒在法令中规定，他授予 100 管的水量是 $81\frac{1}{2}$ 奎那里阿，120 管的水量是 98 奎那里阿[②]。

34. 25 种喷管，除了被供水人改造过的那 4 种，其余的供水量都与官方规定一致。各种喷管的规格应当固定下来，不要改变。因为那是按照一定的规则计算出来的。就好像塞克斯塔里乌斯（sextarius）[③]与库阿托斯（cyathus）[④]、莫

---

① 弗仑提努斯是这样计算的，20 管的供水能力是 $16\frac{7}{24}$ 奎那里阿，100 管的供水能力是 $81\frac{65}{144}$ 奎那里阿，5 个 20 管的供水能力等同于 1 个 100 管。如果卖水时，1 根 20 管的水量欠缺 $3\frac{7}{24}$ 奎那里阿，5 根 20 管则欠 $16\frac{11}{24}$ 奎那里阿。同样，120 管的水量是 $97\frac{3}{4}$ 奎那里阿，等同于 6 根 20 管，这样，在接收水时，多收的水量是 $19\frac{3}{4}$ 奎那里阿。在接收水时，通过增加水管的直径，100 管多接收的水量是 $10\frac{13}{24}$ 奎那里阿，120 管是 $66\frac{1}{4}$ 奎那里阿。一进一出，最终 100 管能够达到 27 奎那里阿，120 管达到 $85\frac{11}{12}$ 奎那里阿，近 86 奎那里阿。

② 法令："当喷管干涸时，停止供水。"个人如果想要用水，就必须得到元首的授权，并将授权书呈给水利总监。从弗仑提努斯的记载可以得知，恺撒授予 100 管的水量是 81 奎那里阿，120 管的水量是 98 奎那里阿。水道的实际供水能力是超过这个数字的。

③ 罗马的品脱（pint）。

④ 大约为 1 吉尔（gill），相当于 $\frac{1}{4}$ 品脱。

迪乌斯（modiusy）[①]与库阿托斯和塞克斯塔里乌斯的单位进率一样，各种喷管对应的奎那里阿应当是固定的。如果买水和卖水时的标准不一，那就是欺诈。

35. 要记住，当水位较高、流程较短时，水道的流量不仅能达到额定值，而且会有盈余。但是，当水位较低、流程较长时，由于管道的阻力，它的流量达不到额定值。这时，就需要检查并更换水管。[②]

36. 引水龙头（Calix）的位置是影响水量的重要因素。当引水龙头的安放角度合理时，水道的流量才达到额定量。如果龙头的进水口正对着水流，让水向下流出，这样能够接收到更多的水。如果进水口滑向一边，水流从它旁边流过，或者进水口没有对准水流方向，都会影响效果，接水速度会很慢，接收的水量也达不到额定值。引水龙头一般为铜制，嵌入在水道或蓄水池中，输水管连在其上；其长度不短于12指，孔口的大小视具体情况而定。之所以选择铜制，是因为铜比较坚硬，不易弯曲，不易延展和收缩。

37. 接下来，我将详述25种喷管的规格（目前使用的是15种），并用上述方法计算它们的流量。同时，纠正已被供水人擅改的那4种喷管的相关数据。所有使用中的喷管的规格都应当遵照我的数据。被改动的4种喷管，其水量按照实际流量计算。当然，我也会记录未被使用的几种喷管的相关数据。

38. 英寸喷管：直径为 $1\frac{1}{3}$ 指宽，它的流量为 $1+1\frac{1}{2}\times\frac{1}{12}+\frac{3}{288}+\frac{2}{3}\times\frac{1}{288}$ 奎那里阿。正方形指管的长宽相等。边长为1指宽的正方形指管可换算成直径为1指宽的圆形指管，它的流量为 $\frac{10}{12}$ 奎那里阿。圆形指管的直径为1指宽，流量为 $\frac{7}{12}+\frac{1}{2}\times\frac{1}{12}+\frac{1}{72}$。

39. 1奎那里阿：直径为 $1\frac{1}{12}$ 指宽，周长为 $3+\frac{1}{2}+\frac{5}{12}+\frac{3}{288}$ 指宽，流量即为1奎那里阿。

40. 6管：直径为 $1\frac{1}{2}$ 指宽，周长为 $4+\frac{1}{2}+\frac{2}{12}+\frac{1}{24}+\frac{2}{288}$ 指宽，流量为 $1+\frac{5}{12}+\frac{7}{288}$ 奎那里阿。

[①] 罗马的配克（peck）。
[②] 更换额定量较小的水管。

41. 7管：直径为 $1+\frac{1}{2}+\frac{3}{12}$ 指宽，周长为 $5\frac{1}{2}$ 指宽，流量为 $1+\frac{1}{2}+\frac{5}{12}+\frac{1}{24}$ 奎那里阿。这种规格的喷管并没有被使用。

42. 8管：直径为 2 指宽，周长为 $6+\frac{3}{12}+\frac{10}{288}$ 指宽，流量为 $2+\frac{1}{2}+\frac{5}{12}+\frac{1}{24}$ 奎那里阿。

43. 10管：直径为 $1\frac{1}{2}$ 指宽，周长为 $7+\frac{1}{2}+\frac{4}{12}+\frac{7}{288}$ 指宽，流量为 4 奎那里阿。

44. 12管：直径为 3 指宽，周长为 $9+\frac{5}{12}+\frac{3}{288}$ 指宽，流量为 $5+\frac{1}{2}+\frac{3}{12}+\frac{3}{288}$ 奎那里阿。这种喷管也没有被使用，但是供水人将其改造，直径为 $3+\frac{1}{24}+\frac{6}{288}$ 指宽，流量为 6 奎那里阿。

45. 15管：直径为 $3+\frac{1}{2}+\frac{3}{12}$ 指宽，周长为 $11+\frac{1}{2}+\frac{3}{12}+\frac{10}{288}$ 指宽，流量为 奎那里阿。

46. 20管：直径为 $5+\frac{1}{24}+\frac{1}{288}$ 指宽，周长为 $15+\frac{1}{2}+\frac{4}{12}+\frac{6}{288}$ 指宽，流量为 $16+\frac{3}{12}+\frac{1}{24}$ 奎那里阿。供水人将其直径改为 $4\frac{1}{2}$ 指宽，流量为 13 奎那里阿。

47. 25管：直径为 $5+\frac{1}{2}+\frac{1}{12}+\frac{1}{24}+\frac{5}{288}$ 指宽，周长为 $17+\frac{1}{2}+\frac{2}{12}+\frac{1}{24}+\frac{7}{288}$ 指宽，流量为 $20+\frac{4}{12}+\frac{9}{288}$ 奎那里阿。这种喷管没有被使用。

48. 30管：直径为 $6+\frac{2}{12}+\frac{3}{288}$ 指宽，周长为 $19+\frac{5}{12}$ 指宽，流量为 $24+\frac{5}{12}+\frac{5}{288}$ 奎那里阿。

49. 35管：直径为 $6+\frac{1}{2}+\frac{2}{12}+\frac{2}{288}$ 指宽，周长为 $20+\frac{1}{2}+\frac{5}{12}+\frac{1}{24}+\frac{4}{288}$ 指宽，流量为 $28+\frac{1}{2}+\frac{3}{288}$ 奎那里阿。这种喷管没有被使用。

50. 40管：直径为 $7+\frac{1}{12}+\frac{1}{24}+\frac{3}{288}$ 指宽，周长为 $22+\frac{5}{12}$ 指宽，流量为 $32+\frac{1}{2}+\frac{1}{12}$ 奎那里阿。

51. 45管：直径为 $7+\frac{1}{2}+\frac{1}{24}+\frac{8}{288}$ 指宽，周长为 $23+\frac{1}{2}+\frac{3}{12}+\frac{1}{24}$ 奎那里阿。这种喷管没有被使用。

52. 50管：直径为 $7+\frac{1}{2}+\frac{5}{12}+\frac{1}{24}+\frac{5}{288}$ 指宽，周长为 $25+\frac{1}{24}+\frac{7}{288}$ 指宽，

流量为 $40+\frac{1}{2}+\frac{2}{12}+\frac{1}{24}+\frac{5}{288}$ 奎那里阿。

53. 55 管：直径为 $8+\frac{4}{12}+\frac{10}{288}$ 指宽，周长为 $26+\frac{3}{12}+\frac{1}{24}$ 指宽，流量为 $44+\frac{1}{2}+\frac{3}{12}+\frac{1}{24}+\frac{2}{288}$ 奎那里阿。这种喷管没有被使用。

54. 50 管：直径为 $8+\frac{1}{2}+\frac{2}{12}+\frac{1}{24}+\frac{8}{288}$ 指宽，周长为 $27+\frac{5}{12}+\frac{1}{24}$ 指宽，流量为 $48+\frac{1}{2}+\frac{4}{12}+\frac{11}{288}$ 奎那里阿。

55. 65 管：直径为 $9+\frac{1}{12}+\frac{3}{288}$ 指宽，周长为 $28+\frac{1}{2}+\frac{1}{12}$ 指宽，流量为 $52+\frac{1}{2}+\frac{3}{12}+\frac{1}{24}+\frac{8}{288}$ 奎那里阿。这种喷管没有被使用。

56. 70 管：直径为 $9+\frac{5}{12}+\frac{6}{288}$ 指宽，周长为 $29+\frac{1}{2}+\frac{2}{12}$ 指宽，流量为 $57+\frac{5}{288}$ 奎那里阿。

57. 75 管：直径为 $9+\frac{1}{2}+\frac{3}{12}+\frac{6}{288}$ 指宽，周长为 $30+\frac{1}{2}+\frac{2}{12}+\frac{8}{288}$ 指宽，流量为 $61+\frac{1}{12}+\frac{2}{288}$ 奎那里阿。这种喷管没有被使用。

58. 80 管：直径为 $10+\frac{1}{12}+\frac{2}{288}$ 指宽，周长为 $31+\frac{1}{2}+\frac{2}{12}+\frac{1}{24}$ 指宽，流量为 $65+\frac{2}{12}$ 奎那里阿。

59. 85 管：直径为 $10+\frac{4}{12}+\frac{1}{24}+\frac{7}{288}$ 指宽，周长为 $32+\frac{1}{2}+\frac{2}{12}+\frac{4}{288}$ 指宽，流量为 $69+\frac{3}{12}$ 奎那里阿。这种喷管没有被使用。

60. 90 管：直径为 $10+\frac{1}{2}+\frac{2}{12}+\frac{10}{288}$ 指宽，周长为 $33+\frac{1}{2}+\frac{1}{12}+\frac{1}{24}+\frac{2}{288}$ 指宽，流量为 $73+\frac{3}{12}+\frac{1}{24}$ 奎那里阿。

61. 95 管：直径为 $10+\frac{1}{2}+\frac{5}{12}+\frac{1}{24}+\frac{9}{288}$ 指宽，周长为 $34+\frac{1}{2}+\frac{1}{24}$ 指宽，流量为 $77+\frac{4}{12}+\frac{1}{24}+\frac{2}{288}$ 奎那里阿。这种喷管没有被使用。

62. 100 管：直径为 $11+\frac{3}{12}+\frac{9}{288}$ 指宽，周长为 $35+\frac{5}{12}+\frac{1}{24}$ 指宽，流量为 $81+\frac{5}{12}+\frac{10}{288}$ 奎那里阿。供水人将其直径改为 12 指宽，流量变为 92 奎那里阿。

63. 120 管：直径为 $12+\frac{4}{12}+\frac{6}{288}$ 指宽，周长为 $38+\frac{1}{2}+\frac{3}{12}$ 指宽，流量为 $163+\frac{1}{2}+\frac{8}{12}$ 奎那里阿。供水人将其直径改为 16 指宽，流量变为 $163+\frac{1}{2}+\frac{5}{12}$ 奎那里阿，相当于两个 100 管。

第二卷

64.详细地记录下有关喷管的种种信息之后，我开始记述：截至我管理水务之时，官方记录的每条水道的流量是多少；遵照最优秀、最勤勉的涅尔瓦[①]元首的指示，我经过精确测量后得出的数据是多少。在官方记录中，供水人接收的总水量是 12,755 奎那里阿。但是，水道实际输送的水量是 14,018 奎那里阿，实际输水量比官方记录多 1,263 奎那里阿。我认为，确认水道的实际供水量是我最重要的职责所在。或者说，其中的巨大误差令我震惊，促使我去调查，为何会出现这种情况。当我测量各条水道起点处的水量时，我惊奇地发现，水道接收到的水量也比官方记录多 10,000 奎那里阿，接下来我要进行解释。

65.根据官方记录，阿庇安水道的流量是 841 奎那里阿。[②]对这条水道水量的测量不应当在源头处进行，因为它有两条渡槽。在旧斯珀斯神庙下面、它与奥古斯塔支流的交汇处，我测量到那里的水道为深 5 罗马尺、宽 $1\frac{3}{4}$ 罗马尺、面积 $8\frac{3}{4}$ 平方罗马尺[③]。22 个 100 管加上 1 个 40 管，这条水道实际的供水能

[①] 应该是图拉真，不是涅尔瓦。从93节中提到恺撒·涅尔瓦·图拉真·奥古斯都和102节中提到狄维乌斯·涅尔瓦可知，这部著作的写作时间开始于涅尔瓦统治时，成书于图拉真统治时。

[②] 在接下来的几节中，弗仑提努斯指出了数据上的出入。有三类误差：第一，实际量度数据与官方记载的供应给供水人的水量数据存在误差。第二，供水人接收到的水量与他们供应的水量不符。第三，计算数据与实际供水数据之间有误差。当水道有沉淀池和蓄水池时，他还会单独记录水流入蓄水池之前流失的水量和流出之后流失的水量。

[③] 阿庇安水道的横截面面积为2,240平方指宽。22个100管的横截面面积为2,199平方指宽。一个40管的横截面面积为 39.98 平方指宽。所以，阿庇安水道的横截面面积相当于 22 个 100 管加上 1 个 40 管。22 个 100 管的供水能力为 1,791.93 奎那里阿，加上40管的32.58 奎那里阿，总数为 1,825 奎那里阿，即阿庇安水道的供水量。

力为1,825奎那里阿，比官方记录多984奎那里阿；输出的实际水量为704奎那里阿，比官方记录少137奎那里阿；输出水量与供水量相差1,121奎那里阿[①]。当然，水管可能会漏水，毕竟它们深埋于地下。不过，在城市中，漏水的地方已经被标注清楚。我们城中发现了一些违规使用的水管。根据水道源头的水位推断——在地下50罗马尺——城外的水道并没有损坏。

66. 官方记录中，老阿尼奥的供水能力是1,541奎那里阿。在源头处，我测算出的数据是4,398奎那里阿（输送给提布提尼人的水没有计算在内），比官方记录多2,857奎那里阿。在到达沉淀池之前，已经分流出的水量为262奎那里阿。沉淀池中的水量由那里的喷管计算得出，是2,362奎那里阿。因此，从源头到沉淀池，流失的水量为1,774奎那里阿。流出沉淀池的水量是1,348奎那里阿，比官方记录多69奎那里阿，但是比我们计算的应流出的水量少了1,014奎那里阿。从源头到沉淀池，加上流出沉淀池后损失的水量，共计2,788奎那里阿。我还没有发现这些水是如何流失的。我猜测，可能是测算错误。[②]

67. 根据官方记录，马尔西亚水道的供水量是2,162奎那里阿。在源头处测量所得数据是4,690奎那里阿，比官方数据多2,528奎那里阿。进入蓄水池之前，它输送出95奎那里阿的水。此外，补给塔普拉水道的水量为92奎那里阿，输送给老阿尼奥水道的水量是164奎那里阿。因此，在进入储水池之前，它输出的水量共计351奎那里阿。我利用蓄水池处的喷管进行测量，进入蓄水池时，它的水量为2,944奎那里阿。如果算上之前输出的351奎那里阿，到达蓄水池时，它的水量应为3,295奎那里阿（比官方数据多1,133奎那里阿），这

---

① 通过实地测算，阿庇安水道的实际供水能力为1,825奎那里阿，但是官方记录为841奎那里阿，相差984奎那里阿。官方记录的841奎那里阿中，只有704奎那里阿被输送出去，相差137奎那里阿。实际供水量为1,825奎那里阿，只有704奎那里阿被输送出去，相差1,121奎那里阿。

② 老阿尼奥水道流入沉淀池。在源头处的测算数据是4,398奎那里阿，官方记录为1,541奎那里阿，相差2,857奎那里阿。在源头和蓄水池之间，分流了262奎那里阿。在蓄水池入口处测量的水量是2,362奎那里阿，在进入蓄水池之前，损失了1,774奎那里阿。进入蓄水池之前和流出蓄水池之后，输送的水量一共是1,610奎那里阿，比官方记载多69奎那里阿。但是进入蓄水池时，测量的水量是2,362奎那里阿，只有1,348奎那里阿被输送出去，损失了1,014奎那里阿。一共损失2,788奎那里阿。

比从源头处测得的数据少 1,395 奎那里阿。流出蓄水池后，它输送的实际水量为 1,840 奎那里阿，比官方数据少 227 奎那里阿，比进入蓄水池时少 1,104 奎那里阿。从源头到蓄水池，再流出蓄水池到用户手中，整个过程损失的水量共计 2,499 奎那里阿。这与其他水道情况类似。然而，除了在源头处发现超过 300 奎那里阿水被浪费外，我们没有找到致使水量损耗的其他原因。①

68. 官方记录塔普拉水道的供水量为 400 奎那里阿。这条水道的水源不是泉水，而是朱利亚水道的一条支流。因此，它的起点在朱利亚的蓄水池，从那儿它得到 190 奎那里阿的水，之后从马尔西亚水道获得 92 奎那里阿。在埃帕弗劳提安花园，又从新阿尼奥水道获得 163 奎那里阿。那么，它实际输送的水量应当为 445 奎那里阿，这比官方记录多 45 奎那里阿②。

69. 官方提供的朱利亚水道的供水量为 649 奎那里阿。由于它的水源由很多条细流组成，因此，无法在起点处测量它的供水量。从城市出发，在第 6 里程碑处，朱利亚水道流入沉淀池。在那里可以很容易地测算出它的流量，所得数据为 1,206 奎那里阿，比官方记录的多 557 奎那里阿。此外，在城市附近、帕拉斯花园后面，它从克劳狄水道得到 162 奎那里阿。因此，朱利亚水道总的流量为 1,368 奎那里阿。它输送给塔普拉水道的水量为 190 奎那里阿，供应给用户的水量为 803 奎那里阿。如此算来，朱利亚水道的实际输出水量为 993 奎那里阿，比官方记录多 344 奎那里阿。不过，这还是比其输入蓄水池的水量少 213 奎那里阿。我们发现，那部分水是被无用水权的人偷走的。③

---

① 马尔西亚水道流入了沉淀池。弗仑提努斯在计算时，有时包括了输送给塔普拉和老阿尼奥的水量，有时并未将其计算在内。他在源头处的测得数据是 4,690 奎那里阿，官方记录是 2,162 奎那里阿，误差为 2,528 奎那里阿。在进入储水池之前，输送出 351 奎那里阿。经过测算，实际流入蓄水池的水量为 2,944 奎那里阿，在流入蓄水池之前共损失了 1,395 奎那里阿。它实际输送的水是 95 奎那里阿加上 1,840 奎那里阿（未计算输送给塔普拉和老阿尼奥的水），这比官方记录少 227 奎那里阿。从蓄水池输出的水比得到的水少了 1,104 奎那里阿。在源头处测量的水量为 4,690 奎那里阿，而它贡献出的水量为 2,191 奎那里阿（包括输送给塔普拉和老阿尼奥的水），所以损失的水量共计 2,499 奎那里阿。

② 塔普拉水道接收和输出的水量应该是 445 奎那里阿，而官方记录为 400 奎那里阿。

③ 朱利亚水道流入沉淀池。测量其流量为 1,206 奎那里阿，官方记录为 649 奎那里阿，其中误差为 557 奎那里阿。输出水量共 993 奎那里阿，比官方数据多 344 奎那里阿，但比输入蓄水池时的水量少 213 奎那里阿（从克劳狄水道获得的 162 奎那里阿未计算在损失水量中）。

70. 官方记载，维戈水道的流量为 652 奎那里阿。维戈水道的水流是由几条支流汇集而成，起点处的水流速度极慢，因此，我无法测量它水源处的流量。在城市附近、第 7 里程碑处、属于色吉尼乌斯·康茂德（Cejonius Commodus）的土地上，维戈水道的流速加快。我测得它的流量为 2,504 奎那里阿，比官方数据多 1,852 奎那里阿。事实证明，我的数据是正确的，因为维戈水道输出的水量正好是 2,504 奎那里阿。

71. 官方记载中没有奥西提亚水道的流量数据。它的水来自奥西提乌斯湖，在现有条件下，无法精确测量其流量。在卡来亚（Careiae）附近，它又从撒巴提努斯（Sabatinus，湖）得到补给。奥西提亚水道的水被分配给了供水人，其供水量为 392 奎那里阿。

72. 克劳狄水道水量充沛，但是遭受到的损害也最大。据官方记录，它的流量仅为 2,855 奎那里阿。在起点，我测得的数据是 4,607 奎那里阿，比官方记录多 1,752 奎那里阿。事实证明，我的数据没有问题。因为在第 17 里程碑处，它进入滤污池时，测算出的流量为 3,312 奎那里阿，在那里测得的数据是十分准确的——比官方记录多 457 奎那里阿。这还不包括进入滤污池之前供应给个人的水量，以及被秘密偷走的大量的水。因此，官方的记录实际上少了 1,295 奎那里阿。很明显，官方记录的输入滤污池的水量有如此大的误差，那么输出水量的数据也一定有问题。事实上，这条水道的实际输出水量既不同于官方记录，也不同于我们在起点测得的数据，更不同于在滤污池处的测量结果：它实际输出水量仅有 1,750 奎那里阿，比官方的记录少 1,105 奎那里阿，比起点处的测算数据少 2,857 奎那里阿，比滤污池处的测量数据少 1,562 奎那里阿。出现如此误差的原因是：它同新阿尼奥水道汇合后，不仅水质变得浑浊，而且输水量难以计算。如果有人认为我夸大了输入这条水道的水量，那么我必须提醒你们，西如兰泉和克吞泉供应给它的水有多么充沛！多达 4,607 奎那里阿（不过在源头处就损耗了 1,600 奎那里阿）。当然，我也承认这 4,607 奎那里阿的水量不仅由西如兰泉和克吞泉提供，奥古斯塔也有贡献。供水给马尔西亚的奥古斯塔水道，当马尔西亚不需要时，就会转供克劳狄，尽管克劳狄本身的水源已十分丰沛。

73. 官方记载，新阿尼奥的流量为 3,263 奎那里阿。我在起点处测得数据为 4,738 奎那里阿——比登记流量多 1,475 奎那里阿。除了列举水道的实际输出水量，还有更好的方法来证明我并未夸大在起点处测得的数据吗？官方记录新阿尼奥输出的水量是 4,200 奎那里阿①，但是，记录的输入水量才 3,263 奎那里阿，这不是自相矛盾吗？除此之外，我发现被偷走的水远远超过 538 奎那里阿（我在起点处测量的水道的输入水量与官方记录的输出水量之间的误差）。因此，我测算出的数据没有任何夸大。要知道，湍急的河水水流速度极快，水速对水量的影响很大。②

74. 许多人感到疑惑：我测算出的数据与官方记录差别为何那么大？原因是那些官员粗心疏忽，他们在源头处测得的数据是错误的。有人解释说，这些误差的存在，是考虑到水在夏天蒸发的损耗。这种解释并不合理。我在七月进行测量，而整个夏天，我测得的数据都远远高于官方记录。未登记在册的水量至少有 10,000 奎那里阿。可供元首赏赐的水量则被限制在官方记录水量之内。

75. 还存在这种现象：水道到达储水池时的水量比其源头处少，分配给用户的水量则更少。其中原因是供水人的不诚信。我们发现，他们从公共水道中取水私用。许多庄园主也是如此，当水道流经庄园时，他们偷偷从水道中引水。就这样，公共水道被个人截流，去浇灌私人花园。

水道流量的相关数据如下（单位为奎那里阿）

水道名称	官方数据	测量数据			输出水量
		起点处	蓄水池	其他地方	
阿庇安水道	841			1,825	704
老阿尼奥水道	1,541	4,398	(2,362)		262 1,348

---

① 4,200 奎那里阿包含了输送给塔普拉水道的 163 奎那里阿。

② 弗仑提斯面临的最大问题是他没有办法测算水流的速度，无论它们是流淌在露天的水道还是在封闭的水管中。因此，他计算流量仅仅依据横截面积。他反复解释，为什么只考虑面积。显然，不考虑水流速度得出的数据肯定是不正确的。不过，他将一切归因于供水人、平民和其他人违法的偷水行为。——赫歇尔

续表

水道名称	官方数据	测量数据			输出水量
		起点处	蓄水池	其他地方	
马尔西亚水道	2,162	4,690	(2,944)		{95 {1,840
塔普拉水道	400			{190 {92 {163	445
朱利亚水道	649		1,206	(162)	803[①]
维戈水道	652		2,504		2,504
奥西提亚水道	392[②]			392？	392
克劳狄水道	2,855	4,607	(3,312)		1,588[③]
新阿尼奥水道	3,263	4,738			4,037[④]
	12,755	18,433	3,710	2,662	14,018

76. 凯里乌斯·鲁弗斯（Caelius Rufus）在他的演说（《关于水》）中对上述不法行为进行了严厉的谴责。如果现如今这些违法行为也像那时一样被认为是罪恶昭彰的，那么它们就不会像家常便饭似的存在于我们的日常生活中了。我们发现，田地、商店、阁楼甚至违章建筑中都安装上了设备，获得了持续不断的供水。这可能是冒他人之名获得了用水权。有一件事我必须提到，在修建克劳狄水道之前，供应凯里乌斯山和阿芬丁山的水来自马尔西亚水道和朱利亚水道。元首尼禄在旧斯珀斯神庙附近修建拱桥，将克劳狄水道的水引往神圣克劳狄乌斯神庙[⑤]，在那儿将水分配给各处。引来新的水源后，旧的水道逐渐荒废。他没有为克劳狄水道修建新的蓄水池，仍然使用旧的。虽使用原来的名字，但

---

① 还有供应给塔普拉水道的190奎那里阿。
② 根据输出量假设的数据。
③ 还有供应给朱利亚水道的162奎那里阿。
④ 还有供应给塔普拉水道的163奎那里阿。
⑤ 弗仑提努斯在87节提到图拉真重修马尔西亚水道，很有可能是克劳狄水道被引向那个地区后，旧的水道不再使用。

水源已经换了。

77. 以上，我详细介绍了每条水道的流量、获得更多水的方法①以及水务中存在的舞弊和犯罪行为。接下来，我将详述水的分配情况（记录材料很多，但是错误百出）②：哪条水道的水供应到了城市的哪个区域。我知道，这种罗列枯燥且繁琐，但是我还是要这样做，因为不遗漏任何资料是我的职责。只对概况感兴趣的读者可以跳过这一段。

78. 官方记录的所有水道的输水总量为 14,018 奎那里阿，其中 771 奎那里阿③是从一条水道输送到其他水道的。统计输出量时，这些水被计算了两次，而统计输入量时，仅仅算了一次。供应城外的水量为 4,063 奎那里阿，1,718 奎那里阿以恺撒的名义进行分配④，2,345 奎那里阿供应给个人。剩下的 9,955 奎那里阿供应给城市，流入城内的 247 个水库。其中以恺撒的名义进行分配的是 1,707.5 奎那里阿，分配给私人 3,847 奎那里阿，公共使用的水量是 4,401 奎那里阿——也就是说……⑤分配给军营的是 279 奎那里阿，分配给 75 个公共建筑 2,301 奎那里阿，分配给 39 个喷泉 386 奎那里阿，分配给 591 个水池 1,335 奎那里阿。我将各条水道供应给其他水道和城市各区的水量记录如下。⑥

79. 根据官方记录，所有水道的输出水量共计 14,018 奎那里阿。阿庇安供应城外的水量仅为 5 奎那里阿，原因是它的水位太低⑦。剩余的 699 奎那里阿流入分布在第 2、8、9、11、12、13 和 14 区的 20 个储水池中。以恺撒的名义进行分配的是 151 奎那里阿，供应给私人 194 奎那里阿，供应给公共用水 354 奎那里阿——其中，分配给 1 座军营 4 奎那里阿，分配给 14 座公共建筑共 123

---

① 通过发现和纠正欺诈行为。
② 例如，一条水道的输水量被算到其他水道名下。
③ 这 771 奎那里阿水分别是：科尔西亚水道输送给塔普拉水道 92 奎那里阿；马尔西亚水道输送给老阿尼奥水道 164 奎那里阿；朱利亚水道输送给塔普拉水道 190 奎那里阿；新阿尼奥水道输送给塔普拉水道 163 奎那里阿；克劳狄水道输送给朱利亚水道 162 奎那里阿。共计 771 奎那里阿。
④ 由元首来分配。
⑤ 此处缺失。
⑥ 在《罗马水道》最原始的手稿中，78–86 节的数字统计非常混乱。蒙特卡西诺（Montecassino）的手稿中也有很多错误，无法确定哪些是对、哪些是错。
⑦ 原文模糊不清，据猜测应该是 humilior（低、小）。

奎那里阿，分配给 1 个喷泉 2 奎那里阿，分配给 92 个水池 226 奎那里阿。

80. 在城外，老阿尼奥水道以恺撒名义供应的水量是 169 奎那里阿，分配给个人使用的水量为 404 奎那里阿。剩下的 1,508.5 奎那里阿流入城内分布在第 1、3、4、5、6、7、8、9、12 和 14 区的 35 个蓄水池。其中，以恺撒的名义进行分配的水量为 66.5 奎那里阿，分配给私人 490 奎那里阿，供公共使用的水量为 503 奎那里阿——供应给 1 座军营 50 奎那里阿，供应给 19 座公共建筑 196 奎那里阿，供应给 9 个喷泉 88 奎那里阿，供应给 94 个水池 218 奎那里阿。

81. 马尔西亚水道在城外以恺撒的名义输送的水量为 261.5 奎那里阿，其余的 1,472 奎那里阿分别输送到城中位于第 1、3、4、5、6、7、8、9、10 和 14 区的 51 个蓄水池中。以恺撒的名义分配的水量为 116 奎那里阿，分配给个人的水量为 543 奎那里阿，公共用水 439[①] 奎那里阿——其中，输送到 4 个营地共 42.5 奎那里阿，分配给 15 座公共建筑 41 奎那里阿，分配给 20 个喷泉 104 奎那里阿，供应 130 个水池共 256 奎那里阿。

82. 在城外，塔普拉水道以恺撒的名义供应的水量为 58 奎那里阿，供应给个人的水量为 56 奎那里阿。剩下的 331 奎那里阿供应给城内第 4、5、6、7 区的 14 个蓄水池，其中以恺撒的名义分配的水量是 34 奎那里阿，供个人使用的水量为 237 奎那里阿，供公共使用的总量是 50 奎那里阿——其中供应 1 座营地 12 奎那里阿，供应给 3 座公共建筑 7 奎那里阿，供应给 13 个喷水池 32 奎那里阿。

83. 朱利亚水道在城外以恺撒的名义提供用水 85 奎那里阿，分配给私人的水量是 121 奎那里阿。在城内，供应位于第 2、3、5、6、8、10 和 12 区的 70 个蓄水池共计水量 548 奎那里阿。这其中，以恺撒的名义分配出去的有 18 奎那里阿，供应给个人的是 196 奎那里阿[②]，供给公共用水 383 奎那里阿——

---

① 手稿漏掉了公共用水的总量，只是将各个部分列举出来。珀利尼将各部分供水量加在一起，得出了总量。

② 手稿中称没有供给个人，珀利尼通过计算，补上了这个数据。

给……①，给军营 69 奎那里阿，给……公共建筑 181 奎那里阿，供应给 1 个喷泉 67 奎那里阿，给 28 个水池 65 奎那里阿。

84. 维戈水道供给城外的水量为 200 奎那里阿，剩下的 2,304 奎那里阿供应城市，分配给分布在第 7、9、14 区的 18 个蓄水池。其中，以恺撒的名义分配出去 509 奎那里阿，供给个人的水量是 338 奎那里阿，公共用水 1,167 奎那里阿——其中给 2 个喷泉 26 奎那里阿，给 25 个水池 51 奎那里阿，供 16 个公共建筑②1,380 奎那里阿。供给公共建筑的水量包括供应厄瑞普斯水道（Euripus）③的 460 奎那里阿。以维戈命名④。

85. 奥西提亚水道的水全部供应城外居民，总量为 392 奎那里阿，其中 354 奎那里阿以恺撒的名义进行分配，其余的 138 奎那里阿供应个人⑤。

86. 在城外，克劳狄水道和新阿尼奥水道使用各自的渡槽输水。到城中后，二者合流。克劳狄水道以恺撒的名义供应城外的水量为 217 奎那里阿，供应给个人的水量为 439 奎那里阿。在城外，新阿尼奥水道以恺撒的名义供应的水量为 728 奎那里阿。在城中，两条水道提供的水量共计 3,498 奎那里阿，分别供给第 14 区的 92 个蓄水池。其中，820 奎那里阿以恺撒的名义进行分配，1,067 奎那里阿分配给个人，1,014 奎那里阿供公共之用——分配给 9 个营地 149 奎那里阿，给 18 座公共建筑⑥374 奎那里阿，给 12 个喷泉 107 奎那里阿，给 226 个喷水池 482 奎那里阿。

87. 以上是涅尔瓦元首统治之时各条水道的输送水量，以及如何对其进行分配。如今，勤勉的元首推行了颇具远见的措施，将那些被供水人偷走的水以及因疏于管理而被浪费的水收归我们使用。就好像是又发现了新的水源一般，实际的供水量剧增，几乎翻了一番。在分配水时，因考虑周全，以前仅靠一条

---

① 手稿中没有显示。很明显，此处有缺失。
② 其中，最重要的是阿格里帕浴场。
③ 一条人造水道的名字，它流经位于马尔提乌斯（Martius）的阿格里帕花园，注入第伯河。
④ 此处所指不明。
⑤ 弗仑提努斯所记"总量为 392 奎那里阿"为水务改革前的旧数据，未将水务改革后增加的水量包括在内。——中译者注
⑥ 其中包括尼禄浴场。

水道供水的城区现如今拥有了多个水源。例如，之前，供给凯里乌斯山和阿芬丁山的仅仅只有克劳狄水道通过尼禄拱桥运来的水。结果，每当水道进行维修时，这些人口稠密的居民区就会断水。现在，几条水道同时供应这一区域。其中马尔西亚水道输送水量最多，经过整修后，它结实牢固，将水从旧斯珀斯神庙输送到阿芬丁山。城内的其他区域都是如此。城中的水池，无论新旧，都通过两条水管与不同的水道相连，确保二者之一出现故障时，另一条仍可以正常供水。

88. 涅尔瓦元首，最爱国的统治者，他的这些举措效果显著。大地之母能够感受到城市日新月异的变化。数不胜数的供水设施、水库、喷泉和水池大大改善了城中居民的健康状况。元首赏赐的水量越来越大，普通公民从中获益匪浅。那些因偷水而终日惶惶的人现在可以免费从元首那儿获得日常用水，水不再被浪费。城市面貌焕然一新，空气清新，长期以来导致城市空气质量被诟病的因素如今也消除了。我深知，应当详细记载新的配水方案。不过，要等到所有的扩建工程完成后，我才会进行增补。对此，读者应当理解，在工程未完成之前，不应将其记录。

89. 上述功绩并不能使我们伟大的元首满足、止步。他认为，仅仅增加供水量并不能使人民完全满意，必须同时改善水质，使其更加清甜可口。对此，除了赞叹，我们还能说什么？很有必要详细记录元首如何改善水质，变废为用。只有当雨水适量时，我们才能喝到干净清澈的水吗？不！并非所有水道都在源头处受到了雨水的影响而浑浊不堪。从泉眼中流出的水必然会受到雨水的污染吗？不！例如马尔西亚水道、克劳狄水道和其他几条水道，它们源头处的水质极好，只要建造优质的水池并加盖，它们丝毫不会或者说较少受雨水影响而变浑浊。

90. 新、老阿尼奥水道的水都不太清澈，因为它们来自河流。即使天气晴朗，水也非常浑浊。阿尼奥河（Anio river）源自清澈见底的湖泊，但是它的河岸土质疏松，在流入水道之前，河水冲刷河岸携带了大量泥沙。无论春季和冬季的暴风雨，还是夏季的阵雨，都会造成河水的污染。尤其是在夏天，需要对水进行更细致的净化。

91. 老阿尼奥水道由于水位最低，所以没有污染其他水道。新阿尼奥由于水位较高且水量大，从而影响了它所补给的其他水道。那些笨拙的水工频繁地将新阿尼奥水道的水引到其他水道中，甚至污染了那些原本水量充足的水道。尤其是克劳狄水道，在漫长的流程中它未受到任何污染，最后，到达罗马时，因与新阿尼奥混合，反而失去了原有的清冽。由于水工的疏忽，新阿尼奥非但没有给它所支援的水道带来好处，反而影响到它们。结果，以水质干净且清凉而著称的马尔西亚水道，竟被用于洗浴、盥洗和其他不值一提的用途。

92. 鉴于此，元首决定将各条水道的水分开，物尽其用。马尔西亚水道的水供人们食用，其他各条水道根据水的品质安排不同用途。例如，老阿尼奥水道由于某些原因（离源头越远，水质越差），被用于浇灌花园或其他一些对水质要求不高的场所。

93. 这样一来，各条水道恢复了原本的流量和水质。我们的元首采取措施改善了新阿尼奥水道的水质，他发布命令：新阿尼奥水道不再从河流中取水，其水源改为尼禄的修波莱森庄园（Sublacensian Villa of Nero）附近的湖泊。阿尼奥河发源于特里巴·奥古斯塔（Treba Augusta），流经布满岩石的山区，河流沿岸几乎没有耕地（即使在村子周围，耕地也很少）。它流入修波莱森庄园附近的湖泊时，河水清冽，流入湖中后，又进行了沉淀。湖的周围密林蔽日。所有这些因素造就了新阿尼奥水道清甜甘美的水质。水道中浑浊难看的水被替换，新阿尼奥水道获得重生，其质量媲美马尔西亚水道，数量也超越了它。应当铭记使它重焕生机的人："元首恺撒·涅尔瓦·图拉真·奥古斯都"（Imperator Caesar Nerva Trajanus Augustus）。

94. 接下来，我将详述有关水务管理和供水保障的法律。立法的首要目的是规范个人的行为，将他们的取水量限制在元首授予的水量之内；其次是保护水道。在查阅古代有关个人用水的法律条文时，我发现，前辈们的很多做法与现在不同。他们规定，所有的水都应当用于公共用途，法律条文如下："个人不得取用任何水，包括溢出水池流到地上的。"也就是说，甚至那些溢出水池的、被我们称为"流失"的水，除了用于洗浴或清洗外，也不能挪作他用。这些水都要收税、收费，所得皆入公共财库。在得到其他公民的准许后，某些地位显赫的公民可以将水引到自己家里。

95. 即便是在法律条文中，由谁来授予用水权或卖水权，规定也各不相同。我发现，有时由市政官（aedile）授权，有时则由监察官（censor）授权。不过，有监察官在位时，这项权力通常属于他。① 没有监察官时，市政官代为行使这项权力。从先辈们的这些规定中，我们能够强烈地感受到：他们将公共利益置于个人享乐之上。在用水方面，个人利益也要服从于集体利益。②

96. 我发现，维护水道的职责会定期委托给承包人（contractor）。这些承包人在城内、城外安排固定人数的奴隶看护水道。受雇佣服务于城内各区的人员名单需上报并被记录在公共档案中。我还发现，有时是监察官和市政官、有时是财务官（quaestor）来监督承包人的工作。以上种种，见于盖乌斯·李西尼乌斯（Gaius Licinius）和昆图斯·费边（Quintus Fabius）③担任执政官时元老院通过的法令中。

97. 很多例子都可以说明，为了杜绝毁坏水道的现象和未经授权的取水行为，前辈们到底下了多大功夫。例如：即便是在举行竞技表演的日子里，未经监察官或市政官的授权，大竞技场（Circus Maximus）也得不到供水。我们可以从阿特乌斯·卡必多（Ateius Capito）④的记载中看到这项规定，即使奥古斯都将管理供水的权力移交给水利委员会后，上述规定仍然生效。如果地主擅自从公共用水中取水浇灌土地，那些土地将被没收充公。如果奴隶违反了相关法律，尽管主人不知情，也必须承担罚款⑤。这部法律还规定："任何人都不

---

① 监察官每5年选举一次，但任期只有18个月。没有监察官在任时，其职责由其他官员代行。
② 因为只有公共用水才能得到授权，例如浴场和漂布工场。同时，国家从中收税，税金纳入公共财政。
③ 原稿此处模糊不清，故被校正。不过，此种说法也不准确。据李维《建城以来》第39节第32行记载："公元前185年，人们预测接下来一年当选的执政官应为昆图斯·法比乌斯来·来比奥（Quintus Fabius Labeo）和卢西乌斯·泊西乌斯·李西尼乌斯（Lucius Porcius Licinus）。但是，最终，昆图斯·法比乌斯·来比奥和马尔西乌斯·克劳狄乌斯（Marcius Claudius）当选公元前183年的执政官。卢西乌斯·泊西乌斯·李西尼乌斯和普布利乌斯·克劳狄乌斯·普其尔（Pubilius Claudius Pulcher）当选公元前184年的执政官。"
④ 奥古斯都和提比略时代的知名法学家。
⑤ 尽管这个句子结构有问题，但表意是非常清晰的。

能污染公共用水，如果违反，将被处以10,000塞斯退斯[①]的罚金。"大市政官（Curule Aediles）根据人口数量或财产多少将城市划分为不同区域，每区指派两个人管理公共喷泉。

98. 阿革里巴在担任市政官之后（他在任执政官之后又任市政官），第一个担任了一种永久性的关于建筑和他自己所创始的服务事业的专员。[②] 在当时可获得的供水量能保证的情况下，他分配把多少水供应公共建筑、多少供给贮水池、多少供私人使用。他自己私人供养一支奴隶队伍，命他们看管水道、水库和贮水池。奥古斯都继承了阿革里巴这支奴隶队伍，并将他们交给国家成为国有财产。

99. 当昆图斯·埃里·图白洛和保卢斯·费边·马克西穆（Paulus Fabius Maximus）为执政官时[③]，元老院通过一些决议，就此问题建立了一条法案。在此之前，对这些问题的处置全凭官员意愿，并无定则。奥古斯都也把依照阿革里巴的分配方案而引用水流者所享有的权利以一条指令公布，于是供水成了他的恩赐。为维持整个供水系统的正常运行，他任命麦萨拉·科维努斯（Messala Corvinus）为水利总监，命做过大法官的波斯图米乌斯·苏尔皮西乌斯（Postumius Sulpicius）和一名二级元老卢西·科米尼乌斯（Lucius Cominius）为他的助手，允许他们穿戴等同于大法官的标志权力和尊严的服饰。关于他们的职权，元老院通过了下列决议：

100. 执政官昆图斯·埃里·图白洛和保卢斯·费边·马克西穆已向本院汇报，拟授予水利总监何种权力及义务，并奏请本院批准。本院同意准许主管公共供水系统的官员当到本城以外去履行任务时随带武装卫士两名、公共奴隶三名、建筑师一名以及秘书、文书、助理员、轿夫、勤杂等辅助人员若干人，其人数应与粮食总监的辅助人员相等。当在城里执行同类职责时，他们可以使用

---

① 当时是一笔巨款，相当于85英镑。
② 公元前33年，阿革里巴担任了市政官，目的为帮助争取罗马群众转到屋大维一方来反对马可·安东尼。在这一年的庞大消费中，他维修并扩大了罗马的供水系统。这之后，阿革里巴继续非正式地成为罗马供水水道总监督，直到他于公元前12年去世为止。他死后第二年成立正式的水利监督公署，开始制订一系列有关供水的条例。
③ 公元前11年。

上述除武装卫士外的一切其他辅助人员。水利总监必须向财政部门呈交遵此决议准许他们使用的辅助人员名册，并在该决议下达后10天内呈上。对于所有被录入名册者，财政部门主管官员应依照每年分配给粮食总监食粮给养的惯例以同等数量拨给水利总监及其部下，他们有权以此目的提取款项，不受歧视和怠慢。执政官二人或一人应在财务长之协助下按规定供给水利总监以文具纸张以及办公所需一切物品。

101."此外，鉴于道路总监和粮食总监均系每年以四分之一的时间履行其公务职责，水利总监应享受同样待遇，并有同一期间免予受公私法律起诉的干扰。"[1]尽管财政部门仍向这些辅助人员和服务人员支付工资，但是，他们懒惰、懈怠、玩忽职守，实质上已经不再听命于水利总监。当水利总监出城执行公务时，元老院会命令武装卫士随行。至于我，当我去检查水道时，我不需要武装卫士。元首赐予我的权威加上我的自立已经足够。

102.这里，我要记录下从麦萨拉（Messala）[2]到我之间历任水利总监的名字[3]：

时间	水利总监	执政官	备注
公元前11年	麦萨拉	昆图斯·埃里·图白洛和保卢斯·费边·马克西穆	根据瓦罗的记录，麦萨拉接任阿革里巴担任水利总监
公元13年	阿特乌斯·卡必多	西里乌斯（Silius）和普兰库斯（Plancus）	
公元23年	塔里乌斯·鲁弗斯（Tarius Rufus）	盖乌斯·埃西尼乌斯·波里奥（Gaius Asinius Pollio）和老盖乌斯·安提斯提乌斯（Gaius Antistius Vetus）	
公元24年	马库斯·柯西乌斯·涅尔瓦（Marcus Cocceius Nerva）	塞尔维乌斯·柯尼利乌斯·西塞古斯（Servius Cornelius Cethegus）和卢西乌斯·维瑟利乌斯·瓦罗（Lucius Visellius Varro）	马库斯·柯西乌斯·涅尔瓦是神圣的涅尔瓦的祖父，是著名的法学家

---

[1] 元老院的决议到此结束。这一段的剩余部分是弗仑提努斯的解释和评价。
[2] 根据瓦罗的记录，麦萨拉接任阿革里巴担任水利总监。
[3] 为方便阅读，此处用表格形式展示。——中译者注

续表

时间	水利总监	执政官	备注
公元 34 年	盖乌斯·屋大维乌斯·莱纳斯（Gaius Octavius Laenas）	费边·泊西库斯（Fabius Persicus）和卢西乌斯·维特利乌斯（Lucius Vitellius）	
公元 38 年	马尔库斯·波尔奇乌斯·加图（Marcus Porcius Cato）	阿奎拉·朱利阿努斯（Aquila Julianus）和诺尼乌斯·阿斯普雷纳斯（Nonius Asprenas）	
公元 38 年	埃乌鲁斯·迪迪乌斯·盖鲁斯（Aulus Didius Gallus）	塞尔维乌斯·埃西尼乌斯·西勒（Servius Asinius Celer）和埃乌鲁斯·诺尼乌斯·昆提利阿努斯（Aulus Nonius Quintilianus）	根据尼坡得（Nipperdey）的推测，任命执政官（consules suffecti）的时间是公元 38 年
公元 49 年	吉乃乌斯·道米提乌斯·阿佛（Gnaeus Domitius Afer）	昆图斯·瓦莱尼乌斯（Quintus Veranius）和庞贝乌斯·龙古斯（Pompeius Longus）	
公元 60 年	路奇乌斯·披索（Lucius Piso）	尼禄·克劳狄乌斯·恺撒（Nero Claudius Caesar）和克苏斯（Cossus）	尼禄·克劳狄乌斯·恺撒第 4 次担任执政官
公元 63 年	派提奥尼乌斯·土皮利阿努斯（Peteonius Turpilianus）	沃吉尼乌斯·如弗斯（Verginius Rufus）和麦米乌斯·瑞古鲁斯（Memmius Regulus）	
公元 64 年	普布利乌斯·马里乌斯（Publius Marius）	克拉苏斯·弗鲁吉（Crassus Frugi）和利卡努斯·巴苏斯（Lecanius Bassus）	
公元 66 年	芬特乌斯·阿革里巴（Fonteius Agrippa）	鲁西乌斯·特里西乌斯（Lucius Telesinus）和苏特尼乌斯·帕里乌斯（Suetonius Paulinus）	
公元 68 年	奥比乌斯·克里斯普斯（Albius Crispus）	西里乌斯（Silius）和盖利乌斯·特来恰鲁斯（Galerius Trachalus）	
公元 71 年	庞贝乌斯·西里瓦努斯（Pompeius Silvanus）	威斯派西安（Vespasian）和柯西乌斯·涅尔瓦	威斯派西安第三次担任执政官
公元 73 年	泰姆皮乌斯·弗拉维努斯（Tampius Flavianus）	道米提安（Domitian）和瓦莱利乌斯·麦萨利努斯（Valerius Messalinus）	

续表

时间	水利总监	执政官	备注
公元74年	阿西里乌斯·阿维奥拉（Acilius Aviola）	威斯派西安和提图斯（Titus）	威斯派西安第五次担任执政官，提图斯第三次担任执政官
公元97年	弗仑提努斯	元首涅尔瓦和沃吉尼乌斯·如弗斯	元首涅尔瓦和沃吉尼乌斯·如弗斯是第三次担任执政官

103. 下面我将说明水利总监肩负的职责以及元老院制定的有关他的工作程序的法律和决议。关于私人的用水权问题，水利总监须注意：凡未持有恺撒的书面准许证者不得引水，即，无论何人，未经授权均不得使用公共供水。有权使用者亦不得引用超过准许使用之量。水利总监还必须十分警惕，防止一切欺骗行为。城外的引水道必须有人经常视察，仔细计算和控制水的流量。对于各水库和公共喷泉，亦均应予以同等注意和管理，以保障水流日夜畅通无阻。对此，元老院的决议如下：

104. "执政官昆图斯·埃里·图白洛和保卢斯·费边·马克西穆向元老院汇报了马古斯·阿革里巴在城内和城市附近建筑中修造的公共喷泉的数量，并请求元老院颁布管理公共喷泉之法令。元老院的决议如下：元老院派遣专员检查公共水道并清点公共喷泉的数量。以此数量为准，不再增减。由恺撒·奥古斯都任命并得到元老院认可的水利总监，应尽全力保证公共喷泉连续供水，满足人们日夜不断的用水需求。"我认为，需要特别强调的是，元老院禁止增减公共喷泉的数量，这的确做到了。因为，在克劳狄水道和新阿尼奥水道修造之前，引入城中的水量根本不允许额外的分流。

105. 任何人想要引水供个人使用，都必须获得授权，并将元首签署的授权文书呈给水利总监。水利总监应立刻落实恺撒授予个人的用水权，并任命恺撒的一位自由民作为自己的助手管理此事。克劳狄水道和新阿尼奥水道建成之后，提布利乌斯·克劳狄乌斯（Tiberius Claudius）首次任命了这样一位助手。监督者（overseer）必须熟悉文书的内容，以免他们将自己的疏忽或欺诈推脱为无知。水利总监的助手必须聘请使平者（leveller）并提供严格按照规定规格铸造的引水龙头（calix）[1]。他们必须了解喷管的尺寸[2]，并且清楚它们的位置[3]。因为使平者经常变动，他们往往根据自己的经验，有时使用的引水龙头太大，有时太小，水利总监的助手应当严禁人们随意用各种导管从喷嘴处引水。按照元老院的决议，导管的长度应该为50罗马尺，横截面积与其连接的喷管大小一致。

106. "执政官昆图斯·埃里·图白洛和保卢斯·费边·马克西穆向元老院汇报，有人直接从公共引水管道中取水。他们请求元老院就此事立法。元老院的决议如下：严禁任何人直接从公共引水管道中取水；被授予用水权的人可以从水库中取水。由水利总监指示城中何处可以修建蓄水池，以供水给已从水利总监处获得由公共水库取水权的人。严禁后者使用超过1奎那里阿的水管。水管长度不得超过50罗马尺。"此决议禁止人们从水库之外的任何地方引水，以确保公共供水充沛。

107. 用水权不自动传给继承人、购产人或任何新的财产所有人。但公共浴堂从很早就获得特权，一旦准许使用供水，将永久使用。这些规定来自元老院以前的决议，我将其摘录如下（现在，用水权可以转移给新的业主）：

108. "执政官昆图斯·埃里·图白洛和保卢斯·费边·马克西穆向元老院汇报，有必要颁布法令，依据此法决定哪些人可以在城内城外用水。他们奏请元老院就此事立法。元老院的决议如下：除了公共浴室，或以奥古斯都之名授予的用水权，获得授权的那位财产所有人拥有用水权。"

109. 上述决议规定，用水权一旦空出[4]，应立刻进行登记，以便将其授予其他申请人，同时应立即切断供水，以免原用水权所有人将水卖给土地所有者，甚至卖给外人。现任元首非常宽容，他给予30天的缓冲期，在此期间，仍然照常供水（以便原用水权所有人做出适当的安排）。关于属于团体的物业如何获得用水权，我未找到明确的规定。不过，在具体的操作中，往往这样处理：

---

[1] 参考第208页第36节。
[2] 参考第204–205页第24节。
[3] 参考第208页第36节。
[4] 被授权人死亡或物权转移。

"只要团体中任何一人拥有供水权,这片土地就能得到正常供水。只有当团体中获得供水权的每一个人都不再拥有这份物产时,才需要重新申请供水权。"禁止将授予的水带到除房屋及其附属物外的其他任何地方,只能从授权书上规定的水库取水,这两点是非常明确的,元首敕令中也如此规定。

110. 流失的水,即那些从水库中溢出或从水管中漏出的水,也必须经过元首的授权才能使用。不过,这恰恰是水工们最容易偷走的水。从下面我摘录的法令中可以得知,需要多么谨慎小心才能阻止此种偷盗行为:

111. "我希望任何人都不要取用流失的水,除非他获得了我或者前任元首的许可。水库中的水必须要溢出,用来冲刷下水道,这样才有利于城市居民的健康。"

112. 既然谈到了对私人用水的管理,那就很有必要提到实践中遇到的各种违法行为。我在多个水库中发现超出规定尺寸的喷管,其中一些上面没有官方的刻印。喷管上虽有刻印,但其尺寸却大于法定规格,这说明在其上刻印的那个人狡猾不诚实。未获刻印的喷管却在使用,这说明获得用水人和监督者都存在舞弊行为。我还发现:尽管喷管合规,也获得了刻印,但是连接其上的导管的直径却比喷管大。缩短导管长度①,水流被挤压,很容易充满连接其上的粗水管。②因此,必须仔细检查,喷管是否获得刻印,连接其上的导管长度是否超出元老院的规定。监督者要负起责任,必须明白,只有带有刻印的水管才能被安放在指定位置。

113. 安放喷管时应注意:需将它们放置在同一水平线上,不能有高有低。低处的喷管会带走更多的水,高处的喷管得到的水较少。某些水管未连接喷管,它们被称为"不受控制的",水工能够随意增加或减少它们的流量。

114. 此外,水工们还有更令人无法忍受的欺骗行为:当用水权转移给新的所有人时,他们会在水库中安置新的喷管。但仍将旧喷管留在水库中,从那里偷水卖掉。我认为,水利总监尤其应当禁绝此种行为。太多的喷管从中取

---

① 法定长度为 50 罗马尺。
② 喷管长于 9 英寸。——赫歇尔

水,水库会逐渐枯竭。

115. 水工们偷水敛财的这种伎俩也应当被禁止,即"钻孔"(puncturing)。整座城市的人行道下面都分布着水管,我发现这些水管上被偷偷打洞,接上导管向某些区域供水。被破坏的水管到处都是,被称为"钻孔"。这样一来,只有少量的水供给公共场所使用,大量的水以这样的方式被偷走。当我把那些偷偷分流出去的水管移走后,供水量增加了很多。

116. 接下来要说说水道的维护问题。不过,在此之前,还要提及承担着水道维护任务的奴隶队伍。有两支这样的队伍,一支属于国家,另一支属于恺撒。属于国家的那支队伍建立较早,我们前面提到过,那是阿革里巴建立起来的,后被送给奥古斯都。奥古斯都将其移交给国家,共240人。属于恺撒的奴隶队伍人数为460人,那是克劳狄乌斯修建水道后组建起来的。

117. 这些奴隶被分为不同工种:监督者、水库看守员、巡检员、铺路工、泥水匠等。他们当中有些人守在城外,城外的工作量似乎不大,但是要求及时关注。城中看守水库和喷泉的奴隶任务繁重,尤其要应付突发事件。当城市的某区因紧急状况影响供水时,要确保其他区域有足够的水量储备可以援助。由于工头的偏爱或疏忽,这些奴隶经常被雇去帮助私人干活。为了使奴隶们遵守规定只服务于国家,我要求记录他们当天的工作量以及第二天的工作计划。

118. 国有奴隶们的工资由国库支付,费用来自向位于引水管道、水库、公共喷泉或水池附近的建筑出售用水权所得。此项收入将近250,000塞斯退斯。以前,由于管理不善,这笔钱流失严重,直到最近才回到图密善的国库,神圣的涅尔瓦将它还给公民。我尽量将其置于规范的管理之下,哪些场所需要缴税,清楚明了。属于恺撒的奴隶队伍,他们的工资出自元首的私人财库。铅、引水管道、水库和水池的费用也同样由元首支付。

119. 关于奴隶队伍的所有问题,我已经讲清楚。接下来,我们回到值得特别关注的引水管道的维护问题,毕竟它们才是罗马帝国强盛的最好见证。多条水道已经老化,在情况全面恶化之前,必须给予关注。不过,应当明智地对水道进行维修,因为那些急切提出要重建或扩大工程规模的人通常并不可信。水利总监不仅要拥有称职能干的顾问，他自己还需富有实践经验。他不仅要征询自己的工程师，还应该向其他诚实可信、知识渊博的人寻求帮助，以便准确判断哪些工程是刻不容缓的、哪些可以暂缓进行、哪些能够交给公共承包人、哪些需要使用自己的工人。

120. 下述状况对水道造成的损害必须进行维修：水道附近地产主们的破坏、年代久远、暴风雨、最初建造时存在的瑕疵，最近水道出现的问题多因最后一种情况所致。

121. 拱券上、山坡上以及跨河桥梁上的水道最容易因年久失修或暴风雨而损坏，这是规律。因此，对它们应给予更多关注。埋在地下的水道，受外界温度影响不大，不易损坏。有时，不需要切断供水可以维修水道，例如，对渡槽水道的整修。

122. 水中的杂质在水道内沉淀堆积，逐渐变硬，堵塞水道。又或者，水道里层涂抹的混凝土毁坏导致水道漏水，旁边的引水管道和基座必然也会损坏。有时，甚至用石灰岩修成的桥墩也会因巨大的压力而垮掉。以上情况发生时，就需要对渡槽水道进行整修。维修渡槽水道适宜在春天或秋天进行，而不应在夏天，以免在城市对水的需求量最大时切断供水。此外，维修的速度要尽可能快。当然，维修之前应当预先做好一切准备，以便水道尽快恢复使用。很明显，一次只能维修一条水道。如果几条水道同时断水，那城市中的用水需求便无法满足。

123. 维修砌体时，不需要切断供水。砌体工程应在每年的4月1日到11月1日进行，要求工人更用心。因为太阳的灼晒比霜冻对砖石的伤害更大，所以夏天最炎热的时候，最好停工。适宜的温度利于砖石吸收砂浆，凝固成块。从事水利工作要比其他工作更认真，秉承那些所有人都知道但却很少有人遵守的原则，坚持在细节处保持小心谨慎。

124. 我确信，谁都不怀疑，城郊附近的渡槽，即距城7里之内用方石砌成的清水渡槽，应予特殊保护。由于这些渡槽建筑得十分雄伟，也因为这种渡槽每条都承受几条水源，如果任何时候这些渡槽受阻碍，罗马城大部分的供水将遭中断。不过即使发生这种困难，也有补救的办法：可以修筑一个临时性的建筑。高度与受阻的渡槽看齐，用一条铅铸的镀槽接上入水道，代替发生故障的那段渡槽，使水流通过。如果没有法律保障，未来的经费开支将面临困难。此外，由于几乎所有的水道都经过地产主们的土地，当水道需要维修时，承包人进入地产主们的物业时也许会受到阻拦。为避免此种情况发生，元老院颁布法令如下：

125."执政官昆图斯·埃里·图白洛和保卢斯·费边·马克西穆就朱利亚、马尔西亚、阿庇安、塔普拉、新老阿尼奥等水道的运河、引水管道、拱桥的维修问题向元老院汇报，请求元老院颁布相关法令。其内容如下：当奥古斯都·恺撒向元老院承诺，由元首私库出资维修运河、引水管道和拱桥时，工程所需泥土、黏土、石头、陶瓷、沙、木头等物品皆可从私人的土地上取用、移除、运走、运来。由最诚信的人对其进行估价。取用原则为就地取材，但不损害个人利益。移除、运走、运来维修所需物资，途经私人的地产时，不应受到损害。私人地产上的大道和小路皆需对其保持开放。"

126. 但是地产主们的非法行动时常造成破坏，他们可能用许多种方法损害水道。首先渡槽周围按元老院指令本应保持清洁无杂物，但他们在周围挤盖了房屋并种了树木。树在这里害处很大，因为树根能把渡槽的拱形基础及其两侧顶裂。有时他们还把乡村地方道路直截了当地修建在水槽上。最后，他们还阻塞进行维修的通道，使修理无法进行。所有这些行为都在元老院法令中作了惩罚的规定：

127."执政官昆图斯·埃里·图白洛和保卢斯·费边·马克西穆提出，输水入城的渡槽沿途遭到墓葬、房屋和树木的干扰，请元老院考虑如何处置。关于此问题，元老院决断如下：鉴于各种障碍物损坏公共水道并有碍引水线的维修工作，元老院命令，在泉源附近，拱桥和渡槽两侧15尺的范围内均须保持干净无物。在城圈之内以及紧接城区的建筑物之地下引水道两侧，应留出5尺空闲地。此后在这种地方禁止修造坟墓和房屋，禁止植树。目前在此已有的树应一律砍倒，只有同房屋紧相接连或被围在房屋之内者可酌免。凡违反此条款规定者，均应课以罚款。每犯1次，罚款1万塞斯退斯。罚款之半数将作为报酬给予告发人，因主要靠告发人的力量才能得悉犯人违反元老院法令的行为；

罚款之另一半则上缴公共财库。水利总监将主持此种案件之审讯和判决等一应事宜。"

128. 元老院的法令十分公正，其对于土地的处置原则是公共利益高于一切。先贤们秉持公平正义，即使出于公共建设的需要，也不从私人手中攫取土地。修建水道征收土地时，往往会出现这样的情况：国家付款买下了整块土地，使用一部分后，将剩下的土地再次出售。政府和个人对于属于自己的土地都享有完整的物权，但是，很多人并不安分守己，他们将手伸向水道，破坏墙壁。对此，我们怎能熟视无睹？为何不严格执法阻止那些行为？为何不严厉地责罚违法之人？我将相关法律条文摘录如下：

129. 公元前11年元老院发布的6条法令于两年之后又以名为"昆克奇"（Titus Quinctius Crispinus）的法令予以补充。该法令规定："在本法案通过之后，任何人蓄谋破坏或致使破坏渡槽水道、引水管道、拱桥、水管、水库、贮水池等引导公共用水入城的装置；或以其他破坏活动使供水或其一部分受阻而不能正常涌出、落下、流走、到达或传送到罗马城；或阻挠水流畅通，使其不能按所分配的流量流入罗马城里的水库和贮水池或流到某些将与罗马城相接连的地方和建筑物，以及某些其业主已经获准得到供水的地产、花园和田地，均应予以处罚，即凡酿成此种妨碍者，应判处向罗马人民缴纳罚款10万塞斯退斯。此外，任何人蓄谋造成上述任何项损坏时，应遵照水利总监的要求，切实负责修理、恢复、重建、修造、竖立，如果情况要求，则应立即拆除所损坏的部位。水利总监（如无水利总监，则由主持公民与外国人之间纠纷的大法官代替）应对触犯上列规章者强制处以罚款或监察。水利总监，或有关大法官，有权强迫犯者交纳罚款或接受监禁，如触犯上述规章者是奴隶，则其主人应向罗马人民交纳10万塞斯退斯的罚款。"在此法令通过之后，任何人已经或即将圈占渡槽水道、引水管道、拱桥、水管、水库、贮水池等已经或将来会引导公共用水入城的装置；或在上述装置周围挡道、建造、圈占、种植、创建、竖立、放置、耕种、播撒；或在上述装置周围进行任何未经法律许可的修葺等行为，都将按照惩罚打破、弄碎水道渡槽水道、引水管道者之规定、法律和程序处置。此法令并不禁止在上述区域放牧牛群、收割青草或干草、斩掉荆棘。在任何泉眼、渡槽、围墙、管道附近，不得出现树木、葡萄、石南、荆棘、堤坝、栅栏、柳树丛或芦苇荡，如有出现，水利总监现在和将来都有权力秉公执法，将其移走、拔掉、挖出、根除。他们有权指控、处以罚金、监禁犯规者。在执法时，人身不受伤害是他们的特权、权利和权力。对于农场、建筑或围墙之内的树木和葡萄树，如果水利总监进行审核准许其围墙不被拆除，可予以保留，但必须在围墙上题写或篆刻是何人给予此特权。此法规允许无井水或其他水源可汲之人在获得水利总监授权后，使用轮子、引水龙头或机器从泉眼、渡槽、水道或管道中取水。

130. 我希望所有违法之人都受到严惩，渎职的官员们能够迷途知返。因此，我不厌其烦地提醒犯错者。如果他们警醒并获得元首的原谅，将会对我感激不尽。我期待在将来法律不复存在。希望我冒着触犯他人的风险所做的这一切将为我赢得无上荣誉。

八、罗马帝王简史

塞克斯图·奥勒里乌斯·维克托（Sextus Aurelius Victor，公元320-390年）是罗马帝国时期的历史学家和政治家，出生于北非的一个小农庄。他的父亲虽然出身卑贱且没有受过教育，却拥有足够的财富，确保他的儿子受到良好的教育，并得到相应的官职——行省总督和城市长官。维克托于公元361年发表的《罗马帝王传》，介绍了从奥古斯都到君士坦提乌斯二世之间的罗马统治者的生平。虽然以传记的形式写作，但维克多并没有满足于介绍执政者的丰功伟绩，而是尝试着解释历史事件、对历史人物进行评价并针对时弊提出解决办法。他的著作为我们理解那个时代提供了丰富的史料。

1

在罗马城建立722年、国王被驱逐480年后，绝对服从于某个人的习俗被复兴，但不是服从于王（rex），而是服从于元首（Imperator），或者说是更值得尊敬的"奥古斯都"的统治。于是，屋大维（Octavian）由于获胜而被授予奥古斯都的称号。他的父亲屋大维（Octavius）是一位元老，而他母亲的世系则可追溯到源于埃尼阿斯的朱理亚家族（但屋大维随他的舅公叫做盖乌斯·恺撒）。他亲自控制并行使着保民官权（tribunician potestas）。当埃及地区由于尼罗河泛滥而变得难以进入且由于沼泽泛滥而无法通行时，屋大维将其变为行省。在士兵们的努力下，他打通了运河（这条运河由于疏于管理而被多年淤积的烂泥堵塞住了），并使埃及成为为罗马城供应粮食的充裕粮仓。在屋大维统治时期，埃及每年都要运送2,000万份谷物到罗马分配给平民。为了罗马人民，屋大维将许多民族变为行省的居民，如坎塔布里人（the Cantabri）、阿奎丹尼人（Aquitani）、莱提伊人（Raeti）、文德里希人（Vindelici）、达尔马提亚人（Dalmatae）。他打败了苏维人（The Suevi）和卡提人（Chatti），将锡加布里人（the Sigambri）迁到高卢（Gallia）行省，使潘诺尼亚人（The Pannonii）成为新的进贡者。当格塔伊人（Getae）和巴斯特尼人（Basternae）发动战争时，他迫使他们求和。波斯人给他送来了人质，并授予他为波斯人任命国王的权利。印度人（the Indians）、西徐亚人（Scythians）、加拉曼特斯人（Garamantes）和埃塞俄比亚人（Aethiopians）给他的代理人送去礼物。的确，屋大维非常厌恶骚乱、战争和纠纷，所以，在没有正当理由的情况下，他从不与任何民族开战。他常说，对胜利和月桂冠（月桂是一种不结果实的植物）的狂热会使人陷入自吹自擂、反复无常的状态之中，而战争结果的不确定性则会使公民陷入危险的境地。对于一个杰出的元首（imperator）来说，没有什么是比轻率更不相称的品质了：只要是好的政策，元首都应该迅速执行，除非是为了获得意义深远的利益，否则元首不应该妄动干戈，以免在付出沉重代价后只得到微薄的回报。受人青睐的胜利就像渔夫钓鱼的金钩，一旦金钩断裂或者丢失，渔夫就会得不偿失。在屋大维统治时期，一支罗马大军、许多保民官和代行大法官（propraetor）在莱茵河外全军覆没。他为此十分悲痛，衣冠不整、披头散发，保持着哀悼的样子，并使劲敲打自己的头。尽管屋大维自己讨好士兵，但却常常责备自己舅公的创新之举，因为他居然异想天开地称自己的士兵为伙伴。的确，屋大维对公民非常仁慈，对朋友十分忠诚。这些朋友中最杰出的是麦凯纳斯（Maecenas，因为他沉默寡言）和阿革里巴（Agrippa，因为他性格坚忍、默默奉献）。此外，维吉尔常常带给屋大维快乐。诚然，维吉尔是少数极力维护他们之间友谊的朋友之一。屋大维醉心于文学研究，尤其是演说术。他对此从不松懈，甚至在战争期间也坚持阅读、写作和演讲。他以自己的名义提出法案，其中有些是新的，一些是对旧法的修订。他扩大了罗马城，并兴建了许多建筑以美化装饰它。为此，他骄傲地说："我接手的是一座用砖头砌成的罗马，留下的却是一座用大理石建成的罗马。"他性情温和、待人友善、温文尔雅、个性迷人、体态健美。他的眼睛很大，就像最闪亮的星星一样，眼珠滴溜溜地转。他常常笑着解释说，人们像躲避强烈的阳光那样躲避自己凝视的目光。当某个士兵将自己的视线从他脸上移开并被询问为什么这样做时，此人答道："因为我不能忍受您眼中发出的闪电。"

尽管如此，一位如此伟大的人也有缺点。他的性格有些急躁、易怒，内心善妒且公开流露出自满的倾向。此外，他极为渴望掌握统治权——他对权力的渴望超乎人们的想象——且热衷于赌博。他喜欢大吃大喝，已达到不分昼夜的地步，并常常为了满足淫欲而损害自己的名声。因为他习惯于躺在12个娈童和12个少女之中，却将妻子斯克里波尼亚（Scribonia）丢在一边。他还与李维娅（Livia）共结连理，仿佛获得了她丈夫的许可一般。然而，李维娅当时已有两个儿子，即提比略（Tiberius）和德鲁苏斯（Drusus）。尽管自己崇尚奢侈，但屋大维却对犯有该罪的人严加惩处，深陷于这一罪恶中的人却在无情地处罚犯有这一罪行的人。诗人奥维德（又名纳索，Naso）由于为他写了三本《爱的艺术》（*Art of Love*）而遭到屋大维的谴责和放逐。由于屋大维精力旺盛、精神愉悦，所以他通过各种表演来娱乐自己，尤其是那些闻所未闻的动物和数量庞大的野生动物的表演。

屋大维77岁高龄时，因病死于诺拉（Nola）。然而，一些人在著作中写道，他是被李维娅设计杀害的。因为李维娅得知阿革里巴被召回（阿革里巴是李维娅继女的儿子，由于遭到她的怨恨，被流放到一个小岛上），担心他有朝一日掌握帝国的权柄，自己会遭到惩罚。随即，元老院决定授予屋大维许多新的荣誉。除了已经授予他的"祖国之父"的头衔外，元老院还在罗马和所有其他最著名的城市向他奉献神庙，并公开宣称："要么不要让他出生，要么不要让他死去。"前半句说的是他卑鄙的开始，后半句讲的是他辉煌的结局。因为在角逐元首之位的过程中，他压制人们的自由；而在统治的过程中，他十分热爱公民。一次，当人们发现仓库中存储的粮食只够维持三天的谷物供应时，他决定，如果行省的运粮舰队在此期间没有到达的话，他就饮鸩自尽。当舰队到达之后，人们认为罗马全赖他的幸运才得以保存。屋大维统治了56年，其中12年是与安东尼实行共治，44年是单独统治的。当然，如果不是拥有许多的天赋以及经过后天的努力,他是无法得到统治权的,更不可能统治如此长的时间。

2

克劳狄·提比略（Claudius Tiberius）是李维娅的儿子,屋大维·恺撒（Octavian Caesar）的继子。他因为常常酗酒而被称为克劳狄·提比略·尼禄（Claudius Tiberius Nero）,所以被恰当地戏称为"Caldius Biberius Mero"（意为吃香的,喝辣的）。在出任元首之前,即在奥古斯都统治时期,他很有远见,且十分幸运地在战争中取得了胜利,因此,人们将帝国的统治权托付给他。他精通文学,以雄辩而著称,但同时又极为卑鄙、冷酷、贪婪、狡猾,假装希望做过那些自己没有做过的事情;他痛恨那些提出自己喜欢的建议的人,但是又对自己轻视的人怀有好感。他在随机应变和深谋远虑方面比那些提前计划的人做得更好。的确,他虚伪地拒绝元老院授予的元首职位（他此举的确非常狡猾）,私下探听每个人的说法和想法,而这种行径足以使好人走向毁灭,因为当某些人对他真诚地婉拒元首职位发表长篇大论,以示支持和喜悦后,他们都意外地死去。他罢废了阿基劳斯（Archelaus）国王,将卡帕多西亚恢复为行省,镇压了盖图利人（the Gaetulii）的叛乱,用妙计围困了苏维人（the Suevi）的国王马罗博杜斯（Marobodus）。当他极其愤怒地惩罚那些无辜者和罪犯、家庭成员和外人时,由于军队作战能力的下降,亚美尼亚、美西亚和潘诺尼亚分别遭到帕提亚人、达西亚人和萨尔马提亚人的入侵,高卢也遭到附近民族的侵略。在活了88岁4个月之后,提比略被卡里古拉谋杀。

3

卡里古拉统治了4年。他是日尔曼尼库斯（Germanicus）的儿子。由于出生于军营之中,人们称他为军鞋（Caligula）。在出任元首之前,卡里古拉得到了所有人的爱戴。但是,在他统治过程中,人们一致公认他是最坏的元首。事实上，他玷污了自己的 3 个姐姐，在衣服上绣着自己崇拜的神灵四处招摇。由于他的乱伦，他常常宣称自己是宙斯以及来自他的酒神节合唱队的利伯拉神（Liber）。这件事情也许对人们了解与元首们有关的每件事情有所帮助，但我不知道对子孙后代来说，将这些内容写下来是否合适，至少由于担心他们的声誉受损而掩盖这些暴行是不对的。他在自己的宫殿中公开与贵族妇女调情，还是第一个头戴王冠并命令人们称自己为主人（dominus）的人。在普特欧兰（Puteolan）海湾 3 里长的防波堤上，他像庆祝凯旋式一般，安排了两列舰队，并坐在两匹战马拖曳的战车上，沿着用沙子堆积起来加固的堤岸驰骋，他自己则穿着金色的军服，用官员的马饰和一顶青铜王冠装饰战马。卡里古拉后来被士兵们所杀。

4

克劳狄·提图斯（Claudius Titus）是提比略的堂弟德鲁苏斯的儿子、卡里古拉的叔叔，统治了 14 年。当元老院认为恺撒家族已经绝嗣时，士兵们在他的藏身处发现了他，这对他来说是件不幸的事情。由于天性愚钝，且似乎对那些无知者无害，所以他被拥为元首。他是美食、美酒和邪恶欲望的奴隶，头脑愚钝得近乎愚蠢，懒惰且懦弱，受到被释奴和妻子的摆布。在他统治时期，斯克里波尼乌斯·卡米卢斯（Scribonius Camillus）在达尔马提亚被奉为元首，但随即被杀；毛利人（Mauri）在许多行省发动叛乱；穆苏拉米人（Musulamii）的一支军队全军覆没；克劳狄引水渠（Claudian Aqueduct）在罗马开放。他的妻子美撒莉娜（Messalina）先是任意与人通奸，仿佛这是她的合法特权，而她这样做的后果是，许多由于害怕而刻意回避的人被杀。接着，她犯下了更严重的罪行，即将自己和另外一些更高贵的已婚妇女与未婚女子当做妓女一样出售，并强迫男人出席。如果有人对她的暴行表示不满，她便会对此人和他所有的家庭成员罗织罪名以进行报复，仿佛他是被统治者，而非统治者的妻子所掌控一般。同样，克劳狄的被释奴也获得了最高权力。他们通过纵情声色、放逐、谋杀和剥夺人权玷污了一切。他从这些人中挑选出菲利克斯（Felix）担任驻犹太省（Judaea）的军团长官。在不列颠凯旋后，他将武器和奖章作为礼物送给阉人波西多尼乌斯（Posidonius）和那些最勇敢的士兵，仿佛此人也参加了这次战役一般。他还允许波利比乌斯（Polybius）在执政官之间行走。他的秘书纳西苏斯（Narcissus）常常目无尊上，仿佛自己是克劳狄的主人一般。他还将帕拉斯提拔为近卫军长官（Praetorian）。此二人如此富有，以至于当他们与克劳狄讨论国库空虚的问题时，一首著名的哀歌幽默地说道：如果这两个被释奴允许克劳狄成为他们的合伙人的话，那么，克劳狄就会变得非常富有了。在他统治时期，人们在埃及看到了凤凰。他们说，这种鸟每 500 年一次从阿拉伯飞到它们记得的地方。在爱琴海，有一座岛屿突然沉没。克劳狄娶了哥哥日尔曼尼库斯的女儿阿格里皮娜（Germanicus）。为了让自己的儿子继承帝国的统治权，阿格里皮娜首先设计各种阴谋杀害了自己的继子，接着用毒药害死了自己的丈夫。克劳狄卒于 64 岁。他的死讯在很长一段时间内都秘而不宣，就像塔克文·普利斯库斯（Tarquinius Priscus）那样。当侍从们假装悲伤时，他的继子尼禄获得了帝国的统治权。

5

多米提乌斯·尼禄（Domitius Nero）的父亲是多米提乌斯·阿赫诺巴布斯（Domitius Ahenobarbus）的后代，母亲是阿格里皮娜。他统治了 13 年，其中 5 年他似乎还算过得去。据说图拉真曾声称，尼禄在这五年之间的统治与其担任元首期间的所作所为有天壤之别。在罗马城，尼禄修建了一座竞技场和一些浴场。在得到波勒莫（Polemo）国王同意后，他将本都降为行省，因此，本都被称为本都·波勒莫尼亚库斯（Pontus Polemoniacus），正如科欣·阿尔卑斯山（the Cottian Alps）因死去的国王科提乌斯（Cottius）而得名一样。的确，他在剩余的时间中一直都是厚颜无耻的，甚至使我们羞于启齿。他如此恬不知耻，最后竟不顾自己和他人的体面，像一个待嫁新娘那样蒙着面纱，带着嫁妆，让人们像过节一样聚集在一起，然后在全体元老面前结婚。他常常在脸上蒙着兽皮，寻找男人和女人的阴部。他甚至与自己的母亲通奸，后来又将其杀掉。在屋大维娅（Octavia）和萨宾娜［别名波佩娅］的丈夫被杀之后，他与她们结婚。接着，西班牙行省总督伽尔巴（Galba）和盖乌斯·尤利乌斯（Gaius Julius）僭称元首。当尼禄得知伽尔巴逼近罗马城时，元老院决定按照祖先的惯例，在他的脖子上套上轭，然后用棍子将他打死。他抛弃一切，在午夜时与法恩（Phaon）、埃弗洛迪图斯（Epaphroditus）、涅奥菲图斯（Neophytus）以及阉人斯波鲁斯（Sporus，在被阉割之后，他曾试图变成女人）一起逃离了罗马城。尼禄在这个邪恶的阉人的帮助下——他帮助尼禄扶住自己颤抖的手——用自己的剑自杀。在被追杀者发现之前，尼禄冷静地喊道："难道我没有朋友或是敌人吗？我活得太可耻了，让我耻辱地死去吧！"尼禄死时32岁。波斯人为此欢呼雀跃，甚至派来使者为建筑纪念碑提供物资。其他所有行省和罗马人因为他的死而十分高兴，市民们戴上被释奴的帽子，庆祝自己的自由，仿佛他们是从暴君的统治下解放一般。

6

伽尔巴（Galba）是贵族苏尔皮西乌斯家族（Sulpicii）的后代，统治了7个月零7天。他在年轻人中声名狼藉，在饮食方面毫无节制，并根据他3位朋友组成的顾问团的建议决定所有事情。此3人分别是维尼乌斯（Vinius）、科尔涅利乌斯（Cornelius）、埃塞利乌斯（Icelius）。他们只是帕拉丁大厦（the Palatine mansion）的常住居民，通常被人们称为"家庭教师"。登基之前，伽尔巴曾出色地管理过许多行省。他对士兵极为严厉，以至于当他进入军营时，这句话便迅速地传播开来："士兵要学会当兵，这是伽尔巴，不是盖提里库斯（Gaetilicus）。"在以73岁高龄身披戎装前去镇压因奥托派煽动而发生骚乱的军团时，他在库尔提乌斯湖附近被杀。

7

萨尔维乌斯·奥托（Salvius Otho）的祖先是费伦塔努姆（Ferentanum）城

的望族，他统治了 3 个月。他一生都很卑鄙无耻，尤其是在年轻的时候。他先后在普拉森提乌姆（Placentium）和贝特里亚库姆（Betriacum）被维特利乌斯（Vitellius）打败，最后用剑结束了自己的生命，终年 37 岁。他的士兵十分爱戴他，甚至有许多人在看见他的遗体后自杀。

8

维特利乌斯（Vitellius）是贵族的后代。他的父亲路西乌斯·维特利乌斯（Lucius Vitellius）曾担任过执政官。他统治了 8 个月。他残暴不仁、贪得无厌。在他统治时期，韦斯帕芗（Vespasian）在东方自称元首。在一次战斗中，他在城墙下被韦斯帕芗的士兵所擒。他的双手被反绑，被士兵们押着从宫廷带到行刑的地方，且一路游行示众。为免这个始终厚颜无耻的犯罪者羞愧地低下头，人们将一把剑抵住他的下巴，并让他半裸着。许多人朝他的脸上丢脏东西、粪便，当他说话的时候，人们就朝他丢一些更让人难堪的东西。人们将他拖到格莫尼安阶梯（the Gemonian Steps）下，然后将他杀死，而这里就是他处死韦斯帕芗的兄弟萨比尼乌斯（Sabinius）的地方。他身中数剑而亡，终年 57 岁。我简要介绍的所有这些人，尤其是恺撒家族的成员，都博学、有教养且雄辩。如果他们——除了奥古斯都——没有犯下太多的罪行的话，甚至能以此掩盖自己不太严重的鲁莽。

9

韦斯帕芗统治了 10 年。在其所做的善行中，有一件事值得一提，即他对仇恨如此漠视，甚至为自己的敌人维特利乌斯（Vitellius）的女儿找了一个地位显赫的丈夫，还赠予她一笔极为丰厚的嫁妆。他常常平静地忍受朋友们激烈的争论。他极为机智，常以俏皮话来回击他们的嘲笑。他巧妙地使李锡尼·穆西亚努斯（Licinius Mucianus）改变了态度。正是在此人的帮助下，他登上了元首的宝座。据说，此人居功自傲，而他只是在召见双方共同的朋友时说道：

"我毕竟是个男子汉。"但是,当他对律师们的出言不逊、哲学家们的放肆处之泰然时,他的朋友们为什么如此惊讶呢?简而言之,他恢复了长期以来混乱不堪的社会秩序。考虑到大多数人是出于恐惧而犯下罪大恶极的罪行,所以,除非他们所犯的罪行太过残暴,否则韦斯帕芗更倾向于感化这些暴君的追随者,而非在拷打一番后将他们杀掉。此外,通过最公正的法律和政令,以及影响力更大的自己的榜样作用,他杜绝了大多数人的犯罪行为。然而,一些人误以为他缺乏经济管理能力。由于国库空虚、城市衰败,他只能寻找新的税源(之后,他也没有继续这样做),这足以证明他经济窘迫。通过赠予那些缺乏业主的建筑所需的物资,他修复了由于大火以及年久失修而黯然失色的罗马城、卡庇托尔神庙、和平神殿(the Temple of Peace)、克劳狄纪念碑(the Monuments of the Claudii),并兴建了许多新的建筑。他根据罗马的传统,以令人惊讶的关怀修复了各地的城市,还用最好的工人加固了道路。为了便于通行,他打通了弗拉米尼大道沿线的山峰,人们通常称之为"被刺穿的山峰"(Punctured Peak)。由于大多数家族因暴君的残暴而遭到灭顶之灾,他费尽心思才找到200个,组建了1,000个家族。出于恐惧,帕提亚国王沃尔吉西斯(Volgeses)被迫求和。叙利亚的巴勒斯坦(Palestina)地区、西里西亚(Cilicia)、特拉奇亚(Trachia)、今天被我们称为奥古斯托福拉腾西斯(Augustophratensis)的康马金(Commagene)、犹太都变为行省。当朋友们提醒他提防米提乌斯·庞波西阿努斯(Mettius Pomposianus)时(因当时谣言四起,说这个人将会执掌政权),他却任命此人为执政官,并开玩笑地说:"说不定有一天他会记起我的这一大恩大德呢?"的确,在统治期间,他始终保持着以前的生活方式,在夜间也保持清醒。在处理完公务后,他一边穿衣服,一边接受朋友的行礼。无论得知发生了什么事情,他都会去骑马,然后小憩一阵,待洗漱完后,他通常会带着愉快的心情享用晚餐。对于这位优秀的元首,人们常常会忍不住要多说几句。在奥古斯都去世56年后,罗马由于一些暴君的残暴统治而血流成河,仿佛这是命中注定的事情。然后,为了避免罗马完全毁灭,人们在不经意间遇上了这位优秀的元首。韦斯帕芗死于69岁。每当有大事发生时,他总是讲笑话取乐。一次,当天上出现彗星时,他说:"这是与波斯国王有关的预兆(因为波斯国王的头发很长）。"之后，当他因肠炎而备受折磨时，他站起来说道："一位元首因此而升天了。"

10

提图斯（Titus）也被人们称为韦斯帕芗，与父亲同名。他的母亲叫多米提拉（Domitilla），是一位被释女奴隶。他统治了2年2个月20天。从孩童时代开始，他就极为热切地追求正直品质以及军事、文学方面的技能。无论学习什么，他都在思想和身体上表现出相当高的天赋。接过国家的统治权后，他超越自己的前任，到了令人难以置信的地步，尤其是在仁慈、慷慨、荣誉和轻视财富方面。这些东西是他珍视的，因为他还是个普通公民时所做的一些事情曾使人们认为他是一个特别推崇奢侈和邪恶的人。在其父亲统治时期，他就被任命为近卫军长官（the praetorian prefecture），并要求惩罚那些被怀疑反对他或者与他为敌的人。依靠那些在剧场和军营散播阴谋的密探，他镇压了他们，仿佛他们的罪行得到证实一般。在这些人中，他因怀疑执政官凯西纳（Caecena）引诱自己的妻子贝尔奈斯（Bernice）而下令将凯西纳处死，而此人只是被传召前来用餐，且很少在餐桌上离开自己的座位。此外，在他父亲统治时期，由于渴望掠夺别人的财富，他竟然出售法律纠纷的判决结果。总之，这些事情使得人们想起了尼禄的暴行，人们心情沉重地承认他已经坏到了无可救药的地步。尽管他后来痛改前非，但这些事情使他的荣誉遭到了极大的破坏，以至于人们称他为"财迷"（Treasure）和"人类的情人"（Lover of the Human Race）。在成为元首后，他命令贝尔奈斯与自己离婚回到娘家，并让一大群妖艳阴柔的男人离去。此举成为他改变纵欲习惯的信号。此后，尽管前任元首允诺的奖赏和授予的特权通常需要得到继承人的批准，但他却颁布法令，一次性赐予人们前任元首允诺的所有奖赏和特权。某一天晚上，他记起自己当天没有给过任何人赏赐，于是，他便说出这样一句既值得称道又崇高的话："朋友们，我们浪费了一整天。"（因为他是一个极为慷慨的人。）的确，他仁慈至极，甚至只是责备两个阴谋反对他且供认不讳的最高等级者。后来，他命令此二人来到竞技场,坐在自己的两旁。当他们故意请求检查正在表演的角斗士的剑刃是否锋利时,他将剑递给其中一个,接着又递给另外一个。当他们因提图斯的勇气而感到震惊且心生敬畏时,他说:"难道你没有看到权力是由命运之神授予的,希望得到或者害怕失去权力而做出的努力都是徒劳的吗?"他经常含着眼泪恳求自己的弟弟图密善(Domitian)——因为图密善当时正在酝酿阴谋并煽动士兵中的朋友发动叛乱——不要试图通过弑兄来得到自己将要得到的东西和现在已经拥有的东西,因为图密善拥有同样的统治权(potestas)。在他统治时期,坎佩尼亚地区的维苏威火山开始燃烧,罗马发生了一场持续三天三夜的大火,并爆发了一场空前严重的瘟疫。然而,他承担起前所未有的重任,通过各种赈济手段来减少损失,用自己的医生帮助病人恢复健康,安抚那些由于家庭成员去世而悲痛万分的人。提图斯活了41岁,死于萨宾人(Sabine)之手,就在他父亲去世的地方。他的去世令人难以置信。罗马人和行省居民万分悲痛,称他为"公共财富"(Public Treasure)。正如我们所说的那样,他们为世界哀悼,仿佛它失去了一个永恒的卫士。

11

图密善是韦斯帕芗和被释女奴隶多米提拉的儿子、提图斯的弟弟,统治了15年。起初,他假装仁慈,无论在家中还是在战场上都很活跃,征服了卡提人(Chatti)和日耳曼人,颁布了极为公正的法律。在罗马,他兴建了许多建筑物,有些是此前就已经开始修建的,还有些是新建的。他从各处——特别是亚历山大里亚——搜集抄本,然后重建了一些被大火焚毁的图书馆。他长于箭术,他的箭甚至能从远处的人的手指缝中穿过。然而,他由于杀戮而变得残忍,甚至开始像卡里古拉那样处死好人,强迫人们称他为主人(dominus)和神(deus);他还很怠惰,常常放下一切事务,笑着追赶成群的苍蝇;他性欲旺盛,经常用希腊语称之为"床上格斗"。因此,当有人询问是否有人在宫中时,得到的回答是"连一只苍蝇都没有"。人们被他的邪恶所激怒,其中大部分是因为言语上的伤害而被激怒,结果,他常被称为"男妓"。上日耳曼的军事长官（supervisor）安敦尼（Antonius）自称元首。图密善因为任用诺尔巴努斯·拉皮乌斯（Norbanus Lappius）而导致作战失利，于是他对所有人甚至自己的家人都极为厌恶，就像被激怒的野兽一样。宫廷总管（chamberlain）帕西尼乌斯（Parthenius）和斯蒂法努斯（Stephanus）由于害怕图密善的残暴，再加上自己良心发现，于是煽动许多人密谋推翻他。克洛迪亚努斯（Clodianus，他预料自己会因涉嫌盗用公款而受到惩罚）和暴君的妻子多米提亚（她因为爱上了演员帕里斯而受到元首的折磨）也牵涉其中。他们在图密善44岁的时候将他杀掉了。图密善死时身上留下了多处刀伤。元老院下令，以角斗士的礼节将他下葬，且必须从公共记录中擦除他的名字。图密善在统治时举行了百年节（the Secular Games）的庆典。

　　直到此时，统治权一直是掌握在出生于罗马或者意大利的人手中，自此以后，罗马落入了外邦人之手。可以确定的是，罗马由于外来统治者的美德而实力大增。然而，涅尔瓦究竟具有什么样的聪明才智和温和性格呢？神圣的图拉真和杰出的哈德良又具备怎样的才干呢？

12

　　柯西乌斯·涅尔瓦（Cocceius Nerva）出生于纳尼亚（Narnia）城，统治了16个月零10天。当他成为元首之后，关于图密善还活着且即将到来的谣言迅速传开。为此，他非常恐惧，脸色苍白、无法言语，勉强支撑着自己。然而，在得到帕西尼乌斯（Parthenius）的支持后，他又回到令人愉快的阿谀奉承之中。当元老院在议事厅中高兴地接受他时，阿里乌斯·安敦尼（Arrius Antoninus，他是一个聪明人且是涅尔瓦的密友，巧妙地描绘了所有的统治者）单独与他拥抱，并说，他恭喜元老院、罗马人民和行省，因为涅尔瓦的出现使得他们摆脱了邪恶元首的统治。但他不能恭喜涅尔瓦，因为涅尔瓦肩负着巨大的压力，不只麻烦缠身、危险重重，还得提防敌人和朋友的非议。因为涅尔瓦的朋友认为自己理应得到一切，如果这些朋友没有得到一些利益的话，他们会比敌人更加可怕。涅尔瓦免除了人们之前所欠的税赋（这些税赋被称为"负担"burdens），救济遭到破坏的城市，下令以公共资金供养整个意大利城市中穷人的孩子。为免他因心怀不轨者的接近而受到惊吓，人们通过性格坚毅的朱尼厄斯·毛利库斯（Junius Mauricus）做出的如下评论来劝诫他：当时涅尔瓦应邀参加一个聚会（social gathering），在看到韦恩图（Veiento）时（此人的确在图密善统治时期享有执政官的荣誉，他曾以秘密指控的形式将许多人置于死地），涅尔瓦在谈话中提到了诽谤者的典型卡图鲁斯（Catullus），并说："如果他比图密善活得更久，现在会做些什么呢？"毛利库斯答道："他会和我们一起用餐。"涅尔瓦是一个非常博学的人，经常充当争端的仲裁人。卡尔普尼乌斯·克拉苏斯（Calpurnius Crassus）当时通过向军队许诺丰厚的回报以煽动他们叛乱，在事情败露且本人供认不讳之后，涅尔瓦让他和妻子一起搬到他林敦（Tarentum）居住，尽管元老院责备涅尔瓦太过宽容了。当人们要求处死刺杀图密善的凶手时，涅尔瓦竟惊慌失措，以至于无法忍住呕吐或者大发同情心。尽管他竭尽全力反对，并说在他所掌握的权力遭到背叛时，宁可让元首的权威受到玷污也不愿处死他们，但是由于他的疏忽，士兵们还是杀死了那些被他们找到的凶手。佩特罗尼乌斯（Petronius）是被一击毙命的，而帕西尼乌斯（Parthenius）则被扯下生殖器塞进他的嘴里。卡斯佩里乌斯（Casperius）用重金贿赂（他比凶残的罪犯还要厚颜无耻），迫使涅尔瓦在人民中向士兵们致谢，因为他们杀死的是最卑贱、最邪恶的人。涅尔瓦收养了图拉真并与他共享统治权，他们一起生活了3个月。当涅尔瓦愤怒地朝一个叫做雷古鲁斯（Regulus）的人大喊大叫时，他出了许多汗。当流汗的情况减轻时，他身体的不断颤抖表明他即将开始发烧。不久，他果真发起烧来。最后，他在63岁时去世。他的遗体和奥古斯都一样，在被元老院授予荣誉后，安葬在奥古斯都的坟墓中。在他去世当天，出现了日食。

13

乌尔皮乌斯·图拉真（Ulpius Trajan）来自图德提那城（Tudertina）。他随祖父叫做乌尔皮乌斯，图拉真这个名字来自他父系的祖先图拉尤斯（Traius）

或者他的父亲图拉真。他统治了 20 年。图拉真证明了自己是妙笔生花的作家都难以完全描述的人。他在高卢（Gallia）高贵的殖民地（the noble colony）阿格里皮纳城（Agrippina）接受了元首一职。他勤于军务，温和处理国内政务，并赐予支持自己的公民赠礼。人们对杰出的元首有两个期待，即对内公正、作战英勇，且审慎地处理内外事务。他的美德如此之多，以至于从某种程度来说，除了喜好美食和美酒之外，他身上似乎集中了所有的优点。他对朋友很慷慨且十分享受友谊，这与他的生活方式相得益彰。他以苏拉的名义建造了一个浴场，正是在苏拉的热切支持下，他才掌握了统治权。除了那些应该冠以他名字的建筑外，只要是经他修缮或者修复的建筑，他都以自己的名义举行落成典礼。他能忍受辛苦的工作，是个完美主义者，也很好战。他对于正直者以及博学之人给予很高的评价，尽管他自己理论知识贫乏且口才平平。在司法以及人与神的法律方面，他既维护传统又制定了许多新的法律。所有这些事情之所以被认为更加伟大，是因为当罗马由于许多可怕暴君的统治而走向衰落和毁灭时，人们将这位杰出元首视为上天赐予他们的对抗邪恶的良方。他如此伟大，以至于许多令人惊奇的事情都表明他即将到来，例如：在卡庇托尔三角墙的主檐口上用阿提卡方言写着"会好的"（χαλῶζξσται）。图拉真的遗体被火化后，其骨灰被带回罗马。在元老院和军队的引领下，他的骨灰被迎入罗马城，葬在图拉真广场中的图拉真纪功柱下。人们还在该圆柱上立了一尊图拉真的雕像，一如凯旋者的惯常做法。当时，罗马城遭到了比涅尔瓦统治时期更加严重的破坏，第伯河水泛滥，给附近的建筑带来了极大的损害，许多行省发生了严重的地震、可怕的瘟疫、饥荒和火灾。图拉真通过平时极佳的救济方法来减轻这些灾难带来的损失。他下令，房屋的高度不能超过 60 尺，以防倾倒以及由于发生类似的可怕事情而带来的严重损失。因此，他配得上"祖国之父"的称号。图拉真死时 64 岁。

14

埃利乌斯·哈德良（Aelius Hadrian）是意大利人的后代，来自阿德里亚

（Adria），是图拉真元首的堂弟埃利乌斯·阿德里亚努斯（Aelius Adrianus）的儿子。阿德里亚城位于皮切努姆地区（Picenum），亚德里亚海（Adriatic Sea）因此地而得名。哈德良统治了 22 年。他精通文学，因此被许多人称为"小希腊人"（Greekling）。他热衷于雅典人的嗜好和习俗，不仅擅长修辞，而且精通其他技艺，如唱歌、弹竖琴、医学、几何、绘画以及青铜或大理石雕刻。在雕刻方面，他的技艺甚至能与波利克勒斯（Polycletus）和尤弗拉诺拉斯（Euphranoras）相媲美。的确，从某种程度来说，他也因此变得文雅，以至于很少有人能超过他。由于记忆力超群，他得到了人们的信任，因为他仅听别人的名字就能知道他们的服役地点、基本情况、所在军队，甚至对那些不在场的人也是如此。他非常勤奋，徒步走遍了所有的行省，甚至走得比随行人员还要快。他还复兴了所有的城市，提升了它们的地位。他还组建了由工匠、石匠（stone-masons）、建筑师等各种修建和装饰城墙的人组成的大队。他性格多变、喜怒无常，仿佛是个天生的邪恶和美德的仲裁者。他通过一些可行的办法控制理智冲动，巧妙地将自己的嫉妒、悲哀、享乐主义和过度的虚荣心隐藏起来，假装自己是克制、亲切、仁慈的，将自己熊熊燃烧的对荣誉的渴望隐藏起来。无论是询问还是回答，他时而真诚，时而玩笑，时而恶言相向。对此，他十分在行。他以诗歌来回应诗歌，用演说来回应演说，所以你会真的相信，他已经预知了一切。他的妻子萨宾娜（Sabina）因为遭到各种低级羞辱而被迫自杀。她常常公开说，因为她知道哈德良毫无人性，所以她极力避免怀孕，以免导致人类的灭亡。哈德良长期以来平静地忍受着皮下组织疾病的折磨，并因此而病倒。他因为不堪忍受病痛的煎熬，处死了许多元老。由于他通过送礼与许多国家和平相处，因此他常常说，自己通过安逸得到的东西比通过战争得到的东西更多。当然，他设置了许多政府和宫廷官职，但是没有设置军职。这些官职和君士坦丁改革设立的一些新官职一直沿用至今。62 岁时，哈德良痛苦地死去。由于遭到病痛的折磨，他的四肢十分虚弱，以至于他常说自己应该被杀掉，并请求最忠诚的大臣杀死自己，以免他将疯狂发泄到自己身上，但一个极其爱戴他的卫兵制止了他。

15

安敦尼被称为弗尔维乌斯（Fulvius）或是博伊欧尼乌斯（Boionius），后来又被授予"庇乌斯"的称号，统治了23年。他既是哈德良的继子，又是他的女婿。作为元首，他非常优秀，以至于没有任何人可以成为他效仿的榜样，尽管在寿命方面他可以与努玛（Numa）一较高下。仅凭权威而无须动武，他统治了罗马23年。所有的军团、国家和人民都爱戴并敬畏他，将他视为父母或者保护人，而非君主或元首。所有人都希望在谈话的时候用足够神圣的词语来提到他。的确，在得知他是一位如此伟大而公正的元首后，甚至连印度人、巴克特里亚人、赫卡尼亚人（Hyrcanians）都派来了使者。严厉、英俊的容貌，修长的四肢和强壮的身体使他显得更加公正。在接受人们行礼之前，他会享用一点面包，以免力量透支而导致供应心脏周围的血液损耗会让他觉得冷。对于国家商业发展的问题，他十分困扰，也很少满足其需要，尽管他自己常常追求利益。但从表面看来，他是最好的且非常勤奋的家长。他并不爱慕虚荣，性格非常温和，甚至责备元老院驱逐那些阴谋推翻他的人。他认为，不必在他统治时期调查那些充满邪恶欲望的人，以免找到罪有应得之人，使他露出厌恶的情绪。在担任元首满23年的几天后，他在离罗马城1.2万步的元首庄园洛里（Lorii）因为高烧而去世。人们为了纪念他而修建了神庙，指定了祭司，并授予他许多其他荣誉。此外，他非常文雅。罗马平民由于疑心粮食短缺而向他丢石头，而当人们看见期待已久的谷物后，他更倾向于安抚而非惩罚那些暴动者。

16

马尔库斯·奥里略·安敦尼（Marcus Aurelius Antonius）统治了18年。他具备所有的美德和优良品质。像保卫者一样，他在公共灾难发生之前降临人间。的确，如果他没有为那个时代而生的话，那么整个罗马帝国都将走向崩溃，正如随着他的去世，罗马帝国走向衰落一样。战争从来没有停止，整个东方、伊利里库姆、意大利、高卢都有战事。在他统治时期曾发生过地震（但没有城市受到损害），还发过几次洪水、多次瘟疫、几次蝗灾。尽管如此，在他统治期间，人们并没有像通常那样因为这些极其严重的灾难而陷入困境。我相信，当宇宙或者自然法则出现，或者其他人们不知道的事情发生时，上天一定会赐予人们可以提供建议的正直之人以平息事端，就像用医药治愈疾病一般。出于仁慈，他允许亲戚卢修斯·阿尼乌斯·维鲁斯（Lucius Annius Verus）与自己共治。在统治了11年后，维鲁斯在行至阿尔提努姆（Altinum）和肯考迪亚（Concordia）中途时，由于血液喷涌而死，这种病被希腊人称为"中风"（ἀπόπληξις）。维鲁斯是一个诗人，主要创作悲剧诗，且非常好学，但他性格执拗，且生活不检点。维鲁斯死后，马尔库斯·安敦尼独自统治国家。从出生起，马尔库斯的性格就非常温和，以至于从孩童时代时起他就处事从容，不轻易表露自己的喜恶。他精通哲学和希腊文学。他允许较为杰出者和自己的大臣采用与元首相同的规格举办宴会。由于国库枯竭，当他没有足够的金钱犒赏士兵，同时又不想损害行省或者元老院的利益时，他在图拉真广场上拍卖元首的资产，其中包括金花瓶、水晶、玛瑙酒杯、他妻子用的丝绸和金线织成的衣服、许多宝石做成的装饰品。拍卖会持续了两个月，他征集到许多黄金。然而，在获得胜利之后，他将钱退还给那些想要归还自己所购买的拍卖品的人。在他统治时期，卡西乌斯僭称元首，结果被杀。59岁时，马尔库斯在本都伯纳（Bendobona）病逝。当他的死讯传到罗马时，整个罗马城都陷入悲痛之中，元老们聚集在元老院中，穿着丧服哭泣。正如罗慕卢斯那不可思议的往事一样，所有人都认为马尔库斯升天了。人们为了纪念他而修建了神庙、圆柱，并授予他其他荣誉。

17

奥里略·康茂德（Aurelius Commodus）是安敦尼的儿子，也被称为安敦尼，统治了13年。一开始，他隐藏了自己的本性。当他父亲在遗嘱中建议他不得让已经穷途末路的蛮族重新获得力量时，他回答说，活着的人尚能维持一段时间的和平，死去的人什么也做不了。他荒淫无耻、贪得无厌、残暴不仁、背信弃义，对那些他用极高的荣誉和大量的礼物加以提拔的人尤其残忍。他非常堕落，经常在竞技场与角斗士比赛。当时，被释奴（freedman）马尔西亚（Marcia）以自己的美貌和娼妓的技艺征服了他。在完全控制了康茂德的理智后，当康茂德刚从浴场出来的时候，她递给他一杯毒酒。最后，一个非常强壮的摔跤教师（康茂德让他获得自由）将他的喉咙刺穿。康茂德死时32岁。

18

赫尔维乌斯·佩蒂纳科斯（Helvius Pertinax）统治了85天。他是被迫出任元首的，因此得到了"反抗者和顺从者"（Resister and Submitter）的绰号。在摆脱了卑微的出身后，他晋升为城市长官（the urban prefecture）。后来，他由于人们厌恶朱里阿努斯的邪恶而被奉为元首。67岁时，他身上多处受伤而死，其头颅被人拿去游街示众。他的死为证明世事无常提供了范例。他通过各种努力到达了权力的巅峰，以至于人们称他为"命运之柱"（Pillar of Fortune）。他的父亲是利古里亚的一个被释奴，耕种着罗利乌斯·格提亚努斯（Lollius Getianus）的一块贫瘠的土地。在罗利乌斯任职期间，他非常幸运地成为其被保护人（client），并因曾受教于文法教师而成了文学教师。为此，他比获得利益还要高兴。因此，人们用希腊名字"花言巧语者"（χρηστολόγος）来称呼他。他从来没有因为自己受到伤害而报复别人。他崇尚简朴，通过演说、饮食和言行举止表明自己是一个普通人。死后，他被奉为神灵。人们通过重复地欢呼来赞扬他，直到声嘶力竭："在佩蒂纳科斯的统治下，我们安全地生活，不畏惧任何人。他是个尽职尽责的父亲！愿他成为元老院的父亲！成为所有好人的父亲！"

19

迪迪乌斯·朱里阿努斯（Didius Julianus）的祖籍是美迪奥拉努姆（Mediolanum），他统治了7个月。他是一个贵族，精通法律，好搞派系活动，鲁莽，渴望统治权。当时,佩西尼乌斯·奈格尔在安条克附近、塞普提米乌斯·塞维鲁在潘诺尼亚的萨巴里亚(Sabaria)自称元首。朱里阿努斯被塞维鲁带到皇宫的秘密浴场斩首,其头颅被挂在舰首讲坛上。

20

塞普提米乌斯·塞维鲁(Septimius Severus)统治了18年,他杀掉了出身卑微的佩西尼乌斯。在他统治时期,阿尔比努斯也在高卢自称恺撒,结果在卢格杜努姆(Lugdunum)附近被杀。塞维鲁将自己的儿子巴西亚努斯和盖塔立为继承人。在不列颠(Britannia),他将城墙延伸了3.2万步,将两片海连接起来。他极其好战,超过前人。他生性残忍,对自己关注的事情总是坚持到底。对那些自己喜欢的人,他表现出极大的、持久的善意。他崇尚节俭,但当有需要的时候,他也会慷慨地予以他人赏赐。对朋友和敌人,他同样热情,因为他赐给拉特拉努斯(Lateranus)、奇洛(Cilo)、阿努利努斯(Anullinus)、巴苏斯(Bassus)和其他许多人财富。在建筑方面,值得一提的特例是"帕提亚大厦"(House of the Parthians)和"拉特拉努斯大厦"(House of Lateranus)。在他统治时期,他禁止人们卖官鬻职。他在拉丁文学方面受到了很好的教育,也精通希腊语,用迦太基方言进行演讲时更加得心应手,因为他出生于阿非利加行省的莱普提斯(Leptis)附近。当他无法忍受四肢的疼痛,特别是脚上的疼痛时,他拒绝服药。他太喜欢大块吃肉且食用过多以致无法消化而死,享年65岁。

21

奥里略·安敦尼·巴西亚努斯·卡拉卡拉(Aurelius Antonius Bassianus Caracalla)是塞维鲁的儿子,出生于卢格杜努姆(Lugdunum),单独统治了6年。人们称他为巴西亚努斯,这个名字源于他的外公。但是,由于他将许多高卢人的衣服带到罗马并制作及踝的束腰外衣,迫使市民们穿上这样的衣服欢迎他,因此,人们称他为卡拉卡拉。他杀害了自己的弟弟盖塔,因此,复仇女神迪里（Dirae）以疯狂来惩罚他并非全无道理。后来，他从疯狂中清醒过来。在看到了马其顿的亚历山大的遗体后，他命令人们称自己为"伟大的"和"亚历山大"。他被奉承者愚弄至此，甚至相信自己与亚历山大长得非常相像，于是他模仿亚历山大，带着凶恶的表情将头扭向自己的左肩（他注意到亚历山大的表情就是这样的）。他无法控制自己的性欲。事实上，他娶了自己的继母。在前往卡莱（Carrhae）的途中，靠近埃德萨（Edessa）的地方，他在小便时被一个士兵杀害。当时这个士兵尾随着他，仿佛自己是卡拉卡拉的随从一样。他死时大约30岁。后来，他的遗体被带回罗马。

22

马克里努斯（Macrinus）与儿子迪亚杜门努斯一起被军队拥立为元首，统治了14个月，最后又被同一支军队所杀，因为他禁止军队过奢侈的生活且拒绝为他们涨军饷。

23

奥里略·安敦尼·瓦利乌斯（Aurelius Antonius Varius）也被称为赫里奥加巴鲁斯（Heliogabalus），是卡拉卡拉与其表妹苏艾美娅（Soemea）的儿子。苏艾美娅是被卡拉卡拉偷偷玷污的。赫里奥加巴鲁斯统治了2年8个月。他母亲苏艾美娅的祖父巴西亚努斯（Bassianus）是索尔城（Sol）的祭司。腓尼基人常常将他生活的地方称为赫里奥加巴鲁斯，这就是这个无耻的赫里奥加巴鲁斯名字的由来。当他在元老院的期盼下以及大量士兵的陪伴下来到罗马后，他以各种荒淫的手段玷污自己的名声。他使自己变得淫荡，由于天生的残疾，他无法满足自己的性欲，于是，他下令人们用女人的名字巴西亚娜（Bassiana）而非巴西亚努斯来称呼自己，他与一个维斯塔贞女像夫妻一般生活在一起。在自宫之后，他将自己献给大母神（the Great Mother）。他赐予自己的表弟马塞卢斯（Marcellus）恺撒的称号，后来马塞卢斯被称为亚历山大。他是在一场兵变中被杀的，然后像狗一样被人们拖着游街示众。此外，人们像军人一般戏称他为纵欲无度的"狗婊子"（puppy-bitch）。最后，由于下水道的开口太过狭窄，难以容纳他的尸体，于是，人们将他的尸体沿着街道拖到第伯河丢掉。为免他的尸体重新浮起来，人们还系上了重物。巴西亚努斯死时60岁。当他的死讯传开之后，人们称他为"第伯利努斯"（Tiberinus，第伯河）和"特拉提提乌斯"（Tractitius，被拖拽者）。

24

塞维鲁·亚历山大（Severus Alexander）统治了13年。他给国家带来了幸福，但自己却非常不幸。在他统治期间，图利尼乌斯（Taurinius）曾自称元首。由于害怕，亚历山大曾试图跳幼发拉底河自尽。后来，在收买许多军队中的人之后，马克西米努斯（Maximinus）也自称元首。事实上，由于亚历山大知道自己已经被侍从们抛弃，于是他大声说是母亲害死了自己，然后遮住自己的头，让刺客将自己勒死，当时他只有26岁。他的母亲马梅娅在每件小事上都约束他，如果他们错过了一顿饭或者午餐的话，就会再享用一次，尽管在上一场宴会上已经快吃饱了。

25

朱理乌斯·马克西米努斯·斯拉克斯（Julius Maximinus Thrax）发迹于军队，统治了3年。他用有罪和无罪的方式追逐财富。在埃奎利亚附近，由于军队暴动，他与女儿一起被杀。当时军队中流传着一句笑话，说一个出身低贱的小狗是活不下去的。

26

在马克西米努斯统治期间，戈尔狄亚父子掌握了帝国的权柄。不久，他们又先后被杀。因为同样的原因，普布利乌斯（Pupienus）、巴尔比努斯（Balbinus）也成为元首，然后又都死去。

27

小戈尔狄亚是老戈尔狄亚的外孙，出生于罗马，统治了6年。他父亲极其有名。在特西丰附近，近卫军长官菲利普（Philip）煽动部下发动叛乱将他杀害。他死时21岁，遗体被安葬在罗马和波斯帝国的边境附近，那里被称为"戈尔狄亚之墓"。

28

马尔库斯·朱理乌斯·菲利普（Marcus Julius Philip）统治了5年。他在维罗纳（Verona）被军队所杀，头颅被人从牙齿上方横劈成两半。此外，他赋予儿子盖乌斯·朱理乌斯·萨图尔尼努斯（Gaius Julius Saturninus）共治权。后来，他儿子也在罗马被杀，死时刚满12岁。盖乌斯非常严厉、性格阴沉，早在5岁时就表明了任何人都无法使他开怀大笑。在百年节期间，尽管还很小，但当盖乌斯转过脸看见父亲举止轻浮的样子时，他就忍不住哈哈大笑起来。菲利普出身卑微，父亲是著名的强盗头子。

29

德西乌斯（Decius）来自下潘诺尼亚行省，出生于布巴里亚城（Bubalia），统治了30个月。他任命自己的儿子小德西乌斯为恺撒。他精通各种艺术，具备各种美德，在家里冷静而谦恭，在战斗中骁勇善战。在境外混乱的部队中，他淹死在沼泽里，连尸体也没有找到，而他的儿子则在战争中被杀。德西乌斯死时50岁。在他统治期间，瓦伦斯·卢西尼亚努斯（Valens Lucinianus）自称元首。

30

维比乌斯·加鲁斯（Vibius Gallus）与儿子沃卢西亚努斯（Volusianus）统治了2年。在他们统治期间，元老院推举霍斯提里亚努斯·波皮纳（Hostilianus Perpenna）为元首。不久后，霍斯提里亚努斯因感染瘟疫而死。

31

在这些人统治时期，埃米利亚努斯（Aemilianus）也在美西亚自称元首，反对上文提到的那两位元首。在因特拉姆那（Interamna）附近，此二人被自己麾下的军队所杀（当时维比乌斯47岁）。埃米利亚努斯出生于美宁克斯（Meninx），即现在的吉尔巴（Girba）。但是在他统治的第4个月，他在斯波勒提乌姆（Spoletium）或者欧里库鲁姆（Oriculum）和纳尔尼亚（Narnia）之间的一座桥附近战败，这座桥因他的死而得名桑谷那里（Sanguinarii），纳尔尼亚位于斯波勒提乌姆和罗马城之间。此外，他是一个摩尔人，好战但并不鲁莽，享年47岁。

32

李锡尼·瓦勒利阿努斯（Licinius Valerianus）的绰号为"克洛比乌斯"（Colobius，贴身内衣），他统治了15年。他父母的出身都很高贵，然而他却非常愚蠢且懒惰，无论是心智还是行为，都不适于担任公职。他任命自己的儿子伽里恩努斯（Gallienus）为奥古斯都，并任伽里恩努斯的儿子科涅利乌斯·瓦勒利阿努斯（Cornelius Valerianus）为恺撒。在他们统治期间，瑞基里亚努斯（Regillianus）在美西亚自称元首。伽里恩努斯的儿子被杀之后，卡西乌斯·拉提恩努斯·波斯图姆斯（Cassius Latienus Postumus）在高卢自称元首。同样，埃利亚努斯（Aelianus）在摩根提亚库姆（Mogontiacum）、埃米利亚努斯（Aemilianus）在埃及、瓦伦斯在马其顿、奥罗鲁斯（Aureolus）在梅地奥拉努姆（Mediolanum）取得了统治权。然而，在美索不达米亚战争期间，瓦勒利阿努斯被波斯国王沙普尔（Sapor）打败，随即被俘，在波斯服苦役，逐渐老去。他活了很长时间，以至于波斯国王习惯于让他蹲在地上，将脚踩在他的肩膀上骑上马背。

33

事实上，伽里恩努斯（Gallienus）先是任命自己的儿子科尔涅利乌斯（Cornelius）为恺撒，后又将另一个儿子萨洛尼亚努斯（Salonianus）扶上恺撒之位，因为他希望妻子萨洛妮娜和情妇皮帕（Pipa）钟情于自己。他通过婚姻使皮帕的父亲（马克曼尼人的国王）签订合约，将部分上潘诺尼亚的领土让给自己。最后，伽里恩努斯向奥罗鲁斯开战。在一座因奥罗鲁斯而得名的桥附近，他俘虏并彻底击败了奥罗鲁斯。在围攻梅地奥拉努姆（Mediolanum）时，他的手下用他击败奥罗鲁斯的方式将他杀害。伽里恩努斯统治了15年，其中7年是和他的父亲共治，8年是单独统治，卒于50岁。

34

克劳狄（Claudius）统治了1年9个月。许多人认为戈尔狄亚是此人的养父。他年轻时就被安排与一位成年女子结婚。伽里恩努斯临终前决定任命他为元首。克劳狄住在提希努姆（Ticinum），通过加洛尼乌斯·巴西里乌斯（Gallonius Basilius）管理国家。当奥罗鲁斯被自己的手下杀害之后，他在离贝纳库斯湖（Lake Benacus）不远的地方通过失而复得的军团与附近的阿拉曼尼人（Alamanni）开战。结果，他大败而归，折损过半。在这段时间，维克托利努斯（Victorinus）僭称元首。克劳狄下令查阅《西比林预言书》，他从中得知，自己无法扭转首席元老即将死去的命运。尽管当时庞波尼乌斯·巴苏斯（Pomponius Bassus）是第一个可以在元老院发表自己意见的人，而且他自愿献出自己的生命，但克劳狄宣布只有元首才是执行这一伟大命令的不二人选，反对空洞地回应神谕，并将自己的生命作为礼物献给国家。由于这一举措对所有人都有利，因此，元老们不仅授予他"神圣"的称号，还在元老院中朱庇特雕像的旁边为他立了一座金像。克劳狄的弟弟昆提鲁斯（Quintillus）继承了元首之位，但在位没几天就被人杀害。

35

奥勒良（Aurelian）的父亲是个平民，有些人甚至说他的父亲是著名元老奥里略（Aurelius）的佃农，居住在达西亚和马其顿之间。奥勒良统治了5年6个月。他很像亚历山大大帝以及独裁者恺撒，因为在3年之内，他从入侵者手里重新夺回了罗马，而亚历山大30岁时，通过一系列大胜仗打到印度，盖乌斯·恺撒则花了10年的时间征服了高卢，用4年的时间打赢了内战。奥勒良在意大利打了3次胜仗，分别是在梅陶鲁斯河（the Metaurus River）畔的普拉森提亚（Placentia）、福尔图娜祭坛（the Altar of Fortuna）和提森恩西安（Ticenensian）平原。在他统治时期，塞普提米乌斯（Septimius）在达尔马提亚自称元首，但很快为自己的手下所杀。与此同时，在罗马城，铸币厂的工匠也发动了叛乱。在镇压他们的叛乱后，奥勒良对他们进行了最严厉的惩罚。他首次将加冕仪式（a diadem for the head）引入罗马，并用珠宝、黄金作为礼服的装饰品，这对罗马人而言都是闻所未闻的事情。他为罗马城修建了更加坚固、结实的城墙，为平民免费供应猪肉。他任命特图利库斯（Tetricus）——他在高卢被军队拥立为元首——为卢卡尼亚总督（Regulator of Lucania）以挖苦此人，因为统治意大利的部分地区比统治阿尔卑斯山以外的地方更值得骄傲。最后，由于侍从的背叛，他在君士坦丁堡和赫拉克鲁姆（Heracleum）之间的路上被杀。该侍从将一份带有奥勒良亲笔签名的手令（他通过模仿奥勒良的笔迹欺骗他们）给自己军中的朋友们看，谎称奥勒良准备处死他们。奥勒良残暴、嗜血，甚至杀死了自己的外甥。奥勒良去世之后，元首之位连续空悬了7个月。

36

继奥勒良之后，塔西佗（Tacitus）执掌了罗马的权柄。他是个性格怪异的人。在统治了 200 天后，由于一场高烧，他在塔尔苏斯（Tarsus）去世。弗洛里安（Florian）是他的继任者。但是，大多数军队选择在军事方面更有经验的埃奎提乌斯·普洛布斯（Equitius Probus）作为自己的统治者。因此，在统治了 60 天之后，仿佛由于争权夺利而精疲力竭一般，弗洛里安割破自己的血管，因失血过多而死。

37

普洛布斯的父亲达尔马提乌斯（Dalmatius）是一个乡野村夫，喜欢田地。普洛布斯统治了 6 年。他在东方打败了萨图尔尼努斯（Saturninus）和普罗克鲁斯（Proclus），在阿格里皮娜（Agrippina）打败了波诺苏斯（Bonosus），因为他们都在当地自称元首。他允许高卢人和潘诺尼亚人种植葡萄。通过士兵的努力，他在锡尔米姆（Sirmium）附近的阿尔玛山（Mount Alma）和上美西亚的阿鲁姆山（Mount Areum）上开发葡萄园。他在锡尔米姆的"铁塔"（Iron Tower）中被杀。

38

卡鲁斯（Carus）出生于纳尔波（Narbo），统治了两年。即位后，他立刻授予卡里努斯（Carinus）和努梅里安（Numerian）恺撒称号。他在特西丰附近被闪电劈死。在混乱之中（努梅里安患上了眼疾），他的儿子努梅里安被岳父"教唆者"（the instigator）阿贝尔（Aper）阴谋杀害。原本阿贝尔想在掌控权力之后才公布努梅里安的死讯，但是尸体发出的恶臭使他的罪行败露。接着，萨比努斯·朱里阿努斯（Sabinus Julianus）在维罗内西安田野（Verronesian Field）登基，后被卡里努斯所杀。卡里努斯罪行累累：他捏造罪名杀害了很多无辜者，破坏贵族的婚姻，还迫害自己的同窗（因为他们在教室里嘲笑他）。他被自己任命的保民官折磨至死，据说是因为他侵犯了此人的妻子。

39

戴克里先（Diocletian）是达尔马提亚人，元老阿努利努斯（Anulinus）的被释奴。即位之前，因他的母亲以及戴克里亚城（Dioclea），人们用达尔马提亚语称他为戴克勒斯（Diocles）。在执掌罗马帝国的权柄之后，他按罗马人的习俗换了一个希腊名字，统治了25年。他任命马克西米安（Maximian）为奥古斯都，任命君士坦提乌斯（Constantius）和伽勒里乌斯·马克西米亚努斯（Galerius Maximianus）为恺撒。在君士坦丁与前一任妻子狄奥多拉（Theodora）——赫尔古利乌斯·马克西米安（Herculius Maximian）的继女——离婚后，他授予其"牧人"（Armentarius）的绰号。当时，卡拉西乌斯（Charausius）在高卢、阿奇勒斯（Achilles）在埃及、朱里阿努斯（Julianus）在意大利自称元首，但是不久都相继陨落。其中，朱里阿努斯是在敌人攻城时投火自尽的。

实际上，戴克里先是在尼科米底亚（Nicomedia）退位，最后在自己的私人住宅中老去。当赫尔古利乌斯（Herculius）和伽勒里乌斯（Galerius）恳求他重掌权力时，他像躲避瘟疫一样回答道："如果你曾在萨洛尼（Salonae）看到我们手上捧着的那些脑袋的话，就绝不会受到这件事的诱惑了。"戴克里先活到68岁，最后9年是以平民的身份度过的。很显然，他是由于恐惧而自杀的。因为当时君士坦提乌斯和李锡尼邀请他参加一场婚礼，而以他的身份是绝对不够格参加这场婚礼的。在收到其中写着他曾经中意马克森提乌斯（Maxentius）、现在则喜爱马克西米安（Maximian）的威胁信后，他自杀了。据说，他认为被人暗杀是耻辱的，于是服毒自尽。

40

当时，作为恺撒的君士坦提乌斯——君士坦丁的父亲——和阿门塔利乌斯（Armentarius）被拥为奥古斯都；塞维鲁在意大利、伽勒里乌斯的外甥马克西米努斯（Maximinus）在东方分别自称恺撒；同时，君士坦丁也被任命为恺撒，马克森提乌斯（Maxentius）在罗马城6英里之外的别墅中被任命为君主；接着，李锡尼（Licinius）在前往拉维卡努姆（Lavicanum）的旅途中登基，瓦伦斯也在迦太基（Carthagina）自称元首。他们死亡的经过如下：

塞维鲁在罗马的三馆（Tres Tabernae）被赫尔古利乌斯·马克西米安（Herculius Maximian）所杀，他的骨灰被安葬在罗马城外九里处的阿庇安大道旁的伽里恩努斯墓中；伽勒里乌斯·马克西米亚努斯（Galerius Maximianus）在被人割下生殖器后死去；马克西米安·赫尔古利乌斯（Maximian Herculius）在马西利亚（Massilia）被君士坦丁所包围，接着被俘，最后以最不体面的方式——绞刑——处死；亚历山大被君士坦丁的军队所杀；马克森提乌斯在与君士坦丁的战争中，匆匆从一侧踏上浮船搭建的桥——就在米尔维安大桥（the Milvian Bridge）上游不远处——由于乘坐的马摔倒而掉入水中，因为沉重的盔甲而被河水吞没，尸骨无存；马克西米努斯在塔尔苏斯（Tarsus）死去；瓦伦斯被李锡尼处死。

此外，他们的性格如下：

奥里略·马克西米安（Aurelius Maximian）的绰号叫赫尔古利乌斯（Herculius）。他生性残忍、荒淫无耻、固执己见，出生于潘诺尼亚的乡村。直到现在，这个地方还在锡尔米姆（Sirmium）附近。此地之所以有名，是因为在他父母曾经赚钱度日的地方建有一座宫殿。马克西米安卒于60岁，担任了20年元首。他与一个来自尤特罗皮亚（Eutropia）的叙利亚女子生下了马克森提乌斯和福斯塔（Fausta，君士坦丁的妻子）。君士坦丁的父亲君士坦提乌斯将自己的继女狄奥多拉嫁给了君士坦丁。但是，他们说，马克森提乌斯的地位因为这个女人的诡计（她因为头生子是男孩的吉兆获得了丈夫的喜爱）被取代。没有人喜欢马克森提乌斯，甚至连他的父亲或者姐夫伽勒里乌斯也不待见他。

此外，尽管伽勒里乌斯只是一个没有教养的乡村律师，但难能可贵的是，他外表迷人且是个懂谋略的福将。他的父母都来自乡村，负责看管家畜，因此，他得到了"阿门塔利乌斯"（牧人）的绰号。他出生且被葬于达西亚的瑞鹏西斯（Ripensis）。他根据自己母亲罗姆拉（Romula）的名字，称此地为罗姆里亚努姆（Romulianum）。他甚至敢于放肆地声称，自己的母亲与亚历山大大帝的母亲奥林匹亚（Olympias）一样，也是在被一条蛇缠绕之后生下自己。阿门塔利乌斯（Armentarius）姐姐的后代伽勒里乌斯·马克西米亚努斯被人们称为达卡（Daca）。当然，在成为元首之前，他当了4年恺撒，接着在东方当了3年奥古斯都。的确，他出生于牧人家庭，但他非常推崇博学之人，喜爱文学。他天性安静，喜欢酗酒。由于饮酒，他的精神趋于崩溃，常常颁布一些严酷的法令。但是，在禁欲和冷静的时候，他又会为自己曾经做过或吩咐过的事情感到后悔，并下令推迟执行。亚历山大是弗里吉亚人，由于年事已高，在陷入困境时表现不佳。

41

随着所有这些人的陨落，君主之位落入君士坦丁和李锡尼之手。君士坦丁是君士坦提乌斯元首和赫勒那（Helena）的儿子，统治了30年。在他年轻时，伽勒里乌斯以宗教问题为借口，将他作为人质扣留在罗马城。后来，他逃跑了。为了阻拦那些追捕自己的人，无论逃到哪里，他都会毁坏公共交通。最后，他逃到身处不列颠的父亲身边。在那段日子里，他父亲君士坦提乌斯意外地去世了。他父亲去世时，除了阿拉曼尼人的国王克洛库斯（Crocus）——他当时为了支持君士坦提乌斯而追随左右——外，当时在场的所有人都劝说他即位，于是他称帝。李锡尼被召去梅地奥拉努姆（Mediolanum），娶了君士坦丁的姐姐君士坦提娅（Constantia）。他的儿子克里斯普斯（Crispus）是情妇米涅维娜（Minervina）所生，而君士坦丁二世（Constantinus）在同一天出生于阿尔莱特城（Arlate）。李锡尼的儿子李锡尼亚努斯（Licinianus）在大约20个月大的时候被任命为恺撒。但是，同为君主，要保持和睦是非常困难

265

的，李锡尼和君士坦丁之间出现了嫌隙。首先，在名叫惠尔卡湖（Hiulca）边的齐巴莱（Cibalae），当君士坦丁在晚上冲入李锡尼的军营时，李锡尼迅速逃至拜占庭。之后，他任命拜占庭的执事长官（Master of Offices）马尔提尼亚努斯（Martinianus）为恺撒。当时，君士坦丁在比提尼亚战争中获胜。他通过李锡尼的妻子向李锡尼承诺授予他元首之位，并保证李锡尼的人身安全。接着，在将李锡尼送到塞萨洛尼卡（Thessalonica）后不久，他命令李锡尼和马尔提尼亚努斯自杀。李锡尼出任君主（dominatio）14 年，死时大约 60 岁。由于贪财，李锡尼成了最邪恶的人，过着荒淫无耻的生活。他的确很严厉，脾气暴躁，讨厌文学。由于太过无知，他常常招来毒药、瘟疫，特别是法律诉讼。显然，他使农夫和乡民受益良多，因为他生于其中，长于其中。根据我们祖先的惯例，他是军队最严厉的保护者（guardian of the military）。他严厉地压制阉人和宫廷侍者，称他们为小人、宫廷的寄生虫。但是，一些人认为，君士坦丁因为战争中惊人的好运而控制整个罗马帝国之后，在妻子福斯塔的煽动下，他下令处死了李锡尼的儿子克里斯普斯。接着，当李锡尼的母亲赫勒那因为孙子的死太过悲伤而指责他时，他处死了自己的妻子福斯塔，将其丢到滚烫的公共浴池中。当然，有证据表明君士坦丁确实非常渴望荣耀。根据刻在一些建筑上的铭文，他常常称图拉真为"攀墙植物"（Wall Plant）。他在多瑙河上修建了一座桥，用珠宝装饰自己的衣服，且头上总是戴着王冠。然而，他在许多事情上都极为温和：他通过最严厉的法律打击恶意的起诉；他资助艺术创作，特别是文学研究；他亲自阅读、撰写、回复、聆听使臣和行省人民的申诉；他授予自己的孩子和弟弟的儿子德尔马提乌斯（Delmatius）恺撒称号。君士坦提乌斯于63 岁时病逝，独自统治了 30 年。他是一个嘲讽者而非奉承者。为此，在民间故事中他被称为"特拉卡拉"（Trachala）。在他统治的第一个 10 年中，他是最杰出的人；在第二个 10 年中，他是一个强盗；最后 10 年，由于挥霍无度，他成了一个不负责任的疯子。他的尸体被埋葬在拜占庭。这个地方被人们称为君士坦丁堡。他死后，德尔马提乌斯被军队杀害。

　　罗马的统治权回到了君士坦丁的 3 个儿子手里，他们分别是，君士坦丁二世（Constantinus the Younger）、君士坦提乌斯和君士坦斯（Constans）。他们有各自的统治区：君士坦丁二世统治阿尔卑斯山以外的地区；君士坦提乌斯统治普罗旁提斯海峡（Propontis）、亚细亚和东方；君士坦斯统治伊利里库姆、意大利和阿非利加。另外，德尔马提乌斯统治色雷斯、马其顿和亚加亚；德尔马提乌斯恺撒的弟弟汉尼拔里阿努斯（Hannibalianus）统治亚美尼亚和邻近的同盟国。

然而，由于拥有统治意大利和阿非利加的合法权力，君士坦丁二世和君士坦斯随即反对德尔马提乌斯和汉尼拔里阿努斯的统治。一次，君士坦丁二世喝得酩酊大醉，在大路上抢劫，闯入别人的领土，结果被杀，然后被丢进离埃奎利亚（Aquileia）不远的阿尔萨（Alsa）河里。而当君士坦斯由于喜欢狩猎漫步在丛林和林间草地中时，一些士兵在克里斯提乌斯（Chrestius）、马塞利努斯（Marcellinus）和马格嫩提乌斯（Magnentius）的煽动下密谋杀害他。事情败露之后，马塞利努斯假称儿子生日，邀请许多人来吃饭。到深夜，当酒会正在举行的时候，他假装醒酒退了出来，然后穿上了皇帝的礼服。在得知他的举动后，君士坦斯试图逃往比利牛斯山（Pyrenees）附近的赫勒那（Helena），但是被马塞利努斯派来的名叫盖所（Gaiso）的杀手杀害。他统治了13年（因为他当了3年的恺撒），死时27岁。由于关节疾病，他的手脚均有残疾。他幸运地拥有适宜的气候、丰盈的粮食，也没有受到蛮族的威胁。如果他没有将行省总督的职位拿来出售，而是以公正作为选拔总督的标准的话，事情也许不会发展至此。当君士坦斯的死讯传播开来，军事长官（Master of Soldiers）维特拉尼奥（Vetranio）在潘诺尼亚的穆尔西亚（Mursia）登基。不久之后，他又高兴地退位。此外，他是一个直率的人，直率到近乎愚蠢。

42

君士坦提乌斯宣布堂弟加鲁斯为恺撒并将自己的妹妹君士坦提亚（Constantia）嫁给了他。马格嫩提乌斯也在阿尔卑斯山以外的地方任命自己的兄弟德森提乌斯（Decentius）为恺撒。当时，在罗马，在那些受害人的怂恿下，君士坦丁的姐妹尤特罗皮亚（Eutropia）的儿子聂普提亚努斯

（Nepotianus）采用了奥古斯都的称号。28天后，聂普提亚努斯被马格嫩提乌斯所杀。同时，君士坦提乌斯在穆尔撒（Mursa）与马格嫩提乌斯打了一仗，并取得了胜利。但在后来的战争中，罗马人四面楚歌，整个罗马帝国危在旦夕。之后，当马格嫩提乌斯向意大利进军时，在提希努姆（Ticinum）附近，他击溃了众多鲁莽追击他的人，像过去一样取得了胜利。不久，他在卢格杜努姆（Lugdunum）附近被围，最后死去，享年50岁。当时，正好是他担任元首的第42个月。他的身体一侧被一支暗剑刺穿，并被敌人一拳打在墙上（因为他身形巨大），他的伤口、鼻子和嘴里都喷出了鲜血。他的父母是住在高卢地区的蛮族。他喜欢阅读，声音尖细，傲慢无礼，极其胆小，并用冒失来掩饰自己的胆怯。在得知马格嫩提乌斯的死讯后，德森提乌斯用一条布带做成的绳索结束了自己的生命。同时，加鲁斯恺撒被君士坦提乌斯所杀，他统治了4年。希尔瓦努斯（Silvanus）被拥为元首，就职28天后死去。尽管希尔瓦努斯的父亲是蛮族，但他生来就极为迷人。他接受过罗马人的教育，很有教养且非常勤勉。

君士坦提乌斯亲自任命加鲁斯的弟弟克劳狄·朱里阿努斯（Claudius Julian）为恺撒，当时克劳狄23岁。在高卢的阿根特拉滕西安（Argentoratensian）田野上，克劳狄带领少量士兵击败大量敌人。敌人的尸体堆积如山，血流成河，高贵的国王诺杜玛利乌斯（Nodomarius）被俘，所有的贵族都被打败，罗马之前的边界得以恢复。后来，他又与阿拉曼尼人作战，俘虏了他们最强大的国王巴度马里乌斯（Badomarius），因此，他被高卢的士兵们拥立为奥古斯都。君士坦提乌斯通过使者催促他恢复到之前的地位和头衔。温和的朱里阿努斯秘密写信给君士坦提乌斯，回答说，他自己会在崇高的君主头衔下更加尽职尽责地工作。因此，君士坦提乌斯更加生气，因为他无法忍受有人和自己一样拥有君主的头衔。由于高烧引起的失眠，他的怒气更甚。君士坦提乌斯在44岁，即统治的第39年时，死于莫博苏克林（Mopsocrene）附近的陶鲁斯山的山丘上。他当了24年的奥古斯都，当了15年的恺撒（其中，他独自统治了8年，与他的兄弟和马格嫩提乌斯一起统治了16年）。在内战中，他是幸运的；在对外战争中，他是不幸的。他的箭术非常高超，在饮食、饮酒和睡眠方面非常节制，能吃苦耐劳；他热爱演讲，但是由于头脑迟钝，他对此并不非常在行，因此，他常常嫉妒别人在这方面的能力；他沉湎于太监、朝臣、妻子们的爱，常常被那些用正常、合法的娱乐来满足自己的人所诟病。然而，在众多妻子中，他特别喜爱欧瑟比娅（Eusebia）。这个女人的确优雅，但是在阿达曼提亚（Adamantiae）、戈尔戈尼亚（Gorgoniae）等人的怂恿下，她损害了丈夫的声誉。正直的妇女们则应以帮助自己的丈夫为准则，由于我忽略了其他女人的事迹，所以很难使人们相信庞培娅·普罗提娜（Pompeia Plotina）为图拉真增添了多少荣耀。由于元首财务代理人（procuratores）用诬告严重破坏了行省的稳定，以至于据说他们中有人这样问候富有的同伴："你是如何得到这么多财富的？"另一个说："你在哪里得到如此多的财富？"第三个人说："把你的财富给我吧！"普罗提娜劝诫并责备自己的丈夫，因为他对自己的声誉漠不关心，以至带来了许多不利的后果。后来，图拉真取消了不公正的苛捐杂税，并称国库为脾脏（spleen），因为脾脏变大之后，四肢和肌肉都会萎缩。

43

当时，朱里阿努斯成为罗马唯一的奥古斯都。他非常渴望荣誉，于是发动了对波斯人的战争。当波斯人从各个方向猛扑过来时，他被一个逃兵引入埋伏之中。当波斯人从四面八方逼近时，他带着一块匆忙夺来的盾牌从刚刚建立的军营中冲了出去。当他以鲁莽的狂热试图组织战斗队列时，一支从敌军中飞来的矛击中了他。他被人们带回自己的营帐，但不久又再次回到战场激励士兵。由于失血过多，他在午夜时去世。人们曾预先向他询问由谁来继任君主之位，他回答说自己不会推荐任何人出任君主，以免像大部分时候一样导致人们闹意见。出于嫉妒，他伤害了一个朋友；由于军队的不和，他伤害了国家的利益。朱里阿努斯对文学和风花雪月之事非常擅长，能与哲学家和最聪明的希腊人一较高下。他非常喜欢锻炼身体，因此长得很健壮，但是身材较矮小。由于在某些事情上他忽视了一项本该采取的措施，这使得它们失去了重要性。他太过渴望荣耀，对神灵的崇拜近乎迷信。他有着超越君主身份的勇气，因为他作为君主，本该为保证所有人的安全而维护自己个人的安全，尤其是在战争中。他如此渴望荣誉，以至于无论是地震还是大量的预兆都没能阻止他进攻波斯，结果一败涂地。在开战的前一天，人们看到一个巨大的球体从天而降，但是这也没能让他有所警觉。

44

约维安（Jovian）的父亲是潘诺尼亚行省辛集多城（Singido）的居民，名叫瓦洛尼亚努斯（Varronianus）。他统治了8个月。在他出生之前，他的父亲失去了几个孩子。后来，在他母亲临盆之际，他父亲梦到神灵命令他称即将出生的孩子为约维安，他因此而得名。约维安的体形异于常人，待人和蔼，喜好文学。在严冬之际，他匆忙从波斯赶往君士坦丁堡，结果因胃胀而生病，一座新建筑的墙灰味进一步加剧了他的病情，最终他突然离世，死时40岁。

45

瓦伦提尼安（Valentinian）统治了10年差10天。他的父亲格拉提亚努斯（Gratianus）是锡巴里斯（Cibalis）附近的平民。他被人们称为"弗纳里乌斯"（Funarius，挽缰马）。因为当他在奴隶市场拿着绳索时，5个士兵也无法从他手中夺走。为此，瓦伦提尼安被获准进入军队，一直升迁至近卫军长官。由于得到了士兵们的爱戴，反抗者瓦伦提尼安被拥立为君主。他允许自己的兄弟瓦伦斯与自己共同执政。最后，在岳母和妻子的请求下，他任命自己尚未成年的儿子格拉提安（Gratian）为奥古斯都。瓦伦提尼安性格沉稳、头脑聪慧、不苟言笑、谈吐很有教养，但是他少言寡语、严厉、性格暴躁，有许多缺点，最重要的是他很贪婪。他在许多方面与哈德良非常相似，例如：他是一个极优秀的画家，记忆力非常好，喜欢研究新武器，也喜欢用蜡或者黏土来制作肖像，谨慎地利用地点、时间和谈话。简而言之，如果情况允许（如果没有人与他为敌，或者他拥有值得赞赏和博学的顾问）的话，毫无疑问，他会有很好的表现，成为一个杰出的统治者，但他只能信任自己，仿佛自己是最值得信赖、最谨慎的人。在他统治时期，菲尔姆斯（Firmus）在毛里塔尼亚（Mauretania）建立了政权，后被消灭。瓦伦提尼安在贝尔根提奥（Bergentio）应夸德人（Quadi）特使的请求登基为帝。后来，由于内出血（hemorrhage），他无法言语，但意识清楚，死于55岁。许多人说，他之所以会发病，是因为暴饮暴食。于是，随着他的去世，在埃奎提乌斯（Equitius）和梅洛布迪斯（Merobaudes）的怂恿下，瓦伦提尼亚努斯在他与母亲居住的地方附近被拥立为君主，当时是瓦伦提尼安统治的第4年。

46

瓦伦斯（Valens）和他的兄弟瓦伦提尼安一起统治了13年5个月。瓦伦斯在与哥特人进行的一场战争中不幸被箭所伤，被人们带到一座极为简陋的房子里。但是，哥特人随即赶到，并在下面放了一把火，结果他被烧死。在他统治时期，这些事情是值得赞许的：他是有产者的坚定支持者，很少更换法官，对朋友很忠诚，即使生气也不会伤害他们，而且，他的确非常谨慎。在他统治时期，普洛柯比乌斯（Procopius）僭称君主成为暴君，后被杀。

47

格拉提安是锡尔米姆人。他与父亲瓦伦提尼安一起统治了8年零85天；与叔叔、弟弟一起统治了3年；与弟弟、狄奥多西（Theodosius）一起统治了4年；与阿尔卡狄乌斯（Arcadius）一起统治了6个月。在高卢阿尔根塔利亚城（Argentaria）的一次战争中，他杀了3万阿拉曼尼人。他发现哥特人和泰法力（Taifali）是罗马人的最大威胁，但更加可怕的敌人是横扫千军、控制了色雷斯和达西亚地区（尽管这是外国的领土）的匈奴人和埃兰人。于是，他在所有人的欢呼声中，将帝国的三分之一交给年仅29岁的西班牙人（Hispania）狄奥多西。此外，格拉提安十分擅长文学，他创作诗歌、谈吐文雅，像修辞学家一样进行辩论。他没日没夜地苦练箭术，并将射中靶心视为一件极其快乐的事情，也是一项神圣的技能。他对饮食和睡觉并不讲究，沉湎于酒色之中。如果注重学习统治艺术的话，他会具备所有的美德。然而，他不仅天性不喜学习治国之术，而且很少实践，对治理国家甚为生疏。由于他忽视军队且偏爱几个来自埃兰的德高望重的士兵，因而引起了其他士兵的敌意。他支付了巨额黄金将这几个人据为己有，甚至将这几个蛮族扈从视为朋友，有时在旅行的时候还和他们穿同样的衣服。同时，当马克西姆斯（Maximus）在不列颠成为暴君并渡海来到高卢时，受到了对格拉提安不满的军团的欢迎。于是，格拉提安逃走。不久，格拉提安被马克西姆斯所杀，死时29岁。

48

狄奥多西（Theodosius）的父亲名叫霍诺里乌斯（Honorius），母亲名叫特曼提娅（Thermantia），其祖先可以追溯至图拉真元首。他在锡尔米姆被格拉提安奥古斯都任命为君主，统治了17年。人们说，他的父母在梦中得到启示，给他取了这个名字，其拉丁文的意思是"神灵赐予的"（Given by God）。在亚细亚流传着一个预言，说在瓦伦斯之后，继承君主之位者的名字应该以希腊字母 Θ、E、O、Δ 开头。一个名叫狄奥多鲁斯的人由于其名字的开头与这几个字母密切相关，因而被骗，声称自己才是真正应该继承君主之位的人。结果，他由于这一邪恶的欲望受到惩罚。此外，狄奥多西是帝国版图的扩张者，也是杰出的国家保卫者。在历次战争中，他打败了匈奴人、哥特人（瓦伦斯曾将他们打败）。当波斯人提出请求的时候，他与他们缔结了和约。此外，在埃奎利亚，他杀死了杀害格拉提安、控制高卢的暴君马克西姆斯，并处死了他的儿子维克多（Victor）。维克多还是一个婴儿的时候就被任命为奥古斯都。他还征服了暴君尤格尼乌斯（Eugenius）和阿尔博加斯特斯（Arbogastes），歼灭了上万敌军。后来，他在维也纳消灭了瓦伦提尼亚努斯。瓦伦提尼亚努斯借助阿尔博加斯特斯的势力僭称君主，但不久就失去了君主之位及其生命。

此外，从许多古代著作和图片来看，狄奥多西在神态和体形上都很像图拉真。他身材高大，除了腿由于行军而较细以及眼睛不太有神之外，他的四肢、头发和嘴巴都很像图拉真（我不确定他是否和图拉真一样仁慈，有没有那么多的胡须，以及走路的样子是否高贵）。此外，他们都很博学，从书本上学到了几乎所有的知识。他仁慈、富有同情心、性格开朗，只想通过服装来将自己与他人区别开来；他对所有人都彬彬有礼，对神灵更是虔诚；他既青睐那些性格单纯的人，又钦佩那些博学却无害的人；他慷慨地赐予人们许多礼物；他喜欢用荣誉、财富和其他恩宠来奖赏那些与自己有私交的人；他尤其尊敬那些在逆境中帮助过自己和父亲的人；然而，他非常厌恶人们诋毁图拉真的那些事情，如酗酒以及渴望胜利；他从不轻启战端，但是也绝不会在战争面前退缩；他通过法律来禁止人们从事色情职业以及在宴会上雇佣女琴手；他在礼节和禁欲上花费了许多精力，甚至禁止堂兄妹结婚，仿佛堂兄妹是亲兄妹一般；即使与那些最文雅的人相比，他也是相当博学的；显然，他十分聪明，且非常热衷于了解祖先的功绩；和秦纳（Cinna）、马略、苏拉及每个统治者（dominatio）一样，他总是指责那些书上所说的傲慢、残忍、伤害别人自由的行为，尤其是背信弃义和忘恩负义的行为。当然，他会由于人们不得体的行为而生气，但是很快就会平静下来。因为稍微延迟一些时间，有时就能为改正有害的措施提供机会。他天生具有奥古斯都从哲学教师那里学到的知识。为了避免颁布错误的命令，当他在为遇到一些容易困扰自己的事情而生气时，他会背诵24个希腊字母。这样，暂时的愤怒就会由于注意力被转移到其他事情上而平息。

毫无疑问，随着年龄的增长，他那原本稀少的美德与日俱增，在内战中获胜后，他的品德更加高尚。在登基之后，他非常关心谷物供应，并将自己在战争中赢得的、暴君们花费的大量金银财宝还给人们。事实上，在施行仁政的过程中，他甚至退还了那些被掠夺的农场和被毁坏的庄园。他像赡养父亲一样照顾自己的舅公；他以父母的情怀对待同族和姻亲，将已故兄弟姐妹的孩子视如己出；他赠予的礼物高雅、令人愉快，但并非昂贵的娱乐表演；他根据人们的地位来调整自己的谈话内容，话虽不多，却很有分量；他是一个讨人喜欢的父亲、和蔼可亲的丈夫；他进行锻炼，既不是为了娱乐也不是为了增强体力；闲暇时，他会通过远足来恢复精神，并通过适当的饮食保持健康。55岁时，他在梅地奥拉努姆（Mediolanum）平静地离世。他交给两个儿子即阿尔卡狄乌斯（Arcadius）和霍诺里乌斯（Honorius）的遗嘱是让他们二人共同执政。同年，他的遗体被送往君士坦丁堡并得到安葬。

尹宁译自托马斯·M. 班奇科（Thomas M. Banchich）的英译本

新时代"一带一路"古文明文献萃编丛书

杨共乐　主编

古代罗马文明文献萃编
（下）

杨共乐◎本册主编

华夏出版社
HUAXIA PUBLISHING HOUSE

图书在版编目（CIP）数据

古代罗马文明文献萃编 . 下 / 杨共乐主编 . -- 北京：华夏出版社有限公司，2023.4

（新时代"一带一路"古文明文献萃编 / 杨共乐主编）

ISBN 978-7-5222-0273-0

Ⅰ.①古… Ⅱ.①杨… Ⅲ.①古罗马—文化史—文献—汇编 Ⅳ.① K126

中国版本图书馆 CIP 数据核字（2022）第 003422 号

目　录

九、狄奥尼修斯的《罗马古事纪》选译 …………… 275

十、约瑟夫斯的《约瑟夫斯自传》 ………………… 385

十一、塔西佗的《演说家的对话》 ………………… 427

十二、迪奥·卡西乌斯的《罗马史》 ……………… 463

十三、普鲁丹提乌斯的《反叙马库斯》 …………… 573

十四、出访阿提拉 …………………………………… 619

后　记 ……………………………………………… 635

九、狄奥尼修斯的
《罗马古事纪》选译

哈利卡纳苏斯的狄奥尼修斯（*Dionysius of Halicarnassus*）出生于小亚细亚，为历史学家希罗多德的同乡。公元前30年，他来到罗马，并在这里生活了二十二年。在罗马的二十二年里，他一边学习拉丁语和罗马文学，一边搜集罗马早期的资料，并在此基础上，写就了《罗马古事纪》（*Roman Antiquities*）。《罗马古事纪》共二十卷，现仅完整保存前十卷及第十一卷的大部分。这部著作讲述了罗马从传说时期至第一次布匿战争时期的历史，描绘了罗马政治生活的详尽图景，是研究罗马早期历史的重要文献。

欧内斯特·凯里（Earnest Cary）是第一位用英文翻译《罗马古事纪》全书的学者。他于1931年完成《罗马古事纪》第一卷的翻译，于1950年译完其余各卷。凯里的译本即现行的洛布译本，是本文主要参考的译本。本文选译的是《罗马古事纪》第二卷和第三卷的内容。

第二卷

1.罗马位于意大利西部靠近台伯河的地方。台伯河水沿着海岸注入第勒尼安海，此地距罗马一百二十斯塔德。最早定居在这里的土著叫做西库尔人（Sicels），他们还占据了意大利的部分地方，其中不少独特的纪念碑甚至留存至今。此外，许多曾以西库尔人的名字命名的地方表明这些人以前就居住在这片土地上。后来，他们被阿波里吉涅斯人（Aborigines）赶出了意大利，后者占领了这个地方。这些阿波里吉涅斯人是欧诺特里亚人（Oenotrians）的后代，居住在从塔伦特姆（Tarentum）至波西多尼亚（Posidonia）的海岸，他们是根据当地的习俗被敬奉给神的一群虔诚的年轻人，由他们的父母派出，来到这片神赠予的土地。欧诺特里亚人属于阿尔卡迪亚民族，他们自愿离开当时被称为利考尼亚（Lycaon，现在叫阿尔卡迪亚）的国家，出去寻求更好的土地，在吕卡翁（利考尼亚即是以他的名字命名的）的儿子奥诺特鲁斯（Oenotrus）的带领下来到意大利。他们定居意大利后，流浪的佩拉斯基人从海摩尼亚（Haemonia，即现在的塞萨利，他们在那里生活了一段时间）来到这里。继佩拉斯基人之后，帕拉提乌姆城的阿尔卡迪亚人在埃万德（赫尔墨斯和西弥斯女神之子）的带领下来到这里。他们在位于罗马中心附近的一座山丘（七丘之一）旁建造了一座城市，称其为帕拉提乌姆，即他们在阿尔卡迪亚的母邦的名字。此后不久，当赫拉克勒斯带着他的军队从厄律忒亚返回家乡的途中来到意大利，他的一部分希腊士兵留在了帕拉提乌姆附近，在另一座山丘附近定居下来（这座山现在位于罗马城内）。这里被当地居民称为萨杜恩山（即现在罗马人所称的卡皮托山）。这些人大多是生活在伊利斯的伊皮安人，赫拉克勒斯摧毁了他们的家乡后，他们便离开了那里。

2. 特洛伊战争后第十六代人时，阿尔巴人（Albans）将这两个地方整合为一个居住地，并建以环绕的城墙和沟渠，因为这里有四季肥沃的草地，河水源源不断地滋养着牧草。阿尔巴人是一个混合民族，其居民包括佩拉斯基人、阿尔卡迪亚人、离开伊利斯的伊皮安人和特洛伊人（特洛伊城被攻陷后，这些人在安喀塞斯和阿芙洛狄忒的儿子埃涅阿斯的带领下离开特洛伊，来到意大利），很可能还有来自邻近民族的野蛮人，或与希腊人混居在一起的当地古老居民。所有这些外来者都已失去了原部落的名称，汇聚在拉丁人（以国王拉提努斯的名字命名）的名号下。这些部落在特洛伊城被占领后的第四百三十二年建造了这座有城墙的城市，即第七个奥林匹亚纪。① 城市的领导者是来自神圣家族的两兄弟，罗慕卢斯和雷穆斯。从母系方面来讲，他们是埃涅阿斯和达尔达诺斯的后人，虽然不能确定他们的父亲是谁，但罗马人坚信他们是战神马尔斯之子。然而，两兄弟为争夺领导权而发起战争。雷穆斯在战斗中被杀死后，罗慕卢斯成为城市的创建者，并以他的名字命名该城。最初和他一起被派出去殖民的数量众多的殖民者人口锐减，仅剩三千步兵和三百骑兵。

3. 城墙、沟渠和房屋都修建完毕后，人们需要考虑采用何种政体形式。罗慕卢斯听从外祖父努米托尔（Numitor）的建议，把人们召集在一起商议。努米托尔教导罗慕卢斯对人们说，尽管这座新建的城市已经拥有足够多的公共和私人建筑，但这不是城市最有价值的东西。因为在与外敌作战时，高墙和深沟不足以保证安全，只能保证不因敌人的入侵而遭受伤害。在国内暴乱中，私人住宅也不能安全地庇护他们。这些建筑只是为让他们享受悠闲而宁静的生活，仅仅拥有这些建筑并不能使他们避免邻近民族的侵犯，也不会使遭遇叛乱的人们感到他们远离了危险。没有一座城市是因辉煌的装饰而变得繁荣并长期存在的。同样，也不会有任何一座城市，因为在公共场所和私人建筑中缺乏富丽堂皇的建筑，而在变得伟大和繁荣时受到阻碍。能够使城市变得伟大的方法是：面对外部战争时，有勇猛而训练有素的士兵；处理内部纷争时，有审慎而公正的公民。那些英勇又能够控制情绪的人对国家最有利，既为国家建造了固若金

---

① 公元前751年。

汤的城墙，又为私人生活提供了安全的避难所。人们的勇敢、正义和其他美德源自优良的政体，相反，那些懦弱、贪婪、被坏情绪左右的人只会产生糟糕的制度。他又说到，熟悉历史的长者曾告诉他，建立在富饶地区的许多城市，有的随即被国内的暴动毁灭；有的存在一段时间后被邻国强占，富裕的国家遭遇厄运，人们失去自由沦为奴隶；还有的城市人口稀少，定居在偏僻的地方，他们这样做，首先是为了获得自由，其次是为了统治他人。无论是小国的成功还是那些大国的不幸，都源于政体形式。因此，如果人们只有一种生活方式能够使国家变得繁荣，那么他们会毫不犹豫地采用这种方式。但希腊人和蛮族人有许多政体形式。罗慕卢斯听说过其中的三种政体，虽然生活于其中的人们对这些政体表示赞美，但它们均有内在的缺陷，因而罗慕卢斯无法做出选择。因此，他询问人们，是否要由一人或少数人进行统治，或是否要制定法律，将保障公共利益的任务交给全体人民。"不论你们建立哪种政体，"他说，"我都会听从你们的要求。因为我既能够指挥，也能够服从。至于荣誉，我很高兴接受你们赠予我的荣誉，让我成为城市的领导者，并以我的名字为城市命名。因为无论是外部战争还是国内纷争，抑或时间（它是一切优秀事务的摧毁者）或任何不幸的命运，都无法剥夺我的荣誉。无论是生是死，这些荣誉都将永远伴随着我。"

4. 罗慕卢斯按照努米托尔的吩咐对人们说了这番话。人们商议后回答道："我们不想建立一种新的政体，不愿改变祖先们认为最好并传给我们的政体。这种政体由最富智慧的先哲们制定，同样适用于当下。我们对这种政体感到满意。它使我们在国王的统治下获得幸福——拥有自由并能够统治他人。关于政体形式，我们的决定如下：我们选择你为领导者。因为你出身高贵并拥有美德，但最重要的是你作为领导者的能力和智慧，这些在你的言行中得到了充分的体现。"罗慕卢斯因获得同胞的认可而高兴，却声称只有通过吉兆得到神的准许，他才会接受这份荣耀。

5. 得到人们的支持后，罗慕卢斯选定一天为他的统治权求神谕。那一天到来时，天刚破晓，罗慕卢斯便走出帐篷。然后，他站在空旷且干净的土地上，首先按惯例祭祀，向朱庇特神和保护殖民地的其他神献祭，并乞求说，如果神允许他做城市的国王,就在天空中显现一些征兆。祈祷过后,一道闪电从左向右划过天空。罗慕卢斯根据第勒尼安人或他的祖先所教授的判断方法,将这一现象视为吉兆。在我看来,他们的理由是求神谕的人应该面向东方站立,因为太阳、月亮、行星和恒星都从东方升起。天空的运行也是从那里开始,有时位于地球之上,有时位于地球下面,循环往复。对于面向东方的人来说,朝北的天空在他左边,朝南的天空在他右边(左边比右边高贵)。在北部,天空围绕极轴向上运行。在环绕地球的五带中,一个叫北极,在这边可以看到北极所在的区域①,即北极地区;而南极位于地球的南部,在这里是凹陷的,所以看不到。闪电从左边划向右边象征的是吉兆。因为向东旋转的区域优于向西旋转的区域。而在东半部,北面又优于南面。有人认为罗马人的祖先在很早的时候便从第勒尼安人那里获知闪电出现在左边代表的是吉兆。因为他们称,当埃涅阿斯的儿子阿斯卡尼乌斯(Ascanius)在与梅曾提乌斯(Mezentius)率领的第勒尼安人作战中被后者包围。在危急关头,阿斯卡尼乌斯准备做最后一次突围,悲伤地向朱庇特神和其他神乞求神谕,得到了吉兆。此时,晴朗的天空中,一道闪电从左边的天空划过。阿斯卡尼乌斯成功突围,获得了战争的胜利。因此,他的后代一直把这个现象视为吉兆。

6. 当罗慕卢斯获得了神的准许后,他召集所有人,向人们解释了吉兆,人们便同意他为国王。他确定了一个他的所有继承人都要遵守的惯例:从此以后,国王或官员的选任都要求得到神的认可。在此后很长一段时间内,罗马人按照这种观察吉兆的方法选举了国王。在推翻国王统治后,执政官、裁判官和其他司法官员的选任也遵照这一传统。如今,这一传统仅保留形式,不再为人们所遵循。那些即将上任的官员傍晚出门,破晓时到达指定地点,在露天向神献祭。随后,国家雇佣的占卜者声称闪电从左边的天空划过(尽管实际上并没有出现这种吉兆)。有些人因急于上任,便以占卜者的话作为获得神准可的依据,因为没有任何征兆反对或阻止他们的欺骗行为,有人甚至违背神的意愿。事实上,有些人以武力夺取官职。因为这些人并非真正得到神的批准,致使罗

---

① 本节中的"区域"(parts)指的是天空的区域。

马在对外战争和国内暴乱中失去无数士兵和战舰。在其他外战和内乱中，也有许多不幸的恶果降临到罗马。最值得注意和最明显的例子出现在我生活的时代。李锡尼·克拉苏（Licinius Crassus）是当时一位优秀的指挥官。他违背神的意愿，蔑视神反对他远征的预兆，执意率领军队与帕提亚人作战。如果我要详细说明这一时期一些人对神的力量的蔑视是很费时间的事情。

7. 被罗马人民和神选为国王的罗慕卢斯有着非凡的军事能力和过人的勇气，在制定政体上具有高明的远见。我将叙述他值得一提的政治和军事成就。首先，我要说明他建立的政体。我认为这一政体可以满足和平及战争时期的一切需求。具体如下：他把所有的人分成三个部分，交由最杰出的人负责。然后，他又把每一部分分为十组，任命最勇敢的人为领导者。他划分的大单位是部落（tribe），小单位是库里亚（curiae）。时至今日，这种划分方式仍存在。tribes 的希腊语表述是 phylê 和 trittys，curiae 是 phratra 和 lochos。① 部落的领导者被称为 tribunes，希腊人称其为 phylarchoi 和 trittyarchoi；库里亚的首领被称为 curiones，希腊人则称其为 phratriarchoi 和 lochagoi。这些库里亚又被分为十部分，由各自的首领进行治理，按照当地的语言被称为 decurio。人们就这样被分到了部落和库里亚中。他把土地平分为三十份，每个库里亚都分得一份土地。他已经事先留出了部分土地，足够建造神庙和祭坛。同时，他也保留了一部分土地供公众使用。这就是罗慕卢斯对土地和人口的划分，最大限度地体现了人们的平等。

8. 此外，罗慕卢斯还按照功绩和荣誉划分公民的等级。他把出身显赫、品德出众、家资富有并已育有子嗣的人与贫穷而低下的人分开，将下层的人们称为平民（plebeians，希腊语是 dêmotikoi）②，将上层的人们称为长老（fathers，

---

① 狄奥尼修斯认为，这些划分既是行政单位也是军事单位。在希腊语中，"tribe"的对应词是"phylé"，但在词源学上，"trittys"与"tribus"可能是同一个词，二者最初都表示"第三个"。然而，在实际中，tritty 用于指一个部落中的"三分之一"。弗拉特拉（phratra）或弗拉特里亚（phratria），即"兄弟会"或"氏族"，也是一个部落中的三分之一，他们的组织和仪式与库里亚具有相似之处（参阅本卷第 23 节）。lochos 是一个军事术语，指规模不定的"团体"（company）。phylarchoi 是每个部落的骑兵特遣队的指挥官，lochagoi 是步兵长。trittyarchoi 和 phratriarchoi 是各自政治单位的领导者。

② 拉丁语的 plebeius 和希腊语的 dêmotikos 都是形容词，意思是属于平民的。

或因其年长，或育有子嗣，或出身高贵，或以上所有原因）。人们可能会认为他模仿了雅典盛行的政治形式。因为雅典人被划分为两部分，即贵族（拥有高贵出身和巨额财富的人，他们统治着城邦）和平民①（除贵族以外的人）。平民无权决定公共事务，尽管随着时间的推移，他们可以当选官员。②那些真实叙述罗马政体的作家说，正是由于我上述的原因，那些符合条件的人被称作元老，他们的后代被称为贵族。③然而，有一些人，由于他们的嫉妒以及想要因为城市创建者的不光彩出身而责备这座城市，声称这些人不是因为刚才提到的原因才被称为贵族，而是因为只有这些人能指出他们的父亲④，好像其他人都是逃亡者，无法指认他们的父亲是自由人。他们举例进行证明，当国王认为需要召集贵族时，传令官呼唤的是贵族及其祖先的名字。然而，平民却是以牛角号声召集。事实上，传令官的传唤方式不能证明贵族的高贵，牛角号声的传唤方式也不能表明平民的低微；前一种方式是荣誉的象征，后一种方式传达的是远征，因为传令官不可能在短时间内叫出所有平民的名字。

9. 罗慕卢斯把地位高的人和地位低的人区别开来后，又制定了法律，规定了他们各自的职责。贵族可以担任祭司、法官及其他官职，帮助罗慕卢斯管理公共事务。平民则不能担任这些官职，他们不熟悉这些事务，因为他们忙于农业、放牧及其他赚钱的营生，无闲暇时间参与政治。同时，这也可以有效防止他们因受到官员虐待或嫉妒当权者而被煽动叛乱，其他城市也发生过这样的事情。他把平民托付给贵族，让每位平民（在贵族中）选择一位自己信任的贵族作为保护人。在这方面，他改进了古希腊的习俗，这种习俗在塞萨利人中使用了很长时间，雅典人也开始使用。塞萨利贵族傲慢地对待其保护下的平民，剥夺后者的自由。平民若违背贵族的意愿便会像被买来的奴隶一样遭到暴打、受到虐待。雅典人把置于贵族保护下的平民称为"雇工"，因为后者是受雇服务。

---

① 平民也被称为 geômoroi 或 geôrgoi。
② 狄奥尼修斯忽略了 dêmiourgoi（工匠）。据传统，工匠是忒修斯人口划分等级中的第三等。
③ 这是李维的解释（i, 8, 7）。
④ 参阅李维，x.8, 10（这是演说的一部分）：*patricios…… qui patrem ciere pos-scnt, id est nihil ultra qtmm ingenuos*。patricius 源于 pater 和 cieo，是罗马词源化最糟糕的一个有力例证。

塞萨利人则称这些人为"苦工",通过这个名称嘲弄他们的生存环境。罗慕卢斯改进了这一传统,称贵族对平民的保护为"恩惠",并为双方规定职责,促进双方建立适合于同胞的友好关系。

10. 罗慕卢斯对赞助人与受助人职责的规定在罗马人中长期沿用,具体内容如下:贵族要负责向他们的被保护人解释后者所不知道的法律;他们还要关心平民,无论他们是否在场,都要像父亲对儿子那样,在钱财以及与之有关的契约中给予关照;当平民在与契约有关的事务中受到不公正待遇时,他要为捍卫平民利益而提起诉讼,并在控告中为其辩护。简而言之,贵族要在私人生活和公共生活中保护平民的利益,使他们过上他们所期待的安宁的生活。保护人的女儿出嫁时,如果没有足够的嫁妆,被保护人需为其提供嫁妆;保护人或他们的孩子被敌人俘虏后,被保护人要向敌人缴纳赎金;当保护人需要上缴私人诉讼的赔款和国家的罚金时,被保护人要给予他们财力支持(不是借贷,而是答谢);被保护人还需承担保护人竞选官职的费用和其他公共支出、① 如同他们的亲戚一样。双方在法律诉讼中互相指责或互投反对票,或帮助对方敌人的行为均是不虔诚且非法的;如果有人做出上述行为,根据罗慕卢斯制定的法律,会被冠以不忠的罪名,任何人都可以合法地将其处死,作为牺牲品献祭给地狱之神。在罗马人中盛行这样一个习俗:当人们想要不受任何惩罚地处死一个人时,就将其献祭给神,特别是地狱之神。罗慕卢斯就曾使用过这种方法。因此,保护人与被保护人的关系通常会延续几代人的时间,无异于父子相承的血缘纽带。有名的家族会尽可能多地吸纳被保护人,这是一件值得夸耀的事情,不仅要延续世袭的保护关系,还要通过他们个人的功绩获得更多的被保护人。保护人与被保护人之间是互惠关系,争相展示好意,被保护人希望尽可能地为保护人服务,保护人也不希望给被保护人带来任何麻烦,或接受任何金钱礼物。这种生活方式是最好的,因为人们是以美德而非财富来衡量幸福的。

11. 不仅罗马城里的平民享受贵族的保护,罗马的殖民地、盟国及被征服城市中的人们都在罗马人中有保护人。元老院经常将处理这些城市和民族之间

---

① γερηφορία 一词的字面意思应该是"享有特权",因此含义是"荣誉地位"或"尊严",可能指的是祭司。

纷争的权力交给罗马的保护人，并规定他们的决定具有约束力。因此，罗慕卢斯创设的制度保证了罗马的和谐。虽然平民和官员会就公共政策产生纷争，在所有的城市，无论大小，都很容易发生这样的争论，但在随后的六百三十年间①，罗马人之间没有出现流血和互相残杀的局面。他们通过相互劝说和让步、通过从屈服的敌人手里获得好处，以一种适合同胞的方式解决争端。直到盖乌斯·格拉古（Gaius Gracchus）当选保民官时破坏了政体的和谐，人们陷入残杀和驱逐的漩涡，为谋取利益而不择手段。关于这一点，我会在其他地方加以详述。

12. 罗慕卢斯规定了这些事情后②，决定任命元老协助他管理公共事务。为此，他按照如下方式，从贵族中选出一百人：首先，他亲自从贵族中挑选一位最优秀的人。当他离开国家外出作战时，便把统治国家的权力交给这个人。③接下来，他命令每个部落选出三个最谨慎且出身高贵的人。在这九人被选出后，他又命令每个库里亚选出三名杰出者。每个部落中选出的三个人和库里亚中选出的九十人，以及罗慕卢斯亲自挑选的一个人，总共一百人组成了一个议事会，希腊人称其为"长老议事会"。罗马人至今一直采用这一名称。④我不确定这个名称是否以当选者的年龄或功绩命名，因为古人经常称年长者和德高望重者为"长老"。这些长老被称为"征召元老"⑤，这一名称至今仍被使用。这个议事会也是一个希腊机构。通过继承或选举而获得王位的统治者，都会挑选最优秀的人组成一个议事会。这一点已经为荷马及最早的诗人所证实。古代国王的权威不像我们的时代那样专断和绝对。

13. 罗慕卢斯认为⑥，设立了一百人组成的长老议事会后，应该创建一支由年轻人组成的武装队伍来保证安全以及处理紧急事务。因此，他命令每个库里

---

① 狄奥尼修斯忽略了公元前133年提比略·格拉古被杀及许多格拉古派被处决的流血事件。按照狄奥尼修斯的推断，盖乌斯·格拉古于公元前121年被杀，时值罗马建城的第六百三十一年。
② 参阅李维，i. 8，7。
③ 这里提到的是罗马城的长官（praefectus urbi）。
④ 又名元老院（senatus）。
⑤ 字面意思是"登记"。是登记在名单上的元老（Patres Conscripti）的通用解释，参阅李维，ii. 1，11。
⑥ 参阅李维，i. 15，8。

亚按照选择元老的方式，从杰出家族中选出十位勇猛的年轻人，这样就选出了三百人。他总是让这些人追随他左右。他们统一在"赛拉瑞斯"（Celeres）的名号下。大多数作家认为，选择这个名号是因为这些年轻人在执行任务时要达到"快速"的要求（罗马人称快速完成任务的人为赛拉瑞斯）。但瓦列里乌斯·安提阿斯（Valerius Antias）认为这一称号源自指挥官的名字。在这些人中，最杰出的人是指挥官，其下有三名百人队长，然后依次是拥有次级指挥权的人。在罗马，这些赛拉瑞斯经常伴随罗慕卢斯左右，手持长矛，执行他的命令，遇有战争便冲到罗慕卢斯前面保护他的人身安全。一般来说，他们为竞争提供了很好的话题，因为他们必须第一时间加入战斗并一直坚持到战斗结束。他们在有利于骑兵作战的平地上骑马作战，在崎岖而不便于骑马的地方徒步作战。我认为罗慕卢斯借鉴了拉西第梦人的传统，创建了赛拉瑞斯。在拉西第梦人中，也有三百个高贵青年平时作为卫士护卫国王，战时作为国王的保卫者，有时骑马，有时徒步作战。

14. 创建这些制度后，罗慕卢斯使每个等级都获得了他所希望的荣誉和权利。他为国王保留了如下特权：国王在宗教仪式、祭祀及一切与崇拜神灵有关的仪式中享有至高无上的地位；国王有权监督国家的法律、习俗及司法审判，不管是基于自然法还是民法；国王可以亲自审判犯有重大罪行的人，将次要案件交长老处理，但要保证他们的决定没有差错；他有权召集议事会和公民大会，并率先阐述自己的观点，然后根据多数人的决定行事。此外，国王在战争中拥有绝对指挥权。他给予长老议事会的权利和荣誉如下：商议并投票决定国王交给他们的所有事情，执行多数人的决定。这也是罗慕卢斯借鉴拉西第梦人的法律而制定的规则，因为拉西第梦的国王不具有独裁的权力，长老议事会有权决定一切公共事务。他给予人民三种特权：选举官员，批准法律，决定战争或议和（当国王把决定权交给他们时）。但在这些事务中，他们的权利是有限的，因为他们的决议须经长老议事会批准。人民不是同时投票，而是以库里亚为单位。只有经多数库里亚通过的决议才能递交长老议事会。如今却践行相反的原则，长老议事会不能审议人民通过的决议，人民却有权批准长老议事会的法令。两种习俗哪种更好，读者可以自己判断。这种权利划分，使国内事务的管理更加严谨而有序，战争问题的处理更加迅速而有效。无论国王何时发出战争的指令，部落首领、百人队长、骑兵长官都随时待命，所有士兵都等在被分配的队伍中。国王将命令下达给部落首领，部落首领传达给百人队长，百人队长再传达给十人队长。按照这样的顺序层层传达命令。无论整支队伍还是部分队伍被召集，所有士兵都手持武器在指定的地方待命。

15. 罗慕卢斯制定的这些制度，使国家在和平及战争时期都能有序运转。此外，他制定的如下制度使罗马成为一个人口稠密的大国：首先，他规定父母要抚养全部的男孩及长女，禁止杀害三岁以下的孩子，除非他们生来就残疾或畸形。如果父母想抛弃孩子，需将孩子给五位最近的邻居查看，经邻居同意后方可实施抛弃行为。他制定了各种惩罚措施，包括没收一半财产、严惩违背这项法律的人。其次，他发现，意大利许多城市都受到暴政和寡头统治。他接收这些地区的众多逃亡者，不论他们命运如何，只要他们是自由人即可，目的是增加罗马的力量，同时消减邻邦的力量。但他为自己的行为编造了一个冠冕堂皇的借口，让人觉得他是在向神表达敬意。他把卡皮托山和要塞之间的地方作为圣地，使之成为逃亡者的避难所，罗马人称其为"两个神圣森林之间"①，这种说法形象表达了那时当地的环境，因为这个地方被茂密的树林遮蔽。罗慕卢斯在此建造了一座神庙——但并不清楚供奉的是哪位神——在宗教外衣下，保护逃亡而来的人们免遭敌人任何伤害。如果这些人愿意跟随他，他将给予他们罗马公民权，并将从敌人那里掠夺来的土地分给他们。人们从四面八方蜂拥而来，躲避国内的灾难。他们后来也未迁移，因罗慕卢斯的友善和仁慈而一直留在罗马。

16. 罗慕卢斯制定的第三个制度继承自希腊人。在我看来，这是最好的制度，因其保障了罗马人的自由，同时也成为罗马人获取霸权的关键因素。制度的具体情况如下：不允许杀害被征服城市中所有达到兵役年龄的男子；不允许奴役城市的其他人；不允许将他们的耕地变回牧场。罗马人通过抽签选出殖民者向外殖民，把被征服城市变为罗马的殖民地，甚至给予某些城市罗马公民

---

① 两个神圣森林之间（Inter duos lucos）；参阅李维，8，5—6。

权。通过这些措施和其他类似的措施,罗马变得日渐强盛,正如实际结果所显示的那样。罗马建城时仅有三千步兵和三百骑兵。罗慕卢斯离开时有四万六千步兵和大约一千骑兵。继罗慕卢斯之后的国王和执政官们继续执行他制定的政策,偶尔增添一些新制度。这些制度非常成功。罗马人口因此不断壮大,超越了同时期的所有国家。

17. 对比希腊和罗马的制度会发现,拉西第梦人、底比斯人和雅典人都不值得称赞。虽然他们总是吹嘘自己的智慧,小心维系着高贵的出身,不轻易将公民权给予任何人,或只给少数人(有的甚至排斥外邦人),但他们并没有从这种傲慢的态度中获得任何好处,反而深受其害。因此,当斯巴达人在留克特拉(Leuctra)被击败时[1],损失了一千七百名公民兵,再也无法恢复往昔的繁荣,屈辱地放弃了他们的霸权。由于喀罗尼亚战役的失败[2],雅典人和底比斯人的希腊霸主地位被马其顿人剥夺,同时,也失去了从祖先那里继承的自由。当罗马深陷西班牙和意大利本土的战争及面对西西里和撒丁尼亚的反叛时,马其顿和希腊也开始反抗罗马,迦太基则再次挑战罗马的霸权。除一小部分地区外,意大利的大部分地区反叛了,把她拖入了汉尼拔战争。面对此起彼伏的反叛及深陷汉尼拔战争的困境,罗马人没有被这些困难打败,反而激发出前所未有的潜能,依靠众多士兵而非命运的垂青战胜了敌人。因为仅凭命运的帮助,这座城市完全可能在坎尼战役后被消灭。因为那时,罗马的六千骑兵仅剩三百七十名,八万步兵仅存三千人。

18. 罗慕卢斯制定的这些制度值得称赞。此外,我还要谈及他的其他制度。罗慕卢斯深知城市的良好治理依赖于某些原因。所有政治家都在谈论这些原因,但很少有人能成功地使之生效:首先,神的帮助使人们开创的各项事业均获得成功;其次,公民的节制和正义使国家更为和谐,人民之间很少有彼此伤害的行为,荣誉而非可耻的享乐成为评判幸福的标准;最后,在战争中表现出的勇敢还会激发出人们的其他美德。他认为这些好处都不是偶然的结果,也意

---

[1] 公元前 371 年。

[2] 公元前 338 年。

识到优良的法律和对卓越的追求使人民变得虔诚、节制、正义而勇猛。因此，他鼓励人民信奉神，修建神庙和祭坛，设立圣地，竖立神像，确定神的形象和象征；他宣扬神的力量和神给人类带来的恩惠；他还宣称以神的名义庆祝节日，向神贡献牺牲。他规定了假日、节日集会、休息日以及其他类似的事情，在这些方面，他遵循希腊人使用的最好的风俗习惯。他摒弃亵渎或诽谤神的神话，认为这些内容是无用、邪恶而污秽的，对神、对好人都无益。他使人们习惯于思考和谈论神的伟大，而不把那些与神的本性不相符的行为归于神。

19. 在罗马的神话中，没有凯路斯被其子阉割，萨杜恩为保全自己而杀害子女，朱庇特废黜萨杜恩并把自己的父亲囚禁在塔尔塔洛斯地牢，也没有诸神之间的战争、纠纷、监禁及被奴役。罗马没有纪念悲痛日的传统，女人们不会像希腊人那样穿着黑色衣服、拍打胸部为神的离开而哀悼，如希腊人在纪念珀尔塞福涅被强奸、狄俄尼索斯的冒险及其他一切类似事情上的做法。尽管现在罗马人的生活方式堕落了，但仍然可以看到罗马人缺乏狂喜和狂热，没有宗教色彩下的乞求，没有酒神①或秘仪，没有男人和女人在寺庙里通宵守夜，也没有任何其他类似的虚礼，但他们在言行举止上表现出对神的一种崇敬，这种崇敬在希腊人和野蛮人身上都看不到。最令我感到惊奇的是，虽然涌入罗马的各民族拥有不同的宗教传统，但罗马人并没有如先前的其他国家那样完全接纳这些民族的传统。尽管为了请求神谕，他们引入了国外的某些仪式，但是他们根据自己的传统庆祝这些节日，摒弃了那些没有意义的成分。以伊达山女神的仪式为例②，罗马祭司根据罗马人的传统每年向女神供奉牺牲并举行庆祝活动，但

---

① 第二次布匿战争结束后不久，酒神仪式被引入罗马，很快因放肆的行为和酿成诸多罪行而臭名昭彰。公元前186年，元老院和执政官采取了最严厉的措施惩罚罪犯，阻止庆祝这种仪式。《元老院对酒神祭典的决议》(the Senatus Consultum de Bacchanalibus) 的摘录出现在执政官写给意大利南部一些地方官员的官方信函中，现仍保存在一块铜板上，这是我们所知最早的拉丁文件之一。它被收录在《拉丁铭文集》(Corpus Inscript. Lat.) i. 196 和 x. 104，也见 F. D. Allen's Remnants of Early Latin, pp. 28—31。

② 在罗马，库柏勒（Cybelê）的官方头衔是 Mater Deum Magna idaea，通常缩写为 Mater Magna 或 Mater idaea。这块神圣的黑石，也就是她的象征，是公元前204年从小亚细亚的佩西努斯（Pessinus）带来的，以回应西卜林神谕。因为神谕宣称，只有这样，汉尼拔才能被赶出意大利。麦格拉西亚赛会是为纪念女神而设立的。

是女神的祭司都是弗里吉亚人。他们举着神像走过城市，以女神的名义请求施舍，胸前戴着人偶[1]，敲击着战鼓。他们的追随者吹奏着歌颂众神之母的曲调。根据元老院的法令，罗马人不能加入庆祝队伍、穿杂色的长袍、请求施舍或由吹笛手护卫，或以弗里吉亚人的方式表达对女神的崇敬。罗马人不会轻易接纳外国的宗教传统，厌恶那些华而不实的庆祝仪式。

20. 我并不认为一些希腊神话对人类有用，虽然有的神话通过寓言的形式解释了自然，有的则对人们的不幸起到安慰作用，有的使人们免除焦虑和惊恐、清除谬论，有的则兼具其他作用。尽管我熟悉这些神话，但却对其持谨慎态度。我更认同罗马神话，因为希腊神话的益处是微小的，不能给许多人带来益处，而只是对那些验证注定结果的人有益处。然而，这种哲学态度很少有人认同。大多数不懂哲学的人很容易把这些关于神的故事理解得更糟，造成其中一种误解：他们或者因遭受的不幸而鄙视神，或者当看到这些行为被归于神时，便会做出最可耻和最无法无天的行为。

21. 这些事情就交由哲学家思考吧。回到罗慕卢斯建立的政府，我认为他制定的下述政策同样值得关注。首先，他任命一大批祭司负责宗教事宜。没有哪个新建城市在初始时就设置了如此多的祭司。在他统治下，除家庭祭司外，部落和库里亚还推举出六十名祭司负责国家的宗教事宜。以上内容引自瓦罗（Terentius Varro）的《古代史》（Antiquities），他是他那个时代最有学问的人。其次，其他国家都使用随意的方式挑选祭司，有的公开出售这种荣誉，有的用抽签来决定这个职位的人选。罗慕卢斯不允许通过出售或抽签来挑选祭司，而是制定法律，规定每个库里亚推举出两名五十岁以上、出身高贵、品德高尚、家资富有、无任何身体缺陷的人担任祭司。这些人要终身任职，可免除兵役和法律规定的其他义务。

22. 一些仪式需由女性完成，另一些仪式由父母健在的孩子来完成。[2] 为了

---

[1] 波利比乌斯两次（xxi. 6, 7; 37, 5）提到库柏勒的祭司们加利（the Galli）的"画像"和"胸饰"，但我们没有关于他们的更多信息。

[2] "父母健在"（patrimi matrimique）这一要求在罗马仪式中非常常见，但在希腊仪式中似乎不那么常见。παῖς ἀμφιθαλής sesea 极其罕见，只有在节日或婚礼中才能见到。

让这些仪式也能得到最好的管理，罗慕卢斯规定，祭司的妻子必须在丈夫任职期间与其保持联系；法律规定禁止男性参加的宗教活动，要由祭司的妻子和孩子（如果需要他们加入的话）来完成；如果祭司没有子嗣，那么要从他所在的库里亚中选出一个最漂亮的男孩和一个最漂亮的女孩来协助完成宗教仪式，男孩成年前及女孩未婚前都要一直从事这项工作。我认为，这些规定同样借鉴自希腊。因为在希腊，所有禁止男性参加的宗教仪式都由未婚少女负责，她们被称为"提篮少女"。[①]罗马把从事这些工作的少女称为"tutulatae"[②]（梳着锥形发髻的少女），她们头戴与希腊人敬献给以弗所的阿尔忒弥斯女神一样的花环。第勒尼安人和更早的佩拉斯基人把负责库瑞特斯（Curetes）和其他神的祭祀工作的人称为卡地米利（cadmili）[③]；在罗马，这些工作由祭司的侍从完成，罗马人称其为卡米利（camilli）[④]。罗慕卢斯还命令每个部落挑选出一位预言家来负责祭祀事宜。我们称这样的预言家为"内脏占卜者"；罗马人称其为"肠卜祭司"。[⑤]他还制定了一项法规，即所有祭司均由库里亚选出，并通过占卜解读神意来确定选举是否有效。

23. 罗慕卢斯规定了祭司的职责后，正如我所说的[⑥]，他还为每个库里亚安排了适当的献祭方法和需要供奉的神，并规定由国家承担祭祀的费用。在圣日里，库里亚的民众和祭司一起围绕在公共餐桌旁进餐。每个库里亚都建有公共

[①] 雅典娜的"提篮者"（basket-bearers）和"象征的持有者"（bearers of the symbols）。关于第二个单词的拼写和含义存在很大争议。

[②] tutulatae 源于基斯林的猜想。该词的阴性形式没有出现在其他地方，阳性的 tutulati 一词出现在费斯图斯（Festus，pp. 354 f.）的一条注释中。这个词用来形容那些把头发盘成锥形（tutulus）的人们，这是一种古老的发型风格，源于祭司弗拉米尼卡（Flaminica Dialis）的规定。

[③] cadmili 是另一种基于猜想的形式。这个词只以单数的形式出现，作为一个专有名称。卡德米勒斯（Cadmilus，有时写作 Casmilus）是萨莫色雷斯崇拜的卡比洛斯众神（Cabeiri）之一，被认为是赫尔墨斯。这个名字可能源于东方。

[④] 卡米利是自由出生的青年，协助伟大的朱庇特祭司供奉牺牲。随着时间的推移，这个词开始用来指那些协助古代宗教仪式的人。这个词可能是从埃特鲁里亚引入的，瓦罗将其与 Casmilus（或 Cadmilus）联系起来，然而，今天的大多数学者否定这种联系。

[⑤] Aruspex，或者更确切地说，haruspex，意思是"内脏检查员"。haru- 不像狄奥尼修斯所认为的那样，是 hiero- 的变体。

[⑥] 本卷第 21 节。

食堂，里面有一张足以容纳所有人的餐桌。每个公共食堂都以各自的库里亚命名。这个传统至今仍保留着。在我看来，罗慕卢斯制定的这一制度仿照了拉西第梦人共餐的传统，那时这一制度盛行。① 吕库古从克里特人那里学来共餐制度并引入斯巴达，期望通过共餐制度在和平时期使公民养成节制和节俭的习惯，在战争中激发人们的羞耻感，不抛弃与他们共同奠酒、祭祀、参与宗教仪式的同胞。不仅仅是罗慕卢斯在这些制度中所表现出的智慧值得赞赏，他倡导节俭供奉牺牲的行为也值得称赞。时至今日，罗马人仍遵循这一原则。我亲自看见人们把向神供奉的食物放在古代木桌上的竹篮和小陶盘中，里面仅有大麦面包、糕饼、初收的果实和一些简单而廉价的食物，没有任何庸俗的炫耀。祭奠的葡萄酒不是装在金制或银制的容器里，而是装在小陶杯或陶罐中。我很钦佩这些遵循祖先习俗的人们，他们没有使古老的传统腐化变质。继罗慕卢斯之后的统治者是努马·庞庇利乌斯（Numa Pompilius）。他是一个极其聪敏的人，能够领会神的旨意。他所制定的政策同样值得叙述，我将在后面具体阐述。继努马之后为王的是图路斯·霍斯提里乌斯（Tullus Hostilius）②，他也同样制定了一系列政策。这些继任者都遵循了罗慕卢斯设立的制度。因此，罗慕卢斯是这些制度的奠基者，他确立了主要的宗教仪式。

24. 罗慕卢斯还制定了其他优良的制度，罗马人遵从了这些制度，使国家强大了数代。他制定了很多优良的法律，其中大部分是未成文的，也有部分内容被记录下来。我没有必要全面叙述这些法律，但会提及一些我最欣赏的、最能表现罗慕卢斯立法特征的内容来做一个简短说明，证明他的法律是如何严厉、如何打击恶行、如何近似英雄时代的特征。然而，我首先注意到，所有制定了法律的民族，无论蛮族人或希腊人，似乎都正确地认识到了一个普遍的原则：国家由许多家庭构成，只有每个家庭都能不受打扰地生活，国家才会安定③；如果公民的私人生活陷入困境，国家便会陷入动荡。优秀的政治家，无论是国王还是立法者，都应该推行那些能使公民在他们的生活中变得公正而节

---

① Συσσίτις 是斯巴达人对共餐的说法。
② 从字面意义上讲，是"第三位"。
③ 字面上的意思是"平稳航行"，也就是说，船要平直。如希腊作家那样，这里把国家比作一艘船。

九、狄奥尼修斯的《罗马古事纪》选译

制的法律。然而，在我看来，并非所有的政治家都了解什么样的行为和法律能够实现上述结果，他们中的一些人似乎走偏了，错误地规定了其立法的主要内容。例如就妇女的婚姻问题而言，有的立法者借鉴动物的本性，允许男女之间随意而杂乱地性交，认为这样的方式可以避免疯狂的爱慕、凶残的嫉妒及对个体家庭和整个国家都有害的言行；有的则坚决反对这种无节制而野蛮的性交，倡导一夫一妻制；有的为维系婚姻和保护妇女的贞洁，放弃制定法律，任其自由发展；另一些立法者不允许出现像蛮族那样未婚的性交生活，也不像拉西第梦人那样忽视对妇女的监督，而是建立了许多法律来约束她们；有的立法者甚至任命专门的官员监督妇女的行为。然而，这样的做法不足以履行监督妇女的目的，不能使品行不端的妇女变得端庄而谦逊。

25. 但是，罗慕卢斯既不允许丈夫控告妻子通奸或无故离家，也不允许妻子以挥霍财产或遭受无故抛弃而控告丈夫。罗慕卢斯没有制定法律规定嫁妆的归还或收回，也没有制定任何这类性质的法律，只有一项法律有效地规定了所有这些事情。正如其结果所显示的那样，这项法律使妇女变得举止端庄。法律规定，妇女通过神圣的婚姻仪式嫁给丈夫后，便可以共享他的财产、参与丈夫家族的神圣仪式。罗马人把这种神圣、合法的婚姻称为"farreate"①，"far"即我们所称的"zea"②，这长期是古罗马人古老的、日常的食物。罗马盛产大量优质小麦。希腊人把大麦视为最古老的作物，用大麦粒献祭，称之为oulai。罗马人认为小麦是最有价值、最古老的作物，在所有燃烧祭品的祭祀中，人们都用小麦祭祀。这一习俗至今仍存，没有变为以花费更多的大麦献祭。夫妻双方共食供神的麦饼即意味着可以共享财富③，他们的结合即源于对这种食物的共享，缔结了牢不可破的婚姻关系，任何情况下都不可废止。这项法律规定妻子必须完全顺从丈夫（因为她们没有其他的庇护者），丈夫则把妻子当作必要的、

---

① Farracius 和 farraceus 是形容词，意为"小麦的"。尽管现在的作家都没有用该词建立与婚姻的联系，但我们发现，分词 farreatus、confarreatus 是这样使用的，特别是名词 confarreatio。参阅英译本《罗马古事纪》第383页注释2。

② 这两个词都指"斯佩尔特小麦"（spelt），一种粗麦品种。

③ 圣咸饼（mola salsa）。

不可分割的财产来管理。① 因此，如果妻子品行端庄并顺从丈夫，她就是家庭的女主人，和丈夫享有平等的地位。丈夫死后，她是丈夫财产的继承人，继承方式与女儿继承父亲财产的方式相同。也就是说，如果丈夫没有孩子，也没有立遗嘱，妻子可以分得全部财产。如果有孩子，则必须与他们平分财产。如果妻子有不当行为，受伤害的一方有权决定她该受何种惩罚。其他冒犯行为则由她的亲戚和丈夫共同来裁定，其中包括通奸或饮酒（在希腊人看来，这是最微不足道的过失）的罪行。罗慕卢斯允许犯了这些罪行的妇女被处以死刑，因为通奸是最大的恶行，醉酒则是引发通奸的诱因。罗马自古以来就对妇女的这些恶行处以最严厉的惩罚。约束已婚妇女的法律有效地执行了很长时间。在接下来的五百二十年里，罗马没有出现离婚现象。据说在第一百三十七个奥林匹亚纪之际，马库斯·庞波尼乌斯（Marcus Pomponius）和盖乌斯·帕披里乌斯（Gaius Papirius）任执政官期间②，杰出的斯普利乌斯·卡维里乌斯（Spurius Carvilius）是第一位与妻子③离婚的人。他向监察官发誓他结婚是因为想要孩子，但他的妻子不能生育。即便如此，他还是遭到罗马人的厌恶。

26. 这些便是罗慕卢斯制定的关于妇女的优良法律。通过这些法律，罗慕卢斯使妇女在对待丈夫时更加遵守礼仪。他还规定孩子要尊重和顺从父母，在所有事情上，无论言语还是行动，都要听从父母的安排。这些法律也比希腊的法律更为严格和优越。希腊法律将父亲对孩子的管束限定在一段时间内，有的到孩子成年后的第三年，有的到结婚时，还有的到孩子的名字登记在部落名册上时。智者梭伦（Solon）、庇塔喀斯（Pittacus）和加隆达斯（Charondas）的法律便规定了这些内容。违抗和忤逆父母的孩子并不会受到严厉的惩罚：父亲

---

① 共食婚（Confarreatio）。

② 公元前 231 年。

③ 格利乌斯（iv. 3）、瓦莱瑞乌斯·马克西姆斯（ii. 1, 4）和普鲁塔克（提修斯和罗慕卢斯, 6）对卡维里乌斯有相同的叙述，但在其离婚日期上存在分歧。格利乌斯与狄奥尼修斯意见一致。瓦莱瑞乌斯和普鲁塔克则分别认为是公元前 604 年和前 524 年。瓦莱瑞乌斯在另一处（ii. 9, 2）声称，安尼乌斯（L. Annius）于公元前 307/306 年与他的妻子离婚。这个时间得到了李维的证实（ix. 43, 25）。因此，狄奥尼修斯和格利乌斯给出的日期很可能不准确。接受这一较晚日期的学者承认，自愿解除婚姻的形式存在较早，或者认为古代的作者考虑了不同的婚姻形式或不同的离婚理由。

可以将孩子赶出家门或剥夺他们的继承权，仅此而已。这些轻微的惩罚不能起到约束年轻人的目的。希腊人仍存在孩子反抗父母的不得体行为。罗马的立法者给予父亲足够的权力来制约孩子的行为，这种制约可以终其一生。他有权监禁、鞭打孩子，给孩子上镣铐或惩罚孩子在田间劳作，甚至处死孩子。即使孩子已经从事公务，是位高权重的高官，因热爱国家而备受称赞，父亲仍可以对他们行使权力。由于这项法律，当一个人发表对元老院充满敌意、讨好人民的演说并深受欢迎时，他的父亲能够将他赶出会场，施以适当的惩罚。当他们经过广场时，在场的执政官、保民官或其他任何人，都不能阻止父亲行使权力。他们崇尚这一法律，认为所有的权力都比不上父亲对儿子的权力。许多勇敢的年轻人因英勇和热心而做一些没有得到父亲允许的高尚行为，最终被他们的父亲处死，比如曼利厄斯·托夸图斯（Manlius Torquatus）[①]和其他人。我将在其他地方叙述这部分内容。

27. 罗马立法家给予父亲的不止这些权力。罗马法律甚至允许父亲卖掉自己的孩子，他们不会觉得这样的行为是残忍而苛刻的，超越了自然的感情。任何受过希腊宽松教育的人都会对这些事情感到惊讶，认为它们严酷而专制。他们甚至允许父亲三次卖掉自己的孩子以此获利。他们对孩子的处置权大于奴隶主对奴隶的权力。因为被买卖的奴隶获得自由后就成为自己的主人，但被父亲卖掉的孩子，即使获得自由，也只能重回父亲的掌控。当他再次被卖掉并又重获自由时，也只能像第一次一样回到父亲那里。但当他第三次被卖后，便可以脱离父亲的控制。我无法确定这个法律是否是成文法。起初，国王们遵从这个法律，并视其为最优良的法律。推翻王政后，罗马人首次要求把祖先的习俗和法律及从国外引入的内容展示在罗马广场上，为了使人民的权利不像官员那样频繁变化，他们委任十人委员会（decemvir）收集并抄写法律，把它们纳入其他法律当中。这些法律条文镌刻在《十二铜表法》的第四个铜板上，铜板被竖

[①] 公元前340年的执政官曼利厄斯·托夸图斯之子。在维苏威山脚下与拉图斯人战斗之前，执政官们发布了严格的命令，要求任何罗马人都不能单独与拉丁人作战，否则将被处死。然而，这位年轻人无法忍受一位图斯卡卢人的奚落，接受了后者的挑战。当他带着敌人的战利品凯旋时，他的父亲下令处死了他。《罗马古事纪》有关这一事情的叙述已佚失。

立在广场上。三百年后负责抄写法律的十人委员会并非首先引入该法的人,他们发现此前该法已经实行了很长时间,所以不敢废除此法。因此,我考量了其他许多方面,特别是从罗慕卢斯的继承人努马·庞庇利乌斯制定的法律中推断出了这一点。他规定:"如果一位父亲给予他的儿子婚姻自由,准许其在法律许可的范围内挑选能够与其共享祭祀和共分财产的妻子,他将失去买卖儿子的权力。"如果不是以前的法律规定父亲有权卖掉自己的儿子,努马就不会制定这项规定。关于这些事情就说到这里。下面,我将简要概述罗慕卢斯制定的关于公民私人生活的其他规定。

28. 罗慕卢斯注意到,能够使公民的生活变得节制、视正义高于利益、在困难面前不屈不挠、把美德视为高于一切的方法,不是口头建议,而是习惯于践行这些美德。他意识到,大部分人并非自愿遵守规则,而是受到了法律的约束(才不得不那么做)。如果没有这些规定,人们会回归本性。他让奴隶和外国人从事久坐不动的、机械的、宣扬可耻激情的行业,将它们视为肉体和灵魂的毁灭者和腐蚀者。罗马人视这些工作为无人愿意从事的贱业。罗慕卢斯要求公民做两件事,即农业和战争。因为他注意到,这样可以使人们压制自己的欲望,很少卷入不正当的男女关系,并且引导他们从敌人而非同胞那里获取财富、满足欲望。他认为农业和战争密不可分,分开则容易引发恶行,所以他没有采纳拉西第梦人的传统①,即一部分人外出战争,一部分在家务农,而是规定公民既参加战争又进行劳作。在和平时期,他命令公民留在家中务农,除非他们必须到城里的市场上购买货物,为此他规定每九天②设一个集市日。在战争期间,他告诫公民要履行士兵的职责,不怕战争带来的困难,也不要被战争带来的好处冲昏头脑。他把从敌人那里掠夺来的土地、财富和奴隶平均分配给公民,以此激发他们的作战热情。

29. 对于公民间的纷争,他主张立即审判,有时亲自审理,有时委派他人审理,秉承罚当其罪的原则。他还观察到,没有什么比恐惧更能有效地阻止人

---

① 斯巴达的主体是战士,希洛人主要是土地的耕者。每位斯巴达士兵都配有几名希洛人作为轻装步兵陪同作战。

② "每九天"包括第九天,相当于现代的"每隔八天"。集市日的名称是nundinae,源于novem和dies。

们的邪恶行为，因此他想出了许多办法来激发恐惧。例如，他会在罗马广场上最显眼的地方进行审判，由三百名强悍的士兵守卫场地，还有十二名[①]手持荆条和斧头的士兵负责执行命令，包括鞭打罪犯及公开砍下重刑犯的头颅。以上就是罗慕卢斯建立的政体的特征。我所提到的细节足以使人们对其余制度形成自己的判断。

30. 罗慕卢斯在战争及和平时期的很多政策同样值得叙述。[②]罗马周边有许多好战而英勇的民族，他们对罗马人并不友好。罗慕卢斯决定用联姻的方式缓和与他们的关系。在古人看来，联姻是最有利于加强友谊的方式。然而，这些周边民族并不愿意与罗马这样一个刚定居的、没有雄厚财富和战争成就的民族联姻，但是他们将屈服于武力。罗慕卢斯在征得其外祖父努米托尔的同意后，决心用抢夺少女来实现联姻的目的。做此决定后，他首先向神（康苏斯）[③]宣誓，如果他能够达到目的，他会主持秘密协商，每年向神供奉牺牲并设立庆祝节日。他向长老议事会说明了自己的计划。获得后者的批准后，他声称准备以海神的名义举办一场盛大的庆祝活动，并向最近的周边民族散布消息，称他将在集会上举行各种竞赛活动，包括赛马和赛跑，邀请所有想参加的人前来。当许多人携妻带子前来赴宴时，罗慕卢斯首先向海神供奉牺牲，随即开始竞赛活动。在最后一天，当活动即将结束时，他命令年轻人看到他的信号后便开始抢夺前来参加活动的少女。年轻人以组为单位，每组都要抢夺最先遇见的少女，然后严加看管她们，但不能侵犯她们的贞洁，第二天把她们带到罗慕卢斯那里。年轻人分为几组，看到发出的信号后，便去抓捕少女。前来参加活动的外邦人见状陷入混乱，纷纷离开，唯恐会有更大的阴谋。第二天，少女们被带到罗慕卢斯面前。他安慰她们，并表明抓她们并非为邪恶目的，而是为缔结婚姻。他指出这是古希腊的传统习俗[④]，是最著名的契约联姻方式，并且劝少女们

---

① 扈从。参阅李维，i. 8，2—3。
② 本卷第 30—31 节，参阅李维，i. 9。
③ 康苏斯（Consus）。参见《罗马古事纪》英译本第 403 页注释 1。
④ 遗憾的是，狄奥尼修斯认为没有必要引用一些希腊世界的具体事例来说明这种做法。他很可能只是从后来的一些婚礼仪式中推断出这种早期习俗，例如普鲁塔克所描述的斯巴达新郎的婚礼程序（Lycurg. 15）。

珍惜命运为她们选择的丈夫。他清点人数，共六百八十三人，随后选择了同样数量的未婚男子，并按照每个少女所在民族的习俗将他们结合在一起，把婚姻建立在火与水交融的基础上，就像我们这个时代的婚姻一样。

31. 有人认为这些事情发生在罗慕卢斯统治的第一年，格涅乌斯·盖流斯（Gnaeus Gellius）则认为是第四年，他的说法比较准确，因为一个新建国家的统治者不可能在没有确立政体之前就如此行事。至于掠夺少女的原因，有人认为是罗马少女的数量太少，也有人认为是罗马人为发动战争寻求的借口。还有一些人给出了最符合实际的回答——我也赞同这种观点——他们认为罗马人想通过这种姻亲关系与周边民族结成同盟。时至今日，罗马人仍庆祝罗慕卢斯创立的节日，称其为"谷神节"（Consualia）①。康苏利亚的祭坛位于地下，邻近马克西穆斯竞技场（Circus Maximus），节日期间，人们挖开祭坛周围的土地，向祭坛奉献牺牲并献上初果燔祭，举办马拉战车或赛马比赛。供奉的神被罗马人称为康苏斯。根据一些人的说法，这个神等同于撼动大地的海神波塞冬。他们说康苏斯的祭坛设立在地下，因为这位神掌控大地②。我从传闻中得知另一种说法，这个节日确实是为海神尼普顿设立的，赛马比赛也是以他的名义进行的。但地下祭坛的建立则是为敬奉一位没有透露名字的神，他是忠告者的保护神。因为他们说希腊人或蛮族人没有在世界上的任何地方为海神尼普顿建造过地下祭坛。事情的真相到底是什么，还很难说清楚。

32. 此时③，关于被掠夺少女结婚的消息在周边民族传开了。有些民族对此感到气愤，其他民族考虑到前因后果，理智地接受了这件事。但是随着时间的推移，罗马人的这一行为引发了几次战争，其中与萨宾人的战争规模最大且最

---

① 康苏利亚节最初是为纪念古意大利农业之神康苏斯而举行的丰收节。除这些节日外，康苏斯的祭坛一直用土覆盖（参阅普鲁塔克，《罗慕卢斯》，14，3）。这种做法也许是纪念一种在地下储存收获的谷物的古老做法，或是象征自然在作物生产中的秘密过程。节日期间，在康苏利亚，人们给马和骡子放假，并给它们戴上鲜花，正如我们已经看到的那样（i. 33，2）。由于节日上会举办各种赛会，所以这个神逐渐等同于波塞冬（Poseidon Hippios）。Consus 这个名字显然来源于动词 condere（"存储"），但罗马人把该词与谋划、阴谋（consilium）联系起来，认为康苏斯是掌管谋略和秘密计划的神。

② "掌管大地"（upholds the earth），对应的希腊语是 Γαιήοχος。

③ 本卷第32—36节，参阅李维，i. 10；11，1—5。

艰辛。最终，罗马赢得了全部胜利。早在罗慕卢斯决定抢夺少女之前，求得的神谕显示他们将要经历艰辛和困苦，但最终会有好的结果。卡尼斯（Caenina）、安提迈涅（Antemnae）和库斯图姆瑞乌斯（Crustumerium）是最先发起战争的城市。他们实际上是对罗马的建立和迅速壮大感到不悦，不允许罗马这个对周边民族产生威胁的国家存在。随后，这些国家派出使节前往萨宾，请求萨宾人领导战争，因为萨宾人拥有强大军事实力和巨额财富，他们和其他邻国一样，也遭受过罗马人傲慢无礼的对待，并且被掠夺的少女大部分都是萨宾人。

33. 卡尼斯人、安提迈涅人和库斯图姆瑞乌斯人派出的使节没有取得成果，因为罗慕卢斯的使节反对他们，并且用言行讨好萨宾人。萨宾人浪费时间的行为使他们感到恼怒——因为萨宾人总是借故拖延战争的时间——于是，他们决定与罗马开战，相信凭三个城市的力量足以打败罗马这个微不足道的国家。这就是他们的计划。但还没有等到全部兵力集合完毕，急切的卡尼斯人就率先发起了战争。士兵们披挂上阵，踩躏边界国家。罗慕卢斯领兵迎战，在敌人放松警惕时出其不意地攻击敌人，占领了敌人刚刚修建好的营地。卡尼斯的士兵们纷纷逃回城市。罗慕卢斯紧跟着那些逃回城市的敌人。卡尼斯城内的居民还不知道自己的士兵们已经战败的消息。罗慕卢斯抵达那里后发现城墙无人守卫，城门敞开，便迅速占领了城市。当卡尼斯国王率领一大支军队与他作战时，他亲手杀死了卡尼斯国王，夺取了他的装备。

34. 罗慕卢斯夺取了卡尼斯人的城市后，命令战俘交出武器并把他们的孩子送到罗马做人质。随后，他又开始进军安提迈涅，出其不意地围攻正在搜寻粮草的敌军。取得战争胜利后，他又以同样的方式处置俘虏。随后，他命令罗马士兵返程，把从战死者那里掠夺来的大批战利品带回国内，挑选上等的战利品敬献给神，此外，他还提供了很多祭品。罗慕卢斯身穿紫色托加，头戴月桂枝花环，坐在驷马战车上①，跟随队伍进入罗马城。步兵和骑兵分队紧随其后，为神唱起赞歌，并即兴赋诗赞美罗慕卢斯。城内的人民以及他们的

---

① 普鲁塔克《罗慕卢斯》，16）在这一点上纠正了狄奥尼修斯的说法，声称塔克文（Tarquinius）或普布利克拉（Publicola）是最早在凯旋式中乘坐战车的人。

妻儿夹道迎接并庆祝胜利。当军队进入罗马城时，士兵们发现最有名的家族面前的桌子上摆满各种食物，碗中的葡萄酒已经斟满，以便他们尽情欢饮。取得胜利的士兵们携带战利品游行，并以向神供奉牺牲为结束。这就是罗马人所称的凯旋式，最早由罗慕卢斯创设。然而，现今的凯旋式已演变为阔气而昂贵的游行活动，壮观的场面是为炫耀财富而非嘉奖勇士，完全失去了古朴的特征。游行和祭祀结束后，罗慕卢斯在卡皮托山上为朱庇特神（罗马人称其为 Feretrius）建造了一座小神庙。现今，神庙的遗迹仍留存，最大边长不足十五英尺。在这座神庙中，罗慕卢斯向神敬献了从他亲手杀死的卡尼斯国王那里夺取的战利品。罗慕卢斯将武器献给了朱庇特·费里特里乌斯，无论你想称后者为 Tropaiouchos 还是 Skylophoros（战利品的持有者，有些人会这么称呼他），都不会偏离事实，或因其超越了一切，了解宇宙的本质和运动而称其为至高无上者（Hyperpheretês）。①

35. 罗慕卢斯向神献祭以示感谢后，便召集长老议事会商议如何处置被征服的民族，并率先发表了他认为最佳的观点。长老们一致通过了罗慕卢斯的建议，称赞他的睿智，强调这些被征服地区的人们可以为罗马带来长远利益。随后，罗慕卢斯下令召集被掠夺过来的安提迈涅少女和卡尼斯少女。少女们聚集到一起，对国家的灾难感到悲伤，扑倒在罗慕卢斯脚下。罗慕卢斯命令她们停止悲伤情绪，保持安静，对她们说道："你们的父亲和兄弟，还有你们的整个城市，都应该受到严厉的惩罚，因为他们不愿与我们维持友谊，而是选择一场不必要且不荣耀的战争。但我们因很多原因而选择原谅他们，因为我们不仅害怕神的复仇（这会令傲慢者感到恐惧）和人的邪恶，还在于我们认为怜悯有利于减轻人类共同的弊病，甚至深信我们自己有一天可能也需要别人的怜悯。我们认为，你们丈夫的行为到目前为止是无可指责的，对你们来说，这将是莫大的荣誉和恩惠。因此，我们不会对他们的冒犯施以惩罚，也不会剥夺你们同胞的自由、财产或任何东西，无论他们是走是留，我们都尊重他们的选择，他们

---

① 三个希腊词分别代表着"奖杯的持有者（或接受者）""战利品的持有者"和"至尊"。狄奥尼修斯笔下的 feretrius 显然是源自 ferre（"承受、忍受"）。然而，现代学者赞同普罗佩提乌斯（Propertius）的说法（《哀歌集》，iv. 10，6），将这个词与 ferire（攻击）联系起来。

没有危险，也不会遭到报复。为防止他们再次犯错或寻求机会煽动人民断绝与我们的同盟关系，我们认为，对于双方的荣誉和安全都有益处的最好方法就是把你们的城市变为罗马的殖民地，派遣部分罗马人与你们的同胞一起生活。所以，勇敢地离开吧，要加倍珍爱和尊重你们的丈夫，因为你们的父亲、兄弟的命运及整个国家的自由都有赖于他们。"少女们听后非常高兴，流下了喜悦的泪水，然后离开了罗马广场。罗慕卢斯向每个殖民城市派遣三百人，城市把三分之一的土地抽签分配给他们。安提迈涅人和卡尼斯人当中想要携妻带子迁居罗马的，罗慕卢斯允许他们保留自己的土地，并携带所有的财产迁移。罗慕卢斯把他们登记在部落和库里亚中，人数不少于三千人。因为他们的加入，罗马步兵人数达到六千人。卡尼斯和安提迈涅的居民都具有希腊血统（因为阿波里吉涅斯人夺去了西库尔人的城市，并定居在这里。这些阿波里吉涅斯人是来自阿尔卡迪亚①的欧诺特里亚人的一部分），战后成为罗马的殖民地。

36. 罗慕卢斯处理完这些事情后，率领军队与库斯图姆瑞乌斯作战。库斯图姆瑞乌斯人备战充足。尽管敌人很勇猛，罗马人还是通过一场激战取得了胜利。罗慕卢斯并没有严厉惩罚战败者，只是像对待前两个城市一样，把他们的城市变为了罗马人的殖民地。早在罗马建城之前，库斯图姆瑞乌斯就是阿尔巴人的殖民地。罗慕卢斯作战勇猛和宽恕征服者的美名广为流传。许多勇敢的人加入了他的队伍，带来了大量的军队。他们多是整个家庭一起迁移，其中有一位来自第勒尼安的名叫凯里乌斯（Caelius）的首领，他居住的那座山丘至今仍被称为西里欧（Caelian）。梅都里亚（Medullia）是首先投降罗马的城镇。随后，整个城市都成了罗马的殖民地。萨宾人听闻这些事情后，抱怨并责备其他国家没有在罗马刚建城时就粉碎它的力量，而是等到罗马壮大后才开始与其斗争。因此，他们决定派遣大批军队与罗马人作战，以弥补从前的过失。此后不久，萨宾人在其国内最大且最著名的城市库瑞斯（Cures）中组建了一个议事会。议事会决定与罗马人作战，并任命库瑞斯城的统治者提图斯（Titus，绰号Tatius）为将领。萨宾人做出这个决定后，便解散了议事会。成员们回到自己

---

① 第一卷第1节。

的城市为战争做准备。他们决定派遣一支大军，于下一年向罗马进发。

37. 与此同时，罗慕卢斯在城内也做好了防范战争的准备，他意识到自己将与一个好战的民族作战，为此他加高了帕拉蒂尼周边的护城墙，以保障城内居民的安全；此外，还利用沟渠和栅栏加固了毗邻的拉文丁山和卡皮托山。他命令农夫带着羊群在夜间待在山上，并派遣足够的驻军保卫他们的安全。他在其他地方也采取了同样措施，派士兵守卫。此时，一位名叫卢库莫（Lucumo）的战功卓越者，带着一支人数庞大的由第勒尼安人组成的雇佣兵队伍离开索隆尼乌姆（Solonium）[①]城来到这里，不久后便深得罗慕卢斯的信任。同时到来的还有努米托尔派来的阿尔巴士兵及其随从和制造武器的技工。这些人携带了充足的武器和其他必需品。双方都准备完毕后，萨宾人盘算着在春天开战，首先决定派出使节到罗马人那里，要求后者归还妇女并作出补偿。如果罗马人不答应这些条件，萨宾人就有理由发动战争。为此，他们还派来了传令官。罗慕卢斯询问妇女们的意见。妇女们并不愿意离开丈夫，罗慕卢斯便允诺她们可以继续现在的生活，同时愿意给予萨宾人其他补偿以避免战争。但萨宾人没有答应罗慕卢斯的提议，派出两万五千步兵和大约一千骑兵与罗马人交战。罗马派出的兵力与萨宾人相当，共计两万步兵和八百骑兵，被分成两部分各自扎营。罗慕卢斯带领一部分人驻扎在埃斯奎林山（Esquiline），第勒尼安人卢库莫率领另一部分人驻扎在奎里纳尔山（Quirinal），当时这座山还不叫这个名字。

38. 萨宾国王塔提乌斯（Tatius）[②]得知罗马人的布防后，率军连夜行进，没有破坏田里的庄稼，于天亮前将军队驻扎在奎里纳尔山和卡皮托山之间的平原上。他观察了敌人的驻防哨点，认为对方防备严密，己方根本无法突破。塔提乌斯陷入两难，不知道如何才能尽快结束战争。正当他不知所措时，幸运悄悄降临在他身边。不久后，他便得到了罗马人固若金汤的要塞。事情是这样的：

[①] 索隆尼乌姆（Solonium）是距离罗马约十二英里的一座古城，靠近奥斯提亚道（Ostian Way）。虽然该城很早就消失了，但它的名字以索隆尼乌斯区（Solonius ager）的名称保留了下来。普林佩提乌斯（《哀歌集》，iv. 1, 31）认可狄奥尼修斯的叙述，有关这一内容的最新版本采纳了那不勒斯抄本，即 hinc Tities Ramnesque viri Luceresque Soloni（instead of coloni）。

[②] 本卷第38—40节，参阅李维，i. 11, 6—12, 10。

当萨宾人在卡皮托山脚探寻进攻或突袭敌人的突破点时，一位名叫塔尔皮娅的少女在山上看到了他们，她的父亲是负责守卫该地的一个重要人物。根据法比乌斯（Fabius）和辛齐乌斯（Cincius）的叙述，塔尔皮娅因想要萨宾人左臂佩戴的手镯和戒指才帮助他们，因为当时萨宾人戴着金饰，他们的生活与第勒尼安人一样奢侈。[①] 但前任监察官卢西乌斯·皮索（Lucius Piso）却认为，塔尔皮娅想做出一件高尚的事情：夺取敌人的防御武器交给罗马人。哪一个叙述更接近真相，还需要根据后续的事情进行判断。塔尔皮娅打发一名女奴悄悄从一个秘密的小门中出去，以有要事商议为由请萨宾国王与她私下见面。塔提乌斯希望得到这个地方，因此接受了她的邀请并准时到达约定地点。塔尔皮娅来到塔提乌斯面前，说自己的父亲由于一些事务将于夜晚离开要塞，而她有进出要塞的钥匙，如果萨宾人夜晚到来，她会把这个地方交给他们，但前提是塔提乌斯要满足她的要求，即把所有萨宾人左手佩戴的手镯交给她。塔提乌斯答应了她的要求。双方相互发誓要遵守诺言。随后，塔尔皮娅向萨宾人指明了要塞中防守最坚固的地方，并告知他们夜晚哪一个时间段这里将没有防备，说完她便返回了要塞，没有被人发现。

39. 罗马历史学家对以上内容叙述一致，但对于此后的发展看法存在分歧。皮索说到，塔尔皮娅夜间派出一个送信人，把她和萨宾国王的交易告诉了罗慕卢斯。她建议根据协议表述的模糊性，获得萨宾人的武器，同时让罗慕卢斯夜间派遣一支援军抵达要塞，在敌人和他们的首领被夺取了武器后抓捕他们。他又说到，塔尔皮娅派出的送信人并没有去找罗慕卢斯，而是去往萨宾人那里，把塔尔皮娅的计谋透露给了塔提乌斯。法比乌斯和辛齐乌斯则认为皮索叙述的事情不真实，事实是塔尔皮娅履行了与塔提乌斯的约定。在接下来的内容中，所有史学家再次达成了一致：塔提乌斯带着他的军队来到罗马人的要塞，塔尔皮娅如约为他们开门。与此同时，她叫醒罗马卫戍部队的士兵们，告诉他们萨宾人即将占领这个地方，并引导他们从一个不为敌人所知的出口逃走。萨宾人占领了要塞，发现门已打开，里面没有守卫。塔尔皮娅声称她已经完成了约定

---

① 几乎不需要指出的是，这种对萨宾人的描述与下文第49节末尾对他们性格的传统看法很不一致。

的任务，应根据誓约拿回她应得的东西。

40. 皮索又说到，当萨宾人准备兑现承诺，把左臂佩戴的黄金手镯给塔尔皮娅时，她却向他们索取盾牌。塔提乌斯对塔尔皮娅的无理要求感到恼火，但又认为自己不能违背约定。于是，他同意把所有人的盾牌交给塔尔皮娅，但设计使她无法真正得到它们。他首先把自己的盾牌平着拿起，使出全身的力气将其扔向塔尔皮娅，并命令其他人也这么做。四面八方飞来的盾牌将塔尔皮娅活活砸死。但是法比乌斯认为是萨宾人背弃了誓约，因为他们本应按照誓约把黄金手镯给塔尔皮娅，但他们认为塔尔皮娅要求的酬劳数量过多，出于愤怒而纷纷举起盾牌将她砸死，就好像他们已经兑现了誓约。接下来的事情证实皮索的言论更真实。罗马人在塔尔皮娅死去的地方为其竖立了纪念碑，并把她的尸体埋葬在城市最神圣的山丘上。他们每年都会举行奠酒仪式祭奠她（我引用了皮索的叙述）。如果她因投敌叛国而死，无论是她所背叛的人们或杀死她的人们，都不会给予她任何荣誉。如果她的尸体仍在，随时间的流逝，人们也会将其挖出并丢出城去，以此警告和阻止他人犯下同样的罪行。读者可以自行判断哪种说法更真实。

41. 塔提乌斯和萨宾人占领了罗马人的一个坚固要塞，并且毫不费力地获得了大量辎重。由于罗马人和萨宾人扎营的地点相距很近，两支军队常常发生一些冲突，但都没有决定性的输赢。双方曾发生过两次激战，死伤惨重。随着时间的推移，双方决定以一场大战结束战争。两支军队的领导者都极富作战经验，士兵也都训练有素。在战争中，受过多次战斗训练的士兵进入两个营地之间的平原上作战。他们勇敢地进攻和迎击敌人，公平地复原队列、重新开战，留下了光辉的战绩。那些在要塞中的士兵作为旁观者，支持自己人。战争形势变化莫测。当同胞们占上风时，他们以欢呼和唱胜利之歌来鼓舞士气；当同胞们处于下风、被敌人追赶时，他们通过祈祷和唱哀歌来激发士兵们的勇气。正是他们的鼓励和恳求激起了战士们的斗争士气，双方的战斗持续一整天，最终也没有分出胜负。夜幕降临，士兵们欢欣地退回各自营地。

42. 在接下来的几天里，他们各自埋葬死去的战士，为受伤的士兵处理伤口，同时加强防守。双方决定再次进行一场战斗，地点还是在上次战斗的平原上,还是一直战斗到夜幕降临。在这场战斗中,罗马两翼部队占据上风(右翼由罗慕卢斯亲自指挥,左翼则由第勒尼安人卢库莫指挥),但双方的中间部队却不分胜负。此时,有一个人挽救了即将全军覆灭的萨宾人,重新部署兵力抗击罗马人。这个人就是梅提乌斯·库提乌斯(Mettius Curtius)。他身体强壮,作战勇猛,不畏恐惧和危险。他负责指挥中间部队并获得了胜利,但此时萨宾军队的两翼陷入了困境,被迫后撤。库提乌斯重振两翼的战斗,鼓舞身边的士兵追击逃窜的敌人,最终把罗马人驱赶至城门口。罗慕卢斯丢掉了已经取得的胜利成果,只能调过头回击占据上风的萨宾人。他领兵离开后,原先处于困境的萨宾两翼又一次和对手势均力敌。所有的危难都指向了库提乌斯和获胜的这部分军队。因为一段时间里,萨宾人曾勇敢地迎击罗马人,但当大批罗马人向他们发起进攻时,他们便不再抵抗,转而逃回大本营。库提乌斯保障了他们的安全撤离,使他们撤退时井然有序。但他本人则坚持作战到底,在原地等待罗慕卢斯的到来。紧接着,两位将领展开了一场伟大而光荣的战斗。最终,库提乌斯带着累累伤痕逐渐撤退,因身后一个深湖的阻碍而停了下来。湖岸布满沼泽,湖水深不见底,他无法渡过。正当这时,罗马人从四面八方追赶过来。库提乌斯无路可走,全副武装纵身跳入湖中。罗慕卢斯坚信库提乌斯一定会被淹死——罗马人无法在如此深而泥泞的湖中抓捕他——转而进攻其余的萨宾人。库提乌斯历经艰辛从湖中上岸,带着武器返回了营地。这个湖现在已经被填平,大约位于现今罗马广场的中央地带,因库提乌斯事件而被称为拉库斯·库提乌斯(Lacus Curtius)。①

43. 罗慕卢斯一路追击萨宾人来到卡皮托山,他对夺取要塞抱有很大希望。然而,他因身负重伤而虚弱不堪,又在神庙旁被从高处扔下的石头击伤,士兵们把奄奄一息的罗慕卢斯抬到神庙内。罗马人因见不到罗慕卢斯而陷于恐慌,右翼士兵纷纷逃走,左翼士兵在卢库莫的带领下坚守了一段时间。卢库莫以英勇好战而闻名,在与萨宾人的战争中屡立奇功。但随后不久,卢库莫被标枪刺伤,生命垂危,左翼部队因此弃战。罗马士兵纷纷溃逃,萨宾人鼓起勇气追击

---

① 参阅李维, i. 13, 5。

罗马人至城门口。此时，罗慕卢斯事先部署守卫城墙的年轻人出来迎击，击退了靠近城墙的萨宾人。罗慕卢斯的伤势也得到控制，迅速重返战场，扭转了局势。那些逃跑的罗马士兵见罗慕卢斯再次出现，立马恢复了士气，毫不犹豫地攻击敌人。此时，萨宾人正驱赶着逃跑的罗马人入了城，正当他们认为胜利唾手可得时，这个突发状况让他们开始为自己的安危担忧。他们发现自己无法返回营地，因为当他们从高地撤退时，被罗马士兵追赶，遭遇溃败，损失惨重。他们战斗了一整天，其间经历了意想不到的转折，各有胜负。此时天色渐晚，双方停止了战争。

44. 第二天，萨宾人商议是返回家乡还是再派一支军队坚持作战，直至体面地结束战争。他们认为，无论是一无所获地羞愧退出还是毫无胜算地坚持，都是一件糟糕的事情，与罗马人签订和平条约是唯一能体面地结束战争的办法，他们相信对罗马人而言也是如此。对于接下来要做什么，罗马人的担忧并不比萨宾人少。他们无法决定是归还妇女还是继续与萨宾人作战：如果他们选择归还妇女，则意味着他们承认输掉战争，需要接受敌人强加给他们的任何惩罚；如果选择继续战争，将面临城市荒芜、士兵锐减的困境；如果他们为了和平而与萨宾人签订协议，就不要奢望得到任何温和的条件，因为骄傲而任性的萨宾会严厉对待主动向他们献殷勤的敌人。

45. 双方既不想再次发动战争，也不想议和，时间就在犹豫中逝去。① 罗马人的萨宾妻子（她们都是萨宾人，也是这场战争爆发的导火索）召集所有萨宾妇女，在远离她们丈夫的地方聚集，想要促成交战双方的和解。提出这个建议的是一名出身高贵的萨宾女子，名叫荷西莉亚（Hersilia）。有人认为，虽然她已经结婚了，却是被当作处女而和其他女子一起被抓来。最可信的说法是，她的独生女被罗马人抓来，她自愿跟随女儿而来。这些女人都同意了她的提议，然后来到元老院并获得了接见。她们恳求元老们同意让她们去劝说萨宾人与罗马议和，宣称她们有很多好的理由可以让两个国家团结在一起，并促成二者的和平相处。长老们和国王听闻后感到十分高兴，因为就目前的局势而言，这个

---

① 本卷第45—47节，参阅李维，i. 13。

提议似乎最为合理。因此，元老院颁布法令，规定已生育的萨宾妇女把孩子交由丈夫照看，她们本人则作为使节去劝服萨宾人议和。那些有几个孩子的妇女，可以自行决定带上几个孩子去议和，并努力使两国达成和解。随即，妇女们身穿丧服来到萨宾人的营地，有的还抱来了幼小的孩子。他们抵达营地后，悲伤地跪倒在同胞们脚下。萨宾人见到这一情景也痛哭不已。这些妇女被召集到议事会，国王询问她们到来的原因。提出这一计划的荷西莉亚站在最前面，动情地请求萨宾人给这些为丈夫求情的妇女以和平，而她们正是这场战争爆发的导火索。至于议和条件，她提议双方的领导者会面交谈，作出有利于彼此的决定。

46. 她说完后，所有萨宾妇女及孩子一起跪倒在塔提乌斯面前，直到在场的人将她们扶起并答应她们的合理请求。塔提乌斯命令她们离开议事会。在与萨宾人商议后，他们决定议和。双方签署了停战协定。随后，国王们又订立了友好条约。双方发誓遵守下述内容：罗慕卢斯和塔提乌斯共为罗马国王，享有同样的权利和平等的荣誉；城市保留先前的名称，依旧（按照创建者的名号）称为罗马；每位公民个体像以前一样被称为罗马人，但整个公民共同体应该统一在一个名号下，根据塔提乌斯城市的名称称为奎里特斯（Quirites）①；所有萨宾人都可以按照自己的意愿在罗马生活，参与罗马人的仪式，加入部落和库里亚。他们交换誓言后，在所谓的"圣道"（Sacred Way）中间竖立了一座祭坛，两个城市统一起来了。所有萨宾指挥官都率领军队回到家乡，只有国王塔提乌斯和三个来自名门望族的人留了下来，获得了可以世代享有的荣誉。三个人分别是瓦列里乌斯·瓦卢斯（Valerius Volusus）②、塔卢斯（Tallus，绰号第勒尼乌斯）和曾经带着武装穿越深潭的梅提乌斯·库提乌斯。他们的同伴、亲属和门客也一同留下，人数不少于已定居在这里的居民。

47. 罗慕卢斯对这样的安排深表满意。因为罗马城的人口激增，贵族人数也增加了一倍。新加入的贵族与罗马贵族数量相等，被称为"新贵"（new

---

① 奎里特斯：参见本卷第36节和第48节。狄奥尼修斯给出了普通罗马人被称为奎里特斯的缘由，这个词可能来源于萨宾语中的 quiris（本卷第48节），意为"长矛兵"（spear men）。

② 这个名字可能是 Volesus，如李维（i. 58, 6; ii. 18, 6）和其他罗马作家所拼写的那样。

patricians）。库里亚从新加入的贵族中选出一百人进入元老院。关于这些事情，几乎所有的罗马历史学家都没有异议。但有人对新登记的元老人数有分歧，他们说不是一百人，而是五十人。罗慕卢斯给予萨宾妇女荣誉，以感激她们促成了罗马与萨宾的议和。关于这一问题，历史学家之间存有争议。有人认为，除一些其他荣誉外，罗慕卢斯还规定以促成议和的萨宾妇女的名字为库里亚的名字，她们的人数恰好是三十人。但泰伦提乌斯·瓦罗不同意上述观点，他认为，罗慕卢斯在第一次划分人口时，就已经规定了各个库里亚的名字。有些是以首领的名字命名，有些则是以地区名命名。他还指出，前去劝和的萨宾妇女的人数不是三十人，而是五百二十七人，因此，国王不可能仅以其中三十个人的名字命名，而剥夺了其他人的这种荣誉。关于这些事情，我觉得我叙述得恰到好处。

48. 塔提乌斯及其人民来自库瑞斯城，以下是关于这个地方的叙述（就我的叙述而言，有必要说一下他们是谁、来自哪里）。当阿波里吉涅斯人占领了雷亚特（Reate）的领土后，有一位出身高贵的少女去往厄倪阿琉斯神庙（Enyalius）跳舞。罗马人和萨宾人把厄倪阿琉斯称为奎里纳斯（Quirinus），但他们不确定厄倪阿琉斯神庙供奉的是马尔斯神还是其他与马尔斯齐名的神。有些人认为这两个名字都属于同一位掌管军事斗争的神。另一些人则认为，这两个名字代表两位不同的战神。当少女在神庙内跳舞时，突然受到神的感召，停止了舞蹈，跑入神的内殿。在那之后，她生下了与神的孩子，起名为莫蒂乌斯（Modius），姓氏为费迪乌斯。莫蒂乌斯成年后，具有神的容貌，以英勇好战而闻名。他打算建立一座城市，于是从邻近民族召集一大批人，在短时间内建造好了城市，称为库瑞斯城。有人认为他是以一位神的名字命名了该城，而他被尊为这位神的儿子。有人认为这一名字是由"矛"而得来，因为萨宾人把矛称为 cures[①]。上述内容来自泰伦提乌斯·瓦罗的叙述。

49. 特罗曾的历史学家[②]泽诺多托斯（Zenodotus of Troezen）说到，翁布里亚人是最早定居在雷亚特（Reatine）的土著民族。佩拉斯基人将他们赶出城

---

① 或 quires。希腊语的拼写可以代表任何一种形式。
② 希腊文本暗示了限定"历史学家"的形容词或短语的缺失。参见评论笔记。

市,他们便来到了现在定居的城市,并将他们的名字从翁布里亚人改称为萨宾人。波尔基乌斯·迦图认为,萨宾人的名字得自萨布斯(Sabus),即塞库斯(Sancus)神[被一些人称为朱庇特·费迪乌斯(Jupiter Fidius),他是那个民族的神]的儿子。他又说到,萨宾人最先定居在邻近阿米特努(Amiternum)城的一个被称为泰斯特卢纳(Testruna)的村庄。此后,他们入侵阿波里吉涅斯人和佩拉斯基人[①]混居的雷亚特地区,以武力抢占了最著名的城市库提莱(Cutiliae),并从雷亚特向外派遣殖民者。殖民者建造了许多没有要塞的城市,其中有一座被称为库瑞斯的城市。他进一步说到,萨宾人占据的地方距亚得里亚海大约两百八十斯塔德,距第勒尼安海两百四十斯塔德,其地长约一千斯塔德。在当地历史中,还有另一种关于萨宾人的叙述。萨宾人认为他们是受到了定居在这里的拉西第梦人殖民地的影响。吕库古把严苛的法律引入了斯巴达,但一些斯巴达人无法忍受严苛的法律,便离开了那里,在跨越广袤的海洋后,向神发誓,要定居在最先登陆的地方,因为他们对任何土地都充满渴望。最终,他们抵达了意大利邻近波门蒂尼(Pomentine)平原[②]的地方。为纪念远航的长途跋涉[③],他们把这个地方称为弗瑞尼亚(Foronia)。在这里,他们为弗瑞尼亚女神建造神庙,因为他们曾向这位女神发誓。现在他们变换了一个字母,称女神为"Feronia"。他们中有一些人离开这里,去萨宾人居住的地方定居。他们说,正是由于这个原因,萨宾人具有如斯巴达人一样好战、节俭和严苛的特性。关于萨宾人就说这么多吧。

50. 罗慕卢斯和塔提乌斯随即扩建城市,在原有基础上又增加了两座山丘,即奎里纳尔山和西里欧山。他们把罗马和萨宾的居民分开,各自定居在固定的地点。罗慕卢斯占据帕拉丁和邻近的西里欧山,后者紧挨着帕拉蒂尼山;塔提乌斯占据卡皮托山(他一开始就占领了这座山)和奎里纳尔山。他们砍伐

---

① 此处的"佩拉斯基人"(Pelasgians)一词是赖斯克写上的。参见评论笔记和本卷第19节。
② 李维称之为 Pomptinus ager (ii. 34; iv. 25),指环绕着庞廷沼泽的边缘土地。
③ 人们不禁疑惑,这一特殊词源的作者为何没有把 Feronia 和动词 Φέρεσθαι(意为"共同承受")直接联系起来,而是采用了较早的拼写形式 Foronia(没有其他证据),并从抽象名词 φόρησις 中派生出那种形式。这个名称还没有得到圆满的解释。

卡皮托山脚边平原上的树木，填充了大部分湖泊（湖位于洼地，山上流下来的水保证了它的水源），将平原变为广场，广场时至今日仍为罗马人使用。他们在那里举行集会，在伏尔甘（Vulcan）神庙内交换货物，这座神庙位于广场较高处。他们还为其他神建造神庙和奉献祭坛，因为他们曾在战斗中向这些神许愿。罗慕卢斯在穆戈尼亚门（经圣路通往帕拉丁山）附近为朱庇特·斯塔托尔（Jupiter Stator）①建造神庙以示对神的感激，因为这位神曾听到他的请求，帮助他阻止了逃跑的士兵，让罗马人重新加入战斗。塔提乌斯为太阳神、月神、萨杜恩、瑞亚（Rhea）、维斯塔、伏尔甘、狄安娜、厄倪阿琉斯和其他一些很难用希腊语表述其名字的神建造神庙，还在每个库里亚为被称为奎里特斯（Quiritis）②的朱诺女神竖立祭坛，这些祭坛至今仍在。两位国王和谐有序地统治了五年，在此期间，他们共同发动了对卡梅里亚人（Camerini）的战争，因为这些人总是成群结队地抢劫并给罗马人造成了巨大的损失，并且不同意诉诸法律解决问题，尽管罗马人多次提出这一要求。经过一场激战（因为他们相互进攻），罗马人战胜了卡梅里亚人，随后包围并夺取了敌人的城镇。城内的居民被迫解除武装并割让三分之一的土地，罗马人将土地分给了自己的殖民者。③随后，卡梅里亚人屡次侵扰新的定居者。罗马再次派兵将他们打退并瓜分了他们所有的财产。罗马人允许这里的居民自愿去罗马生活。大约四千卡梅里亚人选择到罗马定居，他们被分散到各个库里亚。卡梅里亚成为罗马殖民地。在罗马建城之前很久，卡梅里亚就是阿尔巴人的殖民地，自古以来就是阿波里吉涅斯人最著名的居住地之一。

51. 在统治的第六年，塔提乌斯死于几个拉维尼乌姆人反对他的阴谋，领导权再次交由罗慕卢斯一人手中。④这个阴谋如下：塔提乌斯的朋友带着一群强盗来到拉维尼乌姆，他们在这里作恶多端，赶走当地居民的家畜，甚至还杀

---

① 逃跑士兵的阻拦者。
② 这个名字也可以写为Quiris、Curis和Cur(r)itis，有多种来源，如currus（双轮车）、萨宾词curis（矛）和Cures（城市）。
③ 根据基斯林的建议，这里提供了不止一行的内容。参见评论笔记。
④ 本卷第51—52节，参阅李维，i. 14，1—3。

害前来增援受害者的人们。受伤的人们派出使节到罗马去讨要说法。罗慕卢斯做出决定,受伤害的人们可以惩罚伤害他们的人。然而,塔提乌斯却庇护他的朋友,不赞同未经审判就拘捕他人,尤其不赞同让外来者拘捕罗马公民。他让那些受到伤害的人来罗马,依据法律提起诉讼。因此,使节们没有得到满意的答复,带着怨愤离开了。一些萨宾人对告发他们的使节怀恨在心,便偷偷尾随,趁使节们在帐篷中入睡时,抢劫并杀害了一些熟睡中的使节们。幸存的人们看穿了这场阴谋,逃回拉维尼乌姆。继这些使节后,其他城市的使节也来到罗马,控诉塔提乌斯的朋友们无法无天的行为,并威胁说,如果他们得不到正义,就要发动战争。

52. 罗慕卢斯认为,这些人对使节们所做的残暴行为违反了神圣的法律,需要尽快赎罪。[①] 然而,塔提乌斯对此表现出漠视的态度。罗慕卢斯未经过多拖延就把罪犯抓住并捆绑着交给使节们。塔提乌斯心中感到不悦,一方面抱怨罗慕卢斯交出罪犯的行为使他受到了侮辱,另一方面对被使节们带走的罪犯怀有同情(因为这其中有一个人是他的亲属)。他随即带领士兵们追赶上行进中的使节们,把罪犯救了出来。有人叙述道,在这之后不久,塔提乌斯和罗慕卢斯到拉维尼乌姆举行祭祀,因为国王们必须向祖先的神供奉牺牲,求其保佑国家的繁荣。死去的使节们的朋友和亲属密谋在祭坛旁用刀和烤肉叉杀死了塔提乌斯。然而,李锡尼乌斯·马凯尔(Licinius Macer)却认为,塔提乌斯没有跟随罗慕卢斯去献祭,而是单独来到这里,打算劝说受到伤害的使节们原谅他的朋友们。使节们对塔提乌斯不顾罗慕卢斯和元老院的命令、拒绝交出罪犯的行为感到愤怒。被杀的使节们的亲属冲向塔提乌斯,将其用石头砸死,他没能逃脱正义的惩罚。这就是塔提乌斯的结局。他与罗慕卢斯作战三年,又与后者共同统治五年。他的尸体被运回罗马,人民为其举行了隆重的葬礼,城市每年都为他举办公共奠酒仪式。

53. 罗慕卢斯再次成为唯一的统治者。他为弥补受到伤害的使节而禁止罪犯使用火和水。塔提乌斯死后,罪犯们就逃离了罗马。随后,罗慕卢斯审判了密

---

① 参阅李维,i. 14,4—11。

谋杀死塔提乌斯的拉维尼乌姆人。这些人向罗慕卢斯求饶，声称他们是为死去的亲人报仇，并因此得到赦免。处理完这些事情后，罗慕卢斯带领军队进攻费德奈城，该城距罗马四十斯塔德，是一个人口众多的大城市。当罗马人面临饥荒时，费德奈人抢夺了库斯图姆瑞乌斯人从海上运送给罗马人的粮食，杀死一些反抗的罗马人。当罗马人向他们索要粮食时遭到拒绝，罗慕卢斯被费德奈人的行为激怒，率大军攻打他们的城市。缴获大量战利品后，罗慕卢斯准备率军返回。正当此时，费德奈人又向他发起进攻。经过残酷的战斗，双方均损失惨重。最终，罗慕卢斯击败了敌人，并追击逃跑的残敌进入城内。他一举攻下城市，惩罚了城内的部分居民，并留下三百人守卫城市。此外，他还把城内居民的一部分土地分给定居在这里的罗马人，把城市变为罗马的殖民地。这座城市由阿尔巴人建造，同时建造的还有诺门图姆（Nomentum）和库斯图姆瑞乌斯，当时阿尔巴人委派三兄弟分别统领这三座城市，费德奈城由最年长的兄弟建造。

　　54.结束这场战争后，罗慕卢斯又开始与卡梅里亚人作战，因为卡梅里亚人趁罗马遭遇瘟疫之时，袭击了罗马人的殖民者。他们认为罗马人会被这些灾难彻底摧毁，因此，他们杀死了一些殖民者，将剩余的人赶出城市。为反击这种行为，罗慕卢斯处死了参与反叛的卡梅里亚人，任由罗马士兵掠夺城市，没收了他们一半的土地（另一半先前已经分给罗马殖民者）。随后，他留下一支部队驻守在这里，镇压可能出现的叛乱，然后率领其他人返回罗马。由于这次远征，他再次庆祝胜利，向神供奉了大批战利品，给伏尔甘神敬献了一辆青铜四轮战车，并把自己的雕像竖立在一旁，在上面用希腊文记录了他的功绩。罗慕卢斯发动的第三次战争[①]的对象是当时第勒尼安民族最强大的城市维爱（Veii），距罗马约一百斯塔德。维爱坐落于高耸而陡峭的岩石上，该城的面积与雅典相当。维爱人以费德奈人的城市被占领为借口发动对罗马的战争，派出使节传达命令，要求罗马人撤回在费德奈的驻兵，恢复城市的独立，将他们占领的领土归还给原来的主人。要求遭到拒绝后，他们派出一大支军队出战，把营地建在邻近费德奈城的开阔地带。罗慕卢斯收到维爱人要发动战争的消息后，

---

① 本卷第54节，参阅李维，i. 15，1—5。

带领一支军队前往费德奈迎战。双方准备完毕后，在平原上展开战斗。双方激战了很长时间，直到夜幕降临才停战。双方势均力敌，这是第一次战斗的过程。

55. 在随后发生的第二次战斗中，罗马人凭借罗慕卢斯的战略取得了胜利。他在晚间占领了离敌人营地不远的高地，将最精良的骑兵和步兵埋伏在丛林中，这些人是第一次战役后从罗马派来的援军。第二天，当双方军队在平原上继续作战时，罗慕卢斯发出信号，埋伏的士兵们从敌人的后方冲过来，轻而易举地战胜了敌军。敌军中除少部分人被杀死外，其余人都跳入台伯河，最终溺死。有些人是因为受伤和劳累，无法游过河，其他人则是不会游泳，但由于恐惧也盲目跳入河中，最终都被河水淹没。如果现在维爱人意识到他们最初的计划是不明智的，并及时停止行动，便不会受到巨大损失。但他们一意孤行，妄想弥补之前的损失，坚信只要派出更多的兵力便会战胜罗马人。随后，他们派遣一支大军再次与罗马人交战。这支军队不仅有他们自己的士兵①，还包括盟国的士兵。一场大战在费德奈附近再次爆发。罗马人又一次获得了胜利，杀死很多敌人，俘虏剩余的人，占领了维爱人的营地，夺走金钱、武器、奴隶及满载粮食的船只。罗慕卢斯用这些船将俘虏带回罗马。这是罗慕卢斯取得的第三次胜利，比前两次的更为辉煌。随后不久，维爱人派出使节前往罗马请求停战，并为他们的冒犯请求宽恕。罗慕卢斯要求他们接受下述惩罚：把台伯河附近被称为七区②的地方交给罗马人，放弃河口的制盐场所，向罗马交出五十名人质，保证他们未来不再反叛。维爱人接受了这些条件，双方签署了为期百年的条约，并把条文刻在柱子上。之后，罗慕卢斯无条件释放了所有想返回家乡的战俘，授予想要留在罗马的战俘公民权——数量远远多于想回到家乡的——把他们安置在库里亚中并在台伯河这边分给他们土地。

56. 以上就是罗慕卢斯进行的值得记录的战争。③他的突然去世中断了继续征服邻邦的计划，那时正是他年富力强、容易取得战绩的时候。关于他的死因有许多不同的说法。有些人的叙述让人难以置信。他们说，当罗慕卢斯在营地

---

① 即埃特鲁里亚人。
② 七个村庄（Septem Pagi）。
③ 参阅李维，i. 16，1—4。

中向士兵发表演说时,天突然黑下来,一阵狂风暴雨把他卷走。持这一观点的人相信罗慕卢斯是被他的父亲马尔斯召到了天上。另一些人的叙述貌似可信。他们说,罗慕卢斯是被自己的人民所杀。这些杀害他的人不满于他违背传统、未经人民同意就释放维爱人质,不平等地对待罗马人和后来加入罗马的人,给予前者更大的荣誉,轻视后者。同时,他们指责他残忍对待违法者(例如,他不经集体审判就把被指控抢劫邻近城邦的一群罗马人推下悬崖①,而这些人出身高贵、为数众多)。但更主要是因为罗慕卢斯的严酷和专制使他看起来更像是独裁者而非国王。正是由于这些原因,贵族们密谋要杀死他,他们在议会厅实施了计划,并将他的尸体肢解,以掩人耳目。他们每个人在长袍中藏匿一部分尸块带出议会厅,然后秘密埋葬。也有人说,罗慕卢斯在向人们发表演说时,被新加入的罗马公民杀害。当时天空下起雨,天色阴暗,聚集的罗马人纷纷散开,恰巧罗慕卢斯身边没有护卫,就在这时,他们开始了谋杀行动。正是由于人们的离开,发生这件事的那天至今仍被称为"Populifugia"②。然而,根据天意所昭示的有关罗慕卢斯出生和死亡的事件,让那些将凡人视为神、使凡人灵魂升天的人的观点具有权威性。因为他们说,罗慕卢斯的母亲被侵犯后(无论是凡人还是神),天空中出现了日食的现象,如同夜晚一般的黑暗笼罩着大地。罗慕卢斯死时也出现了这样的景象。这就是关于罗慕卢斯之死的叙述。罗慕卢斯创建了罗马,被人民选为第一位国王。他统治了三十七年后去世,没有留下子女,去世时五十五岁。他不满十八岁便获得了统治权。这些是叙述罗慕卢斯的作家们一致认同的说法。

57. 罗慕卢斯死后第二年③,王位空缺,由行政长官监督公共事务,这一时期被称为空位期。国家按照如下方式运行:罗慕卢斯时期的长老议事会成

---

① 塔尔皮亚岩(Tarpeian rock)。
② 或Poplifugia。普鲁塔克对这个节日的起源给出了同样的解释(《罗慕卢斯》,29)。他还记录了更常见的说法,即最初的"人民的逃离"发生在高卢人离开罗马后不久,当时拉丁人突然向罗马进军。根据马克罗比乌斯(Macrobius)提出的第三种观点(农神节,iii. 2, 14),埃特鲁里亚人入侵了罗马。
③ 本卷第55—58节,参阅李维,i. 17; 18, 1 和 5。

员（二百人），如我所说①，成为临时执政者，他们被分为十人小组②，通过抽签选出首先中签的十人握有国家的绝对权力。他们不是集体统治，而是轮番而治，每人五天，在统治期间配有权杖和其他象征王权的物品。第一个人统治五天后，第二个人接任，依次类推，直至最后一个。在最先选出的十人按规定统治了五十天后，从剩余的人中再抽签选出十人，按照这样的规则进行统治。但是人们渐渐不满于统治权力的频繁更替，要求废除临时执政，因为这些人既不具有相同的目标，又缺乏同等的能力。因此，元老们按照部落和库里亚召集人民，讨论采用何种政体，是将公共利益交于一人还是每年一任的官员。然而，公民没有行使权力，而是把决定权转交元老院，无论元老院的决定是什么，他们均表示赞同。元老们一致通过采用君主制政体，但就国王从哪一群体中选出产生了争议。有人认为统治国家的人应该从最初的元老中选出，另一些人却认为要从后加入的新元老中选出。

58. 争论持续了很长时间。最终双方达成和解，条件是下述两种方式择其一——或是由最初的元老选择国王，但不能从他们当中产生，只能是除他们之外的最合适的人；或是由新晋元老选出国王，也要遵守上述规则。最初的元老们接受了选择权，经过长时间商议后，决定国王既不从他们中选出，也不从新晋的元老中选出，而是从不支持任何一方的外人中选出，宣布他为国王，认为这是结束派别纷争最有效的办法。达成一致后，他们选出萨宾人庞庇利乌斯·庞波之子、优秀的努马为王。努马年近四十，为人以谨慎著称，外貌很有皇家气派。同时，他极富智慧，不仅受到库瑞斯人的称赞，也为邻人所钦佩。作出决议后，元老院召集了人民，一位临时执政者走上前来，告诉他们元老院一致决定采用君主制政体，他被授权宣布努马·庞庇利乌斯被选为罗马国王，继承王位。在这之后，他从贵族中选派使节前去请努马到罗马执掌政权。这件事发生在第十六个奥林匹亚纪的第三年③，同年，拉西第梦人毕达哥拉斯（Pythagoras）获得赛跑比赛的桂冠。

---

① 本卷第47节。
② 十人一组。
③ 公元前713年。

59. 我赞同历史学家们关于这件事的叙述[1]，但对下述事件感到困惑不解：许多人叙述说努马是毕达哥拉斯的门徒，当他被选举为罗马国王时，正在克罗顿学习哲学。然而，这一说法与毕达哥拉斯的生平相矛盾。我们从普世史中得知，毕达哥拉斯并非仅比努马年少几年，而是与他相差四代人的时间，这是我们从历史中了解到的。努马获得罗马王位是在第十六个奥林匹亚纪的中间期，而毕达哥拉斯是在第五十个奥林匹亚纪[2]后定居意大利的。我可以提供一个更有力的证据，证明他们的叙述与努马的生平不相符，即当努马被选举为罗马国王时，克罗顿城还不存在，因为该城是努马就任四年后，由迈斯克卢斯（Myscelus）建造的，时间是第十七个奥林匹亚纪的第三年[3]。因此，努马既不可能跟随与他相差四代的萨摩斯岛的毕达哥拉斯学习哲学，因为后者成长于他之后的第四代人，也不可能居住在克罗顿城，因为罗马人选举努马为王时，这座城市还不存在。然而，在我看来，（他们的）叙述中有两点是可以肯定的，即毕达哥拉斯移居意大利和努马的智慧（因为大家都承认他是一位智者），正是基于这两点，他们才断定努马是毕达哥拉斯的弟子，而没有像我这样去核实他们的生活年代，考虑他们是不是生活在同一时期。事实上，除非我们假设有另一个同名的毕达哥拉斯在萨摩斯人之前教授哲学，并且努马与他有联系。但我并不知道如何证实这一猜想。就我所知，无论是希腊还是罗马的历史学家，对此均不能提供有效的证据。关于这一点，就说这么多吧。

60. 当使节邀请努马到罗马执政时，努马拒不接受王权，并且在很长时间里坚持他的决定。他的兄弟们一直劝说他，最后他的父亲认为，这是巨大的荣誉，他不应拒绝，于是他同意就任国王。罗马人得知这一消息后，迫切想见到这位极富智慧的人。他们认为努马的行为是他智慧的证明，因为其他人都把至高无上的王位视为幸福的源泉，唯有努马丝毫不在意王位，将之视为微不足道的东西。他到达罗马后，获得人民的夹道欢迎。随后，人民举行大会，以库里亚为单位进行投票，赞成努马当选国王。贵族确认了投票结果，最后，占卜官

---

[1] 参阅李维，i. 18，2—4。

[2] 公元前580（或前579）年。

[3] 公元前709年。

宣布占卜的结果是吉兆，努马正式成为国王。罗马人认为，努马虽然没有指挥过战争，但作为虔诚而正直的人，在他统治时期，国家安定，政治有序。① 人们讲述了发生在努马身上的很多不可思议的事情，并把他的智慧归因于神的赠赐。人们难以置信地证实了女神埃杰里娅（Egeria）见过他，并将统治的技艺传授给了他。也有人认为是缪斯女神帮助了他，他们说每个人都知道这件事。起初大家不相信，认为这个有关女神的故事是编造的，但努马为了证明他确实和女神交谈过，遵照女神的建议做了下面的事情：他邀请许多富有者到他家中做客，让他们参观他的房子。他的家中只有几样寒酸的家具，没有一件能够招待一群人的物品。努马要求他们暂时离开，等到晚上来吃晚饭。随后，当人们按照约定的时间再次来到他的家中时，他向人们展示了豪华的躺椅和满载精美酒杯的桌子。客人坐下后，他为他们呈上丰盛的食物。这样规格的宴会，在那时任何人都要花费很长时间准备。宾客们惊异于眼前所见的一切，从那时起，他们坚信有神帮助努马。

61. 那些将神话排除于历史论述之外的人认为，埃杰里娅是努马设想出来的神。他利用人们对神的畏惧增加他的威信，并推广他制定的法律。他们说，在法律方面，他模仿的是克里特（Cretan）的米诺斯（Minos）和拉西第梦的吕库古的智慧。米诺斯声称自己可以与宙斯交谈，经常去往迪克坦（Dictaean）山。在克里特传说中，库瑞特斯（Curetes）正是在这里哺育着刚出生的宙斯。他经常进入这个神圣的洞穴，并在那里创制了他的法律，他将公布这些法律，证明是宙斯把法律传授给他的。吕库古曾拜访德尔菲神庙，声称他的法律得自阿波罗的指示。但是我认为，要详细叙述这些神话传说，特别是与神相关的，要花费很大的功夫，所以我省略了这部分内容。我将根据罗马人自己的历史来讲述努马的统治带给罗马人的福祉。但首先我要说明在他登基之前国家事务的混乱。

62. 罗慕卢斯死后，元老院掌握了政权，在一年的时间里握有最高权力。元老们彼此争执不休，划分派系。与罗慕卢斯一起创建殖民地的阿尔巴的元老们谋求权利，不仅要求首先表达观点，享受最高荣誉，还要求新加入的元老们

---

① 本卷第 4—7 节，参阅李维，i. 19，1—5。

向他们表达尊敬。另一方面,那些来自新殖民者、后被纳入贵族阶层的元老自认为也应该享有尊荣,并且宣称地位不能低于先前的元老。在这些人中,萨宾人强烈要求谋取属于他们的权利。因为罗慕卢斯与塔提乌斯签订的条约中给予他们与先前的元老同等的权利。元老院对此问题争执不休,门客们也划分两派,各为其主。在平民中也有相当多的人最近被纳为公民,但他们没有在战争中为罗慕卢斯提供过任何帮助,因而罗慕卢斯也没有给他们分配土地和战利品。这些无家可归者成了乞丐和流氓,纷纷反抗统治者,并酝酿叛乱。努马发觉到国家事务的混乱,决定首先救济平民中的穷人。他把罗慕卢斯所拥有的土地和公共土地的一小部分给了他们。随后,他开始调节贵族的纷争。他没有削弱建城者们的权利,而是增加了新加入者的权利。努马同时协调各个公民群体的利益,使众人同心合力。此外,他还扩建了罗马城,把奎里纳尔山(Quirinal hill)收入囊中(此前,它还在城墙之外)。他向人们介绍他的其他统治措施,教导人们要遵循两件事以使国家繁荣昌盛:首先是虔诚,他告诉臣民,神是人类祝福的给予者和守护者;其次是正义,他通过正义向他们说明,神赐予的祝福会给他们的拥有者带来真正的恩惠。

63. 努马制定的法律和制度收到了很好的成效,但我不能详尽地阐述每一点,因为那样做会使叙述变得冗长。此外,对于为希腊人准备的作品,叙述这些内容也毫无必要。我将对他所采用的主要措施进行概括,首先要说的是他对宗教的规定。他保留了罗慕卢斯设置的习俗和法律,并把它们当做最好的范本。他还对罗慕卢斯所忽略的事情进行了补充。他给之前没有受到崇拜的神划出圣域,新建许多圣地,竖立大量祭坛和神庙,创立敬神节日,任命祭司掌管圣殿、主持宗教仪式,制定法律来规定净化仪式、赎罪及其他惯例,规定敬奉更多的神(超过了希腊人和蛮族人的任何城市,甚至是声称最为虔诚的那些城市)。他宣称罗慕卢斯的伟大超越了常人,应该以奎里努斯(Quirinus)的名义受到崇拜,为其建造神庙,并每年向其供奉牺牲。罗马人不知道罗慕卢斯的消失是天意还是人为。[①]阿斯卡尼乌斯的后人、农民朱利乌斯来到罗马广场,他过着无可指责的生活,从未因为个人利益而说过谎话。他说,当他从乡下进

---

① 参阅李维,i. 16,5—8。

城时，他看见罗慕卢斯全副武装地离开城市，他靠近并听到罗慕卢斯对他说："朱利乌斯，你去告诉罗马人，我的精神正在引导我走向众神，因为我已经结束了自己的生命，我是奎里努斯。"努马将他的宗教法律体系分为八部分（即不同类别的宗教仪式的数量）并记录下来。

64. 第一类宗教仪式以库里亚为单位进行，如我所说[①]，他们为库里亚履行公共祭祀。第二类由希腊人称为的 stephanêphoroi[②] 或"戴花环者"执行，罗马人称他们为祭司（flamines）[③]，因为这些人在举行仪式的一整天里都要头戴帽子和发带（flama）[④]，时至今日仍是如此。第三类由赛拉瑞斯的指挥官完成，如我所说[⑤]，他们负责保卫国王的生命安全，作战时可充当骑兵或步兵，同时也负责举行特定的宗教仪式。第四类由解释神示的人执行，确定某些迹象对个人和公众意味着什么。这些人都拥有一门占卜的技艺，罗马人称他们为占卜者，我们应该称之为"鸟卜者"（oionopoloi）。他们熟悉罗马人所有的占卜方式，无论是基于出现在天上、半空中的迹象还是地面上的迹象。第五类由守护圣火的贞女完成，罗马人依据她们守护的女神，将她们称为维斯塔。努马是第一个在罗马为维斯塔女神建造神庙的人，并任命女祭司守护她。[⑥] 关于维斯塔贞女，我有必要作一些最重要的说明，因为很多罗马历史学家认为这一主题中有许多值得研究的问题，那些没有认真研究这些问题的原因的作者发表了一些毫无价值的论述。

65. 无论如何，关于维斯塔神庙的建造，有些人把它归于罗慕卢斯，认为当一个城市是由一位善于占卜的人建立起来的时，公共祭坛[⑦]却没有首先被建

---

① 本卷第 23 节。

② stephanêphoros，是希腊各邦授予有权戴花冠作为其地位象征的地方法官的头衔。在这里，该词是希腊语中"戴花冠者"（wearers of the fillet）的最佳同义词。

③ 参阅李维，i. 20, 2。

④ 应是 fila？狄奥尼修斯在这里给出了 flamen 的常用罗马词源，通过瓦罗（《论拉丁语》，v. 84）和费斯图斯（p. 87）保存下来。瓦罗和费斯图斯都表示，这些祭司的名字来源于他们所戴帽子顶部的羊毛带子。很难相信狄奥尼修斯会把 filum 和 flammeum（新娘披纱）混淆。参见评论笔记。flamen 的真正词源是有争议的。然而，有很多理由相信它源于 flare（"吹"），因为祭司的首要职责之一就是为祭牲吹火。

⑤ 本卷第 13 节。

⑥ 参阅李维，i. 20, 3。

⑦ ἑστία 作为常用名词的意思是"灶台"，作为专有名词的意思是"女灶神赫斯提娅"，与罗马的维斯塔女灶神相对应。

造是一件不可思议的事情,尤其是罗慕卢斯在阿尔巴长大,那里早在很久之前就建造了维斯塔神庙。他的母亲就是守护女神的贞女。他们认识到,罗慕卢斯在两种宗教仪式中——其一为面向所有公民的公共仪式,其二仅是私人或限于个别家庭的仪式——都有义务向女神表达崇敬。他们说到,没有任何事情比建造公共祭坛更重要,对于罗慕卢斯而言更是如此。因为他的祖先从特洛伊人那里学到了供奉维斯塔女神的宗教仪式,并且罗慕卢斯的母亲一直作为祭司为女神服务。正是由于这些原因,人们认为是罗慕卢斯而非努马建造了维斯塔神庙。看来他们是对的。一般来说,在城市建立时,首要的事情是建造一座祭坛,对于熟知宗教事务的城市创建者而言更应如此。然而,他们似乎不清楚关于建造神庙的细节及为女神服务的贞女的事情。首先,罗慕卢斯没有为维斯塔女神建造神庙[因为据说他把神庙建造在城外,在我们称之为罗马方城(Roma Quadrata)①的地方,四周环以围墙。然而,人们历来都把神庙建造在城内最适宜的地方,没有建造在城外的传统];其次,他没有任命为女神服务的贞女。我相信,因为他的母亲是在担任维斯塔贞女期间失去的贞洁,他害怕这样的先例会不利于处置那些失去贞洁的女祭司。因此,基于上述原因,罗慕卢斯没有建造维斯塔神庙,也没有任命贞女作为祭司。他只是在每个库里亚竖立一座祭坛,任命库里亚的首领为祭司,按照希腊的习俗行事。希腊城市中崇奉圣火的公共祭坛位于赫斯提娅女神的神庙,由城邦的主要官员提供服务。②

66. 努马接管政权后,没有变动各个库里亚的祭坛,而是在卡皮托山和帕拉蒂尼山之间的罗马广场上(两座山已经被纳入城市,广场位于两座山之间)建造了一座公共祭坛。他依照拉丁人祖先的习俗,制定了一项法令,规定看守圣物的人必须是贞女。然而,究竟是什么东西被保存在这座庙宇里?为什么要把它交给贞女来照料?有些人肯定那里除了火之外什么也没有,这是每个人都

---

① 古帕拉廷城后来的名称,依预兆所言,该城是四边形的。
② 显然,希腊的每个城邦都有一个议事厅(prytaneum),里面有国家的公共壁炉。在那里,圣火一直燃烧。这座建筑是城邦主要官员的总部[尽管在雅典,执政官们很早就搬到了塞斯摩提翁(Thesmotheteum,原为司法执政官的官邸),而主席团则在圆形会场(Tholos)用餐]。议事厅还用于接待外国使节和表彰受到国家嘉奖的公民。

能看到的。他们很合理地认为圣火交给贞女而非男人照看，因为火是纯洁的，贞女也是纯洁的。最纯洁的神会喜欢最纯洁的凡人。人们将圣火奉献给维斯塔女神，因为女神是大地之神，主宰着宇宙的中心①，点燃了天空的火焰。但也有人说，除圣火外，在女神的庙里还有一些神圣的东西是不能向公众透露的，只有大祭司和维斯塔贞女知道。为了有力地证实这个故事，他们引用了罗马人和迦太基人为争夺西西里岛②发动的第一次布匿战争中烧毁神庙的事件。当时神庙起火，贞女们纷纷逃散。大祭司卢西乌斯·凯基利乌斯（Lucius Caecilius，也被称为 Metellus，相当于执政官等级，为庆祝他在西西里打败迦太基人的胜利，他曾展示了 138 头战象）不顾一切冲入火中，取出贞女们所遗弃的圣物，使它们没有被大火烧毁。他因此受到了国家的赞誉，卡皮托山上竖立着他的雕像，雕像上所刻的铭文证实了这一点。除了这一公认的事实外，他们还给出了一些推测。有人说这些圣物属于萨莫色雷斯岛，达尔达诺斯（Dardanus）把它们带到了他自己建造的城市。当埃涅阿斯从特洛伊出逃时，把这些物品连同其他圣物一起带到了意大利。但也有人说圣物由帕拉提乌姆从天上带下来，与伊利昂人的是同一件。他们认为埃涅阿斯熟悉圣物，把它带到了意大利，后来亚该亚人偷走了它的复制品。诗人和历史学家均叙述过这一事件。在我看来，很多证据表明，除圣火外，的确存在一些不为人知的圣物由维斯塔贞女负责看管。至于这些圣物是什么，每一位敬畏神灵者都不应该过多地询问。

67. 按照努马的规定，侍奉女神的维斯塔贞女起初是四人。但后来随着仪式的多样化，人数增加到六人，并一直延续至今。贞女们生活在维斯塔神庙内。白天，人们可以随便进出神庙，夜间则禁止男人们入内。贞女们需要在为神服务的三十年中保持贞洁，依据法律规定履行奉献牺牲和举行仪式的义务。在第一个十年中，她们要学习职责；在第二个十年中，她们要履行职责；在第三个十年中，她们要向其他人传授这些职责。三十年服务期满后，她们可以自愿选择结婚，留下她们的头带及其他与祭司有关的东西。选择这样做的贞女不

---

① 奥维德也认为维斯塔与大地等同 [《岁时记》（Fasti）, vi. 267]。参见詹姆斯·弗雷泽爵士对这一段的注疏（vol. iv, pp. 201 f.）。

② 公元前 250 年，在帕诺马斯（Panormus）。维斯塔神庙于公元前 241 年被烧毁。

多，大多结局悲惨。因此，其余的贞女看到这些人的命运后，宁愿选择在神庙中度过余生。然后，大祭司选择其他贞女补足空缺。罗马人给予贞女们很高的荣誉，因为她们甘于过不结婚或不生育的生活。但如果她们犯下罪行，所受的惩罚会十分严厉。大祭司负责依据法律审判和处罚贞女们，如果她们犯了轻罪，要用枝条鞭打，如若失去了贞洁，则要毫无体面、可耻而悲惨地死去。她们在悲伤的亲属和朋友的见证下，身穿丧服，按照葬礼的形式，活着被放入棺材，然后被带到科利涅门围墙内的一个地下墓室安葬。法律禁止为她们竖立纪念碑、举办葬礼仪式或以任何传统形式纪念她们。如若贞女失去贞洁，国家内会出现很多征兆，其中最主要的是神庙内的圣火熄灭。罗马人把这一现象视为最不幸的事情，不论出于什么原因，他们都认为这预示着国家的灭亡。人们用祈求的仪式将圣火重新点燃。关于这部分内容，我将在适当的地方提及。[①]

68. 我还要叙述维斯塔女神帮助无罪的贞女摆脱不实指控的事情。这些事情尽管在常人看来不可思议，但罗马人却深信不疑。他们的历史学家对此也有很多记录。可以肯定的是，那些无神论哲学家——如果他们的理论确实配得上哲学这个名称的话——蔑视神显现的任何征兆，无论是希腊的或是蛮族的。他们认为神不可能干预人的事情，把神的显灵看作人为操纵的诡计。那些坚信神干预人类事务的人们对神的显现深信不疑，声称神会帮助好人，惩治坏人。据说有一次神庙内的圣火熄灭了，原因是贞女米利亚（Aemilia）的一时疏忽（那时米利亚管理圣火，她让另一个贞女看护，这个贞女是刚选出来的，正在学习各项义务）。整个国家因此陷入骚乱，大祭司询问圣火的熄灭是否因米利亚失去贞洁所导致。米利亚为证明自己无罪，当着祭司和贞女的面，把双手伸入祭坛，哭着说道："哦，维斯塔女神，罗马的守护者！在侍奉您的这三十年中，我小心谨慎，举止得当，心灵纯净，身体纯洁，恳求您证明我无罪，使我免于最痛苦的死亡。但凡我有一点不虔诚的行为，我愿接受惩罚，为城市涤罪。"说完这些话后，她撕下身穿的亚麻长袍的带子扔入祭坛，那时祭坛中的灰烬已经变凉，没有火星，但亚麻衣带使灰烬再次燃烧起来，火苗闪动。因

[①] 这一承诺在现存的部分中并没有实现。

此，罗马人无须赎罪或再次点燃圣火。

69. 我接下来所要讲述的内容也同样不可思议，更像是一个神话。据说，有一个名叫图西阿（Tuccia）的贞女受到了不公正的指控。尽管指控她的人没有以圣火熄灭为依据，却以其他看似合理的证据污蔑她。贞女被允许为自己辩护。她声称会以行动证明自己的清白。说完后，她恳求维斯塔女神为她引路。经大祭司的同意，在所有人的见证下，她走到台伯河边，完成了一件依据常识不可能完成的事情：她用筛子装满河里的水，然后一直走到罗马广场，把水倒在大祭司脚下。自此之后，尽管人们多方搜查，她的控告者却生死未卜。关于这位女神的神迹还有许多，但我的叙述到此为止。

70. 第六类宗教仪式是专门为被罗马人称为舞蹈祭司（Salii）的人设立的。努马从贵族中选出十二名相貌出众、举止优雅的年轻男人作为舞蹈祭司。① 这些人的圣物被放在帕拉蒂尼山上，他们也被称为帕拉蒂尼（Palatini）。另有十二名奎里努斯神的祭司（Agonales）② 被一些人称为科利尼（Collini），是继努马为王的图路斯·霍斯提里乌斯为履行他在与萨宾人的战争中许下的誓言而任命的。他们的圣物被放在奎里纳尔山③。所有这些舞蹈祭司都是歌颂战神的舞者和歌者。他们的节庆日是每年3月的泛雅典娜节④ 期间，庆祝很多天，由国家负责活动的开支。节日期间，他们跳着舞蹈穿越城市，行进到罗马广场、卡皮托山及其他私人或公共场所。他们身着宽松罩衫，腰束青铜色腰带，外套深红条纹配紫色镶边长袍，以别针固定在罩衫上。人们把这身装扮称为特拉比阿（trabeae）。这套衣服是罗马人特有的，是最高荣誉的标志。他们头戴一种锥体高帽（apices），希腊人称之为 kyrbasiai。每个人都把短剑别在腰间，右手握着

---

① 参阅李维，i. 20，4。
② 通常也被称为 Agonenses。
③ 科利纳山（"Colline hill"）是对抄本内容和校对内容的曲解，不可能出自狄奥尼修斯之手。
④ "泛雅典娜节"（Panathenaea）在这里不是指著名的雅典节日（在8月举行），而是指"智慧女神节"（Quinquatria），即纪念密涅瓦的罗马节日（3月19—23日）。舞蹈祭司的主要庆祝活动始于3月1日，至少持续到24日。波利比乌斯（xxi. 10, 12）声称庆祝活动持续三十天。

矛或权杖或其他类似的东西，左手拿着色雷斯式的盾牌，盾牌形似菱形[1]，边缘内收，据说与希腊人在庆祝库瑞特斯的宗教仪式上使用的盾牌相似。在我看来，"salii"一词翻译成希腊语就是库瑞特斯。因为舞蹈祭司都是年轻人，所以我们以年龄称呼他们为库瑞特斯，罗马人则是因其活泼的动作而称之为萨利，因跳跃一词是salire。出于同样的原因，他们把所有其他的舞者称为萨尔塔托瑞斯（saltatores），他们的名字源于salii，因为他们的舞蹈中也有很多跳跃动作。无论我是否这样称呼他们，人们看到他们的动作就自然会这样称呼。他们拿着武器跳跃，和着长笛的拍子（有时一起，有时交替），边舞蹈边唱着传统的圣歌。他们全副武装地舞蹈，短剑击打盾牌发出声音。熟知古史的人们都知道，这种由武装起来的人们表演的舞蹈及用短剑击打盾牌发出声音的行为始自库瑞特斯。我没有必要再提及这个人尽皆知的传说[2]。

71. 舞蹈祭司及其随从的众多盾牌都悬挂在枝条上，据说有一个盾牌是从天上掉落在努马的宫殿中的，并没有人把盾牌带到这里，意大利人在此之前也没见过这种形状的盾牌。由于这两个原因，罗马人认定这个盾牌是神赐予的。努马打算让最高贵的年轻人手拿盾牌，在神圣的日子里，游走在罗马街头，同时每年向盾牌奉献牺牲。但他担心敌人或盗贼会抢夺盾牌，便命令巧匠马穆瑞乌斯（Mamurius）制造很多一模一样的盾牌。由于这些人造的仿制品与那面真盾牌完全相似，以致众神所送的盾牌的形状变得不显眼，很难被那些企图占有它的人分辨出来。舞蹈祭司模仿库瑞特斯人的方式，将其发展为罗马的一个传统习俗，因而享有很高的声誉。我搜集到的许多证据都表明了这一点，特别是在竞技场或剧院的游行中发生的事情。所有的舞蹈祭司身着宽松罩衫，头戴高帽，手握短剑和盾牌，依次行进。根据吕底亚人发明的一项游戏，行进队伍的领导者被罗马人称为"表演者"（ludiones）[3]。在我看来，这些人只是外表看起

---

[1] "菱形"在这里的意思是椭圆形。在一些古钱币和宝石上可以看到这些被认为神圣的盾牌，它们的形状通常被称为"8字形"（figure of eight）。这不是色雷斯盾牌的形状，色雷斯盾被描述为新月形。

[2] 传说使他们成为克里特岛上襁褓中的宙斯的守护者，参见本卷第61节。据说，他们用长矛敲击他们的盾牌，以淹没婴儿宙斯的哭声，以免他的下落被人发现。

[3] 从李维描述罗马戏剧起源的著名章节中（vii. 2）我们了解到，这些"表演者"起初只是舞者，后来变为舞蹈演员。

来像舞蹈祭司,但实际上不同,因为他们没有在唱歌和舞蹈方面延续库瑞特斯人的行为方式。舞蹈祭司必须从父母健在的罗马自由公民中选出,而对其他祭司则没有这些条件。对此,我没有必要再多说什么。

72.第七类宗教仪式由祭司团完成①,他们被希腊人称为"和平的仲裁者"。祭司团成员选自杰出的家族,终身任职。努马首次在罗马人中创设了这一神圣的官职。但不能确定的是,努马是如某些人所说仿效埃魁人(Aequicoli)②的做法而设置了这一官职,还是如格利乌斯(Gellius)所说仿效自阿尔代亚(Aedea)。可以肯定的是,在努马之前,罗马不存在祭司团。努马在与费德奈人发动战争前创设了这一官职,因为费德奈人袭击并踩躏了罗马领土,努马意在判断费德奈人是否愿意以非战的方式与罗马和解。所以,他是出于必要而设立的这一官职。因为希腊没有祭司团,所以我有义务具体阐述它的职责,使那些不熟悉罗马人宗教虔诚的人也不会对罗马在历次战争中的胜利感到惊讶,因为罗马人的动机和目的伴有神圣性,因此,神才会帮助他们取得胜利。祭司团有很多职责,很难一一列举,概括起来主要有以下几项。防止罗马人与和他们结盟的任何城市进行非正义的战争。如果盟国违反条约对抗罗马,罗马首先要派出使节和谈,提出正义的要求;如果对方不答应,才诉诸武力。同样,如果罗马的盟友受到了罗马人的伤害,想要寻求公正的裁决,祭司团负责调查他们是否遭到了有违盟约的不公待遇。如果情况属实,他们就要抓住被告并交给受害各方。祭司团还受理盟国侵犯使节的犯罪行为。此外,他们要保证条约虔诚地得到遵守,努力维护和平,如果他们发现和平不是由神圣的法律带来的,就置之不理。他们还负责调查将军们违反誓言和条约的行为并对之进行惩罚,具体内容我将另行讨论。当他们以传令官的身份,与对罗马人造成伤害的国家进行交涉时,应履行的职责具体如下(对此我们也应该知道,因为这些事务充分考虑了宗教和正义):祭司团共同推举出一名祭司,身着神圣的长袍和其他标志,以区别于其他祭司,去往侵犯者的国家;该祭司在边界处停下,恳求朱

---

① 参阅李维,i.24 和 32。直到努马的继任者图路斯·霍斯提里乌斯继位时,李维才提及祭司团。

② 埃魁人(Aequi)的另一个称呼。随着时间的推移,这个词可能被解释为"正义的爱好者"(源于 aequum 和 colere)。

庇特神和其他神作证，他是代表罗马人的利益来此寻求正义的。因此，他发誓说，他即将进入伤害罗马的国家，如果他说的话有违事实，将给自己和罗马带来最可怕的诅咒。随后，他跨过边界。他让第一个见到他的人作为证人（无论他是乡下人还是城里人）。他重复同样的诅咒，随后向城里走去。在进入城门前，他以相同的方式再次找到证人（守门人或是他在门口遇到的第一个人）作证，然后走向城市广场。他站在那里，向当地官员说明他此行的目的，并重复誓言和诅咒，声称如果他们愿意交出罪犯，事情得到圆满解决，他将友好地带着罪犯离开。如果他们需要考虑后再作答复，他会每隔十天来询问一次结果，直至三十天后。如果他们还未能给出满意的答复，他将请求所有神的见证，留下一句话（"罗马人会从容不迫地面对你们"），然后离开城市。随后，他与祭司团的其他成员一起来到元老院，声称他们已经按照神圣法律的要求做了所有事情，如果元老院同意发动战争，神不会有异议。但如果他遗漏了任何事情，元老院和人民都无权发动战争。以上就是我了解到的有关祭司团的内容。

　　73. 最后一类宗教仪式，努马分配给那些在罗马人[1]中拥有最高权力的高级祭司来完成。他们的一项职责是修复罗马的木桥[2]，他们据此被称为大祭司（Pontifices）。同时，他们对最重要的事务拥有司法权，负责审理公民、官员及神职人员的宗教纷争，他们为那些成文法和惯例没有规定的宗教仪式制定法律，这些仪式在他们看来应该得到法律和惯例的认可；他们调查所有执行祭祀或其他宗教任务的官员的行为及所有祭司履行宗教职能的情况，确保自己手下的人员和官员在宗教仪式中不出现违反神圣法律的行为；他们负责向那些不熟悉敬神事务的人作出解释，对于违反他们命令的人，有权使其罚当其罪。他们不会因宗教事务而受到任何指控或处罚，更无需对元老院或公民负宗教责任。因此，如果有人称他们为 hierodidaskaloi、hieronomoi、hierophylakes 都无可非议。或者，我认为更恰当的称呼应是 hierophantai[3]。他们中的一个人死去

---

[1] 参阅李维，i. 20，5—7。
[2] 据狄奥尼修斯的叙述（第三卷第45节），苏布里起亚斯桥（pons sublicius）由安库斯·马修斯设立。值得注意的是，他并没有明确说这些祭司从一开始就被称为大祭司（Pontifices）。
[3] 这些词分别指"宗教的教授者""宗教的监督者""宗教的守护者"和"宗教的解释者"。"宗教的解释者"是狄奥尼修斯在翻译"Pontifices"一词时经常使用的词。

后，由全体大祭司从公民中选出最合格的人代替他。如果征兆为吉兆，则他可获得这一职务。这些规定——并不是说其他规则不重要——便是努马制定的最著名、最重要的祭祀规定。他根据不同的仪式性质对其进行分类。通过这些规则，罗马成为一个更加虔诚的国家。

74. 他制定了大量规则，有的写入了法律，有的虽没有写入但却在实践中成为定制。这些规则使罗马人变得节俭而节制，并激发了一种对正义的热情，以维护国家的和谐。其中一些规则被写为成文法，另一些虽没有被写下来，却体现在习俗中，长期使用。把这些规则一一列举出来很困难，我仅叙述常用的两项便足以证明其他了。第一，法律明确界定每个人的财产界限，人们应满足已有的东西，不应觊觎他人财物。努马命令每位公民在自己的土地上做标记，并在边界处放置界石。他把这些石头敬献给朱庇特·特密阿利斯（Jupiter Terminalis），规定每年固定的一天，人们聚集在这里，向神供奉牺牲。他把纪念这些边界之神的节日定为最庄严的节日之一。罗马人称这个节日为特密阿里亚（Terminalia），本意是"边界"，希腊人变化了一个字母，称之为 termines[①]。如果有人破坏或移动了这些奉献给神的界石，则会被视为对神不敬，任何人都可以亵渎神明的罪行杀死他而免受惩罚。努马制定的法律不仅规定了私人财产的划分，也规定了公共财产的界限。他把一些石头放在罗马与周边国家的边界，以便边界神区分罗马人与邻人的土地、区分公共土地和私人土地。罗马人将这种习俗的纪念仪式作为一种宗教形式保留到我们的时代。他们把这些边界之石视为神，每年向其献祭，但不宰杀任何动物（因为这些石头不能受到血的玷污），只是供奉一些用谷物或初收的果实做成的麦饼。但是他们也应该记得努马把边界之石奉为神的目的，满足于自己的财物，不以武力或欺诈手段夺取他人财物。但仍有些人忽视祖先传统，以可耻的手段侵占他人财物，他们财产

[①] 当狄奥尼修斯说拉丁词和希腊词只相差一个字母时，可以肯定他说的是词干（termin-: τερμον-）或主格（termen-: τέρμων）。他会很自然地忽略词尾，因为他经常像希腊语那样改变拉丁词的词尾。τέρμιωας 的形式，即 terminēs，不可能出自狄奥尼修斯之手，因为他知道大多数以 "-men" 结尾的名词都是中性的（对比他在第一卷第 31 节中提到的 κάρμινα、carmina）。这里的真正形式显然应该是 τέρμινα 或 τερμίνους，即 termina 或 termini（以主格形式引用）。

的界限不是法律，而是贪婪。关于这些事情就说到这里吧。

75.通过这些法律，努马使人们拥有了节俭和节制的美德。为鼓励人民在契约中更加遵循公平和正义，他想出了一个所有建立最著名政体的人都不知道的办法。他看到，人们出于对证人的尊重，很少违背在公众和证人的监督下签订的契约。在没有证人监督的情况下——这种情况居多——人们仅仅依靠订约者的诚信来维系契约。努马认为他有责任为公民树立诚信，使之受到神圣的崇拜。在他看来，正义女神、法律女神、复仇女神和希腊人所称的厄里倪厄斯（复仇女神）都受到了人们的崇敬，而诚信（Faith）作为人间最伟大和神圣的东西，却没有得到公共或私人的崇拜。他首先为信仰女神（Public Faith）建造了神庙，像其他神一样，由国家出资为其供奉牺牲。[①] 这种诚信的态度以及国家对公民的守信必然在公民中逐渐形成一种良好的风气。在他们看来，诚信是受人尊敬且不可侵犯的，一个人所承诺的最庄严的誓言就是自己的诚信，这比所有的证词加在一起更有分量。如果两个公民之间关于契约有任何纷争，在没有证人作证的情况下，他们的诚信足以裁决纷争，阻止矛盾恶化。官员和法官的裁决在多数情况下都要依据当事人以诚信保证的誓言为基础。努马为鼓励节制和奉行正义而制定的这些规章制度，使罗马管理国家比管理最好的家庭更有序。

76.我接下来将要叙述的政策既有必要性，又有利于培养勤勉的公民。努马认为，一个热爱正义、始终保持节制的国家，也应该富于生活必需品。他把整个国家分为若干区域，每一区任命一名官员负责视察管辖范围内的土地。这些人经常四处巡视，记录下耕种土地的好与差，将记录结果上呈努马。努马根据官员的记录，赞扬并奖赏勤劳的农民，斥责并惩罚怠惰的农夫，鼓励他们更好地耕种土地。由此，人们不受战争和公务的影响，鄙视、惩罚怠惰而懒散的农民，所有人都变成了农夫，并且认为依靠农耕致富比行伍生活获得的不稳固的财富更让人愉悦。因此，努马获得臣民的爱戴，成为近邻效仿的榜样及子女后代称赞的对象。正是由于这些措施，国内纠纷没有扰乱国家的和谐，对外战

[①] 参阅李维，i.21，1和4。

九、狄奥尼修斯的《罗马古事纪》选译

争没有打乱人们对这些制度的遵守。罗马的邻国认为在此和平期间向罗马发动进攻并非好的时机。他们彼此在交战时选择罗马作为调停者,并希望在努马的仲裁下平息纷争。因此,我认为努马是最幸福的人。他出身高贵,相貌不凡,他所接受的教育不是那种局限于语言的无用训练①,而是一种教会他践行虔诚和其他美德的训练。他年轻时就因为他的美德被罗马人推举为国王,终生受到人民拥戴,高龄而终,他的能力没有任何减损,也没有经受任何的不幸。他死于衰老,免于病痛折磨。他出生时就被赋予的天赋继续给予他同样的恩赐,直到他从人间消失。他活了八十多岁,统治了四十三年。根据大多数历史学家的记载,他留有四个儿子和一个女儿。这些人的后代现今犹存。但是格涅乌斯·盖流斯(Gnaeus Gellius)认为他只留下了一个女儿,即努马之后的第二位②国王安库斯·马修斯(Ancus Marcius)的母亲。努马死时,举国悲痛,人们为他举办了盛大的葬礼。他被埋葬在台伯河另一边的贾尼科洛山(Janiculum)上。这些就是关于努马·庞庇利乌斯的叙述。

---

① 对诡辩家或修辞学家的攻击。
② 字面意思是"第三个",包括努马。

第三卷

1.努马·庞庇利乌斯死后①，元老院又一次控制了国家，元老院和人民一致同意按照原有的统治形式管理国家，选任一些年长的元老作为临时执政者（interreges）统治了一段时间。②这些临时执政者顺从人民的意愿，选择了来自梅都里亚的图路斯·霍斯提里乌斯为国王。梅都里亚由阿尔巴人创建，后来被罗慕卢斯征服，成为罗马殖民地。图路斯的祖父霍斯提里乌斯具有高贵的出身，拥有大量财富，来到罗马后，与萨宾人荷西留斯的女儿结婚，该女子曾参与劝阻萨宾与罗马的战争，并成为两国结盟的关键人物。霍斯提里乌斯多次跟随罗慕卢斯作战，在与萨宾人的战争中发挥了巨大作用。他仅留下一个年幼的儿子便去世了，被国王埋葬在罗马广场的重要位置，并竖立了纪念碑，碑文叙述了他的英勇行为。他的儿子成年后，与一位高贵的妇女结婚，生下了图路斯·霍斯提里乌斯，即罗马人根据法律选举出的国王。罗马人选举图路斯为国王的决定得到了神的认可。图路斯接管政权的时间是第二十七个奥林匹亚纪的第二年。③那一年，雅典人欧律巴忒斯（Eurybates）获得赛跑比赛的桂冠，李奥斯特拉都斯（Leostratus）任雅典的执政官。图路斯一上任，就通过一项极为巧妙的措施赢得了劳动阶层及穷人的拥护。这个措施如下：在他之前的国王都有大量肥沃的良田，这些土地是专门为他们保留的。土地上的收入一部分供奉给神，其余的留作自用。罗慕卢斯通过战争从他人手中夺取土地。他死后无子，努马·庞庇利乌斯获取了王位，占有了他的土地。这些土地不再属于国家

---

① 参阅李维，i. 22, 1 f。
② 参阅李维，ii. 57。
③ 公元前670年。年表见《罗马古事纪》英译本第一卷第 xxix 页后。

的共有财产,而是属于国王的私有财产。图路斯把这些土地等额划分,分配给没有土地的罗马公民,并声称他自己的财产足够负担祭神费用和个人支出。他通过这种仁慈的行为,避免贫民像农奴一样在他人的土地上劳作,获得了这部分人的拥护。为了使人们都有住所,他把西里欧山纳入城墙内,为居无定所的公民分配土地并修建房屋,同时,他自己也居住在这一地区。以上就是图路斯的民政伟绩。

2. 图路斯立下了赫赫战功[①],我仅叙述其中最主要的,首先从他与阿尔巴人的战争开始叙述。阿尔巴高级官员库利乌斯(Cluilius)[②]是引起两国争端、造成罗马人与阿尔巴人的母邦与殖民地关系破裂的始作俑者。他被授予地方官的称号,嫉妒罗马的繁荣,对不能遏制罗马的发展感到烦扰,因而成为刚愎自用而近乎疯狂的人,不顾一切地挑起阿尔巴与罗马的战争。由于没有正当和紧迫的理由说服阿尔巴人与罗马人作战,他想出了一个计划:允许最贫穷、最胆大妄为的阿尔巴人抢夺罗马人的土地,并豁免他们的罪行。因此,有许多人加入了抢夺的队伍,即使恐惧也不能阻止他们对利益的追求。正如事件所证明的那样,他这样做遵循了一种非常自然的推理方式。因为他猜想罗马人不会纵容他们的抢夺行为,一定会动用武力惩处他们,因此他就可以指控罗马人是挑起战争的侵略者。他相信大多数阿尔巴人都憎恶罗马的繁荣,乐于在这个虚假的借口下发动对罗马人的战争。这就是所发生的事情。当各个阿尔巴城市派人掠夺罗马土地时,罗马人派出军队进攻阿尔巴,屠杀了许多人,抓获了大量盗贼。库利乌斯把人民召集在一起,当着他们的面大声痛骂罗马人,然后让他们看看那些受伤的人,再想想那些被抓或被杀的同胞。与此同时,他又编造一些事情加深人们对罗马的憎恶。于是,人们纷纷赞成他的提议,首先派使节到罗马寻求赔偿,如果罗马人拒绝,就立即发动战争。

3. 当使节们到达罗马时,图路斯就已经猜到了他们的意图。他决定先发制人,把破坏罗马人与殖民地之间关系的责任引向阿尔巴人,因为阿尔巴人违背了此前曾与罗马及其殖民地签订的条约。条约在罗慕卢斯时期签订,约定双方

[①] 本卷第 2 节及其后的内容,参阅李维,i. 22, 3—7。

[②] 翻译中遵循了这个名字的传统拼写,尽管不确定狄奥尼修斯认为它是库利乌斯(Cluilius)还是库洛利乌斯(Cloelius)。参见评论笔记。

都不能发动战争，受到伤害的一方可以向伤害者要求赔偿；如果遭到拒绝，就可以发动战争，条约被打破。图路斯不想首先做出赔偿，也不想拒绝阿尔巴人的要求，以免被阿尔巴人抓住把柄。他命令他最杰出的朋友们友好地招待阿尔巴使节们，并把他们留在各自家中。他则以忙于政务为借口，推迟接见他们。第二天夜晚，他派遣一些有名望的罗马人连同祭司团一起前往阿尔巴，向他们说明计划，要求阿尔巴人为给罗马人造成的伤害做出赔偿。他们在日出前到达阿尔巴，在清晨人群聚集的市场上找到了库利乌斯。他们在说出了阿尔巴人给罗马人造成的伤害后，按照双方达成的条约要求赔偿。库利乌斯声称，阿尔巴人已经派使节到罗马寻求赔偿，但迟迟未得答复。他命令罗马人离开，理由是他们违反了条约的规定，并对他们宣战。罗马使节的首领在库利乌斯即将离开时，问了他一个问题：他是否认为罗马人首先违背了条约，同时拒绝承担赔偿的义务。在得到库利乌斯肯定的答复后，使节首领说道："神见证了我们签订的条约，也见证了我们因拒绝你们提出的赔偿要求而被诬陷为战争的发起者。事实是，你们拒绝给予我们赔偿。你们之所以要求赔偿，是因为一旦我们拒绝后，你们便会有理由发动战争。因此，你们应当留意，恐怕用刀杀你们的时候，报应就降临到你身上了。"图路斯从回到罗马的使节那里得知所发生的事情，下令将阿尔巴的使节带到他面前，询问使节此行的目的。使节们传达了库利乌斯的要求，并以战争相威胁。图路斯说道："我已经猜到了你们的目的，你们不会获得条约规定的任何赔偿，我宣布对阿尔巴人的战争合理而正义。"

4.双方都在这些借口的掩饰下为战争做着准备[1]，不仅在国内筹备兵力，还向殖民地寻求帮助。两支军队都准备完毕后，各自选择安营扎寨的地点。阿尔巴人驻扎在距罗马四十斯塔德的地方，他们称那里为库利安沟渠（Cluilian Ditches）[2]（因为他们还保留建造者的名字）。罗马人则驻扎在距敌人不远处最便利的地方。[3]双方见对方的兵力不少于己方，武器不逊于己方，准备工作不亚于己方，便都失去了战斗的激情，认为无法轻易击败对方，于是加高防御工事

---

[1] 本卷第 4—12 节，参阅李维，i. 23。
[2] Fossae Cluiliae。李维同样认为此地距罗马五英里。此外，我们对此地一无所知。
[3] 也就是说，离罗马更近。

以自卫。与此同时，双方队伍中的一些明智之士开始反思，觉得自己并非处于最强将领的统治下，心里对当权者存有一种吹毛求疵的情绪。拖延时间没有起到作用（因为双方都无法通过步兵的比拼或骑兵的突袭而伤害到对方）。库利乌斯对这种对峙的局势感到恼怒，决定首先发动进攻，以引诱敌人加入战斗，如果敌人拒绝，便进攻他们的防卫工事。他命令军队做好进攻敌人壁垒的准备。夜幕降临时，他进入帐篷休息，由平时的守卫看守。破晓时分，他被发现已经死亡，身上没有任何伤口、勒痕，也没有发现中毒或其他暴力致死的痕迹。

5. 人们对库利乌斯的突然死亡感到震惊，都想知道原因，因为他之前没有任何疾病。那些把人类所有的运气都归功于神的眷顾的人说，他的死亡是由于众神的愤怒，因为他挑起母邦与殖民地的不公正且不必要的战争。有些人认为战争有利可图，库利乌斯的死剥夺了他们获得战利品的机会，于是将事件归因于人类的背叛和嫉妒，指责嫉妒他们的一些同胞用无迹可寻的毒药将库利乌斯毒死。还有人认为，库利乌斯因陷害罗马人的计谋没有得逞而绝望地自杀，因为他所有的计划都难以实现，所有的事情都不像他起初所想的那样成功。那些不受友谊或敌意影响、以最合理的理由对所发生的事情作出判断的人认为，此事既不归咎于神的愤怒，也不源于同胞的嫉妒，亦不断定为绝望的自杀，而是因为根据自然严酷的法则和命运，库利乌斯履行完他的使命后，注定要死亡。这就是库利乌斯的结局，他没有完成任何值得一提的业绩，生命就这样结束了。他死后，军营中的士兵推举梅图斯·福费提乌斯（Mettius Fufetius）为将军，赋予他绝对权力。福费提乌斯既无能力指挥战争[①]，也没有能力维持和平。他曾和所有阿尔巴人一样，对战争抱有极大的热情，因而在库利乌斯死后被选为指挥官。当就任后，他意识到战争的困难性，便不再坚持先前的看法，决定拖延战事。他观察到并非所有阿尔巴人都愿意作战，占卜的结果也并非吉兆。最终，他决定与罗马人议和，派遣传令官告诉罗马人，双方均面临来自外部的严重威胁，如果不达成条约以停止战争，都将会被摧毁。双方面临的威胁如下。

6. 维爱人和费德奈人定居在地域广袤、人口众多的城市。在罗慕卢斯的统

[①] 李维称梅图斯·福费提乌斯为独裁者（i. 23, 4; 27, 1），称库利乌斯为王（i. 23, 4）。

治下，他们曾为指挥权和主权与罗马人交战，在战争中失去了许多士兵，领土被罗马人侵占，人民被迫臣服于罗马。具体内容如前所述。① 在努马·庞庇利乌斯统治时期，他们享有和平，人口、财富均得到了巨大增长。因此，凭借这些优势，他们希望重获自由，不愿再臣服于罗马。在一段时间内，他们的反抗意图未被发现，直至阿尔巴战争爆发时才显露出来。当他们得知罗马的全部兵力均投入与阿尔巴人的战争时，认为现在正是攻打罗马的好时机。他们中的杰出者们经过商议后，密谋出一个计划。他们召集能够打仗的人三五成群地秘密汇集到费德奈，尽可能避免被罗马人发现。待罗马人和阿尔巴人出营作战时，隐藏在山中的侦察员便向他们发出信号。他们收到信号后，带上武器，快速前往战场（从费德奈到营地的路并不长，最多不过两三小时的路程）。当他们到达时，罗马人和阿尔巴人的战争应该已见分晓，无论哪一方获胜，最终都将死于他们之手。以上就是那些城市的领导者们制订的行动计划。如果阿尔巴人继续蔑视罗马人，贸然与后者对抗，并决心把一切都押在一场战斗上，只会让对他们不利的诡计得逞，双方军队无法避免毁灭的命运。但事实上，让人意想不到的是，阿尔巴人对战争的拖延，以及他们为准备战争所花的时间之长，使敌人的计划付诸东流。对一些阴谋者来说，或为谋取私利，或嫉妒领导者和那些成功者，或担心他人泄露阴谋——这是因同谋者人数过多或计划推迟而经常发生的情况——或害怕因有违天意而致计划破产，所以他们选择将密谋的事情告诉他们的敌人。

7. 福费提乌斯得知了维爱人和费德奈人的阴谋后，迫切希望与罗马议和，因为他别无选择。罗马国王从在费德奈的朋友那里获知了敌人密谋的消息后，立即接受了福费提乌斯的提议。两人约定在扎营地中间的位置相见。双方均有各自的议员陪同，这些人都极具判断力。两人见面后依据传统互相拥抱，也像朋友和亲属那样相互问候。随后，他们开始讨论议和的问题。福费提乌斯首先说道："我首先要说明为什么主动与罗马议和，并不是因为害怕被击败，或军队补给不足，抑或其他原因。最后，你不应该认为，我会以承认自己的实力

---

① 第二卷第 53—55 节。

弱或坚信你的军队难以被打败为结束战争的借口。如果你存有这样的想法，那就太可恶了，就好像你们已经获得了战争的胜利，却不能做任何合理的事情似的。为了使你们不将结束战争的错误理由归咎于我，你们应该倾听我提出的真实理由。我被人民推举为握有绝对权力的将领，接管政权后，我一直在思考到底是什么原因扰乱了我们城市的和平。后来我发现，只是一些琐碎而微不足道的事情，这些事情并不足以破坏如此重要的友谊和亲情。我认为无论是阿尔巴人还是罗马人，都没有受到好官员的管理，因而相互谴责。在我开始管理事务并倾听个人的意见后，我进一步相信了这一点，并谴责我们两人所表现出来的巨大疯狂。我发现，无论在私人聚会上还是在公共集会上，阿尔巴人并非一致同意战争。我就战争问题祈求神的指示，得知会困难重重，这使我感到惊慌而焦虑。因此，基于上述原因，我抑制住作战的冲动，并设计延缓战争，坚信你们会主动提出议和。你确实应该这么做，图路斯，既然罗马是我们的殖民地，就要主动做出榜样。城市的创建者有权获得殖民地人民的尊重，如同孩子敬畏父母。我们一方面推迟战争，另一方面又在观望哪一方会首先提出议和。就在这时，有一个比任何从人类理性中得出的结论都更令人信服的动机，促使了我们的联合。当我得知维爱人和费德奈人的阴谋后，深知议和不能仅停留于形式。图路斯，一个致命的阴谋正向我们靠近，如同火灾或洪水一样，会轻而易举地摧毁我们。维爱人和费德奈人的首领共同设计了这个阴谋。现在请听一听他们的阴谋及我是如何知晓他们的秘密的。"

8. 说完这些话，他把从费德奈的朋友那里带来的信交给在场的一个人，让他将信中内容念出来。同时，他指出了送信的人。读完信后，念信人说出他从送信人那里听到的全部事情。在场的人听后都惊异于自己处在如此巨大的危险中。福费提乌斯在短暂停顿后接着说道：

"罗马人，你们现在知道我为何拖延战争并首先提出议和了吧。现在是你们作出决定的时候了。你们是想报复我们偷取牛羊，继续与你们城市的创建者和人民的祖先作战，无论胜负你们都将被摧毁，还是搁置敌意，与我们联手对抗共同的敌人？即使你们没有给他们造成伤害，他们还是要反叛并图谋攻击你们。这些敌人不敢违背战争法公开与我们作战，而是暗中行动，这样可以使我们减少怀疑并疏于防备。我不需要再多说什么了。你们应该放下敌意，并立即联合我们对付这些不虔诚的人。显然，你们已经下定决心这么做了。再来说说什么样的和解可以使你我共同受益（这也是你想听的）。在我看来，双方相互和解可以存续友谊和亲情。在这种和解中，双方不会怨恨对方所造成的伤害，而是对过去双方的遭遇予以普遍和真诚的理解。此外，还有一种不那么体面的和解方式，即免于责备大部分人，只针对伤害他人的那部分人进行合理而合法的审判。在这两种和解方式中，我认为我们应该选择更体面、更宽大的方式，即通过一项大赦法令。但是，图路斯，如果你不同意这种和解方式，而是希望指控者和被指控者互相谅解，那么在解决彼此的敌意后，阿尔巴人也会表示赞同。如果除此之外，你还有其他更体面或更公正的建议，请尽早告诉我，我将非常感谢你。"

9. 福费提乌斯说完后，图路斯答复道："福费提乌斯，如果我们被迫以流血和屠杀来进行这场母邦与殖民地之间的战争，那将会给我们带来严重的灾难。在为战争做准备时，不论我们何时向神献祭，神都不允许我们开战。我们在你之前就已知晓维爱人和费德奈人的阴谋，并准备好了应对措施，不仅可以使我们免遭伤害，还可以惩处背叛者。我们也希望结束战争，但不认同由我们首先派出使节提出议和，因为我们不是战争的发起者，只是防卫者。如果你们首先放下武器，提出议和，我们很愿意接受，不会苛责具体条款，同时原谅并忘却你们造成的伤害——如果说谁应该为这场战争负责，那么毫无疑问是你们的将军库利乌斯。他已经为自己的过错而受到了神的惩罚。因此，无论在私下还是在公开场合，我们都不要抱怨，不用再保留对过去的伤害的记忆——就像你所认为的那样。我们不应该仅围绕着目前彼此的敌意进行商议，而应设法避免未来的战争。我们这次会议的目的不是拖延，而是结束我们的敌对。因此，战争的解决方式应该是一劳永逸的。我们每个人都必须对局势作出贡献，以便我们现在和将来都能成为朋友。福费提乌斯，你并没有告诉我们这点。那就让我补充你所遗漏的内容。一方面，阿尔巴人不要再嫉妒罗马人的富有。你们要知道，我们的财富是历经艰辛积累起来的。我们没有伤害你们，只是因为我们比你们富有，你们就厌恶我们。另一方面，罗马人将不再怀疑阿尔巴人总是密谋反叛罗马，不再像对待敌人那样对你们保持警惕。因为一个人不可能与不信任他的人成为朋友。那么，这些结果将如何产生呢？我认为不是通过条约和誓言——因为这些都是无力的保证——而是把彼此视为命运共同体。福费提乌斯，现在只有一个方法能让你们不再嫉妒我们，那就是让你们认识到我们的利益是一致的。为实践这个目标，罗马人应该让阿尔巴人平等地享有他们的财富（无论是已有的，还是以后拥有的），阿尔巴人也应该很乐于接受这个条件。如果可能的话，全部或至少大部分最优秀的阿尔巴人应该移居到罗马。难道萨宾人和第勒尼安人不认为离开家乡来罗马定居是一件很好的事情吗？对于你们，我们的近亲，这样做不也是有益的吗？如果你们拒绝与我们生活在这样一个地域广阔并将更加广阔的国家，而是守着祖先的祭坛，那么，你们至少要组建一个议事会来权衡你我双方的优势，把统治权交给你我二者之一，让更强大、更有优势的一方来统治另一方。这就是我的建议。如果你们接受，我们将会成为永久的朋友；反之，只要我们像现在这样住在各自的城市，那么，两国永远不会和谐。"

10. 福费提乌斯听后，决定与议事会商议，然后与在场的阿尔巴人一起离开了会场。他询问他们是否应该接受图路斯的建议。听取了他们的意见后，他回到会场并说道："图路斯，我们认为未经过战争或未受神的其他惩罚而放弃城市，遗弃祖先的圣殿、祭坛和生活了将近五百年的地方是不正确的选择。但我们并不反对组建一个议事会，让两个城市中的一个城市作为统治者。如果可行，这一点可以写入条约，并且把所有能够引起战争的条款删除。"

就组建议事会的事情达成一致后，他们开始争论哪一个城市应该获得统治权。他们在这个问题上讨论了很长时间，每个人都认为自己的城市应该统治另一个城市。福费提乌斯提出了如下要求：

"图路斯，我们阿尔巴人应该统治所有意大利国家，因为我们代表希腊民族，是定居在这里的最伟大民族。至于拉丁民族的统治权，如果没有合适的归属，我们也有权拥有，这不是没有理由的，根据自然赋予人类的普遍法则，祖先可以统治后代。你们比我们和其他的殖民地富有，对此我们没有理由抱怨，但是我们认为我们应该统治你们的城市，因为不久前，我们已经派殖民者去到你们的城市。随着时间的流逝,我们的殖民者不断减少,我们的血脉已经中断,目前只剩下第三代人。如果自然要颠覆人类的权利,让年轻人统治长者,让子孙后代统治祖先,那么我们就同意由殖民地统治母邦,但在此之前我们不会接受。这是支持我们拥有统治权的第一个理由,由于这个原因,我们不会心甘情愿地服从你们的统治。另一个理由是——我们提这一点并非谴责或批评你们罗马人,而是出于必要——阿尔巴民族至今仍保留着单一的民族性,除给予希腊人和拉丁人公民身份外,没有再吸纳任何民族。然而,你们民族的单一性早已被腐蚀,因为你们接纳了第勒尼安人、萨宾人和其他流浪者、暴徒和蛮族。这些人的数量远远超过了纯正的罗马人。或者说与那些被吸纳的外来者相比,罗马人只占很小一部分。如果我们接受你们的领导,就等于出身低贱者统治血统纯正者,蛮族人统治希腊人,移民治理土著。你们也不想看到外来的暴民管理公共事务,希望纯正的罗马公民成为统治者和议事会议吧?难道你们会从外来者中选任国王,并让新加入者成为元老院中的多数吗?你们肯定不愿意接受其中的任何一种情况。地位高的人怎么会甘愿臣服于地位低的人呢?因此,对于我们来说,心甘情愿地接受那些不幸(你们出于必要不得不接受这些)是极其愚蠢和低贱的。我的最后一个理由是:到目前为止,阿尔巴人的国家已经存在了十八代人的时间,其间没有改变法律,人民严格遵循各种习俗和传统。罗马人的国家却陷入无序,因为罗马是新建的国家,混合了不同的民族,需要很长时间以及命运的转变才能稳定秩序,处理矛盾,减少纷争。按照常理,有序的民族应该统治无序的民族,有经验的应该管理无经验的,昌盛的应该治理弱小的。如果你逆其道而行,那就是错误的。"

11. 福费提乌斯说完后,图路斯接着说道:"福费提乌斯及其人民所拥有的得自自然的权利和祖先的美德,我们也同样拥有,因为你我拥有相同的祖先。在这一点上,我们不分伯仲。至于你所声称的根据自然法则,母邦应该统治殖民地的观点,既不正确又不公正。有许多例子可以证明殖民地统治着母邦。最有力的证据是斯巴达城邦,它不仅支配其他希腊城邦,还统治着多利斯民族,而它本身就是多利斯人的一个殖民地。我为什么还要列举其他民族呢?你们本身就是例证。你们是拉维尼乌姆人的殖民地,如果根据自然法则,母邦应该统治殖民地，那么不是应该由拉维尼乌姆人统治我们两座城市吗？这就是我对你的第一个也是最似是而非的理由的驳斥。接着，你又比较了两国人的生活方式，赞扬阿尔巴人一直保持高贵的血统，贬斥我们由于各种外来民族的加入而'腐化'，并声称出身低微的人不能统治出身高贵的人，外来者不能统管本地人。但你的观点并不正确。因为我们并未因将公民权给予所有想要拥有它的人们而感到羞耻，甚至对此引以为豪。我们并非这种值得赞美的行为的开创者，而是模仿雅典人（他们在很大程度上是因这一行为而在希腊人中享有盛誉）。我们并不因为接纳外来者而抱怨和后悔，也不认为这是错误的事情，相反，这一行为给我们带来很多益处。我们选任主要官员、元老，或是给予其荣誉，不是以财富的多少或祖先是否为本地人作为评判标准，而是以名副其实为准则，因为我们认为拥有美德的人最高贵。其余的人口则构成了共同体的主体，为最优秀者的决策提供支持和力量。正是这种仁慈的政策，使罗马从一个蕞尔小国变为大国，并让邻邦感到畏惧。福费提乌斯，正是这种你所蔑视的政策，使罗马人建立了稳固的政权，统治着其他拉丁人。大国的强大依赖于军事力量，而人口众多的公民支撑着这种力量。然而，小国人口稀疏，因而能力弱小，不能统治其他人，甚至不能管理好自己。总而言之，我的观点是，一个人只有在能够证明自己的国家因为遵守制定的各种规则而变得繁荣和伟大，而他所谴责的国家因为没有这样做而陷入不幸的困境时，才能贬低其他国家的政体，赞美自己的政体。但这不是我们所面临的形势。相反，你们的国家起初宏伟壮大，资源丰富，而我们却只是一个蕞尔小国。然而，经过一段时间后，正是你所蔑视的政策，使罗马变得强大而让邻邦畏惧。至于我们国内的冲突——福费提乌斯，这也是你谴责我们的地方——并不会对国家造成伤害或削弱国家的力量，而是使其更加壮大。因为年轻人与年长者相互效仿，外来者与本地人相互学习，增进了公共利益。总之，具有统治权的民族必须具有两个特征：军事的强大和决策的审慎，我们国家具备了这两点。事实胜于雄辩，我们的强大有目共睹。在任何情况下，一个缺乏勇猛和审慎的民族不可能在建城后第三代人的时期内达到如此伟大的程度。同时，你们建造的许多拉丁城市，在蔑视你们的同时，自愿归顺罗马，这也足以证明我们的力量，因为他们认为我们有能力帮助朋友并消灭敌人，而你们却没有。福费提乌斯，我还有许多有说服力的证据可以驳斥你的观点，但多说无益，因为你们虽然是我们的对手，但也知道何为正义。我认为有一种方法可以结束纷争，我现在提出来，然后结束我的发言。这种办法是希腊人和蛮族人在争夺霸权或解决领土纷争时经常使用的，那就是我们双方各自挑选一个人或一部分人进行决斗，把战争的命运限制在少数参与者身上，赢的一方可以握有统治权。因为我们的纷争只能通过武力而非协商的方式来解决。"

12. 以上是两位统帅提出的为各自城市争夺统治权的办法。最终双方同意采纳图路斯的提议。因为参与协商的阿尔巴人和罗马人都希望尽快结束战争，因而决定采用武力的方式。然而，在决斗人数上，双方存在分歧。图路斯认为战争的结果掌握在少数人手中，坚持要求一对一的决斗。他将亲自上阵，同时希望福费提乌斯可以效仿他的做法。他指出，对于指挥军队的将领而言，为权力而战是光荣的，征服勇敢者与被勇敢者征服都很光荣。他列举了所有冒着生命危险为国家作战的将军和国王的名字，而他们两人获得的荣誉比他人多得多，但面对的危险却比他人少得多，这对他们来说是一种耻辱。然而，阿尔巴人虽然同意将国家的命运交由少数人决定的提议，却不同意由一场战斗来决定。福费提乌斯声称，指挥官可以通过决斗来获取权力，这是高贵和必要的行为，但国家并不能采用这种有害而不公正的方式，不论结果如何。他建议双方各选出三人参加战斗，所有阿尔巴人和罗马人都应在场观战。他认为这是决定任何有争议的事情最合适的数字，因为三这个数字包含着开始、中间和结束。罗马人和阿尔巴人均接受了福费提乌斯的建议，各自回到营地。

13. 在这之后[①]，双方召集各自的军队，向他们的士兵们说明情况以及结束战争的条件。双方的士兵都同意将军的提议，展开内部竞争。大部分士兵都渴望获得战斗的权利。他们的竞争不仅停留在语言上，还通过行动表现出来。因此，两位统帅很难选出最合适的人。任何一个血统高贵的人、身体强壮的人、行为勇猛的人、财富充足的人或英勇无畏的人都要求入选。阿尔巴的将军回想

---

① 本卷第 13—20 节，参阅李维，i. 24 f。

到神的旨意，有效地阻止了这次竞争。原来神早已预料到两国的战争，并已为双方选定了勇士。神选定的人出身高贵，作战勇猛，外形俊美，拥有非凡天赋。阿尔巴人西西纽斯（Sicinius）把他的双胞胎女儿分别嫁给了罗马人贺拉提乌斯（Horatius）和阿尔巴人库里阿提乌斯（Curiatius）①。两位妻子同时怀孕，分别生下了三胞胎儿子。这两对父母把这事件看作城市和家庭的好兆头，把所有的孩子都抚养至成人。我一开始就说过，神给予这些孩子美貌、力量与高尚的心灵，使他们不低于那些天生最高贵的人。福费提乌斯决定派出三胞胎兄弟出战争夺统治权，他召集罗马国王会面，并对他说道：

14. "图路斯，守护着我们两个城市的神已经对这场战争表明了意愿。因为选出的战士代表所有人，所以他们必须出身高贵，行为勇猛，外形俊美，应该生于同一对父亲和母亲，最好是同一天出生。根据神的旨意，你们的贺拉提乌斯家族和我们的库里阿提乌斯家族最符合条件。因此，为什么我们不顺从神意，派出这两对三胞胎代表双方出战呢？他们彼此是兄弟，具备良好的品质，在困境中不会像其他阿尔巴人或罗马人那样彼此抛弃。此外，这是结束士兵们彼此竞争的最好方式。我猜在罗马人中也像在阿尔巴人中那样，有很多自认为勇敢的人要为国家出战，我们可以告知他们，神已经预见到了所有人的竞争，早已为我们选定了在平等条件下为城市出战的战士，这样便可以轻易说服他们。因为这样一来，他们就会感到自己不是在勇猛方面，而是在神的恩惠和机遇上不如三胞胎兄弟。"②

15. 福费提乌斯的提议得到了人们的认可（罗马人和阿尔巴人中的重要人物和两位统帅一起在场）。图路斯思索片刻后说道：

"福费提乌斯，你说得很有道理。我们两个城市的命运的确具有相似性，即在同一天都有三胞胎出生，这在以前不曾有过。但你忽略了一个问题——他们是否愿意彼此作战。他们的母亲是姐妹，共同照料三胞胎兄弟，所以他们都像亲兄弟一样。因此，考虑一下，既然他们是表兄弟，而且一起长大，那我们

---

① 关于库里阿提乌斯（Curiatius）的拼写，参见相关评论笔记。
② 字面意思是"同样倾向于对手"。神的恩惠和机遇特别偏爱这六个人胜过他们的同伴，但在阿尔巴三兄弟和罗马三兄弟之间，天平是平衡的。

把武器放在他们的手中，让他们互相残杀，是否是不虔诚的行为。因为如果我们强迫他们彼此作战，那么报应将落在我们身上。"

福费提乌斯回复道："图路斯，我并没有忽视他们的兄弟关系，也没有强迫他们兄弟相残，除非他们自己愿意参加战斗。我一想出这个计划后，就私下征求过库里阿提乌斯家族的意见，得到了肯定的答复。在他们自愿接受我的提议后，我才公开了这个计划，让人们共同商议。我建议你派人去试探贺拉提乌斯三兄弟的意向。如果他们同意冒着生命危险为国家而战，我们就接受他们的好意；如果他们不愿为国家而战，我们也不会强迫他们。我猜想，他们会做出与库里阿提乌斯三兄弟相同的决定——如果他们确实如前述所言，是极具天赋、作战勇猛的人，就会接受这个提议，因为他们英勇的名声已传到我们这里来了。"

16. 图路斯接受了这个建议，提出休战十天以询问贺拉提乌斯三兄弟的意见。随后，他返回罗马。在接下来的日子里，他召集元老院讨论福费提乌斯的提议。在得到大部分人的赞同后，他派人去请来三胞胎兄弟，并对他们说：

"贺拉提乌斯兄弟们，阿尔巴人福费提乌斯上次在军营与我会面时说，根据神的旨意，两国要派出三个最高贵、最适合的人代表国家作战。库里阿提乌斯三兄弟代表阿尔巴人作战，你们则代表罗马人。他说已经询问了你们表兄弟的意见，得到了肯定的答复，并让我询问你们的意向，希望获知你们是否愿意冒着生命危险代表国家与你们的表兄弟作战，或你们愿意将这份荣誉让给其他人。你们的勇猛有目共睹。我认为①你们会承担这份危险，但又忧虑于你们会为亲情所系，所以我要求了十天的考虑期。回国后，我召集了元老院，倾听元老们的建议。大多数人认为，如果你们同意代表国家作战，他们赞赏你们的决定，而且这个决定也符合你们高贵的身份；如果你们因不愿伤害血亲——当然，这并不说明你们是懦弱的——而提议由其他没有亲戚关系的人参战，他们也不会勉强你们。这就是元老院的决定。如果你们不愿承担这项任务，不要为这个决定感到烦恼，也不要认为这是你们不重视自己的义务；但如果你们认为国家高于亲情，那么就请认真考虑这个提议。"

---

① 这个动词在希腊文本中缺失了。参见评论笔记。

17. 三兄弟短暂地商议后，给出了答复。最年长①的兄弟代表其他兄弟说道："如果我们能够自由地做出决定，而你，图路斯，又善意地前来征求我们的意见，我们会立即把我们的想法告诉你。但是，因为我们的父亲还在世，所以我们的决定首先要征得他的同意。我们请求你给我们一些时间，让我们去询问父亲的意见。"图路斯赞赏他们的孝心，答应了他们的请求。兄弟们来到父亲身边，把福费提乌斯的提议和图路斯的话都转达给了父亲，并询问父亲的建议。父亲说道："我的儿子们，你们如此孝顺，每件事都征求我的意见。但现在这些事务应该由你们自己做出决定。假设我的生命已经结束，我希望看到你们在没有父亲的参与下自己做出决定。"最年长的儿子回答道："父亲，我们会遵从神的意愿，接受战争。因为我们宁愿战死，也不愿让您和祖先蒙羞。至于兄弟关系，我们并非首先要打破它，而是顺从命运的安排。如果库里阿提乌斯兄弟把荣誉看得比亲情还重要，那么我们贺拉提乌斯兄弟也是如此。"听到他们的答复后，父亲感到非常高兴，举起手向神膜拜，感激神赐予他如此优秀的三个儿子。随后，他慈爱地拥抱并亲吻每个儿子，说道："你们说出了我的想法，勇敢的儿子们！去把这个忠实而崇高的决定告知图路斯吧。"三兄弟带着父亲的嘱托来到国王那里，将接受战争的决定告诉后者。国王随即召集元老院，称赞三兄弟，并派出使节到阿尔巴将这个消息告诉了福费提乌斯。

18. 我不仅要详细说明这场战斗是如何进行的，还要说明随后发生的悲惨事件。我将竭尽所能地准确讲述每件事。约定的时间一到，双方如约行动。图路斯带领罗马军队全副武装地走了出去，之后是年轻人。他们向祖先的神灵祈祷，在国王的陪同下前进，满城的人都向他们欢呼，并在他们头上撒满鲜花。与此同时，阿尔巴的军队也出发了。双方军队在距对方不远处扎营，营地中间有一条边界地带，将罗马人和阿尔巴人的领土分隔开。各方按照先前的地点安营扎寨。随后，他们奉献牺牲并发誓，无论谁胜谁负，都遵从命运的安排，他

---

① 三胞胎的老大被称为长子，就像我们在以扫（Esau）和雅各（Jacob）的圣经故事中读到的那样，"年长的要为年幼的服务"（Genesis，25：23）。在下文的叙述中（本卷第18节及其后），三胞胎"按年龄"排好了位置。

们和他们的后代都绝不会用欺骗的手段违背条约。一系列宗教仪式后，罗马人和阿尔巴人放下武器，走到营地前距战场三四斯塔德的地方观战。福费提乌斯和图路斯分别带着各自全副武装的勇士来到战场。他们穿着最华丽的服装，仿佛为死亡做好了准备。当他们走近时，把剑交给随从，聚到一起相拥而泣，低声呼喊着彼此的名字。观战的人们泪流满面，指责自己和统治者的无情，因为他们本可以派其他人出战，可是为了城市的利益却让亲人手足相残。拥抱结束后，兄弟们从随从那里取回武器，旁观者撤离，他们根据年龄站好，战斗开始。

19. 经过一段时间的平静后①，双方开始为各自的战士加油呼喊。悲叹、担忧和其他情绪充斥在人们中间。有人因目睹的事情而感到悲伤，另一些人则对战争的结果感到担忧，他们想象的事情远远多于实际发生的事情。因为人们距离战场较远，不能清楚地看到发生的事情，各自偏袒本国的战士，将所有的事情都做出了有利于己方的解释。此外，战斗人员的频繁进攻和撤退及突然反攻都难以预料。双方相持了很长一段时间。因为他们不仅身体一样强壮，并且都拥有顽强的精神。此外，他们全副武装，没有暴露出任何致命的弱点。罗马人和阿尔巴人支持各自的士兵，仿佛置身于战场，甚至希望自己能够上场作战，而不只是作为旁观者。最终，库里阿提乌斯兄弟中的年长者打破均衡态势，先发制人，用剑刺穿了对方的腹股沟。被刺伤的罗马人由于已经有其他伤口而筋疲力尽，又经这致命的一击后死去。旁观者见状纷纷大声喊叫，仿佛阿尔巴人已经胜利了，罗马人失败了。因为他们认为罗马仅存的两人会很容易被三个阿尔巴人杀死。与此同时，在死者身旁战斗的兄弟看到那个阿尔巴人在欢呼胜利，便迅速持剑挥向对手，双方都身受重伤后，罗马人的剑碰巧刺入对方的颈部将其杀死。战士的命运在短时间内再次被改变，战斗人员的状态和观众的感情都发生了巨大的变化。罗马人从沮丧中恢复，阿尔巴人已不再喜悦。然而，命运再次打击了罗马人，提升了对方的信心。当库里阿提乌斯三兄弟中的一个倒下后，他身边的兄弟突袭杀害他的罗马人，双方都给对方造成严重伤害，阿

---

① 尽管在细节上完全不同，但狄奥尼修斯对影响观战人群的各种情绪的描述，显然是受到修昔底德（vii. 71）对叙拉古海战的戏剧性描述的启发。

尔巴人将剑刺入罗马人的背部，穿透肠子。倒下的罗马人躲在对方的盾牌下，用剑猛刺对方的大腿。

20. 受到致命伤的罗马士兵立即死去，大腿受伤的阿尔巴士兵艰难地依靠盾牌站立起来。他和他的兄弟一前一后围攻坚守阵地的罗马人。罗马人腹背受敌，尽管他还没有受伤，但他担心自己会轻易被他们打败。于是，他打算使计分散敌人，各个击破。他佯装要逃跑，因为一个阿尔巴人腿部已经受伤，他们不可能同时追赶他，这样他就可以只面对一个敌人。带着这个想法，他以最快的速度逃跑。幸运的是，他的计谋没有落空。阿尔巴战士中没有受致命伤的那个追赶他，而另一个却远远落在后面。阿尔巴的旁观者鼓励他们的战士，而罗马人却责备战士的胆怯，前者高唱胜利之歌，并将花环戴在自己的头上，仿佛已经获得了战争的胜利，后者却只能感叹命运的不公。逃跑的罗马人小心翼翼地等待着机会，在阿尔巴人猝不及防时，突然转向，用剑砍断了对方的胳膊。当阿尔巴人倒地时，他又补了一剑，将阿尔巴人杀死。然后，他冲向最后一个垂死挣扎的敌人并将其杀死。他从死去的兄弟身上掠夺了战利品后，迅速回到罗马，希望把胜利的消息第一个告诉他的父亲。

21. 然而[①]，命运注定他只是一个凡人，不会在所有事情上都那么幸运。他的胜利引发了神的嫉妒[②]，因为他在短时间内从一个无足轻重的人变成了众所周知的名人，赢得了巨大的荣誉，神给他降下了灾难，使他害死了他的妹妹。当他抵达罗马城门时，他看到很多人从城里冲出来，他的妹妹也在其中，他刚看见她时感到气愤，因为一位即将结婚的少女竟然把家务活抛给母亲，加入一群陌生人的行列。尽管他有很多荒谬的想法，但最后还是坚持认为他的妹妹会第一个冲上来拥抱他这个幸存下来的兄长，并听他讲述死去兄弟的英勇行为。然而，她并非由于对哥哥们的思念才狂奔而来。事实是，她爱慕库里阿提乌斯兄弟中的一人。她的父亲已经把她许配给了他，但喜讯还没有当众公布。当她偶然听到从军营中回来的一个士兵讲述战斗细节时，再也无法克制自己，不顾

---

① 本卷第21节后，参阅李维，i. 26。
② 可以理解为命运（Fortune）。

女仆的叫喊和阻拦，冲出家门，跑到城门口。她看到哥哥兴高采烈地走来，头戴国王赐予的庆祝胜利的花环。他的朋友们携带着死者的战利品，其中有一件绣花长袍。这件长袍是她在母亲的帮助下为表哥缝制的准备在婚礼上穿的衣服（因为根据拉丁人的习俗，新郎要穿绣花长袍去接新娘）。当看到长袍上满是血迹时，她撕扯着自己的衣服，双手不停地捶打自己的胸口，声嘶力竭地呼喊着表哥的名字。这一举动震惊了在场的所有人。在她为未婚夫的死哀恸过后，她怒目而视地对哥哥说道："可恶的坏蛋，你竟然对杀死表兄弟、剥夺了你最不幸的妹妹的婚姻而感到喜悦！卑鄙的人，难道你就不会因为杀死同胞而感到痛心吗？你杀死的人也是你称呼为哥哥的人啊！你怎么还能高兴地戴上花环来庆祝这样的灾难呢？什么样的野兽会有你这样的狠心呢？"哥哥回答道："我的心热爱着国家，为此，我惩治那些破坏国家的人，无论他们是外国人还是本国人，这其中也包括你。你应该知道我们在胜利的同时也付出了惨痛的代价——我指的是你的国家的胜利，就是我带回家的胜利，以及你兄弟的死亡——你既没有为国家的胜利而高兴，也没有为家庭的灾难而痛心，可恶的家伙！你不顾兄弟的死活，只是为失去你的未婚夫而悲伤，而且不是在夜晚一个人默默悲伤，而是在大庭广众之下。你责备我的狠心和庆祝胜利的行为，那么，你呢？你冒充处女，憎恶兄弟，甚至给祖先丢脸！你不是为死去的哥哥而悲伤，而是为你的表哥，你虽然活着，但心已随他死去，那你就随他去吧，以免继续忤逆你的父亲和哥哥。"

说完这些话后，他仍无法抑制内心对妹妹卑贱行为的憎恨，最终用剑杀死了她，随后去见他的父亲。但是，当时的罗马人在行为和思想上是如此厌恶卑贱和严厉，如果将他们和我们时代人的行动和生活相比，会发现他们是多么残忍、残酷，仿佛野兽一般。在得知这一可怕的灾难后，他的父亲非但没有怨恨他，反而将他的行为视为光荣的。他的父亲不允许将女儿的尸体带到家里，也不允许将她葬入祖先的墓地、为她举行任何葬礼或其他传统仪式，不允许给她穿丧服，而是把尸体丢弃在她死去的地方。路人用石头和泥土将她草草埋葬，如同其他无人认领的尸体一样。除此之外，我还要提到他父亲其他无情的做法。为感恩这次胜利，他在当天向家族神供奉牺牲以还愿，邀请亲属前来参加盛大的宴会①，就像庆祝最重要的节日。在宴会上，他只夸赞国家的胜利，丝毫不提自己家族的灾难。据说，不仅贺拉提乌斯，还有许多在他之后的杰出罗马人也选择这样做。我指的是他们在儿子死后献上祭品，戴上王冠，沉浸在庆祝他们为国家带来胜利的喜悦里。关于这些事情，我会在适当的地方再叙述。②

22. 三胞胎兄弟战斗结束后，驻扎在营地里的罗马人把被杀的兄弟安葬在他们倒下的地方，并按照惯例向神献上胜利的祭品，然后欢庆胜利。另一方面，阿尔巴人对战争的结果感到悲伤，责备他们的将军不称职。当天夜晚，大部分人滴水未进。第二天，图路斯召集阿尔巴人，安慰他们并保证不会破坏双方的关系，会考虑采取对双方最有利的方式。福费提乌斯仍为统治者，政体形式也未作改变。随后，图路斯带领军队回到罗马。

他根据元老院的法令庆祝胜利后，开始处理公共事务。一些重要的公民要求他审判贺拉提乌斯，理由是后者杀害了自己的妹妹，不能免于杀害血亲之罪。在会上，他们进行了激烈的争论，声称法律禁止未经审判而杀害他人，并列举了那些因包庇罪犯而受到诸神③惩罚的例子。但贺拉提乌斯的父亲却为他辩护，并指责女儿，宣称贺拉提乌斯的行为是惩罚而非杀害。同时，这位父亲认为自己有权裁决家族内部的事情，因为他是他们的父亲。双方各执一词，国王很难决断。因为他既不认同无罪释放未经审判而杀害妹妹的贺拉提乌斯——因为法律并不认为这是死罪——害怕为此将对罪犯的诅咒和玷污转移到自己的家族，也不同意把对国家有功的贺拉提乌斯当做杀人者处以严惩，特别是当事人的父亲也为其开脱，认为不论是自然还是法律都赋予其惩罚女儿的权力。因此，国王难以决断，他决定让人民来决定如何处置贺拉提乌斯。罗马人民第一次成为死刑事件的法官，他们赞同贺拉提乌斯父亲的观点，判决贺拉提乌斯无罪。

然而，国王觉得人民的判决并不能说服那些遵从神的旨意的人。因此，他

---

① 另一个形容词可能在"盛大的"（splendid）之后丢失了。参见评论笔记。
② 《罗马古事纪》现存卷本中没有这部分内容。
③ "all"一词在这里令人烦扰。施瓦茨对"ἀπαντῶντα"（相遇、降临）一词进行了修正，使其意思变为"众神的愤怒降临在这些城市"。但是关于他的修正也值得讨论。

命令大祭司安抚神,并为贺拉提乌斯净化以洗涤他无意杀人的罪过。大祭司竖立了两座祭坛,一座献给妇女的保护人朱诺,另一座献给低一级的神雅努斯(人们现在称其为雅努斯·库里阿提乌斯,以被贺拉提乌斯杀死的兄弟命名)。[①]他们向祭坛供奉了牺牲后,让贺拉提乌斯从轭下通过。这源自罗马人的古老习俗。罗马人打败敌人后,要求后者交出武器,服从罗马的统治;然后,在地上竖立两个木板,在顶部横放一个木板,构成一个门的形状,让俘虏们依次通过,随后释放他们。罗马人称此为"轭",这是大祭司为贺拉提乌斯赎罪的最后一个环节。为贺拉提乌斯举行赎罪仪式的地点位于卡瑞纳(Carinae)朝向库普瑞斯(Cuprius)的街道上[②],该地被罗马人视为神圣之地,今日这里仍保留着建造的祭坛,祭坛上有一根横梁,对面的每一面墙上也都有,来往的人们都要从横梁下穿过,罗马人称这些横梁为"姊妹梁"(the Sister's Beam)[③]。这个地方至今仍是贺拉提乌斯的灾难的纪念地。时至今日,人们每年都要在这个地方供奉牺牲。另一个纪念他在战斗中的勇气的纪念物是竖立在罗马广场两座柱厅入口处的角柱[④],上面展示着他从阿尔巴三兄弟那里掠夺来的战利品。随着时间的流逝,一些战利品已经丢失,但柱子仍保留着之前的名称,罗马人称其为"贺拉提乌斯柱"(the Horatian Pillar)[⑤]。罗马人给予贺拉提乌斯三兄弟巨大的荣誉,并据此制定法律,一直遵守到今天。法律规定生出三胞胎的父母,由国家出资帮助他们抚养孩子至成年。这就是贺拉提乌斯家族出人意料的命运反转。对此我就说到这里吧。

23.在接下来的一年[⑥],图路斯以费德奈人阴谋反抗罗马人和阿尔巴人为由,

[①] 参阅 Schol. Bob. to Cic. *pro Milone*, 7: *constitutis duabus aria Iano Curiatio et Iunoni Sororiae, superque eas iniecto tigillo, Horatius sub iugum traductus est*。

[②] Cuprius(由于词源错误,通常被写成Cyprius)是一条横跨南北的街道,横跨了卡瑞纳也就是埃斯奎林(Esquiline)山的南部支脉的西端。tigillum 显然是在更高的山脊上,现在被称为奥皮乌斯山(Mons Oppius)的地方。

[③] 姊妹梁(Sororium tigillum)。

[④] 茱莉娅柱厅(Basilica Julia)和艾米莉娅柱厅(Basilica Aemilia)。

[⑤] "Horatian Pillar"这个拉丁术语的含义模棱两可。"pila"的意思是"柱子"或"矛"。随着战利品的丢失,从第一个含义解释它是很自然的,但李维(i. 26, 10)坚持第二个含义。

[⑥] 本卷第23—30节,参阅李维, i. 27。

率军与其作战。敌人武装士兵，关闭城门，协同盟军维爱人公开反叛，当罗马的使节前来询问敌人反叛的原因时，敌人回答说，他们只发誓与罗慕卢斯保持友好，罗慕卢斯死后，他们与罗马人再无情谊可言。图路斯抓住以上战争理由，不仅武装自己的士兵，同时派人向盟友寻求帮助。福费提乌斯从阿尔巴给他带来了人数最多、最优良的辅助部队。他们装备了如此精良的武器，超过了所有其他盟军。图路斯深信福费提乌斯是坚定作战之人，于是，主动将作战计划告诉了他。然而，福费提乌斯却被他的同胞们指责管理不善、作战不力，进而控诉他有叛国的嫌疑。尽管如此，图路斯仍继续让他执掌军队最高指挥权三年之久。但是福费提乌斯逐渐厌恶居于图路斯之下，阴谋反叛。他秘密派出使节，唆使并鼓励犹豫不决的费德奈人发动反叛，并允诺将帮助他们对罗马人作战。这些事情其他人不得而知。图路斯准备好自己和同盟的武装后，率军越过阿尼奥河（Anio River），在费德奈附近扎营。他观望到大批费德奈人伙同盟军驻扎在城前，所以当天并没有行动。第二天，他派人召唤福费提乌斯以及他最亲近的友人商议最佳作战计划。所有人都赞同立即开战，不要浪费时间。因此，他为这些人分配了作战任务，确定第二天开战，然后解散了会议。

与此同时，福费提乌斯——他并没有把叛变行为告知他的朋友们——召集阿尔巴人中最杰出的百人队长们和部落首领们，对他们说：

"我将要告诉你们一个重要的秘密。如果你们不想毁灭我，我请求你们帮我保守秘密；如果你们认为这个想法有益，就请帮我实现计划。现在的情况不允许我长篇大论，我将提及最重要的事情。臣服于罗马至今，耻辱感和悲伤感一直伴随着我。尽管我可以继续担任统治者（现在是我统治的第三年，只要我愿意，我的统治便会长久），但罗马人却剥夺了我们的统治权。我不愿在国家不幸之时独享幸运，这是最大的邪恶，与人类视为神圣的权利相悖。我思考如何才能在不经历任何大灾难的情况下，恢复国家的统治权。我设想过很多计划，但只有这个最为可行，同时也最容易、最安全，即在战争中与我们的邻国共同对抗罗马。因为我认为，当面临这样一场战争时，他们需要盟友，尤其是我们。我认为不需要太多的理由就能让你们相信，为我们自己的自由而战比为罗马人的霸权而战更光荣、更合适。

"正是基于这些考虑,我秘密煽动他们的附属民反抗罗马的战争,鼓励维爱人和费德奈人拿起武器发动战争,承诺将为他们提供帮助。我避开罗马人的注意,悄悄筹备这些事情,等待适当的时机发动攻击。我们可以从这个计划中收益颇多。首先,不公开反叛的计划可以使我们免于两面受敌——既不会仓促应战,完全凭自己的力量应付一切危险的事情,也不会在备战和寻求援助时让敌人有可乘之机——不费力地获取所有好处。其次,我们可以不用武力而是用计谋消减敌人的力量,采用专横且不易被武力征服的手段,即诡诈和欺骗。我们不是第一个也不是唯一诉诸这些手段的人。此外,我们自己的力量不足以对抗罗马人及其同盟,需要借助维爱人和费德奈人的帮助,他们人数众多,正如你们所见到的。我已采取了以下的预防措施,以确保这些加入我们队伍的辅助士兵能够坚定地支持我们的联盟。费德奈人不会在我们的领土上作战,但他们在保卫自己国家的同时也会保护我们的国家。我们在从盟友那里得到好处的同时,也将被认为是在向他们施予好处。这对我们而言是最满意的结果,过去只有少数人享受过这种益处。如果这个计划如愿实现(我们完全有理由期待),我们会摆脱可怜的从属地位,并得到费德奈人和维爱人的感激,就好像他们是在我们的援助下获得了这样的好运。

"以上是我经深思熟虑设想出的计划。我认为这些计划足以激发你们反抗的勇气和热情。现在请听我说,我打算怎样执行这项任务。图路斯命令我驻防在山下,并让我指挥一翼军队。当战争开始时,我会解散队伍,抢先占领山丘。你们听从我的命令行事。当我到达山顶上的安全地点后,会向你们发出指令。如果我的计划成功了,敌人会因我们的帮助而信心倍增,罗马人则会因发觉我们的背叛而陷入恐慌和沮丧,随后被迫应战。此时,我带领勇敢、整齐有序的士兵从山上冲下来进攻胆怯而分散的罗马人,让他们尸横战场。战争中最可怕的事情是突然意识到——即使毫无理由——同盟的背叛或是敌人有生力量的攻击。过去有许多伟大的军队都曾因这种毫无防备的恐惧而完全毁灭。我们这种看得见的突袭比之前任何已知的袭击更恐怖。如果我的计划失败了(这是可能发生的事情,因为事情往往与我们的设想背道而驰),我也会有相应对策。那时,我会带领你们与罗马人一同攻打敌人,并要与他们一同分享胜利果实,

九、狄奥尼修斯的《罗马古事纪》选译

假装我占领高地的目的是包围那些重新集结起来攻击我的敌人。罗马人会相信我的说辞,因为我会使我的行动与解释相一致。因此,我们可以不为任何一方承担风险,从而分享双方的好运。

"我决定在神的帮助下采取行动,因为这不仅有利于阿尔巴人,也有益于其他拉丁人。首先,你们要保守这个秘密,接下来要听从我的指令,迅速而有序地行动,要有战斗的热情和指挥的激情,时刻铭记我们并非像其他人一样甘于屈服,过着按部就班的生活。我们追求的是自由,因为我们是自由人的后代,自祖先开始便统治邻国,至今一直持续了五百年。我们不应该失去这种传统。你们不要认为是我们打破了契约、违背了誓言,相反,我们只是要回到最初的状态,是罗马人打破了契约、违背了誓言。这个契约极其重要,是人类本性及希腊人和蛮族人的普遍法所证实的,即父亲有权管制儿子,母邦有权统治殖民地。这个契约来自人类的本性,我们并没有违背契约,而是希望它永远有效。神不会因此而迁怒于我们,认为我们不够虔诚,因为我们不希望自己的后代成为奴隶。罗马人从一开始就违背契约,还企图在上天的法律之上另立新法,这是亵渎神灵的行为。因此,神迁怒于他们是情理之中的事情,人类也会谴责他们,而不是我们。如果你们相信我的计划是有利的,那么,让我们尽全力去完成,并乞求神的帮助。如果你们不赞同我的计划,或不希望国家重新独立,抑或决定暂时推迟行动,就大胆说出你们的想法。凡是你们一致通过的计划,我们都会照办。"

24. 到场的人们都表示赞同他的提议,并保证按照他的指示行动。他让人们立下誓言,随后解散了集会。第二天,费德奈人及其盟友一早就领兵出发,并排好战斗队形。罗马人也做好了准备。图路斯率领罗马人在左翼与维爱人作战(他们位于敌人的右翼)。福费提乌斯统领阿尔巴人位于罗马军队的右翼,在山丘的侧翼与费德奈人作战。在双方军队互相接近、进入对方标枪射程之前,阿尔巴人私自逃离,井然有序地抢占山丘。费德奈人听闻后,了解了阿尔巴人坚决对抗罗马的信心,然后便开始肆无忌惮地进攻罗马人。罗马军队的右翼暴露在敌人的攻击下,遭受重创。图路斯亲自率领左翼骑兵猛烈进攻敌人。与此同时,一名骑兵赶到国王面前,大声呼喊:"图路斯,我们的右翼正遭受

攻击。阿尔巴人没有出现在布防的地点，而是向山丘的顶部聚集。费德奈人已经延伸到我们的侧翼周围，而我们的侧翼现在已经失去了保护。"罗马士兵对这突如其来的消息感到震惊，眼见阿尔巴人冲上了山丘，纷纷陷入恐慌，待在原地不敢战斗。图路斯并没有被这意料之外的不幸扰乱阵脚，他想出了一个计谋，既可以保全罗马人，又可以粉碎敌人的阴谋。他听到骑兵的报告后，提高嗓门，以便敌人也可以听到："罗马人，我们就要取得胜利了。阿尔巴人已经听从我的命令艰难地为我们占领了山丘。正如你们所见，他们绕到了敌人后方，准备进攻敌人。因此，让我们向最强大的敌人进发，一部分人在前面堵截，另一部分人在后面围追，把敌人层层包围起来，他们的两翼又被河流和山丘包围，他们马上就能尝到战败的滋味了。现在，让我们勇敢地进攻吧。"

25. 当他骑着马经过所有的队伍时，他重复着这些话。费德奈人听到后，猜想自己可能被欺骗了，因为他们既没有看到福费提乌斯改变战令，转向另一边，也没有看到他按照他所保证的那样迅速进攻罗马人。但是罗马士兵因图路斯的话而士气大振，大喊着，成群结队地向敌人冲去。费德奈人见状纷纷溃逃。图路斯得知敌人逃散后，派遣骑兵向恐惧和混乱的费德奈人猛扑过去，追赶了一段距离。在他得知敌人四散逃跑并且不可能聚集在一起的消息后，放弃追击，转而进攻那些坚守阵地的敌人。此时，步兵和骑兵之间发生了一场精彩的交锋。然而，罗马骑兵对坚守阵地的维爱人构不成威胁，双方僵持了很长一段时间。随后，维爱人听闻他们的左翼军队已经被击败、费德奈人及所有盟军都已溃败的消息后，由于害怕被从追击中回来的罗马部队包围，他们自乱阵脚，纷纷逃跑，跳入河中以求自保。他们当中那些最强壮、伤势最轻、会游泳的人顺利过河，但损失了武器，而所有缺乏这些优势的人都被涡流夺走了性命，因为费德奈附近的台伯河水流很急，有很多旋涡。图路斯命令骑兵堵截向河流跑去的敌人，他自己则带领其余的士兵去围剿维爱人，迅速占领了敌人的营地。这就是罗马人被意外地从毁灭中拯救出来之后的处境。

26. 福费提乌斯看到图路斯已经取得胜利后，带领士兵从高处下来，追击逃跑的费德奈人，目的是让罗马人看到阿尔巴人履行了同盟义务。他消灭了很多在逃跑中分散的敌人。图路斯虽然看穿了福费提乌斯的阴谋，厌恶他的背信弃义，但认为在自己能够控制福费提乌斯之前不能揭露他，而是假装为他撤到高地的做法叫好，好像这是最好的策略，并派给他一支骑兵去追击敌人，让他去搜寻并杀死那些无法进入城墙内或四处逃散的敌人，以此证明他的热忱。福费提乌斯以为自己其中的一个计划已获成功，暗自窃喜图路斯没有察觉他的阴谋，骑马在平原上走了很长一段时间，剿灭了所有遇到的敌人。日落后，福费提乌斯与骑兵一起返回罗马营地，他与朋友庆祝了一整夜。

此时，图路斯还在维爱人的营地。他命人带来俘虏，仔细询问后，得知福费提乌斯正是阴谋的策划者之一，他的行为与俘虏所言一致。随后他骑上马，与他最忠实的朋友回到了罗马。他于午夜召集元老们，把福费提乌斯的阴谋告诉了他们，并带来俘虏作为证人，将自己用计战胜敌人和费德奈人①的事情告知了他们。他询问元老们，既然战争已经胜利结束，接下来的问题是如何惩治叛徒及怎样安定阿尔巴城。所有人都认为阴谋的策划者应当受到公正而严厉的惩罚，但他们担心如何才能轻松而安全地处置这些人。他们认为不可能秘密地把所有参与策划的阿尔巴人处死，但如果公开处决，必定会引起阿尔巴人的反抗。他们不愿意在与费德奈人和维爱人作战的同时，又引发与阿尔巴人的战争，他们本来已经成为罗马人的同盟。当人们感到不知所措时，图路斯想出了一个办法，并获得了所有人的赞同。现在我就来说说他的办法。

27. 费德奈和罗马相距四十斯塔德。图路斯火速骑行回到营地，派出马库斯·贺拉提乌斯，即三胞胎兄弟中的幸存者，于天亮前带领骑兵和步兵抵达阿尔巴城，并以盟友的身份进入城市。在确保居民投降后，他把城市夷为平地，没有放过任何一座建筑，无论是私人的还是公共的，只保留神庙。但他并没有杀死或伤害任何公民，还允许他们保留自己的财产。送走贺拉提乌斯后，图路斯召集部落首领和百人队长，把元老院的决议告诉了他们，并让他们作为护卫保护自己的安全。不久之后，福费提乌斯来到图路斯这里，假装对共同的胜利表示高兴，并祝贺图路斯。图路斯仍隐瞒了他的计划，声称要嘉奖福

---

① 也许我们应该在"enemies"之前加上"secret"［赖斯克（Reiske）持此观点］，或用阿尔巴人代替费德奈人［斯佩尔曼（Spelman）的观点］。

费提乌斯。与此同时，他让福费提乌斯写下在战斗中立有战功的其他阿尔巴人的名字，并把名单给他，以便那些人也能分享胜利成果。福费提乌斯感到非常高兴，把他最亲密的朋友们的名字写在上面，这些人也都参与了他的阴谋。图路斯命令所有士兵先放下武器，然后集合，让福费提乌斯、百人队长们和部落首领们站在法庭正对面。紧挨着这些人的是其他阿尔巴人，他们在会场排好阵列，后面是其他同盟军。站在外围的是怀揣短剑的罗马人，其中包括那些最为果敢的人。在看到敌人就位后，图路斯站起来说道：

28. "罗马人及其朋友和同盟者们，在那些公开与我们作战的人中，费德奈人及其同盟者已经在神的帮助下受到了我们的惩罚，保证未来不再侵犯我们，否则将会受到最严厉的惩罚。现在，我们的事业已如愿获得了成功，接下来就要惩罚其他的敌人，这些人曾自称是我们的朋友，说要加入战争帮助我们对抗共同的敌人，但却违背信义，与敌人勾结，妄图毁灭我们。他们比公开与我们作战的敌人还要可恶，必须受到更为严厉的惩罚。因为对于公开的敌人，我们易于防范并击退他们，而当朋友变为敌人，则既不容易防范，也不易于击退，因为人们会在震惊之下变得恐慌。他们就是阿尔巴城派来的盟军。尽管他们并没有受到我们的伤害，反而从我们这里得到了许多可观的好处，但是他们背信弃义了。因为罗马是他们的殖民地，所以我们并没有夺取他们的领土，而是依靠自身的战斗不断壮大力量。我们使自己的城市成为抵御最好战民族的堡垒，实际上，在与维爱人和萨宾人的战争中，我们保护了阿尔巴人。因此，当我们繁荣昌盛时，他们应该比所有其他人都更欢欣。当我们面临不幸时，他们应该更悲伤，如同自己陷入逆境中一样。然而，阿尔巴人不仅嫉妒我们的繁荣，也不珍惜因我们而享受的好运。最终，当他们无法抑制他们旧日的仇恨时，就对我们发动了战争。他们见我们准备充分，自知很难对我们构成威胁，于是声称和解，并请求由三名战士通过决斗为国家争夺统治权。我们接受了这个提议，通过激烈的战斗获得了对他们的统治权。我们是如何对待他们的呢？尽管我们可以向他们索要人质，在他们的城市驻防军队，惩罚战争的煽动者并驱逐参与者，也可以根据罗马人的利益变更他们的政体或没收公民的土地和财产——这对我们来说轻而易举——甚至可以解除士兵的武装，以此增加我们的统治力量。然而，我们并没有这么做。我们与他们商议我们对母邦的义务，而不是我们国家的安全。我们认为世人的好感比我们的私利更重要。我们允许他们享受他们所有的利益，此外，我们还遵从阿尔巴人的意愿，允许阿尔巴人中的最优秀者——福费提乌斯——为统治者管理他们的事务直至现在。

"当我们比以往任何时候都更需要朋友和盟友的善意之时，他们是如何对这些恩惠表达感激的呢？他们背地里勾结我们的敌人，与敌人签订了秘密协议并联合起来袭击我们。当敌我双方交战时，他们离开自己的驻防地，跑向附近的小山，急于抢先占领最坚固的阵地。如果他们成功了，那么我们将被我们的敌人和我们的朋友包围并摧毁，我们为统治权而斗争的成果也将毁于一旦。然而，他们的计谋并没有得逞，原因之一是我们得到了神的庇护（无论如何，我要把所有的成就归诸神）；另一个则是，我的计谋使敌人感到恐惧，同时增强了罗马人的信心。因为我在战争中使诈，说阿尔巴人是奉我的命令占领山丘以围困敌人，这也是我的策略。既然战争形势变得对我们有利，如果不报复这些叛徒，我们就不会成为应该成为的人。因为阿尔巴是罗马的母邦，所以阿尔巴人本不该违背双方通过誓言定下的条约，他们没有考虑过，这样做既冒犯神意又有失正义，没有考虑人们的谴责或反叛失败后将面临的巨大危险，只是要毁灭我们，尽管我们是他们的殖民地和施惠者，他们还是站在我们最大、最憎恶的敌人一边。"

29. 他的话使阿尔巴人陷入悲伤，纷纷请求罗马人的原谅。一些人解释道，他们一开始对福费提乌斯的阴谋毫不知情，等到他们知晓时，已经不能阻止他，只能遵命行事。另一些人则声称是迫于与福费提乌斯的亲密关系而参与阴谋的。图路斯让他们保持安静，说道：

"阿尔巴人，我了解你们所做的辩护，你们中的大部分人并不知晓这个阴谋，因为这个计划一直是秘密进行的。我也相信，只有少数部落首领和百人队长参与其中，你们或受到蒙蔽或屈于强迫而做出违背意愿的事情。但是即便如此，即使现在在场的和留在城里的所有阿尔巴人都想伤害我们，即使你们很久以来就有这种打算，但由于我们的特殊关系，我们认为也有必要容忍你们的不义之举。但我们需要采取措施防止你们现在或将来可能对我们造成的伤害。因此，你们只有一个选择，即和我们成为同一个国家的公民，把它视为祖国，与它同甘共苦、共享财富。只要我们像现在这样基于不同的判断，追求各异的目标，我们的友谊就不会持久，特别是当一方首先起来反对另一方时，如果成功，他们将获得利益；如果失败，将由于我们的特殊关系而免于严厉的惩罚。那些企图攻击的人如果被制服了，就会受到严厉的惩罚，如果他们逃脱了，就不会像敌人一样记住他们在当前事件中所犯的错误——就像目前发生的情况那样。

"昨夜，我召集元老院做出了如下决定：毁灭你们的城市，摧毁除神庙外的所有公共的或私人的建筑。居民可以保留土地和财产，以免沦为奴隶，但要携带牲畜等家产迁居罗马。除供奉给神的土地外，所有公有土地都将分配给无地的阿尔巴人。我们负责房屋的建造，你们可以自行决定定居在罗马的哪个地方。我们会承担贫困居民建造房屋的费用。你们的人口并入罗马平民，划归部落和库里亚，但以下家族的成员可以进入元老院并担任官职，被列为贵族，他们是尤利乌斯家族（the Julii）、塞尔维利伊家族（the Servilii）、库里亚蒂家族（the Curiatii）、昆蒂利家族（the Quintilii）、科罗利家族（the Cloelii）、格甘伊家族（the Geganii）及梅提利家族（the Metilii）。[①] 策划阴谋的福费提乌斯及其同伴要接受审判并处以惩罚。然而，我们不会不经审判或不允许辩护就直接惩罚他们。"

30. 贫穷的阿尔巴人接受了图路斯的建议，他们因可以分到土地而愿意定居罗马。那些高贵而富有的阿尔巴人却为离开家乡而感到悲伤，他们不愿遗弃祖先的祭坛，在一个陌生的城市度过余生。然而，他们已经到了穷途末路，想不出还能说什么话。图路斯观察到群众的情绪，声称福费提乌斯可以为自己辩护。福费提乌斯自知无法辩解，便将发动战争的责任推给阿尔巴元老院，声称元老院在他率领军队出征时秘密给了他这些命令。他请求阿尔巴人——他曾努力帮助他们重获至高无上的地位——为他提供帮助，不要任由国家被毁灭、杰出的公民遭受惩罚，因为他是为了他们恢复统治权。这时，一场骚乱爆发了。一些阿尔巴人拿起了武器。那些包围阿尔巴人的罗马人接到暗号后，亮出藏匿在身上的剑。在场的人们都感到害怕。图路斯站起来大声说道："福费提乌斯，

[①] 参阅李维，i. 30, 2。

你不要再煽动叛乱或做出任何错误行为。如果你胆敢引发叛乱，将会被我的士兵杀死。"他指向那些携带短剑的士兵，然后说道："你们现在有两条路可以选择，定居罗马或无家可归。因为今天清晨，我已经派马库斯·贺拉提乌斯摧毁你们的城市，将你们的居民迁到了罗马。这些命令已经得到执行。你们现在应该放下武器，按照我的命令去做。至于福费提乌斯，他不仅设圈套密谋陷害我们，到现在还试图煽动叛乱反抗我们，他会为这种邪恶和欺骗的行为得到应有的惩罚。"

听闻这些话后，那些愤怒的阿尔巴人吓得畏缩起来，不敢轻举妄动，只有福费提乌斯听后愤怒地大喊大叫。他因违反条约而被定罪，但即便在最痛苦的时候，他的胆量也丝毫没有减少。图路斯并没有理会他，而是命令扈从撕掉他的衣服，不停鞭打他。随后，他又招来两队骑兵，用长绳分别捆绑住福费提乌斯的手和脚，然后向相反的方向狂奔，福费提乌斯的身体就这样被撕裂。这就是福费提乌斯悲惨而可耻的结局。为了审判他的朋友和同伙，图路斯设立了法庭，并根据相关法律的规定处死了背弃者和叛徒。

31. 与此同时[①]，马库斯·贺拉提乌斯率领精锐部队去毁灭阿尔巴人的城市。他快速行军，抵达时城门敞开，城墙无人防卫，便轻松占领了城市。然后，他召集所有居民，把战争期间所发生的事情和罗马元老院的决议告诉他们。尽管居民们恳求留出派使节协商的时间，贺拉提乌斯仍旧下令立刻拆毁房屋、城墙以及其他公共和私人建筑。然而，他对于去往罗马的居民很照顾，允许他们把牲畜和财产一起带到罗马。图路斯把阿尔巴人分配到罗马人的部落和库里亚中，帮助他们在心仪之地建造房屋，把部分公有土地分给贫困者，并通过其他救助手段，尽可能满足他们的需求。阿尔巴城由埃涅阿斯的儿子阿斯卡尼乌斯（安喀塞斯之子埃涅阿斯和普里阿摩斯之女克律塞所生）建造，历经四百八十七年，其间人丁兴旺，财富充盈。阿尔巴人建有三十个拉丁人殖民地，在这期间一直占据统治权，最终却被他们建的最后一个殖民地（罗马）所灭，至今无人居住。

---

① 参阅李维，i. 29。

经过一个冬天的休整后，第二年春天，图路斯再次率军与费德奈人作战。这次费德奈人没有获得同盟军的公开援助，而是使用从很多地方招募的雇佣兵作战。依靠这些雇佣军，费德奈人才敢于从城里出来应战。他们虽然在战斗中杀死了很多人，但自己损失更为惨重，只能再次躲到城里。图路斯用栅栏和壕沟围住了城市，将城内人民逼至绝境，对方被迫按照国王的条件投降。图路斯就这样占领了费德奈城，处死了谋划反叛的人，释放了其余的人，允许人们像之前一样保留财产并恢复先前的政体。随后，图路斯解散军队，回到罗马，举行了凯旋式和感恩祭，这是他第二次庆祝胜利。

32. 这次战争过后[1]，一部分萨宾人又起来反抗罗马人。事情的起因如下：萨宾人和拉丁人利用同一座圣所崇奉森林女神（Feronia）。有些人把女神的名字翻译成希腊语，称她为花神或"花使者"。另一些人则称她为"爱花环者"，还有人称她为珀尔塞福涅。人们通常在指定日子从邻近的城市来到这座圣所。他们中的许多人在节日聚会上还愿并向女神献祭，还有许多人以商人、工匠和农夫的身份在节日集会上做买卖。这里是意大利最繁华的集市。在这次节日期间，一些重要的罗马人碰巧也在场，被一些萨宾人关押，被迫交出财物。罗马派使节想要回这些人。萨宾人不仅拒绝放人和交还财物，还控诉罗马人通过修建神庙（我在前一卷叙述过）[2]，收留萨宾逃亡者。这些矛盾引发了两国间的战争，各方均投入大批兵力作战。直到夜幕降临，双方仍不分胜负。在接下来的几天里，双方统计死伤人数后，都不愿再战，纷纷撤离营地。

那一年，双方没有再发动战事，只是积极筹军。他们再次交战是在距罗马一百六十斯塔德的伊瑞图姆（Eretum），双方都伤亡惨重。战争持续了很长一段时间。图路斯举起双手向神发誓，如果哪天他征服了萨宾人，便为萨杜恩神和俄普斯神设立公共节庆日（罗马人每年在收获土地上的果实后都会庆祝这个节日）[3]，增加庆祝节日的舞蹈祭司的数量。这些舞蹈祭司是贵族家庭的年轻人，他们在指定的时间里全副武装，随着笛声跳舞，唱着某些传统的圣歌，正如我

---

[1] 本卷第 32 节及其后，参阅李维，i. 30，4—10。
[2] 第二卷第 15 节。
[3] 即 12 月中旬的农神节（Saturnalia）和欧帕里亚节（Opalia）。

在前一卷中解释的那样。①图路斯的誓言增强了罗马人的信心，就像新生力量攻打疲惫之师一样，他们于当日傍晚攻破了敌人的防线，前排的敌人纷纷窜逃。随后，他们追击残敌到营地附近，在战壕周围剿灭了许多人。他们在这里留守至第二天夜晚，破坏了萨宾人的堡垒，占领了他们的军营。此后，他们肆意劫掠萨宾人的领土，当城内无人抵抗时，他们返回了罗马。由于这次胜利，图路斯举行了第三次凯旋式。不久后，萨宾人派出使节，图路斯便决定结束战争，收回了出去筹集粮草时被萨宾人抓住的罗马俘虏和逃兵。罗马元老院将萨宾人从罗马农夫那里掠夺的牛、役畜以及其他财产折合成货币，要求萨宾人作出赔偿。

33. 尽管萨宾人接受了这些条件，达成议和，并把条约刻在柱子上，但他们却趁罗马与拉丁城市作战、无法尽快结束战争时，便联合起来再次反抗罗马。原因是②他们认为此时是加倍夺回缴纳给罗马人的赔偿金的好时机。起初，他们派一小部分人秘密劫掠附近城市，而后肆无忌惮地公开掠夺农民，因为他们最初的做法很有收获，罗马的农夫没有得到援助。他们轻视敌人，从各城征募士兵准备进攻罗马城。他们还向拉丁人的城市提出结盟的建议，但未获通过。图路斯知道萨宾人的意图后，停止与拉丁城市的战争，转而进攻萨宾人。他聚集了罗马的全部兵力。自从他征服了阿尔巴人后，罗马军队的数量增加了一倍。同时，他派人去其他同盟者那里寻求帮助。萨宾人也组织力量准备与罗马对抗，两军相互接近，在一个靠近盗匪丛林（Knaves' Wood）③的地方扎营，彼此相隔一段距离。第二天，双方的战争持续了很长一段时间。最终在傍晚时分，许多萨宾人因不能阻挡罗马骑兵的进攻而溃逃。罗马人从死去敌人的身上获取了战利品，掠夺了萨宾人的营地，破坏了萨宾城内的良田，然后返回罗马。这就是图路斯统治期间罗马人和萨宾人作战的结果。

34. 此时，拉丁城市的人们第一次与罗马人发生冲突。在阿尔巴城被夷为平地之后，他们不愿意把领导权交给摧毁它的罗马人。阿尔巴城覆灭十五年后，图路斯派遣使节到原属阿尔巴人的三十个殖民地，要求那里的人们服从

---

① 第二卷第 70 节。
② 见本卷第 34 节。
③ 马利提奥萨森林（Silva Malitiosa）（李维, i. 30, 9）很可能是盗匪的藏身地。

罗马统治，因为罗马已经取代阿尔巴统治了拉丁民族，也同样要掌管阿尔巴人拥有的一切东西。他提出两种获得统治权的方法，一是强迫的结果，二是选择的结果。罗马人通过这两种方式获得了阿尔巴城的统治权。当罗马人征服阿尔巴后，并没有剥夺居民的权利，人们因而自愿归顺罗马。拉丁城市并没有分别答复各自的使节，而是在费伦提乌姆（Ferentinum）[①]召开了一次全体拉丁人的大会，拉丁人投票拒绝归顺罗马，选出两位将军主持大局，一位是科拉（Cora）城的安库斯·普布利乌斯（Ancus Publicius），另一位是拉维尼乌姆（Lavinium）的斯普西乌斯·维利乌斯（Spusius Vecilius），授予他们战和之大权。罗马人与拉丁人的战争持续了五年，可以说是拉丁人之间的一场内战。其间，双方都没有调动全部兵力打击敌人，任何一方都没有遭受严重的灾难和屠杀，没有一座城市被毁灭、被奴役或遭遇其他无可挽回的灾难。双方都选择在谷物成熟的时节发动进攻，破坏对方的庄稼后返回，随后交换俘虏。此时，一座名为米都利乌斯（Medulius）的拉丁城市（早在罗慕卢斯时期就成了罗马的殖民地），正如我在上一卷所讲[②]，再次反叛罗马并遭遇图路斯的围攻。随后，城内人民被罗马人劝服，保证永不反叛。在这场战争中，双方都没有遭受战争带来的灾难。罗马人因渴望和平而与拉丁人签订了友好条约。[③]

35. 这些[④]成就都归功于图路斯·霍斯提里乌斯。他作战勇猛，临危不惧，即使深陷困境，仍坚持不懈，直到在各方面都胜过他的对手。他统治了三十二年后，他的房子着火了，蔓延的大火吞噬了他和他的家人。有人说因为神对图路斯忽略神圣仪式的行为感到愤怒（他们说在图路斯统治时期引进了外来的宗教仪式，取消了祖先的传统仪式），因而用雷电烧着房屋。大多数人把图路斯的死归因于继任者马修斯的背叛。他们说马修斯是努马·庞庇利乌斯女儿的儿

[①] 狄奥尼修斯经常以这个名字称呼拉丁人集会的地方，好像那里有一个城镇。李维经常说"在费伦提纳丛林"（ad lucum Ferentinae），而且也谈到"费伦提纳泉水"（aqua Ferentina）。此地不应与位于赫尔尼基人的拉提姆大道（Via Latina）上的费伦提乌姆相混淆。

[②] 第二卷第 36 节。

[③] 参阅李维，i. 32, 3。

[④] 参阅李维，1.31, 5—8。

子，拥有皇室血统却无法继承王位，眼看图路斯的儿子日渐长大，他害怕王位落入他们之手。出于这些考虑，他决定设计阴谋害死图路斯，并得到很多罗马人的帮助。作为图路斯的朋友和最亲近的人，他一直在等待迫害图路斯的绝佳机会。一天，图路斯决定在家里敬奉牺牲，并且只让几个近亲参加，恰巧那天风雨交加，天色阴暗。守卫在门前的士兵离开了岗位。马修斯抓住这个机会，与他的朋友们进入图路斯家中，他们把剑藏在袍子下，杀死了图路斯及其家人和所有遇到的人，随后放火烧毁了房子，并借口是雷电引发的火灾。但我认为这个解释既不真实又不合理。我更倾向于图路斯是遭受了神的惩罚这一说法，具体原因如下：首先，马修斯的计划有很多人知道，人们不可能一直保守秘密。其次，马修斯不能确定图路斯死后人民一定会选任他为国王。即使人们对他忠心耿耿、坚定不移，神却不可能像人类那样无知。因为罗马人选举他为国王后，还需征求神的旨意。哪位神会允许这样一个不道德又非法伤害他人的人靠近祭坛、供奉牺牲并履行宗教仪式呢？由于这些原因，我认为图路斯并非死于马修斯的背叛，而是神意。具体原因由读者自行判断吧。

  36. 图路斯·霍斯提里乌斯死后①，元老院根据传统选任安库斯·马修斯为国王。人民赞成元老院的决定，占卜的结果也显示吉兆。马修斯履行完所有宗教仪式后，于第三十五个奥林匹亚纪的第二年②[拉西第梦人斯法埃鲁斯（Sphaerus）获得赛跑比赛的桂冠③]就任。那一年，戴马西阿斯（Damasias）成为雅典执政官。马修斯发现他的外祖父努马·庞庇利乌斯创制的很多宗教仪式被人民忽视了。此外，大部分罗马人忙于对外战争和获取战利品，荒废了从前的耕作。于是，他召集并劝诫他们要像努马统治时期那样再次崇拜神。他指出，因为人们忽视了神，所以罗马城瘟疫蔓延，很多人丧失性命。图路斯国王因怠慢神而长期遭受疾病的折磨，精神和身体都被削弱，最终他和他的家人都落得可悲的下场。马修斯称赞努马设立的政体是优秀而明智的。这一政体为公民提供了大量合法职业，使他们生活富裕。他建议恢复这一政体，使人民回到

---

① 参阅李维，i. 32, 1 f.
② 公元前 638 年。
③ 在短程赛跑中，参见评论笔记。

农耕和畜牧的生活中，远离非法的劫掠和暴力行为，断绝从战争中集聚财物的想法。通过这些及类似的呼吁，他激起了人们对和平勤劳生活的向往。随后，他召集大祭司，从他们那里获得了对努马制定的宗教仪式的解释，下令将努马创设的宗教仪式抄录在木板上，立于罗马广场以供人们查验。随着时间的流逝，这些条文逐渐被腐蚀破坏了，因为那时还没有使用铜柱，有关宗教仪式的法律和条令都镌刻在橡木板上。王政覆灭后，负责管理宗教事务的大祭司盖乌斯·帕皮流斯（Gaius Papirius）重新抄写了这些法律和条令供公众使用。马修斯恢复了搁置许久的宗教仪式，使懒散的公民各安其业，同时，他赞扬勤劳的公民，斥责不事耕作的农夫是不可靠的公民。

37. 通过这些措施，马修斯希望自己能够免于战争和其他烦扰，如同他外祖父一样。①但事与愿违，他被迫成为一名勇猛的战士且生活在危险和动乱中。原因在于就任国王后，他倡导安宁的生活，拉丁人因此蔑视他，认为他缺乏指挥战争的才能和勇气，于是从各城市派出成群的强盗入侵与他们毗邻的罗马领土，致使很多罗马人遭受伤害。马修斯知晓后，派出使节根据订立的条约要求补偿。然而，这些人声称，他们对有关抢劫的事情毫不知情，还说这些抢劫行为都是在未经国家允许的情况下发生的，因此，他们无须向罗马人作出解释和补偿。他们声称自己是与图路斯签的和平条约，图路斯死后，他们与罗马的和平条约即告终止。马修斯迫于这些理由及拉丁人傲慢的回答②，只得与盗贼们开战，率军围攻波利托里乌姆城（Politorium），在拉丁援军到来之前占领了那里。然而，他并没有严厉地对待当地居民，而是允许他们保留财产，把所有人迁居到罗马，分配到各个部落中。

38. 第二年，拉丁人开始向无人居住的波利托里乌姆城殖民，开垦普利特瑞尼（Politorini）的土地。马修斯率军与拉丁人作战，并再次击败他们，占领了城市。他烧毁房屋，推倒城墙，以防拉丁人再次以此为据点发动进攻或耕种那里的土地，然后他率军返回罗马。下一年，拉丁人进攻并占领了罗马的殖民

---

① 本卷第 37—39 节，参阅李维，i. 32—33, 5。

② 这里的文本还不确定。也许我们应该像格拉斯伯格（Grasberger）一样理解为"傲慢的答复"，这是狄奥尼修斯多次使用的表达，以此来代替"理由和答复"。

地米都利亚。与此同时，马修斯占领了拉丁人的主要城市忒兰那（Tellenae），允许当地居民携带财产迁居罗马，并在罗马城内划出一个地方以供他们居住。拉丁人占领米都利亚三年后，马修斯于第四年收复了该城，在很多大战中打败了拉丁人。随后，他花了两年时间征服了费卡那城（Ficana）。这是他两年前占领的一座城市，后来他把城内所有居民转移到罗马，没有对城市造成任何伤害。他这样做除了行事谨慎外，主要出于仁慈。后来，由于拉丁移民占领了费卡那的土地，独自享用那里的产品，马修斯不得不再次发动战争，经过一番激战后取得胜利，下令烧毁了城内的房屋并推倒了城墙。

39. 在这之后，拉丁人和罗马人又进行了两场大规模的激战。第一次战争中，双方相持很长一段时间后，不分胜负，返回各自的营地。在第二次战争中，罗马人取得了胜利，并将拉丁人赶回了营地。此后，双方没有发生大的战争，但都持续不断地入侵邻国领土，巡逻的骑兵和轻装步兵也发生过小规模的冲突。在这些冲突中，罗马人均取得了胜利，因为他们的军队由第勒尼安人塔克文指挥，经常埋伏在秘密地点以逸待劳。大约与此同时，费德奈人再次反叛罗马。他们没有公开发动战争，代之以小规模的秘密突袭。马修斯率领轻装步兵在费德奈城为战争做好必要的准备之前，在他们的城市附近扎营。然而，费德奈人却借口称他们不知道罗马人为何发动战争。当马修斯说出他是为他们劫掠蹂躏罗马的土地而来惩罚他们时，费德奈人狡辩说他们的国家不应该对此负责，要求宽限几天以查出罪犯。在这段时间内，他们并没有作调查，而是秘密向盟国寻求帮助，并积极筹备战争。

40. 马修斯得知了他们的计划后，继续从自己的营地向城墙下挖坑，最后完工时，他毁掉军营，率领士兵携带事先准备好的攻城机、攀登梯和其他武器向费德奈人发动进攻。他们在城墙被破坏的地方从多个地点进攻，费德奈人冲到这些地方，顽强抵抗，罗马人已经为此做了细致的准备，顺着坑口进入城里，杀死所有来阻击他们的敌人，随后罗马人打开城门。由于很多费德奈人被杀，马修斯命令剩余的人们交出武器投降，让他们去修复城市的不同地方。他鞭打并处死了部分发动反叛的人，放纵士兵抢夺他们的财物，留下一支军队在这里驻防，随即转攻萨宾人，因为萨宾人违背了与图路斯签署的和平条约，入侵罗马人的领土并破坏邻国。马修斯从密探和逃兵那里得来消息，确定了进攻的时机。他趁萨宾人分散外出劫掠时，带领步兵进攻敌人防守薄弱的营地，一举破坏防御工事，并且命令塔克文率领骑兵去阻截分散劫掠的萨宾人。当萨宾骑兵知道罗马骑兵要来攻击他们时，放弃所有掠夺来的物品，逃回营中。当他们得知军营已经被罗马步兵占领后，慌不择路，向着树林和山丘逃去。但是罗马的轻装步兵和骑兵紧追不舍，大部分萨宾人被杀害，只有少数侥幸逃脱。随后，他们再次派遣使节到罗马，获得了他们渴望的和平。由于罗马和拉丁城市的战争还在进行，罗马人有必要与其他敌人停战和解。

41. 大约①在这场战争结束后的第四年，罗马国王马修斯率领罗马军队和同盟提供的大批辅助军队向维爱人发起进攻，并将敌人城内的大部分地区夷为平地。前一年，这些维爱人入侵罗马领土，夺取了许多财产，杀害了许多居民。维爱人率领军队与罗马人作战，在台伯河外靠近费德奈的地方扎营。马修斯指挥骑兵切断维爱人进城的道路，以此强迫他们作战，随后打败了敌人，并占领了敌人的营地。在这场战争中，马修斯获得了胜利，然后回到罗马。为了向众神表示敬意，他举行了庆祝胜利的游行和传统的凯旋式。在这之后的第二年，维爱人打破了与马修斯签订的停战协议，要求罗马人归还罗慕卢斯统治时期通过和约占有的盐场。马修斯在盐场附近再次与他们开战，并轻松取得胜利，继续占有盐场。骑兵指挥官塔克文在这次战争中由于表现英勇而获得嘉奖。马修斯一直把他视为最勇猛的战士，赐予他各种奖赏，提升他为贵族并入选元老院。马修斯因沃尔西人（Volscians）劫掠了罗马领土而与其开战，率领一支大军进攻并虏获了大量战利品。他利用沟渠和栅栏围攻并占有了开阔的维里特拉城（Velitrae），并准备捣毁城墙。城内的长者向他哀求并允诺按国王的要求补偿罗马人的损失，并且惩处罪犯，他同意与之签署和平友好条约。

42. 一些还不了解罗马实力的萨宾民族，……的居民……②这是一座伟大而繁荣的城市，城内的居民看到罗马人迅速发展壮大，嫉妒他们的富有，再加上

---

① 参阅李维，i. 33，9。
② 抄本中这个城市的名字已经丢失，可比较本卷第 37 节中波利托里乌姆城的类似例子。

本身即是好战的民族，开始反抗罗马人。起初他们组织一小支军队四处劫掠罗马人，而后出于对战利品的渴求，公开入侵罗马，蹂躏了邻近的大部分领土，造成了严重的破坏。但是他们没能带走战利品，也无法全身而退，因为马修斯领兵迎战，在敌人附近扎营，迫使他们出来交战。一场大战过后，双方互有伤亡。但是罗马人由于长期磨炼出来的作战技巧、吃苦耐劳的精神和品质，最终取得了胜利。他们追赶溃逃的敌军至营地，杀死了大批敌人，追回了被萨宾人掠走的俘虏，携带大批战利品返回罗马。以上便是马修斯的军事功绩，下面我将叙述他在国内治理方面的功绩。

43. 首先①，他把一座叫拉文丁的山划入罗马，扩建了城市。拉文丁山高度适中，周长大约十八斯塔德，山上长有各种树木，月桂树尤为美丽。因此，这个地方被罗马人称为"月桂丛林"。但是现在，整个拉文丁山上布满了建筑，其中包括狄安娜神庙。拉文丁山与罗马城内的帕拉蒂尼山（罗马城最初就是围绕这座山建起来的）相距不远，中间有一条深而窄的沟渠（后来被填平）。马修斯认为拉文丁山可以作为防御敌人的大本营，在其周围建造高墙和沟渠，并把忒兰那、波利托乌姆及他所征服的其他地区的居民安置在这里。这是马修斯在和平时期取得的第一个成就，不仅扩大了城市的范围，还有效防御了敌人的进攻。

44. 他在和平时期取得的另一个成就远比前一个影响大，使罗马人的生活变得更为便利，同时发展了更高尚的事业。台伯河发端于亚平宁山脉，流经罗马，注入第勒尼安海。这条河流并没有为罗马人带来任何益处，因其河口处没有贸易据点，商人无法在此运送和卸载从上游国家通过海上或台伯河运来的货物。但是台伯河从源头开始适于较大的船只航行，可以承重大吨位的罗马船只，马修斯决定在河口处修建一个海港，把河口就地建成港口。台伯河在入海口处大大加宽，形成了大的海湾，可与最好的港口媲美。最有利的是，它不存在泥沙淤积和沼泽的阻碍，各方向航行来的船只可以随意停留，避免了第勒尼安海岸的西风引起的巨浪。因此，大规模的桨船和载重三千布什尔（Bushels）②的商船都可以进入河口，然后通过手摇船或拖车运到罗马。更大型

---

① 参阅李维，i. 33，2。
② 字面意思是"三千"（表示一定的量）。

号的船只可以停泊在河口,在那里由河船装卸货物。马修斯在台伯河和第勒尼安海之间建造了一座城市,并建了城墙,取名为奥斯提亚(Ostia),或者我们应该称之为塞拉(thyra)或入口("portal")①。通过这样的方式,罗马兼具内陆城市和港口城市的功能,人们可以享受到来自大海以外的美好事物。

45. 他②下令为位于台伯河另一边的贾尼科洛山(Janiculum)建造一堵墙,并在那里驻防一支军队以保证航行人员的安全,因为第勒尼安人控制这一区域,经常劫掠往来的商人。据说,他还在台伯河上建造了一座木桥。他要求这座桥不使用铜或铁,只用横梁连接起来。时至今日,这座桥仍旧存在,被人们视为圣物。当桥的一部分坏掉后,修复时会伴有大祭司举行的传统献祭。③这些都是马修斯在位期间取得的功绩。他为继任者留下的王国比他自己接手时更加强盛。他统治二十四年后死去,留下两个儿子,一个是孩童,另一个刚刚长出胡须。④

46. 马修斯死后,人民授权元老院建立他们认为适当的政府形式,元老院决定按传统方式任命"临时执政者"。⑤他们召集公民,选举卢修斯·塔克文(Lucius Tarquinius)为国王,随后就这一决定祈求神谕并获得了吉兆。因此,塔克文于第四十一个奥林匹亚纪的第二年⑥[底比斯人库伦达斯(Cleondas)获得赛跑比赛的桂冠⑦]就任国王。那一年,荷尼赤德斯(Heniochides)为雅典执政官。我将根据罗马编年史的内容叙述塔克文的祖先,以及说明他来自何地、为何来到罗马、如何成为国王。⑧科林斯城巴达亚达伊(Bacchiadae)⑨家族的

---

① 参阅李维,i. 33,9。
② 参阅李维,i. 33,6。
③ 通往贾尼科洛山的列柱桥(Pons sublicius,"pile-bridge")是几个世纪以来罗马唯一的一座桥。狄奥尼修斯在讨论大祭司时(本文第二卷第 73 节)称,他们如此命名是因为他们的一个重要职责,即修复木桥。他赞同瓦罗(《论拉丁语》,v. 83)的观点,认为 pontifex(大祭司)源于 pons(桥)和 facere(制造)。
④ 参阅李维,i. 35,1。
⑤ 参阅第二卷第 57 节和第三卷第 1 节。
⑥ 公元前 614 年。
⑦ 在短程赛跑中,参见对本卷第 36 节的评论笔记。
⑧ 本卷第 46—48 节,参阅李维,i. 34。
⑨ 巴达亚达伊家族是早期科林斯的统治家族。巴克斯(Bacchis)之后的国王们(约公元前 926—前 891 年)都是从他的后代中挑选出来的。君主制被废除后,这个家族实行寡头统治。库普塞卢斯(Cypselus,著名的佩里安德之父)于公元前 657 年左右推翻了这一家族的统治,很快成为非常受欢迎的统治者,甚至无须扈从保护。

戴玛拉托斯（Damaratus）是一位商人，经常驾驶自己的船只到意大利运送货物。他在当时意大利最繁荣的第勒尼安人的城市交易货物，每次都能获得丰厚的利润。他从不到其他地方交易，只往来航行于希腊和第勒尼安海，贩卖两地的物品，通过这种方式积累了巨额财富。当科林斯城陷入混乱后，僭主库普塞卢斯（Cypselus）趁机迫害巴达亚达伊家族。戴玛拉托斯深知，坐拥巨大财富生活在僭主统治下并不安全。此外，他来自寡头家族，这无疑使他的处境更加危险。因此，他携带所有资产逃离了科林斯。他因贸易往来而与许多第勒尼安人成了朋友，所以选择在当时最繁华的塔克文伊（Tarquinii）城定居，并与一位出身高贵的女子结婚，婚后生下两个儿子。他给他们取了第勒尼安人的名字，埃瑞斯（Arruns）和卢库姆（Lucumo），并让他们学习希腊语和第勒尼安语。当他们长大后，均迎娶了名门望族的女子。

47. 他的大儿子不久后意外死去，几天后，戴玛拉托斯因悲伤过度也随之而去，所有财产都留给了小儿子卢库姆。卢库姆继承了父亲的大笔财产，渴求谋得官职并成为上等公民。但事与愿违，他屡遭当地公民的排斥，不仅没有融入上等阶层，甚至中等阶层都拒不接纳他。他对自己无法得到公民权感到愤怒。与此同时，他听说罗马愿意接纳外来者并授予公民权，并根据个人的美德授予荣誉，决定携带所有财富与妻子以及愿意一同前往的朋友和家人去往罗马。很多人追随他一同前往。当他们到达贾尼科洛山时，一只老鹰突然夺去了他的帽子，盘旋飞翔，最后消失不见。随后，他的帽子突然戴在头上，如同没有动过一样。[①]这种奇观令人们惊叹不已。他的妻子塔纳奎尔（Tanaquil）从祖辈那里习得第勒尼安人的占卜术，参悟了这个预兆。她把卢库姆呼唤过来，拥抱并告诉他说，他将会拥有皇室的权力。她建议丈夫思考如何才能从罗马人那里获得统治权。

---

① 李维（i. 34, 8）对这一情节的描述如下：卢库姆举家前往罗马。当他们的车辆经过贾尼科洛山时，一只鹰叼走了卢库姆的帽子，在车上盘桓了一会儿又停下来，仿佛是受神意驱使，将帽子端正地戴在他的头上，然后飞向高空。乍一看，这似乎是更直接的叙述，施奈勒（见评论笔记）建议重新调整狄奥尼修斯的叙述，使之与李维的相符。但狄奥尼修斯可能遵循的是一个不同的传统。按照这个传统，老鹰被描绘成暂时消失，然后带着卢库姆的帽子直接从天上下来。从古代地理学的角度来看，施奈勒的建议与事实不符。

48.卢库姆听后欣喜若狂，走向城门，恳求神保佑预言得以实现并赐予他好运气。然后，他便进入城中。他获得了马修斯国王的接见。他首先介绍自己，随后表达了打算定居罗马的意愿，表明自己携带大量财物，可以任凭国王和国家使用。马修斯同意了他的请求，把他和他的同胞们分在同一个部落的库里亚，并分给土地，他在那块土地上建了房屋。卢库姆成为罗马公民后，得知每位罗马人都有一个常用的名字，常用名之后是其家族和祖先的名字。他希望自己和其他罗马人一样，于是为自己起名为卢修斯，代替卢库姆作为他的常用名，为纪念他出生和生活过的城市，称自己的家族为塔克文。在随后很短的时间内，他获得马修斯的信任，并与之建立友谊，同时提供所有财物支持国王的对外战争。在战争中，无论是充当步兵还是骑兵，他都作战勇敢、指挥有方，任何时候都被视为最精明的谋士。国王对他的优待并没有让他变为高傲自大者。他不仅用仁慈赢得了贵族的支持，还以亲切的问候、令人愉悦的谈吐以及慷慨的施与和在其他方面的友善争得了平民的拥护。

49.塔克文是马修斯统治时期最杰出的人。国王死后，所有人都认为他应该继承王位。在他继任后，他首先发动了与阿皮欧兰（Apiolae）的战争。[1]阿皮欧兰是拉丁人的著名城市，这里的人们和其他拉丁人在马修斯死后违背条约，劫掠了罗马领土。塔克文想要报复他们给罗马造成的伤害，率领一支大军破坏了对方城内最肥沃的土地。在阿皮欧兰人的拉丁援军到达后，塔克文与他们交战两次，均取得了胜利。他继续包围城市，让士兵轮番攻打城墙，被包围的阿皮欧兰人与多于自己的敌人对抗，没有片刻喘息，最后被征服。罗马人占领了城市，大部分阿皮欧兰人战死，其余人交出武器，连同其他战利品一起被卖掉。他们的妻子和孩子成为罗马人的奴隶，城市被劫掠和烧毁。塔克文命令士兵摧毁城市的围墙，随后率军返回罗马。不久之后[2]，他又进攻了库斯图姆瑞乌斯人的居住地。该地是拉丁殖民地，在罗慕卢斯统治时期归顺罗马。塔克文继承王位后，该地的人民再次归顺拉丁人。塔克文攻克这座城市并没有花费很

---

[1] 参阅李维，i.35, 7。

[2] 本卷第49—54节，参阅李维，i.38, 1—4。

大力气，因为库斯图姆瑞乌斯人深知，仅凭一己之力不足以对抗罗马人，加之缺少其他拉丁人的援助，因此主动打开了城门。年长者和有名望者把城市交给塔克文，并请求他仁慈和宽容地对待他们。塔克文接受了他们的请求，进入城内，没有处死任何人，只惩罚了几个叛乱的发起者，对他们处以永久流放。他没有剥夺其他人的财产和罗马公民权。为防止将来发生起义，他把罗马殖民者留在他们中间。

50. 随后，诺门图姆人也制订了同样的计划，并且遭遇了同样的命运。他们借助拉丁人的帮助，派暴徒掠夺罗马人的田地，公开与罗马为敌。然而，当他们与塔克文率领的军队作战时，拉丁援军没有按时抵达，以致他们无法抵抗罗马的强大攻势，只得出城投降罗马。不久之后，科拉提亚（Collatia）的居民也想试试运气，来到城外与罗马开战，但每次交战都处于劣势，很多人受伤，他们被迫躲到城墙内，不断前往各个拉丁城市寻求援助。但这些拉丁援军迟迟没有到达。罗马人摧毁了科拉提亚的城墙，城内居民只得将城市交出。但是，罗马人并没有像宽容诺门图姆人和库斯图姆瑞乌斯人一样宽容他们，而是解除了他们的武装，罚了他们一大笔钱。塔克文留下一支军队驻守这里，并让他的侄子埃瑞斯全权统治该城。埃瑞斯出生于他的父亲埃瑞斯及祖父戴玛拉托斯死后不久，但并没有继承任何财产（本该由他继承），因此被罗马人称为"穷人"和"乞丐"。从他管理这座城市的时候起，他和他的后代都被冠以科拉提努斯（Collatinus）的称呼。

塔克文征服科拉提亚后，又率军进攻同属于拉丁民族的考尼库隆（Corniculum）。他在他们的土地上劫掠一番，没有遇到抵抗，然后驻扎在邻近①敌人城市的地方，首先提出与他们缔结友好同盟。考尼库隆人拒绝了他的要求，坚持保卫城墙，并寄希望于盟友。塔克文从各个方向攻打城市，袭击城墙，对方长时间英勇的抵抗给罗马人造成了威胁，但随后对方因疲惫不堪而引发内部混乱（有些人希望投诚，另一些人则坚持抵抗到底）。这种分歧大大增加了人们的痛苦，城市被占领。他们中的最英勇者在保卫城市的过程中战死，

---

① 这里采用基斯林修正过的内容（参见评论笔记）代替抄本中的原有记录，意思是"向城市进军"。

怯懦者与妻儿一起成为罗马人的奴隶，城市惨遭劫掠和焚毁。拉丁人对罗马人的恶行感到愤怒，集聚庞大的兵力联合向罗马宣战，他们闯入罗马最富足的地区，俘虏许多人，并缴获大量战利品。塔克文准备率领轻装步兵与他们作战，但没有追上敌人，于是转而入侵拉丁城市。此后的战争中，双方互相入侵对方的边界，互有胜负。罗马人在费德奈城附近的战斗中最终战胜了拉丁人。拉丁人落荒而逃，被迫于夜间撤离营地，纷纷逃回各自的城市。

51. 塔克文取得胜利后，率领军队前往拉丁人的城市，提出了议和。拉丁人失去了兵力和作战信心，只得接受他的提议。他们中的一些人开始放弃城市，因为他们注意到，那些抵抗到底的人，其城内居民沦为奴隶，城市被夷为平地，而那些投降的人，除被迫臣服于征服者外，不会受到其他严厉惩罚。福西库拉（Ficulea）是最先投降罗马的城市，罗马与之签订了公平的条约。随后，卡梅里亚和其他一些小城市以及强大的要塞也选择投降。没有投降罗马的拉丁人对此感到忧虑，害怕罗马会征服整个拉丁民族。于是，他们聚集在费伦蒂诺商议对策，决定除每个城市自身提供的兵力外，还向邻近的强大民族寻求帮助，为此他们派出使节向第勒尼安人和萨宾人请求援助。萨宾人允诺，只要他们听闻拉丁人入侵罗马领土，便会拿起武器破坏邻近的罗马领土。第勒尼安人同意派出他们的多余军队去支援，因为他们自认为不需要其他力量的援助[①]。最终，只有五个城市为拉丁人提供帮助，即克鲁修姆（Clusium）、亚雷提恩（Arretium）、沃拉特雷（Volaterrae）、鲁塞拉（Rusellae）和维图罗尼亚（Vetulonia）。

52. 这些援军使拉丁人重新燃起希望，准备了一支大军与第勒尼安的援军一同进攻罗马。与此同时，许诺参战的萨宾人也开始蹂躏罗马边境的土地。塔克文随即集合了一支庞大而精锐的军队前去迎战。他认为，同时进攻萨宾人和拉丁人很危险，因为需要把军队分为两部分。因此，他决定集中所有兵力攻击拉丁人，并在他们附近扎营。起初，双方都不愿先开战端，而是窥探对方的战争准备情况。双方的轻装步兵有过一些交锋，但不分胜负。一段时间后，这些

---

① 或理解为 ἧςἂνδεηθῶσιν，"无论他们（拉丁人）需要什么支援"。

小冲突激发了双方的战斗热情，起初是一小队人，后来则举全部兵力作战，双方的步兵和骑兵几乎是势均力敌，都抱着孤注一掷的心态，拼尽全力。天黑后，双方中断战争，回到营地。这一战之后，双方的态度已经表明了胜负。第二天，塔克文如约来到平原上，准备再次战斗，并长时间保持战斗队形，但拉丁人却迟迟没有出现。由于敌军不出战，塔克文从前一天战死的敌军身上掠夺战利品，并搜集己方战死士兵的尸体，兴高采烈地率军回营。

53. 随后的几天，拉丁人从第勒尼安人那里获得新的援助，再次与罗马人展开战斗。双方第二次战争的规模远超第一次。塔克文再次获得胜利，所有人都认为这是他个人的功劳。在战斗中，罗马的排兵布阵被打乱，左翼的紧密阵形被突破。塔克文当时正在右翼作战，了解情况后，立即率领骑兵和步兵前去营救。他离开阵线稳固的右翼，率军前进到敌军右翼处，然后出其不意地在侧翼攻击第勒尼安人，使后者陷入极大的恐慌和混乱。与此同时，罗马步兵恢复了战斗力，向敌人发动进攻，杀死很多第勒尼安人并击溃了敌人的右翼军队。塔克文命令步兵指挥官按队列缓慢跟进，自己则率领骑兵全速攻击敌人的营地，他们先于溃逃的士兵到达，摧毁了敌人的防御工事。那些留守的士兵没有意识到他们自己的队伍惨遭失败，又突然遭到袭击，所以没有认出到底是哪一方的骑兵，便让他们进来了。占领敌人的营地后，塔克文派骑兵追击并杀害逃跑的敌人，那些想从营地逃到平原上的敌人也被后来赶到的步兵杀死了。大部分敌人由于拥挤和踩踏而惨死在栅栏上和壕沟里。幸存的敌人走投无路，选择投降罗马。塔克文收缴了许多奴隶和战利品，将奴隶出售，将战利品分配给士兵们。

54. 此后，塔克文率领军队攻打拉丁城市，通过战争征服那些不愿向他投降的人，但他因城内居民的恳求而没有围攻这些城市。对方都派来了使节，恳求他结束战争，并满足他提出的条件，同时把他们的城市交给他。塔克文接受了他们的请求，成为这些城市的主人，对待城内居民极尽仁慈和宽容，并没有处死或流放任何拉丁人，也没有对他们处以罚金，还允许他们继续享有土地，保留传统的政体形式。他命令拉丁人交出罗马的逃兵和俘虏，以及他们从罗马掠夺的财产和奴隶，并就突袭罗马所造成的损失进行补偿。拉丁人履行上述要求，成了罗马人的朋友和同盟者。结束战争后，塔克文为战争的胜利举行了凯旋式。

55. 第二年①，塔克文率军进攻萨宾人。萨宾人对于他的目的和准备早有了解。他们不愿将战争引入自己的领土，因而举兵前往边界与罗马作战。双方战斗至傍晚，胜负未分，损失惨重。接下来的几天，双方都没有出战，而是毁掉营地，各自返回城内，并没有破坏敌方领土。双方都打算第二年春天向对方发动更大规模的进攻。做好战争准备后，萨宾人协同第勒尼安人的援军一同驻扎在邻近费德奈、位于阿尼奥河与台伯河交汇的地方。他们设立两个营地，位于河流的两边，并在河上建造了一座木桥，位于小船和木筏之上，方便两个营地的人员往来。塔克文得知了敌方的突袭，率领罗马军队出战，在稍高于萨宾人营地的地方扎营，驻扎在阿尼奥河边背靠山丘的地方。虽然双方士兵都对这场战争抱有战斗热情，但始终没有发生激战。这时，塔克文设计破坏了萨宾人的整个计划，占领了敌人的两个营地。他的计谋如下：

56. 他把靠近自己营地这一边河上所有的船和木筏装满干树枝、杂草、沥青和硫黄，然后等待风势。清早，他下令点火，船只和木筏顺流而下，很快就抵达木桥处，多处燃起火焰。萨宾人看到突然着起的大火，急忙赶去灭火。塔克文趁机于黎明时分来到这里，率领罗马军队进攻萨宾人的一个营地。因为大部分萨宾人赶去救火，只留下一小部分士兵守卫和抵抗，所以他毫不费力地占领了敌军营地。此时，另一部分罗马士兵已经攻下了河对岸的另一个萨宾营地。原来，塔克文已经让一部分士兵事先埋伏在萨宾人的营地旁。士兵们乘小船和木筏渡过了两条河流的交汇处，隐藏在不易被萨宾人发现的地方，以木桥起火为发起进攻的信号。在萨宾营地中的士兵，有些死于与罗马人的战斗中；有些跳入河流的交汇处，由于无法穿过漩涡，被吞没了；有些在竭力挽救这座桥时被大火烧死。塔克文攻占敌人两个营地后，放任己方士兵抢夺财物，把人数众多的萨宾俘虏和第勒尼安海俘虏带回罗马严加看守。

57. 萨宾人被征服后，意识到自己力量弱小，派出使节与罗马人签订为期六年的停战协议。然而，第勒尼安人却感到愤怒，不仅因为他们经常被罗马打败，还因为当他们派使节要求塔克文归还俘虏时，塔克文拒绝了。他将这些俘

---

① 本卷第 55—57 节，参阅李维，i. 36, 1 f., 37。

虏扣留为人质。所有第勒尼安人的城市一致通过决议，联合对罗马作战，拒绝参与这次行动的要被赶出同盟。他们派出的军队跨过台伯河，在费德奈城附近安营扎寨，凭借各种手段劫掠费德奈城，并煽动城内居民反叛罗马。他们从罗马领土上抓了很多人并劫掠很多战利品后返回家乡，留一支军队驻扎在费德奈城。他们认为，如果他们与罗马开战，这里将会是最佳的防御基地。在随后的一年里，塔克文武装了所有的罗马人，并尽可能从同盟中招募军队。早春，他率领全部兵力趁第勒尼安人尚未准备完毕时首先发起进攻。他将全部军队分为两部分，亲自率领罗马士兵进攻第勒尼安城，同时命令他的亲属伊格瑞乌斯（Egerius）率领主要由拉丁人构成的盟国军队围攻费德奈城内的敌人。这支盟国军队由于轻视敌人，在费德奈附近一个危险的地方扎营，几乎全军覆没。因为城里的驻军又获得了第勒尼安人新的增援，他们看准时机，从城里冲了出来，一举占领了疏于防范的罗马同盟军的营地，杀死了很多出来寻找粮草的士兵。但是塔克文率领的罗马军队蹂躏了维爱人的城市，缴获了大批战利品。随后，罗马人又击败了前来支援维爱人的第勒尼安人。获得胜利后，罗马进军敌人的城市，肆无忌惮地搜刮财富，于夏季结束时，携带战俘和战利品返回罗马。

58. 维爱人在这场战斗中遭受重创，但他们没有离开城市，而是亲历城市被损毁。此后三年，塔克文三次入侵维爱城，掠夺其土地上的产品。当他掠夺了城市大部分财富、觉得无利可图时，转而进攻卡尔瑞提安（Caeretani）城。早在佩拉斯基人居住时，该城被称为阿吉拉（Agylla）。第勒尼安人占领这里后，改称为卡西里（Caere）。① 这座城市和所有第勒尼安人的城市一样繁荣富庶、人口众多。城内居民组织了一支庞大的军队出城作战，杀死许多敌人的同时也削弱了自身力量，最后只得逃回城内。罗马人占领了卡尔瑞提安城，这里的财物支撑他们在城里生活了很多天，然后携带所有战利品返回罗马。塔克文成功战胜维爱人后，率军进攻费德奈城内的敌人，希望驱赶城内的驻军并惩治那些把城市交给第勒尼安人的人们。因此，罗马人和那些出城的人发生了一番

---

① 狄奥尼修斯使他给出的拉丁名称尽量符合希腊语样式。他不喜欢καῖρε这样的主格形式，用拉丁词干构造了καίρητα（Caerēta）的形式。其他希腊作家则写成Καίρη、Καιρέα甚至Καῖρε。

激战，而且对城内发起了进攻。罗马人占领了城市，降伏了城内驻军，派兵驻守要塞并且看守第勒尼安俘虏。至于那些煽动反叛的费德奈人，有的当众遭受鞭打后被公开砍头，有的被永久流放，他们的财产被罗马殖民者和驻军瓜分。

59. 罗马人与第勒尼安人的最后一场战争发生在萨宾人的城市伊瑞提乌姆附近。因为那里的杰出者允许第勒尼安人穿过城市进攻罗马人，并说服萨宾人与他们一起进攻罗马。萨宾人与塔克文签订的为期六年的停战协议已经到期，他们中很多人并不甘心做失败者，尤其是随着近来城内年轻人的壮大，他们觉得有了再次反抗的基础。然而，他们的谋划并没有获得成功，因为罗马军队很快到达，萨宾人又无法公开为第勒尼安人增派援军，只有少数萨宾人被慷慨的酬金诱惑自愿援助第勒尼安人。这场战争是两国之间发生过的最伟大的战争，极大地增强了罗马人的力量，罗马人获得了最光荣的胜利，元老院和人民提议给塔克文举行凯旋式。但第勒尼安人士气低落，因为各个城市派出了全部军队拼命作战，却只有少数人全身而退，一些人在战斗中被杀，另一些人则因走投无路而投降罗马。经过这次巨大灾难后，第勒尼安首领的行动变得谨慎起来。当塔克文率领另一支军队向他们发起进攻时，他们在集会上投票决定结束战争，派最年长、最尊贵的人前去乞求和平。

60. 塔克文听到使节的恳求后产生了同情怜悯之心，又想起了他与第勒尼安人的特殊关系，因而询问他们是坚持抵抗而后有条件地签署条约，还是承认被征服，主动交出城市。他们答复说，不仅要交出城市，并且满足任何公平条件下的和平。塔克文听到这个回答后，喜悦地说道："我将在公平的条件下结束战争并给予你们恩惠。我不会处死或驱逐第勒尼安人，亦不会剥夺他们的财产，同时，不会在你们的城内驻军，不会向你们征收贡赋，也不会改变你们的法律和古老的政体。但是，在此之前，我认为你们应该以一件事回馈我，即将你们城市的统治权交给我——虽然我可以违背你们的意愿以武力获取，但更希望通过你们的许可来得到权力。你们将我的话转告给你们的同胞。在得到答复之前，我保证停止战争。"

61. 使节们收到答复后离开。几天后，他们再次回到罗马并带来象征王权的物品，包括一顶黄金王冠、一个象牙宝座、一根鹰头权杖、一件金边紫色束腰外衣及一件紫色刺绣长袍,这件长袍与过去吕底亚和波斯国王的长袍类似,区别在于对方的是方形的,而这件是半圆形的。①罗马人称这种长袍为托加,希腊人称为泰本纳(têbenna)②,我不知道希腊人是从哪里听到这个名字的,因为在我看来,它并不是一个希腊单词。根据一些历史学家的叙述,第勒尼安人将每个城市上交的一把斧头交给塔克文,总共十二把。根据第勒尼安人的习俗,每个城市的统治者进行军事远征时,要由执法官拿着斧头和束棒随行。当十二座城市联合进行战争时,十二把斧头会交给一个握有全权的人。然而,并非所有权威人士都赞同上述观点。有些人坚持认为,在塔克文统治前,十二把斧头就被带到了罗马。罗慕卢斯获得统治权后就开始实行这种习俗。但可以肯定的是第勒尼安人创立了这个习俗,罗慕卢斯从他们那里引用过来。第勒尼安人将象征王权的十二把斧头和其他物品一起交给塔克文,就像罗马人直到今天仍把权杖和王冠交给国王,以证明他们的权力,因为即使罗马人没有将那些装饰物品献给国王,国王也会使用它们。

62. 然而,根据大多数罗马历史学家的说法,塔克文在得到这些荣誉后并没有立即享受这些荣誉,而是让元老院和人民来决定他是否应该接受这些荣誉。当获得一致许可后,他接受了这些荣誉,从那时起直到他去世,他一直头戴黄金王冠,身着紫色长袍,手握象牙权杖,坐在象牙椅上。当他出席审判或离开城市时,身后跟随十二名手握斧头和束棒的扈从。继他之后的国王们仍保留所有饰物。王政被推翻后,执政官们留下除王冠和绣花长袍之外的所有饰物,视二者为粗俗不堪之物。然而,当他们胜利归来、元老院批准举行凯旋式时,他们不仅可以头戴金冠③,也可以身着紫色绣花长袍。第勒尼安人和罗马人之间长达九年的战争就这样结束了。

63. 现在,只有萨宾人是罗马人夺取霸权的对手,他们拥有好战的人民,

---

① 狄奥尼修斯在这里描述了罗马凯旋者的标志(参阅本卷第62节和第五卷第47节)。束腰外衣是tunica palmata,刺绣长袍是 toga picta。

② Têbenna 一词(词源不详)仅出现在晚期希腊作家的作品中,狄奥尼修斯用该词来表示拉丁语的"trabea"(彩色托加,本文第二卷第70节);波利比乌斯用它来表示罗马人的斗篷(paludamentum)。

③ 实际上应该戴的是月桂王冠,但一名公共奴隶却将朱庇特的金冠戴在胜利者的头上。

375

占据邻近罗马的广袤而肥沃的土地。塔克文非常渴望通过战争征服这些人。他指责这些城市没有交出与第勒尼安人合谋反叛罗马的人,这些人许诺,如果第勒尼安人率军进入他们的国家,他们将与之友好,而与罗马为敌。然而,萨宾人宁愿选择战争,也不愿交出这些最有影响力的公民。在罗马军队进攻他们之前,他们就开始入侵其他人的领土。塔克文听闻萨宾人越过阿尼奥河并劫掠周边民族时,率领装备精良的罗马轻装步兵急速行军,去对付那些四处劫掠的敌人。他们杀死了很多敌人,带走了逃跑者留下的所有战利品,之后驻扎在离敌人营地不远的地方。几天后,从罗马赶来的援军以及同盟的军队到达,塔克文率领军队前往平原准备战斗。

64. 萨宾人看到罗马人做好战争准备后,派出在数量和勇气方面都不弱于罗马的士兵前去应战。士兵们尽其所能地与罗马人勇敢地战斗,但当他们得知另一支罗马军队正在他们的后方以有序的战斗队形前进时,纷纷放弃抵抗,转身逃跑。出现在萨宾人身后的这支队伍,是罗马人的精锐步兵和骑兵,奉塔克文命令于夜晚埋伏在那里。这支军队的突然出现使萨宾人陷入恐慌,丧失了勇气,他们觉得自己在谋略上不及敌人,从而陷入无法抵抗的灾难。他们为了自保,逃向四面八方。在溃逃过程中,大批萨宾人被罗马骑兵追赶和围攻,死伤无数。最终,只有少数人逃到附近城市,大部分人死于罗马人之手。事实上,即使是留在营地里的萨宾人,也没有勇气击退罗马人的进攻或冒险与之交战。由于受到意外不幸的惊吓,他们放弃了抵抗,没有采取任何行动便纷纷投降。面对这样的惨状,萨宾人认为敌人靠欺骗而不是勇气攫取了他们的胜利,因此,他们准备派出更多的军队和更有经验的指挥官。塔克文提前获知消息,在萨宾人的军队集结之前,率军快速越过阿尼奥河阻拦敌人。得知这一消息后,萨宾人的将军带着他新组建的军队以最快的速度行进,在罗马人附近的一个高而陡峭的山上扎营。他认为在萨宾援军到达之前不宜开战,于是不断派骑兵阻击罗马的劫掠者,并派出一些士兵埋伏在罗马通往这里的林间空地。

65. 当萨宾人以这种方式进行战斗时,双方的轻装步兵和骑兵发生了许多小规模的冲突,但没有全面行动。塔克文对敌人延缓战争的做法感到不悦,派兵进攻萨宾人的营地。经过一段时间的攻击,他认识到光靠武力不能使敌人屈服，因为敌人的力量也很强大。于是，他决定用饥荒来迫使敌人投降。他在通往敌人营地的所有道路上建造要塞，阻止萨宾人外出寻找木材、草料和其他必需品。萨宾人因物资极度匮乏而选择在一个风雨交加的夜晚以极不光彩的方式逃跑了，留下了他们的役畜、帐篷、伤员及所有军用物资。第二天，得知敌人逃跑后，罗马人轻松占领了敌人的营地，收缴了敌人留下的帐篷、役畜、个人财物和其他物品，连同俘虏一起带回罗马。这场战争持续了五年，其间，双方不断地入侵对方的领土，进行了多场战争，罗马人取得了大多数胜利。在最后一次交锋后，战争结束了。萨宾人一改往日连续出兵的方式，把所有适龄参战的男子一同派出。所有罗马士兵连同拉丁人、第勒尼安人及所有盟国的援军一齐迎战。萨宾将军将其队伍分为两部分，分别扎营。塔克文将军队分为三部分各自扎营，三个营地相距不远。塔克文率领罗马士兵，他的侄子埃瑞斯统率第勒尼安援军。拉丁人和其他同盟军则委托给一个英勇而最具判断力的外邦人。这个人就是塞尔维乌斯·图利乌斯（Servius Tullius）。塔克文死后，没有男性后代，罗马人民选举塞尔维乌斯为国王，因为他们崇敬他在战争与和平时期的能力。当我谈论到他时，会详细介绍他的出身、教育、命运及神示。①

66. 双方准备完毕，战争开始。罗马人在左翼，第勒尼安人在右翼，拉丁人在阵列的中间。战争持续一整天，最终以罗马人的胜利而告终。他们杀死了许多自诩为勇者的敌人，降伏了大批俘虏，攻占了萨宾人的两个营地，缴获了大量战利品。现在，罗马人成了所有城市的主人，肆无忌惮地烧杀抢掠。夏季结束后，他们捣毁军营返回家乡。为了纪念这次胜利，塔克文第三次举行了凯旋式。次年，他率军再次入侵萨宾人的城市，试图通过围攻降伏敌人。但是没有一个城市打算进行勇敢的抵抗，他们一致同意在人民被奴役和城市遭到破坏前结束战争。各城中的重要人物同意把城市交给塔克文，并乞求与之签订友好条约。塔克文接受了他们的投降，同意签署和平条约，并给予他们与第勒尼安人平等的待遇。随后，他无条件地归还了俘虏。

67. 以上就是塔克文的军事成就。接下来，我将介绍他在和平时期对内政

---

① 参见第四卷第1节后。

的治理（这些内容我不想忽略）。他掌握政权后，渴望得到平民的支持，便仿照先前国王的做法，从以下几方面赢取民心。他从平民中选出一百位作战勇猛又富有政治远见的人，给予他们贵族身份并准许进入元老院。因此，罗马元老院的人数由二百人①增加到三百人。接着，他增加了两名维斯塔贞女，使贞女的人数达到六人，因为需要贞女参加的国家祭祀活动现在增加了，四名贞女无法满足需要。此后的国王一直沿用这种做法，时至今日，维斯塔贞女的人数仍是六人。他规定了大祭司惩罚失去贞洁的贞女的措施，或者依据他个人的判断，或者根据他的梦兆。这些惩罚措施在塔克文死后被记录在《西卜林书》中。因为在他统治期间，普布利乌斯的女儿、女祭司皮纳瑞娅（Pinaria）以不贞洁之身参加了祭祀。我在上一卷中已经提及对不守贞洁的贞女的惩罚措施。②塔克文装饰了广场。这里是执行审判的地方，人民集会和其他公民事务也在这里举行。广场周围有店铺和柱廊。③他是第一个建造城墙的人，此前，城市并无城墙，只是临时随意堆砌一些巨大的④方形石块。⑤他还修建了排水道，使街道上的水可以注入台伯河——这是一项无法用言语描述⑥的成就。在我看来，罗马帝国三项最为伟大的成就是修建河渠、铺设道路和修造排水沟。我提及这些成就并不仅是为突显其实用性（这方面我会在适当的地方谈到），还为强调其中巨大的花费，举一个例子就可以说明这一点。权威作家盖乌斯·阿奇利乌斯（Gaius Acilius）⑦曾说，有一次，当排水道堵塞、水无法流过时，监察官花费一千塔兰特进行清理和维修。

68. 塔克文⑧在拉文丁山与帕拉蒂尼山之间建造了马克西穆斯竞技场⑨，首

---

① 参阅第二卷第 47 节和李维, i.35, 6。
② 参见第二卷第 67 节。
③ 参阅李维, i.35, 10。
④ 字面意思是"大到足以承载一辆马车"。
⑤ 参阅李维, i.38, 6。
⑥ 参阅李维, 同上。
⑦ 公元前 2 世纪的一位元老，用希腊文写了一部关于罗马的历史。
⑧ 参阅李维, i.35, 8 f。
⑨ 字面意思是"最大的竞技场"。

次在其内部设置有顶棚的座椅（即座位周围用支架支撑，之前观众都是站着观看），木质看台由横梁支撑。他把竞技场划分为三十等份，每个库里亚被安排在指定的区域，以便每一位观众坐在适合的位置。这个竞技场后来成为罗马最美丽、最受喜爱的建筑之一。① 竞技场长约三点五斯塔德，宽约四普莱斯龙（Plethron）②，绕着它的三面有一条纵深和宽度均为十英尺的水渠用来储水。③ 水渠的后方有三层座位，最低的一层是石椅座，像在剧院里一样逐渐升高，上面两层是木制座椅。两个较长的门廊合而为一，以一个较短的新月形门廊连在一起，这样，三个门廊就形成了一个类似圆形剧场的柱厅④，周长八斯塔德，可容纳十五万人。竞技场未被水渠环绕的那一边是赛马的拱形起跑点，仅由一条绳子拦着⑤。竞技场外另有一层的柱厅，里面店铺、居所林立。在这个柱厅里，每一家商店都有入口和台阶供观众观看，方便成千上万的人们进出。

69. 塔克文还为朱庇特、朱诺和密涅瓦（Minerva）建造神庙，以履行他在与萨宾人⑥的最后一场战斗中向诸神所许下的诺言。因此，他计划在山的周围建造有高挡土墙的神庙，这需要很多准备工作（因为山很陡峭，不容易攀登）。他将墙与山顶的空隙用大量的土填满，以便使土地平整，易于建造神庙。但当神庙的地基还未完工时，他就去世了。他在战争结束后仅活了四年。多年以后，他之后的第二个⑦塔克文国王（被赶下王位的那个）奠定了地基，完成了

---

① 狄奥尼修斯在这里描述的是大竞技场在他那个时代的发展，后来它的规模和恢宏程度又有所增加。
② 一斯塔德是六百希腊尺，一普莱斯龙是一百希腊尺。
③ 水渠最初的目的是保护观众免受任何可能由竞技场上失控的野兽所带来的危害。尼禄统治时期，水渠被填满了。
④ 从狄奥尼修斯对形容词 ἀμφιθέατρος 的使用和在本文第四卷第44节中的类似描述可以明显看出，他并不认为这个词一定代表着圆形或椭圆形的结构，这是它后来具有的含义。狄奥尼修斯使用了这个词的原始含义，即"四面都有座位"。他所描述的 u 形——两个平行的侧面由一个较短的半圆形端连接——本质上是在奥林匹亚和其他地方看到的希腊竞技场。圆形竞技场比希腊的竞技场窄，起跑点的安排也不一样。
⑤ ὕσπληξ 是一根穿过希腊赛马场边界的绳子，以放下绳子作为马匹起跑的信号。在圆形竞技场里，每个入口处的栅栏都有折叠门，每个栅栏有两个门，由两个奴隶同时打开；这可能是借助一根或几根绳子完成的。斯佩尔曼把这个短语比作"一次信号"。
⑥ 参阅李维，i. 38, 7; 55, 1。
⑦ 字面意思是"第三个"，包括他在内。

大部分建筑。然而，即使是他也没有完成这项工作。塔克文被驱逐后的第三年，执政官宣布神庙建成。

下面我将叙述神庙建成之前的事情，罗马的史家们都叙述了这些事情。①当塔克文准备建造神庙时，召来占卜者询问神庙建造的地点，以便了解城里哪个地方最适合建造神庙、神最为中意。占卜者根据神意指出，神庙应该建造在当时被称为塔尔皮娅的山，即现在的卡皮托山上，这座山俯瞰着广场。他命令他们再次询问神，具体应该建在山上的什么位置。这并不是一个容易决定的问题，因为山上有很多神灵的祭坛，彼此相隔不远，现在要想建造新的神庙，就必须把这些祭坛移到其他地方。占卜者就每一座祭坛要迁移的地方询问神意，其他神表示愿意迁居到别的地方。但无论占卜者如何恳求，忒耳弥努斯（Terminus，守界神）和朱文塔斯（Juventas，青春女神）②都不愿离开。因此，他们的祭坛被神庙包围③，一个位于现在的密涅瓦神庙的柱廊处，另一个位于神庙内女神的雕像旁④。占卜者据此推断，罗马的边界不会缩小，气势也不会削弱。二十四代人后的罗马证实了这个预言。⑤

70. 一位最著名的占卜者根据神意确定了朱庇特神庙的位置，在其他事情上也通过他的占卜术向人民转达神意。他就是阿提乌斯·内维厄斯（Attius Nevius）⑥。他是神最满意的占卜者，通过占卜赢得了最高的荣誉，展示了令人难以置信的占卜技艺。关于这些，我只以一件最神奇的事情作为证明。然而，

---

① 李维提到了第二个塔克文统治之后发生的事情（i.55, 2—4）。

② 李维仅提到忒耳弥努斯。

③ 朱庇特神庙实际上由一个屋檐下的三个神殿组成（参阅本文第四卷第61节）。对此，狄奥尼修斯认为神庙的单位可以是单数也可以是复数。在本章的开头，他使用了复数。

④ 这个希腊词表明这是一尊坐像。

⑤ 安布罗施（Ambrosch）和一些早期的校注者均认为，狄奥尼修斯经常使用γενεά表示确定的时期，即二十七年，参见评论笔记。但是如果按每代二十七年算，所涉及的时间间隔（从公元前576年到公元7年）略超二十一代。因此，这里的二十一代人应该为二十二代人，或假设一代人有二十八年。多德威尔（Dodwell）断言，狄奥尼修斯笔下的γενεά没有指确定的年限。他表明，在讲述罗马建成之前及王政时期的历史时，狄奥尼修斯将每位继位国王的统治算作一代人；在共和时期的叙事中，狄奥尼修斯根据一些重要家族（可能是尤利乌斯·恺撒家族）的记录来计算他们的世系。

⑥ 我们似乎应该保留手稿中有关这个名字的拼写，因为狄奥尼修斯所使用的这个词的形式存有疑问。参见评论笔记。

我首先要说明他是如何获得神的偏爱、拥有高超占卜技能的，以至于他那个时代的所有其他占卜者与之相比都显得微不足道。内维厄斯的父亲是一位贫穷的务农者，耕种着一块贫瘠的土地。当内维厄斯还是个孩子时，就要承担起繁重的家务，其中一项是把猪赶到牧场并照料它们。一天，他在放猪的过程中睡着了。当他醒来时，发现有些猪不见了。他又急又气，不自觉地哭泣，害怕父亲会因此殴打他。于是他来到英雄祭坛乞求帮助[①]，并允诺事成后奉献田地里最大串的葡萄。随后，他找到了丢失的猪。当他打算履行誓言时，却发现自己无法找到最大串的葡萄，便祈求神以预兆的方式来指引他。他根据神意将葡萄园划分成两部分，一个在左手边，一个在右手边，然后观察每一边的神兆。当鸟儿落在一边时，他又把这里分为两部分，以这种方式确定鸟的位置。他继续用这个办法进行划分，直至剩下最后一棵藤蔓，他就这样找到了最大串葡萄。当他带着葡萄去往英雄祭坛时，他的父亲看到了这一幕，询问他如何找到最大串葡萄的，他便将整个过程如实告诉了父亲。他的父亲坚信自己的儿子具有占卜才能，便把他送到城里，找了一位老师教他，当他学到了一般的知识后，就把他交给最著名的第勒尼安占卜师学习占卜术。因此，内维厄斯与生俱来的占卜才能，加上从第勒尼安人那里学到的知识，使他超越了同时代的所有占卜者。尽管他不是罗马占卜者队伍中的一员，但由于他在占卜方面的才能，城内的占卜者们经常邀请他参加他们的公共占卜，并以他的占卜结果为准。

71. 塔克文曾经打算为新进入的骑兵另建立三个部落，并以他自己和他朋友的名字为这些新部落命名，只有内维厄斯[②]激烈反对他，理由是罗慕卢斯创设的制度不能被改变。塔克文对内维厄斯的行为感到气愤，试图证明内维厄斯的占卜技能只不过是江湖骗术，他本人也不过是不说真话的江湖骗子。因此，塔克文召集一群人来到广场上，告诉人们，他将要揭示这位占卜师的真面目。内维厄斯到达后，塔克文友好地欢迎他并对他说道："内维厄斯，现在是你展示你的预言能力的时候了。我将要做一件事，你来占卜我是否可以成功。你快去占卜吧，然后快点回来，我就坐在这里等着你。"内维厄斯通过占卜得出吉

[①] 拉尔神（Lares Compitales）。

[②] 参阅李维，i.36, 2—7。

兆，声称国王所做的事情会成功。塔克文听到后，大笑起来，他从怀里拿出一个磨石、一个剃刀，说道："内维厄斯，你是有罪的，因为你欺瞒了神的旨意，把不可能的事情说成可能。我想知道用剃刀敲击磨石，能够把磨石敲成两半吗？"人们听到后，开始嘲笑内维厄斯。但内维厄斯不为所动，并说道："塔克文，你尽管敲吧，如果没有敲碎，我甘愿接受惩罚。"塔克文对内维厄斯的自信感到惊讶，他把剃刀往磨刀石边缘上一击，锋利的刀刃穿透了磨刀石，不仅把磨刀石割开了，还割伤了他握着磨刀石的手。看到这令人难以置信的情景，所有人都惊讶地喊出声来。塔克文对考验内维厄斯占卜能力的行为感到羞愧，并极力弥补错误。他首先取消重建部落的计划。其次，他决心要挽回内维厄斯对他的好感，因为他认为内维厄斯是众神最宠爱的人。为此，他为内维厄斯竖立了一座青铜雕像，永久矗立在罗马广场。这座雕像一直保存至我的时代，伫立在元老院前那棵神圣的无花果树旁。这座雕像比其他雕像矮小且头部遮有覆盖物。据说，距雕像不远处的祭坛下，埋葬着磨石和剃刀。罗马人称这个地方为井栏①。以上就是对这位占卜者的描述。

72.塔克文②以年事已高为由停止对外战争，因为他已经八十岁了。他最终死于安库斯·马修斯的儿子们的背叛。甚至在此之前，他们就曾试图推翻他，为此做出多次尝试，坚信塔克文被推翻后，王权就会落到他们身上。因为他们觉得自己本该从父亲那里继承权力，猜想公民也愿意将权力授予他们。当他们的希望落空时，他们就策划了一次阴谋，但他们也因此受到了惩罚。现在我将从他们的第一次尝试说起。当国王想要增加部落的数量时，内维厄斯——那位最著名的占卜者，如我前文所述——曾经反对过国王。据说正当内维厄斯的技艺享有盛誉、权力超过了所有罗马人的时候，他突然消失了，原因可能是对手的嫉妒、敌人的陷害，抑或其他不幸。他的亲属也不知道他的下落，谁也找不到他的尸体。民众为此伤心不已。当人们为这场灾难而悲伤和不满并对许多人产生怀疑时，马修斯的儿子们借机将矛头指向了塔克文。尽管他们没有直接的

---

① 井栏（Puteal）是这个地方的罗马名称。严格地说，井栏指的是井周围的边缘，井窝（puteus）是井本身。在一个被闪电击中的地方附近建造了一个井栏。

② 本卷第72节及其后，参阅李维，i. 40—41, 1。

证据来支持他们的指控,却竭力想把责任推到塔克文身上,于是提供了两个似是而非的证据:其一,塔克文想要非法改变罗马的政体,希望把内维厄斯这个经常反对他的人赶出去;其二,当不幸事件发生时,塔克文没有派人寻找作恶者,而是对这件事置之不理,他们说,清白的人不会这样做。马修斯的儿子们通过贿赂的方式,联合一些贵族和平民对塔克文提出了许多指控,并告诫人们不要让一个被污染的人染指祭坛、玷污王室尊严,尤其是一个外来者、一个没有国家的人。这些人在法庭上高谈阔论,许多公民深受影响。当塔克文来到广场并打算为自己辩护时,他们曾试图把他视为不洁之人逐出会场。然而,他们还没有强大到足以压倒真理或说服人民推翻塔克文的权力,因为塔克文提供了强有力的证据来反驳中伤他的人。他的女婿图利乌斯(塔克文有两个女儿,其中一个嫁给了图利乌斯)在人民中有很大的影响,他为塔克文作出的辩护激起了罗马人的同情。那些指控者被视为造谣者或诽谤者,在极大的耻辱中离开了广场。

73. 计谋失败后,马修斯的儿子们在朋友的帮助下,试图与塔克文和解。塔克文因深受他们父亲的恩泽而原谅了他们的愚蠢,并且认为他们的忏悔足以使他们改过。在接下来的三年中,他们表面上维持与塔克文的友谊,当他们认为时机成熟时,他们再次设计阴谋陷害塔克文。他们把两位大胆的同谋者打扮成牧羊人的样子,身上暗藏镰刀,于正午时进入塔克文家中。他们告知这两个人该如何说、如何做及如何展开攻击。年轻人到达国王的宫殿后,彼此辱骂甚至动起手来,纷纷高声恳求国王的帮助。他们的许多同谋也在场,这些人伪装成乡下人的样子,参与其中一方的控诉并提供有利的证词。当塔克文下令把他们带到他面前,并让他们说出争吵原因时,他们借口因为一些山羊而争吵,并用乡下人的方式,同时大声叫嚷着,激动地打着手势,一句重要的话也没说出来。这一行为引得旁人捧腹大笑。两个年轻人认为他们引发的嘲笑正是实施计划的好时机,于是掏出镰刀砍伤了国王的头部。事成之后,他们准备夺门逃跑。此时,人们的尖叫声引来众人帮忙,他们无处可逃,最终被追赶的人们抓住。经过一番拷打折磨后,他们被迫说出了阴谋的始作俑者。这些人最终受到了应有的惩罚。①

---

① 参见评论笔记。

十、约瑟夫斯的《约瑟夫斯自传》

弗拉维乌斯·约瑟夫斯，本名约瑟夫·本·马蒂亚斯，公元37年出生于耶路撒冷城一个显赫的祭司世家。他一度卷入公元66年爆发的犹太起义，并受命组织整个加利利地区的防务，但第二年夏便被韦斯帕芗所率领的罗马军队击败。兵败后，约瑟夫斯向罗马军队投降，并"预言"当时还只是罗马将军的韦斯帕芗与其子提图斯将成为罗马帝国的统治者。公元69年，韦斯帕芗自立为元首，约瑟夫斯也因为"拥立"有功而重获自由。获释后的约瑟夫斯成为提图斯的幕僚，亲历了犹太人的宗教中心——耶路撒冷城——的陷落与毁灭。公元71年，约瑟夫斯随提图斯前往罗马定居，并获得罗马公民身份。约瑟夫斯从此开始了其漫长的作家生涯。他传世的作品有四部：《犹太战记》《犹太古事记》《约瑟夫斯自传》和《斥阿皮昂》。这里翻译的是《约瑟夫斯自传》。

约瑟夫斯自传

（1）我的家族绝非什么寂寂无名之辈，其血统可追溯至上古时代的祭司。不同的种族以不同的方式来区分贵贱，而我们则以圣职（prieshood）作为名门望族的标志。我的先人们不单只是祭司而已，他们出身于最为显赫的氏族，位列担任圣职的二十四个谱系之首①。我的母亲出身于阿斯蒙奈尤斯家族②（Asamonaeus），这个家族曾一度同时把持我们民族的王位与大祭司之职。所以按照母系而论，我亦出身于宗室（royal blood）。现在，我要展示一下我的家谱。我曾祖父的祖父名叫西门（Simon），又名帕瑟鲁斯（Psellus），他与大祭司希尔克努同时代。希尔克努继其父西门之后出任大祭司一职。希尔克努这个名字也首次出现于大祭司之列。"口吃者"西门（Simon "the stammerer"）育有九个子女。其中被称为埃菲娥（Ephaeus）之子的马蒂亚斯（Matthias），与大祭司约拿单之女成婚。这个约拿单也是阿斯蒙奈尤斯家族中第一位担任大祭司一职者（公元前153年）③，其兄弟西门也曾担任此职。马蒂亚斯于希尔克努治下第一年（公元前135年）得子马蒂亚斯，诨名刻图（Curtus）④。刻图于亚历山德拉治下第九年（公元前70年）得子约瑟。约瑟于亚基老治下第十年（公元6年）得子马蒂亚斯。马蒂亚斯在盖乌斯·恺撒称帝那一年（公元37—38

---

① 即所谓的"耶何雅立"（Jehoiarib）家族。在《犹太古史》第七卷第366节中，约瑟夫斯称祭司分为二十四个家族。然而，在《斥阿皮昂》下篇第108节中（只见于拉丁语版），他只提到有四个部落（Tribus）。

② 也被称作哈斯蒙尼家族（The Hasmonaeans）或马加比一族（Maccabees）。

③ 1 Macc. x. 21.

④ 意为"驼背"。

388

年）生下了我。我育有三个儿子：长子希尔克努、次子加斯图（Justus）、幼子阿格里帕，他们分别出生于韦斯帕芗·恺撒治下第四年（公元73年）、第七年和第九年。以上我所出示的家谱均载于册籍（the public registers）中。我也不枉为这个家族的子孙。

（2）吾父马蒂亚斯不但出身显赫，且为人高洁，所以在耶路撒冷深孚众望。耶路撒冷乃是我族最大的城市。我被自己的一母同胞马蒂亚斯抚养成人。我学有所成，并以博闻强识而著名。我十四岁那年（公元51—52年），虽仍是一个少年，但已经因学识渊博而为世人所称道，以至于首席祭司和城中的达官显贵都经常向我求教我们一族祭仪之中的种种精妙之处。十六岁那年，我决定亲自考察我们民族所形成的各个分支。这三个派别我之前已经数次提到过[①]，他们分别是法利赛人、撒都该人和叶赛尼人。我认为只有通过细致缜密的考察才能择善而从。我刻苦修行并通过了三者的考验。然而，我并不满足于此。我听从在荒野中隐居的班努斯（Bannus）的教诲，以树木所生者[②]为袍，以草木滋生者为食，早晚皆以冷水沐浴以洁净自身，并成为其门徒。我如此追随那人三年，终于达成了心愿，遂返回城中。自十九岁起，我开始遵循法利赛一派的信条。这一派的学说与希腊人口中的斯多葛学派（Stoic school）有某些相似之处。

（3）我的人生刚刚度过第二十六个春秋，便被抽中出使罗马，其原因如下。法利克斯（Felix）时任犹地亚监察官。他以微不足道的罪名指控一些我所熟识的祭司，并将他们解往罗马听候恺撒[③]发落。因为那些人都是贤达之士，所以我急于设法解救他们，尤其当我得知他们即便身陷囹圄，仍不忘践行每日的功课，并只以无花果和干果为生后。我在海上历经九死一生才得以抵达罗马。因为我们的船在亚得里亚海沉没，同船的六百多人全部落水。蒙上帝不弃，天亮后我们发现了一艘昔兰尼（Cyrene）的船，我和其他八十余人才得以幸存，并被护送登岸。我们在狄西阿契亚（Dicaearchia）安全靠岸，此地也被意大利人称作部丢利（Puteoli）。我结识了一位深受恺撒宠爱的演员亚

---

① *B*. ii. 119; *A*. xiii. 171, xviii. 11.
② 可能指树叶或者树皮。
③ 即尼禄。

力图鲁斯（Aliturus），其祖上也是犹太人。他将我引荐给恺撒的伴侣波培娅（Poppaea）。我也因此能够祈求她设法保证祭司们的自由。此外，我在返回家乡时还收到了波培娅赠送的大批礼物。

（4）我在家乡已经发现了叛乱的端倪，而且处处充斥着反抗罗马的热忱。我于是极尽所能地去压制那些肇事者，并努力感化他们。我劝导他们，我们的民族不但在军事艺术上远逊于罗马人，更没有他们那样强盛的国运，如果我们贸然与之为敌，后果将不堪设想。我警告他们不要铤而走险，不要让他们的家乡、他们的家族以及他们本人因一时的狂热而陷入万劫不复的境地。我以这般恳切的言辞反复劝说这些人放弃其想法，又向他们指出这场战争于我们而言只会成为一场空前绝后的浩劫。然而，我的努力毫无效果。我对那些疯狂而绝望的人根本束手无策。

（5）我担忧自己的良苦用心只会招致记恨和猜忌，而我迟早将遭那些人逮捕并被处以极刑。我逃往圣殿的内廷躲避，而此时安东尼亚堡①已落入乱党之手。曼纳海姆（Menahem）以及一众匪首伏法后②，我再次陪伴为首的祭司和法利赛人离开圣殿。我们一行人小心翼翼。此时虽仍手持利刃，但群龙无首，故而无力约束乱党。在此紧要关头，我们甘冒杀身之祸现身于群众眼前，劝说群众不要再轻举妄动，即使敌人来犯也不必抵御，以此表明我们拿起武器仅仅为了自卫。我们寄希望于迦流（Cestius）③不久之后能率一支大军平息骚乱。

（6）迦流果然率兵前来，却一触即溃并损兵折将。迦流的失利对我们整个民族而言不啻一个凶兆。那些主战者因此气焰更加嚣张，只经此一役就自认为能够最终战胜罗马人。此时，叙利亚周边诸城的居民开始屠杀城中的犹太人，甚至连妇孺也不放过，即使这些人根本无可指责。他们既无意反抗罗马人，也无意为害叙利亚人。此事无异于火上浇油。西索波利斯（Scythopolis）人所犯下的暴行尤为令人发指。他们因为受到来自其他地区愤怒的犹太人的进攻，就强迫当地的犹太居民拿起武器与自己的同胞作战，而此举为我们一族所禁止。

---

① 位于圣殿的西北角，可以俯瞰整个圣殿。希律以马克·安东尼（Mark Antony）之名为这座堡垒命名。
② 曼纳海姆率其党羽曾一度主导整个起义，但随后被其他派系所杀。
③ 叙利亚总督。

他们在当地犹太人的协助下击退来犯者后，竟全然不顾双方的同胞（fellow-citizens）和同盟者（confederates）之谊，将犹太人尽数屠戮。命丧其剑下者达数千人之多。大马士革的犹太居民也遭遇了相似的命运。我已在拙著《犹太战记》里列出了这些惨剧中牺牲者的详尽数目。[①] 我之所以在此简要述及此事，只是想让我的读者们相信，这场与罗马人的战争既非由于犹太人的处心积虑，更非迫不得已。

（7）迦流被击败后，耶路撒冷城内那些我刚刚提及的显贵见城中的匪类和乱党都早已全副武装，而他们此时则手无寸铁，只能任人宰割，皆惊惧不已。事态的发展也果不出他们所料。这些人得知并非整个加利利地区都已揭竿而起，还有部分地区仍然维持和平后，就派遣我及两位优秀的祭司［约甲（Joazar）和犹地亚（Judas）］一道劝说那些蠢蠢欲动者放下武器，以保存实力。我们的意图如下：当地人民应在积极备战的同时静观罗马人的应对之道，以便相机而动。

（8）我肩负使命前往加利利。我发现希弗瑞斯城（Sepphoris）的居民对家乡的局势忧心忡忡。他们得知加利利人决定劫掠其家园，因为他们支持罗马人且对叙利亚总督迦流·加卢斯（Cestius Gallus）忠心耿耿。我一方面为保全希弗瑞斯人的生命财产而在加利利民众中积极奔走呼号，一方面又允许希弗瑞斯人与那些被扣留在腓尼基城市朵拉（Dora）充当迦流的人质的同胞自由联络。我此举完全消除了希弗瑞斯居民的疑虑。

我发现提比瑞亚（Tiberias）的居民迫于时局的变化开始蠢蠢欲动。

（9）此城的人民分为三派。第一派由体面的市民组成，以朱利乌斯·卡佩鲁斯（Julius Capellus）为首。他与其伙伴——米亚鲁斯（Miarus）之子希律、伽马鲁斯（Gamalus）之子希律、坎普苏斯（Compus）之子坎普苏斯［我没有列入他的兄弟，前任大王（希律·阿格里帕）治下长官克瑞斯普斯（Crispus），他此时正在约旦河对岸的地产逗留］——一致提议该城继续向罗马人和国王（阿格里帕二世）效忠。这一观点不为比斯图斯（Pistus）所容。此人天性暴

[①] *B*. ii. 466，559。《斥阿皮昂》中也有类似的措辞（*Ap*. ii. 287）。

躁，而其子尤斯图斯（Justus）更是对这一观点大加污蔑。第二派由身份最为卑贱者组成，一心求战。比斯图斯之子是第三派的头目，他表面上装作踌躇不前，实则热衷于叛乱，并认为政府的更替将会为他带来权力。他向人民反复灌输这样的观念：藩王（the terarch）希律建立提比瑞亚城就是为了让这座城市成为加利利地区的首府，所以希弗瑞斯城理应受其节制；即使在老阿格里帕王（King Agrippa the older）和犹地亚监察官费利克斯（Felix）治下，提比瑞亚人也从未丧失自己的权势。他又说他们不幸被尼禄当做礼物赠予小阿格里帕（Agrippa the younger），而希弗瑞斯则因为臣服于罗马，不但成为加利利地区的首府，还成为皇家府库和档案馆的所在地。他之所以如此非难和诋毁阿格里帕，只是为了挑动人民叛乱。他说道："现在就是我们拿起武器加入加利利人的时候了。他们因希弗瑞斯忠于罗马人而对其恨之入骨，这正好可以为我们所用。现在是我们以雷霆万钧之势报仇雪恨的时候了。"他作为一个狡猾的煽动家，其狡辩的本领远远超越了那些讼师，因而获得暴徒的群起响应。此人粗通希腊文字，于是基于以上种种歧见写作了一部描绘这些事件的史书，企图以此来混淆视听。此人不但用心险恶，而且他本人及其兄弟事实上都认为我们的毁灭是咎由自取。我会在文中举出证据以证明我所言非虚。尤斯图斯煽动市民拿起武器，并胁迫许多人跟随其党羽纵火焚毁加达拉（Gadara）和锡伯（Hippos）两地的一些村庄。上述两个地区位于提比瑞亚和希弗瑞斯两城辖区的交界处。

（10）以上就是提比瑞亚的情况。以下是基卡拿（Gischala）的情况。李维之子约翰发现一些市民受到叛乱的鼓舞，所以极力劝说他们冷静并保持对罗马的忠诚。但他的努力全部落空。基卡拿的邻国（the neighbouring states）——加达拉、加巴拉（Gabara）、索伽尼（Sogane）和推罗的人民集结起来袭破基卡拿，将之夷为平地后返回家乡。约翰义愤难当，率领其追随者大败上述各个民族。他所重建的基卡拿较之前更为雄伟，并筑有高墙以抵御外敌。

（11）加马拉（Gamala）依旧忠于罗马，其境遇如下：虽然耶路撒冷的王宫被重重包围，但阿格里帕的副官（lieutenant）、加希穆斯（Jacimus）之子腓力奇迹般地突围而出。然而，他之后又落入曼纳海姆及其党羽之手，并险些死于非命。腓力的巴比伦尼亚亲属没有让曼纳海姆得逞。他随后返回了耶路撒冷。他在耶路撒冷城内逗留了四天,并于第五天戴着假发出逃。他逃往加马拉堡垒下辖的一座村庄,此地亦受腓力的治理。腓力在此收拢自己的部下……虽然他的企图被天意所挫败,但对其本人而言则是不幸中的万幸,否则他早已殒命。腓力偶感风寒,于是致信小阿格里帕和柏伦尼斯,并命自己的家奴将此信转交瓦鲁斯(Varus)①。君主及其姊妹委任瓦鲁斯治理国家,他们则前往贝鲁特迎候迦流。瓦鲁斯收到消息后,得知腓力已经逃脱,因为担心此人受到君主的宠信并取代自己的位置,所以大为恼怒。他将信使带至众人面前,当众指控他伪造信函。瓦鲁斯谎称腓力在耶路撒冷与犹太人一同反抗罗马人,之后又将信使处死。腓力对自己的信使迟迟不归百思不得其解,于是又派出一位信使,命他打听前一位信使滞留不归的原因。这位信使抵达后,也被瓦鲁斯以莫须有的罪名处死。恺撒利亚的叙利亚人公认阿格里帕受到了犹太人的指控、将被罗马人处死,而瓦鲁斯则会依据世系继承王位。瓦鲁斯也受到了他们的蛊惑。他作为统治黎巴嫩地区的藩王索姆斯(Soemus)的后人,其宗室的身份已得到公认。瓦鲁斯野心膨胀,他扣留了腓力的信件以免让君主读到,同时派重兵把守城镇的各个出口,以防有人逃出向君主报告。瓦鲁斯为了讨好恺撒利亚的叙利亚人而处死了许多犹太人。

瓦鲁斯曾计划联合巴塔奈亚(Batanaea)地区的特拉可尼人(Trachonitis),以武力攻伐埃克巴塔纳(Ecbatana)②的"巴比伦尼亚犹太人"。这些当地人曾被如此称呼。他因此召集十二名德高望重的恺撒利亚犹太人前往埃克巴塔纳,通知他们的同胞:瓦鲁斯已经得报,称此城百姓妄图反叛君王;他虽未轻信这些报告,但仍派遣使节劝说他们放下武器,如果他们欣然从命,就证明他的确不应轻信谣言。他又命埃克巴塔纳百姓派遣七十名显要来为其辩护。这十二人

---

① 此人又被称为 Noarus。(B. ii. 481)
② 指加利利海东边的高原,即巴塔奈亚和特拉可尼的火山地区。此地经常受到阿拉伯人的袭扰。希律为了保护途经此地的由耶路撒冷通往巴比伦的道路,在埃克巴塔纳为巴比伦尼亚的犹太人建立了一个殖民地,并由腓力的祖父扎马瑞斯(Zamaris)管理(A. xvii. 23)。埃克巴塔纳也不是一座米底城市,而是一座当地的要塞。B. ii. 481 中的记述与此不同。

抵达埃克巴塔纳后发现他们的同胞根本无意谋反。当地百姓对自己的命运浑然无知，于是派遣代表随十二名使节前往恺撒利亚。这些人中途与瓦鲁斯麾下的皇家部队相遇，包括使节在内，所有人都被处死。这支大军直指埃克巴塔纳。那七十人中有一人逃出，将此事报告了埃克巴塔纳城中的百姓。民众于是手持武器携妻带子逃往加马拉要塞，却留下众多的谷仓和数千头牲畜。

腓力闻讯后也来到加马拉要塞。要塞中的百姓请求他率领众人讨伐瓦鲁斯和恺撒利亚的叙利亚人。当时又风传国王已被瓦鲁斯刺杀。腓力劝众人少安毋躁，提醒众人国王曾如何施恩于四方。他又夸耀罗马人如何强大，警告他们与罗马人作战无异于痴人说梦。他的劝说奏效了。国王得知瓦鲁斯意在一天内屠杀恺撒利亚城内的犹太人以及老幼妇孺，于是以默迪乌斯·埃昆乌斯接替瓦鲁斯。加马拉要塞及其周边地区因为腓力的缘故一直信守与罗马的盟约。

（12）我抵达加利利地区后，得知了上述情况，遂致信耶路撒冷的公会（Sanherin），寻求下一步的指示。他们建议我按兵不动，悉心留意加利利地区的局势；如果我执意留下，一定要让我的同僚们保持克制。我的同僚们从所接收的什一税中划出一大笔钱充作他们这些祭司的薪金后，便决定打道回府，而我则请求众人在此停留，直至局势恢复常态。我于是与众人一道离开希弗瑞斯的总部，前往一个距提比瑞亚四弗隆的村庄贝瑟玛（Bethmaus），并派人邀请提比瑞亚城的议会和显贵到此地与我会晤。这些人如约而至，加斯图亦在其中。我通知他们，我们一行受命于耶路撒冷大会，督促他们尽快拆除藩王希律所建的宫室，因为其装饰充斥动物形象，为律法所不容。我要求他们保证立即完成这项工作。坎佩拉（Capella）与其他领导人坚决不从。经过反复争论，他们终于被我们所说服。我之前所提到的撒菲艾斯（Sapphias）之子加斯图[①]，作为一派的头目，其手下多为水手和贫苦之人。我们的任务正中其下怀。他见宫殿部分屋顶为黄金所制，遂萌生了劫掠之意。他们于是在一部分加利利人的支持下将宫殿付之一炬。我们与坎佩拉以及提比瑞亚城的显要们会晤之后，便离开贝瑟玛，前往上加利利。如此大规模的劫掠与我们的意图可谓背道而驰。加斯

[①] 前文并未提及此人，只称"第二派由身份最为卑贱者组成"。

图率领其支持者将提比瑞亚城中的希腊居民以及所有不愿与之为伍者屠戮殆尽。

（13）我得知事态进展后，不禁义愤填膺，于是返回提比瑞亚，尽我所能从劫掠者那里追讨宫殿所丢失的财物：大多是一些科林斯制造的大烛台、御案以及大量尚未熔铸的白银。出于国王的信任，我决定代为保管所追讨的赃物。于是我和安提卢斯之子坎佩拉一道，将这些财物交予十位首席议员保管，并严令他们不得将这些财物交予除我之外的任何人。

我与同僚一道由提比瑞亚出发，前往基卡拿会见约翰，希望能够摸清其底细。他要我授权他劫掠贮存在上加利利各村的皇粮（the imperial corn），并立即着手修复其家乡的城墙。我因而发现此人野心勃勃，意图谋反。我察觉到其建议背后所隐藏的动机，便拒绝了他的要求。耶路撒冷当局已经将我的权限扩展至这一地区，所以不论是为了罗马人还是为我所用，都有必要保留这些谷物。约翰在我这里碰壁后转而向我的同僚们寻求支持，而这些人对局势的发展茫然无知，对金钱倒是来者不拒。所以那些收受约翰贿赂的人一致投票同意将储存在该省的所有谷物交予其支配。其他两人不支持这一意见并弃权，我则安之若素。

约翰于是再次施展诡辩伎俩。他称，由于君王命其副手默迪乌斯进行封锁，恺撒利亚·腓力比城的犹太居民已经无油可用，所以请求他出售一些，否则他们只能违背律法食用希腊油了。[①] 约翰此前得知，在恺撒利亚，两品脱油就卖一德拉克马，而在基卡拿，八十品脱油也只售四德拉克马，所以他有意从中牟取暴利。然而，他想倒卖当地的油就必须获得我的授权。我担心自己因固执己见而被暴徒们乱石砸死，只得极不情愿地表示同意。约翰由于获得了我的首肯得以大发横财。

（14）我让我的同僚们自基卡拿返回耶路撒冷，以便设法获得武器并加强各市镇的防御。我自知无法解除那些悍匪的武装，所以说服人民招揽那些最为凶悍的匪帮充当雇佣兵。我提醒众人，与其让自己的财产任其劫掠，不如主动花一点钱消灾。我用誓言约束这些匪帮，命他们发誓，除非得到命令或者薪饷

---

① 依据《塔木德》所载，异族的油多用不洁的容器盛放，所以禁止犹太人食用。

被拖欠，否则不得擅入这一地区，同时严令他们不得袭击罗马人或其四邻。因为我此举最主要的目的就是保持加利利地区的和平。为了确保加利利地区的忠诚，我以共叙友谊为名，从各地召集当权者共计七十人。我不但与这些人成为朋友并结伴旅行，还让他们与我一同仲裁我所审理的案件，而我的判决也必须获得他们的认可后才会发出。此举就是为了杜绝不公和收受贿赂。

（15）我时年三十岁，又身居高位，即使清心寡欲，也难免遭人嫉妒。我悉心维护每一位妇女的名节，并视一切礼物如粪土，甚至拒绝接受祭司应得的什一税。然而，在击败四邻城市的叙利亚居民后，我也分得了一部分战利品。我将之送给了耶路撒冷城中的亲属。正如我所记述的那样，即使我曾两次轻取希弗瑞斯，四次攻克提比瑞亚，一次占领加巴拉，甚至一直企图加害我的约翰也曾数次落入我手，我也没有惩罚约翰或者上述提到的任何一个社区。我将自己能够数次逃脱敌手归功于上帝，因为上帝一直在关注那些肩负大任者。此后，我虽历尽磨难，但最终都全身而退，自然也应归功于此。

（16）加利利的人民对我如此忠诚和敬爱，以至于当他们的城郭被攻破，他们的妻儿沦为奴隶时，他们的悲痛也远不及他们对我安危的担忧。约翰因此十分嫉妒我。他于是写信，请我允许他为了保持健康前往提比瑞亚洗热水澡。我对约翰此举的目的并没有丝毫怀疑，非但不加以阻止，反而致信城中那些被我委以重任者，命他们为约翰一行准备住宿，派遣专人陪伴，向他们提供所需的一切。我当时驻节于加利利一个名叫卡纳（Cana）的村庄。

（17）约翰刚刚抵达提比瑞亚，就企图煽动当地居民抛弃对我的忠诚转而支持他。许多好事之徒唯恐天下不乱，所以积极响应其号召。比斯图斯以及其子尤斯图斯更是弃我而去，投奔了约翰。我以迅雷不及掩耳之势挫败了他们的阴谋。因为我收到了希拉（Silas）的消息，从而得知了市民们的企图。他劝我立即采取行动以免此城落入他人之手。希拉被我委任为提比瑞亚的总督。此人之前我已有所提及[①]。读毕希拉的报告，我立即集结两百人连夜赶往提比瑞亚。我又派一名信使提前通知城中百姓我即将抵达。我于黎明时分抵达提比瑞亚，

[①] 是在《犹太战记》（*B.* ii. 616）中，而非其《自传》中。

与城中百姓相会，其中就有约翰。约翰迎接我时虽不明就里，但随即担忧自己的企图败露引来杀身之祸，便逃往自己的住处躲藏。[①] 我抵达体育场时便解散了卫队，只留下一名卫士和十名士兵跟随自己左右。之后，我站在高台之上向市民们发出了呼吁。我告诫众人不要铤而走险，因为他们的反复无常必将成为其品质中永恒的污点，不但要为未来的统治者所猜忌，甚至会被直接视为其不忠的铁证。

（18）我的演说还没有结束，我的一名手下便催促我尽快离开。因为对我而言已经没有时间考虑提比瑞亚人民的忠诚了，反倒应该考虑如何避开仇敌以保全性命。约翰得知我的身边仅有几名随从后，立即选出近千名他麾下最为忠实的党羽。这些人都手持利刃，奉命前来刺杀我。如果我不是立刻随自己的卫士詹姆士（James）跃下高台，并有一个名叫希律的当地人协助，恐怕早已丧命于约翰一伙之手。希律将我扶起并带我逃至湖边。我之后乘船逃往塔力西亚（Tarichaeae）。我的逃脱完全超乎敌人的意料。

（19）当地居民听说提比瑞亚人背信弃义的举动后不禁义愤填膺，纷纷拿起武器，要求我率领众人讨伐提比瑞亚，以实现他们复仇的夙愿。他们还在加利利地区四处散布消息，极力煽动对提比瑞亚的怒火，号召众人齐心，一致践行他们所谓的义举。全副武装的加利利人从四面八方汇集一处，要求我率众攻克提比瑞亚，将其城夷为平地，将其居民妇孺一律贬为奴隶。虽然我那些从提比瑞亚逃脱的友人亦赞同此议，但我仍不愿苟同：我对内战感到不寒而栗，认为争执应止于口舌。我于是劝导众人，因为罗马人乐得看到我们内讧不休、自取灭亡，所以眼下的举动未必明智。我以这番言辞平息了加利利人的怒火。

（20）约翰因其阴谋未能得逞，担心自己性命不保，便与其党羽一道从提比瑞亚逃往基卡拿。他写信给我为自己辩护，称所发生的一切并非他的授意，所以请我不要猜忌他。他的信以誓言和毒誓作结，企图以这番花言巧语骗取我的信任。

---

① 在《犹太战记》中，约翰称病而派一名代表去见约瑟夫斯。

（21）加利利人大多深知约翰是一个出尔反尔的奸佞小人，于是再次拿起武器从各地赶来，要求我即刻率领他们踏平基卡拿，消灭约翰。我表示十分欣赏他们的热忱，但与此同时我也恳求他们保持克制，并希望他们能够网开一面，让我和平地解决这些纠纷。我成功地说服了加利利人。之后我启程前往希弗瑞斯。

（22）希弗瑞斯的居民已经决心继续效忠罗马，因而对我的到来十分警觉。他们为求自保企图让我无暇他顾，于是联络多利买（Ptolemais）边境的匪首耶稣，要他率领麾下八百人四处侵扰，以便让我无法脱身，并许诺事成之后必有重谢。此人欣然从命，于是率部向我袭来，而我此时仍对其意图毫无察觉，更没有任何准备。他以当面问候我为名，请求与我会面。我对其图谋一无所知，所以满口应允。耶稣则趁机率部偷袭我。然而，他的计划却未能得逞。虽然耶稣已经近在咫尺，但是他的一名手下突然反正，并向我坦诚袭击已迫在眉睫。得到这一情报后，我佯装对阴谋毫不知情，私下率领大批全副武装的加利利人以及一些提比瑞亚人出现在市场上。我又命人严密监视各条道路，并向各个城门的卫兵下令，除耶稣及其头目外，禁止任何人入城，违者一律严惩不贷。我的命令得到了执行。耶稣只得率寥寥数人进城。我命耶稣立即放下武器，否则死路一条。此人见自己已被士兵团团包围，虽追悔莫及，但也只能束手就擒。其城外的同伙得知这一消息后便一哄而散了。我将耶稣带至一旁，告诉他，我并非对他的阴谋以及其背后的主使者一无所知，所以只要他能痛改前非并证明自己可以被信任，我愿既往不咎。耶稣自然乐得从命。我于是将之释放，并允许他召集旧部。我同时警告希弗瑞斯人，如果他们继续冥顽不灵就会受到惩罚。

（23）此时，两位特拉可尼（Trachonitis）贵族携带从其家乡所筹集的马匹、武器和金钱赶来投奔我，他们都是国王的臣下。犹太人将行割礼作为收留他们的必要条件。我不同意强人所难，所以宣称每个人膜拜上帝都应发乎内心而非强迫，更何况这些人投奔我们就是为了寻求庇护，所以我们不应让他们感到追悔莫及。众人对我心悦诚服。我随后依照我们客人的风俗，悉心为其提供所需的一切。

（24）阿格里帕王命默迪乌斯·埃昆乌斯率军摧毁加马拉堡。默迪乌斯的兵力不足以攻城略地，只得陈兵于城下，企图长期围困。什长（the decurion）埃布提乌斯（Aebutius）受命管理大平原①。他得知我驻节于加利利边境的村庄西门（Simonias）②、距他仅有六十弗隆后，就派出两百骑兵、两百步兵，在迦巴（Gaba）③民众的支援下，连夜奔袭我所驻扎的村庄。我则率兵严阵以待。埃布提乌斯企图倚仗自己的骑兵在平原将我们一举歼灭。我们不愿被动挨打。我认为，我们的部队完全由步兵组成，只有进至平原时，默迪乌斯的骑兵才具有优势，所以我决定在当前的地形迎战敌人。默迪乌斯因此率领其所部驻足不前。他看到他的骑兵在这样的地形上毫无用武之地后，只得退回迦巴城。他此行一无所获，反而在遭遇战中损失了三个人。我则率领两千步兵紧追不舍，直至多利买边境的百苏拿（Besara）城附近，此地距埃布提乌斯驻守的迦巴二十弗隆。我一边以重兵监视道路以防敌人的骚扰，一边抢收谷物。我从邻近村落征集了大批谷物，将属于柏伦尼斯女王（Queen Berenice）的那部分贮藏于百苏拿，将其余的部分用随军的骆驼和驴子运回加利利。我向埃布提乌斯叫阵，他却慑于我的果断与决绝，坚守不出。我听说奈奥珀利塔努斯（Neopolitanus）正在劫掠提比瑞亚地区，于是立即回军迎击此人。奈奥珀利塔努斯是一个骑兵中队的指挥官，负责守卫西索波利斯。由于我的缘故，此人没有对提比瑞亚人的辖区造成更大的破坏。我此后开始全心全意关心起加利利一地的疾苦。

（25）我之前所提到的那个李维之子约翰，此时正身处基卡拿，得知我诸事顺利，不但在人民中深孚众望，而且令敌人闻风丧胆，自然心有不甘，并将其失势归咎于我的成功，所以妒火中烧。约翰企图蛊惑那些听命于我的人敌视我，以便阻挠我成就大业。他极力鼓动加利利地区为首的几座城市——提比瑞亚、希弗瑞斯、加马拉——的居民支持自己，并夸口比我更胜任将军一职。希弗瑞斯由于其政策一直是臣服于罗马，所以对我和约翰都不置可否，对约翰的

---

① 即埃斯德赖隆（Esdraelon）平原。
② Semunieh，位于拿撒勒的正西方。
③ 希律在大平原地区所建立的一座城市，意为"骑兵之城"，用以安置退伍的士兵（B. iii. 36; A. xv. 294）。

那些建议表示反对。提比瑞亚已有反意,故而愿与加马拉交好,而此时更在一位显赫的市民西门的鼓动下倒向了约翰一方。这个西门也是约翰的朋党。加马拉的人民慑于加利利人对我的忠诚,不敢公然表现出敌意,只得暗中伺机而动。我也因此九死一生。

（26）有几个大胆的大比拉（Dabaritta）[1]青年准备伏击君王的监察官托勒密的妻子。这位妇人在一队骑兵的护卫下,由王室领地进入罗马的辖区。[2]当他们一行穿越大平原时受到那些青年的袭击。贵妇于是丢下自己的行李落荒而逃。这些青年用四头骡子载着所抢的服饰、工艺品、大笔白银以及五百枚金币,到塔力西亚见我。我本人更愿意为托勒密保管这些财物,因为此人毕竟是我的同胞,况且律法禁止我们抢劫敌人。我于是对那些人说,这些财物必须留下来变卖,而收益则捐给耶路撒冷修葺城墙。那些青年因没有得到其所期盼的那份战利品而愤愤不平,于是前往提比瑞亚周围的村庄,大肆宣扬我已投靠了罗马人。他们还说我以修葺首都城墙为名扣留他们的财物只是一个障眼法,实则要物归原主。这些人对我意图的揣测倒是不错。这些人一离开,我就命两名显要——达希昂（Dassion）和李维之子亚奈尤斯（Jannaeus）——将那些被劫走的财物交予君主,并严令他们不得泄露此事,否则严惩不贷。这两人都是君主的密友。

（27）一则谣言在加利利地区不胫而走,称我已投效罗马人。一时间群情激昂,纷纷要求严惩我。甚至连塔力西亚的居民也听信了那些青年的一面之词,鼓动我的卫士和士兵趁我熟睡时立刻前往赛车场（the hippodrome）,参加评判其指挥官言行的大会。那些青年的一面之词蒙蔽了众人。与会的民众发现一大群暴徒已经聚集起来。这些人异口同声地叫嚣着严惩那个无耻的叛徒。这伙暴徒的主要煽动者就是撒菲艾斯之子耶稣。他此时担任提比瑞亚城首席长官,也是一个唯恐天下不乱的恶徒,尤其在煽动暴乱和制造悲剧方面无人可及。他手持一部摩西的律法,跳到众人面前,高呼:"公民们,如果你们现在

---

[1] 即 Daberath。此地位于泰伯山南坡。《犹太战记》中亦有对此事的记载（*B*. ii. 595）。
[2] 阿格里帕的领土位于加利利海东部和东北部。这位贵妇可能前往恺撒利亚,所以她首先要穿过迪加波利斯地区,然后假道罗马行省,之后才能进入埃斯德赖隆平原。

还不曾对约瑟夫斯恨之入骨，那么为了你们的安危，请你们看一看你们故乡的律法。你们的最高指挥官约瑟夫斯企图背弃它。为了律法的尊严，你们理应唾弃这一罪行并严惩这个胆大妄为的罪人。"

（28）耶稣的这番言辞一呼百应。他于是率兵直奔我的住处，企图杀害我。而我对形势茫然无知，在骚乱发生前就已进入梦乡。我的身旁只有负责服侍我的西门。他见市民们气势汹汹向我扑来，急忙将我唤醒，并恳请我像一个将军般杀身成仁，以免我落入敌手后被迫自裁或死于暴徒之手。以上就是西门的一番话。但我已决意将自己的命运交予上帝，于是决心直面人民。我换了另一件衣服，将佩剑挂在脖子上，从另一条路赶往赛车场，以期避开敌人。我刚一现身，便扑倒在地、泪如雨下，这引起了所有人的同情。我观察到与会的民众有所动容，便趁那些士兵从我的住处返回前，开始不遗余力在众人中制造分歧。我依照人民对事态的看法，承认自己有罪，但又请求他们在下令处死我之前，允许我陈述为何扣留那笔劫掠所得的钱财。民众要我继续陈述，而士兵们在此时出现了。他们一看到我，便向我扑来，企图杀害我。但在人民的呵斥下，这些士兵只得住手。但只要我承认为君主保管这笔钱，他们就会将我作为罪大恶极的叛徒处死。

（29）在意味深长的沉默中，我发表了如下言辞："我的同胞们，如果我死有余辜，我绝不会请求宽恕。但我在临死前，只想向你们讲述真相。我知道这座城市热情好客，而且城中挤满了抛家舍业、与我们共度时艰的民众。我计划用这笔钱加固这座城市的防御。你们明知这笔钱已经花费在城防的建设上，但为何依然怒不可遏？"塔力西亚人和他们的客民闻听此言纷纷起身向我表示感谢，并鼓励我不要灰心。然而，加利利人和提比瑞亚人却怒气未消，所以与塔力西亚人发生争执。一派要取我性命，另一派却［劝我］不要在意［那些敌人］。我进而承诺为提比瑞亚和任何需要加强防御的城市加固城池。民众这才散去，返回了各自的家乡。我如此得以摆脱我所提及的绝境，在友人以及二十名士兵的陪伴下返回住处。

（30）我没有获得片刻安宁。这些土匪和煽动者惧怕我事后对他们进行清算，于是再次率领六百名武装暴徒直扑我的住处，企图纵火。我已得知他们的

401

到来，但认为一味逃避有失体面，所以决心孤注一掷。我命人紧闭大门，之后登上阁楼，让屋外的暴徒派几个人进屋取钱①，想以此平息他们的怒火。这些人于是派出他们之中最为强壮者进入我的住所。我于是鞭笞此人，并下令将他的一只手砍下，然后挂在他脖子上，这才将其释放。此人的哀嚎引起暴徒们的警觉。他们以为我在屋中已设下伏兵，其人数远远超过他们，因担心遭遇同样的下场而落荒而逃。我运用以上的计谋再次化险为夷。

（31）某些人再次煽动民众敌视我。他们认为君主的那些臣下②已然投奔了我，就必须尊奉其庇护者的风俗，不然他们就不应苟活于世。他们还诬陷这几人施展巫术，令犹太人无法战胜罗马人。人民被这些精心罗织的谎言所蒙蔽，所以认可了他们的指控。我闻讯后，再次向整个社区强调，避难者们不应受到指控。我还讥讽那些有关巫术的指控荒诞不经，并提醒众人，如果罗马人只用巫术就可以战胜敌人，那为何还要维持如此庞大的军队。我的这番言语只是暂时发挥了效用。人民散去后，那些恶毒的谣言再度激起他们对那些贵胄的仇恨。于是一群人手持利刃，包围了那些贵胄在塔力西亚的居所，企图杀害他们。我得到报告后，担心这样的暴行会让那些潜在的流亡者远离此地。我便率人将这些贵胄的居所包围起来，并修建了一条从这座房屋通往湖边的水道。我随后招来一艘船，将这些人载往希普斯（Hippos）的地界。由于我们的船无法运输他们的马匹，所以我还赔偿了他们的损失。临别之际，我由衷恳求他们坦然面对自己坎坷的命运。我本人为这些流亡者被迫再度身处险境而感到十分沮丧。我认为，如果这些人在劫难逃，那么让他们死于罗马人之手总好过死于我所管辖的省份。他们最终获得了君主阿格里帕的宽恕，得以逃过一劫。这一段插曲终于告一段落。

（32）提比瑞亚的公民致信君主，求他派兵保卫他们的领土，并表示愿意依附。以上就是这封信函的内容。他们又同时要我兑现所许下的承诺，为其修筑城墙，因为他们已听说塔力西亚的城墙已完工。我没有异议，开始为筑

---

① 即之前所提到的那笔劫来的钱财。
② 即那些前来寻求庇护的特拉可尼贵族。

十、约瑟夫斯的《约瑟夫斯自传》

城作各种准备，并向各位工头分派了任务。三天后，我前往距提比瑞亚三十弗隆远的塔力西亚。一些罗马骑兵恰好出现在提比瑞亚城外不远处。人们误以为君主的部队抵达了，于是城中顿时沸反盈天。君王得到了热烈称颂，而我却只得到了诅咒。直到有人从城中逃出向我禀报此事，我才得知提比瑞亚反意已现。我闻讯后不禁为之一惊。因为后天即为安息日，而我又不愿让来自塔力西亚的将士再为军情所累，所以早已将他们全数遣散。我本人一向受到当地居民的爱戴，不论身处何时何地都不曾担忧自身的安危。所以，我此时身边仅有七名士兵和几位友人，必败无疑。我亦不愿再集合部下，一则天色已晚，再则纵然眼下形势万分危急，我的部下也断然不会违背律法的规定在安息日这天拿起武器。再则，我早已料到，即使我许可塔力西亚人和他们的客民去围攻提比瑞亚，他们的兵力也不足以攻城略地；而如果我坐视君主的部队入城，我也必将被逐出城外。故而我只能以计谋取胜。我不敢有片刻耽搁，立即派自己最为信任的朋友前往塔力西亚的城门，暗中监视那些出城者。我又召集各家族的首领，命他们每人出一艘船并配备一名舵手，然后随我一同前往提比瑞亚。我本人则率领我的友人和之前所提到的那七名士兵，乘船前往提比瑞亚。

（33）提比瑞亚人此时已经知道君主的部队根本没有出现，又发现湖面上船帆密布，便以为大军已兵临城下，所以人心惶惶。他们只得放弃原先的计划，立即扔掉手中的武器，带着妻儿出城见我。他们不知我已洞察了他们的反意，所以仍对我极尽阿谀奉承之能事，请求我宽恕他们的城市。我则命水手们在离岸较远处下锚，以向提比瑞亚人掩饰船中空无一人的事实。我本人则乘一舟登岸。之后，我严词斥责当地人民的愚昧，竟然没有任何适当的借口就弃我而去。我承诺，只要他们交给我十名显要为质，我就既往不咎。他们自然乐得从命，立刻交出了我所指名的十人。我将这些人带上船，之后解往塔力西亚关押。

（34）我如此这般让提比瑞亚的整个议会以及大批显要束手就擒，并将他们解往塔力西亚。当地人民目睹这番凄惨的景象后，一致恳请我惩治那个始作俑者——一个粗鄙和冥顽不灵的青年克雷图斯（Cleitus）。我虽然认为处死自己的同胞是亵渎之举，但又认为必须惩罚他，所以命自己的卫士李维去将此人

403

的一只手砍下。然而,李维得令之后却忌惮于提比瑞亚人人多势众而畏缩不前。为了消除士兵的胆怯,我高呼克雷图斯的名字,然后宣布:"你对我如此寡恩少义,理应失去双手。你自己动手吧,否则后果自负。"经过克雷图斯的再三哀求,我同意为其留一只手。他于是高兴地拔出自己的佩剑,砍下了自己的左手。他此举为这场惨剧画上了句号。①

(35)提比瑞亚人直到我返回塔力西亚后,才发现我依靠智谋,不费一兵一卒就教训了他们的傲慢自大,不禁啧啧称奇。我此时又派人邀请提比瑞亚因犯与我共饮,比斯图斯和尤斯图斯亦在其列。推杯换盏之际,我告诫众人,我既深知罗马人所向披靡,也对盗匪有必胜之把握。所以,我奉劝众人如我一般谨慎行事,等待时机而不是抗令不遵,毕竟像我这样的良将并非可以轻易觅得。我又提醒尤斯图斯,在我自耶路撒冷到此地赴任之前,那时冲突尚未爆发,加利利人曾以一纸伪造的信函诬陷他的兄弟,并将其双手斩下。我又言,加马拉的人民自腓力离开后,便开始袭击巴比伦人,他们还杀害了腓力的亲戚卡雷斯(Chares),又残忍地杀害了他的兄弟耶稣,而此人就是我刚才所提到的那人的连襟。以上就是我与尤斯图斯一行人在席间交谈的大意。第二天一早,我便下令释放所有囚犯。

(36)就在提比瑞亚爆发叛乱前不久,加希穆斯之子腓力离开了加马拉要塞。其情形如下。腓力刚一得知自己的故交和袍泽默迪乌斯·埃昆乌斯(Modius Aequus)已经取代了被君主阿格里帕免职的瓦鲁斯,便给他写了一封信。在信中,腓力联系自己当前的境遇,请求默迪乌斯代其本人向君主和女王转交那些之前被扣押的信函。默迪乌斯终于得以确认腓力脱险,自然十分欢喜,对于腓力的请求更是欣然从命。此时他们的君主正在邻邦贝鲁特逗留。腓力率领犹太人反抗罗马的谣言因此不攻自破。阿格里帕王立即命一队骑兵护送腓力前往贝鲁特。腓力一到,便受到阿格里帕王热情的问候,并被引见给罗马的官员们,因为有关腓力已经叛变罗马的报告一直在他们之中流传。之后阿格里帕王命腓力即刻率领一支骑兵返回加马拉要塞,在当地召集其支持者以弹压

---

① 此处叙述有些混乱。《战记》中的描述反而更连贯(*B*. ii. 642)。

巴塔奈（Batanaea）的巴比伦人①，同时也要防止其属民蠢蠢欲动。腓力即刻衔命而去。

（37）[之后没过多久]②，助产士之子约瑟夫斯为了逼迫加马拉当地的地方官公开举事反抗君主，便以重获独立为名鼓动一伙胆大包天的青年与之一道去袭击这些官员。一些人乖乖就范，而不愿苟同暴徒者则被处死。牺牲者除了我所提到的那些人以外，还有卡雷斯、卡雷斯的一位亲属耶稣（Jesus）。此人还是提比瑞亚的加斯图的兄弟。③这些暴徒又致信于我，要我派遣士兵和工匠来修葺城墙，而我又无法拒绝这些请求。整个戈兰（Gaulanitis）地区甚至远达索立马的村庄都已相继背弃君主。我为地势险要的村庄塞琉西亚（Seleucia）和索喀（Sogane）建造了城墙，在上加利利（Upper Galilee）某些地势险峻的村庄，如吉尼亚（Jamnia）、亚摩罗斯（Ameroth）、亚拉比（Acharabe），也同样如此。我还为下加利利（Lower Galilee）地区的城市塔力西亚、提比瑞亚、希弗瑞斯以及阿贝拉洞（the Cave of Arbela）、贝素柏（Beersubae）、塞勒米（Selame）、约塔帕塔（Jotapata）、凯弗拉（？Kapharath）、克姆斯（Komus）、索喀奈（Soganae）、帕弗（Papha？）、泰伯山（Mount Tabor）等村庄加固了城池。④我还在这些地区贮存了大量的谷物和武器，以备不时之需。

（38）然而，我的功绩却让李维之子约翰更加妒火中烧。他已决心不惜一切代价置我于死地。约翰为其家乡基卡拿加固城池后，就派自己的兄弟西门和斯森纳之子约拿单率领一百名全副武装的党羽前往耶路撒冷，拜会加梅利尔（Gamaliel）之子西门，请此人设法让耶路撒冷大会（the national assembly of Jerusalem）褫夺我对加利利的指挥权，并选举约翰为继任者。我所提到的这个约翰出身于耶路撒冷名门望族，属于法利赛人一派，并以精通律法而闻名。西

---

① 这些人是来自巴比伦地区的犹太殖民者。由于巴塔奈地区以及垂克火山一带经常受到阿拉伯人的袭击，所以为了确保巴比伦与耶路撒冷之间的交通，希律在巴塔奈建立了一个殖民地，而其领袖就是腓力的祖父扎马瑞斯（Zamaris）。
② 希腊文版本之中没有提及，可能是指提比瑞亚叛乱之后。
③ 此处行文有些混乱。约瑟夫斯在前文（§177）只提到了两人的姓名。一个是腓力的亲属卡雷斯，另一个是卡雷斯的兄弟、加斯图的连襟耶稣。
④ 原文残缺。

门智慧绝伦且洞悉世事，一直试图力挽狂澜。他不但是李维之子约翰的故交，当时又与我多有不睦。所以，西门收到约翰的请求后，立即不遗余力地游说大祭司亚拿纳和加马拉斯之子耶稣（Jesus, son of Gamalas），而且他们一党也无法忍受我的声望日隆的事实，极尽所能要剪除我的羽翼。西门当然明白我的去职对他们而言极为有利，所以敦促众人不要再犹豫不决，以免我得到风声后率军返回耶路撒冷。以上就是西门的提议。大祭司亚拿纳认为此举难以服众，因为我作为一名将军深得众位祭司以及贵胄的认可，更何况以莫须有的罪名指控一个人并非什么光明磊落之举。

（39）西门听完亚拿纳的这番话后，命使者不要离开并对会议的情形守口如瓶，又声称他很快就会看到我在加利利被免职。他找来约翰的兄弟，命他向亚拿纳及其友人行贿，以期让他们改变立场。西门因此得偿所愿：亚拿纳一党改变了立场，决定将我逐出加利利，而整座城市都对这一阴谋茫然无知。他们计划派出一个由不同社会、不同阶层的人士所组成的代表团。这些人虽身世各异但都接受过良好的教育：约拿散（Jonathan）出身于中下阶层；哈拿笺（Ananias）是法利赛人的支持者；约扎（Jozar）也是一个法利赛人，但家境富裕；西门虽然最为年轻，却是大祭司之后。他们的使命是调查加利利人忠于我的原因。如果加利利人将之归结为我是一个耶路撒冷人，那代表们可以说他们四人也是；如果归结为我精通律法，代表们可以反驳说他们之中无人不通晓祖宗的风俗；如果归结为我的祭司身份，他们之中有两人也同样是祭司。

（40）约拿散和他的同事带着府库所拨付的四千银币启程。他们听说耶路撒冷城中有一个名叫耶稣的加利利人，其手下有六百人的武装，于是派人送去三个月的军饷，命他护送代表团并听从其调遣。他们又征发三百名市民随行，还出钱供应这些人的食宿。约拿散一行在一切准备妥当后，方才出发。约翰的兄弟率领一百人随行。这些人已经得到命令，如果我甘心束手就擒，就将我送往耶路撒冷；如果我稍有反抗就格杀勿论，因为他们的主人早已有命令在先。他们又致信约翰，要他做好准备以便随时向我发难，还命希弗瑞斯、加巴拉和提比瑞亚三地派人协助约翰举事。

（41）我的挚友、加马拉斯之子耶稣参加了上述会议，便向我的父亲透露了风声。我则从父亲的来信中得知了这一消息，顿时万念俱灰。一方面因为我的同胞们如此嫉贤妒能，竟要将我置于死地；另一方面则感怀于我的父亲思子心切。他在信中希望能在去世前见我最后一面。我于是向我的朋友们坦陈了当前的形势以及我今后的打算：我已决定在三天内离开此地返家。众人听罢纷纷含泪挽留，表示若没有我的领导，他们只有死路一条。虽然我并非担忧个人的安危，但仍然拒绝了这些请求。加利利人由于担心我的离去会让他们沦为盗匪的鱼腩，于是在整个加利利地区传播这一消息。许多人闻讯后，立即带着妻儿从各地赶来，涌向我所驻节的亚索（Asochis）平原①。我猜测，这些人之所以会如此，是因为他们为自己的前途感到忧虑，又钦佩我的为人。他们坚信，只要我能留任，他们就会免受刀兵之苦。

（42）那一晚，我做了一个神奇的梦。我当时在卧榻之上辗转反侧，为信上的消息忧心忡忡。突然，我身旁有人说道："不必再暗自神伤，也不必惶惶不可终日。眼下的困苦将让你成为伟大和幸福之人。你将历经磨难，但必会受到命运垂青。所以，不要再自寻烦恼了。要牢记，你将与罗马人兵戎相见。"我为梦境所鼓舞，起身走向平原。那里聚集的加利利人，包括妇孺，见我出现后，无不垂泪，请求我不要离开，而让他们及其家乡任敌人蹂躏。这些人发现他们的请求无效时，便齐声哀求我留下来，甚至为此而严厉抨击耶路撒冷的人民，责备他们不让其家乡保持和平。

（43）群众凄切的神情和他们的哀求让我不得不为之动容。我自觉应为如此众多的人民而赴汤蹈火，因此决定留下来。我命他们之中的五千人武装起来，并自备给养，其余的人则悉数遣散。当这五千人准备好后，我便亲率其中的三千步兵以及八十名骑兵挺进至卡伯劳（Chabolo）村。②这个村庄位于多利买的边界。我在此地集结兵力，佯装准备与普拉西迪乌斯（Placidus）交战，后者则命凯斯提乌斯·加卢斯（Cestius Gallus）率领两个大队的步兵和一个中队的骑兵纵火焚烧多利买附近的加利利村庄。当普拉西迪乌斯在多利买城下掘

---

① 即 Sahel el Buttauf，此城东西走向，位于约塔帕山（Jotapata）之北，拿撒勒山以南。
② 即 Cabul，位于亚索平原和多利买之间。

壕据守时，我在距卡伯劳六十弗隆处安营扎寨。我们几次大举出击，试图与敌人一决胜负。普拉西迪乌斯看到我如此急于求战，于是满腹狐疑，不愿轻易弃营出击。所以，双方只发生了几次遭遇战。

（44）就在此时，西门和大祭司亚拿纳所派遣的代表约拿散一行抵达了。约拿散不敢与我公然反目，便设下圈套企图诱捕我。他于是致信于我：

"耶路撒冷代表约拿散及其同僚问候约瑟夫斯。耶路撒冷当局听闻吉斯加拉之子约翰曾多次密谋反对你，所以派遣我们前来申斥此人，并命其今后对你礼敬有加。我们希望能够立刻与你会晤以便能够协调一致，所以请你即刻启程并不要带随从，因为这个村庄无力供应众多军士的食宿。"

约拿散的这封信可谓一箭双雕：如果我依照他们的吩咐行事，将会束手就擒；而如果我率领大批军士，他们则可以宣布我是公敌。这天晚上第二个小时，我与友人以及加利利人的领袖们共进晚餐。这时仆人进来通报，称有一个犹太骑手刚刚抵达。我随即召见了此人。然而，他没有问候我便拿出了信函，并说道："来自耶路撒冷的使团派我来给你送信。请你立即回复，因为我不便久留。"我的宾客们为这个士兵的无礼而愤怒，我则邀请他坐下来与我们共进晚餐。但使者却拒绝了我的好意。我并没有马上阅读信件，只是拿在手中，并继续与宾客们谈笑风生。不久之后，我站起身，送别其他宾客，只留下四位心腹。之后我又命仆人为众人斟酒。我趁众人不注意，拆开了信件，只草草读过便已领会作者的意图。之后我再次将信件封好，拿在手中，佯装还没有读过。我命人取出二十德拉克马当做路费交给那个士兵。此人收下了钱并表示感谢。此举证明我可以利用此人的贪婪而将其玩弄于股掌之间。我于是说道："如果你肯赏光与我们共饮，你每饮一杯便可得到一德拉克马。"此人自然乐得从命，为了获得更多的钱而豪饮美酒。最终他酩酊大醉，不用我逼问，便将所有的秘密和盘托出。当我从其口中得知他们如何密谋以置我于死地后，我便开始写回信。内容如下：

"约瑟夫斯问候约拿散及其同僚。当我得知你们平安抵达加利利后，分外欣喜，尤其当我得知向你们交接职务后便可以返回家乡时，更是喜不自胜，因为我早有此意。即使没有你们的指令，我也应当去撒克罗斯（Xaloth）[①]甚至更

[①] 一个大平原（Great plain）上的村庄，位于加利利地区的边界，这个地区也被称为Exaloth（B. iii. 39）。

远的地方迎接你。然而，我不得不请你们见谅，因为我不得不留在卡伯劳监视普拉西迪乌斯，他此时正蠢蠢欲动，企图入侵加利利。因此，请你们接到这封信后来拜访我。祝你们一切顺利。"

（45）我将回信写好后便交给了那个士兵。之后我又派出三十名德高望重的加利利人与之同行。我叮嘱他们除了向代表们表达敬意外不要多说一个字。我又派三十名我所信赖的士兵逐一监视那些加利利人，以防他们与其他人交谈。随后一行人便出发了。约拿散一伙为了掩饰自己的企图，便再次致信与我。其内容如下：

"约拿散及其同僚问候约瑟夫斯。我们限你在三日之内到加卜若（Gabroth）①，不要带卫队。届时我们将听取你对约翰的指控。"

信写好后，约拿散一伙便命我所派遣的加利利人带着这封信返回。他们则前往一个名叫甲法（Japha）的村庄②。此地是加利利地区最大的村庄，人口稠密且城池坚固。他们在当地遇到一群民众，其中夹杂着不少妇孺。这些人用各种尖锐的言辞指责代表团嫉贤妒能，要他们尽快消失。约拿散一行虽然因此而恼羞成怒，但既不敢公然表现出不悦，更不敢反驳，只得前往其他村庄投宿。然而，他们在其他村庄也受到相似的指责。人们高声抗议，称任何人都不能动摇他们对其将军约瑟夫斯的信赖。于是，代表团只得前往加利利最大的城市希弗瑞斯。这里的居民倾向于罗马人，所以当他们遇到代表团时，对我本人不置可否。他们之后又前往亚索。在那里，他们受到如同甲法一样"热烈"的欢迎。代表团终于忍无可忍，命他们的卫队用棍棒教训那些聚众滋事者。他们抵达加巴拉后，约翰率领三千全副武装的党羽前来迎接。我早已从那些信函中了解到其险恶用心，所以率领三千多人的队伍自卡伯劳出发，前往约塔帕塔，而将大营交给我最为信赖的友人指挥。约塔帕塔距约拿散一伙十四弗隆，因为我不愿与他们为邻。我致信约拿散一伙。其内容如下：

"如果你们真心希望与我相会，那加利利有二百四十座城市可供你们选择。

---

① 也称 Gabara；此地在约瑟夫斯的大营东北方六英里处。
② 即 Japhia，位于拿撒勒西南数英里处。

除了基卡拿和加巴拉之外，我愿意前往你们选择的任何地点，因为前者是约翰的家乡，而后者不但是前者的同盟，还是约翰的盟友。"

（46）约拿散及其同僚收到这封信后便不再回信。他们召集党羽商讨对策，约翰也参加了这次会议。约翰建议，既然加利利的每一座城市和村庄都会有我一两个死敌，所以不妨写信将这些人召集起来一同声讨我。他又建议将此决议的副本送往耶路撒冷供市民们传阅，让人民认为我在加利利已成为众矢之的，或许就可以趁势通过相似的决议。约翰又补充说，此举也可以让我在加利利众叛亲离。他的建议得到与会众人的齐声附和。然而，当晚第三个小时，我便已经得到详细的汇报。约拿散一党的撒克凯尤斯投奔了我，不但将他们的计划和盘托出，还强调时局已是刻不容缓。我立即命我卫队中一名忠诚的战士詹姆士（James）率领两百人封锁所有从加巴拉通往加利利的道路，扣留所有的旅客，尤其是那些携带信函的人，并将这些人交予我发落。我又命自己的心腹耶利米（Jeremiah）率领六百人前往加利利地区的边陲，封锁所有通往耶路撒冷的道路，逮捕所有携带急件的旅客并加以监禁，而信件则送与我审阅。

（47）我下达以上命令后，又命加利利人携带武器以及三天的给养于翌日前往贾巴若（Gabaroth）集合。我将自己的亲信编成一支由四个连队组成的私人卫队，又为每个连队都委任了指挥官，并严令这些人将所有他们不熟悉的人从其队伍中剔除出去。翌日第五个小时，我抵达了贾巴若，发现空地上挤满奉命前来集合的加利利人。此外还有来自各个村庄的一大批人正在赶来。当众人看到我准备起身讲话时，他们立即向我发出欢呼，称我为其家乡的恩人和拯救者。我感谢了众人的赞誉，又严令他们不得寻衅滋事更不能骚扰地方，而要在营帐之中安享自己的给养，毕竟我不想用武力约束这些人。

结果，每天都有约拿散所派出的信使及其所携带的信件落入我所埋伏的哨兵之手。这些人被就地关押，而他们所携带的信件则被我截获。这些信件通篇充斥着污蔑我的不实之词，所以我决定不向任何人透露信件的内容以免混淆视听。

（48）约拿散得知我到来的消息后，便率领自己的党羽和约翰一道躲入耶稣的府邸。此人的府邸是一座巨大的堡垒，可谓固若金汤。他们不但将所有大门关闭，只留下一道门让我进出，还设下伏兵来捉拿我。事实上，这些人已经向士兵下令，只允许我本人进入，以便让我束手就擒。这些人就是如此谋划的。然而，我早已洞悉了他们的诡计，所以当我抵达时，就命岗哨监视其一举一动，同时佯装就寝。约拿散一伙自以为我已就寝，于是赶往空地，大肆宣扬我是一个无能的将军以蛊惑众人。结果却适得其反。加利利人出于对我的忠诚，对约拿散一伙进行声讨，谴责他们此举就是为了让其家乡不得安宁。加利利人将这伙人赶走，并声称他们已决定不会接受其他总督的领导。我得知这一幕后便立即现身，想看看约拿散一伙如何辩解。我的出现仿佛就是一个信号，欢呼与赞美立即此起彼伏。

（49）约拿散一伙自知大势已去，不禁担忧加利利人出于对我的敬爱而对他们拳脚相加，于是在一旁瑟瑟发抖，但又碍于我的命令不敢离去，只得恬不知耻地聆听我的演说。我示意众人停止欢呼，并命自己的亲兵把守各条道路以防止约翰的偷袭，还建议加利利人都拿起武器以备不时之需。我首先提醒众人，约拿散及其同僚一再致信于我，称他们受耶路撒冷大会的委托来解决我与约翰之间的纠纷，并在信中再三邀请我与他们会晤。为了证明我所言非虚，我取出书信向众人展示，以便让约拿散一伙无可狡辩。我接着说道："我对约翰的指控事实确凿，我的二三名证人都德高望重。即使没有外力干涉，约拿散及其同僚面对如山铁证也应明白，所有对我的指控都是不实之词。眼下为了向你们证明我在加利利地区政通人和，我再次向你们提供三位证人，他们无一不具有清名。你们可以问问他们，我日常起居的情形如何，而我履行公务时又是否清明。加利利人啊，我向你们发誓绝不会有半点隐瞒，正如我在法庭上面对法官时所保证的那样。我可以问心无愧地宣布自己没有任何过失。"

（50）我的演说还没有结束，赞美之词便从四面八方传来。人们亲眼见证了我的所作所为，所以信任我的远见卓识。他们甚至发誓，当地妇女的名节从未受到我的玷污。我之后又向加利利人当众宣读了我所截获的两封约拿散的书信。信中对我大肆污蔑，称我的所作所为已与暴君无异，云云。我向人民宣布，这些信件是那些送信人自愿交给我的，因为我不想在敌人停止写信污蔑我前，让他们知道我的斥候们在这件事上立下了汗马功劳。

411

（51）如果不是我的及时劝阻，加利利人或许早已出于义愤而杀死了约拿散一行人。我发誓宽恕约拿散及其同僚过往的种种作为，只要他们真心悔过并向那些派遣他们的人如实汇报我的施政。虽然我十分清楚这些人不会履行自己的承诺，但我还是让他们离开了。人民义愤填膺，纷纷请求我允许他们严惩这些厚颜无耻之徒。我深知党同伐异对公众利益而言可谓致命，所以极力劝阻他们宽恕这些人。但毕竟众怒难犯，人民冲向约拿散一伙藏身的房屋。我看到众人失去理智，便跃上马背，命他们随我进攻索伽尼。我通过此举让自己免受挑起内战的指责。

（52）抵达索伽尼后，我让众人停下，并告诫他们不要受到激情的摆布，尤其是在稍有不慎就将铸成大错的情形下。我之后命他们之中的一百名长者收拾行囊，启程前往耶路撒冷，以便在人民面前指斥那些妄图分裂国家之徒。我接着说道："如果你们的言辞奏效了，就请你们运用你们在大会中的影响力，让他们下达一份书面命令，命我继续留在加利利并召回约拿散及其同僚。"这些人领命之后便开始打点行装。第三天，我与他们再度会晤，又派遣一支五百人的武装护送他们启程。因为从加利利出发，假道撒玛利亚只需三天就可抵达耶路撒冷，而此时撒玛利亚又在罗马人的控制之下，所以我致信我在撒玛利亚的友人，请他们设法保障这些使节的安全。我亲自陪同这些代表直至加利利地区的边界，还派出斥候侦察各条道路以策万全。此事结束后，我便前往甲法暂住。

（53）约拿散及其同僚见他们的阴谋败露后，便撇下约翰返回了基卡拿。因为时任提比瑞亚地方官的耶稣向约拿散一行保证，称他会说服当地居民欢迎他们的到来并加入其阵营。约拿散及其同僚于是赶往提比瑞亚，以期获得当地人民的支持。被我留在提比瑞亚管理其人民的希拉写信向我报告了这一消息，并要我立即赶往当地。此人我之前已经提及。我听从了他的建议，即刻赶往提比瑞亚，并不知道前方危机重重。

约拿散一党在提比瑞亚逗留期间，引诱一些受到委屈的市民背弃我。他们得知我抵达提比瑞亚的消息后，出于对自身安危的担忧而向我示好。他们祝贺我在加利利所取得的功绩，为我所获得的荣誉而欣喜，并强调他们和我治下所有同胞们一样,将我的声誉视同于他们的声誉。他们还声称拥护我远甚于拥护约翰,并表示除非亲手将约翰交予我处置,否则他们将一直寝食难安。这些人为了证明所言非虚,不惜立下种种毒誓。他们如此郑重其事,以至于让我不得不信任他们,否则我未免有不虔诚之嫌。最后他们请求我在别处投宿,因为第二天就是安息日。他们声称绝不会在这一天让这座城市陷入动荡不安。

（54）我对他们的言辞没有丝毫怀疑,就改道前往塔力西亚。但我留下一些亲信在城中探听人们对我的议论,并在塔力西亚通往提比瑞亚的道路上安排亲信传递报告。翌日,城中的会堂举行大会,因为这座建筑可以容纳大批人群。约拿散率领其党羽进入会场。他虽然不敢公然表达不满,但声称他们的城市需要一个更加优秀的将军。地方官耶稣显然没有约拿散的诸多顾忌,直言不讳地说道:"公民们,四位出身显赫、才智绝伦之士的领导总要比个人独断英明。"其言下之意就是拥戴约拿散及其同僚。加斯图随即表示附和,并说服一些人同意其观点。然而,大多数人并不赞同这些言辞。一场骚乱已在所难免。于是,就在这天的第六个小时前,也就是安息日吃午饭的时辰,一场骚乱在会场上爆发了。约拿散一党的目的没有达到,只得将会议延至翌日,之后垂头丧气地离开了。

我马上便得到了报告,于是决定一早就前往提比瑞亚。第二天第一个小时[1],我便抵达了提比瑞亚,发现人民已经聚集在了会堂,但他们对此次大会的目的茫然无知。约拿散一党对我的突然出现感到十分惊愕,于是散布消息称一队罗马骑兵已经出现在边境一个名叫赫蒙尼亚（Homonoia）的村庄[2],距城市只有三十弗隆之遥。这则消息引得人心惶惶。约拿散也趁机说服我不要在敌人劫掠我们的家乡时无所事事。他们的目的就是以军情紧急为名将我支走,以离间提比瑞亚人与我之间的关系。

（55）我虽已洞悉他们的图谋,但又不愿让提比瑞亚人民认为我不关心其安危,所以只得将计就计。我率兵迎敌,却没有发现敌人的蛛丝马迹,于是即

---

[1] 即上午七点。
[2] 即"和谐"之意。此地可能是指约旦的 Umm Junieh,位于塔利西亚以南2英里处,距提比瑞亚七英里。

刻赶回提比瑞亚。此时，城市的议会和人民正在召开秘密会议，会上，约拿散及其同党猛烈抨击我生活奢靡却不顾人民的死活。他们又拿出四封伪造的信件，声称是来自加利利边境地区求援的急报。信中宣称一支罗马步骑将在三天之内劫掠其领土，希望他们速速救援，不要让自己的同胞沦于敌手。提比瑞亚人民竟然信以为真，指责我不去救援同胞却待在此地无所事事。我早已洞悉约拿散的图谋，所以立刻回答我早已准备就绪，并保证随时可以出发。我同时建议，既然信中声称罗马人兵分四路进犯，提比瑞亚人应将部队分作五路迎击，并由约拿散及其同僚指挥。我指出勇士应该身先士卒而不是发号施令，况且我也无法同时指挥五路大军。我的提议受到人民的热烈拥护，他们因而强烈要求我的政敌们亲临战阵。约拿散的阴谋于是再次破产，到头来只是自取其辱。

（56）约拿散一伙中有一个名叫亚拿尼亚的人，臭名昭著且诡计多端。他向大会提议，全城于翌日以上帝之名举行斋戒，并于此时此地再次集会。届时，任何人不得携带武器，以昭示若没有上帝的襄助，任何铠甲都是枉然，从而向上帝显示其虔诚。然而，此人的目的却并非显示他的虔诚，而是想在我及我的亲信毫无防备时将我们一网打尽。我只得勉强赞同其提议，因为我担忧人们认为我无视他人虔诚的建议。当我们一行回到住所后，约拿散一党便致信约翰，要其召集尽可能多的人明早入城，以便让我束手就擒并听候其发落。约翰自然乐得从命。第二天，我命两名最为勇猛也最为忠心耿耿的卫士怀揣利刃，随我一同赴会。我本人则身着胸甲，并在其中暗藏一柄宝剑，以备不时之需。

（57）本城的长官耶稣早已奉命把守会堂的大门。①他只允许我带领两名友人入内，而将其他人统统拒之门外。我们一行如往常一般行礼和祈祷。这时，耶稣突然质问我，王宫大火后我所没收的银块现在由何人保管。他这么做无非是为约翰拖延时间。我回答道，这些白银都在坎佩拉以及十位提比瑞亚头面人物之手。我说道："我没有撒谎，你可以与他们当面对质。"耶稣得知那些财产已经得到妥善保管后，又接着问道："那么，你从金银中所取出那二十块金

---

① 他可能也是会堂（synagogue）的首脑。

币又如何了？"我回答道，我将这些金子作为路费交给前往耶路撒冷的代表们了。约拿散一伙则坚持认为我不该动用公款来支付代表们的花销。他们的言论激怒了那些洞悉其居心的人们，于是双方开始争吵起来。我担心此举会进一步激怒约拿散一党，所以说道："即使我不应用公款支付代表们的花销，你们也完全没有必要如此愤怒。我会偿还这二十块金币。"

（58）我的驳斥让约拿散一伙哑口无言，而群众也被他们的无理取闹激怒。耶稣见势不妙，便以会场太混乱以致无法明断是非为由，命令群众全部退出会堂而留下议会继续讨论。此时，耶稣得知约翰已经率领手下赶到。但群众则高呼不会抛弃我，对其命令不予理会。如果不是仁慈的上帝从旁襄助，让事态峰回路转，我恐怕早已死于非命了。约拿散此时早已抛弃所有伪装，公然声称："提比瑞亚人，这次听证不止关乎二十块金币的去向。对众人而言，约瑟夫斯是否罪不容诛已经不重要了，因为他正在利用花言巧语蛊惑加利利的人民以谋求绝对的权力。"言罢，约拿散及其党羽便向我扑来，企图杀害我。我的侍从见状立即拔出宝剑以威慑敌人。与此同时，民众纷纷拾起身边的石块向约拿散投去，并催促我快快逃走。

（59）我没走多远便与约翰及其手下不期而遇。我趁其不备，从一条羊肠小道逃至湖边，跳上一条船，扬帆驶往塔力西亚，从而出人意料地逃出虎口。我立即召集加利利的显贵，向他们讲述约拿散以及提比瑞亚人如何出尔反尔、试图置我于死地的经过。加利利人被其所作所为激怒，纷纷请求我与这些奸佞之徒开战，好让他们能将约翰以及约拿散一伙一网打尽。虽然我同所有人一样怒火中烧，但仍建议众人在其派往耶路撒冷的代表有音讯前不要轻举妄动，因为我不想未获代表同意就贸然行事。这一建议得到了众人的响应。约翰的诡计再次破产，只得返回基卡拿。

（60）之后没过多少天，我们的代表就返回了。他们报告称，亚拿纳和加梅利尔之子西门在大会还没有做出裁决时，就擅自派出使节，企图将我逐出加利利，其行径已经激起了众怒，以至于人民要将他们的房屋付之一炬。他们还带回了耶路撒冷主事者的信函。在信中，他们表示应人民的请求，授命我统领整个加利利地区并召回约拿散及其同僚。读罢命令，我再次前往阿拜拉

（Arbela）村①。我在此处召集加利利人集会，并让那些代表当众讲述约拿散一党如何在耶路撒冷不得人心。代表们还宣布我已被正式任命为当地的总督，同时召回我的对手们。我即刻致信约拿散一伙，向他们传达了这一命令，同时命信使小心探听其虚实。

（61）我的政敌们接到这封信后惊慌失措，急忙召集约翰、提比瑞亚的议员、加巴拉的头面人物一同商讨对策。提比瑞亚人认为他们应当紧紧握住手中的权力，既然权力已经选择了他们，那么就不当轻言放弃。这些人甚至臆测我绝不会如此善罢甘休，虽然我从未发出过类似的威胁。约翰不但赞同提比瑞亚人的意见，而且建议约拿散一行应即刻派出两名同僚前往耶路撒冷，利用其显赫的身世以及人望在那些饱受暴政之苦的加利利人民面前控诉我。约翰的建议受到众人赞成，于是决定派约拿散和哈拿箆立即前往耶路撒冷，其他两人则留在提比瑞亚。使者们与这两人一道在两百人的武装护卫下启程。

（62）提比瑞亚人为了加强城市的防御，不但命令市民拿起武器随时准备战斗，还向返回基卡拿的约翰求援，请求他在我进犯时率军来援。约拿散一行离开提比瑞亚，抵达德巴塔（Debaritta）。此地位于大平原地区加利利境内。他们被奉我之命把守此地的卫士抓获。奉我之命把守此地的李维，写信向我禀报了这一消息。一连两日，我都佯装对此事毫不知情。我又命人规劝提比瑞亚人放下武器并召回其使节。提比瑞亚人以为约拿散一行已经抵达耶路撒冷，所以他们的回复也十分傲慢无礼。我决定出奇制胜，毕竟与自己的同胞开战是不虔诚之举。所以，我想迫使约拿散的党羽②远离提比瑞亚人。我于是选出一万名精锐，命其兵分三路，在亚德玛（Adamah）地区设伏。我又派出一千多人前往距提比瑞亚四弗隆远的山区中的一座村庄潜伏，并命他们收到信号便蜂拥而出。我则占据了村庄前一片开阔地。提比瑞亚人见状，便如往常一般倾巢而出，对我百般嘲弄。他们如此愚不可及，不但为我准备了一具尸架，而且装模作样地哀悼我，并以此为乐。我本人早已对他们的这套把戏怒不可遏。

---

① 即 Irbid，提比瑞亚西北。

② 此处指约拿散留在提比瑞亚的两名同僚。

（63）我倾向于智擒西门和约扎①，所以邀请他们在几位朋友的护卫下，到城外不远处与我会面，以便当面与他们商议成立统领整个加利利地区的指挥部的诸般事宜。西门年纪轻轻加之事关其个人利益，所以立即同意赴会。约扎则疑心这是一个圈套，所以留在了城中。西门于是在其朋友的护卫下前来赴会。我们相见后，我向他致以诚挚的问候，并感谢他能前来与我会面。之后没过多久，我表示愿与西门到一旁密谈，便拉着他向远离其党羽的地方走去。此时，我突然将西门拦腰抱住，然后将他交给我身旁的友人看管。随后我便召集部队，并亲率大军扑向提比瑞亚。双方随即爆发了激烈的战斗。由于我方阵脚大乱，所以提比瑞亚人几乎已经稳操胜券。在此紧要关头，我振臂一呼，号召士兵们同我一道将那些即将获胜的提比瑞亚人赶回他们的城市。我又命一路人马从湖上突入城中，四处纵火。此举立即收到了成效。提比瑞亚人见状，以为城市已经陷落，便抛下武器，带着妻儿一同乞求我的宽恕。我为他们的乞求动容，于是极力压制部下的怒火。黄昏时分，我放弃了攻打城市的计划，率军后撤以便养精蓄锐。我邀请西门与我一同用餐。我对他进行一番安慰，保证会提供给养和人员，以便让他本人及其同僚平安返回耶路撒冷。

　　（64）第二天，我率领一万士兵进入了提比瑞亚。我在体育场召集城中的显贵开会，命他们供出这场叛乱主谋者的名字。我依照他们所提供的情报，将有关人犯全部解往约塔帕塔关押。我还释放了约拿散和亚拿纳，让他们与西门和约扎一道返回耶路撒冷，并为他们一行提供了给养以及五百名士兵作为护卫。提比瑞亚人再次乞求我原谅他们的所作所为，并声称他们今后将会用其忠诚来弥补其眼下所犯的过错。他们同时恳请我归还所掠走的财产。我于是命人归还了所掠夺的一切财物。但这一命令却并没有得到执行。我发现我的一名士兵身着一件极为考究的外套，便问他什么时候得到的。他答道："在破城的时候。"我立即鞭笞此人以儆效尤，同时警告其他人，如果不归还他们的战利品，将会受到更为严厉的惩罚。大量战利品因此被交出。我将之归还给那些认领者。

　　（65）行文至此，我不得不对加斯图等人加以驳斥。这些人在叙述这些事

---

① 此二人是约拿散留在提比瑞亚城中的同僚。

件、写作其所谓的"历史"时,既不关心真相如何,也不剔除自己的好恶,更不惮于捏造事实。这些人的作为与那些伪造文书者无异,却不必担心为此受到严惩,所以他们有恃无恐地歪曲真相。举例而言,加斯图记述这场战争的经过时,力图让读者相信他经过了悉心考证。然而,他不但对我造谣中伤,甚至对其家乡所发生的一切也未曾秉笔直书。因此我不得不为自己辩护,将那些我曾缄口不言的事实一一呈现。旁人无须对我早先保持沉默而感到惊诧。对于历史学者而言,寻找真相是他们的首要职责。他们出于道德上的自我节制而非对于作恶者的偏袒,才不对个人的恶行进行连篇累牍的记述。

以下这番话我情愿向加斯图当面道出。加斯图,你的确如你本人所吹嘘的那样,是一位较为聪明的历史编纂者,竟然将你的母邦(native city)反叛罗马人和君王的责任全部归咎于我以及加利利人民。我被耶路撒冷大会推选为加利利地区的指挥官前,你以及所有提比瑞亚的公民不是已经拿起武器,与迪加波利斯(Decapolis)的叙利亚人兵戎相见?你焚烧叙利亚人的村庄,而他们也如此对待你们的家园。这并非我的一己之见。韦斯帕芗皇帝在《纪事》①(the *Comentaries* of the Emperor Vespasian)中记载,韦斯帕芗于多利买(Ptolemais)逗留时,迪加波利斯的居民曾再三向他要求将你当作匪类论处。如果不是由于君主阿格里帕在其姊妹柏伦尼斯的再三求情下心软,你的死罪绝不会被改判为长期监禁,你早已被韦斯帕芗下令处决了。而你的政治生涯不但是你个人品性的绝佳写照,还可以证明你就是在母邦掀起反抗罗马叛乱的元凶。我的证据如下。

对于你本人以及提比瑞亚人的事迹,我无须多言就可以向这段历史可能的读者们证明,你及你的同胞们无论对罗马人还是君王都不友善。加斯图,加利利诸城中,最大的当数希弗瑞斯以及你的母邦提比瑞亚。希弗瑞斯虽然地处加利利的中心,四周村庄众多,拥有得天独厚的优势反抗罗马人,然而,这座城市选择效忠其主人,不但将我逐出城外,并且禁止其公民加入犹太人的行列。他们为了反对我,一面诱骗我为之加固城池,一面则主动接受由叙利亚罗马驻军的总指挥官迦流·加卢斯(Gallus Gallus)所派出的一支军队驻守。而此时

---

① 此处可能指依托于韦斯帕芗战地日记的官方记录,形式类似于恺撒的《高卢战记》。

我大权在握，声望如日中天。当我们的首都耶路撒冷被围，我们共同的圣殿危在旦夕时（公元 70 年），希弗瑞斯为了不让罗马人对其产生丝毫怀疑，竟然没有派遣一兵一卒驰援。

加斯图，你母邦的情形则与希弗瑞斯有着天壤之别。此地位于格尼萨勒湖（Gennesaret）边，距锡伯三十弗隆，距加达拉六十弗隆，距由君王统治的西索波利斯一百二十弗隆，其四周没有任何犹太城市，所以理应忠于罗马人。况且你们的社区人口稠密、武器充足。你眼下可以将叛乱的罪责全部推给我，但之后呢，加斯图，谁又应当负责？就在我被罗马人俘虏而耶路撒冷尚未被围时，你已经看到约塔帕塔等要塞相继陷落，无数加利利人殒命沙场。既然此时我早已不足为惧，你就应抓住时机说服君王和罗马人，告诉他们你参战完全是迫不得已。然而你并没有这么做，直到韦斯帕芗的大军兵临城下，你这才放下武器。如果不是君王为你们求情，你们的城市早已化为了瓦砾。所以罪责不在我，而应归咎于你们以及提比瑞亚人的好战。你们难道不记得，你们曾数次落于我手，但我未处死你们之中的任何一人？你们难道不记得，在我被罗马人围困在约塔帕塔时，你们却陷入了内讧，一百八十五位同胞仅仅因为私怨而非忠于罗马人或者君王就被处决？你们难道不记得，耶路撒冷被围困时，城中有两千提比瑞亚人被杀或被俘？

至于你，加斯图，你可以宣称自己并非［罗马］之敌，因为早些时候你在君王那里接受庇护。但我则要说，你此举只是出于对我的恐惧。而当你被韦斯帕芗判处死刑时，是君主保全了你的性命，你的财富也无一不是来自他的恩赐，而你又如何能报答君主阿格里帕的恩情？但此后君主又为何两次将你投入监牢，两次命你离开这个国家，一次甚至将你判处死刑，只是在其姊妹柏伦尼斯的再三请求下才饶你一命？你也曾被君主任命为他的私人秘书，但他发现你不止一次欺骗了他，并将你从其身边驱逐。我出于道德感，实在不齿于详细述及这样的丑事。

我实在无从想象，你到底有多么恬不知耻，才敢宣称自己的大作要胜过旁人所有相关著述。你既不可能知晓加利利所发生的一切，因为你当时身居贝鲁特（Berytus，即 Beirut），与君主在一起；你也不可能得知罗马人如何在约塔帕塔陷入苦战；更不可能得知我在约塔帕塔之战中的作为，毕竟所有证据早已毁于战火。你也可以声称自己如实记录了那些发生在耶路撒冷的事件。然而你既非参战者，更不可能卒读恺撒①的《纪事》(Commentaries of Caesar)，你又如何能够用你那些前后矛盾的记载来证明这一点？你既然如此自信自己的著作远在他人之上，那为何不在这场战争的指挥者韦斯帕芗和提图斯两位皇帝在世时出版你的作品？此外，君主阿格里帕及其家族不但深谙希腊文化而且同我们一道亲历了这段历史。所以，你既然在二十年前就已完成你的大作并"证明"你的记载准确无误，那么为何直到所有当事者都已作古、无人可以驳斥你时，你才斗胆将之公之于众？②

　　我对自己的著作就没有这么多的顾虑。虽然早已时过境迁，但我仍志在保存真实的经过。我曾将自己的作品呈送给皇帝们阅览。不出所料，我作品的准确性获得一致公认。我还将我所作的《犹太战记》送给许多人传阅，其中不乏这场战争的亲历者，比如君主阿格里帕及其亲属。提图斯皇帝急于让此书成为世人了解真相的唯一权威渠道，于是亲自在书卷上加盖其印信并下令公开发表。而君主阿格里帕也为此修书六十二封以证明我记载的真实性。我将引用其中的两封，以便让你一窥其中的端倪。

　　"君主阿格里帕向约瑟夫斯致以最亲切的问候。很高兴拜读你的大作。对我而言，你的记载要比其他人更加准确和饱含深情。请将其他几卷送给我。祝一切顺利。"

　　"君主阿格里帕向约瑟夫斯致以最亲切的问候。你的作品已经拜读。你明显不需要任何指点就能够让我们所有人通过你的作品了解事情的来龙去脉。但是你来见我时，我将亲口告诉你许多不为人知的事情。"

　　当我所作的《历史》完成时，阿格里帕同其他读过此书的读者们一样，真诚地表示书中的记载准确无误。你③一定会讽刺说，这是恭维。但这的确并非恭维，因为阿格里帕品行高洁，又怎会如此做作。我对加斯图的驳斥到

---

① 即韦斯帕芗之子提图斯（Titus）。
② 即公元1世纪之后。
③ 此处指加斯图。

此为止。

（66）提比瑞亚的事态刚一平定，我便召集亲信商讨对策以应对约翰。加利利人一致认为我应让他们拿起武器，用武力严惩这些变乱的始作俑者约翰。我不敢苟同此议，因为我早已决心兵不血刃地平定当前的乱局。我于是命与会的众人竭尽所能地检举约翰的党羽。他们立即付诸行动。我掌握了约翰党羽的情况后，公开宣布，只要这些人弃暗投明，我将保证任他们的安全。我同时宣布给予他们二十天的期限来考虑何去何从，届时，他们如果依旧冥顽不灵，拒绝放下武器，我将烧毁他们的房屋并没收其财产。约翰的党羽闻讯后无不为之胆寒，纷纷抛下武器归附于我，其人数达四千之多。此时约翰身边除了乡党之外，只有来自推罗各城的一千五百多外国支持者。约翰众叛亲离，只得龟缩于自己的母邦。

（67）就在此时，希弗瑞斯人自认为其城池坚固，加之此前我在许多事情上曾自作主张，所以趁机揭竿而起。他们请求叙利亚总督迦流·加卢斯要么火速率军接管此城，要么派遣一支军队来此驻扎。加卢斯对于他们的请求满口应允，却没有给出具体的日期。我闻讯后不禁大惊，立即亲率我麾下所有的兵力讨伐希弗瑞斯人并袭取了他们的城市。加利利人对这座城市早已恨之入骨，于是趁此良机泄愤。他们四处烧杀抢掠，企图将城中的人民屠戮殆尽，不论他们是异族还是同族。加利利人在城中大肆劫掠并纵火焚烧房屋，其所过之处只留下一片焦土。惊恐万状的居民则逃入卫城中躲避。见此情形，我不禁大失所望，于是喝令众人立即停手，并告诫他们如此对待自己的同胞可谓亵渎神明。然而此时，众人对于任何命令或者规劝都已置若罔闻，我的劝说只会招来仇恨。我只得让身边一些心腹谎称罗马大军已经从城市的另一边杀入城中。我希望通过此举让加利利人将其怒火转向罗马人从而拯救希弗瑞斯人。此计果然奏效了。众人闻讯后，为了保住性命，纷纷丢弃战利品夺路而逃。我为了让这则谣言更加活灵活现，也佯装惊慌失措。加利利人见他们的将军尚且如此惶恐，更是抱头鼠窜。于是，出乎所有希弗瑞斯人的意料之外，我竟然凭借这样的计谋令其免于生灵涂炭。

（68）提比瑞亚也同样几乎毁于愤怒的加利利人之手，其经过如下。城中为首的议员致信君主阿格里帕，邀请他接管这座城市。君主回信表示同意接管提比瑞亚，并命宫廷的一名马夫克瑞斯普斯（Crispus）将此信送往提比瑞亚。然而克瑞斯普斯被加利利人认出，他本人连同那封信一起落入我手中。此事也激起了众怒，人们纷纷拿起武器准备严惩背叛者。翌日，来自各地的群众如潮水般涌向我所驻节的城镇亚索，高呼提比瑞亚人为叛徒，竟然投靠君王，要求我允许他们将其城市夷为平地。因为加利利人对于提比瑞亚人的憎恨毫不亚于对于希弗瑞斯人的。

（69）我听闻这愤怒咆哮，竟然不知如何才能让提比瑞亚人幸免于加利利人的怒火。我无法否认提比瑞亚人曾与君主阿格里帕暗中联络，因为这封回信就是铁证。经过一番深思熟虑与反复权衡后，我说道："我当然清楚提比瑞亚人已经铸成大错，更不会阻止你们去将他们的城市夷为平地。然而，这样的惩罚应该经过深思熟虑。提比瑞亚人并非唯一一群背弃我们国家独立大业的人，许多声名显赫之辈也同样如此。因此，请你们少安毋躁，等我甄别出这些罪人之后，将他们与你们所认定的奸佞之徒一道论罪。"我以这番言辞安抚众人，令其怒火逐渐平息并自行散去。因为我现在已经焦头烂额，无心与君主阿格里帕为敌。①所以我虽然下令对其信使严加看管，但几天之后我便召见克瑞斯普斯，悄悄命他设法灌醉看守他的士兵以逃走，并保证不会派人追捕。他乐得从命从而得以逃脱。提比瑞亚得益于我的机智和高瞻远瞩，第二次免于毁灭。

（70）比斯图斯之子加斯图趁我不备，逃往君主阿格里帕那里。他此举的动机不难解释。罗马人与犹太人之间的战争爆发时，提比瑞亚人决定保持他们的忠诚，继续效忠君王，而不反抗罗马人。然而加斯图本人热衷于叛乱，并妄图借此号令加利利以及其家乡，于是不遗余力地煽动提比瑞亚人民揭竿而起。但结果却令其大失所望：战前，加利利人一直对加斯图所加诸他们身上的种种苦难记忆犹新，所以不但对提比瑞亚人恨之入骨，更不可能容忍他作为其领袖。而我自受大会之命统领加利利地区以来，与加斯图一直多有矛盾。我无法容忍此人的无礼，曾险些处死他。加斯图惧怕我某日在盛怒之下于他不利，便

---

① 提比瑞亚此时已是阿格里帕二世所辖领土的一部分，而亚索则不是。

央克瑞斯普斯代其向君主示好，以期在那里安享太平。

（71）希弗瑞斯人首次侥幸免于灭顶之灾后，派出信使请求迦流·加卢斯立即赶来接管这座城市或者派大军以击退敌人的入侵。他们的要求得到了满足，一支罗马步骑在夜幕的掩护下进入城中。希弗瑞斯的四邻因此受到罗马军队的不断骚扰。我于是亲率身边的部队赶到距希弗瑞斯二十弗隆的村庄加瑞斯（Garis）掘壕据守。之后我率部发起夜袭。许多士兵顺着云梯登上城墙并占据了大半个城市。我们虽然击毙十二名步兵和一些希弗瑞斯人、损失了一人，但由于地形生疏，不久之后仍只好撤出城外。我们此时恰好与罗马骑兵在空旷的原野上不期而遇。我们虽然浴血奋战，但仍不敌罗马军队，逐步陷入他们的包围之中。士兵们因此军心涣散，纷纷夺路而逃。我身边一名叫做加斯图的卫士也在此役中阵亡。此人之前曾在君主的身边担任卫士。

就在此时，君主阿格里帕的援军也赶到了。这支步骑由他的卫队长苏拉（Sulla）指挥，并在距朱利亚斯（Julias）[①]五弗隆处安营扎寨。他还在通往塞琉西亚[②]以及加马拉要塞[③]的各条道路上设卡，以防止［朱利亚斯的］居民从加利利地区获得给养。

（72）我得知这一情况后，立即派耶利米（Jeremiah）率领两千人前往迎击。他率部在距朱利亚斯一弗隆处掘壕据守。此地紧邻约旦河。耶利米在我率领三千余人赶到前，除了零星交战外并不主动出击。第二天，我在距敌人营垒不远处的一座山谷中设下伏兵。之后我率部向君主的军队挑战，又佯装败退以引诱敌人出击。敌人果然中计。苏拉误以为我军已经溃散，于是亲自率军出击。我的伏兵趁机袭击其后方，他的大军顿时乱作一团。我随即调转主力，向君主的军队扑去，并将之击溃。如果此时不是霉运连连，我那天本可以获得更加辉煌的胜利。我的坐骑因陷入泥沼之中而摔倒，我也随之落马并摔断了手臂。我随即被送往凯法诺克斯（Cepharnocus）[④]村治疗。我的部下得知我的不

[①] 即 Bethsaida Julias，此地位于格尼萨勒湖的北端，约旦河的东岸。
[②] Seluk1iyeh，位于朱利亚斯的东北方。
[③] 此地位于格尼萨勒湖的东侧，即朱利亚斯的南部。
[④] 即 Capharnomon。

幸遭遇后立即放弃了追击，纷纷赶来探问我的伤势。我在那里接受了郎中的治疗，并在那里休息了一天，因为我当时正在发烧。在郎中的建议下，我被连夜送往塔力西亚。

（73）苏拉及其部下得知我的不幸遭遇后，又开始蠢蠢欲动。他们发现我们的营垒警备松弛，便趁着夜色，派遣一个中队的骑兵跨过约旦河设伏。天亮后，敌人便向我军叫阵。我军接受了挑战。当我军前进至空地时，敌人的伏兵突然杀出，将我军击溃，并杀死了六个人。然而，敌人却没能乘胜追击，因为他们听说我们的援军已经在塔力西亚靠岸，所以慌忙撤退了。

（74）此后没过多久，韦斯帕芗在君主阿格里帕的陪同下抵达推罗。阿格里帕在当地受到猛烈抨击。人们不但将他视作推罗的敌人，更将他视作罗马的公敌，因为当地公认阿格里帕的指挥官腓力是受其指使才出卖了宫室和耶路撒冷城内的罗马军队。韦斯帕芗听完当地人的控诉后，谴责他们竟然如此诽谤罗马人的盟友和一位君王。他又建议君主阿格里帕派腓力前往罗马，以便当面向尼禄解释其作为。此后腓力虽然抵达了罗马，却没有机会向尼禄当面陈情，因为那时他早已经因内战而自顾不暇。腓力于是便返回了君王身边。

抵达多利买后，韦斯帕芗聆听了叙利亚迪加波利斯城的显贵们对于提比瑞亚的加斯图的指控。这些人指控加斯图焚烧他们的村庄。韦斯帕芗于是将此人交予阿格里帕处决，因他是其治下的臣民。然而，阿格里帕仅仅将加斯图囚禁，还向韦斯帕芗隐瞒了实情。

希弗瑞斯人热忱欢迎韦斯帕芗的到来，并因此得到一支由普拉吉德斯（Placidus）率领的驻军，还伴随这支部队不断向内陆挺进。我则率部与之周旋，直至韦斯帕芗抵达加利利。至于其后韦斯帕芗如何抵达加利利，他如何与我在加瑞斯村附近首次遭遇，以及我如何退守约塔帕塔，如何身陷囹圄，又如何重获自由，以及我在此役中以及耶路撒冷被围时的作为，我在拙著《犹太战记》中都有详尽描述。我认为现在有必要谈一谈我在之前的著作中所没有提及的一些经历。

（75）约塔帕塔陷落后，我落入罗马人之手，并受到他们的严加看管。韦斯帕芗对我礼遇有加。正是拜其所赐，我才得以与一位被俘的恺撒利亚女子成婚。她不但是当地人，还是一位处女。但没过多久，她便离开了我，因为我受命陪同韦斯帕芗前往亚历山大里亚。之后，我又受命离开亚历山大里亚，前往提图斯麾下效命，并参与了对耶路撒冷的围攻。那时我可谓如履薄冰，不但犹太人欲置我于死地而后快，罗马人也对我的投诚不以为然，甚至一再请求皇帝将我当做背弃罗马者论处。然而，提图斯·恺撒（Titus Caesar）深知战争的变幻莫测，所以通过意味深长的沉默来回应士兵们对我的种种诋毁。

就在耶路撒冷即将陷落前，提图斯还一再向我保证，为了让我的家乡免于生灵涂炭，我可以便宜行事。眼下我的家乡已然陷落，我唯有恳求提图斯赦免我的一些同乡才能稍稍宽慰我的不幸。此外，蒙提图斯开恩，我还获赐一些圣书。不久之后，我请求赦免我的兄弟以及五十位友人。我的要求得到批准。我再次蒙提图斯开恩，得以进入关押着大批妇孺的圣殿，释放了所有朋友以及熟人，共计190余人。我非但没有收受任何赎金，还助其恢复日常生活。还有一次，我奉提图斯·恺撒之命，与凯利乌斯（Cerealius）一同率领一千骑兵前往提哥亚（Tekoa）①村查看地形，以决定此地是否适于修建营垒。在返回时，我看到许多囚犯被钉在十字架上，并认出其中有我的三位熟人。我不禁心如刀绞，含泪向提图斯讲述了我的见闻。他立即下令释放这三人并给予他们最好的治疗。这三人中有两位伤重不治，只有一人得以幸存。

（76）提图斯平定了犹地亚地区的骚乱后，已经料到我的地产因为驻扎了罗马军队而无利可图，所以将平原上一块地产送给了我。他还携我一同前往罗马，并对我礼遇有加。当我们一行抵达罗马后，我受到了韦斯帕芗的赏识。他不但将自己成为皇帝前所居住的府邸的一部分赏赐予我作为住处，还赐予我罗马公民所享有的种种特权以及一笔年金。直至韦斯帕芗逝世，他都对我以礼相待。

然而，我所享受的种种尊荣为我引来了杀身之祸。有一个名叫约拿散②的犹太人在昔兰尼掀起叛乱。两千名受其蒙蔽的当地人死于非命，他本人也被皇

---

① 耶路撒冷南十二英里处。
② Cf. B. vii. 437—450。此人受到严刑拷打并被活活烧死。

帝所委任的当地总督抓获。此人一口咬定我曾向他提供武器和资金。然而，韦斯帕芗并不为他的胡言乱语所迷惑，将之判处死刑。约拿散伏法后，各种对我的指控一时间甚嚣尘上。然而，蒙上帝不弃，那些嫉妒我境遇之徒无一得逞，我也始终安然无恙。韦斯帕芗还将犹地亚地区的一大片土地赏赐与我。

这一时期，我渐渐不喜妻子的作为，于是与她离婚。她为我育有三子，其中二人夭折，只有希尔克努健在。之后我迎娶了居住在克里特的一个犹太名门望族之女，其父母在当地都是举足轻重的人物。此女在之后的日常生活中所表现出的品行已经远远超越了其他女子。她为我育有二子，长子加斯图，次子西门尼德斯（Simonides），别名阿格里帕。以上就是我的家史。

皇帝授予我的种种恩遇始终未有变化。韦斯帕芗死后，提图斯即位。他对我的礼遇与其父无异，并始终无视对于我的种种指控。图密善即位后，对我的恩宠更是无以复加。他不但惩罚了那些对我进行诬陷的犹太人，还下令将犯下此类罪行者贬斥为奴隶、宦官以及我儿子的教师。他又豁免我位于犹地亚地区产业的赋税。此乃个人至高无上的荣耀。恺撒的妻子图米提娅同样对我恩宠有加。

以上就是我的生平。任何人都可以借此来评判我的品行。

无比杰出的埃帕普底图斯（Epaphroditus），我现在向你献上我们古代完整的历史记载，同时结束我的叙述。

十一、塔西佗的《演说家的对话》

罗马帝国作家塔西佗，生活于公元一世纪中叶至二世纪初期，来自地方行省，曾在罗马城和行省担任官职，官至执政官和行省总督。塔西佗有五部作品流传至今，其中包括撰写时间存在争议的《演说家的对话》。《演说家的对话》使用对话录文体，记录了几位演说家关于"演说与诗歌之争""演说的古今之争""演说为何衰落"三个问题的论争。本文译自洛布古典丛书于1914年出版的拉英对照译本，部分段落参考了阿尔弗雷德·丘奇和威廉·布罗德里布于1942年出版的英译文。

[1] 亲爱的尤斯图斯·法比乌斯（Justus Fabius），你常常问我，为何过去的时代盛产极有天赋和声誉的伟大演说者，而我们的时代却在这方面如此没落，缺乏对演说的赞颂，以至于连演说家之名都几乎不保？我们只将"演说家"（orator）这个称谓用于古人。而对于当今的优秀演说者，我们则称呼他们为"诉讼代理人"（causidicus）、"辩护人"（advocatus）、"保护人"（patronus）等除了"演说家"之外的任何称谓。若想回答你这个复杂的难题，就势必展开艰巨繁重的探究，并陷入如下两难的困境：要么是我们不具备达到同样高标准的能力，如果是这样，那么我们就要承认自身能力的低下；要么是我们缺乏意愿，如果是那样，那么我们就要谴责自己的品位。对于你的这个问题，我几乎不敢尝试提出自己的观点，除非允许我复述一段他人的对话。按照当今的标准，几位对话者实属优秀的演说者。我在年轻的时候，曾旁听他们激烈探讨过你的这个问题，所以我需要借助记忆力而非智力，遵从他们的发言顺序，重述相同的分歧与论点，以重现我聆听过的那些最卓越之人精微的深思和深沉的

言论。他们的解释各有不同，但均言之有理，从而折射出演说者各自的灵魂与天资。另外，持反对观点的一方也有拥护者。他大力批判旧时之物，视其为笑柄，并推崇当今的演说术更胜于古代的技艺。

[2] 那是库里阿提乌斯·马特努斯（Curiatius Maternus）诵读完他那本《迦图》（Cato）后的第二天。他在悲剧中忘乎自我，沉浸于迦图这个角色。据悉，达官显要们因他这种表现而感到相当不快。整个罗马城都在谈论这个事情。此时，罗马法庭上的明星马库斯·阿朴尔（Marcus Aper）与尤利乌斯·塞孔都斯（Julius Secundus）前来拜访马特努斯。出于对修辞学研究的热爱以及年轻人的热情，我不仅在法庭上聚精会神地倾听阿朴尔和塞孔都斯的辩论，甚至跟随他们到他们家中与公共场合，希望能全程参与他们的闲谈和辩论，以及私底下内行深奥的谈话。尽管有许多反对者恶意批评塞孔都斯的演说缺乏预先准备，认为阿朴尔的演说声望是源于他的天赋，而非文学训练，然而事实上，塞孔都斯的演说风格纯朴、精简，并且足够流畅，而阿朴尔则博学多识。与其说阿朴尔不了解诗文，倒不如说他只是轻视了这方面。这是因为他相信，如果他的天赋看起来没有依靠其他不相干技艺的支持，那么他的勤勉与努力就可以带来更多声誉。

[3] 于是我们进入了马特努斯的房间，发现他一边坐着一边拿着他之前诵读的书。于是塞孔都斯说："马特努斯，难道那些恶意贬损者的言辞没有吓住你？难道这没有令你减少对你那惹人恼怒的《迦图》的热爱？还是说你现在拿着你的著作，是因为你想要谨慎地修改它，剔除任何可能招致恶意曲解的内容，然后再发表一版哪怕未能做到更好但至少不那么冒险的《迦图》？"

"请你去阅读《迦图》，"对此，马特努斯回答，"这将向你展示马特努斯希望自己能够承担的责任：你会发现它确实如你听说到的那样。如果《迦图》的内容有所疏漏，那么当我下一次诵读时，我的《堤厄斯忒斯》（Thyestes）将会补充那些遗漏的部分，那是我脑海中计划并构思完成的下一部悲剧。我之所以正抓紧出版这部作品，是因为我希望自己能尽快结束前一部作品，以便于全心全意投入新的创作中。"

"如此看来，你没有满足于你的那些悲剧，"阿朴尔说，"否则你不会荒废演说和诉讼的事业，而把所有时间耗费在悲剧上：瞧，之前是在《美狄亚》（Medea）上，如今又是在《堤厄斯忒斯》上。眼下，你的朋友们有那么多的诉讼案件，殖民地和公民城里有那么多的被保护人呼唤你进入法庭。你本已很难满足这些需求了，为何你还要给自己平添新的麻烦——把多米提乌斯（Domitius）①和迦图，或者说把我们罗马的历史与人物，放进希腊的戏剧中。"

[4] "你这严厉的话语令我感到不堪，"马特努斯说，"对我们来说，频繁而持续的争论几乎成了习惯。你从不停止抨击和辱骂诗人，而我这个被你指责忽视本职工作的人，却每天都要为了捍卫诗歌而与你辩论。令我感到愉快的是，现在我们有位仲裁人在场，他要么将禁止我在未来继续作诗，要么将以他的权威要求我务必从事我长久渴望去做的事情，帮助我脱离那耗费我太多精力的逼仄的法庭诉讼，由此我便能够将文辞之馈赠升华至更崇高、更神圣的形式。"

[5] "我嘛，"塞孔都斯说，"在阿朴尔拒绝由我担任仲裁人之前，我会做一件一位正直严谨的仲裁人通常会做的事：当一方当事人相较于另一方当事人更受仲裁人青睐时，仲裁人应退出审讯。众所周知，没有比萨雷乌斯·巴苏斯（Saleius Bassus）与我关系更近的人了，他是我的一位旧友，我们一直保持着最真挚的友谊。正因为巴苏斯既是最卓越的人，又是最完美的诗人，所以倘若诗歌受到指控，我真不知道还能从哪找到更有资格的被告。"

阿朴尔反驳道：

"萨雷乌斯·巴苏斯大可高枕无忧。同样还有那些无法胜任法庭工作、一心追寻诗歌、以诗歌成名的人。不过毫无疑问的是，既然我们这场争论现在找到了仲裁人，我就不会再允许马特努斯躲在他的盟友们身后辩护。相反，我

---

① 文章没有明确指出是哪位多米提乌斯。——中译者注

要他当着在场所有人的面为自己辩护。他是一位天生的演说家，擅长掷地有声的演说。凭借这样的演说，他能够获得并保持友谊、拓展人脉以及掌控整个行省。然而，他却正在抛弃这样的事业——无法想象，在我们国家，还有哪项事业能够比这项事业带来更丰厚的实际利益，或是能够带来更甜蜜的满足感，或是能够提升更高的身份地位，或是能够为个人赢得罗马城中更多的荣耀和名声，或是能够为个人在整个帝国乃至整个世界取得更显赫的声望。

"如果实用价值是我们一切思考与行动的准绳，那么还有什么行业能比从事演说更安全的呢？这项技艺（演说）能给予你一个时刻准备好的武器，以保护你的朋友，救助陌生之人，解救危难之人，乃至令心怀恶意的敌人产生恐惧与怖意。与此同时，你自身则安全得就像身处一堵无法撼动的由权威和力量组成的壁垒之后。当你自身一帆风顺时，这项技艺对他者的庇护与保护体现了它的功效和效能；但是当威胁转向你，令你自身陷入被控告的险境时，没有哪把剑、哪副护盾能够给予比演说术更坚实的支持。无论是在法庭上，还是在元老院，抑或在元首面前，演说术既是护盾，又是武器。你既可以利用它进行防御，又可以利用它回击对方的攻讦。不久前，面对来自元老们的攻击，埃普里乌斯·马塞卢斯（Eprius Marcellus）除了自己的演说术还能依靠什么呢？由于做好了争辩与激烈反抗的准备，他才能够招架住哲学家赫尔维狄乌斯（Helvidius）的攻讦——赫尔维狄乌斯尽管有着充满智慧的言辞，但他在这种争辩中就像是毫无经验的初学者。演说的实用价值我便不再多说了。这是因为我很肯定，马特努斯绝不会反对我的这一见解了。

[6]"我再谈一谈演说带来的快乐。演说带来的愉悦不是转瞬即逝的，相反，它几乎存在于一周的每一天、一天的每一小时。对于自由公民而言，他们的心灵天生就向往崇高的快乐。对于这样的人来说，还有什么能比下面这种情况更令他们满足呢？他的居所里永远云集着社会上最显赫的那些人，而且这样体面的事并非因为他的财富，并非因为他没有子嗣，并非因为他掌管某个部门，也并非出于其他各种原因，而是因为他这个人本身。相反，为何那些没有子嗣继承财富的人，和那些富人、权臣，总是去拜访辩护人——即便这些辩

护人可能既年轻又贫困——请求他们为自己或朋友们的案件出庭？巨额财富和巨大权力带来的快乐，怎能比得上看到那些庄严而尊贵的长者——那些身后有全世界支撑的人——向你坦诚，即便他们各方面都极度富足，他们还是没有那最美好的东西。此外，看看那些陪同你出入的体面的随从们！看看你在公共场合的丰采！想想你在法庭上得到的大量尊重！想想当你在安静的观众面前站起来，所有人的目光都集中在你一个人身上时，你所感受到的那种至高无上的愉悦！想想那逐渐聚集起的人群，蜂拥至演说者的周围，接收演说者可能表露的一切情绪。我刚才列举的只是演说家众所周知的乐趣，甚至连门外汉也对此一目了然。但是还有一些没么明显，只有演说家本人才能体会的乐处。若是演说家发表了一篇精心准备、认真排练的演说，那么他获得的愉悦感，就如他的言辞本身，具有某种坚实、永久的特性；若是他偶然间不无紧张地向观众展现了某种新鲜的即兴创作，那么他那种提心吊胆的感觉便为成功的喜悦增色不少，助长了他的愉悦感。事实上，一时鲁莽而轻率的即兴发言本身便令人痛快。这是因为才华就如同耕地：尽管花费长时间播种、培育的作物能够带来愉悦，但是那些从地里自然生长出来的东西能够带来更多的喜悦。

[7]"请允许我声明我自己的情况。我作为一个出生于一座最不受欢迎的城市的新人（homo novus），即便在我穿上元老长袍或是在我当选财务官、保民官、裁判官的那天，我得到的快乐也不如我在下面这些日子里得到的多：在那些日子里，我有机会运用我仅有的演说才华，在刑事审判中争取到无罪的判决，或在百人法官团面前为一些案件成功辩护，或者在元首面前为那些可敬的自由人或帝国官员辩护。那时候，我感觉我超越了保民官、裁判官乃至执政官。我感觉自己拥有了一种资本，一种哪怕不是自发也绝非书面授权或恩惠而来的资本。

"哪种职业的名声与称誉可与演说家的荣誉相比？哪有人在罗马拥有比公共演说家更高级的特权？这样的认识不仅深入投身于事业的人心中，还深入悠闲的年轻人以及尚未步入成人阶段之人的心中——只要这些年轻人拥有良好的性情和美好的愿景。哪个人的名字会比演说家的名字更早被父母向孩子反复念叨？当穿着短袍的普通民众路过时，谁会比演说家更经常被指出并被叫出名字？甚至当旅客和外邦人一踏入罗马，他们就会去打听那些他们在自己公民城和殖民地经常听到的演说家，并渴望与这些演说家结识。

[8]"请允许我冒昧地断言，埃普里乌斯·马塞卢斯这位我之前提到过的朋友，他和维比乌斯·克里斯普斯（Vibius Crispus）两人在极远之地的名声，与他们在各自的家乡卡普亚（Capua）和维尔切利（Vercellae）的名声一样显赫——我倾向于援引这样新近的例子，而非那些久远到几乎遭人忘却的例子。他们是因为演说的口才而获得如此卓著的名声，而不是因为他们一人拥有两亿塞斯退斯、另一人拥有三亿塞斯退斯的巨额财富——虽然这些财富也可以说是他们依靠演说得到的。无论在哪个时代，演说那非凡的影响和力量都为我们提供了丰富的案例，证明了人们可以凭借才智上升到何等地位。眼见为实，耳听为虚，在我刚才援引的那个我们熟知的案例中，两人的出身越卑贱、越低下，他们成长的过程中越受制于贫穷，演说的好处就越能得到诠释。尽管两人没有显赫出身为保荐，没有雄厚财富为资源，亦不具备高尚的品德，甚至其中一人还因外表而遭受嘲笑，但是近些年来，他们已成为罗马最具权势的人物，而且只要他们愿意，他们就能够成为法庭的领袖，不仅如此，他们还成了元首朋友中最红的那个，他们赢得了一切。就连在韦斯帕芗（Vespasian）元首本人对他们的喜爱中甚至还掺杂着几分敬意。这是因为这位德高望重又最能宽容真相的老元首十分清楚，其他那些自己喜欢的朋友都是靠着自己的恩赐得到的各自地位。这种恩赐对元首而言无足轻重，可以慷慨地施予他人。而马塞卢斯与克里斯普斯二人却在他们和元首的友谊中，带着一种元首无法给予也无法剥夺的东西。与上述这些伟大的成就相比，雕像和带题词的奖章就算不上什么了。当然，我们也不应忽视那些雕像和带题词的奖章，或者忽视那些钱财，毕竟人们虽然批判这些物质财富，却很少鄙弃它们。

"于是我们发现，荣誉、盛名与资源填满了那些自少年时期便投身于法律实践与演说事业之人的屋子。

[9]"至于马特努斯渴望全身心投入的音乐与诗文——事实上，整场讨论就源于此——它们没有给作者带来任何尊严，也没有增加任何物质财富；相反，它们只会产生出转瞬即逝的快乐和空洞无果的赞词。马特努斯，虽然你可能会厌恶我接下来将要说的话，但我还是要问：当阿伽门农（Agamemnon）或伊阿宋（Jason）在你的作品中慷慨陈词时，谁能从中获益？谁能从中得到保护，并带着对你的感激返回家中？以我们的朋友萨雷乌斯为例，这位杰出的诗人，或者赞美得更深一些，这位最卓越的诗人，有谁会护送他、拜访他或者追随他？毫无疑问，倘若他的朋友或亲戚甚至他自己陷于某些麻烦事，他便会冲到塞孔都斯那里，或者冲到马特努斯你这里。这不是因为你是一个诗人，也不是为了让你为他作一段诗——巴苏斯不缺这些，甚至他作的诗还更加优美动听。然而，作这些诗的结局是：巴苏斯经过一整年的埋头苦书，耗费所有白天以及大部分晚上的时光，终于炮制出一部作品，到头来却发现自己被迫忙于邀请和游说人们当他的听众，甚至需要自掏腰包来租赁房屋和长凳，以及自行布置讲坛和分配节目。此外，即便他的朗诵取得圆满成功，可所有那些赞扬在一两天之内便都会消逝，这就好比那些收割过早的花草，结不出任何真正的果实。他从中得不到一份友谊、一个被保护人或是一份铭记于心的感激，得到的只有零散的掌声、空洞的恭维和转瞬即逝的喜悦。不久前，韦斯帕芗元首赏赐了巴苏斯五十万塞斯退斯，我们对元首这次惊人而特别的慷慨称赞不已。一个人以他的能力赢得元首的喜爱固然是一件好事，不过要是一个人受家境所迫，于是培养自身，求诸自己的才能，最后体验自己给予的慷慨，这样难道不是更好吗？更进一步地说，当一位诗人费尽全力地专心创作一部优秀的作品时，他便不得不放弃与朋友之间的往来，放弃城市里的所有乐趣。正如诗人们自己所言，他们必须舍弃其他所有的社会活动，退隐于深山老林的一片孤寂中。

[10]"甚至名声，这个诗人坦白承认的自己所追求的唯一目标、努力工作的唯一回报，也更多地落入演说家而非诗人手中。平庸的诗人无人知晓，优秀的诗人知者亦少。就拿你们少之又少的作品来说，有哪部作品曾在罗马城引起轰动？至于名震诸行省就更别提了。当外乡人从西班牙、亚细亚或是我的故乡

高卢来到罗马时,有几个人会去寻访萨雷乌斯·巴苏斯?即使有人真的去寻访巴苏斯,这个人见一眼也就会匆匆离开了,而且还挺心满意足,就好像刚才看了一幅画或者一座雕塑。我不希望我的这番话被你们误解,好像我在阻止那些天生缺乏演说才能的人从事诗歌创作似的。只要他们能在这门学问中享受闲暇并获得相称的名声就好。我坚信所有形式和类别的文辞都是神圣且庄严的。在我看来,不仅是你创作的悲剧或者慷慨激昂的英雄史诗,还有美妙的抒情诗、放荡的挽歌、尖锐的抑扬格诗、打趣的诙谐短诗以及文辞的其他所有形式,它们都要高于文辞以外的其他所有学问。然而马特努斯哦,我现在谈论的对象是你!你拥有的天赋本可以带领你攀登演说的顶峰,但是你却选择了偏离正道。你明明正要登上顶点,可是你却停在无关紧要的琐事上虚度时光。这就好比如果你成长于希腊这座即使是从事娱乐性技艺的人也会受到尊敬的城邦,同时诸神还赐予你尼古斯特拉托斯(Nicostratus)般强健的体魄,那么,我就无法容忍你将这对适合在竞技场上格斗的强壮臂弯,随意浪费在投掷标枪或铁饼这种乏味的运动上。因此,我现在正尝试把你从讲堂和剧场中带出来,带你走上法庭,走进法庭诉讼,投入真正的战斗中。我这么做更深刻的原因在于,你那高贵的本性爆发,冒犯了他人,所以你甚至不能求助于那个很多人采用的借口,说自己放弃演说、投入诗歌是由于诗人这个职业不像演说家那么容易冒犯他人。不仅如此,你还不是为了某个朋友,而是为了迦图才冒犯他人,后一种情况可要比前一种更危险。你无法找借口称自己这种为迦图而冒犯他人的行为是出于职业要求、辩护人的信用或者即兴发言时的冲动。而且你在作品中选了一位显要的人物,一位说话有权威的人物,这更让人觉得你是刻意如此。当然,我知道你会如何从另一个角度回应。你会解释说,如此选择是因为,这样激起的热烈掌声能够在讲堂获得高度赞赏,能够很快成为所有人谈论的话题。既然你刻意挑选了一个强于自身的对手,那么就抛弃你那渴望平静与安宁的借口吧。至于我们演说家,我们只要去处理眼下的私人纠纷就足够了。并且,如果在这些论战中,我们为了保护一位陷于危险的朋友而不得不说一些冒犯权贵的言语,那么我们也会为我们的忠诚而得到赞赏,为我们的直言而得到宽恕。"

[11] 阿朴尔的言辞如同往常一样尖锐。他语气激烈并紧绷着脸。待阿朴尔说完后，马特努斯态度温和、面带微笑地回答：

"我刚才都准备好照着阿朴尔对演说家的称颂，以同样的时长遣责演说家了。因为我当时以为阿朴尔称颂完演说家之后，将会贬损诗人和诗歌事业。不过阿朴尔相当巧妙地通过下面这个论点安抚了我：他同意无法胜任辩护人的人从事诗歌创作。至于我嘛，或许我努力一番，的确能够以辩护人的身份取得一番成就。但我恰恰是依靠在公众面前诵读悲剧才走上了成名之路，那是在尼禄（Nero）时期，我打倒了瓦提尼乌斯（Vatinius）的邪恶势力，这股势力甚至亵渎了学识的神圣性。我想，此刻我所能拥有的名声都应归功于我的诗歌而非演说。如今，我下定决心摆脱法庭工作的束缚。我不追求那些在我出门时陪同我的追随者，或是那些频繁登门的访客，更别说那些违背我的意志强行送来我家的黄铜和奖章了。除此之外，就我的经历而言，正直、清白比演说更能维护一个人的地位，更能保证一个人内心的平静。我从来不害怕在元老院发表演说，除非是为了帮助他人脱离险境。

[12] "事实上，阿朴尔刚才抨击的深山老林与隐居生活给予了我极大的快乐，甚至在我看来是诗歌最主要的好处：我无须在喧闹的城市中创作，没有被保护人坐在门前等待，也不必与衣衫褴褛、声泪俱下的被告相处。是的，富有诗意的灵魂隐入简单纯洁的居所，并在这神圣的栖所中找寻乐趣。诗歌是演说的起源，是最深处的圣殿，是文辞第一次赢得了凡人的欢心时的形态，潜入了人们那些尚未沾染罪孽的纯洁心灵。可以说，诗歌曾是传递神谕的语言。而如今流行的以赚钱为目的、沾染血污的诗歌，则是这个时代的发明，是社会堕落的产物。阿朴尔，正如你所说，诗歌成了冒犯他人的武器。但在那幸福的时代，即诗人口中的黄金时代，既不存在演说家，也不存在罪犯，只是有一群诗人和吟游诗人。他们不为作恶者辩护，只愿歌颂行善者。对他们而言，没有比下面这些更伟大的荣耀、更崇高的荣誉：首先是与诸神为伴。这些诗人据说是神谕的传达者，是诸神宴会的参与者。其次是与那些诞生于诸神的神圣国王们为伴。在这些诗人身边，我们找不到一个辩护人，相反，有俄耳甫

斯(Orpheus)和利诺斯(Linus),如果你愿意再向前追溯的话,还有阿波罗(Apollo)。阿朴尔,如果上述这些在你看来过于传奇以至于近乎虚构,那么你至少会承认:后人对荷马(Homer)的尊崇与对德摩斯梯尼(Demosthenes)的崇拜不相上下。欧里庇得斯(Euripides)和索福克勒斯(Sophocles)的名声无远弗届,与吕西亚斯(Lysias)和希佩里德斯(Hyperides)的名气不分高低。除此之外,你会发现,有更多的人贬低西塞罗的声誉而非维吉尔的声誉,也会发现,阿西尼乌斯(Asinius)①或梅萨拉(Messalla)的任何作品都不如奥维德(Ovid)的《美狄亚》或瓦里乌斯(Varius)的《堤厄斯忒斯》名气更大。

[13]"这些便是诗人的命运和他们幸福的友谊,我可以毫不犹豫地将它们与演说家纷乱焦虑的生活作对比。尽管演说家能通过他们钟爱的论战与诉讼晋升至执政官的位置,但是我更倾向于维吉尔那种宁谧、安定的隐居生活。而且维吉尔在隐居生活中也没有失去神圣的奥古斯都的喜爱和罗马市民的欢迎。奥古斯都的信件和市民如下的行为可以证明这些:市民们在戏剧演出中听到维吉尔的名言隽句后便会同时起立。倘若维吉尔碰巧在场,他们就会向他致以敬意,就好像对待元首一样。同样地,在我们的时代,就生命之尊严和名声之持久而言,蓬波尼乌斯·塞孔都斯(Pomponius Secundus)不输于多米提乌斯·阿菲尔(Domitius Afer)。至于克里斯普斯与马塞卢斯,你口中我应参考和学习的模范,他们引以为豪的东西中有什么是值得我们垂涎的呢?我们是羡慕他们常常惶恐不安,还是羡慕他们令人生畏?是羡慕他们天天应接不暇于各种请求,却仍然招致那些未被满足者的愤懑?难道是羡慕他们被迫讨好各方,结果反而令自己在掌权者眼中不够逢迎,在我们眼中又不够自立?他们的至高权力究竟是什么?唉,分明是连被释奴都拥有的权力。我嘛,愿维吉尔所说的'甜美的缪斯'领我入圣洁溪流流淌的圣所,令我远离烦恼与忧虑,使我免于每日执行那些违背我灵魂的必要任务。我愿自己不再沾染公共集会场所的疯狂喧闹与危险,也无须因害怕名声跌落谷底而浑身颤抖。我不愿大清早就被拜访

---

① 即后文中出现的阿西尼乌斯·波利奥(Asinius Pollio)。

者的喧哗声或气喘吁吁的被释奴吵醒，也不愿为了未发生的事而焦虑地立遗嘱确保钱财安全。终有一天，我的大限将到来，但愿我拥有的财富，不超过我能够留给我自主选择的继承人的限额；但愿安放在我坟头后的雕像不是一脸阴冷愁容，而是笑容爽朗并头戴桂冠；还有，但愿没有人为了我的追悼会而试图与元老院商讨，或向元首请愿。"

[14] 马特努斯快要讲完，他情绪激动，陶醉其中，而就在这时，维普斯塔努斯·梅萨拉（Vipstanus Messalla）走进了屋内。从大家全神贯注的神态中，梅萨拉推测他们正在谈论的话题至关重要。于是梅萨拉问道："我是不是来得不是时候，打断了你们的私人讨论？你们是在忙着准备案件还是别的事？"

"哪里，哪里，"塞孔都斯大声说道，"一点也不打扰。我反而希望你刚刚就在场，因为你一定会喜欢我们的朋友阿朴尔那精妙绝伦的演说。他劝告马特努斯将所有的才智与精力投入法庭的辩护上。你同样会喜欢马特努斯为他的诗歌所作的热情激昂的辩护。这段发言不愧是为诗人辩护，它风格大胆，相比于演说，更像是诗歌。"

"噢，当然，"梅萨拉回答，"我一定会深深陶醉于那场演说。但真正让我感到欢欣鼓舞的是你们这些卓越的人才，当今最一流的演说家，不仅将才智用于法庭事务和口才练习，还用在了这种讨论上。这种讨论既益智，又提供了学问与文辞方面最惬意的娱乐。在这个过程中，不只讨论者从中受益，旁听讨论的人也会从中获益。而你，塞孔都斯，作为尤利乌斯·阿非利卡努斯（Julius Africanus）传记的作者，你让民众期盼能有更多这类型的书籍问世。我发现你和阿朴尔受到民众同样的喜爱。只不过，阿朴尔还没有远离修辞学校里的练习，并且他选择以当今修辞家的方式打发自己的闲暇时光，而非遵循过去演说家的方式。"

[15] "亲爱的梅萨拉，"阿朴尔反驳道，"你还是这样，从未停止仰慕那些久远与过时的事物，不停嘲笑和贬低我们这个时代的学问。我经常听到你说，与古时相比，我们这个时代没有演说家。当你发表如此言论时，你好似忘记了

你自己和你的兄弟有多么能言善道。甚至，你还发表了一些更为大胆的言论。不过看到你拒绝接受别人给予你一些你应得的荣誉，我相信你发表那些大胆的言论，是因为你毫不惧怕任何出于嫉妒的非难。"

"然而，"梅萨拉说，"我不会为我的言论道歉。而且即使你经常发表反对言论，我还是不相信，塞孔都斯、马特努斯或阿朴尔你自己，真的能有什么与众不同的观点。我只是希望能够说服你们中一个人，去探究古代的演说和现在的演说出现如此巨大反差的原因，并向我们阐述调查的结果。而我自己也经常反思上面这个问题。上述问题在希腊也同样发生了，比方说，你的祭司朋友尼西特斯（Nicetes），或者其他任何以演说带来的喝彩声震撼以弗所（Ephesus）或米提利尼（Mytilene）的人物，这些现在的希腊人与埃斯基涅斯（Aeschines）、德摩斯梯尼之间的差距，甚至要超过阿菲尔、阿非利卡努斯或你们几位与西塞罗、阿西尼乌斯之间的差距。这一事实或许能令某些人感到宽慰，但对我来说只是让困难加剧了。"

[16]"你提出了一个值得探讨的重要问题，"塞孔都斯说，"不过，既然你在掌握渊博的学识和卓越的才能之上还进行了许多细致的研究，那么除了你以外还有谁能更适合讨论这个问题？"

梅萨拉回应道："如果你能答应协助我完成这次讨论，那么我很乐意与你分享我的想法。"

"我代表我们俩，"马特努斯说，"塞孔都斯与我都将补充那些与其说是被你遗漏，倒不如说是由你特意留给我们的论点。至于阿朴尔，诚如你方才提到的，他通常持反对意见，并且他显然早已准备好进行反驳，而不是温顺地容忍我们一致赞颂古人。"

"我当然不会容忍，"阿朴尔回答，"我不会允许我们的时代在无人辩护、缺少申述的情况下，就遭到你们合谋定罪。不过，我的疑问是：你们所谓的'古人'是谁？你们所指的演说具体限定在哪个时期？就我而言，当我听见有人说'古人'时，我理解的是那些距离我们很久以前的人。我脑海里浮现出来的是奥德修斯（Ulysses）与涅斯托耳（Nestor）这样的英雄。他们生活的年代比现在要早一千三百年。而你们提到的德摩斯梯尼与希佩里德斯，众所周知，他们活跃于腓力普（Philip）与亚历山大（Alexander）统治时期，甚至存活于这两位君王之后的年代。显然，我们的时代与德摩斯梯尼的时代相隔不过三百年。倘若你以人类孱弱的身躯来衡量，三百年看起来似乎很长。但如果我们将它与年代的本质和时光之无穷放在一起考虑，便会觉得三百年短得恍如昨日。这是因为正如西塞罗在《霍腾西乌斯》（Hortensius）中所写的，只有当苍穹中的星辰重新回到他们原本所在的位置时，我们才度过了'真正的一年'，'巨大的一年'。而这样的'一年'包含了一万二千九百五十四个我们口中的一年。照此算来，你们尊称为'古人'的德摩斯梯尼，他便不仅跟我们生活在同一年，甚至生活在同一个月份。

[17] "现在，我要把话题转回拉丁演说家身上。在我看来，你们会习惯性地给予古代的演说家高于当今的优秀演说家的评价，所以相比于梅奈尼乌斯·阿格里帕（Menenius Agrippa）——在我看来他可以被视为古人——你们更倾向于西塞罗、恺撒、凯利乌斯（Caelius）、卡尔乌斯（Calvus）、布鲁图斯（Brutus）、阿西尼乌斯与梅萨拉。不过我还是不明白你们为何把后面这些人归入古代而非我们的时代。以西塞罗为例，据西塞罗的被释奴提若（Tiro）记录，西塞罗是在希尔提乌斯（Hirtius）与潘萨（Pansa）任执政官期间的12月7号被处死的。同年，神圣的奥古斯都（Augustus）把自己与昆图斯·佩狄乌斯（Quintus Pedius）选为执政官，接替潘萨与希尔提乌斯。算上奥古斯都随后统治帝国的五十六年，再加上提比略（Tiberius）的二十三年，卡利古拉（Caligula）的接近四年，克劳狄乌斯（Claudius）与尼禄各自的十四年，伽尔巴（Galba）、奥托（Otho）与维特利乌斯（Vitellius）那漫长的一年，以及如今韦斯帕芗统治下国家富强、民众安乐的这六年：从西塞罗去世到今天一共只有一百二十年。这还没有人一生的时间长。为什么这么说呢？我在不列颠亲眼见过一个老人声称自己曾经参加了他的同胞们抵抗恺撒入侵的战役。在战役中，他和他的同胞们奋力击退恺撒，阻止了恺撒登陆他们的岛屿。假设这位武装反抗过恺撒的人，曾以俘虏、游客或是其他身份来到过罗马，那么他既

很可能听过恺撒和西塞罗的演说，又很可能曾经出现在我们的诉讼现场。在上次向公众分发赠礼的过程中，你们也亲眼看到许多老人在讲述自己不止一次收到过奥古斯都的馈赠。显然，我们可以据此推断，这些人可能聆听过科尔维努斯（Corvinus）与阿西尼乌斯的演说，因为科尔维努斯活到奥古斯都统治的中期，而阿西尼乌斯几乎活到了奥古斯都统治结束时。你们不能将一个时代分成两个，继而在谈及一些演说家时反复宣称他们属于遥远的过去。一些与我们同时期的人很有可能亲耳聆听过这些人的演说。

[18]"我之所以先说明上面这些道理，是为了揭示一种所有人共有的财富，也就是那些从不同时代的演说家的名声与荣誉中闪耀出的全部光彩。并且，这些财富与我们关联得更紧密，而不是与塞尔维乌斯·伽尔巴（Servius Galba）、盖乌斯·卡波（Gaius Carbo）或者其他能够被恰当地称作'古人'的人。那些'古人'的演说实在是粗糙而未经抛光、笨拙而未成形状，但愿你们所崇拜的卡尔乌斯、凯利乌斯或西塞罗没有在任何方面模仿这些'古人'。我真希望现在就更大胆、更坚定地讲下去，不过在此之前，我要先向你们解释一个前提：演说的形式和类型会随时代改变。因此，与老迦图的用词相比，盖乌斯·格拉古（Caius Gracchus）的用词更丰满详实；与格拉古的作品相比，克拉苏（Crassus）①的作品更精炼华丽；与他们二人的文风相比，西塞罗的文风更明快、文雅和高迈；此外，与西塞罗的演说相比，科尔维努斯的演说更和缓、更迷人，措辞更谨慎。我并不是在问哪一位是最伟大的演说家。当前阶段，我满足于证明下面这个观点：演说不止一种面貌，人们甚至能够在那些你口中的'古人'身上发现不同类型的演说。当改变发生时，我们不能立刻断定这种改变是向坏处发展的。然而，由于人类百般挑剔的天性，古老的事物总是被高度尊崇，现代的事物总是被冷落。不必怀疑，一定有人对阿皮乌斯·凯库斯（Appius Caecus）的推崇胜于对迦图的崇拜。众所周知，甚至在西塞罗的背后也不缺乏贬低者。这些人认为西塞罗的演说浮华、臃肿、不够简洁，而且

---

① 即后文中出现的路奇乌斯·克拉苏（Lucius Crassus）。

十一、塔西佗的《演说家的对话》

过分跳跃、冗余，简而言之就是不够阿提卡。你们一定读过卡尔乌斯与布鲁图斯写给西塞罗的信。我们从这些信中不难发现，在西塞罗看来，卡尔乌斯的演说苍白而消瘦，布鲁图斯的演说则淡漠且杂乱。反过来，卡尔乌斯批评西塞罗的演说软弱无力。至于布鲁图斯——用他自己的话来说——批判西塞罗的演说'虚弱且毫无男子气概'。如果你问我怎么看待这些评论，那么我会说这些人讲的都对。不过，我暂且先将这些人归为一类，总体地评价他们一番，稍后再逐一点评。

[19] "崇古者常常以上面那些人为界限划分古代演说家的范畴。……① 直到卡西乌斯（Cassius）②。至于卡西乌斯，崇古者控告他，声称他是第一个背离了那种古老而质朴的演说风格的人。但是在我看来，卡西乌斯的演说风格发生转向不是因为天资上的缺陷或者教育上的匮乏，而是因为他合理的判断与清晰的认知。卡西乌斯发现了我刚才阐述的那个道理，认识到演说的结构和形式应当随着时代、环境与听众品味的变化而发生改变。过去的民众未经训练、阅历浅薄，因此比较能够接受那些冗长而费时的演说，甚至还会赞美那些通过长篇大论来占用他们一整天时间的人。想想那些意在调动听众情绪的冗长绪言、那些上溯至万物之始的叙事、那些掉书袋一般炫耀自己的举例、那有着上千步骤的论证，以及赫尔玛格拉斯（Hermagoras）和阿波罗多茹斯（Apollodorus）撰写的那些枯燥无味的论著中规定的所有其他方面，上述这些都大受过去的民众推崇。要是哪个人对哲学有些肤浅的了解，并引用几句到自己的演说里，那么这个人就会被他们捧到天上了。这也难怪，毕竟这些新奇、陌生的东西，即便在演说家中间，也只有极少数人能熟悉修辞法则或哲学基本原则。但是在如今，这一切都已经普及化了。位于法庭中间的听众即便没有接受过关于这项技艺的系统化的入门训练，也至少曾与它有所接触。因此，演说需要新颖的、精妙的方法，这样，演说家才能避免他们的观众感到厌倦。这一点在下面这种法

---

① 原文此处有缺失，应该是讲古代演说家的范畴划分到卡西乌斯为界。——中译者注
② 即后文中出现的卡西乌斯·塞维鲁（Cassius Severus）。

443

官面前显得格外重要：这种法官不以法律本身判决议题，而是凭借自己的权力；他们不允许发言者自己控制时长，而是为发言者规定时长；他们不会耐心等待发言人谈主题，而是频繁地提醒和催促发言人，或是在发言人跑题时把话题拽回来，并声明他们没有时间来浪费。

[20]"如今，谁会容忍一个演说家在开场时先谈及自己糟糕的健康状况，像科尔维努斯开篇通常所作的那样？谁会耐着性子听完五场'反维勒斯（Verres）'的演讲？谁受得了那些我们在《为图里乌斯（M. Tullius）一辩》与《为凯奇纳（Aulus Caecina）一辩》里所领略到的关于抗辩和诉讼程序的冗长争论？在现在这个时代，法官走在发言者的前面。除非法官受流畅的论证、活泼有趣的见解或是精美典雅的描述吸引与诱惑，否则他只会对发言者的话语充耳不闻。甚至连围观支持的民众和偶然驻足的听众如今也坚持要求演说必须欢快、优美。这些听众不再接受法庭上严肃、粗糙的老派作风，一如人们不希望舞台上有演员再现若斯奇乌斯（Roscius）或安比维乌斯（Ambivius）那般姿态。事实上，如今那些尚处于学习阶段的年轻人，他们为了自身进步而追随各个演说家，不仅渴望聆听演说，还希望能把一些值得记忆的华彩段落带回家。无论是听到某句灵感乍现的机智、简练的格言，还是记住某个引人入胜的精心雕琢、富有诗意的段落，这些年轻人都将它们口耳相传并经常将它们写入寄给自己殖民地或行省的书信中。这是因为，如今人们要求演说家也要如诗人般懂得修饰文辞。这种文辞的装饰应沐浴自贺拉斯（Horace）、维吉尔、卢坎（Lucan）之圣殿的光辉，而未减色于阿基乌斯（Accius）和帕库维乌斯（Pacuvius）之霉臭。正是由于顺应了听众的品位和想法，当今的演说家才显得更具优雅和魅力。当今的演说家不会因为取悦了法官而降低他们演说的效益。唉，不过总有些人认为，现在这些闪烁着大理石光芒的金碧辉煌的神庙，要不如那些用粗糙的石料和难看的瓦片建造而成的神庙牢固。

[21]"坦白地讲，一些古人的演说几乎令我忍俊不禁，另一些古人的演说则几乎令我昏昏欲睡。我就不单独谈论那些泛泛之辈了，无论是卡努提乌斯

（Canutius）或阿提乌斯（Attius），还是更不值一提的福尔尼乌斯（Furnius）、托拉尼乌斯（Toranius）或者他们同'病房'的其他'病友'，这些人满足于那种缺乏血肉、瘦骨嶙峋的演说。至于卡尔乌斯，如果我没说错的话，尽管他留下了多达二十一卷的演说辞，但是其中几乎没有能够达到标准的短篇演说，或是最多只有两篇。我认为现在的人会同意这种批评，毕竟现在还有多少人去读卡尔乌斯控告阿斯提乌斯（Asitius）或德鲁苏斯（Drusus）的演说。不过，卡尔乌斯那篇名为'反瓦提尼乌斯'的演说辞倒是成了现在学生的必读篇目，特别是其中的第二篇。这篇演说辞的文风多样、词句丰富，符合法官的品位。由此人们很容易便能看出，甚至连卡尔乌斯本人其实也明白何种演说更好。与其说他是因为缺乏品味而导致他的演说不够崇高和优雅，倒不如说他是缺乏智慧。再以凯利乌斯为例，他确实或多或少有一些令人满意的演说作品，这些作品展现了我们这个时代的演说所拥有的优雅与崇高。然而在此之外，他那陈腐的措辞、草率的安排及拙劣的句式，都显现出一种过时的品位，因此，我相信，即使有人盲目崇古，也不会仅仅因为凯利乌斯的作品风格过时就给予赞美。我们无疑要原谅恺撒。恺撒的雄心壮志与丰功伟绩导致他在演说上的成就未能达到他那过人的天资本应达到的境界。这一点在布鲁图斯这里也一样。我们应该把布鲁图斯留在他钟爱的哲学领域，因为就连他的仰慕者也承认他的演说有负他的盛名。我几乎肯定有人在读恺撒为萨莫奈的德奇乌斯（Decius the Samnite）所作的辩护、布鲁图斯为德奥塔鲁斯王（King Deiotarus）所作的辩护或是他们的其他作品时，都会感到同样的无趣、枯燥，除非这些人同样倾慕他们所作的诗。恺撒与布鲁图斯不仅作诗，还将所作的诗收入图书馆。尽管他们的诗比西塞罗的诗好不到哪里去，但是他们的运气更好，因为他们的诗相比之下没有那么臭名远扬。阿西尼乌斯也一样，尽管他较为接近我们的时代，并且我认为他肯定与梅奈尼乌斯（Menenius）或阿格里帕（Agrippa）[①]这类人学习过，但是他不仅在他的悲剧作品中模仿帕库维乌斯与阿基乌斯，而且在他的演说里也仿效他们。这就导致他的演说是如此死板、枯燥。不，演说就如同人体，青筋

[①] 此处的Menenius和Agrippa应该是两个与阿西尼乌斯同时期的人物，而非前文出现的公元前503年的古罗马执政官 Agrippa Menenius Lanatus。——中译者注

暴起、瘦骨嶙峋并非美丽的形体。相反，只有当健康的血液充盈四肢并隆起肌肉，肌腱隐藏在红润的皮肤和优雅的外表之下时，人体才是美丽的。我不想攻击科尔维努斯，是因为他没能展示出我们这个时代的演说应有的繁华和精致，不是他的过错。我们应当明白，他的灵魂和天资都不足以支撑他的品位。

[22]"我现在评价西塞罗。他与他的同侪展开过和你我当前一样的论战。因为西塞罗的同侪敬仰古人，而西塞罗偏好自己时代的演说。他胜过同时代的其他演说家最甚的就是他的品位。他开创先河，恰到好处地精炼演说形式，也最先采用新法去推敲词语和运用带有艺术感的布局技巧。除此之外，他也尝试写更华丽的段落，发明一些警句——至少是在那些他年事已高、即将步入演说家生涯的末尾，或者说当他演说能力已经充分发展的时候发表的演说中——并通过经验与实践学会了最好的演说。至于他早期的演说，则不免有些过时的小瑕疵：他的引言呆板，叙述冗长，内容离题到了令人厌烦的地步；他需要很长的时间才能振奋起来，并且很少充满热情；他的演说只有零星几个句子带有抑扬顿挫以及句尾的闪光点。从这些演说里，你似乎没有什么可以摘录、可以带走的，就像一栋粗制滥造的建筑，它的墙壁的确结实耐用，但未经打磨、缺乏光泽。我个人认为，演说家要像生活富足的屋主，应该住在一个不仅能遮风挡雨还能赏心悦目的房子里；房子里不只是配备了基本家具，还有着金器重宝供人把玩鉴赏，引人称羡。演说家应谨慎地避免那些陈旧的有霉味的事物，也就是说，演说家应该永远不使用那些犹如破旧生锈的物品般过时的词语，也不要像编年史学家那样用蹩脚、无趣的风格撰写句子。除此之外，演说家应该避开那些只会败坏名声且毫无意义的插科打诨，应该丰富演说的布局，还应该避免以单一的方式结束所有句子。

[23]"我并非有意嘲笑西塞罗的'命运的车轮'（rotam Fortunae）[①]、'野猪

[①] "命运的车轮"，应出自西塞罗，《反皮索》，Cic. Pis. 10. 22。——中译者注

汤'（ius verrinum）[①]，或者他演讲中每两句便会出现的'看起来似乎是'（esse videatur）这个毫无意义的结尾语。我也并不情愿谈论这些过去的演说家的缺点。事实上，我已经略过了一些他们的缺点。然而，那些自诩为'优秀的老派演说家'的人所赞赏和模仿的正是这些缺点，也只有这些缺点。我不具体点名了，我就只指出这类人的特点。不过，你们脑海中必定会浮现出这样的人：他们偏好卢奇利乌斯（Lucilius），而非贺拉斯；偏好卢克莱修（Lucretius），而非维吉尔；偏好西塞那（Sisenna）或瓦罗（Varro），而非奥菲迪乌斯·巴苏斯（Aufidius Bassus）和塞尔维利乌斯·诺尼亚努斯（Servilius Nonianus）；赞美卡尔乌斯留下的演说稿，而蔑视、反感同代人之作。这些人以老掉牙的方式，在法官面前喋喋不休。没有群众跟随他们，没有民众倾听他们，甚至连被保护人也难以忍受他们。这是一群多么沉闷乏味、多么粗鄙的人哪！甚至当他们吹嘘自己健康状况良好时，也会将这一结果归功于他们节制食欲而非身体强健。就身体健康而言，医生不会称赞那些只是为了防止生病而保重身体的人。仅仅满足于不生病是不够的，我认为一个人应该要身体强壮、精神饱满并充满热情。如果身体健全是一个人受到赞扬的唯一理由，那么这个人与残废仅是一线之隔。

"我能言善道的朋友们啊，你们具有足够的能力，请你们继续以你们最动人的演说为我们的时代增添光彩。梅萨拉，就我所看到的，你模仿着过去的演说中最美好的部分；而马特努斯与塞孔都斯，在你们的演说中，你们把深刻的思想和文雅优美的表述结合得天衣无缝；在你们的演说中，你们的选题和布局都很有品位，既尽力保证简洁明了，在必要时也能做到丰富多彩；在你们的演说中，你们的结构如此优美，思路如此清晰；在你们的演说中，你们表露了多么深沉的情感，虽是直言相告却仍能保证谈吐克制得宜。我想，即使怨恨和恶意会妨碍同侪们予你们以好评，但是后人肯定会还你们以公道。"

[24] 待阿朴尔语毕，马特努斯说道："必须承认哦，我们的朋友阿朴尔拥

[①] 运用了双关的修辞手法，意为"野猪汤"或"维勒斯的司法"。应出自西塞罗《反维勒斯》，Cic. Ver. 2.1.121。——中译者注

有猛烈的能量和澎湃的热情，不是吗？他以何等滔滔不绝的言辞、何等激情迸发的演说为我们的时代辩护！他以何等的全面且富于变化的言语表达对古人的抵抗！他以何等的天赋与灵感，以及何等博学的知识和高超的演说技巧，借古人之矛，旋即以此矛攻击古人！尽管如此，梅萨拉，你不要变更你承诺要做的事。我们既无须为古人辩护，也不必与阿朴尔刚才指责的人相比照。尽管阿朴尔刚刚赞美过我们，我等之中也无人能与他所诟病的古人们并驾齐驱。甚至阿朴尔自己也这样认为，只不过他遵循了一种古老而又常常受当今哲学家遵从的习惯，选择了站在反对者的发言立场。因此，你不要向我们发表对古人的颂词——他们的名声已经是他们最好的颂词——而是请你向我们解释：为何年表显示西塞罗之死到今天只有一百二十年时间，但我们的演说相比古人却已衰退至如此地步？"

[25] 梅萨拉接着马特努斯的话说：

"好的，马特努斯，我会遵循你指定的方式。我无须长篇大论地反驳阿朴尔。在我看来，阿朴尔挑起的争议不过是一个名词的用法而已。他认为用'古人'这个词来描述那些众所周知生活于百年前的人不恰当。我不会为这一个词而争论。只要他肯承认那时的演说比我们现在的更好，他便可以称呼这些人为'古人''祖先'或者其他任何他喜欢的称呼。同样地，他那段发言——同一时代里便会存在不同样式的演说，更何况不同的时代之间——对于这段言论我也不会予以回击。不过，正如在阿提卡演说家中，尽管我们将最高殊荣给了德摩斯梯尼，而埃斯基涅斯、希佩里德斯、吕西亚斯、吕库戈斯（Lycurgus）则位列其后，但是我们仍会一致赞同他们所处的时期是演说家最好的时代。而在罗马，西塞罗诚然是他那个时代的演说家中的翘楚，但卡尔乌斯、阿西尼乌斯、恺撒、凯利乌斯与布鲁图斯同样能够高于他们的先辈与后继者。尽管这些演说家的演说风格各异，然而更重要的是他们类型一致。只不过卡尔乌斯的演说风格更简洁，阿西尼乌斯的更悦耳，恺撒的更堂皇，凯利乌斯的更讥讽，布鲁图斯的更凝重，而西塞罗的则更激情、更充实也更有力。尽管特点不同，但他们的演说都展现出同样健全的风格，以至于当你同时阅读他们的作品时，你会发现，尽管他们才华各异，但是在品味和志趣上却有某种相似与亲近。诚然，这些演说家的书信中存在一部分透露相互之间敌意的段落，但这些相互的批评是他们作为人类的缺陷，而非作为演说家的缺陷。我认为，卡尔乌斯、阿西尼乌斯乃至西塞罗，都会经常出现嫉妒和其他人类天生的缺点。在这些人之中，我认为唯独布鲁图斯能直抒胸臆，不带任何恶意与嫉妒。布鲁图斯有可能嫉妒西塞罗吗？在我看来他甚至都不会嫉妒恺撒。至于塞尔维乌斯·伽尔巴与盖乌斯·雷利乌斯（Caius Laelius），以及受到阿朴尔不断攻击的其他古人，他们亦不需要辩护人。这是因为我承认他们的演说还在成长，尚未发育完全，因此的确存在一定的缺点。

[26]"然而，若不能选择那种理想中完美无缺的演讲风格，而要在其他类型中再做选择的话，我肯定喜欢盖乌斯·格拉古那炽热激情的精神，或是路奇乌斯·克拉苏那成熟敦厚的文风，而非梅塞纳斯（Maecenas）堆砌的浮华辞藻或伽利奥（Gallio）那如同铃铛叮当乱响的轻浮之语。选择演说风格亦如选择衣服，宁可穿着粗糙朴素的布衣，也不要披上艳俗下流的花衣。后一种风格不适合演说家，甚至不适合全体男人。然而，我们这个时代的很多诉讼代理人却采用这一风格。这些人以嬉闹的用语、轻浮的句子和放纵的结构来模仿演员表演的样子。他们之中的许多人甚至还夸耀自己的演说能够和以歌舞，好像这是什么称得上赞许、荣誉和聪慧的事情，然而它本应是令人感到羞愧的评论。由此，下面这种可耻、歪曲却又常常能听见的感叹出现了：我们的演说家谈吐妖艳，我们的演员舞姿雄辩。诚然，我不否认，相比于卡西乌斯·塞维鲁的后辈，卡西乌斯这位阿朴尔唯一敢点名的人可以被称作是一位真正的演说家，尽管他的大部分作品里呈现更多的是愤怒的情绪而非鲜活的血性。卡西乌斯是第一个轻视材料的编排、忽视语言的适度和恭敬的人。他甚至并不熟悉自己所使用的那些武器，并且常常因为急于攻击而摔倒在地。他不是在战斗而是在争吵。但尽管如此，正如我先前声明的，卡西乌斯凭借他全面的学识、富有魅力的智慧和扎实的力量，远胜他的后辈们。阿朴尔不敢点名任何一个卡西乌斯之后的演说家，更不必说拿他们上来比较。另一方面，当阿朴尔非难阿西尼乌

斯、凯利乌斯、卡尔乌斯后，我原本期待他能够为我们罗列另一个阵营，点出相同乃至更多的人物。这样，我们便可以拿出其中一个人与西塞罗较量，拿另一位与恺撒较量，如此让两边一个个捉对厮杀。但是相反，阿朴尔点名批判了几位'古代'演说家后便止步了，不敢赞扬任何一位他们的后辈，至多的是笼统地概括两句。我想，他是害怕自己会因为只点名了个别人而冒犯到多数人，毕竟没有哪位修辞老师在听到自己要优于西塞罗这种看法后会不感到欣喜——当然，他无疑还是比不上伽比尼阿乌斯（Gabinianus）的。

"而我则不会顾虑点名任何人物，并以他们为例，揭示演说术如何一步步走向衰落。"

[27]"你还是准备好兑现自己的承诺吧，"马特努斯打断道，"我们不需要你证明古人的演说强于我们。这对我而言是既定的事实。我们想追寻的是出现这种衰落的原因。事实上，在不久之前，当阿朴尔尚未因攻击你的祖先而冒犯到你时，你还表示你经常思考演说为何衰落。那时你的心境显然更温和，对我们这个时代的演说也没有那么大的怒气。"

"不，我的朋友阿朴尔的言论没有冒犯我，"梅萨拉回答，"而如果你们碰巧听到我说了什么刺激你们的言论，你们也不必为此感到被冒犯，因为你们明白这种讨论的原则，就是说出自己心底的想法而不伤害大家的感情。"

"继续吧，"马特努斯说，"而且既然你在谈论过去的人，那么就采用过去那种自由直言的方式吧。在我们的时代，那种自由直言的衰落程度甚至还大于演说的衰落程度。"

[28]"我亲爱的马特努斯，"梅萨拉继续，"你探寻的原因并不深奥难解。你自己，或塞孔都斯，甚至阿朴尔，都并非不知道原因，只是你希望由我来讲述这些我们都知道的事情。所有人都明白，演说术和其他所有技艺之所以失去了它们过去的荣光，不在于献身者之匮乏，而在于年轻人之懒惰、家长之疏忽、教师之无知以及传统道德的遗失。这些问题最先出现在罗马，接着很快席卷意大利，如今正在向行省蔓延。由于你们自己只会更了解自己行省的情况，

所以我就来谈谈罗马，谈谈存在于我们本地的弊病。这些弊病自我们出生便伴随着我们，并且随着我们进入人生的每一个新阶段，它们都变得愈加严重。不过，首先我必须谈谈我们祖先在教育、培养孩子方面所遵循的严格纪律。

"在过去，每个道德完善之人的孩子都在母亲的怀中长大，而非成长于雇佣乳母的陋室中。对于这位母亲来说，照料家庭和照顾孩子是她特有的荣誉。每个家族还会挑选一位年长的女性亲戚，委托这位品德得到认可和尊重的女性照看家族中的所有子嗣。在这位女性亲戚面前，肮脏的言语与不光彩的行为是严重的过错。她以虔诚与谦逊的态度，不仅掌管着男孩们的学习与规划，还掌管着他们的休息与游戏。传闻中，格拉古兄弟（Gracchi）的母亲科奈莉娅（Cornelia）、恺撒的母亲奥勒莉娅（Aurelia）、奥古斯都的母亲阿提娅（Atia）在抚养孩子方面都是以上述思想为指导，培养出了第一流的孩子。这种严格纪律有助于每个孩子形成纯洁、健全而不受恶习扭曲的天性，能够立刻全心全意地去掌握高尚的技艺。无论这个孩子倾向于学习军事事务、法律知识还是演说术，他都能一心一意、全面透彻地钻研这门学问。

[29]"但是如今，我们的婴儿刚出生便被交给来自希腊的某位女仆。这位女仆会得到一两个奴隶在旁协助，而这些奴隶通常是所有奴隶中最没用的，他们无法胜任任何重要的工作。这些人愚蠢的闲聊会在第一时间便污染了这些孩子们尚且稚嫩的未成形的心灵。家里无人在意自己在小主人面前的言辞与举止，甚至连孩子的父母也不知培养孩子的正直与自制。这些孩子成长于放纵与刻薄的环境中，逐步丧失羞耻心以及尊重自己和他人的心。在我看来，喜爱演员、热衷角斗和赛马这种我们罗马特有的典型陋习几乎是罗马人在娘胎里就沾染上了。当一个人的头脑中充斥着这些东西时，他的脑子里还能有多少空间留给更高尚的追求？除了上述这些，我们还能听到人们在家中谈论什么其他话题？走入任意一间教室，我们还能听到学生之间在交流什么别的内容？就连老师们在与学生聊天时，也没有比这些出现得更频繁的话题了。这是由于这种老师并非凭借严格的纪律管理或是教学能力来吸引学生，而是依靠对学生的殷勤拜会和阿谀奉承。

[30]"我暂且先不讲基础知识方面的教育,这方面的教育已经被过分轻视——人们如今在阅读著作、学习历史以及了解自然、人文和时事方面都没有倾注足够的努力。人们将目光转向所谓的修辞家。在我讲述修辞家这个职业是何时进入罗马,以及他们在我们的演说家先祖面前显得多么微不足道之前,我必须先谈谈古代演说家们所遵循的教育模式。我们能够在古代演说家的著作中读到有关这种教育模式的内容,包括他们坚持不懈的努力、日复一日的准备以及对各门学问持之以恒的练习,例如我们熟悉的西塞罗的《布鲁图斯》。西塞罗在该书的前半部分回顾了过去的演说家,在后半部分分三个阶段记述了他如何成为演说家,包括他的入门、成长以及所谓的蜕变。西塞罗在书中告诉读者,自己在昆图斯·穆齐乌斯(Q. Mucius)门下学习民法,在学园派的斐洛(Philo the Academic)、斯多葛学派的狄奥多图斯(Diodotus the Stoic)门下全面吸收哲学的各个分支。然而,他并未满足于罗马城的这些导师们,于是又游遍希腊与小亚细亚,以接受全面的训练,涉猎各领域的知识。正是因为这些经历,我们在西塞罗的作品中不难发现他熟悉几何、音乐、文法——简单讲,任何高尚艺术的知识。没错,西塞罗深谙辩证法的精妙、道德哲学的实践、自然现象的变化与起源。我的朋友啊,事实就是如此,西塞罗那非凡的演说之所以能够如同江水般奔涌而出,正是因为他有着广泛的学习、丰富的才艺以及渊博的学识。演说家的能力不同于其他职业那样局限在狭隘的范围内,相反,只有那些有能力适应论题的庄重程度、场合要求和听众口味,以优雅、华丽而有说服力的方式谈论任何事情的人,才能够配得上演说家的称号。

[31]"古人都明白这一点。他们深知要达到这样的效果,需要的不是在修辞学校里高谈阔论,不是透过假想的、与现实脱节的辩论练习发音和腔调,而是思考善与恶、荣与辱、正义与不义,并将这些思考深存于心。在他们看来,这是唯一需要做的,因为这些构成了演说的主题。我们在司法性质的演说中谈论公平,在审议性质的演说中谈论利益,在称颂性质的演说中谈论美德。这些主题经常互相交织在一起,因此,如果一个人不熟习人性,不研究良善与邪恶,不学会理解那些处于善恶之间的事物,那么他便不能就这些主题展开详

尽、丰富而华丽的演说。对于一个演说者而言，上述内容的学习还是其他能力的源泉。一个懂得何谓愤怒的人，更了解如何激起或平息法官的怒火；正如一个理解何谓怜悯及其感受的人，更清楚如何使法官产生同情。如果一个演说家通过学习和训练熟悉了这些技艺，那么无论他对面的听众抱有怎样的情绪，不论是敌意的、偏见的、嫉妒的、悲伤的或者恐惧的，这位演说家都能知晓每位听者的激动之处，并根据听众的性情做调整，以合适的语调阐述论点，时刻准备着各种技艺来达到任何目的。对一些听众而言，他们更信服于那种风格简洁而紧凑、通过几段论证便迅速得出结论的演说。在这种情况下，演说家如果学习过辩证法就会具有很大的优势。对另一些听众而言，他们更沉醉于节奏流畅而稳定、由普遍经验推导出结论的演说。为了打动这些听众，我们应该向逍遥学派（Peripatetics）借来他们那些老生常谈的段落，这些段落适用于任何讨论、任何立场。此外，学园派能够为演说家提供战斗性，柏拉图（Plato）能够为演说家提供崇高性，色诺芬（Xenophon）能够为演说家提供优美性。只要是运用在合适的情况下，演说家甚至可以从伊壁鸠鲁（Epicurus）与迈特罗多鲁斯（Metrodorus）那里借用一些优秀的格言。这是因为我们培养的既不是一个智者，也不是一个斯多葛学派的追随者，而应该是一个对一切学问都有所涉猎但又专攻某些领域的人。这也是为什么过去的演说家都强调要学习民法知识，同时还需了解一些文法、音乐与几何方面的知识。事实上，在几乎所有案件甚至可以说任何案件中，演说家都需要拥有一定的法律知识，而在某些情况下，演说家还需要较好地掌握上述其他几种知识。

[32]"但愿没人反驳并提出：我们演说家只需接受一些简单直接、形式单一的训练就足以迅速解决眼前的案件。对于这种观点，我认为，其一，我们在运用自己所有之物和运用从他处借来之物的方式上往往存在显著差别。一个人展示的东西是源自自己还是借自他人，这两者之间存在天壤之别。其二，即便在处理不相干的事情时，我们那些有关广博的技艺的知识也在装饰着我们，并在我们最意想不到的地方凸显光彩。这些知识不仅得到那些受过训练的、博学的听众赏识，就连普通大众也欣赏它们。感受到这些知识，听众便会立即为该

演说家欢呼，赞许此人经受过正规训练，学习过优秀演说的各个方面，并将这位演说家称为一位真正的演说家。而且正如我先前所主张的，这种真正的演说家在进入集议场时，总是会装备好他全部的知识，就好像战士全副武装地上战场一样。然而，我们这个时代里那些聪明的演说者啊，他们完全无视了这一切，以至于人们甚至能够从他们的正式诉状中发现那种日常发言中可耻而丢脸的缺点。他们不了解法律条文，不清楚元老院的政令，甚至嘲笑罗马法，并且十分惧怕追求智慧和学习贤者的格言。演说就像退位的女王，在他们这里降格，坠入一些陈腐而难懂的华丽辞藻中。这位女王，过去曾经被扈从环绕，如同所有技艺的女主人般统治了每个人的内心；如今她的权力却惨遭剥夺与损毁，她被夺走了所有领土和一切荣誉，甚至是全部的自由，以至于被当作一门粗俗的手工艺般学习。

"以上便是我心目中，今日的演说相比古代衰退甚多的首要原因。如果你们要我借重谁来证明我的观点，那么在希腊人中，我还能举出哪位演说家作为比德摩斯梯尼更有力的证人呢？据我们所知，德摩斯梯尼曾是柏拉图最狂热的学生之一。我们罗马的西塞罗也是一个很好的证人。我认为他留下的许多文字都告诉我们，他作为演说家取得的成就，应归功于他在广阔的学园中的漫步，而非修辞家的场所。演说的衰落还有其他重要的原因，出于公平，那些原因就留给你们展开了，因为我已经完成了我的任务，并且像往常一样惹恼了许多人。如果这些人碰巧听到我的言论，他们肯定会对我说，我这样赞颂法律和哲学的知识，把它们称颂为演说家不可或缺的储备，只不过是在夸耀自己钟爱的浮华无用之物。"

[33] "不，"马特努斯说，"在我看来，你截至目前还没有完成你所承担的任务。你才刚起了个头，而且在我看来只能算是为我们描绘了这个问题的基本轮廓。诚然，你刚才指出了古代演说家通常具备的技艺，并阐述了我们的懒惰、无知与古代演说家充满热情、富有成效的努力之间的强烈对比。但是我还想听后面的内容。你向我讲述了古代演说家们具备的学识以及我们的无知，但我还想了解，古代那些即将步入集议场、开展职业生涯的年轻人，通常会采

取怎样的训练方法来强化和培养他们的才智？因为演说的基础不只是技艺与知识，更在于能力与实践经验。对于这个观点，我相信你不会有异议，而且从在场各位朋友的神情来看，他们似乎也都表示认同。"

当阿朴尔与塞孔都斯都对此表示认同后，梅萨拉重新开启话题：

"既然我刚才已经通过详述古代演说家所要学习的各门知识，从而充分描绘了古代演说的开端与起源，那么现在我要开始着手介绍他们的实践训练。即便技艺本身就涉及实践，但是一个人若是没有在知识的基础上进行强化练习，没有在练习的基础上拥有足够的能力，没有在能力的基础上积累公开演说的经验，那么这个人就无法掌握这么多相异且深奥的知识。我们由此可以推断出，一个人彻底理解自己表达的内容，与表达自己已经理解的内容，在方式上具有一定的同一性。即便有谁无法理解上述道理，坚持分离知识与实践，那么他至少必须承认，一个头脑中充满相关理论知识的人，会在那些被视作专门训练演说家的实践练习中有更充分的准备。

[34]"因此，在我们祖先的时代，一位准备成为演说家的年轻人会首先在家中完整地学习基础知识，以高尚的知识充实头脑，然后由他的父亲或其他亲属带着他前往罗马城中某位一流的演说家那里。从此，这位年轻人就要四处跟随这位演说家，在公共场合陪同他，出席这位演说家的所有演说场合，不论是在法庭上还是在集会讲坛上。这位年轻人在那位演说家身边现场聆听并支持演说家的论战，这样一来，这位年轻人便可以说是学会了如何在战场上战斗。这种方式可以保证这些年轻的学生积累大量的经验，获得极大的自信以及储备良好的判断力。毕竟，这些年轻人在公共场合中学习，置自己于激烈冲突的环境中。在如此环境中，任何愚蠢或欠考虑的发言都会招致惩罚——不仅是法官的反对、对手的讥讽指责，还有己方支持者的不满。所以说，这些年轻人在一开始就接触了真正的、纯粹的演说。不仅如此，尽管他们依附于某一个演说家，但在众多民事与刑事案件中，他们也得以熟悉同时代所有的法律界人士。此外，他们还有机会在公众集会中留意各种不同的喜好，从而能够轻松察觉出每位演说者的发言中哪些内容受欢迎、哪些内容不受欢迎。就这样，一方面，这

些年轻人能够拥有一位最优秀、最高明的老师为他们呈现演说的本来面貌，而非低劣的仿制品；一方面，他们能够拥有荷枪实弹而非花拳绣腿的对手与敌人；还有一方面，他们能够拥有人数众多且每次都不一样的听众。这些听众中既有友善的评论者，亦有不友好的批评者。因此，不论年轻人们说得好坏，这些听众都不会放过任何发言。正如你们所知道的，伟大而持久的演说声誉既建立在自己人这边，也建立在对手席那边，甚至通过对手而建立的演说声誉拥有更稳固和扎实的基础。是的，在这样的教育下，我们正在谈论的这位年轻人，这位货真价实的演说家的弟子，这位集议场上的听众，这位法庭上的侍从，他从别人的经验中学习，每天都在法庭旁听，以此熟悉法律，熟悉法官面容，时常观摩惯例集会，还拥有充分的机会了解大众的喜好。这样一位年轻人，不论是担任起诉人还是辩护律师，都有能力在没有外在帮助的情况下，立刻胜任任何案件。路奇乌斯·克拉苏控告盖乌斯·卡波时只有 19 岁[1]。恺撒 21 岁时[2]控告多拉贝拉（Dolabella）。阿西尼乌斯·波利奥 22 岁时[3]控告盖乌斯·迦图（Gaius Cato）。卡尔乌斯在稍年长一点时指控瓦提尼乌斯。时至今日，我们仍满怀钦佩之情地阅读他们当时发表的演说。

[35]"但是如今，我们的年轻人却被送到所谓的'修辞家'的学校。修辞家出现的时期稍早于西塞罗生活的年代，然而，他们未能取悦我们的祖先。这充分体现在克拉苏和多米提乌斯（Domitius）[4]担任监察官时，这两人曾命令修辞家们关掉那些西塞罗所称的'厚颜无耻的学校'。正如我刚才所说的，我们现在的年轻人被带入了这些学校。接下来，我们便很难说清楚，到底是学校这

---

[1] 此处英译文和拉丁文的内容存在出入。"洛布古典丛书"英译文为 18 岁，阿尔弗雷德和威廉所译英译文为 19 岁，拉丁文为 19 岁。——中译者注

[2] 此处英译文和拉丁文的内容存在出入。"洛布古典丛书"英译文为 20 岁，阿尔弗雷德和威廉所译英译文为 21 岁，拉丁文为 21 岁。——中译者注

[3] 此处英译文和拉丁文的内容存在出入。"洛布古典丛书"英译文为 21 岁，阿尔弗雷德和威廉所译英译文为 21 岁，拉丁文为 22 岁。——中译者注

[4] 这里指格涅乌斯·多米提乌斯·埃诺巴布斯（Gnaeus Domitius Ahenobarbus），公元前 96 年任执政官，公元前 92 年任监察官。——中译者注

十一、塔西佗《演说家的对话》

个地方，还是他们的同学，或是他们学习的内容，对这些年轻人的天资造成最大的伤害。就这些学校而言，它们没有任何值得尊重之处——进入这里的人都一样无知。就这里的学生而言，一群同样寡廉鲜耻的小男孩和年轻人互相高谈阔论，他们没可能从彼此身上得到任何益处。就他们采用的练习而言，这些练习在很大程度上只会起反作用。你们显然能够注意到，修辞家讨论的话题可分为说服性和辩论性两类。前者的重要性相对较低，要求的辨别力也更少，因此只是被交给小男孩，而后者则被布置给更成熟的学生。但是，天啊，这些话题是多么质量低下且不自然！除了话题远离现实以外，他们演说的方式也是浮夸空洞的。于是诸如'弑主者的报酬''遭凌辱的少女的选择''瘟疫的救治''乱伦的母亲'等现实案件中极少或从不被讨论的主题，在学校则每天都被学生以夸张的辞藻论述着。但是，当这些发言者到了真正的法庭……"①

[36] "……考虑手中的主题。于他而言，他不可能就微不足道或老生常谈的话题发表任何演讲。伟大的演说如火焰一般，它需要以燃料为源，需要翻动燃料以扇旺，并在燃烧时逐渐绽放光亮。

"在罗马，我们祖先的演说术也以同样的道理发展。尽管当今的演说家已经获得了在一个安定、和平、繁荣的政治条件下能够给予的一切，但在动荡、放纵的时代，演说家似乎能够得到更多。当一切都混乱无序、缺少一个统治者时，每个演说家的智慧都足以取信于迷茫的群众。由此，出现了没完没了的律令，以及随之而来的人气；出现了地方长官的演讲，他们几乎在演讲台上过夜；出现了对权贵的控告，以及家族间世代传承的不和；出现了贵族中不同的派系，以及元老院与平民间永无止境的斗争。尽管这些现象把共和国撕裂成碎片，却为那个时代的演说提供了发展空间，并似乎为演说家提供了丰富的回报。因为一个人的演讲能力越强，这个人就越容易获得官职，就越能在官场上超越同僚，就越能得到元首的青睐，就越能在元老院获得威望，就越能在民众

---

① 此处有缺失。根据上下文，此处缺失的内容应为梅萨拉余下的发言和马特努斯发言的开头。——中译者注

中赢得声誉与名气。这些演说家拥有一大群被保护人，甚至有外国人。地方长官动身前往行省前，会向这些演说家们问候道别，返回罗马后也会拜访他们以示敬意。这些演说家不用费任何努力，似乎就有副执政官和执政官的职务向他们招手。甚至当这些演说家离任后，他们也能通过劝谏和声望左右民众和元老院，从而继续掌握权力。不仅如此，这些演说家坚信，如果没有演说能力，任何人都不可能在社会上获得或维持显赫突出的地位。这也不足为奇，毕竟这些演说家哪怕再不情愿也必须在公众前露面；毕竟他们在元老院里必须以才智和演说支撑自己的观点，简短的提议毫无意义；毕竟如果他们招惹怨恨或遭受指控，他们必须亲自出面回应；毕竟刑事审判中的证据不可通过间接方式提供也不能通过书面陈述，只能由他们本人亲口传达。因此，演说不仅能带来巨大的回报，而且是绝对必要的。同时，人们认为能言善辩之人伟大且光荣，而口齿不清、不善言辞的人则显得丢人现眼。

[37]"因此，羞耻对这些演说家的刺激作用不亚于物质奖励：他们希望成为保护人而非被保护人；他们不愿祖宗所传承的人脉落入陌生人之手；并且他们还须避免因冷漠或无能落得坏名声，从而与官职无缘，或者在任期间自毁前程。不知你们是否见过收藏家的图书馆里收录的古代文献？这些文献甚至到现在还在由穆奇阿努斯（Mucianus）编纂。我想想，他已经编辑了十一卷会议录和三卷信札[①]。通过这些文献，我们能够明白，格涅乌斯·庞培（Gnaeus Pompeius）与马库斯·克拉苏（Marcus Crassus）之所以崛起，不仅依靠军事力量，还依靠演说才能；伦图鲁斯家族（the Lentuli）、麦特鲁斯家族（the Metelli）、卢库鲁斯家族（the Luculli）与库里奥家族（the Curios）以及其他贵族家族，为追求演说才能投入了极大的努力和关注。在他们的时代，一个人如果不具备演说的才能，那么便无法获得巨大的影响力。

"进一步来讲，被告社会地位之显赫、案件涉及事件之重大，这些因素同样在很大程度上有利于演说。因为对一个人而言，就一件盗窃案、一项司法程

---

① 此处英译文和拉丁文的内容存在出入。"洛布古典丛书"英译文为五卷，阿尔弗雷德和威廉所译英译文为三卷，拉丁文为三卷。——中译者注

序或是一项地方法官暂定的决议发表演说，与就一次选举中的舞弊、一次对盟友的劫掠或是一次对公民的屠杀发表演说，存在天壤之别。诚然，这些灾祸不发生更好，而城邦最理想的状态便是避免发生这些灾祸。然而，当这些灾祸发生了，那个时代的演说家便获得了丰富的演说题材。一个人天资的成长与他演说题材的重要性相对应，除非这个人获得足够分量的题材，否则他无法发表伟大、辉煌的演说。我认为，德摩斯梯尼的声誉并非归功于他为控诉监护人而创作的演说；西塞罗为普伯里乌·昆克修斯（Publius Quintius）或李锡尼乌斯·阿尔基亚（Licinius Archias）所作的辩护，并没有让西塞罗成为伟大的演说家——而是喀提林（Catiline）、米罗（Milo）、维勒斯与安东尼（Antonius）成就了他的名声。我并不是说为了演说家能够有大量的演说题材，就值得社会承受有危害性的公民。而是正如我一直在强调的，我们要谨记我们争论的对象，明白我们所谈论的这项技艺更容易出现在混乱与动荡的时代。我们都知道，相较于战争的侵扰，和平更能够带来利益和快乐的享受。然而，战争能够带来比和平更多的优秀战士。演说亦是如此。对于演说而言，它越是经常站上辩论的讲台，越是大量给予和承受攻击，越是面对强大的对手，越是故意挑选存有尖锐争议的议题，人们眼中的它便很可能越是崇高与辉煌。演说从这些挑战中获得更多的荣耀。这是人类的天性。人们在追求自身安全的同时，钦佩带有风险元素的事物。

[38]"我现在来谈谈以前法庭的组织与诉讼程序：尽管如今的法庭更注重实际，但那时的法庭如同集议场，为演说提供了更好的训练场所。以前演说家不必受限于一两小时内结束辩护，他们拥有休庭的自由，还可以自己决定演说的时长，并且没有人规定案件需要在多少天内被审理完，或者需要请多少位保护人。格涅乌斯·庞培在他第三次执政官任期内，首次针对这些提出限制。可以说，庞培就像是为演说衔上了嚼子和缰绳，不过他没有取消诉讼的一些规定，例如一切都要在法庭处理，一切都要依据法令处理，一切都要在裁判官面前处理。在过去，裁判官面前处理的案子具有更高的重要性，一个最好的例子便是，百人法官团处理的案子在今天看来是最重要的，然而相比于当时其他案

子的名气，那时百人法官团处理的案子要显得暗淡无光，以至于人们今天读的西塞罗、恺撒、布鲁图斯、凯利乌斯、卡尔乌斯或者任何伟大演说家的演说稿，没有一篇是在当时的百人法官团前发表的。唯一的例外是阿西尼乌斯·波利奥题为'为乌尔比尼娅（Urbinia）的继承人们'的演说。然而，波利奥发表的这些演说处于奥古斯都的统治中期。这一时期，由于长时间的和平、民众长期的不活跃、元老们长久的平静，以及元首制度下严格的纪律，演说因而陷入沉寂之中，就像世界都沉默了一样。

[39]"也许你会认为我下面要讲的论点无聊可笑。即便你会因此嘲笑我，但我还是要说。就以我们同法官交谈时所穿的那身长袍来说，它那么紧我们也要硬塞进去，而我们可曾反思这身束缚了我们行动的服装给我们的演说带来了多少轻视？或是想想，如今几乎所有案件都在法庭和档案室审理，这些狭小的场所令我们的演说丧失了多少能量？就如同骏马要有宽阔的跑道来体现它的气宇轩昂，演说家也需要一个宽阔的场所供他们畅所欲言，否则他们的演说将失去力量和生机。不仅如此，人们也认识到，为演说的体裁煞费苦心、焦急努力终究是弊大于利，因为法官会经常问你何时才能说到要点，而你则必须在他询问后立刻回应他的要求。同样地，法官也经常叫停辩护人以审理证据和证人。在上述情况下，发言者还只有两三个听众，整个审讯好似一幅荒凉的景象。但是演说家离不开叫喊、喝彩和鼓掌，他必须拥有我所称的'舞台'，而这些是古时候的演说家每天都能够拥有的。在那个时代，集议场里挤满了数不清的地位尊贵的听众；在那个时代，被告在遭遇危机时，他的被保护人、部落同胞以及来自公民城的代表团甚至半个意大利都站在身旁支持他。在那些日子里，罗马人相信许多案件的裁决都与自己的个人利害相关。我们都知道，曾经全体公民都蜂拥去听科奈里乌斯（Cornelius）、斯考鲁斯（Scaurus）、米罗、贝斯提亚（Bestia）、瓦提尼乌斯的控告与辩护。在这样的现场，激情澎湃的民众们争斗不休，即便是最冷漠的演说家也必然会被他们点燃。这就是为何这些流传至今的演说作品如此高质量，并且最能评价发言者的正是这些演说而非任何其他东西。

十一、塔西佗的《演说家的对话》

[40]"此外,想想那些没完没了的群众集会,想想那些被授予抨击位高权重者的权利,想想那些通过对峙位高权重者而获得的荣光;在那个时代,众多能言善辩者甚至不会放过西庇阿(Scipio),或者苏拉,又或庞培;这些能言善辩者就像舞台演员一般,利用民众集会对掌权者发表长篇责难。这一切给优秀演说家带来了何等的热情,为他们如火的演说注入了何等猛烈的燃料!

"我们谈论的并不是一种安静、平和的技艺,也不是一种追求道德价值与良好行为的技艺。相反,那些真正伟大而著名的演说是'放纵'的'养子',亦即蠢人口中的'自由'。它是煽动言论的同伴,是极端群众的挑唆者。它不效忠于任何事物,丝毫没有任何尊崇之意,并且咄咄逼人、不假思索、盛气凌人。它不会出现在秩序良好的城邦。历史上有记载任何斯巴达与克里特的演说家吗?据记载,这两个城邦的政治系统和法律法规远比其他城邦的要严苛。我们同样没听过演说存于马其顿和波斯,或者任何民众满足于稳定统治的地方。罗得岛有一些演说家,而雅典则有很多,因为在这两个地方,所有的权力都掌握在民众手中,即实行无限制的民主。民众统治着他们的家园。罗马的情况也与之类似。只要宪法、政体不稳定,只要国家一直受困于派系斗争、政见纠纷和意见分歧,只要集议场没有和平、元老院没有和谐、法庭没有秩序,只要权威不受尊重,只要官员不懂得适度,那么演说在这样的环境下无疑能够成长得更为茁壮,这就好比植物在尚未开垦的土壤上能够生长得更为繁茂。但是,对罗马而言,相比起忍受格拉古兄弟推出的法令,他们发表的演说显得不那么重要;对西塞罗而言,相比起付出生命的代价,他以演说获得的声誉显得不那么值得。

[41]"时至今日,我们依旧保留着古代演说家的集议场的古迹原貌,它是我们的国家在当时尚未达到理想状态的物证。除非犯了罪或者遭受不幸,有谁会向我们的律师求助?除非遭受邻邦侵扰或者遭受内讧困扰,哪个城邦会请求我们的保护?除非遭受劫掠或者压迫,哪个行省会聘用我们?当然,没有苦难肯定比补救更好。倘若存在某个城邦,城邦里的居民从不会犯错,那么演说家在这些品德高尚的人中间,就会像医生在健康的人群中间一样显得多余。正如

同在那些人民身体健康、强壮的国家里，医术因需求很少而难以取得进步，在人民品德高尚、服从统治的国家里，演说家获得的声誉和受到的敬意也较少。如果最优秀的公民们能够迅速达成一致意见，那么元老院中哪里需要冗长的争论？如果政治议题不是由无知的群众而是由一位智慧化身的君主决定，那么公共集会上哪里需要一篇接一篇的长篇演说？如果犯罪行为既罕见又微不足道，那么哪里需要自发的检举？如果被告能够指望一个法官对他宽厚地让步，那么哪里需要招人嫉恨又超越边界的辩护？相信我吧，我最优秀且拥有这个时代所需要的全部演说术的朋友们，假如你们生活在过去的时代，或者我们敬仰的那些人生活在当今的时代，假如某位神祇突然交换了你们与那些人的生活和所处时代，那么，你们就会取得他们在演说上的显赫声望，正如他们也会展现你们身上的分寸与自控。既然没有人能同时拥有显赫的声誉与极致的安宁，那么每个人充分利用自己所处时代的幸事即可，不要去贬损其他任何时代。"

　　[42] 马特努斯讲完了。"有些地方我想辩驳，"梅萨拉说，"而另一些地方我则想继续说下去。但是时间很晚了。"

　　"如你所愿，下次会的，"马特努斯回答，"那时我们可以再次讨论那些我刚才的发言中你不能理解的地方。"

　　说完，马特努斯就起身拥抱阿朴尔道："我们将一起谴责你。我为诗人谴责你，梅萨拉为崇古者而谴责你。"

　　"而我呢，"阿朴尔回答，"将为修辞家与修辞教师谴责你们。"

　　他们互相笑了笑，然后我们便分开了。

十二、迪奥·卡西乌斯的《罗马史》

迪奥·卡西乌斯（Dio Cassius），罗马政治家和历史学家，大约于2世纪五六十年代出生于比提尼亚的尼西亚，其家庭为当地名门望族。传统说法认为他是著名演说家、哲学家金嘴迪奥（Dio Chrysostom）的亲戚（可能是外孙或曾外孙，但尚存争议）。其父卡西乌斯·阿普罗尼亚努斯（Cassius Apronianus）为罗马元老，曾任西里西亚和达尔马提亚总督。迪奥在马库斯·奥勒留去世后进入罗马元老院，先后在阿非利加、达尔马提亚和上潘诺尼亚出任总督，参与多瑙河一带的军事防务工作。公元229年，迪奥与元首亚历山大·塞维鲁一道当选正式执政官。但此后迪奥出于对政局动荡的担忧称病不出，后归隐家乡，大约在3世纪40年代去世。

迪奥留下了八十卷用希腊文写成的罗马史，内容自传说中埃涅阿斯到达意大利直至亚历山大·塞维鲁统治前期。其中约四分之一完整保存，其余或仅留残篇，或经拜占庭学者摘抄辑录得以流传。

迪奥的罗马史固然有古代史著的局限，比如地理知识有误、混淆人物、叙述强调戏剧性、对演说词进行虚构加工，以及喜欢记录奇闻异兆，但总体而言，他的作品仍然具有较高的史学价值。迪奥对史料具有基本的批判精神，分析事件时尽力探索背后的原因，多年从事政治和军事活动的经验令他对历史事件不乏深刻洞见，其观点也影响了后世史家和近现代历史学者。尤其在康茂德继位后，迪奥成为历史的见证人，是很多重大事件的亲历者，他的记载保存了大量一手史料，细节丰富，可信度较高。迪奥也是帝国时期难得的记录了当代历史的史家。

本译文选取迪奥罗马史的第68至77卷，从涅尔瓦就任元首到赛普提姆斯·塞维鲁去世的历史。这一时期是五贤帝统治下"人类最幸福繁荣"的开明治世，也是罗马帝国盛极而衰，"由黄金时代跌入黑铁时代"的转折阶段。

第 68 卷梗概

（1）（公元96年）图密善死后，罗马人任命柯西乌斯·涅尔瓦为元首。人们憎恨图密善，把他的雕像——很多是银质的，还有不少是金质的——都熔解了，单凭这一项就弄到了一大笔钱。同样，图密善建造的大量拱门也被推倒。2.涅尔瓦还释放了所有因大逆罪遭到审判的人，召回了所有流放者；而且，他处死了所有谋叛主人的奴隶和被释奴，不许奴隶对自己的主人提出任何指控，不许任何人以大逆罪起诉他人，不许选择犹太人的生活方式。很多曾告密的人都被判处死刑，其中就有哲学家塞拉斯（Seras）[①]。3.当时，实际上每个人都可以随意指控他人，引起了不小的混乱。据闻，执政官弗隆托（Fronto）曾说，一个不许任何人做任何事的元首固然不好，但一个允许任何人做任何事的元首显然更糟。涅尔瓦听说后，下令以后要制止这种局面。涅尔瓦十分老迈，健康状况极差（例如，他吃东西经常呕吐），所以相当虚弱。（2）他同样禁止人们为他铸造金像或银像。图密善曾无端剥夺了很多人的财产，涅尔瓦把在元首财库中还能找到的都还给了本主。他还赐予非常贫穷的罗马人价值六千万塞斯退斯的份地，让元老负责购买和分配。2.当他缺乏资金时，卖掉了很多衣服、金银器皿和家具，既有他自己的也有属于元首御所的，此外还有大批地产和房屋——实际上，除了必不可少的东西外都卖了。然而，他没有讨价还价，而是借此让众人受益。3.他废除了很多献祭、赛马和表演，尽可能节省开支。在元老院，他发誓绝不杀害任何一名元老，尽管曾遭到谋叛仍然信守诺言。而且，他无论做什么都会咨询首要人物的意见。4.他颁布了各种法令，其中包括禁止

[①] 这个名字很可疑，也许是文献有误。

阉割男人，不许与自己的侄亲结婚。（公元97年）当选执政官时，他毫不犹豫地挑选维吉尼乌斯·鲁弗斯（Virginius Rufus）为自己的同僚，尽管人们在问候后者时常常像对待元首一样。鲁弗斯死后，他的墓上刻了一段话，大意是，战胜文戴克斯（Vindex）后，他宣布自己拥有大权，不是为了自己，而是为了他的国家。①

（3）涅尔瓦统治得非常好，他曾经说过："我没做过任何令我无法辞去元首职务、安全做回普通公民的事。"2.当卡普尼乌斯·克拉苏（Calpurnius Crassus）——著名的克拉苏家族的后人——和其他人一起密谋加害他时，在一次表演中，涅尔瓦让他们坐在自己身边（他们还不知道自己的阴谋已经败露了），把剑交给他们，表面上是让他们检查这些剑是否锋利（这是常有的事），实际上是告诉对方，哪怕自己当场被杀也毫不在乎。

3.卡斯佩里乌斯·埃利亚努斯（Casperius Aelianus），同图密善在位时一样，此时又成了近卫军长官，他教唆士兵要求处死某些人，然后煽动他们哗变反对元首。②涅尔瓦坚决制止他们，甚至对他们露出了自己的锁骨和喉咙；然而他这么做也无济于事，埃利亚努斯意图除掉的人还是被杀了。4.涅尔瓦意识到，自己因为年迈竟如此受人轻视，于是登上卡皮托利，大声说道："愿罗马元老院和人民与我皆万事顺遂。我在此收养马库斯·尤庇乌斯·涅尔瓦·图拉真（Marcus Ulpius Nerva Trajan）。"③

之后他在元老院任命图拉真为恺撒，然后派人送去一封亲笔信（当时图拉

---

① 对照lxiii.25（本章注释中这种没有加作者、直接写罗马数字的注释，全部指迪奥·卡西乌斯《罗马史》这本书中的章节号。这部分选文因为编纂者不同，章节号标示法会有所不同，都是指本书的同一部分内容。后面同理，就不再单独说明了。——中译者注）；小普林尼，《书信集》，vi. 10.

② 对照安条克的约翰：各种各样的人因他老迈而轻视他，经常设计各种阴谋反对他；在近卫军指挥官埃利亚努斯挑起的事变中，涅尔瓦被迫交出了与自己关系非常亲密的佩特洛尼乌斯（Petronius）和帕特尼乌斯（Parthenius），对此他感到极其难过。

③ 对照乔治·凯卓努斯：当图拉真在派奥尼亚（Paeonia）获胜的消息传来，他走上卡皮托利，献上供品，然后登上一座平台，在罗马元老院和人民面前，用响亮的声音说道："愿我们万事顺遂。我，马库斯·涅尔瓦，在此收养图拉真做儿子。"

467

真是日耳曼总督）：

"愿达那奥斯人（Danaans）在你的箭下偿还我的眼泪。"①

（4）这样，图拉真成了恺撒，之后当上元首，尽管当时涅尔瓦还有亲戚在世。但是涅尔瓦并没有将家庭亲属关系置于国家安全之上，收养图拉真时，也没有因为对方是西班牙人，而不是意大利本地人（Italian）或意大利移民（Italot）②，2.之前也没有外地人掌握罗马的统治权，而有所犹豫。因为他更看重一个人的能力，而不是他的出身国别。在这之后不久（公元98年），涅尔瓦便去世了，在位一年四个月九天；出任元首前，他活了六十五年十个月十天。

（5）图拉真在成为元首前做过这样一个梦。他梦见一个身着紫边托加和外衣、头戴桂冠的老人——当时的梦境中还有元老院——用一枚戒指在他身上印下印迹，先是在左边脖子上，然后是右边。2.当他成为元首时，给元老院写了一封亲笔信，信中称自己绝不杀害任何一个好人，也不会褫夺他们的权利；无论在当时还是之后，他都发誓信守诺言。

4.他召见埃利亚努斯和逼宫涅尔瓦的近卫军，假装要以同样的目的起用他们，然后将其全部清除。（公元99年）当他来到罗马时，在管理上做了大量改革，让好人非常欣喜；他对公共事务给予了不同寻常的关注，大发恩赏。例如，他帮助意大利城市的居民供养孩子，并赐予优秀公民诸多恩惠。5.他的妻子普罗提娜（Plotina）进入御所时，转过身来对着台阶和民众，说道："我进来时是这样一个女人，我很乐意离开时也是这样。"纵览图拉真统治时期，她的行为举止都有如此言，没有招致任何非议。

（15）2.各位国王都派来使节。观看表演时，图拉真在元老专区里为他们安排了座位。

---

① 荷马，《伊利亚特》，i. 43。
② "Italian"指的是古老的意大利一族人，"Italot"指的是居住在意大利的外邦人，或者是意大利的外来殖民者的后代，这个名称尤其适用于意大利南部的希腊人。

（6）（公元100年）他在罗马度过一段时间后，前去向达契亚人开战。因为他考虑了对方过去的所作所为，并为每年要支付敌人钱款而感到难过，此外也注意到，达契亚人越来越强大和骄横。2. 戴凯巴鲁斯听说他来了，十分惊慌，他很清楚，之前自己战胜的不是罗马人，而是图密善，而现在他要面对的对手是罗马人和元首图拉真。

图拉真尤以公正、勇武和简朴而闻名。（公元100年？）3. 他身体强健，在四十二岁时开始统治，因此在所有工作中，几乎像其他人一样甘受辛劳；他心智的力量也可谓人中翘楚，既没有年轻人的鲁莽，也没有老年人的迟钝。4. 他不会嫉妒或杀害任何人，而会毫无例外地尊崇并提拔所有好人，因此他既不会被任何人畏惧，也不会招人憎恨。他对于诽谤中伤不以为意，没有成为怒气的奴隶。他极其克制，不去碰别人的钱财，不会不公正地杀人。（7）他对于战争与和平事业都投入了巨资；当道路、港口和公共建筑急需修缮时，他没有为这些工程去榨取任何人的财富。2. 他是如此高尚和慷慨，甚至在扩建并修饰了崩塌的赛马场后，只刻上了这么一句话，说他让剧场勉强能为罗马人民所用。3. 就这些功绩来说，比起获得荣誉，他更乐于受到爱戴。他与人民交往时以亲切和蔼著称，与元老院打交道时给予对方尊重，因此赢得了所有人的拥护，除了敌人之外没有谁害怕他。他与别人一起打猎、飨宴、劳动、制订计划和开玩笑。他经常在马车里带上其他三个人，还会进入公民的家中，有时甚至不带一个护卫，并在那里自得其乐。4. 需要说话时，我们能看到，他缺乏严格意义上的教育，不过他能理解其中的要点并会实际运用；没有什么高等的技能是他不曾拥有的。当然，我也知道他喜欢男孩和酒，但假如他因此作出或容忍了任何下贱邪恶的事情，就一定会招致谴责；然而，他虽豪饮千钟，却能保持清醒；虽亲狎男童，但未伤害一人。5. 而且，即便他以战争为乐，但是当他取得胜利，战胜了最棘手的敌人、鼓舞了自己的同胞后，他也就心满意足了。这种情况常常会导致士兵们变得傲慢自负，但在他统治时期从未出现这种迹象，他管教士兵就是如此严格。

（8）因此，戴凯巴鲁斯有足够的理由害怕他。（公元101—102年？）图拉真向达契亚人发动远征，逼近了塔佩（Tapae），蛮族人就在那里扎营。当时有人带给他一个大蘑菇，上面用拉丁文写着一段话，大意是说布里人（Buri）和其他盟友建议图拉真撤军，维持和平。2. 然而他还是与敌军交战了，自己一方有很多人受伤，也杀死了很多敌人。据说，当绷带用完时，他甚至不吝惜自己的衣服，将它割成了布条。为纪念在战斗中死去的士兵，他下令在这里建造一座祭坛，每年举行祭奠仪式。

（9）戴凯巴鲁斯甚至在失败之前就派来了使节，这一次不再像过去那样是长头发的人了，而是他们当中最尊贵的戴帽子的人。[①]2. 这些人扔掉了武器，趴在地上，乞求图拉真，如果可以的话，允许戴凯巴鲁斯与他会谈，承诺他们会听从图拉真的一切吩咐；或者，如果不行的话，至少也要派人来与他们签订条约。因此，图拉真派去了军事长官苏拉（Sura）和克劳狄乌斯·李维亚努斯（Claudius Livianus）；3. 不过双方没达成任何协议，因为戴凯巴鲁斯甚至连他们也不敢见，而是派使者去赴约。图拉真夺取了一些筑有要塞的山，在上面发现了武器和被缴获的战争器械，还有弗斯库斯时期被夺走的军旗。（公元102年）4. 因为这次失利，加上与此同时马克西姆斯俘虏了他的妹妹，占据了有利位置，戴凯巴鲁斯准备无条件接受任何协议——他并不打算信守约定，而是想为目前的不利局面赢得喘息之机。5. 所以，他不情愿地交出武器、战争器械和制造器械的工匠，归还逃兵，夷平要塞，撤出占领的区域，视罗马之友为友、视罗马之敌为敌。6. 同时也不为任何逃兵提供保护，不雇佣来自罗马帝国的士兵；因为他之前已经收服来自罗马领土内的人，组成了自己军队中最大、最优秀的一部分。这些都是他前来面见图拉真、伏倒在地、向其行礼、扔掉武器之后做的事情。7. 他还为此向元老院派遣使者，以便确保元老院能批准和平协议。签订和约后，元首离开了泽米泽盖图萨（Zermizegethusa）的营地，在那里和当地其余各处驻扎守军，然后返回了意大利。

* * * * *

但是，他亲自登上山脉，在危险中占领了一座又一座山峰，逼近了达契亚

[①] 对照"贵族"彼得：戴凯巴鲁斯派戴帽子的人作为使者来见图拉真，这是他们当中最高贵的人。之前他派来的是长头发的人，在他们中间名望不那么高。当最新的使节见到图拉真后，他们扔掉武器，像绑俘虏一样把自己的双手绑在身后，乞求图拉真与戴凯巴鲁斯会谈。

的首都，与此同时，路西乌斯（Lusius）在另一处进攻，杀死了很多敌人，生擒了更多战俘，于是戴凯巴鲁斯派来了最尊贵的戴帽子的人作为使节，通过他们乞求元首，他准备无条件接受任何条约。①

* * * * *

（10）戴凯巴鲁斯的使者一被带进元老院，就扔掉武器，像俘虏一样扣住双手，说了很多恳求的话。于是他们得到了和平，还被送还了武器。2. 图拉真庆祝了一场凯旋，并被授予达契库斯（Dacicus）的称号；他在剧场中举办了自己一向热衷的角斗比赛，又让哑剧舞者回到了剧场，并且非常喜欢其中一名叫皮拉德斯（Pylades）的舞者。虽然人们可能认为他是一个好战的人，但他并没有为此荒废内政，践行公正也未有丝毫懈怠；相反，他亲自主持审判，有时在奥古斯都广场，有时在李维娅柱廊，还经常在别的地方主持庭审。

3. 他得到报告，说戴凯巴鲁斯有各种违背条约规定的举动，正在收集武器、接收逃兵、修复堡垒、向邻近部族派遣使节、伤害之前与他不和的人，甚至吞并了一部分属于亚基盖斯人的土地（后来亚基盖斯人请图拉真归还，不过他没有答应），4. 因此，元老院再次宣布他为敌人，（公元104年）图拉真再度御驾亲征，没有将战事交由别人负责。

（11）随着大量达契亚人不断归顺图拉真，再加上其他原因，戴凯巴鲁斯再次请求媾和。罗马人要求他交出武器和自己，他不能接受，转而公然征集军队，号召周围的国家援助。2. 宣称如果他们将他抛弃，自己也会随之毁灭；对他们来说，如果在遭到伤害前与他并肩作战，他们更可能也更容易保全自由，而如果听任他的人民被毁灭，他们将来就会孤立无援，被罗马人征服。

3. 尽管戴凯巴鲁斯非常害怕直接冲突，然而通过诡计和欺骗，他差点要了图拉真的命。他将一些逃兵派往莫西亚，看他们是否能杀死他。因为元首总是很容易接近，加之现在因为战争的迫切需要，图拉真允许任何人与自己会谈。

---

① 这段描述，希菲利努斯将其紧跟着 ch. 8. 2 之后，大部分辑录者都是这样编排的。但是此处图拉真的战绩似乎更应该出现在第 3 和第 4 小节中间，厄休拉·菲利普·布瓦塞万就是这么做的。在这段简短的叙述中，希菲利努斯没有在合适的位置提到戴帽子的人。

但他们的阴谋没有得逞,因为其中一人遭到怀疑而被拘捕了,在严刑拷打之下把计划和盘托出。(12)戴凯巴鲁斯又派人诱骗隆基努斯(Longinus),后者是罗马军中的一个指挥官,在战争中对国王威胁很大;戴凯巴鲁斯成功说服他前来见自己,假称会遵从他的命令行事,随即便将对方扣押,公开拷问他图拉真的计划。隆基努斯拒绝供出情报,于是戴凯巴鲁斯将他留在身边,派人看守,尽管没有戴枷镣。2. 他派使者去见图拉真,请他归还自己远至伊斯特尔河的领土,补偿他为战争耗费的钱财,以此为条件送还隆基努斯。图拉真给了他一个模棱两可的答复,既不至于让戴凯巴鲁斯认为,图拉真把隆基努斯看得很重要,也不至于让国王认为图拉真并不看重隆基努斯,3. 其目的在于,一方面防止隆基努斯被害,另一方面尽可能达成对己方有利的协议。戴凯巴鲁斯仍在拖延,考虑自己该怎么做。与此同时,隆基努斯在被释奴的帮助下弄到了毒药,然后向戴凯巴鲁斯许诺,称自己会说服图拉真,希望借此让国王不致怀疑自己的计划,也让守卫不要把自己盯得过紧;而且,为了确保那个被释奴的安全,他写了一封请愿信,让那个被释奴去交给图拉真。4. 当他离开后,隆基努斯在夜里服毒自尽了。于是戴凯巴鲁斯请图拉真送回那个被释奴,承诺会交还他隆基努斯的尸体和十个俘虏。戴凯巴鲁斯立即派与隆基努斯一道被俘的百夫长前去处理此事;5. 从这名队长那里,大家了解了关于隆基努斯的全部情况。然而,图拉真既没有将他送回,也没有交出那个被释奴,认为对于维护帝国的尊严来说,他的安全比埋葬隆基努斯更为重要。

(13)图拉真在伊斯特尔河上建了一座桥,对此我真是佩服得五体投地。没错,他的各项功绩都很了不起,但这次的成就更胜一筹。它有二十个方形桥墩,每个高过桥基一百五十英尺,宽六十英尺,2. 彼此间距一百七十英尺,由桥拱连为一体。伊斯特尔河水深、漩涡多,河底满是淤泥,对于建在这样的大河上的桥梁,人们怎能不为之惊叹呢?因为人们当然不能在任何地方改变河流的走向。3. 刚才谈到了伊斯特尔河很宽,但并非所有地方的宽度都一样,因为某些河段有最窄处的两倍甚至三倍宽,不过最狭窄也最适合架桥的地方,宽度是确定的。4. 然而,河水流到这里时,因为水道狭窄而汇集成汹涌的激流,令河水变得更急、更深;有这些特点,可想而知在上面建桥有多难。5. 而这恰恰能展示出图拉真的设计有多么伟大,尽管这座桥对我们并没有用处,因为那里仅有桥墩矗立,并不能让一般人通行,仿佛它们耸立在那里只是为了证明没有什么是人类的智慧办不到的。6.图拉真建造这座桥,是因为担心一旦伊斯特尔河结冰,河对岸的罗马人将会面临战争,有此桥就能更方便地渡河。相反,哈德良担心,一旦蛮族人战胜守桥的卫队,就能利用大桥渡河进入莫西亚,因此拆除了大桥的上层部分。

(14)(公元105年)图拉真经大桥渡过了伊斯特尔河,但在战争中没有冒进,而是稳扎稳打,经过艰苦的战斗,最终征服了达契亚。在战争中,他指挥有方,勇敢无畏;他的士兵为了他克服了许多危险,展现出强大的力量。有一个骑兵受了重伤,被抬出战场接受治疗;当他发现自己的伤不可能治好后,便冲出了帐篷(他的伤还没有触及心脏),回到战阵中自己的位置上,做出很多英勇的表现后壮烈牺牲。(公元106年)戴凯巴鲁斯的首都和全部领土都被占领,自己陷入了被俘的危险,于是自杀身亡。他的头被送到了罗马。从此,达契亚成为罗马人的属地,图拉真在那里建立了城市。戴凯巴鲁斯的财宝也被发现了,尽管它们藏在流经其王宫的塞该提亚河(Sargetia)河底。在一些俘虏的帮助下,戴凯巴鲁斯将河流改道,在河床上挖掘了一个大坑,将大量金银和其他不怕受潮的值钱财物都藏进了坑里。他在上面铺了石头,然后又堆上土,之后让河水恢复到原来的位置。他同样让一些俘虏将自己的王袍和类似的物品藏进洞穴里,之后将他们全部灭口以免走漏消息。然而,他一个知情的同伴比西里斯(Bisilis)被抓住了,随即交代了宝物的情况。

与此同时,叙利亚总督帕尔马(Palma)征服了佩特拉(Petra)周围的阿拉比亚地区①,令其成为罗马人的属地。

(15)(公元107年)图拉真一回到罗马,各个蛮族就派来了使节团,数量之多前所未有,其中还包括印度人。他举办了一百二十三天的表演,其间有一万一千头野生和驯养的动物被杀,此外还有十万名角斗士彼此厮杀。

3^1.同一时期,他建造了一条穿过波提内(Pontine)沼地的铺石路,沿路

---

① Arabia Petraea,字面义就是"佩特拉的阿拉比亚",也是这一罗马行省的名字,佩特拉是该省的首府。

建造了最宏伟的建筑①和桥梁。他还将已经严重磨损的钱币熔解。

（5）3. 他曾经发誓说不会让人流血，并以实际行动信守承诺，尽管曾遭到过背叛。因为出于天性，他不会两面三刀、背信弃义或咄咄逼人；他喜爱、礼敬并尊崇好人，其他人则不予理会。而且，随着年龄增长，他也变得越来越温和。

（15）3². 当李奇尼乌斯·苏拉（Licinius Sura）去世时，图拉真给他举办了一场公共葬礼，并为其竖立了一尊雕像。这个人非常有钱，也极为尊贵，甚至为罗马人建造了一座体育场。4. 然而，他和图拉真彼此展示出良好的友谊和极大的信任，尽管他经常遭到中伤——无论谁，假如与元首关系密切，自然会面对这种局面——但图拉真却从来没有怀疑或憎恨他。相反，有些嫉妒苏拉的人态度变得非常坚决，5. 于是元首未经邀请便前往他家里赴晚宴，把卫队全部解散，先叫苏拉的医生给自己的眼睛涂油，然后让他的理发师给自己刮脸（元首们和其余人都遵照古代的传统刮脸，蓄须是哈德良最先兴起的风气）；6. 然后他洗了个澡，吃了晚饭。第二天，他对那些习惯于不断毁谤苏拉的朋友说："假如苏拉想要杀我，他昨天就该动手了。"（16）面对被认为有谋逆之心的人，他出色地度过了危险；但更出色之处在于，他从不认为对方会加害自己。1a. 他自己对苏拉的了解增强了他对苏拉的信任，没有因为别人的猜测而怀疑对方。

1². 按规定，近卫军长官要佩剑伴随元首左右。（公元110年）当他第一次将剑交给即将担任近卫军长官的人②时，拔剑出鞘，握起剑说："拿着它，如果我做得好，你就用它保护我，如果我做得不好，你就用它杀死我。"

2. 他还为索西乌斯（Sosius）、帕尔马（Palma）和凯尔苏斯（Celsus）③立像，比起其他人，图拉真尤其看重他们几个。然而，对于背叛他的人，其中包括克拉苏，他将其交给元老院，让他们接受惩处。

3.（公元112年）他建造了图书馆，又在广场④上竖立了一根巨大的记功

---

① 可能是指驿站。
② 萨布拉努斯（Saburanus）？
③ 普布利里乌斯·凯尔苏斯（L. Publilius Celsus）。
④ 图拉真广场。

圆柱,既为纪念他自己,也为纪念他在广场上的杰作。因为整片广场位于一座小丘上,他按照记功柱的高度将小丘铲平,让广场变得平整。

(17)接下来,他借口亚美尼亚国王①得到的王冠不是自己授予的,而是帕提亚国王②赐予的,对亚美尼亚人和帕提亚人发动了战争,而他真正的目的是赢得威名。

2.(公元113年)图拉真率领大军进攻帕提亚人。当他到达雅典时,奥斯罗厄斯派来使者,请求和平并献上了礼物。得知他正领兵前来,国王变得非常害怕,因为图拉真过去的事迹已经给他造成了严重的威胁。因此他放下架子,派人来向图拉真求情,恳请图拉真不要与自己开战,同时他还要亚美尼亚人交出帕泰马西里斯(Parthamasiris),此人也是帕科鲁斯(Pacorus)的儿子,并要求把王冠送去给他。他已经罢黜了埃克赛达勒斯,说这个人既不能让罗马人满意,也不能让帕提亚人满意。元首既没有接受礼物,也没有给予任何口头或书面的答复,只对他们说,能证实友谊的是实际行动,而不是言语,因此当他到达叙利亚时,将会做一切该做的事情。按照这个计划,他继续进军,穿过亚细亚、吕西亚和毗邻塞琉西亚(Seleucia)的行省。(18)他一到安条克,奥斯若内的阿布伽卢斯(Abgarus of Osroene)就派人送来礼物、表示友好,尽管他本人没有现身,因为他既害怕图拉真又害怕帕提亚人,试图保持中立,因此没有亲自来见元首。

(32)4.路西乌斯·奎特乌斯(Lucius Quietus)是个摩尔人,同时也是摩尔人中的领袖,在骑兵中担任指挥官;但他因举止低劣而获罪,被逐出军队并被剥夺荣誉。然而,后来达契亚战争爆发时,图拉真需要摩尔人的协助,5.于是他主动去找元首,展示出高超的技艺。(公元113年)他因此得到了荣誉,在第二次战争中屡立奇功,在当前的战争中表现英勇,加上好运不断,最终先后当选法务官、执政官和巴勒斯坦总督。而这是令他招致嫉恨与毁灭的主要原因。

---

① 埃克赛达勒斯(Exedares)。
② 奥斯罗厄斯(Osroes)(克奥斯罗厄斯,Chosroes)。

（18）2.（公元114年）当图拉真侵入敌人的领土时，当地的郡守（satrap）和国王都带着礼物前来拜见。礼物中有一匹经过驯化会服从命令的马；无论谁站到它旁边，它都会前腿跪地，把头伏到对方脚下。

（19）帕泰马西里斯表现得非常狂妄。他在第一封来信中自称"国王"，但是没有得到答复，于是又写了一封信，省略了这个头衔，并请图拉真派卡帕多奇亚总督马库斯·尤尼乌斯（Marcus Junius）来见他，暗示自己希望通过他提出一些要求。2.于是图拉真派尤尼乌斯的儿子去见他，自己则进军阿萨摩撒塔（Arsamosata），不经一战就占领了该地。接着他来到萨塔拉（Satala），接受了赫尼奥奇人（Heniochi）与马凯隆内人（Machelones）的国王安契亚鲁斯（Anchialus）赠送的礼物。在亚美尼亚的埃勒基亚，3.他坐在军营中的审判台上接见了帕泰马西里斯。那个国王向他致敬，从头上摘下王冠，放到图拉真脚旁，然后默默不语地站着，希望对方能把王冠还给自己。对此，士兵们大声高喊，欢呼图拉真为大统帅，仿佛取得了胜利一般。4.（他们将其命名为无桂冠[①]、不流血的胜利，看着那个国王，阿萨凯斯的后人，帕科鲁斯的儿子，奥斯罗厄斯的侄子，站在图拉真面前，不戴王冠，像个俘虏一样。）呼喊声吓坏了国王，他以为士兵们在辱骂自己，准备杀了他；5.他转身想跑，但发现自己被团团围住，于是恳求不要让他当着众人的面讲话。于是他被带进了帐篷，并且没有得到任何想要的东西。（20）他怒不可遏，走出了营帐，但图拉真叫住他，再次登上审判台，命令他想说什么就说什么，让所有人都听一听，以免某些人因为不知道他们私底下谈了什么，传出不同的说法。2.听到这个命令，帕泰马西里斯不再沉默，非常坦率地说出了心中的想法，称自己没有被击败，也没有被俘虏，而是主动来的，认为自己不会遭到无礼对待，并且能收回王国，就像提里达特斯从尼禄手中收回王国一样。[②]3.图拉真对他的全部问题都给出了合适的答复，特别是宣布自己不会把亚美尼亚交给任何人，因为它属于罗马人，并由一位罗马总督管理。4.不过他允许帕泰马西里斯离开，去任何他想去的地

---

① 字面义为"没有欧芹枝的桂冠"，这是授予希腊某些竞赛的优胜者的。
② 对照 lxiii（lxii），5。

方。他将国王和他的帕提亚同伴送走，并派了一队骑兵护送，以确保他们不会与任何人联合起来并挑起叛乱。但是他命令所有追随国王的亚美尼亚人留在原地，因为他们已经是他的臣民了。

（18）3[2]. 他占领了亚美尼亚全境，令很多国王归降；有些是自愿归顺的，他视之为朋友；其他的尽管有所违抗，他也不经一战就降伏了他们。（23）对此，元老院授予他大量常规的荣誉，此外还赠予他"最佳"（Optimus）或称"最出色"的头衔。他经常夹在行军队列中徒步前进，在整场战役中亲自指挥和部署军队，下达各种命令率领士兵。部队渡河时，他都会亲自涉水。2. 有时他甚至命令自己的侦察兵散布假情报，为的是既能让士兵进行模拟演练，又能让他们变得无所畏惧，随时准备面对危险。在占领尼西比斯（Nisibis）和巴塔奈（Batnae）之后，他获得了帕提库斯（Partichus）的称号。不过他最引以为傲的头衔是"最佳元首"，因为它更表现了自己的品格而非武功。

（21）在合适的地方留下驻军后，图拉真来到埃德萨（Edessa），在这里第一次见到了阿布伽卢斯。因为，尽管阿布伽卢斯之前曾多次派来使节、献上礼物，但他总以各种各样的理由不现身，邻近阿拉比亚地区的统治者曼努斯（Mannus）和昂太穆西亚（Anthemusia）的统治者斯波拉凯斯（Sporaces）也是如此。2. 然而，这一次，他部分是因为自己儿子阿班德斯（Arbandes）的劝说——这个年轻人相貌英俊，青春年少，因此很受图拉真喜欢——部分是因为他害怕后者的驻军，因此在道路上与图拉真见面，向他道歉并得到了宽恕，因为他让那个男孩从中调解了。于是他成为图拉真的朋友，举行了一场宴会款待图拉真；在晚宴上，他还让他的男孩跳了蛮族的舞蹈并做了其他表演。

（22）（公元115年）当图拉真进入美索不达米亚时，曼努斯派一名使者来见他。马尼萨鲁斯（Manisarus）也派来了使节请求和平，因为奥斯罗厄斯正在对他开战，他准备撤出自己占领的亚美尼亚和美索不达米亚的部分地区。图拉真回复称，除非对方能信守承诺，亲自来见自己，用实际行动证实他所言不虚，否则不会相信他的话。2. 他同样怀疑曼努斯，而当对方向阿迪亚贝内（Adiabene）国王麦巴萨佩斯（Mebarsapes）派去一支援军后，图拉真就更加怀疑他，当时麦巴萨佩斯正是在罗马人手上丢掉了整个王国。因此，图拉真这一次不等他们靠近，便主动前往阿迪亚贝内迎击他们。路西乌斯未经一战就夺取了辛加拉（Singara）和其他地方。

（24）当元首在安条克逗留时，那里发生了一场可怕的地震；很多城市受到了损毁，而安条克是其中最不幸的。因为图拉真在那里过冬，所以当地有很多士兵，还有很多市民为打官司、出使、做生意或观光游览而从各地而来，2. 没有哪个国家或民族的人不曾受难；在安条克，罗马统治下的整个世界都遭受了灾祸。当时出现了很多雷雨和大风天气，都是不祥之兆，但是没有人预料到它们会引发如此大的灾难。3. 一开始先是突然从地下传来一阵巨大的轰鸣，紧接着便是剧烈的震动。整片大地隆起，建筑物飞向了天空；有些被抬得很高然后倾覆下来，有些破成了碎片，还有些被抛了出去，如同被海浪冲刷一般，并且翻转过来，碎片冲到很远的地方，甚至波及了乡间。4. 碎片、断木连同砖瓦和石头最为可怕；多到难以想象的烟尘腾起，让人们目不能见、口不能言、耳不能听。至于当地的人们，甚至有很多待在户外的人都受了伤，5. 他们被刮起来凶猛地抛向空中，然后像从山崖上掉下来一般摔到地上，轻则伤残，重则丧命。甚至有些树都被连根抛到了天上。因于家中的遇难者数目已无法统计，很多人直接被砸死，很多人在废墟中窒息而亡。6. 身体一部分被埋在石头与木头下的人是最惨的，既无望活下去，又不能立即一死了之。

（25）然而，很多人，甚至包括获救者，都没有躲过一劫，他们的人数多得难以计数。许多人失去了腿或手臂，有些人破了头，还有人会吐血；执政官佩多（Pedo）就是其中之一，并且立即不治而亡。2. 一句话，当时没有哪种苦难是那些人不曾体会过的。地震夜以继日地持续了好几天，人们陷入了极大的困境与无助，有些人被倒塌的建筑压死，3. 有些人死于饥饿。幸免于难的人或是正好待在一个木石容易离开的空地上，或是待在一个拱形的柱廊里。当危险最终平息时，有人大着胆子爬到废墟顶上，看到有个女人还活着。她并非独自一人，还带着一个婴儿；她靠自己的奶水让自己和孩子幸存了下来。4. 人们把她挖出来，帮她和孩子恢复了知觉。之后大家搜索了其他废墟，但是没有发现其他幸存者，只发现了一个婴儿正在吸吮母亲尸体的乳头。随着更多尸体被发掘出来，人们的心情也愈发沉重，哪怕自己幸免于难也高兴不起来。

5.当时可怕的灾难席卷了安条克。图拉真从自己居所的窗户逃出一条生路。有一些体形比人类还巨大的生物来到他身边,引领他逃脱,因此他顺利脱险,只受了一点小伤;因为地震还在持续,所以他一直住在屋子外面的赛马场里。6.甚至卡修斯山(Mt.Casius)都在剧烈地震动,似乎它的山峰都出现了倾斜,要折断倒向这座城市。其他小山也有下陷,很多之前没有的水冒了出来,相反,以前就存在的水流却有许多消失了。

(26)(公元116年)春季一到,图拉真就快速进入敌人的国家。因为底格里斯河附近缺乏适合造船的木材,图拉真用货车运来之前在尼西比斯附近的森林里造好的船只。这些船可以被拆解,然后再组装起来。2.他费了好大力气,才在科迪亚安山(Gordyaean)对面的河流上架起了桥梁,因为对岸有蛮族人驻守并试图妨碍他。但是图拉真拥有大量船只和士兵,有些船被迅速连在一起,另一些船在其前方抛锚,船上有重步兵和弓箭手,还有其他人不断要闯出一条路来,仿佛打算过河一般。3.这些战术很奏效;此外,蛮族人看到在一片缺少树木的土地上竟然同时出现了这么多船,不禁惊慌失措,撤退了。罗马人成功渡河并占领了整个阿迪亚贝内。4[1].这是一个毗邻尼努斯(Ninus)①的地区;阿贝拉(Arbela)和高加米拉(Gaugamela),接近亚历山大战胜大流士的地点,也在这个国家里。在蛮族人的语言中,两个S会变成T,所以阿迪亚贝内也被称为阿泰里亚(Atyria)。

(22)3.阿德尼斯特莱(Adenystrae)是一个强大的据点,一名百夫长森提乌斯(Sentius)之前作为使节被派去会见麦巴萨佩斯(Mebarsapes)。他被后者囚禁在那里,后来,当罗马人接近后,他与一些狱友合谋,在他们的帮助下挣脱镣铐,杀死了守卫的头领,打开大门迎接同胞。

(26)4[2].在这之后,他们进军到远至巴比伦的地界,受到的干扰相当少,因为帕提亚的力量已经毁于内乱,这时依然深陷纷争不能自拔。

(27)1[a].卡西乌斯·迪奥·科凯亚努斯在关于拉丁人的著作中曾写道,这座城市[巴比伦]周长四百斯塔德:

---

① 尼尼微。

（塞米拉米斯……建造了……一座城市，）根据卡西乌斯·迪奥·科凯亚努斯记载，它的周长有四百斯塔德。

1. 而且，图拉真在这里看到了用于建造巴比伦城墙的沥青。这种材料与烘烤的砖头或小石子混合在一起后，能提供比任何岩石和铁更为稳固的保护。2. 他还观看了那个喷口[①]，从中会喷出致命的蒸汽，任何飞禽走兽只要吸入一口就会丧命。如果气体扩展到高出地面很远的地方，或是沿着地面弥散开来，这个地方就不能居住了；不过蒸汽只在开口内部循环并保持稳定。3. 所以动物只要飞得够高，或者在另一侧吃草，都能平安无事。我在亚洲的希拉波利斯（Hierapolis）见过另一个喷口，并用鸟对它进行检测；我还亲自弯腰去看，看到了蒸汽。它被围在一种水池之中，上面还建了一个剧场。它会杀死一切生物，只有被阉割过的人类能得以幸免。我也不明白是什么原因，我仅仅是按照我看到的、听到的情况进行描述。

（28）图拉真计划开通一条运河，从幼发拉底河引水到底格里斯河，以便从这条水道乘船，并用船搭建一座桥。但他得知这条河的水位比底格里斯河高很多，于是放弃了，担心水会倾泻而下引发洪灾，致使幼发拉底河无法通航。2. 所以他用牵引器械将船只从两河之间最窄的地方拖了过去（幼发拉底河的全部流水注入一片湿地，并从那里多多少少与底格里斯河相汇）；随后他渡过底格里斯河，进入泰西丰（Ctesiphon）。当他控制了该地后，被欢呼为大统帅，并确立了自己享有帕提库斯（Parthicus）称号的权利。3. 元老院表决授予他很多荣誉，包括授予他一项特权，允许他随自己心意举行任意数量的凯旋式。

占领泰西丰后，他计划坐船前往厄立特里亚海（Erythraean Sea）[②]。那是大洋的一部分，因之前统治那片海岸的人而得名。[③]4. 他轻而易举地赢取了梅塞内（Mesene）——底格里斯河上的一座岛屿，国王是阿塔姆贝鲁斯（Athambelus）。但是因为一场暴风雪，外加底格里斯河水势汹涌，大洋又涨了潮，他发现自己陷入了严重的危险。

---

① 苏伊达斯（Suidas）和其他人在"开口"前加上了一个词"鸟的"；这个词可能出自迪奥自己。
② 波斯湾。
③ 神话中的厄立特拉斯（Erythras），传说他淹死在这片海域里。

阿塔姆贝鲁斯——底格里斯河上的岛屿的统治者,仍然忠于图拉真,哪怕被命令支付贡金——还有斯帕西努斯的巴利萨德(Palisade of Spasinus)的居民,都友好地接待了他;他们过去受阿塔姆贝鲁斯统治。

(29)他亲自到了大洋,当了解到它的特点、看到一艘船航向印度时,他说:"假如我还年轻,我一定也能渡海到达印度。"他开始琢磨印度人,对他们的事情十分好奇,认为亚历山大是个幸运儿。尽管他宣称自己走得比亚历山大更远,并如此向元老院去信,可实际上,他甚至没能保住自己当时征服的土地。2. 因为这项成就,他获得了很多荣誉,其中包括一项特权,即他可以举办一场凯旋式,随意申报击败了哪些民族。因为他不断来信说又征服了什么人,数量如此之多,以至于元老院有时不能理解他说的是什么,甚至不能正确使用他们的名字。3. 所以,在罗马的人除了在他的广场献上各种颂词外,还准备为他建造一座凯旋门,并打算出城,走到非比寻常的距离外去迎接他。然而,他命中注定不会再回到罗马了,而且也没有实现超越过去的成就,此外甚至失去了之前吞并的领土。3. 在他乘船前往大洋并返回的这段时间,所有被征服的地区都陷入了混乱并掀起了反叛,分驻在各地的守卫或被驱逐,或被杀害。

(30)图拉真在巴比伦得知了这一消息。他前往那里[①]不仅是因为这座城市久负盛名——尽管他只看到了能证明其盛名的土丘、石头和废墟——并且是因为亚历山大,图拉真在亚历山大去世的房间向后者的英灵贡献了祭品。他得知叛乱的消息后,派路西乌斯和马克西姆斯去平叛。2. 后者在一场战斗中兵败身亡,而路西乌斯赢得了很多胜利,还收复了尼西比斯,围攻并攻克了埃德萨(Edessa),将城市洗劫并付之一炬。塞琉西亚同样被副将艾卢齐乌斯·克拉鲁斯(Erucius Clarus)和尤利乌斯·亚历山大(Julius Alexander)攻占并焚毁。3. 图拉真担心帕提亚人同样会掀起反叛,希望给他们一个自己人的国王。因此,当他到达泰西丰后,在一片大空地上召集了当时在那里的所有罗马人和帕提亚人;然后他登上一处高台,用夸张的方式描述了自己取得的丰功伟绩,然后任命帕塔马斯帕特斯(Parthamaspates)为帕提亚人的国王,并将王冠戴在他头上。

---

① 上文(ch. 26. 4;27. 1)没有说图拉真在南进途中曾前往巴比伦。

第七十五卷

（9）6. 萨纳特鲁凯斯（Sanatruces）之子沃洛盖苏斯（Vologaesus）准备好对付塞维鲁以及他的军队，并在战斗开始前请求停战并获得应允，图拉真向他派遣使节，授予他一部分亚美尼亚的土地，作为和平的回报。①

（31）（公元 117 年？）接着他进入阿拉比亚，开始着手对付哈特拉（Hatra）人，因为他们同样挑起了叛乱。这座城市既不大也不繁荣，而且周围的乡村大多是沙漠，既没有水（只有少量的水，而且水质很差），也没有木材和草料。2. 然而，这种恶劣条件却为城市提供了保护，庞大的部队不可能对它进行围城，他们信仰的太阳神也会加以援助。当时，它既没有被图拉真攻占，之后也没有落入塞维鲁之手，尽管他们都推翻了城市的部分围墙。3. 图拉真派骑兵去攻打围墙，但是失败了，进攻的士兵被逼退回营中。元首自己骑马经过时也差点被击中负伤，尽管他没有穿元首的服装以免被认出来。但敌人看到他威严的灰白头发和尊贵的容貌，怀疑他是个大人物，于是向他射击，杀死了一个随身护卫的骑兵。4. 当罗马人进攻时，天空经常会响起阵阵轰鸣的雷声，出现彩虹，还有闪电、暴风雨、冰雹和霹雳落到他们头上。每当他们吃东西时，成群的苍蝇就会落到他们的食物和饮水上，让人浑身不适。（32）于是图拉真离开了那里，没过多久，身体健康也开始恶化。

与此同时，昔兰尼地区的犹太人推选了一个名叫安德里阿斯（Andreas）的人做首领，杀死了很多罗马人和希腊人。这些人会吃落在自己手上的受害者的肉，用他们的肠子做绳带，用他们的血涂抹自己，拿他们的皮当做衣服穿；很多人被他们从头往下锯成了两截，2. 还有很多人被喂给野兽，另有很多被强迫作为角斗士搏斗。遇害者共计二十二万人。在埃及，他们同样犯下了许多类似的暴行，还有在塞浦路斯，在某个叫阿铁米昂（Artemion）的人的领导下，他们也有这般行径。在那里也有二十四万人遇难，3. 因为这个原因，犹太人不

---

① 尤西努斯（Ursinus）错误地将这段节录放在了塞维鲁时期。布瓦塞万将它置于此处的理由发表于赫尔曼斯（*Hermes*），xxv. 329ff。

许在那个岛上立足,即便有人被暴风雨吹到了岸上也要被处死。前去镇压犹太人的将军中,有图拉真亲派的路西乌斯。

(33)(公元117年)图拉真又准备对美索不达米亚发动新的远征,但是他的疾病已经开始令其备受折磨,于是他动身离开,打算乘船到意大利,将普布利乌斯·艾利乌斯·哈德良(Publius Aelius Hadrian)留在叙利亚。结果,罗马人经历艰辛与危险征服亚美尼亚、美索不达米亚大部和帕提亚人的努力全部化为乌有,2.因为帕提亚人甚至拒绝接受帕塔马斯帕特斯,开始再次按他们自己的方式进行统治。图拉真怀疑自己生病是被人下了毒;也有人说是由于血液,因为每个人的血液都要流向身体的下部,但他的血流受阻了;3.此外,他还受中风折磨,身体的一部分已经瘫痪,全身水肿。刚抵达西里西亚的赛里努斯(Selinus)——我们也称之为特里亚诺波利斯(Traianopolis)——他就突然断了气。他一共在位十九年六个月十五天。

第 69 卷梗概

（1）（公元 117 年）哈德良并没有被图拉真收养，仅仅是图拉真的一国同胞[①]，以前是图拉真的被监护人，与图拉真算是近亲，还娶了图拉真的侄女——简言之，哈德良是图拉真的同伴，每天与图拉真一起生活，2. 在帕提亚战争中被图拉真派往叙利亚。然而，图拉真对他并没有特别的好感，比如优先任命他为执政官之类。他之所以成为恺撒和元首，是因为图拉真死后无子，他的同胞和前监护人阿提亚努斯（Attianus），伙同与他相爱的普罗提娜，一起帮助他获得任命；由于他关系最近，而且掌握大量军队，这件事变得轻而易举。3. 我的父亲阿普罗尼亚努斯（Apronianus）当时是西里西亚总督，他证实有关哈德良的故事都是准确的。他讲过很多事，特别是说，图拉真的死讯被掩盖了好几天，为的是先让哈德良被收养的消息发布出去。4. 图拉真给元老院的信件也能表明这一点，因为给信件署名的不是他本人，而是普罗提娜，尽管她之前从未这么做过。

（2）当被宣布为元首时，担任叙利亚总督的哈德良正在当地的首府安条克。头一天，他梦见天上降下一团烈火，天空纯净又明亮，火焰先落在他左边的喉咙上，然后又划到另一侧，但并没有惊吓和伤害到他。2. 他给元老院去信，请他们批准自己获得大权；此外，无论当时还是之后，他都不会批准任何授予自己特别荣誉的法令（这是常有的事），除非他亲自请他们这么做。

3. 图拉真的遗骨被安置在他的记功柱内。当时被称作帕提亚赛会（Parthian Games）的活动在随后数年内仍然举行，但之后，就连它也像其他仪式一样，被废止了。

[①] 迪奥认同传统的错误说法，以为哈德良出生在西班牙的意大利卡（Italica）。

十二、迪奥·卡西乌斯的《罗马史》

4. 在一封信中，哈德良用很多语调高尚的词句写到，自己发誓绝不做任何违背共和国利益的事，绝不处死任何元老，如果自己有违誓言，甘愿遭到神灵的惩罚。

5. 哈德良尽管以最温和的方式进行统治，然而他仍然因为曾在统治初年和末年杀死了几个最优秀的人而饱受严厉指责，因此差点没能被神化。起初被处死的人是帕尔马（Palma）和凯尔苏斯（Celsus）、尼格里努斯（Nigrinus）和路西乌斯（Lusius）。头两人被杀，所谓的理由是他们要在狩猎时谋害他，实际原因却是两人拥有很大势力，享有财富和声望。6. 然而，哈德良对这次事件引起的议论极为敏感，为自己做了辩护，发誓称自己没有下令杀死他们。在他统治末期死去的是塞尔维亚努斯（Servianus）和他的孙子弗斯库斯（Fuscus）。

6^2. 与哈德良相见是件令人愉快的事，他拥有某种魅力。

（3）说到出身，哈德良的父亲属于元老等级，是一名前法务官，名叫哈德里亚努斯·阿法尔（Hadrianus Afer）。哈德良天生喜欢文学，学习了希腊语与拉丁语，留下了多篇散文和诗歌。2. 他的野心总是无法得到满足，因此涉足了所有想象得到的事业，甚至是最微不足道的。例如，他做雕塑、搞绘画，声称只要是与和平与战争相关、符合元首身份和普通公民身份的事，就没有自己不知道的。3. 当然，这些并不会对人们造成伤害，但他嫉妒所有在各个领域中出类拔萃的人，这份情绪是如此可怕，让很多人蒙难，其中有少数人彻底被毁了。因为，由于希望在一切事情上拔得头筹，他便憎恨在某一方面特别出色的人。4. 受这种情绪驱使，他打倒了两个哲学家——高卢的法沃里努斯（Favorinus）和米利都的狄奥尼修斯（Dionysius），采用了各种手段，但主要是靠提拔他们的对手，而那些人根本是些微不足道的小人物。5. 据称，狄奥尼修斯曾这样对掌管元首通信的阿维狄乌斯·赫利奥多鲁斯（Avidius Heliodorus）说："恺撒可以给你钱和荣誉，但不能让你变成一个演说家。"6. 至于法沃里努斯，有一次他准备向元首陈情，内容是希望为自己的家乡争取免税权，他怀疑自己不会成功，此外还会遭到辱骂，于是走进法庭，仅仅说了这么一句话："昨晚我做了一梦，梦里我的老师站在旁边，吩咐我为自己的祖国效力，因为我是为她而生的。"

（4）哈德良饶了这些人，但对他们很恼火，因为自己找不出合适的借口来搞垮他们。但对于建筑家阿波罗多洛斯（Apollodorus）——曾在罗马为图拉真献上了各种作品，比如广场、音乐厅和体育馆——他先将其流放，后来将其处死，2.理由是对方犯有某些不法行为，但实际原因是，有一次图拉真向阿波罗多洛斯询问有关建筑的事情，哈德良在一旁插嘴，阿波罗多洛斯对他说："走开，画你的葫芦去；你根本不懂建筑的事。"（碰巧当时哈德良正以这种画为傲。）3.因此，当成为元首之后，他还记得自己曾被小觑，不能容忍此人说话如此随便。他叫阿波罗多洛斯来看自己设计的维纳斯神庙与罗马神庙，意在告诉对方，没有他的帮助，自己也能造出杰作来。哈德良问他对建筑方案是否满意。4.建筑师在回复中说，首先，关于神庙，它们应该建在高地上，在其下方的土要挖掉，这样，从比它高的位置上看，它在圣路（Sacred Way）上会显得更为突出，而且应该在地基里使用机械，这样，它们不被人看到就可以组合在一起，事先不让任何人注意就能被带进剧场里。其次，对于雕像，阿波罗多洛斯说，相对于内殿的高度，它们太高了，5."现在如果女神想要站起来走出去，根本做不到"。建筑师这样率直地给哈德良写了回信，元首既十分恼怒，又非常难过，因为自己犯了一个无法纠正的错误。哈德良没有抑制自己的愤怒与悲伤，就把这个人杀死了。6.哈德良的天性就是如此，不仅嫉妒活人，甚至嫉妒死人；不管怎么说，他贬抑荷马，让安提玛科斯（Antimacus）[①]取代了荷马的位置，而之前很多人都不知道安提玛科斯的名字。

（5）他还有一些性格特点遭人诟病，比如特别严格、好奇心重、爱管闲事。然而，他能用自己的细心、审慎、慷慨与才能，平衡并弥补这些缺点；而且，他没有挑起任何战事，结束了已经开始的战争。他没有不公地剥夺任何人的财产，同时赐予很多人——既有集体又有公民个人，既有元老又有骑士——大量钱财。2.的确，他甚至不等对方提出请求就会慷慨施恩，一切都根据每个人的需要来行事。他让军团遵守最为严格的纪律，所以，尽管军队势力很

[①] 克洛丰（Colophon）的安提玛科斯，活跃于公元前400年左右的史诗诗人。他写了一部史诗《底比斯》（*Thebais*）和一部哀歌《莱德》（*Lyde*），均以篇幅长、包含大量的神话传说而闻名。亚历山大里亚的语法学家将其列为仅次于荷马的史诗诗人。

大,但也没有出现抗命不遵、张狂无礼的举动。他援助同盟与臣属的城市时也毫不吝惜。3. 他造访过很多地方——实际上,比任何元首都多——并都提供了帮助;对于不同的城市,他或是为其供水,或是援建港口、公共建筑,赐予食物、钱款和各种荣誉。

(6)他领导罗马人民凭的是尊严,而不是靠讨好他们。有一次,在一场角斗赛中,大众强烈要求某些东西,他不仅没有授予,还命令传令官去宣布一道图密善式的命令:"安静!" 2. 然而,传令官没有说出这个词,而是像传令者们常做的那样,举起一只手,借这个手势让人们安静下来(因为民众从不会因宣布口令而变得安静),然后说道:"这就是他希望的。"哈德良一点没有生他的气,反而为他没有传达这个粗鲁的命令而褒奖他。3. 他可以容忍这种事情,假如以意想不到的方式或者从普通人那里得到了帮助,也不会感到不快。至少,有一次他出门时碰巧遇到一个女人,对方向他请愿,他说"我没空",但听到那女人喊"那你就别当元首了!",他还是回来了,听取了对方的要求。

(7)他会在元老院的协助下处理所有重大问题和紧急事务,在首要人物的帮助下举办法庭,有时在御所,有时在广场、万神殿或其他地方;他经常坐在审判席上,以便将一切决定公之于众。在执政官审理案件时,有时他也会加入,并在赛马会中对他们表示礼敬。2. 他回家时习惯不坐肩舆,以免给随行的人造成麻烦。在既不神圣也不处理公共事务的日子①,他会待在家里,不接见任何人,哪怕仅仅是来问候他的人也不例外,除非有什么要紧事;这是为了免去大家的麻烦。3. 无论在罗马还是在外地,他总是让最高贵的人陪在自己左右,经常与他们一起飨宴,而且出于这个原因,他乘马车时常常会再带上三个人。他尽可能多地进行狩猎活动,吃早饭时不喝酒;他吃得很多,在审判间隙也常常要吃点东西;之后他会在所有最重要、最优秀之人的陪伴下进餐,并在席间商谈各种事宜。4. 当朋友病重时,他会前去探望,还会出席他们的节庆活动,并很高兴留住在他们的乡间别墅或城内的家中。他同样在广场上放置了很多人的雕像,既有已经去世的,也有仍然健在的。而且,他的同伴从不会像其他元

---

① 用另一句话说,在拉丁文 *dies religiosi* 中,是罗马历法中不吉利的日子。

首的被释奴和侍者那样傲慢无礼，也不会收受贿赂而透露哈德良的言行。

（8）1.我总结了他的性格以作引言。下面我要详细叙述值得注意的事情。

1^a.亚历山大里亚人爆发了骚乱，无论做什么都不能安分下来，直到收到了哈德良斥责他们的来信。一个元首的话果然比武器更有威力啊。

1^2.（公元118年）在去罗马的路上，他取消了所有欠元首私库和罗马人公共财库的债务，规定了适用这项豁免权的日期，前后共计十五年①。2.（公元119年）他在生日那天免费举办了常规的表演，杀死了很多野兽，例如，单在一场表演中就动用了一百头雄狮和一百头母狮。他还在各个剧场和赛马场分别给男人和女人扔下小球，分发了很多礼物。而且，他也命男女分开洗浴。3.当年除了这些事情外，哲学家尤弗拉特斯（Euphrates）自尽了，因为哈德良考虑到他年事过高、重病缠身，允许他喝下毒芹汁。

（9）（公元121年）哈德良穿过了一个又一个行省，造访了各个军团和城市，视察了所有驻营和要塞。他将其中一些移到更合适的位置，另一些拆毁，此外还新建了一批。2.他会亲自过目和检查一切事情，不仅包括营地中常规的事物，诸如武器、器械、战壕、堡垒和栅栏等等，还包括每个人的个人情况，无论士兵还是军官——他们的生活、住处和习惯——并且整顿和纠正了许多让军中生活变得过于奢侈的安排。3.他训练士兵从事各种战斗，对不同的人或予奖赏或予斥责，并教他们一切该做的事。为了让士兵效仿自己的榜样而从中受益，他在各个地方的生活都做得一丝不苟，在所有场合不是步行就是骑马，在这段时间内从未站在战车或四轮车上。4.无论严寒酷暑他都不会遮住头，无论身处于日耳曼的雪地中还是埃及的烈日下，他总是光着脑袋。他通过以身作则和戒律训令，让全帝国的军队都得到了良好的训练，严格遵守纪律，甚至到今天，他引进的方法还是士兵在战场上的铁律。5.这最能解释为何他大部分时间

---

① 依字面义计算，应该是一共十六年。有学者主张，哈德良当时提供了一份每十五年修订一次的免税清单［蒙森，《罗马公主》（*Röm. Staatsrecht*），II3，p.1015，4］。然而再一次出现相关的记载却是在公元178年（见 lxxi. 32. 2），当时马库斯·奥里略取消了所有前四十五年的欠款，"外加哈德良的那15年"。而且，哈德良的措施可能只适用于拖欠元首私库（*fiscus*）的债务（见《哈德良传》，7.6），并非如迪奥所说的也包括公共财库。

都与外族和平相处，因为他们看到哈德良准备得十分充分，而且自己也没有遭到侵略，此外还得到了钱财，因此没有挑起事端。6.没错，他的士兵被训练得如此出色，所谓的巴塔维亚骑兵甚至能带着武器游过伊斯特尔河。看到这一切，蛮族人对罗马人十分畏惧，埋头关注自己的事务，并且请哈德良仲裁他们的分歧。

（10）在从一个城市到另一城市的旅途中，他也建造了剧场，举办了比赛，但没有用元首的排场，因为他从未在罗马之外搞这一套。不过他没有回到自己的家乡[①]，尽管他授予其很高的荣誉，赐予了很多珍贵的礼物。2.据说他对狩猎很痴迷。的确，他曾在一次逐猎中摔断了锁骨，差点还把腿摔瘸了；（公元124年）他在米希亚附近建立了一座城市，将其命名为哈德利诺泰拉（Hadrianotherae）[②]。不过他没有因为这项消遣而忽视任何元首分内的职责。从他对待自己的爱马波利斯泰尼斯（Borysthenes）的方式，他对狩猎的热情就可见一斑。那匹马是他打猎时的坐骑，当它死去时，哈德良为它准备了一座坟墓，上面立了个碑，刻了一段墓志铭。3[1].所以，当普罗提娜去世时，他给予对方极高的荣誉也就不足为奇了。那个女人喜欢他，正是在她的帮助下，哈德良才获得了元首之位；他一连九天都穿黑衣，为她建立了一座神庙，为纪念她还编写了一些赞美诗。

3[a].当普罗提娜去世时，哈德良称赞她说："尽管她向我索要了很多，却从未有什么要求遭到拒绝。"他这句话意思是说："她提出的要求既不会给我增添负担，也不会给我任何拒绝的理由。"

3[2].他打猎的技巧十分高超，曾经一箭射倒过一头巨大的野猪。

（11）（公元128年）一到希腊，他就马上获许进入秘仪，并位列最高级别。[③]

（公元130年）之后他途经犹太进入埃及，向庞培供奉牺牲。据说他对庞培说了这样的诗句：

"稀奇啊，有众多神祠的人却没有坟墓！"

---

① 见ch.1注释。
② 即"哈德良的狩猎"（或"哈德良的猎场"）。
③ 厄琉息斯秘仪。

庞培的纪念碑之前倒下来摔毁了，哈德良将其修复。2. 在埃及，他重建了此后以安提诺斯（Antinous）命名的城市。安提诺斯来自比提尼亚的比提尼乌姆（Bithynium），该地也被称为克劳狄奥波利斯（Claudiopolis）；他是元首的挚爱，死在埃及，据哈德良自己所写，他是掉入尼罗河中溺死的，或者，其实是被作为牺牲献祭了。3. 因为我说过，哈德良总是好奇心很重，会运用所有类型的占卜和咒语。因此，哈德良赐予安提诺斯这种荣誉，或是因为喜欢他，或是因为这个年轻人自愿赴死（哈德良认为，为了达成最终的目的，主动献出一条生命是有必要的），在他承受这份命运的地方建立了一座城市，并以他的名字命名。4. 他还在全世界为安提诺斯竖立了雕像，或者说圣像。最后，他宣称自己看到了一颗他认为是安提诺斯的星星，并且很乐意听他的同伴编造虚构的传说，大意是这颗星星由安提诺斯的灵魂幻化而成，在他死后才第一次出现。他因此成了被嘲讽的对象，也是因为当自己的妹妹鲍丽娜（Paulina）去世时，他在一段时间内竟没有给予她任何荣誉。

（12）在耶路撒冷，他建立了一座城市，以取代被夷为平地的旧城，将其命名为埃利亚·卡皮托利纳（Aelia Capitolina），在他们的神的神殿处建造了一座新的朱庇特神庙。这一举动引发了一场旷日持久的大规模战争，2. 因为犹太人不能容忍外族定居在自己的城市，不允许外族的宗教仪式在那里扎根。（公元131年）只要哈德良还在附近的埃及或叙利亚，他们尚且保持安分，除了一点，就是当罗马人命令他们提供武器时，他们故意把武器造得质量很差，为的是让罗马人看不上，这样他们就可以留为己用了；但是当哈德良走远后，犹太人就公开造反了。3. 可以肯定，他们并不敢在开阔地上与罗马人决战，而是占据了乡村的有利位置，并用矿道和城墙进行强化，为的是如果战事吃紧就可以有地方退避，并且能够在地下会合而不被发觉。在地上，他们每隔一段距离就给地下的通道钻出开孔，以便换气透光。

（13）起初罗马人没有拿他们当回事。然而，没过多久，全犹地亚都出现了动乱，各地的犹太人也都流露出不安分的迹象，他们集聚在一起，明显对罗马人怀着极强的敌意，有的暗诉怨怒，有的公然发难。2. 很多外面的民族因为渴望从中获益，也加入了他们的队伍，甚至可以说，整个大地都因这件事而骚动起来。（公元132年？）哈德良派出了自己最优秀的将军。首先是尤利乌斯·塞维鲁（Julius Severus），他被从自己担任总督的不列颠派来对付犹太人。3. 鉴于对方人数众多且孤注一掷，塞维鲁并没有冒险在任何野外的地点进攻对手，而是通过拦截小股敌军——这也多亏他士兵的数量和他属下的军官——断绝对方的粮食供应，将他们封闭起来，由此便能缓慢但几乎没有危险地打击、消耗和彻底消灭对手。事实上，对方只有极少数人幸存下来。（14）他们五十座最重要的哨所、九百八十五个最著名的村庄被夷为平地。在各次袭击与战斗中，共有五十八万人被杀，死于饥饿、疾病和大火的人数更是难以统计。2. 因为当地人预先得到了警告，几乎犹地亚全境都变得荒无人烟。被犹太人视为圣地的所罗门之墓自行裂成了碎片、轰然倒塌，很多狼和鬣狗嚎叫着冲进城市。3. 还有很多罗马人也死于这场战争。因此，哈德良向元老院去信时，并没有使用其他元首常用的开篇句："愿你们和你们的孩子俱都安好；我和军团都很好。"

4. （公元134年？）他派塞维鲁①去比提尼亚，那里需要的不是军队，而是一个公正、审慎且身份高的总督和领导。这些要求，塞维鲁全部具备。他将省民的私人与公共事务都处理得很好，以至于我们②到现在都还怀念他。为替换比提尼亚，潘菲利亚被交给元老院管理，经抽签任命总督。

（15）与犹太人的战争结束了。在法拉斯玛内斯（Pharasmanes）的煽动下，阿兰尼人（Alani，他们是马萨革泰人）又挑起了第二场战争。这对阿拉比亚和米底亚地区造成了严重伤害，并且波及了亚美尼亚和卡帕多奇亚；在这之后，阿兰尼人被沃洛盖苏斯的礼物说服，同时也是因为害怕卡帕多奇亚总督弗拉维乌斯·阿里亚努斯（Flavius Arrianus），所以终止了战争。

2. 沃洛盖苏斯和亚基盖斯人派来了使节；③前者控告法拉斯玛内斯，后者希望能得到和平。他④将他们带到元老院，元老院授权他给予合适的答复，因此

---

① 跟前一段提到的塞维鲁不是一个人。
② 即"我们比提尼亚人"（迪奥的家乡是比提尼亚）。
③ 这段残篇显然不应该在此处，但正确的位置不得而知。
④ 此处主语不明；如果是哈德良，这一段应属于他在罗马的时候。

他准备了这些并读给他们听。

（16）哈德良在雅典完成了奥林匹亚神庙（Olympieum）[①]，并在当地竖立了自己的雕像，在那里献祭了一条从印度带来的蟒蛇。他还主持了酒神节（Dionysia），首先担任了雅典人中最高的官职[②]，然后穿上了当地的服装，出色地主持了节庆。2. 他允许希腊人为纪念他建立名为泛希腊（Panhellenium）的神祠，并开创一系列与之相关的赛会[③]。他赐予雅典人大量钱财，规定每年给予他们一定的谷物，此外还将全刻法勒尼亚岛（Cephallenia）交给他们。他颁布了很多法令，其中有一项大意是，任何元老，无论是本人还是通过别人代理，都不能将任何税外包给自己。3. 之后（公元134年），他回到罗马；在一次表演中，民众大喊着要求释放一个赛车驭手，但他将回复写在告示板上，说："你们不应该请我释放别人的奴隶，也不该强迫他的主人这么做。"

（17）（公元136年）他开始生病，因为在这之前他就鼻孔出血，这一次显然出血量更大了。他自觉时日无多，因此为罗马人任命了路奇乌斯·康茂德（Lucius Commodus）为恺撒，尽管这个人经常吐血。塞尔维亚努斯（Servianus）和他的孙子弗斯库斯（Fuscus），前者已经九十多岁，后者刚十八岁，因为对这项决定不满而被处死。2. 塞尔维亚努斯在行刑前要人给他火，他供上焚香以后大喊："诸神明鉴，我没有犯任何错；我唯一的祈求，就是让哈德良求死不得。"的确，哈德良在病中弥留了很久，总是祈祷自己能断气，而且经常想要自杀。3. 他有一封信流传下来，里面也为此事提供了准确的证据——人想死却死不了真是可怕啊。哈德良曾认为这个塞尔维亚努斯甚至能胜任元首之职。比如说，有一次哈德良在宴会上让朋友为他列举出十个足以担任唯一统治者的人，随后他停顿了一下，补充道："九个就够了，有一个我已经知道是谁了——塞尔维亚努斯。"

（18）在这一时期，还有其他优秀之士为人所熟知，其中最显赫的是图尔博（Turbo）和希米里斯（Similis），他们都得到了立像的荣誉。图尔博可以跻

[①] 即宙斯·奥林匹亚神庙，现存16根科林斯式柱子。——中译者注
[②] 埃珀尼姆斯执政官（archon eponymus）。
[③] 泛希腊赛会。

身最出色的将领之列，当上了市政官，或是近卫军长官。^①他行事从未表现出柔弱或傲慢，生活方式如同大众中的普通一员；2.别的暂且不论，他会一整天都在元首御所附近，甚至经常在午夜前往那里，而此时其他人刚刚入睡。3.接下来的轶事与科尔内利乌斯·弗隆托（Cirnelius Fronto）有关，此人当时是罗马诉讼界的翘楚。有一天晚上，他赴宴很晚才回家，一个他之前答应为其应诉的人告诉他，图尔博已经开始庭审了。于是他穿着赴宴时的衣服，走进图尔博的审判庭，向他问候，并没有用适合早上说的 *Salve*，而是用了适合晚上说的 *Vale*。4.图尔博白天绝对不会待在家里，哪怕生病也是如此；哈德良建议他停下来歇歇，他回答："市政官应该死在奔波的路上。"

（19）希米里斯的年纪和身份等级都比图尔博更高，而且在我看来，他的品行也不亚于任何伟大的人物。这甚至能从非常细小的事件中推断出来。例如，有一次图拉真召见他，而他当时还只是个百夫长，觐见图拉真时却排到了市政官前面，于是他说道："恺撒，你跟一个百夫长说话时，市政官们都站在外面等，这真是令人羞耻啊。"而且，他接受近卫军指挥之职时很不情愿，而且接受职务后就将其辞去。他好不容易从公务中解脱，在乡村中安静地度过了人生中剩下的七年岁月，他让人在自己的墓碑上刻下这样的墓志铭："这里长眠着希米里斯，他生存了很多年，生活了七年。"

（23）尤利乌斯·法比乌斯（Julius Fabius）^②嫌自己的儿子太柔弱，不能忍受，想把他扔到河里去。

（20）哈德良因为失血过多而染上肺病，并因此出现水肿。（公元138年）偏巧路奇乌斯·康茂德突然被大出血夺去了生命。元首在家里召集最德高望重的元老商议，他躺在榻上，说了下面的话：2."朋友们，老天没有赐给我一个儿子，但是你们却能通过法令让这件事变为可能。这两种方式有所不同——生一个儿子，他是否成器由上天决定；收一个养子，选择他源自细致的考量。3.凭借上天，父母经常会得到一个残废、弱智的孩子，但是凭借遴选，一定会

---

① 这种解释源自摘录者。
② 这个名字可能有缺损。同见赫尔曼·德绍，《罗马帝国人物志》（Dessau, *Prosop. Imp. Rom.*）Ii, P. 47, No. 31。

挑出一个身体与心智都健全的人。因此，我之前在众人中选中了路奇乌斯——我真希望他是我亲生的孩子。4. 但是既然上天将他从我们身边夺走，作为元首，我为你们找了一个人替代他，这个人高贵、温和、恭顺、审慎，既不会太年轻而行事冲动，也不会太年迈而忘事疏漏。他在法律之下成长，遵照我们的传统行使职权，所以不会不了解任何与元首之职相关的事宜，相反能出色地将其处理妥当。5. 我指的是奥里略·安敦尼努斯（Aurelius Antoninus）。尽管我知道他是最不愿涉足这类事情的人，而且根本不渴求任何权力，但我认为他一定不会故意漠视我或你们，定然会接受这一职务，哪怕他不情愿。"

（21）于是安敦尼努斯成了元首。因为他没有男性后代，哈德良让他收养了康茂德的儿子康茂德，以及马库斯·安尼乌斯·维鲁斯（Marcus Annius Verus），因为他希望尽早任命出后继的元首。这个马库斯·安尼乌斯·维鲁斯之前名叫卡提利乌斯（Catilius），是曾经三任执政官和市政官的安尼乌斯·维鲁斯之孙。2. 尽管哈德良一直劝安敦尼努斯把他们俩都收养了，然而他还是更喜欢维鲁斯，因为对方和自己有亲戚关系，年龄合适，而且性格已经展示出不同寻常的优点。所以哈德良称这个青年为维里希穆斯（Verissimus），如它的拉丁词义①所示。

（22）借助某种咒语和魔法仪式，哈德良的水肿一度有所缓解，但不久，水又充满他的身体。由于状态每况愈下，甚至可以说每天都离死亡更近了一步，他便开始寻死。他经常命人给自己毒药或一把剑，但是没人这么做。2. 谁也不敢听他的，尽管他许诺会给对方钱并赦其无罪。于是他找来马斯托尔（Mastor），一个亚基盖斯蛮族，他是个俘虏，因为强壮且大胆，哈德良狩猎时总带着他。哈德良半威胁半许诺，迫使这个人答应杀掉自己。3. 他按照医生赫墨根尼斯（Hermogenes）指给他的部位，用一根有色的绳子在乳头下方的一点打了个结，以便让自己能挨上致命一击，死得没有痛苦。但是，这个计划也没有成功，因为马斯托尔害怕了，在畏惧中退缩了。元首哀叹疾病和无助带给自己的痛苦，3. 令他不能自行了断，尽管他哪怕在临死之际仍拥有毁掉其他任何

---

① 意为"最诚实的"。——中译者注。

人的权力。最后他放弃了为养病而精心制定的生活习惯，随便吃不合适的食物并大量饮酒，终于迎来了死亡，还高声喊了一句流行的俗语："很多医生杀死了一个国王。"[1]

（23）他活了六十二年五个月十九天[2]，做了二十年十一个月的元首。他被葬在河边，靠近埃里乌斯桥（Aelian bridge）。他在这里为自己准备了坟墓，因为奥古斯都墓已经满了，此后也不再往里面安置遗体了。

2.尽管哈德良的统治总体说来十分出色，但是因为他在统治初期和末期不公地杀害了一些人，所以招致了人们的憎恨。然而，他绝不是一个嗜血的人，甚至对于某些与自己交恶的人，他认为只需给他们的家乡写信，表明他们让自己很不高兴就足够了。3.如果确实有必要处罚某些有孩子的人，他会根据对方子女的数量相应地减轻处罚。然而，元老院在很长时间内坚持拒绝授予他惯常的荣誉[3]，而且在哈德良时期，某些人有过分之举并因此受到了褒奖，当他们面临处罚时，元老院的态度也特别严苛。

残篇

他去世后，人们为其建造了一尊哈德良乘着四马战车的巨像。这尊像实在太大了，块头最大的男人都可以踩着每匹马的眼睛走过去。但是底座也非常高，以至于下面沿路经过的人误以为马匹和哈德良本人的像都非常小。

---

[1] 普林尼，《博物志》，xxix.1，引用了一句来自某人墓志铭上的话（间接引用）："一群医生杀死了他（ turba se medicorum periisse ）。"

[2] 根据更常见的记载，应是 17 天。

[3] 即，神化。

第 70 卷梗概

（1）应该注意，在迪奥著作的副本中，并没有发现有关安敦尼努斯·庇乌斯的记载。可能相关部分遭遇了意外，所以关于他统治的历史几乎全部不得而知，只剩以下部分：哈德良收养的路奇乌斯·康茂德（Lucius Commodus），早于哈德良去世了；安敦尼努斯得到他的收养并成为元首。2. 在哈德良死后，元老院反对授予他神化的荣誉，因为他杀害了一些杰出的知名人士。安敦尼努斯声泪俱下地请求元老院，最后说："好吧，如果他在你们眼中变得这么卑劣，你们这么敌视他，把他当做公敌，那么我也不会治理你们。3. 当然，如果你们乐意，就赶紧撤销他的一切措施吧，收养我继位也要算作在内。"听到这番话，元老院出于对这个人的尊敬，同时也是因为害怕军队，最终将荣誉授予了哈德良。

（2）迪奥有关安敦尼努斯的记载只存下了这些；还有就是元老院出于以下理由，授予他奥古斯都和庇乌斯的头衔。在他的统治开始时，很多人遭到了指控，有人指名道姓地要求某些人应受到惩罚，但他并没有惩罚任何一个，说道："我不能以这种事为开端担任你们的领袖。"

第六十九卷

（15）3. 伊伯利亚人法拉斯曼内斯（Pharasmanes）携妻子来到罗马，安敦尼努斯扩大了对方的统治范围，允许他在卡皮托利供奉牺牲，在贝娄娜神庙竖起了一尊骑马的雕像，并观看了这名首领及其儿子和其他伊伯利亚显要参加的演武。

2. 我们没有找到在安敦尼努斯之后，关于马库斯·维鲁斯（Marcus Verus）

统治的第一部分，我指的是他与路奇乌斯有关的行为，后者是康茂德之子，马库斯将其收为女婿；路奇乌斯受岳父派遣，与沃洛盖苏斯（Vologaesus）作战，并立下了功劳。因此，我将简短地叙述一下这些事件，材料来自别的著作，然后再回过来继续讲迪奥的记述。

（3）所有人都承认安敦尼努斯是一位高尚的好人，他既没有压迫基督徒，对待其他臣民也不严苛；相反，他很尊敬基督徒，并增加了之前哈德良曾授予他们的荣誉。尤西比乌斯·帕菲利（Eusebius Pamphili）在他的《基督教会史》（Ecclesiastical History）中引述了哈德良的一封信[1]，信中，元首似乎以严厉的口吻威胁说要报复那些伤害或控告基督徒的人，并以赫拉克勒斯的名字发誓，说他们一定会受到惩罚。据说，安敦尼努斯凡事都要仔细打探，哪怕是不起眼、最常见的事，他也要做出仔细的调查；因此，嘲笑他的人把他称为"切小茴香的人"（Cummin-splitter）。夸德拉图斯（Quadratus）说，他以高龄去世，死的时候很安详，就像平静地睡着了一样。

（4）安敦尼努斯时期，据说在比提尼亚和赫勒斯滂发生了极其可怕的地震。很多城市严重受损或彻底毁灭，特别是基齐库斯；当地的神庙是所有神庙中最宏伟漂亮的，结果毁于一旦。它的圆柱有四肘尺粗，五十肘尺高，每一根都由一整块大理石制成；对于这座建筑的细节，人们更多的是惊叹而不是称赞。他们说，在这个国家的内地，一座山峰迸裂开来，海水灌了进去，然后从中喷发出来，借着风势，一股清澈、透明的海水，向着岛屿喷出了很远。[2]

第七十一卷

现存关于安敦尼努斯的记载就是这么多。他在位二十四年。

---

[1] Iv. 9.
[2] 不能确定这场地震是发生在庇乌斯时期还是马库斯时期。如果是前者，那一定发生在公元150至155年之间。

第71卷梗概

（1）哲学家马库斯·安尼乌斯·维鲁斯，在养父安敦尼努斯去世后，一即位便立刻与路奇乌斯·康茂德（Lucius Commodus）之子路奇乌斯·维鲁斯（Lucius Verus）分享权力。2. 因为他身体羸弱，而且把大部分时间都花在了学问上。据说他成为元首后，也不耻于向老师求教，还成了彼奥提亚哲学家赛克斯图斯（Sextus）①的学生；此外，他也积极参加赫墨根尼（Hermogenes）的修辞课；3. 不过他最倾心的是斯多葛学派。相比之下，路奇乌斯则年富力强、精力旺盛，更适合军事任务。因此，马库斯将女儿路奇拉（Lucilla）嫁给他，让他成为自己的女婿，并派他去指挥对帕提亚人的战争。

（2）似乎沃洛盖苏斯挑起战争是从进攻塞维里亚努斯（Severianus）麾下的罗马军团开始的。军团驻扎在亚美尼亚的埃勒基亚（Elegeia），沃洛盖苏斯从四面八方将其包围，用弓矢消灭了整支军队，包括指挥官和全部士兵；现在他又向叙利亚逼近，声势浩大，势不可挡。2. 因此，路奇乌斯来到安条克，调集了一大批部队；他将最优秀的指挥官收归麾下亲自指挥，在城中建立了司令部，并将一切安排妥当，囤聚了军需之物，将军队交给了卡西乌斯。3. 后者面对沃洛盖苏斯的攻击进行了顽强抵抗，最后，当国王被盟军抛弃并开始撤退时，他率军追击，一直追到塞琉西亚和泰西丰，放火烧毁了塞琉西亚，又将沃洛盖苏斯在泰西丰的宫殿夷为平地。4. 因为饥饿和疾病，他在归程中失去了很多士兵，然而他还是与幸存者一起回到了叙利亚。路奇乌斯为这些胜利而骄傲、得意，然而他的幸运却没给自己带来好处；（3）因为，据说他参与了背叛

---

① 克罗尼亚的赛克斯图斯，普鲁塔克的外甥。

岳父马库斯的阴谋，而且还没来得及执行任何计划就被毒死了。

玛尔提乌斯·维鲁斯（Martius Verus）派修昔底德（Thucydides）将索海姆斯（Sohaemus）带入亚美尼亚；多亏了他军队的威慑力以及他在各种情况下做出的英明决断，这支部队一直在积极挺进。玛尔提乌斯不仅有能力以军力压过对手——或是通过快速行军抢占先机，或是以谋略智取，展示一名将军的真正实力——并且可以用说服的办法令其降服；他或是做出动听的许诺，或是用慷慨的礼物与对方拉关系，或是用有利的前景吸引他们。他的话语与行动对所有人都具备魔力，可以平息怨气和愤怒，激起更大的希望。他知道该在什么时间恭维、送礼或设宴。除了这些天赋外，他在自己的任务中也表现出坚持不懈的品质，在对敌急行军时表现出充沛的精力，并让所有蛮族人都明白，自己的友谊显然比起敌人的好感更值得争取。所以，当他到达新城（New City）——由普利斯库斯（Priscus）留驻的罗马军队守护——发现军队试图掀起哗变时，于是煞费苦心地进行劝导、采取措施，终于让他们的情绪稳定下来；他让这座城市成了亚美尼亚的首府。

罗马人轻而易举地在河上架起了渡桥，因为罗马士兵在其他战争中经常从事建桥工作，或是在伊斯特尔河上，或是在莱茵河上，或是在幼发拉底河上。建造的方法与过程如下（也许不是所有人都对此熟悉）：用于在河上造桥的船是平底的，先在造桥点上游不远处抛锚。接着，信号发出后，他们先放开一条船，让其顺流而下，接近他们所占据的河岸；当它到达建桥点对面时，他们向水中扔下一个用绳索绑紧、装满石头的柳条筐，充当船锚使用。凭此将船固定后，这条船会停在河岸附近，然后借助船上装载的大量木板和桥托，很快就建起了一个连接靠岸处的平台。随后他们在与第一艘船间隔不远的地方，放出第二条船，接着是第三条，直到他们将桥扩展到河对岸。在离敌方河岸最近的船上，有一座塔、一座门，还有弓箭手和投石器。

敌人的飞矢大量向造桥者身上袭来，卡西乌斯下令弓箭手和投石器发射还击。当蛮族人占据的第一座堤岸失守后，其余人也都撤退了。

第72卷梗概

第七十一卷

（3）然而，马库斯命令卡西乌斯负责掌管全亚洲。元首自己长期以来——甚至可以说终其一生——都在与伊斯特尔河区域的蛮族人作战。他以潘诺尼亚为基地，敌人既有亚基盖斯人（Iazuges），又有马科曼尼人（Marcomani），一支接一支。

六千伦巴第人（Langobardi）和欧比人（Obii）渡过了伊斯特尔河，但是文戴克斯（Vindex）指挥的骑兵出阵迎敌，坎迪杜斯（Candidus）所率的步兵也抵达了，所以蛮族人被彻底击败了。他们初战便遭败绩，因而陷入恐慌；马科曼尼人的国王巴洛马里乌斯（Ballomarius）派来一支使团，与潘诺尼亚总督亚里乌斯·巴苏斯（Iallius Bassus）谈判，此外还有十个人，每个民族各派出一个。使节们经过宣誓缔结了和约，然后他们就退回家乡了。

2. 大批渡过莱茵河的日耳曼人同样涌了进来，最远到达了意大利，让罗马人遭受了损失。马库斯依此攻击他们，派自己的副官庞培亚努斯（Pompeianus）和佩提纳克斯（Pertinax）与之交战；而佩提纳克斯（后来成了元首）大大增添了自己的威望。在蛮族人的尸体中甚至还有穿盔甲的女人。3. 然而，尽管经历了艰苦的战斗，并取得了辉煌的胜利，元首还是拒绝了士兵们渴望奖赏的请求，宣称他们超出常规份额所得的一切，都是从他们的双亲与族人的鲜血中挤榨来的；4. 至于最高权力的命运，只有上天能决定。① 他统治

---

① 或者，按照帕提奇乌斯（Paticius）的说法："最高权力的力量仰仗于神，而非依赖士兵。"

士兵是如此节制而坚定，即便在陷入众多重大的战争时，他也没有为了讨好军队，或是出于畏惧军队，做出任何不得体的举动。

（11）马库斯·安敦尼努斯留在潘诺尼亚，接见蛮族人的使节；这时候有很多人来拜见他。有些人由巴塔利乌斯（Battarius），一个十二岁的男孩领导，他们承诺与罗马结盟；这些人得到了礼钱，并成功地遏制住了塔尔布斯（Tarbus），那是一个邻近部落的首领，曾进入达契亚，索要钱财，并且威胁如果得不到就开战。2. 其他人，比如夸底人（Quadi），请求赐予他们和平，并如愿以偿；因为他们希望能与马科曼尼人分开，同时还给了马库斯很多牛马，此外许诺将交出所有逃兵和俘虏——先是一万三千人，之后是剩余所有人。3. 不过，他并没有授予他们参加集市的权利，因为他担心亚基盖斯人和马科曼尼人——他们发誓不接受也不允许别人通过他们的国家——会与他们混在一起，假扮成夸底人打探到罗马人的情报，并购得军需。除了这些人外，还有很多部落和民族派来使节拜谒马库斯，向他投降。4. 有些人被派到各地作战，同行的还有适合服役的俘虏和逃兵；其他人得到了达契亚、潘诺尼亚、莫西亚、日耳曼行省以及意大利的土地。5. 现在，他们之中有些定居于拉文纳的人掀起了反叛，甚至控制了城市；因此，马库斯不再将任何蛮族人带入意大利，甚至驱除了之前到那儿的人。

6. 阿斯廷吉人（Astingi）和拉克林吉人（Lacringi）都来援助马库斯。

（12）阿斯廷吉人由其首领拉宇斯（Raüs）和拉普图斯（Raptus）率领，带着全部家眷进入达契亚，希望能通过给予援助，获得钱财和土地的回报。但是他们的愿望落空了，于是将妻子和孩子交给克莱门斯（Clemens）保护，直到用武力夺取了科斯托博契人（Costoboci）的土地；不过在征服对手后，阿斯廷吉人仍然进一步侵袭达契亚，危害不比过去少。2. 拉克林吉人担心克莱门斯会因为害怕他们，从而把这些新来的人引入自己居住的土地，于是趁其不备向他们发动攻击，并取得了决定性的胜利。结果，阿斯廷吉人不再对罗马人有何敌对行为，迫切地向马库斯请愿。元首回报给他们钱财和一项特权，即只要他们打击了与马库斯交战的敌人，就可以提出请求分得土地。3. 这个部落确实兑现了部分承诺，然而柯提尼人（Cotini）的情况则大不一样。尽管负责管理元首拉丁文信件的秘书塔路坦尼乌斯·帕特尔努斯（Tarrutenius Paternus）回复他们时给出了类似的许诺，他们却只假装表示愿意参战、协助马库斯对抗马科曼尼人，但不仅没有兑现承诺，而且还用可耻的方式对待帕特尔努斯，因此招致了后来的毁灭。

（3）5. 马科曼尼人打了一场胜仗，杀死了军事长官马库斯·文戴克斯；元首建了三座雕像纪念他。在战胜敌人后，他接受了日耳曼尼库斯的称号（我们把住在北方的人都称作日耳曼人）。

（4）所谓的布科里人（Bucoli）①开始在埃及作乱，并在一个名叫伊西多罗斯（Isidorus）的祭司领导下，煽动其他埃及人反叛。起初，作乱者穿着女人的衣服，蒙骗了罗马的百夫长，令其误以为他们是布科里的妇女，前来交出黄金以赎回自己的丈夫；在他走近之后，他们就突然将其击倒。布科里人还献祭了他的同伴，并且用他的内脏宣誓，之后把它们吃掉了。2. 论勇敢，伊西多罗斯超出了所有同代人。随后，他们在一场混战中战胜了罗马人；接下来，要不是卡西乌斯受命从叙利亚前来镇压，他们差点就夺取了亚历山大里亚。卡西乌斯用计挑起他们不和，令其彼此分散开来（因为他们孤注一掷拼了性命，而且人数众多，所以当他们团结在一起时，卡西乌斯不敢贸然进攻），然后趁他们陷入争吵时将其制服。

（5）在马库斯与日耳曼人的战争中，还发生了如下的故事（我希望大家认为这些轶事是值得记载的）：马库斯向一个被俘的年轻人问话，对方回答："太冷了，所以我不能回答你。如果你想问出点什么，下令给我件外套吧，如果你有的话。"2. 还有名士兵，正在伊斯特尔河边守夜，听到河对岸被俘的战友发出的叫喊，立刻游过河去将他们解救，然后归来。

马库斯手下有名军事长官（prefect）名叫巴塞乌斯·鲁弗斯（Bassaeus Rufus），为人很好，不过因为出身乡村，年轻时又很穷，所以没受过教育。3. 有一次，有人来对其核查，而他正在修剪长到树上的葡萄藤。对方第一次叫他时他没有下来，于是那个人训斥他，说道："赶紧过来，当官的（prefect），

---

① 这个名字（字面意思为"牧人"）用来称呼亚历山大里亚附近三角洲地区的人。

下来。"那人曾用这个词讥讽之前出身寒微、现在摆起架子的人,因此也用这个词叫他;而之后命运之神却恰恰赐予了他这一职衔。

有一次,马库斯用拉丁语和某个人说话;不仅是对方,连旁边的人都不知道马库斯说的是什么意思,而那个军政官鲁弗斯说道:"恺撒,他肯定不知道您在说什么,因为他不懂希腊语。"显然,他自己也不知道马库斯说的是什么。

(6)元首只要从战事中抽得空闲,就会举办庭审;他总是留给发言人充足的时间[①],并且预先进行详细充分的调查,尽一切可能保证最大限度的公正。因此,他经常花上十一或十二天处理同一个案子,即便他有时还在夜间主持法庭。2. 他对于自己的全部职责都勤勤恳恳,无论说什么、写什么、做什么,都不会当成小事对待,有时甚至会在一个最不起眼的地方耗费一整天。他认为元首不能做事草率,如果忽视最微小的细节,人们就会据此指责自己的其他做法。3. 然而,他的身体实在太虚弱了。起初他不能忍受寒冷,有时甚至在士兵按照他的命令集合起来后,他也一字未说便回去休息了。他吃得很少,而且都是在晚上。他从来不在白天吃东西,除非是被称作糖浆的药物。4. 他吃这种药,不是因为害怕什么,而是因为他的胃和胸的情况都很差,而据说吃这种药能让他忍受胃、胸和其他部位的疾病。

(7)罗马人先后在陆地与河上战胜了亚基盖斯人。我这么说,并不是指出现了水战,而是亚基盖斯人穿过结冰的伊斯特尔河逃跑,罗马人追了上来,双方将冰面当做平地进行战斗。2. 亚基盖斯人发现自己正被罗马人追击,于是等着对手进攻,希望能轻而易举地击败他们,因为罗马人并不熟悉冰。因此,有些蛮族人径直冲了上来,另一些人骑马迂回攻击罗马人的侧翼,他们的马经过训练可以安全地在冰面上奔跑。3. 罗马人发现这一点后并未惊慌,而是聚集成密集阵形,同时迎战所有敌人,他们大多数人放下盾牌,一只脚踩在上面,这样就不会那么滑;他们就这样迎击敌人的冲锋。有人抓住了马缰绳,有人抓住了攻击者的盾牌和长矛,将对方拉到自己这边;4. 于是战斗演变成近战,罗马

[①] 字面意思为,"总是慷慨地命人给发言人提供充足的水"。在希腊和罗马的法庭上,发言的时间由漏壶时计或水钟计算。

人将敌军的人和马都击倒了,因为蛮族人是猛冲过来的,没法继续站稳。5.罗马人也滑倒了,不过如果他们后背着地摔倒,就会抓着一个对手倒在自己身上,然后把脚甩到对方身后,就像摔跤比赛一样,接着就可以翻过来压在对方身上;若敌人迎面倒下来,罗马人就会用牙咬住先倒下来的对手。蛮族人不会这么打斗,而且都是轻装备,因此无法抵抗,大部队中只有一小部分得以逃脱。

(13)亚基盖斯人向马库斯派遣使节,请求和平,但是一无所获。这不仅是因为马库斯知道这个种族不可信任,同样也因为他曾被夸底人欺骗,因此希望彻底消灭他们。2.夸底人不仅此时站在亚基盖斯人一边作战,而且在之前,他们还接收了自己土地上的马科曼尼逃亡者,后者是迫于罗马人的压力出走流亡的。此外,他们根本没有履行任何协议;特别是,他们没有释放所有俘虏,只放出了一小部分人,这些人他们既无法卖掉,也没法让其干活。3.或者,即便他们释放了某些体格良好的人,也会扣留他们的亲属,以便让被释者再次离开军队后回来找他们。他们还驱逐了自己的国王弗尔提乌斯(Furtius),自行拥立阿里奥盖苏斯(Ariogaesus)为新国王。4.因此,元首既不承认阿里奥盖苏斯为合法的国王,也不与他们续订和约,尽管对方表示,如果他能同意续约就释放五万名俘虏。

(14)马库斯采用非常严厉的措施对付阿里奥盖苏斯,他发布口谕,大意是若有谁能将他活捉,奖赏一千金币;若能将他杀死、带头来见,奖赏五百。不过一般来说,元首哪怕对待最顽固的敌人也都十分仁慈。2.一个亚洲总督提里达特斯(Tridates)在亚美尼亚挑起麻烦,杀了赫尼奥奇人(Heniochi)的国王,当维鲁斯①对此予以谴责时,他用剑指向维鲁斯的脸;不过元首也没有将他处死,只是将其发配到不列颠。所以我们可以看出,此时他对阿里奥盖苏斯是多么怒不可遏。然而,哪怕当这个人日后被俘时,元首仍然没有伤害他,只是将其送至亚历山大里亚。

(8)经过多场艰苦的战斗,挺过诸多危险之后,马库斯终于降伏了马科曼尼人和亚基盖斯人,而他命中注定再次迎来一场与夸底人的大战。凭借自己的

---

① 普布里乌斯·玛尔提乌斯·维鲁斯(P.Martius Verus)。

| 十二、迪奥·卡西乌斯的《罗马史》 |

幸运,他赢得了意想不到的胜利,或者说,这场胜利是上天赐予他的。因为,当罗马人在战斗中陷入绝境时,神的力量用一种最出人意料的方式拯救了他们。2. 夸底人占据地利包围了罗马人,罗马人英勇抵抗,用盾牌连在一起紧紧压住阵势;然后蛮族人停止进攻,希望能利用炎热和对方的干渴,轻松俘获对手。他们的数量远远超过罗马人,于是在四面八方设下守卫,将罗马人团团围住,阻止对方取水。3. 罗马人由此陷入困境,饱受饥饿、伤痛、烈日和干渴的折磨,既不能作战又无法撤退,只能站着排成阵形,守住几个阵地,忍受烈日灼烤。此时突然乌云密布,下起暴雨,这肯定是有神意介入。4. 有种说法,大意是马库斯身边有个埃及魔法师名叫阿努菲斯(Arnuphis),用各种方法祈求众神显灵,特别是空气神墨丘利,并凭此引来了降雨。

(9)对于此事,迪奥是这么说的①,但他显然有误,不知是故意的还是另有原因;不过我认为他出错主要是故意的。可以肯定,他并非不知道那一支罗马部队有一个特殊的名字,他们被称为"闪电"军团——他在军团的名单中还提到了这个名字②,——2. 而他们得到这个名号不为别的(因为也没有其他记载),正是因为这场战争中的该起事件。当时挽救罗马人、摧毁蛮族人的正是这件事,而不是那个魔法师阿努菲斯,因为我们并未听说马库斯喜欢魔法师或魔法。3. 我所指的事件是这样的:马库斯有一支部队(罗马人称一支部队为一个军团)来自梅里泰内(Melitene),那些人全部敬奉基督。4. 据说在战斗中,马库斯面对危机局面不知所措,为自己的整支军队深感忧虑;军政官走上前,告诉他那些被称为基督徒的人可以通过祈祷实现任何愿望,而在军队中恰好有一整支部队都是基督徒。5. 听到这番话,马库斯请这些士兵向他们的上帝祈祷。在祈祷之后,他们的上帝立刻听到了请愿,用闪电打击了敌人,并让罗马人得到了雨水的滋润。马库斯对此倍感惊诧,不仅用一道官方的法令嘉奖了基督徒,而且将这个军团命名为"闪电"军团。6. 据说马库斯还有一封关于此事的

---

① 这一段只是希菲利努斯(Xiphilinus)自己对迪奥记述的评注。
② 这里所指的显然是Book LV.23,但应该注意到,这个名字,尽管很可能是同一个意思,但并不是专指;此处的军团被称为 κεραυνοβόλος(Fulminatrix),但在之前的文段中被称为 κεραυνοφόρος(Fulminifera, Fulminata)。

505

信件流传至今。但那些希腊人，尽管他们知道那支部队被称作"闪电"军团，而且亲眼见证事实，然而却不肯说清楚他们为什么获得了这个名号。

（10）迪奥继续说，大雨倾盆而至后，一开始所有人都仰面朝天，张嘴接雨水；然后，有人用盾牌、有人用头盔接水，不仅自己喝了个够，还饮了马。蛮族人发动进攻时，罗马人也是一边喝水一边作战；2. 有些人受了伤，头盔里血和水都混在了一起，但他们还是大口大口地喝。要不是一阵猛烈的冰雹和无数的闪电落在了敌人的阵线上，大多数罗马人都会在喝水时遭受敌人的攻击，蒙受严重损失。3. 人们可以看到，在同一个地方，天空中同时降下了水与火；天降之火将蛮族一方一点点消灭，却完全不会触及罗马人，即便有火焰掉落在罗马人中间，也会迅速熄灭；另一方面，雨水也没给蛮族人提供任何帮助，反而像油一样助长了火势，加剧了他们的灭亡，他们不得不在被雨水浸透的同时另行找水。4. 有些人把自己弄伤，想用血来灭火；另有人冲向了罗马人一边，认为只有他们才拥有救人的水。不管怎么说，马库斯很同情他们。5. 现在他又被士兵们欢呼为统帅，这已经是第七次了；尽管以前在元老院做出表决前，他不会接受这类荣誉，但这一次，他将其视为上天赐予的礼物而接受了，并派人向元老院汇报。

此外，福斯提娜（Faustina）得到了"军营之母"[①]的称号。

（22）佩提纳克斯因表现英勇，获得了执政官职位；然而，有些人对此表露出不快，因为佩提纳克斯出身寒微。他们引用了悲剧中的诗句：

"可恶的战争让这种事发生。"[②]

很少有人能意识到他将来也会成为元首。

（15）马科曼尼人派来了使节，鉴于他们面临强加在身上的各种不利条件却挺了过来，马库斯虽然十分勉强又很不情愿，但还是将毗邻对方边界的一半中

[①] 拉丁文为 Mater Castrorum；对照《罗马君王传——马库斯·奥利略传》（Hist. Aug., Marc. 26.8）,《拉丁铭文集成》（Corp. Inscr. Lat. XIV. 40）。

[②] 欧里庇得斯，《请愿的妇女》，119。

立区域还给他们，这样他们可以在伊斯特尔河五里之内定居了。马库斯还规定了他们举行贸易集市的地点和日期（之前没有确定下来），并与其互换了人质。

（16）亚基盖斯人战败后前来求和，赞提库斯（Zanticus）在安敦尼努斯面前做出一副恳请的谦卑姿态。此前他们推翻并囚禁了自己的第二个国王巴纳达斯普斯（Banadaspus）；但现在所有首领都与赞提库斯一道前来，签订了之前夸底人与马科曼尼人所接受的条约，不同之处在于，与那些部落相比，他们要住到离伊斯特尔河两倍远的地方去。的确，元首非常希望将其彻底根除。2. 因为他们当时依然很强大，并且给罗马人造成了极大的伤害，只需看以下事实就能明白：尽管有很多俘虏被卖掉，还有很多或死或逃，但他们归还的剩余俘虏数量仍有十万之巨；而且为履行同盟义务，他们迅速提供了八千名骑兵；元首将其中的五千五百人派往不列颠。

（17）卡西乌斯和叙利亚的反叛，迫使马库斯·安敦尼努斯与亚基盖斯人订立了条约，尽管他非常不情愿。他得到消息后非常担忧，甚至没有像往常那样，向元老院通报签订和约的消息。

（22）2. 卡西乌斯在叙利亚掀起反叛时，马库斯极为忧虑，将儿子康茂德从罗马召来；后者当时已经有资格穿成人托加了。卡西乌斯是来自希伦斯（Cyrrhus）的叙利亚人，他通过各种表现，证明自己不是等闲之辈，同时也很想成为元首。除了以下一点事实，即他是一个叫赫利奥多鲁斯（Heliodorus）的人①的儿子；此人凭雄辩才能当上了埃及总督，对保住这一职位就很满足。3. 但是卡西乌斯在叛乱中犯了一个严重的错误，因为他被福斯提娜骗了。福斯提娜是安敦尼努斯·庇乌斯的女儿，她看到自己的丈夫生病了，觉得他随时可能死去，担心大位落到外人手中，因为康茂德不仅太过年轻，头脑也不聪明，这样她很可能又得做回普通人。②因此，她秘密怂恿卡西乌斯准备叛乱③，如果

---

① 盖乌斯·阿维德乌斯·赫利奥多鲁斯（C. Avidius Heliodorus）。对照 lxix. 3。
② 对照约安·安提奥库：“卡西乌斯是叙利亚总督，也是位能干的将军，在对帕提亚人的战争中立下了很多光荣的业绩。他自然有反叛之心，而马库斯的妻子福斯提娜也怂恿他挑起叛乱。因为当马库斯病倒时，她认为马库斯会死，尤其是因为马库斯一直疾病缠身，所以她变得十分忧虑。"
③ 约安·安提奥库说：“她秘密地捎信给忠于自己的人。"

安敦尼努斯有什么不测，他就能得到她和元首的大权。（23）当卡西乌斯正在考虑自己的计划时，听到了马库斯去世的消息（在这种局势下，传闻中的情况常常比实际情况要糟糕），于是不等确认传言是否属实，便立即宣布自己为元首，他依据的理由是，当时在潘诺尼亚的士兵已经推选他为元首了。尽管不久之后他就得知了真相，然而他既然开了头，便没有就此罢手，而是迅速夺取了陶鲁斯以南的地区，并准备通过战争夺取大权。卡帕多奇亚总督维鲁斯向马库斯通报了卡西乌斯作乱的情况。马库斯将消息掩盖了一段时间；但各种传闻让士兵们越来越骚动不安，于是马库斯叫他们集合起来，进行演讲，大意如下：

（24）"战友们：我来到你们面前，不是为了表达愤怒之情，而是为了哀叹我的命运。为什么要冲全能的上天发火呢？但是，若有谁遭遇了本不应得的厄运，那么他们沉浸在哀恸之中，或许也是有必要的；而我现在正是如此。2.我们卷入一场接一场的战争，这难道不可怕吗？我们甚至卷入了内战，这难道不可怕吗？但要说起可怕与恐怖，这些事能比得过人缺乏忠诚的品质吗？因为策划这起阴谋反对我的，是我最亲密的朋友，而我不得不违背自己的意愿，被迫与他作战，尽管我没有任何过错。3.有了我的这起经历，从今往后，还有什么美德和友谊能被人视作安全稳固的？消亡的不正是信任，不正是信任的希望吗？假如这是我自己一人面对的危险，我会认为这没什么大不了的，因为我猜，我自己肯定不是生来就要永生不朽！但是，如果这是一场公然的分离行动，或者说，是一起叛乱，这场战争会波及我们所有人，那么，我希望，如果可能，让卡西乌斯到这里来，在你们面前，或者在元老院面前，为我俩之间的纠纷给出合适的理由；4.如果那看起来对国家有利，那么我一定会欣然将大权交给他，绝不反抗。因为，正是为了国家，我才不断地忍受辛劳，甘冒危险，把大量的时间都用在意大利之外的征战，尽管我已经是一个虚弱的老人了，进食费力痛苦，睡觉焦虑难眠。

（25）"但是卡西乌斯不会同意选择这种办法——他已经对我做出了这么令人无法信赖的举动，难道还会信任我吗？——但至少，战友们，你们应该打起精神来。因为可以肯定，西里西亚人、叙利亚人、犹太人和埃及人，他们从未也永远不会证明自己比你们更优秀，哪怕他们纠集成千上万的人马，超过你们现在聚集的人数。2. 至于卡西乌斯，现在的他同样不足为虑，尽管他看起来很擅长打仗，曾经赢得过多次胜利。因为，当一只鹰率领着穴鸟的军队、一头狮子率领着幼鹿的部下时，它们也就没什么可怕的了；至于阿拉比亚和帕提亚战争，结束战争的不是卡西乌斯，而是你们。3. 同样，尽管他曾因击败帕提亚人而闻名，但你们却有维鲁斯，他的胜利一点也不比卡西乌斯少，相反，他夺得了更多的胜利和土地。不过，卡西乌斯得知我还活着后，也许会改变主意；因为他之所以这么做，就是以为我已经死了。假如他仍然不知悔改，但当他得知我们正在逼近后，就一定会改变想法的，这既是出于对你们的畏惧，也是出于对我的尊敬。

（26）"战友们，我担心的只有一件事，我应该告诉你们全部事实——那就是，在得知我正在前来，并且已经准备拿他是问后，卡西乌斯会耻于出现在我们面前，羞愧自尽，或者会让别人杀了他。2. 如此一来，我就将失去战争和胜利带给我的一项伟大的战利品，这种奖品之前没有任何人曾获得过。这是什么呢？去宽恕一个背叛过自己的人，继续将一个践踏了友谊的人视为朋友，继续相信一个破坏了信任的人。3. 也许，这在你们看来简直不可思议，但你们不应该不相信；因为我敢肯定，人们身上的善良还没有完全泯灭，我们身上依然留存着古时的美德。如果有人不相信，那我的愿望便会更加强烈，为的是让人们看到，没人相信的事情也一定会出现。4. 如果我能妥善地处理好这场争端，向全人类展示出一种平息内战的正确方式，那么，这便是我们当前的困境能带给我的益处。"

（27）这就是马库斯向士兵说的话，他在给元老院的信件中也是这么写的，除了不断说卡西乌斯忘恩负义外，对他没有任何其他的责骂。的确，卡西乌斯也没有说或写任何辱骂马库斯的话。

1[a]. 马库斯在着手准备对付卡西乌斯的战争时，不接受任何蛮族人的援助，尽管有很多民族都跑来提供帮助；因为他说，不应让蛮族人知道罗马人之间出现的麻烦。

2. 当马库斯准备内战时，卡西乌斯的死讯与各支蛮族人被击败的消息一同传来。① 似乎是卡西乌斯在步行时，遇到了一名叫安敦尼努斯的百夫长，后者突然给了他颈部一击，虽然严格来说这处伤并不致命。安敦尼努斯因为骑着马，马冲了过去，所以他的任务没有完成，差点就让卡西乌斯跑掉了；但与此同时，十人队队长将剩下的事做完了。他们砍下了卡西乌斯的脑袋，前来拜见元首。

（28）马库斯·安敦尼努斯对于卡西乌斯之死感到非常悲伤，甚至不忍去看自己的敌人被砍断的头颅，不等凶手靠近就下令将它埋葬。

（27）3. 这个觊觎高位的人，做了三个月六天夺取帝国的美梦后，就这样死于非命；他的儿子当时在别的地方，也被杀了。马库斯来到参与卡西乌斯叛乱的行省，对所有人都十分宽大，没有处死任何一个人，无论是无名之辈还是显要人物。②

（28）2. 这位元首没有处死、囚禁或监视任何一名与卡西乌斯往来的元老。他没有将他们带到自己主持的法庭上，只是将其送到元老院去，仿佛在处理别的罪行，并且规定了审判的确切时间。3. 对于其他人，他只处死了很少一部分，而他们的罪过比较明显，不仅是与卡西乌斯勾结，而且自己还犯有其他罪行。其中的一条证据便是，他没有处死埃及总督卡维希乌斯（Calvisius）③，也没有剥夺他的财产，仅仅是将他拘禁在一座岛上。4. 他还命人把审判卡维希乌斯的记录烧毁，以免有人从中找到口实指责自己；此外，他释放了所有与卡维希乌斯有关的人。

（29）与此同时，福斯提娜也死了，可能是死于她以前就患有的痛风，也可能是以其他方式，为的是避免因与卡西乌斯合谋而被定罪。然而，马库斯把所有在普登斯（Pudens）④的箱子中发现的信件都毁了，以免自己知道了同谋的

---

① 对照安条克的约翰："他从派奥尼亚（Paeonia）［潘诺尼亚？］出发前往叙利亚，但是他没必要对叛军动武了，因为卡西乌斯已经被自己的手下杀死了。"

② 对照约安·安提奥库："叙利亚和埃及实现和平后，他没有调查或处罚任何卡西乌斯的支持者，无论是国家还是城市，普通公民还是官员。"

③ 埃里玛·克莱布斯（Klebs）确定此人是盖乌斯·卡维希乌斯·斯塔提阿努斯（C. Calvisius Statianus）。

④ 赫尔曼·塞缪尔·雷马鲁斯（Reimar）推断，普登斯也许是负责卡西乌斯希腊语通信的秘书，就像负责他拉丁语通信的马尼利乌斯（Manilius）一样（对照 lxxii. 7. 4）。

名字，知道他们在信中如何反对自己，如此一来，哪怕自己不情愿，也难免会憎恨他们。2. 还有种说法，大意是，维鲁斯之前已经被派往叙利亚出任新总督，并在卡西乌斯的财物中发现了这些信件，然后将其销毁，声称对于自己的做法，元首一定是最为同意的；即便元首为此发火，那么死他一个人也好过死这么多人。3. 的确，马库斯极力反对流血和杀戮。罗马的角斗士像运动员一样比赛，而他在观看时也不会让他们冒生命危险。他从不给角斗士锋利的武器，只让他们用装上扣子的轻剑比试。4. 他非常不赞同流血，尽管他曾在大众的要求下，下令带进来一头经过训练用来吃人的狮子，然而他既不去看那头野兽，也不会赐予驯兽师自由，哪怕观众一再这样要求；相反，他下令发布公告，称这个人没有做任何值得获得自由的事情。

（30）他对于福斯提娜的死感到极其悲痛；在悲伤中，他写信给元老院，请他们不要处死任何一名卡西乌斯的同谋，仿佛只有这么做，才能多少让痛失妻子的自己感到些许慰藉。[①] 2. 他继续说道："希望这种事永远不会发生，即，在我统治期间，你们中间有人会因为我自己或你们的决定而被杀害。"他最后说："如果我这项要求得不到同意，我就赶快死去好了。"这个人自始至终都表现得这么完美、出色、虔诚；没有什么能迫使他做出违背自己本性的事，无论是他们轻率妄为之举所流露出的邪恶，还是他们看到元首宽恕了谋逆者后，也试图挑起类似叛乱的不臣之心。[②] 3. 他绝不会虚构任何想象中的阴谋，捏造根本没发生过的惨剧；相反，对于公然反对自己、拿起武器对抗他及儿子的人，他都给予了宽恕，无论对方是将军、国家的首领还是国王；他没有处死任何一个人，无论是通过自己的决定，还是假借元老院或其他什么借口。4. 我非常相

---

① 对照约安·安提奥库："但是，对于那些在罗马被关押的人（甚至有很多元老因为公开支持卡西乌斯而被判罪），他向元老院送信，请他们不要通过过于严苛的决议，他是这样说的（我将给出他的原话，这能清晰地表明这个人有多么了不起）：'元老院，我恳请你们，不要让任何一名元老的血给我的统治留下污点。希望这种事永远不会发生。'"

"贵族"彼得：元老院执意要处死卡西乌斯的同谋及其家属，对此他写了回信，其中说道："我恳求你们，不要让我的统治蒙上污点。"

② 对照约安·安提奥库：没有什么能煽动或诱使马库斯做出违背自己一贯原则的举动，无论是他们轻率妄为之举的不公与邪恶，还是妄图今后也掀起类似叛乱的不臣之心。"

信,如果他能生擒卡西乌斯,一定会饶他一命。因为,实际上,对于曾做过凶手的人,他也给予了很多好处,只要他和他的儿子还拥有权力。

(31)当时还颁布了一道法令,即不许官员在自己家乡的行省担任总督,因为卡西乌斯之乱爆发于由他管理的叙利亚,而他的家乡也处于这一地区。此外,元老院还做出决定,在维纳斯与罗马神庙中竖立马库斯与福斯提娜的银像,在城中所有少女结婚的地方应建起一座祭坛,她们的新郎要供奉牺牲;2.同样,每当元首来到剧场观看表演时,要在一处座椅上放上一尊福斯提娜的金像,并将其放置在她生前常坐着观看比赛的地方,最显赫的妇女要围坐在它旁边。

3.马库斯来到雅典,受邀请参加秘仪;他不仅赐予雅典人荣誉,而且,为了全世界,他在雅典给每一个学科确立了老师,每年给这些老师薪金。(32)他回到罗马后,向人们致以演说;当他说道,自己已经离开罗马很多年了,人们喊道"八",还用手比划这个数字,希望能在宴会上获得同等数额的金币①。他微笑着说道"八",之后就发给每人八百塞斯退斯,他们之前从没收到过这么大数额的赠款。2.不仅如此,他还豁免了所有四十五年内欠元首私库和公共财库的债务,不包括哈德良的十五年②,并下令将所有涉及这些债务的文件在广场上烧毁。3.他赠予很多城市钱款,其中还包括在地震中严重受损的士麦那,并将重建城市的任务交给一名政法官级别的元老去做。所以,听说甚至今天还有人嫌他作为元首出手不够大方而指责他,对此我真是感到惊讶。因为,尽管一般来说他的确非常节俭,然而他是在避免任何一笔不必要的开支,即便如此,我说过③,他也不会征税给人们增添负担,哪怕他发现自己不得不支付超出常规需求的钱。

(33)斯基泰的局势再次需要他给予关注,这促使他为儿子娶了个妻子,克里斯披娜(Crispina),虽说儿子还没这个打算。两个昆提利乌斯无法结束战

---

① 一个金币(奥列乌斯)值一百塞斯退斯。
② 字面意思是,四十六年和十六年,计算在内;对照lxix.8.12。哈德良的命令(118年)与马库斯的命令(178年)之间间隔了六十年(四个十五年)。见蒙森,《罗马公主》,II2.1015,n4。
③ 这里可能指的是佐纳拉斯保存下的一段(12,1),并在本卷末尾作为残篇给出了。

争,尽管他们有两个人,并且非常精明,极具勇气和经验;为此,元首自己不得不亲赴战场。2. 马库斯同样请元老院从公共财库中支钱,不是因为元首没有安排好这批资金,而是因为他习惯宣布所有钱款——不管是这些还是其他的——都属于元老院和人民。他曾对元老院说:"至于我们,我们自己什么也没有,甚至我们居住的房子都是你们的。"3. 做完此番演讲,并向被视为属于敌人的土地上掷出血矛后——我是听当代人这么说的,那只矛现在在贝娄娜神庙——他出发了。他给了帕特努斯(Paternus)一大批军队,派他亲临战阵。蛮族人抵抗了一整天,但还是全部被罗马人砍倒了;马库斯第十次被欢呼为大统帅。

(18)亚基盖斯人派来使节,请求免除他们之前签订的某些条款;马库斯对他们做了一些让步,以防止与他们的关系变得太过疏远。然而,他们和布里人(Buri)都不愿作为同盟加入罗马人,直到马库斯向他们保证,一定会将战争进行到底,因为他们担心马库斯会与夸底人达成协议,就像过去那样,如此一来就会把敌人留在自己的家门口。

(19)马库斯接见了外部各民族派来的使节,不过他并没有按照同样的标准和立场对待他们,而是根据不同情况,决定他们是否可以获得公民权,或是免于纳税,或是暂时或永远免除贡赋,甚至是永远享受稳定的支援。2. 亚基盖斯人证明自己对罗马人最有帮助,于是马库斯免除了大多数之前加在他们头上的限制——实际上,几乎所有的限制都被免除了,除了以下几点,即回绝他们关于举办集会和集市的要求,不得使用自己的船只,不得进入伊斯特尔河上的岛屿。他还同意,每当得到了达契亚总督的许可,他们都可以穿过达契亚前去与罗克索兰尼人(Rhoxolani)做买卖。

(20)夸底人和马科曼尼人也派来了使节。马库斯这样对待他们——在部落中建立堡垒,共派两万名士兵驻屯;这些士兵会禁止他们放牧、耕地或做其他事,并且将不断接收地方的逃兵和他们自己的俘虏;而士兵自己不必忍受艰苦的待遇,他们可以洗澡,得到所有充足的生活必需品。2. 因此,夸底人不愿忍受建立堡垒监视自己,试图全体转移到塞姆诺斯人(Semnones)的土地上去。但安敦尼努斯预料到了他们的企图,封锁了道路,阻止他们离开。这说明,他的目的并非夺其土地,而是施以惩罚。

（21）至于纳里斯提人（Naristi），他们遭受了困境，于是一次性遗弃了三千人，并得到了我们领土内的土地。

（33）4[2]. 如果马库斯能活得更久一些，他一定能征服整个地区；可是，他在3月17日去世了。他并非死于一直患染的疾病，而是他的医生干的，我直说吧，那些医生想讨好康茂德。（34）临死之际，他命令儿子保护士兵，因为他不希望让人将自己的死归结于康茂德。军事保民官请他发布口令，他说："去朝阳那里吧，我已经不行了。"他死后得到了很多荣誉，其中一项是在元老院会堂里为他竖立金像。这就是马库斯之死。

2. 马库斯非常虔诚，即使在非司法日（*dies nefasti*）[①]里也会在家中献祭。

除了拥有所有美德外，他的统治比其他任何掌握权力的人都要出色。没错，他无法展现出强健有力的身体所具备的本领；然而，他让自己的身体从一副病弱之体，逐渐变成具有最高忍受力的坚强之躯。3. 他将生命的大部分时间与精力奉献给了善行义举，也许就是因为这个原因，他在卡皮托利建立了一座仁慈女神庙，尽管他用了一个很特别的、以前没人听过的名字来称呼她。[②] 他自己没有任何错误，没有任何过失，无论其是否出于自己的本意；但对于其他人的罪行，特别是他妻子犯下的，他都容忍了，既未详细调查也未予以惩罚。4. 只要有人做了好事，他都会予以夸奖，将其派到擅长的岗位上去，而对于那个人的其他行为，他却不以为意；因为他说过，想创造出一个十全十美的人是不可能的，因此，起用已经存在的人，让他们在任一方面为国家做出贡献，就是正确的做法。5. 他的全部行动均不会夹杂虚伪，相反，它们清晰地体现着真正的美德；尽管他活了五十八年两个月二十二天，而在其中相当长的时间里，他都在做第一位安敦尼努斯的助手；他自己当了十九年十一天元首，然而自始至终他都没有丝毫改变，始终如一。他就是这样一位真正的好人，没有任何伪善之处。

（35）他接受的教育给了他很大帮助。他接受过修辞学和哲学辩论的训练。修辞学他师从科尔内利乌斯·弗隆托（Cornelius Fronto）和克劳迪乌斯·赫洛

[①] 在这期间不得进行任何公共事务；有些是节日，有些是不吉利的日子。
[②] 乔治·奥托·奥古斯特·威索瓦（Wissowa）判断这个女神是宽容女神（Indulgentia）。

德斯（Claudius Herdes），哲学以尤尼乌斯·路斯提库斯（Junius Rusticus）和尼科米底亚的阿波罗尼乌斯（Apollonius）为师，他们都是芝诺主义者。2. 结果，很多人都假装从事哲学，希望能借元首发家致富。然而，他绝大多数优点源于自己的天性；早在他与这些教师结交之前，他已经热切地向往美德了。3. 是的，他还是个孩子时，他众多有钱有势的亲戚就很喜欢他，所有人都爱他；哈德良主要就是出于这个原因才收养了他。在被收养之后，他也没有变得傲慢自大，尽管尚且年轻，尽管身为恺撒，他仍然忠心耿耿地辅佐安敦尼努斯完成他的统治，没有任何冒犯之举，并向国家的显要人物展示出敬意。4. 过去，在拜访父亲之前，他经常在自己居住的提比略御所问候最值得尊敬的人物，不仅不穿符合自己等级身份的服装，而且穿得像个普通公民，并且就在自己就寝的房间接待他们。他经常探望病患，也从未忘记拜访自己的老师。5. 如果不陪同父亲、自己独自出门，他会穿一件深色的斗篷，而且如果只有自己一人，他不会配用火炬手。在被任命为骑士之首后，他会和其余人一起进入广场，尽管他是恺撒。6. 这都能表现出他天生的品质是多么优秀，尽管他接受的教育对其也有很大帮助。他经常沉浸在学习希腊语和拉丁语的修辞和哲学中，即便在他成年并有希望成为元首后，也依然如故。（36）甚至在被选定为恺撒之前，他做过一个梦，梦见自己的肩膀和手臂是象牙做的，但他能灵活控制，与自己身体的其余部分别无二致。

  2. 他过于勤奋、热爱学习，结果他的身体变得极其虚弱，尽管他一开始精力很充沛，不仅能穿盔甲格斗，还能骑马追逐并击倒野兽。在早年间以及后来，他给密友的信大部分都是亲手写的。3. 然而，他却没有遇到应有的幸运；他不仅身体不够强健，而且实际上在全部统治时期内，都面对着无数的麻烦。但对我来说，正因为如此，我才更加钦佩他，因为在难以计数、非比寻常的困难之中，他不仅让自己活了下来，也让帝国得以保全。4. 他本可以享有全部快乐，但有一点让他不能如愿，那就是，尽管马库斯尽可能以最好的方式，将儿子抚养成人、给予教育，却对他失望之极。这将是我们接下来的主题。我们的历史，此时从一个黄金王国，逐渐沦落到一个黑铁和锈迹之国，正契合那时罗马人的所作所为。

残篇

然而，他并没有为此向附属民族征收钱款。有一次，战争迫在眉睫，他发现自己无处筹得资金，但并没有开征新税或向任何人要钱，而是把御所中的祖传遗物和妻子的首饰都摆到广场上，鼓励想要的人来买。他用这种方式弄到了钱，并支付给士兵。在战争胜利并赢取了数倍于原额钱款后，他发布声明，大意是之前买走元首财产的人，如果愿意可以按原价卖回。有些人照做了，不过大多数人都不愿意，而他也没有强迫任何买主把东西还给自己。

马库斯·安敦尼努斯，面对因连年战争而枯竭的国库，并没有违背过去的惯例，靠征税集资，而是将元首的饰物都拿到广场上出售，换回黄金。当蛮族作乱被平定后，他按原先的价格付钱给自愿送回元首财物的人，但是也没有强迫不愿意归还的人。

第73卷梗概

（1）（公元180年）这个人（康茂德）天性并不邪恶，相反，他和迄今世上的任何人一样天真。但是，他头脑过于简单，再加上怯懦，使自己成了同伴的奴隶。他一开始出于无知，受这些人引诱，错过了更好的生活，养成了荒淫残酷的习惯，而这很快就成了他的第二天性。2.我想，马库斯事先对此早有洞察。马库斯去世时，康茂德十九岁，做父亲的给他留下了许多监护人，其中不乏众多元老院中的翘楚。但是康茂德拒绝了他们的劝谏，和蛮族签订条约后就直奔罗马城；因为他讨厌所有费力的事，十分渴望罗马城内安逸舒适的生活。

（2）马科曼尼人因为本族有大量伤亡，土地也不断被夺，所以在人口和粮食补给上都不够充足。不论怎样，他们只派了两个重要人物和另两个等级较低的人做使者，提出合约。2.虽然康茂德可以轻松摧毁蛮族，但还是和他们订立条约；因为他讨厌劳累，渴望城市里的舒适。除了父亲加给他们的条件，他还要求蛮族交还所有的逃兵和战争期间所抢得的战利品，每年还要提供规定数量的粮草补给——但后来他又免除了这项要求。3.不仅如此，他还从蛮族那儿获得了一部分武器和士兵，夸底人提供一万三千人，马科曼尼人提供的少一些；作为回报，他免去了他们每年必须上交的必需品。4.但是，他还下令蛮族不许频繁在不同地方集结，只准每个月在一个地方集会一次，还要有罗马百夫长在场；不仅如此，他们还不得与亚基盖斯人、布里人或汪达尔人开战。他以这些条款讲和，放弃了所有在敌国的前哨基地——在沿着已经成为中立地区的前沿国境线的外侧……

（3）布里人派出使节时，康茂德就赐予他们和平。他之前不顾他们的再三请求，拒绝这样做，因为他们强大，且其心意不在获得和平，而是想要一个缓冲期，以便让自己能再次做好战争准备；2. 但是既然蛮族已经筋疲力尽，他就和他们签订合约，接受人质，从布里人那里接回了许多俘虏，还从其他部落[①]接回了一万五千人；他还强迫其他部落立下誓言，不得在离达契亚5里内[②]的环状地带居住或使用牧场。3. 当一万二千名邻近地区的达契亚人被驱逐出故土，正要援助其他人时，也是这位萨比尼阿努斯（Sabinianus）规劝他们不要这样做，答应他们会在我方的达契亚地区给他们同样多的土地。

（4）康茂德犯了很多不得体的罪过，杀了无数的人。

许多人都设计谋害康茂德，于是他杀了许多人，不论是男是女，有些是公开被处死，有些是被秘密毒杀。实际上，他几乎杀死了所有在父亲和自己统治期间获得尊贵高位的人，2. 除了庞培亚努斯（Claudius Pompeianus）、佩提纳克斯和维克多里努斯（Victorinus），他因为某些原因没有杀他们。我说的这些和之后至今的事实，不是依据他人的记录，而是自己的亲身观察。（公元182年？）抵达罗马时，他给元老院做演讲，罗列了各种琐事；在他各种自吹自擂的故事中，有一则说，3. 他曾经在一次外出骑马时救了父亲一命——当时他父亲跌入了深深的泥潭中。以上就是他傲慢的闲聊。4. 但是当康茂德走进狩猎大剧院时，克劳狄乌斯·庞培亚努斯给他设了一个陷阱：庞培亚努斯在狭窄通道内抽出宝剑，说道："看！这是元老院送给你的！"此人已经和路奇拉的女儿订婚，但和母女俩都很亲密；5. 就这样，他和康茂德成了朋友，陪同后者出席宴会，和他一起胡闹。路奇拉也不比她的弟弟康茂德更加端庄正派，也讨厌她的丈夫庞培亚努斯。因为这个原因，她才说服庞培亚努斯攻击康茂德；她不仅害了丈夫，还把自己暴露了，走上绝路。6. 康茂德因为克里斯披娜（Crispina）的一些通奸行为而处死了她。但在行刑之前，两个女人都被流放至卡普里埃岛（Capreae）。

有一个人叫马尔西娅（Marcia），是夸德拉图斯（Quadratus，当时被处死的人之一）的情妇，还有一位埃克莱克图斯（Eclectus），是夸德拉图斯的就寝

---

① （本行和段尾的）"其他"也许已经不可辨了。据推测，这里应该是"阿兰尼人"。
② 字面意思为40斯塔德。见 lxxi（lxxii）.15 注。

内侍（cubicularius）①；后者也成为康茂德的内侍，前者先是做康茂德的情妇，后成为埃克莱克图斯的妻子，7. 她看见他们也被活活打死。传统说法称她极其喜爱基督徒，对他们十分仁爱，因为她可以在任何事情上影响康茂德。

（5）康茂德也杀了萨尔维乌斯·朱里亚努斯（Salvius Julianus）和塔鲁泰尼乌斯·帕特努斯（Tarrutenius Paternus），二人位列前执政官。还有其他人与这两人一道遇害，甚至还包括一位贵族妇女②。在马库斯去世后，虽然朱里亚努斯若怀二心便可立即起事，2. 因为他名望极高，指挥着一支大军，深受士兵们爱戴，然而他拒绝做出任何不臣之举，既是出于自己的正直，也是因为他对马库斯忠心耿耿，哪怕在那位元首去世后依然不变。还有帕特努斯，倘若他真如指控中所说，企图谋害康茂德，那他完全可以在自己还掌控着近卫军的时候轻而易举地杀掉后者，但他也没有这么做。

3. 康茂德同样杀害了昆提利亚努斯兄弟——孔狄亚努斯（Condianus）和马克西姆斯（Maximus）——因为他们在学识、军事素养、兄弟和睦和财富上都闻名于世，而他们高贵的天分则招来了怀疑，即便他们没有计划叛变，也一定对现在的地位感到不满。4. 因此，他们生则形影不离，死则共赴黄泉，随其殉难的还有其中一人的儿子。对于见识过情义的人来说，他二人可谓树立了最突出的榜样；他们从未分开过，即便是在担任公职时。③他们曾经红极一时、富甲一方，经常共同仕官，互相帮扶。

（6）马克西姆斯之子绥克斯图·孔狄亚努斯（Sextus Condianus），因为天生的能力和后天的训练而出类拔萃。当他听说自己也被判处死刑时，先喝了野兔的血（当时他住在叙利亚），之后骑上马又故意摔下，然后吐出兔血，看上去就像他自己的血；于是人们将他抬进屋子，仿佛他已经奄奄一息了。2. 他本人现在已不知所踪，人们用一头公羊代替他装进棺材火化了。在这之后，他不断改变外貌和穿着，行踪不定。当这件事曝光后（这种事是纸包不住火的），抓他的人开始上天入地地搜捕他。3. 许多人因为和他长得相像而成了替罪羊，

---

① 负责寝室和起居室的官吏。
② 维特拉西娅·弗斯提娜（Vitrasia Faustina）。
③ 对照 lxiii (lxii). 17, 关于斯克里波尼乌斯兄弟（Scribonii）的描述。

519

也有许多人被控知道他的秘密或曾包庇窝藏他而受罚；还有更多的人，甚至可能从未见过他，也被剥夺了财产。4. 不过，没人知道他究竟是真的死了（虽然有一大堆号称是他的头颅被送往罗马）还是成功逃脱了。不过，有个人在康茂德死后大胆自称绥克斯图，要求恢复自己的财产和地位。他遭到许多人的强烈质疑，但装出了绥克斯图勇敢的一面；5. 然而，当佩提纳克斯询问他有关希腊语的事情时——真正的绥克斯图对此了如指掌——他十分尴尬，就连问题都听不懂。因此，尽管大自然给了他一副貌似孔狄亚努斯的长相，行为举止也令他在其他方面足能以假乱真，然而他却没能获得后者的学识。

（7）我刚提到的这件事是亲自在场听到的，下面我再说一件亲眼看到的事。在西里西亚的马鲁斯城（Mallus）中，有一名安菲洛库斯（Amphilochus）神使通过解梦发布神谕。他也曾以一幅画的形式回应过绥克斯图；他在写字板上画了一个小男孩掐住两条蛇，还有一头狮子在追逐一头幼鹿。2. 我和时任西里西亚总督的父亲都无法参透其中的奥秘，后来结合事实才恍然大悟，这是指两兄弟被康茂德（他之后开始模仿赫拉克勒斯）"掐死了"，就像尚在襁褓中的赫拉克勒斯曾将朱诺（Juno）派出的蛇掐死一样（昆提利亚努斯兄弟也是被勒死的）；而绥克斯图成了逃犯，被一个更为强大的对手追捕。

3. 倘若一一详述所有被康茂德杀害的人的情况，会显得十分枯燥乏味。所有被害者，或是死于虚假的指控或不正当的怀疑，或是因为财富过人、家族显赫、学识非凡或有其他过人之处而遭难。

4. 康茂德在罗马城中展列出了许多奢侈品——财富的象征，以及大量的艺术品，显示出自己对美的追求。实际上，他此举还在不经意间产生了公共服务的效果。于是，在卡西乌斯的重要盟友兼拉丁文通信秘书马尼利乌斯（Manilius）逃亡被抓后，尽管他愿意提供大量的情报，然而元首根本不听他说话，而且看都不看一眼就烧毁了卡西乌斯同谋的所有信件。

（8）（公元184年）他也和达契亚省之外的蛮族打过几仗，在这些战斗中，日后与塞维鲁元首争位的阿尔比努斯（Albinus）和尼格尔（Niger）打出了名气。不过，当时规模最大的战斗是与不列颠人（Britons）展开的。2. 这座岛上的众部落越过了分隔他们与罗马军团的长墙，不断为非作歹，还消灭了一名将军及其手下的部队。康茂德对此惊恐不已,不过他派出了乌尔庇乌斯·玛尔凯路斯(Ulpius Marcellus)应敌。3. 此人生性俭朴,节制自律,战时在饮食和其他方面都与普通士兵别无二致,而他正变得越来越桀骜自负。他是个不可腐蚀的人,然而性格也不够温和,难以让人喜欢。4. 他比其他任何将军都要警觉。为了让同僚也能保持警醒,他总是用十二块椴木制成的写字板发布命令,几乎每晚都会这么做,并且命令副官在不同时间将它们送给某某人,如此一来,军官们以为将军一直没睡,自己也就不敢睡得很沉。天性首先令他能够抵挡睡意,而严格禁食进一步增强了他的这项能力。5. 一般来说,他不会吃得太饱。为了让自己哪怕连面包都不多吃,他常常派人去罗马找粮。这倒不是因为他不吃乡下的面包,而是为了让自己的面包不再新鲜,这样他就会只吃必需的量,除此之外一口都不愿多吃。他的牙床脆弱,如果面包太干,牙齿就会流血。不过,他通过装样子故意夸大自己的这一过人之处,为的是让自己尽可能拥有最警觉的美名。6. 这就是玛尔凯路斯。他无情地将蛮族逐出不列颠行省;之后他差一点就要被康茂德处死,多亏了他那奇特的禀赋,他才得到了赦免。

(9)(公元185年、186年?)接替帕特努斯执掌近卫军的佩莱尼斯(Perennis)[①]死于一场兵变。鉴于康茂德沉湎于赛车和放荡,几乎没有履行自己的任何职责,佩莱尼斯不得不一边处理军务,一边打理所有其他公务,国事全有赖于他。2^1. 于是一旦有事情不合心意,士兵们就会把责任怪到佩莱尼斯头上,对其心生怨怼。

2^a. 在不列颠的士兵们推举副将普利斯库斯(Priscus)为元首,但他拒绝了,说道:"我不是元首,你们也不是士兵。"

2^2. 不列颠的副将因为士兵抗命不遵而遭受指责——实际上,直到佩提纳克斯出马才把他们镇压下去——于是他从中选出一千五百名标枪手派往意大利。3. 他们一路上没有遭到任何抵抗,很快就来到了罗马城外。当康茂德接见他们,问道:"这是什么意思,士兵们?你们为何而来?"他们回答说:"我们来这儿是因为佩莱尼斯正企图谋害你,他准备让自己的儿子当元首。"康茂德

---

① 这是该名的拉丁写法。迪奥和赫洛迪安称他为佩莱尼乌斯(Perennius)。

相信了他们的话，特别是克利安德（Cleander）也坚持要他除掉佩莱尼斯；此人经常被佩莱尼斯阻挠，任何想做的事都做不成，因此怀恨在心。4.于是康茂德将那名近卫军长官交给他手下的士兵处置；他也不敢轻视那一千五百人，尽管他的近卫军在数量上是其数倍。（10）于是佩莱尼斯被那些人虐待殴打，他的妻子、妹妹和两个儿子也一同遇害。佩莱尼斯就这样被杀了，虽然考虑到他本人的情况和整个罗马帝国的利益，他本应拥有完全不同的命运——除了一点，即由于他渴望官职，因而对同僚帕特努斯的死负有主要责任。就个人来说，他从未给自己谋取过任何一点名利，表现得清廉正直、节制自律；就康茂德及其官僚系统来说，他一直提供着全面的保护。

2.康茂德完全沉溺于享乐和赛车比赛中，对任何那些方面① 的事都漠不关心；实际上，如果他真的考虑正事，也会因为懒散和无经验而无法胜任。

（公元186年？）以克利安德为首的元首被释奴在解决了这个人（佩莱尼斯）后，开始尽情胡作非为，出售一切特权，骄奢淫逸、肆意妄为。

康茂德将大部分时间都用于玩乐、赛马、和野兽或真人搏斗。3.实际上，他不仅私下进行角斗，还经常在公开场合斗杀大量的人和野兽。例如，他接连两天亲手杀了五只河马和两头大象；他还杀了许多犀牛和一头长颈鹿。记载他的统治，我就不得不提及这种事情。

（11）人们为曾任罗马市政官的维克多里努斯竖了一尊像。② 他不曾成为任何一次阴谋的牺牲品。其实，坊间曾经一度传言不断，并有各种说法，几乎可以说到处都流传着他将死的消息。他听闻后愈发勇敢，去到佩莱尼斯身旁，说道："我听说你的人都想杀了我，那你为什么还不动手？今天就可以，还等什么呢？"2.然而，在那之后他也没有被任何外人烦扰，而是选择了自杀。他也是马库斯极度尊崇的显赫人物之一，不仅因其美德过人，更是因其辩才在同代人中无出其右。实际上，我要说的两件事就能彰显他的品性。3.他曾经担任日耳曼地区的总督，最初试图在家里私下劝说副将不要收受贿赂，但后者不听，于是他登上

---

① 如果此处文字依然可辨，那么一定讲的是他身居其位应当履行的职责。
② 对照希菲利努斯版本：曾任市政官的维克多里努斯离世时，人们为他竖了一尊像。康茂德一度想除掉这个人，但是在犹豫之中迟迟没有下手……来到佩莱尼斯身边，说道："我听说……"

讲坛,让传令官宣布肃静后,立誓说自己从未也绝不会收受贿赂。4. 然后他要求副官立下同样的誓言。但此人不愿立伪誓,他便命令此人辞去职务。之后,当他担任阿非利加总督时,又遇到一个和上述人物的品性类似的下属,虽然他没有用同样的方法,不过还是让此人上船回罗马。这就是维克多里努斯的性格。

(12)再说克利安德,他在佩莱尼斯死后权势熏天。以前他与其他奴隶一起被打包出售,和其他人一同被带到罗马,做搬运工;但时过境迁,他步步高升,最终成了康茂德的就寝内侍,娶了元首的情妇达摩斯特拉提娅(Damostratia),2. 并处死了他的前任、尼科米底亚的扫特鲁斯(Saoterus),以及其他许多人。扫特鲁斯之前也拥有极大的权势,这是由于他掌握着举办某些比赛和为康茂德建神庙的特权。3. 于是克利安德因为命运的垂青而升任高位,赠送和出售元老、军事长官、行省财务长官以及总督的职位,总之就是买卖一切。实际上,有些人只有在献出所有财产后才能成为元老。据说有个尤利乌斯·梭伦(Julius Solon),寂寂无名,在被剥夺了所有家产后,被"放逐"至元老院。4. 此外,克利安德一年之内任命了二十五名执政官,这可是前所未有的;在这之中就有后来成为元首的塞维鲁。5. 因此,克利安德从各种渠道敛财,聚集的财富远超迄今为止所有内侍。他把大部分钱财都给了康茂德及其情妇们,还花了许多钱在房舍、浴室和其他对个人或罗马城有益的事情上。

(13)(公元189年)这个位极人臣的克利安德也突然跌落高位,不光彩地丧命了。不过和佩莱尼斯不同,杀他的不是士兵,而是民众。城内爆发了一场严重的饥荒,但是粮食供给主管帕皮里乌斯·狄奥尼修斯(Papirius Dionysius)却故意让饥荒雪上加霜,这是为了让罗马人以为,造成这一局面的主要原因正是克利安德的盗窃行为,借此让民众对他恨之入骨,并动手杀掉他。3. 事实果然如此。当时正在举行一场马赛,当赛马正准备第七次比试时,一位表情严肃、身材高挑的少女领着一群孩子冲入赛场;因为后面发生的事,人们认为她是一位神明。4. 孩子们异口同声地咒骂起来,人们跟着孩子喊叫,继而用所有能想到的词语咒骂;最后人群跳下座位,出发寻找康茂德(他当时在昆体良郊区①),对他多番祈祷赞美,对克利安德百般诅咒。后者派出一些士兵阻止,杀

---

① 可能毗邻劳伦图姆(Lauruntum)。对照赫洛迪安,《罗马史》,I. 12。

伤了几个平民；5. 但是人们非但没有被吓到，反而仗着人多势众和近卫军的力量，以更大的决心前进。他们已经快要到时，也没有人告诉康茂德外面发生的事，直到夸德拉图斯（Quadratus）臭名昭著的妻子马西娅（Marcia）向他汇报。6. 康茂德吓坏了（他是最胆怯的），立即下令处死克利安德，以及他那由元首抚养的儿子。这个孩子被猛地摔在地上死去。罗马民众拖着克利安德的尸体游街，凌辱尸体，把他的头颅插在木杆上，在城内巡游示众。他们还杀了借其盛威而得势的人。

（14）1. 康茂德暂时停止了享乐与竞技，把注意力转向谋杀杰出之士。其中就有近卫军长官朱里亚努斯，那是他会在公共场合拥抱亲吻甚至称为"父亲"的人。还有尤利乌斯·亚历山大（Julius Alexander），因为骑着马用标枪射杀了一头狮子而遭到判决。①2. 此人在得知刺客到来时，在夜间杀了他们，还杀了他在家乡艾美萨城（Emesa）的所有敌人；然后他骑上马，前去投奔蛮族；如果不是因为带上了自己喜欢的男童，他本可以凭借出色的骑术逃走。3. 但他不能放弃那个已经精疲力竭的孩子，于是在被追上时，他杀了这个孩子，随后自杀身亡。粮食主管狄奥尼修斯也被康茂德下令处死。

不仅如此，当时还暴发了瘟疫，据我所知是最严重的一场；罗马城内经常一天就会病死两千人。4. 然后，不仅在罗马城，几乎整个帝国都有大量的人被下毒犯所害；他们将致命的药剂涂抹在细小的针尖上，用毒针扎人令人感染。过去在图密善统治时期也出现过同样的事。②

（15）1. 康茂德对这些受害者的死置若罔闻，这对罗马民众来说是比任何疫病和犯罪都更严重的诅咒。之所以这么说，除了其他原因外还有一点，即过去人们是出于热爱而投票授予他父亲各种荣誉，而如今人们授予儿子同样的荣誉，却是出于恐惧，或是听从他本人的直接授命。2.（公元190年）实际上，他命令将罗马改名为康茂德城（Commodiana）③，称各军团为康茂德军团（Commodianae），将这些法案投票通过的那一天命名为康茂德日（Dies

---

① 也许是因为"罗马的赫拉克勒斯"担心亚历山大会盖过自己的威风。
② 见 lxvii. 11.6。
③ 全称为"Colonia Lucia Annia Commodiana"。——中译者注

Commodianus）。（公元 191 年）他授予自己大量头衔，其中就包括"赫拉克勒斯"的名号。他将罗马称为"整个大地永恒、富足的居住地"，因为他希望罗马能被视作自己所建立的城市。3. 为向其表示尊崇，人们竖立了一尊重达一千磅的金像，造型是他以及一头公牛和一头母牛。最终，所有的月份都以他来命名，依次为：Amazonius、Invictus、Felix、Pius、[①]Lucius、Aelius、Aurelius、Commodus、Augustus、Herculeus、Romanus、Exsuperatorius。[②] 4. 因为他本人在不同时期获得了这些头衔，只有"Amazonius"和"Exsuperatorius"是他一直致力于得到的，以表明自己在各个领域都已超越所有人，达到了顶峰；论疯癫，这个寡廉鲜耻的卑鄙之徒确实已经达到顶点。5.（公元 192 年）他会用这样的措辞给元老院送消息："元首，恺撒，路奇乌斯·艾利乌斯·奥勒利乌斯·康茂德·奥古斯都·庇乌斯·菲利克斯·萨尔马提库斯·日尔曼尼库斯·马克西姆斯·布列塔尼库斯（Lucius Aelius Aurelius Commodus Augustus Pius Felix Sarmaticus Germanicus Maximus Britannicus），大地的调解人，无敌的罗马的赫拉克勒斯，大祭司长（Pontifex Maximus），十八次获得保民官职权，八次获得大统帅头衔，七次担任执政官，祖国之父，致各位执政官、政法官、保民官，6. 以及幸运的康茂德元老院，大家好。"城中竖立了大量他身穿赫拉克勒斯服饰的雕像。我们投票决定他的时代应被称为"黄金时代"，这一条将被记入所有的档案中，绝不许有例外。

（16）1. 现在，这位"黄金人""赫拉克勒斯""神祇"（他甚至也给自己加了这个名号），在一天午后突然从郊区赶回罗马，在两个小时内举办了三十场马赛。他耗尽积蓄与举办这些活动有很大关系。2. 其实他也喜欢赠送礼物，常常赐予民众每人一百四十第纳里的恩赏；不过他大部分的支出都用在了我之前提及的那些项目上。因此，他向男女公民们提起控诉，杀了其中一些，又让其

---

① 博伊赛维安（Boissevain）认为，Felix 和 Pius 的顺序应该调过来，因为在铭文中，Pius 这个称号几乎总是在 Felix 前面。见下面列举的头衔。

② 在这些称谓中，Lucius、Aelius、Aurelius、Commodus 是康茂德的名字，Augustus（庄严的）、Felix（有福的）、Pius（虔诚的）是用于元首的尊号，Exsuperatorius（至高无上的）是朱庇特的尊称之一，Herculeus（赫拉克勒斯）、Amazonius（阿玛宗人）、Invictus（不可战胜的）则与赫拉克勒斯有关。——中译者注

他人用所有的财产赎命。①3. 最后他命令我们和我们的妻儿，每人要在他的生日捐赠两奥列乌斯金币，作为每年最初的收获，还命令其他所有城市的元老们每人上交五第纳里。不过，就连这些钱他也没有留下，全都可耻地花在了他的野兽和角斗士上。

（17）1. 他不在公共场合驾驶赛车，除非是在月黑昏暗的夜晚，因为虽然他也渴望公开表演驾车，但还是耻于被人看见；但他私下里一直这么做，并会身着绿队的制服。2. 至于野兽，他倒是在公私场合杀死过不少。不仅如此，他还常常像角斗士一样竞技；这么做时，在家中他会不时杀个人，并会凑到受害者身旁，似乎是要剪掉他们的头发，然后切下某人的鼻子、某人的耳朵，还有其他人的面部器官；但在公共场合他会忍住不用利器让人流血。3. 在进入大圆形竞技场前，他会穿一件丝绸做的金色和白色相交的长袖套衫，打扮成这样接受我们的致敬；但是当他准备入场时，会穿纯紫色带金片的外套，按照希腊人的样式穿一件同样颜色的短氅，头戴以印度宝石装饰的金冠，并像墨丘利一样带着传令官手杖。4. 此外，当他走在街上时，会有人捧着狮子皮和棍棒在前面开道，而在大竞技场中，狮子皮和棍棒则被放在镀金的座椅上，不论他是否在场。他本人会打扮成墨丘利的样子走进竞技场，然后脱下其他衣物，只穿短袍，赤脚进行表演。

（18）1. 第一天，他站在围栏后面，亲手射杀了一百头熊。整个竞技场被两道交叉的围墙分隔开，墙上建有等长的围廊，目的是将野兽分成四份，以便从任何角度都能用长矛在短距离内轻松射杀。2. 搏斗中间，他有些疲惫了，从一位女子手中接过盛在棒状酒杯中的清凉甜酒，然后一饮而尽。见此，所有民众和我们（元老）都会立即喊出敬酒时常说的那句话："祝你长寿！"

3. 希望不要有人觉得我记录这样的事是在玷污历史的高贵。没错，我在大部分的记述中确实不该提及这种表演，但这是元首本人所为，而且我又是亲历

---

① 对照《瓦列里乌斯辑录》(Exc. Val.)：康茂德有很多不寻常的额外开销，因此无论是他的其他收入还是克利安德提供的资金，尽管无可计数，也依然满足不了他的需要。于是他被迫四处指控，甚至连女人都不放过。指控本身不含罚金，但是充满了不明确的恐吓与威胁。结果，在自愿捐赠的伪装下，他以高昂的价格，强行把他们的性命卖给他们自己，并征收了其他财物。

者，大家所见、所闻和所说之事，我都曾亲自参与，因此，我觉得不应遗漏任何一处细节，而应像对待其他重大事件那样，将其写下来留传后世，哪怕它们很琐碎。4. 实际上，对于发生在我有生之年的所有其他事件，我都会更为详细、准确地予以记载，因为它们发生时我都在场，而在其他有能力记录重大事件的人中，没有谁能比我知道得更清楚。

（19）1. 第一天的事如上所述。在其后几天，他从上面的位子走下来，进入竞技场内，杀死了所有接近自己的圈养动物，还有些动物是被牵着或用网兜装着，送到他面前供其宰杀。他还杀了一只老虎、一头河马和一头大象。2. 在展现了这些壮举后他就会退场，但在午餐过后又会像角斗士一样战斗。他的打斗方式以及盔甲样式都是所谓的"追击者"（secutores）所使用的：他用右手持盾，左手执木剑；实际上，他也为自己是左撇子而自豪。3. 他的对手是运动员，偶尔也会是拿着木棍的角斗士。这些对手有的是他自己选择挑战的，有的是民众替他挑选的，在这些方面，他倒是和其他角斗士地位平等；不过有一点除外，即其他被选中的参赛者挣得很少，相反，康茂德每天能从角斗士基金中拿走一百万塞斯退斯。4. 在他打斗时站在一旁的是近卫军长官埃米利乌斯·莱伊图斯（Aemilius Laetus）和就寝内侍埃克莱克图斯（Eclectus）；在他结束对打、理所当然地获得胜利后，他就会隔着头盔亲吻这些同伴。之后，正式的竞技比赛才会开打。第一天，他亲自为竞技场内的参赛者分配对手；他穿着墨丘利的全套服饰，手持一根镀金的棍子，然后到一个镀金的讲台上发号施令；我们都将他的举动视为一个预兆。5. 然后他回到自己常设的位子，和我们一起观赏剩下的壮观演出。在那之后，竞技比赛不再像是儿童表演，而是十分残酷，死了许多人。实际上，有一次，一些胜利者心存犹豫，迟迟没有给予战败者致命一击，于是他将所有的竞技者都绑在一起，命令他们立即开打。6. 因此，这些被绑在一起的人互相搏斗，有些人甚至杀了不是自己一组的人；因为人数众多，空间狭小，他们接踵摩肩挤成一团。

（20）1. 那场表演的大致情况就是这样，它持续了十四天之久。当元首角斗时，我们元老和骑士们都要出席。只有年长的克劳狄乌斯·庞培亚努斯从未出现过，只是派儿子们代劳，自己避而远之；他宁愿为此被杀，也不愿看到元首、马库斯之子以这种方式出丑。2. 我们观众有许多事要做，其中之一便是根据命令喊话欢呼，特别是要重复这些内容："你是主，是第一，是最有福的人。你是胜者，并将继续胜利；阿玛宗人（Amazonian），你是永远的胜者。"不过，民众中有许多人根本没有进入竞技场，也有些人只是瞥了一眼就离开，他们既是对里面的活动感到羞耻，也是出于恐惧，因为外面传言四起，说他打算射几个观众，以模仿赫拉克勒斯猎杀斯提法洛斯湖怪鸟（Stymphalian birds）的典故。3. 人们相信这种事，因为他曾经把城中所有因疾病或事故失去双脚的人集中起来，将形似蛇的物体捆在他们的膝盖上，让他们用海绵代替石块来投掷，假装他们是巨人[①]，然后用一根大棒将其打死。

（21）1. 无论是我们（元老）还是其他人都在害怕。他还对我们（元老）做了另一件事，让我们更有理由认为自己大祸临头了。他杀了一只鸵鸟，砍下它的头颅，然后登上我们的座位区，左手提着鸟头，右手高举血淋淋的宝剑；2. 虽然他未发一言，但一边摇着头一边咧着嘴笑，象征他也会用这种方式对待我们。当时有好多人因为发笑（因为我们那时更多的是觉得可笑，而不是愤怒），差点就当场死于剑下了，幸好我急中生智从月桂冠上摘下叶子大口嚼起来，并劝身边的人赶紧照做，大家才借此掩盖了我们正在发笑的事实。

3. 在这之后，我们又重新看到了希望。当他准备再次作为角斗士下场搏斗时，要求我们身穿骑士的服装和羊毛斗篷进入竞技场，而我们只在元首过世时才会这么做；在最后一天，他的盔甲被送出场，走的是运死人出去的大门。种种表现让每个人都确信，我们就要摆脱他了。

（22）1. 他确实在不久后死了，或者说，被杀了。莱伊图斯和埃克莱克图斯既对他的所作所为感到不满，又心怀忧惧，因为他们曾试图劝阻他不要那样行事，结果遭到了他的威胁，于是决定谋害他。2. 似乎康茂德打算杀死两位执政官——艾卢齐乌斯·克拉鲁斯（Erucius Clarus）和索西乌斯·法尔科（Sosius Falco）——在新年第一天，他以执政官和追击者斗士的身份走出角斗士营地；实际上，营地中的第一个房间就属于他，仿佛他就是角斗士的一员。

---

① 癸干忒斯巨人有时的形象为人身蛇足。——中译者注

3. 大家对此不用怀疑。实际上，他还砍下了巨像①的头，用一个形似自己的头取而代之，还给它安上一根棍子，在脚边放上一尊青铜狮子像，让它变成赫拉克勒斯的样子。他在上面镌刻的词句，除了我之前提到的那一系列名号外，还有："追击者斗士中的冠军；唯一一个十二次（我记得是这个数字）战胜百人的左手斗士。"②

4. 因此，莱伊图斯和埃克莱克图斯串通好马尔西娅后下手了。这一年最后一天的夜晚，当人们正忙着举办节日时，他们让马尔西娅在他的牛肉中下毒。5. 但是由于他像往常那样，饮酒和洗浴过度，所以没有马上死去，反而吐出了一些毒药。他开始起疑心，并发出威胁。于是他们派出一个名叫纳尔奇苏斯（Narcissus）的运动员，趁他洗澡时将其勒死了。6. 这就是康茂德之死。他统治了十二年九个月十四天，活了三十一岁四个月；真正的奥利略家族③的统治也随他断绝。

（23）1. 在这之后，惨烈的战争和严重的内乱随即爆发。我受以下事件的启示而写下这些纷争。我曾书写并出版过一本小书，讲的是证明塞维鲁有望获得元首之位的梦和预兆；2. 而他在读过我献上的副本后，给我写了一封很长的回信表示感谢。我在傍晚收到回信，很快就睡着了。在梦中，神祇的力量命令我写一部历史。所以我才开始记述那时与我有关的事件。3. 我的作品得到了其他人的高度赞赏，特别是得到了塞维鲁本人的称赞，于是我有了一个计划，准备汇集编纂其他所有和罗马人相关的记录。因此，我决定不再将第一部专题论述作为独立的作品，而是将其并入当前的历史，以便我能在一部作品中留传下关于一切事情的记录，上迄各个事件的起点，下至在命运女神看来最合适之处。4. 当我胆小畏缩时，正是这位女神给了我继续写下去的力量；当我心生厌倦、打算放弃时，她以梦境让我转念；她以美好的希望激励我，让我感到自己

---

① 即尼禄巨像（Colossus Neronis）；尼禄死后，韦斯帕芗将其改造为太阳神索尔（Sol）像。——中译者注
② 对照帕特利奇乌斯版本：……写下它的是路奇乌斯·康茂德·赫拉克勒斯，此外上面还刻有著名的对句：
之子，胜利的赫拉克勒斯，即是我，
路奇乌斯，尽管不得不背负这个名字。
③ 塞维鲁成为元首后也继承了奥利略之名，以奥利略家族的继承人自居。——中译者注

的作品将会留存于后世，永远散发着光辉；她就像是我生命历程的守护神一般进入了我的命运，因此我决定把自己奉献给她。5.我花了十年时间，收集罗马人从建城开始到塞维鲁死去这一时段中的所有业绩，又用了十二年时间来写作。至于之后的事件，只要我还能继续写，也会予以记录。

（24）1.在康茂德死之前发生了如下预兆：许多不祥的老鹰在卡皮托利山上盘旋，还发出绝非预示和平的叫声，还有一只猫头鹰在那里啼号。夜间，居民区发生了火灾，大火窜至和平神庙，并蔓延至存放埃及和阿拉伯商品的仓库，2.高蹿的大火又从那里扩散至宫殿，烧毁了其中很大一片，几乎烧光了所有国家档案。这更加表明，邪恶之事不会限于罗马城，而是会扩展到整个文明世界。3.尽管有大量市民和士兵抬水救火，康茂德本人也从郊区赶来鼓励大家，然而这场大火并非人力所能扑灭。直到烧毁了途经的一切，它才耗尽了力量完全熄灭。

第74卷梗概

第七十三卷

（1）（公元193）佩提纳克斯（Pertinax）是个杰出的正直之士，但他的统治在短时间内就被士兵们推翻了。当康茂德仍然生死未卜时，莱伊图斯和埃克莱克图斯的追随者就来找他，通报了刚刚发生的事情。佩提纳克斯为人优秀，身居高位，因此他们很乐意拥戴他上位。2. 接见来者并听取汇报后，他派自己最信任的同伴前去查看康茂德的尸体。此人确定了他们所言不虚，于是佩提纳克斯秘密前往军营。一开始，他的出现令士兵们警觉起来；但多亏莱伊图斯的支持者在场，也多亏他的赏赐（他承诺将付给每人一万两千塞斯退斯），佩提纳克斯争取到了他们的支持。3. 实际上，这些士兵本会一直完全保持平静，然而他最后却以这样的话来结束自己的演讲："士兵弟兄们，在当下的形势下有许多局面不尽如人意，但在你们的帮助下，其余的境况将会重新恢复正常。"听到此言，士兵们怀疑康茂德赐予他们的有悖先例的特权将被剥夺，所以很是不满；不过他们还是隐忍不发，暗压怒火。4. 离开军营后，他前往元老院会堂，当时还是夜晚时分。尽管十分拥挤，但我们中若有谁能在簇拥的人群中接近他，他还是会予以致敬和问候。随后他直白地说道："我被士兵们推举为元首，但我不想接受这一职务，而是会立即辞去，就在今天。这么做，既因为我已年老体衰，也因为目前的各种事件令人痛心。"5. 他话音刚落，我们便发自内心地认可并推选他为元首。他不仅精神高贵，而且体魄强健，只是因有足疾，走路略有不便。

（2）就这样，佩提纳克斯被宣布为元首，而康茂德被判为公敌。随后，元

531

老院和民众中都有许多人一起高声咒骂后者。人们想拖出康茂德的尸体,将其碎尸万段,实际上他们对他的雕像就是这样做的。佩提纳克斯告诉他们尸体已经下葬了,于是他们饶过了遗骸,但转而用其他方式发泄怒气,用各种污名辱骂他。2. 没人称他为康茂德或元首,而是将其称为可憎的混蛋、暴君,还要加上各种嘲弄的词,比如"角斗士""赛车手""左撇子""得疝气的"等等。3. 对于那些最害怕康茂德的元老,人们喊道:"好啊,好啊!你们得救啦,你们胜利啦!"过去,人们总是在剧场中有节奏地发出呼喊,以向康茂德献殷勤,而现在他们继续呼喊那些词句,但在某些地方做了改动,使其变得荒唐可笑。4. 既然他们已经摆脱了一个统治者,又不必害怕继任者,于是便在这段间隙中尽享自由,在安全尚有保障的时候,因出言无忌、口无遮拦而闻名。因为,仅仅减轻进一步的恐惧还不能令其满足,他们自信满满地想要沉溺在肆意的傲慢之中。

（3）佩提纳克斯是利古里亚人,来自阿尔巴·庞贝（Alba Pompeia）；他的父亲并非贵族,他本人只是接受了足够谋生的教育而已。这让他认识了克劳狄乌斯·庞培亚努斯。在后者的帮助下,他当上了骑兵军事保民官,最终达到如此高的地位,成了他过去的资助人的元首。2. 就是在这个时候,在佩提纳克斯治下,我第一次也是最后一次看到庞培亚努斯在元老院现身。由于康茂德的缘故,他大部分时间都住在乡村,很少出现在罗马城,借口说年岁已高而且眼睛不好。之前我在的时候,他也从来没有进过元老院。3. 不仅如此,在佩提纳克斯死后,他再次患病；然而在这位元首治下,他却视力和身体俱佳,而且经常参加元老院的讨论。佩提纳克斯处处给予他极大的荣誉,特别是在元老院中,他会请对方坐在自己身旁。他也将同样的特权授予阿奇里乌斯·伽拉布里奥（Acilius Glabrio）；这个人也是在那段时间变得耳聪目明。4. 除了对上述人士尊崇有加,他也会用非常民主的方式对待我们元老。他平易近人,虚心纳谏,回复意见时语气和蔼。他常常以节制适度著称的宴会招待我们。即便在不这样做的时候,他也会将各种碟子分发给我们中不同的人,哪怕其中有的特别不值钱。富有和虚荣之人会为此嘲笑他,但像我们这样更看重美德而非放荡的人,都对他的做法深表赞许。

十二、迪奥·卡西乌斯的《罗马史》

（2）5. 大家都认为，佩提纳克斯和康茂德相比真是有天壤之别；当听说这件事后，每个人都怀疑康茂德遇刺身亡的消息是他本人放出来考验自己的。因此，许多行省的总督们都囚禁了前来送信的使者。6. 他们并非不希望这个消息属实，而是因为，比起没能及时向佩提纳克斯效忠，他们更害怕流露出希望康茂德死去的情绪。因为，对于前者，哪怕有人真的犯下如此严重的错误，也不用担心；但对于后者，即便是毫无过错的清白之人也要提心吊胆。

（4）佩提纳克斯在不列颠任职时，镇压了那场大反叛，各界均给予他应有的称赞；就在那时，一匹名叫佩提纳克斯的马在罗马赢得了比赛。它隶属于绿队，深得康茂德喜爱。于是，它的支持者们高声喊叫道："正是佩提纳克斯！"而其他阵营的人因为厌恶康茂德，也祈祷说："但愿如此！"——他们指的是那个人，而非那匹马。之后，当那匹马因年老而退出赛场时，正是康茂德给它的马蹄镶金，并将镶金的皮饰披在马背上，带着它走进赛马场，然后送它去了乡下。人们突然看到这一幕，再次高声喊道："正是佩提纳克斯！"这种呼喊毫无疑问是个预兆，它就发生在那年的最后一场赛马会上。在这之后，大位迅速传给了佩提纳克斯。有关棍棒的小插曲也表明了类似的迹象；因为康茂德在参加最后一天的比赛时，将棍棒①交给了佩提纳克斯。

（5）佩提纳克斯就这样获得了大权。他获得了所有与元首职位有关的常规头衔，还获得一个新的称号，以表明他渴望民主：遵照古代的习惯，他被称为"元老院之首"。2. 他马上着手将之前一切混乱无序之事拨乱反正，在帝国的行政管理上不仅表现得仁义正直，而且管理方法最为经济，对公共利益的考虑也最为周到。除了一切优秀元首应该有的举措外，他还为惨遭冤死之人平反昭雪，而且还进一步立下誓言，绝不会批准任何这样的惩罚。3. 很快就有人悲喜交加地哀悼自己的亲朋好友，而在过去，即便表露这样的情感也是不允许的。之后他们挖出遗骸——有些尚且完整，有些则因为死去的方式或时间久远，已经支离破碎——妥善处理后，葬入祖先的陵寝。

4. 在当时，帝国国库的资金储备十分缺乏，只有一百万塞斯退斯。因此，

---

① 原文未说明，可能是康茂德模仿赫拉克勒斯而持的棍棒。——中译者注

佩提纳克斯尽己所能，从康茂德的雕像、武器、马匹、家具摆设和其他钟爱之物中获得大量金钱，兑现了之前给近卫军许下的所有承诺，还给民众每人一百第纳里。5. 实际上，康茂德所搜集的所有物件，不论是奢侈品还是角斗或赛车的用品，全都堆积在拍卖室中，当然，主要目的是用于出售，但还有另一层用意，即向人们展示前任元首的所作所为，同时找出谁是他们的买家。

（6）莱伊图斯一直在说佩提纳克斯的好，贬低康茂德。[①] 例如，有一群蛮族人接受了康茂德为换和平而赠予的钱财，正在返回的路上，莱伊图斯派人追上他们，要求他们交还钱财，并让其回去转告同族，说佩提纳克斯已经成为统治者。蛮族对这个大名再清楚不过，因为佩提纳克斯曾在马库斯麾下对他们发动战争，令其吃尽苦头。为了揭康茂德的老底，莱伊图斯还做了一件类似的事。他发现了一些卑贱的侏儒和小丑，这些人相貌丑陋，其诨名和习性更是令人作呕，曾因放荡淫乱而备受康茂德宠幸。莱伊图斯公布了他们的诨名及其获得的赏赐。前一举动带来了大家的哄笑，后一举动令人悲愤交加，因为其中一些人拥有的财产，正是康茂德杀害众多元老、罚没其财产后赐予的。但是莱伊图斯没有对佩提纳克斯忠诚到底，或者，我更愿说他从未对佩提纳克斯有过片刻的忠诚。当得不到自己想要的东西时，莱伊图斯便怂恿士兵们反对他，之后我就会提到。

（7）佩提纳克斯任命自己的岳父弗拉维乌斯·苏尔庇奇亚努斯（Flavius Sulpicianus）为罗马市政官，此人在各个方面都配得上这份职务。虽然我们已经批准了，但他还是不想让妻子成为奥古斯塔（Augusta），让儿子做恺撒（Caesar）。2. 实际上，对于这两个提议，他的态度是断然拒绝，要么是因为自己的统治尚未稳固，要么是因为他既不愿让不贞的配偶玷污奥古斯塔的名号，也不许尚未成年的儿子在接受自己的教育前就被恺撒头衔的诱惑和前景蒙害。3. 事实上，他甚至不想让他在元首御所中长大，而是在自己成为元首的第一天，就将之前属于自己的东西留起来，分给两个孩子（他还有一个女儿），并下令他们应该和祖父住在一起。他偶尔会去探望一下，但也是以父亲而非元首

---

① 对照 Exc. Val.："莱伊图斯一直在历数康茂德的斑斑劣迹。"

的身份。

（8）现在，由于士兵们都不许再行劫掠，元首的被释奴们也不能尽情放荡，所以他们都十分憎恨佩提纳克斯。对被释奴来说，他们没有武装，所以不打算反叛；但是近卫军和莱伊图斯却企图谋害他。2. 最初他们挑选执政官法尔科（Falco）做元首，因为他的家族声望和财富都数一数二；他们计划趁佩提纳克斯在海岸线考察谷物收成时带法尔科去军营。3. 得知这一消息后，元首急忙返回罗马，来到元老院，说道："元老们，你们不该被蒙在鼓里，尽管我手头只有一百万塞斯退斯，但还是分给士兵们尽可能多的钱财，就像马库斯和路奇乌斯那样，而前任留给他们的却是二十七亿塞斯退斯。应该为资金短缺负主要责任的，是这些了不起的被释奴们。"4. 佩提纳克斯声称赠予士兵们的钱财和路奇乌斯和马库斯一样多，这一点他没有说出实情：那两人给了每名士兵两万塞斯退斯，而他只给了一万两千。在元老院中的大量士兵与被释奴十分愤怒，悄声嘀咕着不祥之词。5. 但当我们准备谴责法尔科并已经将他列为公敌时，佩提纳克斯站起身来，大声宣布："只要我还是元首，上天就禁止任何元老遭处决，即便他罪有应得。"就这样，法尔科活了下来，从此生活在乡村，一直保持着谨慎可敬的言行举止。

（9）但是莱伊图斯借法尔科一案为可乘之机，继续清除掉许多士兵，假装是奉元首之命。2. 其他士兵对此也有了警觉，担心自己也将难逃厄运，于是发动骚乱。士兵中有两百名最为胆大的拔出利剑，闯入御所。直到他们冲上山顶，佩提纳克斯才收到这些人接近的警告。是他的妻子冲进来告诉他发生的事。3. 获悉消息后，他的举动可以被称为高贵，或者没有意义，或者随便什么都行。因为，尽管他完全有可能杀死所有的来犯者——他手中有夜巡守卫和骑兵可以提供保护，而且当时宫中尚有其他许多人——4. 或者只要关上御所大门和其他进出的房门，他至少可以躲起来并逃至其他地方，可是他没有采取上述任何一种措施。相反，他期望着用亲自现身和一番说教来争取和赢得他们，于是出去面见已经身处宫中的暴徒——因为他们的士兵同伴们都没有设置障碍，那些侍从和被释奴也非但没有关紧任何一扇门，反而直接打开所有的通道。

（10）见到他时，士兵们起初羞愧难当，眼睛看着地面，纷纷将短剑收入剑鞘中，但却有一个人除外。此人上前几步，说道："士兵们送您这柄剑。"随即向他刺去，使其受伤。他的同伙们再也忍不住了，将他们的元首连同埃克莱克图斯（Eclectus）一起打倒在地。2. 只有后者一个人没有离弃元首，尽己所能护卫他，甚至击伤了几名攻击者。之前我就觉得他已经证明了自己的杰出，所以此时更对他由衷钦佩。士兵们砍下佩提纳克斯的首级，插在一柄长枪上，大肆宣扬暴行。3. 立刻着手恢复秩序的佩提纳克斯就这样惨遭不幸。尽管他实践经验丰富，却没能领悟到，立即改变任何事都是有风险的，特别是重建一个国家的秩序，更需要智慧与时间。还差四个月三天，他就有六十七岁了，共执政八十七天。

（11）当佩提纳克斯的厄运四处流传时，有人跑回自己家中，也有人跑去找士兵，都是为了自己的安全着想。但是苏尔庇奇亚努斯（Sulpicianus）之前奉佩提纳克斯的指示前去军营整顿秩序，此时还留在那里，计划自称元首。2. 与此同时，迪迪乌斯·朱里亚努斯（Didius Julianus）[①]在听到佩提纳克斯的死讯后立即动身赶往军营，站在营地门外，向士兵们出价购买统治罗马人的权力。此人是个贪婪的敛财者，也是挥金如土的浪荡子，总是唯恐天下不乱，曾经因此被康茂德逐回在梅地奥拉努姆（Mediolanum）的老家。随后开始了一场最令人不齿的交易，完全玷污了罗马城。3. 就仿佛在市场或拍卖室一样，整座城市连同它的帝国都被拍卖掉了。卖方是曾经弑杀自己元首的人，而竞拍者则是苏尔庇奇亚努斯和朱里亚努斯，他们争相出高价，一个在里，一个在外。4. 他们渐渐把价钱抬到每名士兵两万塞斯退斯。有些士兵会给朱里亚努斯带话："苏尔庇奇亚努斯出价这么多，你还能再加多少？"而后对前者说道："朱里亚努斯许诺给这么多，你还能往上加多少？"5. 苏尔庇奇亚努斯本可获胜，因为他在营中，也是罗马市政官，也是第一个出价到每人两万塞斯退斯的，不料朱里亚努斯不再一点点加价，而是一次性提高至每人五万塞斯退斯，他一边大声喊叫着，一边伸出指头表明出价。士兵们被这超乎想象的出价吸引了，同

[①] 对照 Exc. Val.："迪迪乌斯·朱里亚努斯位列元老等级，但是品行恶名昭彰；别的且不论，他贪求金钱永不满足，肆意挥霍奢侈无度，因此，毫无疑问他渴望来场革命，好天下大乱。"

时又担心苏尔庇奇亚努斯可能会为佩提纳克斯报仇（这是朱里亚努斯灌输给他们的想法），于是把朱里亚努斯迎进军营，宣布他为元首。

（12）于是在傍晚时分，新任统治者赶往广场和元老院大厅。有一大队手持军旗的近卫军护卫着他，仿佛准备行动一般；他的目标是在一开始给我们和民众一个下马威，从而确保我们效忠。士兵们则称他为"康茂德"，用各种方式吹捧他。2. 至于我们（元老），当每个人都得到了消息并确认情况属实后，都陷入对朱里亚努斯和士兵的恐惧之中，曾经帮助佩提纳克斯或惹恼朱里亚努斯的人尤为如此。我就是其中一员，因为我从佩提纳克斯那儿获得了诸多荣誉，包括法务官职权，而在为其他受审者做辩护人时，我经常证明朱里亚努斯犯有许多罪行。3. 然而我们还是出席了，部分是因为一直待在屋内并不能保证我们的安全，因为害怕朱里亚努斯本身就可能会引起怀疑。4. 于是在沐浴和用餐完毕后，我们费劲地穿过里三层外三层的士兵，走进元老院，听他发表一篇与其十分相称的演讲。他在演讲中说道："我发现诸位需要一位统治者，而我是最适合领导你们的那一位。我会提到我的各种优点，假如你们不了解我也不清楚我有什么优点的话。所以呢，我甚至没有要求士兵们陪我来，而是只身一人来此，以便你们能批准他们授予我的那份职务。" 5. 尽管他已经用重装士兵从外面包围了整个元老院，还带了许多士兵进入议事厅，嘴上却说"只身一人来此"。而且，鉴于我们对他的畏惧和憎恨，他还是让我们想起了朱里亚努斯究竟是怎样一个人。

（13）在通过元老院颁布的法令确保了自己的元首权力后，朱里亚努斯继续前往御所。他发现晚餐都是为佩提纳克斯准备的，便大大取笑了一番，然后派人前往宫中的各个角落，在大晚上搜寻任何还值钱的物件，然后开始大快朵颐，接着开始玩骰子，而他前任的尸体还留在宫中。他带着的随身侍从中还有那个哑剧演员皮拉德斯（Pylades）。2. 第二天，我们上山向他致敬，也就是装模作样走过场，借此隐藏自己的悲伤。不过民众们则公然面露愠怒，直言不讳，时刻准备着大干一场。3. 最后，他来到元老院，准备在入口前向雅努斯神献祭时，所有人都喊叫起来，仿佛事先排练商量好一样，称他为窃国贼和弑父者。然后他强忍怒火，答应会送钱过去，人们认为这暗示着自己可以被收买，因而愈加愤慨，一齐喊道："我们不想要！我们不会要！"4. 四周建筑物产生的回响让人心惊胆战。朱里亚努斯听到他们的回复后再也忍受不了了，下令处决站得最靠前的一些人。此举令民众的怒火更加猛烈，他们不断惋怀佩提纳克斯，辱骂朱里亚努斯，向诸神祈祷，诅咒近卫军。尽管在城中的其他地方出现了许多伤亡，他们依然坚持着。5. 最后他们抄起武器，结伴冲入大竞技场，在里面过了一夜。第二天面临缺水断粮，他们喊叫并呼唤帝国其余的士兵，特别是佩斯奇尼乌斯·尼格尔（Pescennius Niger）及其在叙利亚的追随者，前来援助自己。之后，人们因喊叫、挨饿和缺乏睡眠而开始散去，沉默不语，等待期望中来自海外的解放者。

5ª."我不会帮助民众，因为他们没有呼唤我。"①

（14）用这种方法攫取了权力之后，朱里亚努斯用卑躬屈膝的态度处理事务，向元老院和每一个有势力的人大献殷勤；他一会儿许诺，一会儿赠送礼物，和每个人一起打趣开玩笑。他一直在重修剧场，还经常招待我们赴宴；2. 总之，他用尽了一切方法来取悦我们。然而，他不仅表现得并不算好，而且因为过分谄媚而招致了怀疑。他的每个举动都不得体，即便是那些看似亲切有礼的，也会被人认为是权术诡计。

当元老院投票决定为他塑金像时，他婉言谢绝，说："给我塑尊青铜的，这样才能流传下去；因为我发现过去的元首的金像和银像都被毁了，而青铜的都保存了下来。"他错了，让统治者流芳百世的是美德。实际上，赠予他的青铜塑像在其倒台之后就毁了。

3. 这些就是发生在罗马城内的事件。现在我该说说城外的情况和各地的反抗了。当时有三个人，每人统帅三支罗马公民军团和许多外族的士兵，试图执掌大权——塞维鲁、尼格尔和阿尔庇努斯（Albinus）。阿尔庇努斯是不列颠总

---

① 不能确定这句话出自何处。冯·古特施密德（Von Gutschimd）认为这句话出自朱里亚努斯的一篇演说。语法学家摘引了 ch. 13.4 的一部分（出自 Book lxxiv），然后将其引用在稍微早一点的位置。

督，4. 塞维鲁是潘诺尼亚总督，尼格尔是叙利亚总督。当朱里亚努斯当着我们的面，在元老院入口前举行进入献祭时，太阳周围突然出现三颗星星，而它们预示的就是这三人。这些星星非常醒目，士兵们一直盯着看，将它们指给其他人，同时宣称元首将会遭受可怕的厄运。5. 至于我们，虽然十分希望并祈祷此事成真，然而当时的恐惧不允许我们一直盯着它们看，只能偷偷瞥一眼。此事就说这么多，这是我亲身经历的。（15）在我提及的三位领袖中，塞维鲁是最精明的；①他早就知道，在朱里亚努斯之后，三人必然会为了帝国大打出手，因此决定先拉拢离自己最近的对手。于是他派自己的一位亲信给阿尔庇努斯送去一封信，任命对方为恺撒；2. 至于尼格尔，由于他受到了民众的召唤，因而十分骄傲，所以塞维鲁并不指望他。于是，阿尔庇努斯相信塞维鲁将和自己分享权力，便留在辖区按兵不动。而塞维鲁在将除拜占庭之外的所有欧洲地区都争取过来后，便马不停蹄赶往罗马。3. 他没有冒险将军队留在城外，而是挑选了六十名最坚定勇敢的士兵，日夜在他们中间接受保护。这些人直到进入罗马城才脱下自己的胸甲。

4. 这个人②在出任阿非利加总督时，曾因腐败、贪婪和放纵而遭到佩提纳克斯的审判与责罚，而此时又被同一人率先任命为（执政官？），以此讨好塞维鲁。

（16）朱里亚努斯听闻消息后，命元老院宣布塞维鲁为公敌，同时准备迎战。他在郊区造了一座工事，开有几扇门，这样他就能在那里占据优势地位，并从这个基地出击。2. 这些天，罗马城几乎成了一座位于敌国领土的大兵营。由于各式军队——人、马和大象——都在城内驻扎和训练，同时因为军队厌恶民众，致使人群中弥散着不安的情绪，所以城中异常混乱。3. 不过，有时我们实在忍不住大笑，因为近卫军已经变得养尊处优，其表现根本配不上他们的名号和承诺。从米塞努姆（Misenum）驻地召集来的舰队水手们甚至不知道如何操练；大象不堪背上箭塔的重负，甚至不愿承载驾驭者，把他们甩下背脊。

---

① 对照 Exc. Val.：" 无论是准确地预判未来，还是成功把握当下的局势，塞维鲁都最为精明。他探查一切，仿佛其已然昭然若揭，解决每一个复杂问题，仿佛其皆属易事，完成最困难的工作，仿佛其全部轻而易举。"

② 此处指代不明。

4. 但最让我们感到可笑的是，朱里亚努斯用格栅门和厚重的门板来强化御所的防护。他似乎认为，如果将大门锁好，佩提纳克斯就不会轻易被士兵杀害，因此万一战败了自己还能躲在里面保命。

5. 于是他处死了莱伊图斯和马尔西娅，这样，所有参与谋害康茂德的人都死了；后来塞维鲁又将纳尔西苏斯喂了野兽，显然表明了就是他掐死了康茂德。朱里亚努斯还杀了许多男童，用于巫术仪式，认为如果能提前预知就可以避开某些未来的不幸。他还不断派人去谋害塞维鲁，企图煽动其手下造反，将其除掉。然而，塞维鲁很快抵达意大利，不费吹灰之力就占领了拉文纳。（17）不仅如此，朱里亚努斯不断派出人去，或是劝塞维鲁回去，或是阻止他前进，结果这些人最后都转投塞维鲁一边。2. 而被朱里亚努斯寄予很大希望的近卫军，则因为连续劳作而精疲力竭，同时因为得知塞维鲁步步紧逼而十分害怕。在这紧要关头，朱里亚努斯将我们召集起来，命令我们任命塞维鲁为共治者。3. 但是士兵们被塞维鲁的来信说服了，信中称只要他们交出杀害佩提纳克斯的凶手，同时放下武器，就不会受到伤害；于是他们逮捕了元凶，并通报给当时的执政官希里乌斯·梅萨拉（Silius Messalla），4. 后者在雅典奈乌姆[①]（Athenaeum，因在其中开展的教育活动而得名）召集我们，通告了士兵的行动。于是我们宣判朱里亚努斯死刑，任命塞维鲁为元首，并为佩提纳克斯追赠神圣的荣誉。5. 就这样，朱里亚努斯躺在御所中时被杀了。他只有如下遗言："但我做了什么恶事？我又杀了谁呢？"他活了六十岁四个月四天，其中统治了六十六天。

6. 迪奥，第74卷："明智之人既不会挑起战争，也不会在战争来临时畏缩，而是会原谅主动悔改的人，即便他之前犯下了错误……"[②]

* * * * *

维斯普洛尼乌斯·坎迪杜斯（Vespronius Candidus），位列第一等级，但以负气易怒和粗鲁闻名，差点被士兵杀死。

[①] 哈德良建立的学校，位于卡皮托利山附近，名字源自雅典，教授文法、演说等。——中译者注
[②] 引文的出处不明。

75卷梗概

第74卷

（1）（公元193年）塞维鲁以上述方式获得元首之位后，将近卫军中参与谋杀佩提纳克斯的士兵处以死刑。对于其余人，塞维鲁抵达罗马前召集他们，在一处开阔地将其包围，而这些人对即将降临的厄运一无所知。塞维鲁严厉谴责他们对待自己元首的不法行为，然后夺其武装和马匹，将他们逐出罗马。[①]2. 大部分近卫军士兵不情愿地丢下武器，放走马匹，身上只穿着不系腰带的短袍，陆续散去。有一匹马不愿离去，始终跟随着一名士兵嘶鸣；于是他杀了这匹马然后自尽。在目击者们看来，这匹马也是心甘情愿赴死。

3. 之后塞维鲁进入罗马城。他身着骑兵服饰，一路骑行到城门前，然后换上公民服饰步行前进。全体军队，包括步兵和骑兵，全副武装地伴其左右。4. 这真是我见过的最壮观的大场面；整座城市布满了花环、月桂环和五颜六色的装饰物，火炬和焚香照得城市分外耀眼。市民们身穿白色长袍，喜笑颜开，口中高喊吉祥的话语。士兵们也因为身上的盔甲而惹人注目，仿佛是参加节日庆典的游行队伍。最后，我们（元老）身着盛装走在四周。5. 人们急切想要一

[①] 对照《萨尔玛西亚那辑录》（Exc. Salm.）："塞维鲁写信至罗马，召集士兵出来见他。当他们集合后，塞维鲁痛斥他们，宣称即便有些人没有实际参与谋害元首佩提纳克斯，他们也本该杀掉那些谋害元首的人，但并未执行，因此他们也要为元首的死负责。'至于被任命为元首的护卫的人，'他说道，'你们没把剑绑在左边，而是绑在右边。'然后他收缴了他们的武器和战马，将其遣散。有名士兵的马不愿离开主人，一直跟着他并嘶鸣不已，那名士兵悲不自胜，将马杀死随即自尽而亡。"

睹他的面貌，听他说些什么，好像他因为好运而有所改变。还有人托举着其他人，这样后者就能从高处看见他了。

（2）以如上方式入城后，他向我们许下了一些华丽的诺言，就像旧时的贤明元首那样，主旨便是他不会处死任何一名元老；他为此立下了誓言，并下令颁布一道相关的法令予以保障，规定元首和任何协助他破坏誓言的人，连同他们的子孙都将被视为公敌。2. 然而，他本人却第一个违反了这一法令。他处死了多名元老；实际上，应他的要求制定这一法令的尤利乌斯·梭伦（Julius Solon）不久后就被杀害了。塞维鲁做了许多令我们不悦的事情。3. 此外，他因为让众多士兵进城、扰乱市内秩序，因为花钱大手大脚、让国家承受沉重负担，备受人们指责，最主要的一点是，他将安全的希望更多寄托于自己军队的强大，而非（政府中）同僚的善意。4. 而令一些人尤为不满的是，他废除了只从意大利、西班牙、马其顿和诺里库姆（Noricum）①挑选贴身护卫的常规做法（这个方案旨在挑选品貌端正且更为质朴的人），下令所有军团出身的人都应有资格填补空缺。5. 他这么做，目的是让更明白士兵职责的人成为侍卫，同时也为在战场上表现英勇的人提供一种奖赏。但实际上，他的做法显然在不经意间毁了意大利的年轻人：他们不再像以往那样于军中服役，转而沉迷于抢劫和角斗；6. 而城中也从此充斥着各色外表骇人、言谈恐怖、交流方式粗鄙的士兵。

（3）让他感到有望获得元首之位的预兆如下。当他获准进入元老院时，他梦见自己像罗慕卢斯那样被一只母狼哺乳。当他正准备迎娶尤利娅时，马库斯的妻子福斯提娜在宫殿旁的维纳斯神庙准备他们的婚房。2. 另有一次，在他熟睡时，他的手就像泉眼一样涌出水来。他在卢格敦努姆（Lugdunum）担任总督时，全体罗马臣属都来向他致敬——我指的是在梦中。还有一次，有人带他来到一处居高临下、视野开阔的地方，他一边俯视着所有的土地和海洋，一边将手指放在海陆之上，仿佛在弹奏一个能演奏所有曲调的乐器②，而它们全都随之奏起歌声。3. 还有一次，他梦到在罗马广场上，一匹马抛下了驮载的佩

---

① 意大利东北部的行省，位于多瑙河以南、潘诺尼亚以西、莱提亚以东，大致相当于现代的奥地利和斯洛文尼亚北部一带。——中译者注

② 对照柏拉图，《理想国》，399 C。

十二、迪奥·卡西乌斯的《罗马史》

提纳克斯,准备让他骑乘。这些都是他从梦中得知的。在他醒着时也有一个预兆——当他还是少年时,曾无意中坐到了元首的座位上。这些就是表明他将会获得最高权力的预兆。

(4)稳固权力后,他为佩提纳克斯设立了一座祭坛,下令在所有祈祷和宣誓中都要提及后者的名字。他还命令用大象拖曳车子,将一座佩提纳克斯的金像搬至大环形竞技场,另外再把其他三座镀金的王座放置到别的剧院中,以示纪念。2.尽管已经去世多时,但佩提纳克斯的葬礼还是按如下方式举行:在罗马广场上,以大理石讲坛为底座建起一座木制的高台,其上设置祭坛,四周没有围墙,代之以许多柱子,上有精美的象牙与黄金雕饰。3.祭坛里面安放着同样材质的停尸架,四周是各种水陆生物的头颅,饰有紫色和金色的床罩。架子上安放着佩提纳克斯的蜡像,穿着凯旋式的服装。一位秀美的青年手持孔雀羽毛驱赶着苍蝇,仿佛这真的是一个人在安睡一般。4.蜡像庄重地安置在祭坛上,塞维鲁、我们(元老)偕同妻子身着丧服走近蜡像。妇女们坐在柱廊中,我们男士则露天而立。之后走来的游行队伍,先是古时所有著名罗马人的肖像,5.其次走过的是男孩和男人组成的合唱队,为佩提纳克斯唱着挽歌;紧随其后的是用以代表所有臣服民族的青铜像,它们都穿着本族的服饰;然后是罗马城的各种公会——元首侍从官、抄写员、传令官——和所有其他团体的代表。6.再后面是其他因丰功伟绩、才能创意或生活方式而闻名的人的肖像。之后跟随的是全副武装的步骑兵、赛马,还有由元首、我们(元老)和自己的配偶、著名骑士、罗马城各个团体的代表所赠送的祭品。后面是通体镀金、饰有印度宝石的圣坛。(5)在这之后,塞维鲁登上讲坛,诵读了佩提纳克斯的悼词。在他演讲的过程中,我们多次呼喊表示赞同,一会儿赞颂一会儿哀恸,在他做总结时,我们的喊叫声是最响亮的。2.最后,当准备抬走停尸架时,我们齐声痛苦哀悼。高级祭司和行政官员们将架子抬下高台,其中不仅有现任官员,还有已经当选、次年上任的人;然后,他们将架子交给某些骑士。3.我们其余所有人走在棺椁前面,有人捶打胸脯,有人用竖笛吹奏挽歌,而元首走在最后;我们就以这样的队列来到了玛尔斯校场。那里摆好了塔状的火葬柴堆,共有三层,装饰有象牙、黄金和许多雕像,而在最顶端则放着一辆镀金的马车，那是佩提纳克斯过去常用的。4. 人们把祭品和尸体架放在了火葬柴堆内部，然后塞维鲁和佩提纳克斯的亲属们亲吻了蜡像。元首登上一座演讲台，而我们元老（除了行政官员外）站在木质看台上，以便安全且方便地观看仪式。5. 官员和骑士按照适合其身份的位置列队，步骑兵也是如此，他们围绕着柴堆进进出出，演练复杂的队列转换，包括和平时与战时的队形。最后，执政官们将火把放在柴堆上。一切都完成后，一只苍鹰从这里飞向高空。这样，佩提纳克斯就成神不朽了。

6. 尽管好战的性格通常会使人变得严酷，爱好和平往往会令人变得胆怯，然而佩提纳克斯在这两方面都表现出色，在战争中他令人敬畏，在和平时精明睿智。他对外族和叛贼表现得英勇无畏，这源自其勇敢；他对同胞与和平有序之事又表现得仁慈宽厚，这源自其公正。7. 当他有权执掌世界的命运时，虽然身份日益尊贵，但言行举止从未与之不相配。在任何事情上，他的恭顺和威严都恰到好处，绝无过分之态，既不奴颜婢膝，也不趾高气扬，而是从头到尾始终如一——庄重而不阴沉，温和而不卑躬，精明而不狡诈，公正而不严苛，节俭而不吝啬，高尚而不自矜。

（6）塞维鲁现在开始与尼格尔开战。后者是意大利人，位列骑士等级，最大的特点即是没有明显的优缺点，所以人们不会对他大褒大贬。康茂德曾将他派往叙利亚。2. 他有一位副将，名叫埃米利亚努斯（Aemilianus）。此人一直保持中立，静观其变以待相时而动；他在洞察力和处理事务的经验上似乎胜过当时所有的元老（他曾在多个行省历练过），而且还是阿尔庇努斯的亲戚，因此变得自负起来。

2ª. 尼格尔并不能在任何事情上都保持敏锐清醒，尽管实力强大却屡屡犯错。这次他比以往更为自负，因此当有人称他是亚历山大再世时，他十分开心。有人问：“谁同意你这么做了？”他指着自己的佩剑答道：“是它。”

3. 战争爆发时，尼格尔前往拜占庭，然后从那里进军佩林图斯（Perinthus）。但是不祥之兆的出现干扰了他的行动——一只老鹰栖息在一面军旗上直到被抓，毫无逃走的打算，蜜蜂们也在军旗四周特别是在他的肖像旁筑窝。因为这些原因，尼格尔退回到拜占庭。

4.（公元 194 年）埃米利亚努斯与塞维鲁手下的几名将军在西基库斯（Cyzicus）附近交战，战败被杀。之后两军在尼西亚（Nicaea）和齐乌斯（Cius）的狭窄通道中爆发了一场大战。战况激烈多变。5.有些人在平原上排成密集阵形交战，有些人占领各个山头，从高处向敌人投掷石块和标枪，还有人坐上船，从湖面上①向敌人放箭。一开始，坎迪杜斯（Candidus）指挥的塞维鲁军具有优势，因为他们身处高地，有地势之利；6.之后，尼格尔亲自出马，于是追击者成了被追击的对象，尼格尔一方后来居上。坎迪杜斯抓住军旗手，强迫他们回身面向敌军，同时责骂逃跑的士兵们。他的手下为此十分羞愧，于是反身作战，再次占据上风。实际上，如果不是附近就有城市，外加天色渐晚，他们本可以重创对手。

（7）此后双方在伊苏斯（Issus）展开大决战，就在所谓的"大门"附近。此次战斗中，瓦勒利亚努斯（Varelianus）和阿努利努斯（Anullinus）指挥塞维鲁的军队，而尼格尔则和自己的部队在一起，亲自排兵布阵。这条道路，即"西里西亚之门（Cilician Gates）"②，因狭窄而得名。它一边是高耸入云的险峻山峰，一边是滑向大海的陡峭悬崖。2.尼格尔在一座易守难攻的小山上安营。他在前锋线上布置了重装步兵，然后是标枪兵和投石兵，最后是弓箭手，这样，当前方部队以密集阵形作战、阻挡对手前进时，后方的部队就能越过前锋的头顶发挥战力。3.至于他的两翼，他分别以朝向大海的悬崖和难以逾越的森林为保护。这就是他的布阵。辎重粮草则放置在后卫，这样，即便有部队想逃跑也无路可退。4.见此情景，阿努利努斯将所有的重装步兵放在前面，将所有的轻装步兵列次其后，这样，后面的士兵能从远处投射武器，越过前锋线逼退敌人，前面的士兵则可在他们的掩护下安全爬坡。他将骑兵部队交给瓦勒利亚努斯，命令他们尽可能克服森林的障碍，从后方突袭尼格尔的大军。5.当双方接近之时，塞维鲁的士兵们将盾牌竖在面前或举过头顶，组成龟盾阵，以这种阵势逼近敌军。战斗长时间不分胜负，但最后尼格尔的部队凭借人数和地形之

---

① 阿斯卡尼亚（Ascania）。
② 对照色诺芬，《长征记》，i.4.4。

利，明显开始占据上风。6. 他们本可以获得完胜，可天上突然乌云密布，刮起一阵大风，随之而来的是惊天响雷和利剑般的闪电，然后是一场大暴雨倾盆而降。这没有影响到塞维鲁的部队，因为风雨在他们背后；而尼格尔的部队则方寸大乱，因为风雨是扑面而来的。7. 最重要的是，这场及时的暴雨激励了塞维鲁一方的勇气，他们认为这是上天的援助；另一方则大受打击，认为这是上天对己方的警告。如此，一方获得了超越自身真正实力的力量，另一方尽管力量占优却备受惊吓；8. 当尼格尔的部队正在溃败之际，瓦勒利亚努斯出现了。一见到他，逃兵们再次转身应敌；在被阿努利努斯打退后，他们又一次调转方向逃命。就这样，他们四散奔逃，不顾一切地突围，散落在当地游荡徘徊。

（8）此役是这场战争中最大的灾难，尼格尔一方有两万人阵亡。这显然就是那名祭司梦中的意思。2. 据说塞维鲁在潘诺尼亚时，一位朱庇特祭司在梦中看见一个黑人强行闯入元首大营并遭格毙。人们在释读尼格尔的名字①时才意识到，那个黑人指的就是他。3. 此后没过多久安条克就被攻占，尼格尔从安条克逃往幼发拉底河，打算前往蛮族人处避难，但还是被人追上并斩首。塞维鲁将他的头颅送至拜占庭城，插在长木杆上示众，打算诱使看到这一幕的拜占庭人投降。在这之后，他开始惩罚尼格尔阵营的人。

4. 至于各地的城市和普通公民，塞维鲁有赏有罚。他没有杀害任何一名罗马元老，但是剥夺了其中大部分人的财产，并将他们软禁在岛上。在筹集资金时，他毫无仁慈可言。例如，他下令，凡是曾送钱给尼格尔的任何个人或团体（不论是出于自愿还是被迫），均要向他缴纳同等数额的钱财，而这种强征他做了四次。5. 毫无疑问，他清楚自己会为此饱受诟病，不过，由于他需要数目巨大的资金，所以对人们的议论充耳不闻。

（9）元老卡西乌斯·克莱门斯（Cassius Clemens）在塞维鲁面前受审时没有隐藏真相，而是坦率直言，他的话大意如下："我既不认识你也不认识尼格尔，却发现自己身处他的阵营中间。我乃是受时局所迫，而目的不是为了反对你，而是为了推翻朱里亚努斯。2. 因此，从以下两方面讲，我都没有做错：其

---

① "尼格尔（Niger）"词义即为"黑色的"。——中译者注

一，起初我所为之奋斗的目标与你殊途同归；其二，我后来拒绝抛弃天意为我选定的主人而转投于你，因为，你肯定也不乐意看到此时坐在你身旁参与审讯的人中，有谁背叛你并转投他。3. 那么，不要调查我们的身份或姓名，而要调查事实本身。因为你即将宣判我们犯下的每一项罪行，对你和你的同伴也同样适用。虽然在各种诉讼和裁决中你可以确保自己不被定罪，然而想想你在人类之中的名声吧——这种回忆将一直流传——人们会认为你以同样适用于自己的罪名去指控别人。"4. 塞维鲁欣赏他的直率坦诚，允许他保留一半财产。

许多从未见过尼格尔也没有加入他阵营的人遭受严肃处理，只因他们赞同他的行动。

（10）尼格尔在世时及死后，拜占庭人都有过许多突出的事迹。他们的城市所处的地理位置极佳，既是两块大陆的连接处，也是大陆外两片海洋的交汇点，不仅拥有强大的陆地防线，又有博斯普鲁斯海峡作为天然屏障。2. 城市建在高地上，突出大陆伸入海面。海水仿佛山中激流一般从欧克西海（Euxine）①中奔流而下，直冲海岬，一部分转向右边，形成一座海湾和众多港湾，但大部分海水以极快的速度经过城市，流入普罗庞提斯海（Propontis）②。3. 不仅如此，他们的城墙十分坚固。上面的胸墙是由大量方形石块砌成，并且用青铜板甲固定，在内部还有土堆和其他建筑再次强化加固，这样，整体上就如同一整块厚实的城墙。城墙上方是带遮蔽掩护的连接通道。4. 城墙外面建有高大的塔楼，每一面都开有紧密排列的窗户，这样，任何进攻城墙的敌人都会暴露在箭塔之间，遭受阻击。每座塔楼相隔不远，而且排列方式并非直线，而是错落有致、近似弧形，从任何方向发起的攻击都将处在它们的攻击范围之内。5. 陆地部分的城墙建得很高，足以抵挡偶尔漏网的敌人；临海的城墙则要低一些，因为这里的城墙建在崖岩之上，博斯普鲁斯海峡又水势险恶，足以成为拜占庭人可靠的盟友。墙内的港湾不仅已用链条封锁，又有伸入海面很远、其上建有塔楼的防波堤，敌人根本无法接近。6. 一句话，博斯普鲁斯海峡就是该城居民最大的

---

① 黑海。——中译者注
② 马尔马拉海。——中译者注

优势,一旦有人进入它的激流之中,必然会被不由自主地抛到陆地上。这种状况对守方最为有利,对敌方而言却十分棘手。

(11)这就是拜占庭城的防御。此外,整条城墙上最大限度地布置了守城器械。例如,有些能向接近的敌人投掷滚木礌石,其他的能向远处的敌人发射石块、投矛和其他投射武器,因此,城防的火力将覆盖很大区域,但凡进入的敌军都将遭受攻击。2.还有些城墙备有铁钩,可以突然放下,掀翻穿过狭窄间隙地带的船只和攻城器械。普利斯库斯(Priscus)是我的一位同乡,设计了绝大多数器械,正因如此他才既被判处死刑又获得特赦。塞维鲁得知他的技艺后免他一死,之后在各种场合起用他,特别是在围困哈特拉城(Hatra)时他派上了大用场——唯有他制造的器械没有被蛮族烧毁。3.拜占庭人还准备了五百艘舰船,大部分是单层桨船,也有双层桨船,而且全都装备了撞角。有些在船首和船尾都设有船舵,所以配备了双倍的舵手和水手,这样他们在进攻和撤退时就无须调转方向,进退之时都能在机动性上胜过对手。

(12)拜占庭人此时已经有过许多英勇之举和战斗经验,因为在整整三年里,他们几乎被全世界的武器所围困。我将提及几件绝对精彩的战事。他们不仅经常通过偷袭俘获过往的船只,甚至还在敌人的泊船处俘虏过三层桨座战舰。2.他们派出潜水员割断水下的锚绳,在船侧钉上钉子,系上绳索连到己方岸上,然后将船拖走,这样看上去仿佛船只自己动了,不需要桨手和风力就能航行。3.还有商人故意被拜占庭人抓住,装作不情愿的样子,随即将商品高价卖出后从海路逃离。

拜占庭人的希望和好运都以城中的物资为基础,当所有的物资都消耗殆尽时,他们就都陷入了绝境。4.起初,即便面临重重困难,被切断了与外界的一切联系,他们也仍然坚持抵抗。他们拆房取木修补船只,用妇女的头发编成绳索;每当敌人频频进攻城墙,他们就用剧场的石块甚至整座青铜马和青铜人像砸向敌人。5.常规的食物都耗尽时,他们就吃泡软的兽皮;当这些也都吃净了,大部分民众在等到一场大风暴来临、海面波涛汹涌之时(这样就没有人能拦截),抱着要么得到补给、要么一死的决心出海了。他们突然袭击了附近的村落,将所有东西一抢而空。而留在城中的人做出了可怕的暴行:6.绝境中出现了人相食的惨剧。以上就是拜占庭人落入的境地。

（13）幸存者涌上船只，大大超过它们所能承载的限度；他们也等到一场暴风雨之后出海。不过他们这次没能借风浪成功逃脱。罗马人发现他们的船全都超重，船舷几乎已经接近海面，于是出海追击；2.他们攻打因风浪而散乱的船只，而那种局面绝称不上是一场海战。因为只有罗马人单方面肆意猛攻对方船只，他们或是用船篙猛插，或是用撞角撞破，甚至刚一交锋就将一些船掀翻了。3.船上的人尽管想挣扎抵抗，但却无能为力。当他们试图逃离时，船只或是因为张开全部风帆导致被风力所摧，或是被敌人追上并击沉。4.拜占庭城中的人们见此情景，一时间不断祈求神明相助，为目睹的每一幕放声呼喊，每个人都被眼前的景象和灾难深深触动。当他们看到朋友们已悉数死于非命，便共同唱起悲叹和哀悼的曲子，一直低吟到深夜。[①] 5.事实上，海上遇难的总人数如此之巨，甚至有一些死难者漂到了海岛和亚细亚海岸上。战败的消息已抢先一步由这些尸体传开。第二天，城内的人更加感到震惊悲痛。6.海浪退去时，拜占庭城附近的海面上漂满了尸体和血水，许多遗体被抛上海岸。其惨状甚至比真实的情况还要恐怖。

（14）于是拜占庭人不得不立即献城投降。罗马人处死了所有士兵和官员[饶恕了其他人]，除了一名拳击手。因为他对拜占庭人鼎力相助，伤害了很多罗马人。其实他在一开始就被杀了。为了激怒罗马士兵杀死自己，他突然用拳头揍了其中一个，又用脚后跟踢了另一个。2.对攻占拜占庭一事，塞维鲁十分开心，当时他正在美索不达米亚，对士兵们脱口说道："我们还打下了拜占庭。"3.他剥夺了拜占庭享有的独立国家地位（拜占庭人对此一直引以为傲），使之沦为罗马的附庸，还没收了公民们的财产。他将这座城市连同领地赐给了佩林图斯人（Perinthians），后者待之如乡村，对其百般羞辱。4.从某种程度上来说，他的做法似乎也合乎情理。不过，他拆毁城墙也无法再让当地居民悲上加悲了，因为失去了城墙带来的荣耀一事本身就已让拜占庭人悲痛至极。而他的确摧毁了一座强大的堡垒，那是罗马人用以对抗来自本都和亚细亚蛮族的作

[①] 对照修昔底德关于叙拉古大港海战的描述（vii. 71）。

战基地。5. 我亲眼见过倒塌后的城墙，看上去就像是被其他民族而非罗马人所做的。我也曾见过它们往日矗立时的样子，甚至听过它们"说话"。对此，我得解释一下。从色雷斯门到海边共有七座塔楼，如果有谁接近其中任何一座塔（除了第一座），都听不到声音；6. 可是如果冲它喊叫或投块石头，它不仅会有回声、"说话"，还会引起第二座塔发出同样的声响。第二座继续传递到下一座，直到传遍全部七座塔。它们不会互相干扰，而是都处在合适的次序上，每一座都依次从前一座获得声响，然后传出回声。

第75卷

（1）1.（公元195年）以上就是拜占庭城墙的情况。但是在围城期间，塞维鲁为了赢得战功，又与奥斯罗埃纳人（Osroeni）、阿迪阿贝纳人（Adiabeni）和阿拉比亚人（Arabians）等蛮族开战。

2. 奥斯罗埃纳人和阿迪阿贝纳人事前曾反叛并围困尼西比斯城（Nisibis），结果为塞维鲁所败。但如今在尼格尔死后，他们派来使者，其态度并非在犯错后请求原谅，反而要求互利互惠，号称之前的所作所为都是为了塞维鲁。3. 他们声称正是为了帮助塞维鲁，他们才消灭了支持尼格尔的部队。他们还送来了一些礼物，答应送回俘虏和尚存的战利品。然而，他们却不愿意退出占领的堡垒或是接纳驻军，甚至还要求将其余守军也从自己的领土上撤走。由此导致了这场战争的爆发。

（2）在跨过幼发拉底河进入敌人领土后，他差点损失了许多士兵。因为此地常年缺水，在当时的季节又因酷热而变得极度干旱。2. 他们已经因为长途行军和烈日炙烤而筋疲力尽，还遇到了令人苦不堪言的沙尘暴。他们再也走不动了，甚至话都说不出来，只是哀嚎着"水！水！"。后来他们终于找到了水，但这水却显得十分古怪，所以对他们来说和没找到一样。直到最后，塞维鲁要来个杯子，盛满了这种水，当着众人的面一饮而尽；3. 一些人也都像他那样喝了水，最后恢复了体力。之后，塞维鲁来到尼西比斯，自己暂留城中，派遣拉特拉努斯（Lateranus）、坎迪杜斯和莱伊图斯（Laetus）分头进入前述蛮族领地。当将军们抵达各自的目的地后便开始破坏蛮族的田地，占领其城镇。4.塞维鲁对这些成果颇为自得，仿佛他在智慧和勇气上冠绝全人类一般。而正在他自鸣得意时，发生了一件匪夷所思的事。一个名叫克劳狄乌斯（Claudius）的强盗，曾在犹太和叙利亚横行作恶，因此正被大力通缉。某一天，此人居然跟着一些貌似军事保民官的骑兵前来拜见塞维鲁，向其致敬并亲吻了他。当时竟没有人认出这个强盗，之后也未能将他捉拿归案。

1.由于周围部族都不愿意前来援助，阿拉比亚人再次向塞维鲁派出使者，提出了更合理的条件。然而，他们并未获得想要的，正如他们也没有给予更多。

（3）（公元196年）斯基泰人当时蠢蠢欲动。但在他们聚到一起商议起事时，天上突然电闪雷鸣，风雨大作，一道闪电降下劈死了他们的三位酋长。这阻止了他们的行动。

2.塞维鲁再次兵分三路，分别由莱伊图斯、阿努利努斯（Anullinus）和普罗布斯（Probus）统领，进军阿克（Arche）。① 他们兵分三路侵入这一地区，经过苦战后将其征服。塞维鲁赐予尼西比斯一些荣誉和地位，并将这座城市委托给一位骑士。他总是宣称自己给帝国开拓疆土，并使这块广大的新领土成为叙利亚的屏障。3.然而正相反，事实表明，此次征服是一连串战争的源头，对我们也是巨大的负担。因为它收益极少但付出极大。既然我们贴近了紧邻米底人、帕提亚人而不是罗马人的民族，那么人们就可以说，我们总是在和这些民族打仗。

---

① 文字已不可辨。Adiabene、Atrene和Arbelitis都有可能。

第76卷梗概

第75卷

（4）（公元196年）塞维鲁尚未从与蛮族的冲突中恢复，便已与自己的恺撒阿尔庇努斯展开了内战。因为他已经铲除了尼格尔，而且东方其他事务的处理也都令其满意，所以他甚至连恺撒的头衔都不愿再给予阿尔庇努斯了，而后者却还痴望成为崇高的元首。2. 当整个世界为此局面饱受困扰时，我们（元老）依然保持安静，至少我们中有许多人并未公开表示支持哪一边，和他们同甘苦共患难。但是民众们再也克制不住了，尽情释放哀悼情绪。那是农神节（Saturnalia）前的最后一次赛马会，无数的人群涌入赛场，将其堵得水泄不通。3. 我也亲临了这宏大的场面，因为执政官是我的好友，所以清楚地听到了现场所有人说的话，可以写一些相关内容。当时的情况是这样的。正如我所说，场内集结了数不清的人，正在观看赛车比赛，一次共有六辆车（在克利安德时期也是如此）。按惯例，观众不会对任何竞赛者报以掌声。4. 但当比赛结束，赛手们准备开始另一场活动时，人们先是互相嘱咐保持沉默，然后突然间，大家都在同一时刻拍起手掌，还加入了自己的喊声，为自己的国家祈福。5. 他们起先是这样喊的，然后又在罗马前面加上了"女王"和"永恒的"这样的词，喊道："我们还得忍受这样的痛苦多久啊！""我们还得再打多久的仗啊！"在说完其他类似的话后，他们最终叫道："我们受够了！"然后让注意力回到比赛上。6. 这一切一定是某种神圣的力量造成的，因为要让这么多人同时发出同样的呼喊，仿佛训练有素的合唱队一样，像是经过精心练习似的，没有一个字的口误，只有神圣的力量才能做到。这一示威行动令我们更为忧虑。还有一件事，北边的天空在夜晚突然燃起熊熊烈火，有人以为是整座城市都在燃烧，也有人认为是这片天空着火了。7. 但最令我惊叹不已的是这件事：一场小雨从晴朗的天空落在了奥古斯都广场上，雨水如同银丝一般。说实话，我没看见下雨，只是在它下完之后才注意到，这雨水将一些青铜币镀上了一层银子。这些物质在铜币上留了三天，但到第四天便全都消失不见了。

（5）努梅利阿努斯（Numerianus）是一位教师，负责教授孩子们写字母，因为一些事情从罗马启程前往高卢。他自称是塞维鲁派出招募士兵的罗马元老，一开始集合了一支小部队，并杀了阿尔庇努斯的几名骑兵，为了塞维鲁还发动了几次勇敢的远征。2. 塞维鲁听说之后，以为此人真的就是领此任务的元老，给他送去消息予以称赞，并命令他扩大队伍。此人奉命行事，在多处展现出过人的才能，此外还为塞维鲁送去七千万塞斯退斯。3. 塞维鲁获胜后，努梅利阿努斯去见他，不仅和盘托出自己的真实情况，也并未要求成为元老；相反，虽然他很可能会得到提拔，名利双收，却没有接受，而是选择在乡村度过余生，只接受元首给他日常所用的津贴。

（6）（公元197年）现在说说塞维鲁和阿尔庇努斯在卢格杜努姆附近展开的决战。双方各有十五万士兵，统帅也都亲临战场，因为这是一场你死我活的较量，而塞维鲁从未亲临过此前任何一场战斗。2. 阿尔庇努斯有优秀的家族和教育背景，但他的对手是战争能手和老练的指挥官。不过碰巧，阿尔庇努斯在上一场战斗中也战胜了塞维鲁的一位将军卢普斯（Lupus），而且杀死他许多士兵。这场战斗分成许多阶段且局势多变。3. 阿尔庇努斯的左翼部队战败，溃退至大营，而塞维鲁的部队一路追击，猛然出现并继续砍杀他们，摧毁营帐。与此同时，阿尔庇努斯的右翼部队将挖好的壕沟与陷坑隐藏起来，在表面盖上泥土，前进至离这些陷阱尽可能远的地方，从远处投掷标枪；然后，他们没有继续前进，仿佛害怕一般转过身，意图引诱他们的敌人前来追击。4. 塞维鲁的人果然中计，他们被对手短暂的冲锋惹怒了，鄙视他们只前进几步就逃跑，于是冲向他们，自信一定能通过这段距离。但是一到达壕沟中，他们便遭遇大难。5. 陷阱表面的泥土坍塌后，最前方的士兵们很快跌入坑中，而后面的士兵们又立即被前者绊倒，也摔了进去。剩下的人惊恐地回撤，可是因为太过突然，所以一个个跌跌撞撞,还扰乱了后卫线,把他们赶下了深谷。实际上,跌入陷阱的和滑下山谷的人不计其数,损失惨重,许多人马在慌乱中丧命。6. 在这片混乱当中,位于陷阱和山谷之间的士兵则被枪林箭雨消灭殆尽。见此情形,塞维鲁率近卫军增援,可他不仅没有达到目的,反而令近卫军几乎全灭,他自己也因为失去坐骑而危在旦夕。7. 看见自己的部队全都在逃跑,他撕碎自己的骑兵斗篷,拔出佩剑加入逃跑者当中,希望让逃兵们感到羞耻回身作战,不然就得和他们一起灭亡。一些人看见他这般模样,果然停下并转身。他们就这样与追上来的人迎面碰上,将其一律视为阿尔庇努斯的人大加砍杀,继而打败了所有的追兵。8. 在这紧要关头,莱伊图斯率领的骑兵从战场的一边赶来,完成了这场胜利。莱伊图斯似乎在战斗激烈的阶段只是袖手旁观,期望双方领袖都在战场上阵亡,这样剩下的双方士兵就会推举自己做元首;可是在看到塞维鲁占据上风后,他还是出手相助了。

(7) 于是,塞维鲁最终获胜。但罗马人的力量也遭受重大损失,双方都有无数的士兵倒下。甚至许多胜利者都为这灾难所震惊,因为整片平原布满了死去的士兵和马匹。2. 许多尸体因为多处负伤而残缺不堪,仿佛遭到碎尸万段,其他没有伤口的则堆积成山,武器散落一地,地面血流成溪,汇入各条河流中。3. 阿尔庇努斯躲入隆河(Rhone)附近的一座房舍中,但他看见四面都投降之后便自尽了。现在我所说的不是塞维鲁所写的,而是真实发生的事情。元首看着阿尔庇努斯的尸体,仔细端详了一番,对其肆意谐谑,随即下令丢掉尸体,只留下头颅,将之挂在木杆上送到罗马城示众。4. 这一举动清楚地表明,他毫无优秀统治者的品质,他本人比他发布的命令更让我们和民众感到惊恐。既然已经平息了所有具备武力的对手,他开始将自己一直以来积攒的愤怒发泄到手无寸铁之人身上。他不断自称是马库斯之子和康茂德之兄。不久前他还在辱骂后者,而今又为其添加神圣的荣誉,这令我们感到异常不安。(8) 他在元老院发表演讲,赞颂苏拉、马略和奥古斯都的严苛与残酷,称这是更为安全的举措,而对庞培和恺撒的温和仁慈嗤之以鼻,称这就是他们灭亡的原因。2. 他为康茂德大加辩护,抨击元老院不公地羞辱了这位元首,证据便是元老院大部分成员的生活都更不如前。他说:"如果他亲手猎杀野兽是可耻的行为,可是前些天在奥斯提亚（Ostia），你们中的一位成员，一位曾任执政官的老人，却当众调戏一个模仿豹子的妓女。3.不过你们会说康茂德真的就是装扮成角斗士在打斗。可你们不也像角斗士一样在争斗吗？如果不是，你们中的一些人为何且如何买下他的盾牌和那些金质头盔呢？"4.宣读完这份讲话后，他释放了三十五名被控支持阿尔庇努斯的罪犯，就像对没有遭受过任何指控的人一样（他们是最重要元老的一部分），但也处死了另外二十九人，其中自然有佩提纳克斯的岳父苏尔庇奇亚努斯。

5.所有人都装作是塞维鲁一边的人，可是经常被突然传来的消息所驳斥，无法隐藏深埋在心底的感觉。因为一旦放松警惕，他们就开始说起闲言碎语，事先没有人警告；就这样，加上他们的表情和行为，他们每个人的感觉都清楚地表现出来。一些人装得过了头，让人一眼就看出是早有准备的。

第74卷

（9）5.塞维鲁打算就那些被他惩罚的人……雇佣艾卢齐乌斯·克拉鲁斯（Erucius Clarus）① 为检举人来对付他们，一方面是与此人和解，另一方面是鉴于见证人的家族和名望，似乎可以更充分地证明给被告定罪是正当的。他答应保全克拉鲁斯的性命并给予宽恕。6.但是当克拉鲁斯宁肯去死也不愿揭露这样的内幕时，塞维鲁转向了朱里亚努斯（Julianus），说服他参与；为此，他获得宽恕，虽不至于被处死或是被剥夺元老权力，却遭受严刑拷打，吐出证据；塞维鲁以此证明自己所有陈述具有真实性，全然不顾朱里亚努斯之后获得的地位。②

---

① C. Julius Erucius Clarus Vibianus.
② 对照帕特利奇乌斯版本："塞维鲁打算给向阿尔庇努斯去信反对自己的人定罪，并想一箭双雕整垮维庇亚努斯（Vibianus），此人是前执政官，被视作阿尔庇努斯一边的人。塞维鲁希望借助他反对元老们的证词，可以使自己的指控更令人信服。然而，维庇亚努斯宁肯被杀也不愿做任何有悖于高尚品质的丑事。于是塞维鲁发现了朱里亚努斯，说服他来执行这一计划，并雇佣他做控告人。"

第 75 卷

（5）4. 由于卡莱东尼亚人（Caledonian）[1]未能遵从他们所立的誓言，准备援助麦阿塔人（Maeatae）；鉴于塞维鲁正全身心投入邻近地区的战斗[2]，所以卢普斯（Lupus）被迫花重金与麦阿塔人达成合约，他也抓了很少的俘虏。

（9）（公元198年）之后，塞维鲁与帕提亚人开战。当他陷于内战中时，后者借助自己未受影响的优势占据了美索不达米亚，用尽了全部力量来达此目的。他们差一点就占领尼西比斯城，多亏被围在城中的莱伊图斯相救。2. 因此，莱伊图斯获得了更伟大的声誉，尽管他此前已经表明，自己在公共和私人关系中、在战争与和平时期，都十分优秀过人。塞维鲁刚来到尼西比斯城就发现，这里有一头体形巨大的野猪，一头撞死了一名骑兵，因为后者自以为身强力壮，试图制服它；抓住它着实费了一番功夫，动用了一大队士兵（参与追捕的有30人）。之后，人们把它带到塞维鲁面前。3. 由于帕提亚人没有等他到来就撤回国内——他们的首领是沃洛盖苏斯（Vologaesus），他的兄弟陪伴在塞维鲁身边——于是他在幼发拉底河畔建造船只，决定让一部分人马走水路前进，另一部分沿着河岸前进。船只的建造速度奇快，质量也很好，因为幼发拉底河沿岸地区的森林为他提供了大量木材。4. 他很快就占领了被抛弃的塞琉西亚和巴比伦，而在夺取泰西丰后，他允许士兵们尽情劫掠整座城市，还杀了许多人，此外还有10万俘虏。但是他没有追击沃洛盖苏斯，甚至没有占据泰西丰城，好像整场战争的唯一目的就是劫掠此地。他再次离开，一方面是因为对这里还不太熟悉，一方面是因为物资供给的匮乏。6. 他回程时走了另一条路线，因为出兵时一路上的树林和粮秣已经消耗殆尽。一些士兵在回撤时取道底格里斯河上游，另一些则是坐船。

（10）（公元199年？）现在塞维鲁跨过幼发拉底河，意图获得不远处的哈特拉城，结果无功而返；他的攻城器械反倒被烧毁，许多士兵阵亡，无数人受

---

[1] 当时苏格兰地区的居民。

[2] 如果这段文本没错的话，指的很可能是在高卢与阿尔庇努斯残党的战斗。休伯纳（Huebner）倾向于将其读为"帕提亚战争"，如作此解，这段残篇的内容将更加难以确定。

伤。于是他后撤并转移大军的营地。2. 在这场战役中，他处死了两位声名显赫之人。一位是朱利乌斯·克里斯普斯（Julius Crispus），近卫军的军事保民官，原因是克里斯普斯因为战争带来的巨大破坏而忧虑哀伤，偶然引用了诗人马罗（Maro）①的几句诗，内容是图努斯（Turnus）手下的一位士兵和埃涅阿斯作战，哀叹自己的命运："为了让图努斯迎娶拉维尼娅（Lavinia），我们全都在同一时刻悄然灭亡。"于是塞维鲁让举报他的士兵瓦勒里乌斯（Varelius）接替他任保民官的职务。3. 另一个被处死的人是莱伊图斯，因为此人骄傲得意且深受士兵喜爱，他们常说只有在莱伊图斯的率领下自己才会上阵杀敌。由于他只是因为嫉妒而无明白的理由，所以他试图将谋杀的责任强加到士兵们身上，让事件看起来像是他们因为过于鲁莽而忤逆了他的命令。

（11）（公元200年？）他再一次亲自发动对哈特拉城的进攻，先准备了充足的粮草和大量的攻城器械。他觉得其他地区都已臣服，唯独让一座城市成为例外，任其继续抵抗，对他来说是一种耻辱。但是他还是耗费了无数的金钱，损失了所有的攻城器械——除了普利斯库斯建造的（我之前已经说过）②，还有大量士兵。2. 许多人是在为远征搜寻食物的时候丧生，因为蛮族骑兵（我指的是阿拉比亚人）一直在四处用迅猛的攻击袭扰他们。阿特莱尼（Atreni）弓箭手即便在很远的距离也能杀伤我军，因为他们用器械发射了一些标枪，许多人，就连塞维鲁的卫士也未能幸免。3. 他们一次射出两支标枪，有许多张弓和射手在同一时间发射。他们给接近城墙的士兵们造成了巨大的损伤，即便在部分城墙倒塌之后也有增无减；4. 他们向下投掷武器和含有沥青的石脑油（之前我已说过）③，使得沾染上的士兵和器械全都化为焦炭。（12）塞维鲁站在一座高台上目睹了这一切。当外城墙坍塌、形成缺口后，所有的士兵都拼命想挤进内城，塞维鲁下达了撤退的命令，战场的每一个角落都能听到这一信号，从而制止了士兵们的行动。2. 此地享有盛誉，因为它给太阳神奉献了无数的献祭和大量金钱；他料想阿拉比亚人会自愿达成和解，以免自己被武力降服成为奴隶。

---

① 维吉尔，《埃涅阿斯纪》，xi, 371—3。
② lxxiv (lxxv). 11.
③ xxxvi.1b.

557

3. 不管怎样，他等了一天；由于无人前来向自己提出和谈，他命令士兵们再次围攻城墙，而后者已经在夜晚修复了。但是欧洲来的士兵们十分愤怒，因为只有他们在战斗，所以再也不愿听命于他，而其他的叙利亚人则被迫顶替前者发动进攻，结果惨遭重创。4. 因此，上天拯救了这座城市，它先是让塞维鲁召回本可以突入城中的士兵，然后当他想要夺取城市时又让士兵们阻挠他的意愿。5. 实际上，这一形势令塞维鲁十分难堪，当一位同僚承诺只要提供550名欧洲士兵，自己就能摧毁这座城市，其他部队也不会有伤亡时，他当着所有人的面说道："我从哪儿找这么多的士兵？"——这就是他的部下抗命不遵的情况。

（13）（公元200年）在围困了20天后，他又来到巴勒斯坦，在那儿向庞培的灵魂献祭，然后乘船抵达上埃及，溯尼罗河而上，把整个埃及看了个遍，除了少数地区，例如他因为一场瘟疫而没有前往埃塞俄比亚。2. 他什么都要调查，包括隐藏得很好的一些东西，因为他是那种凡事都要问个清楚的人，不论是神事还是人事。于是，他把能找到的所有圣坛中记载神秘学问的书籍几乎搜罗一空，还把亚历山大的陵寝上锁，这样以后就不会有人看见亚历山大的遗体，或是从上述书中读到任何内容。塞维鲁的所作所为就到此为止。

3. 此时我不想概述有关埃及的事，但觉得有充分理由提一下尼罗河的情况，都是我在各地寻访调查得知的。它的源头很明显是在阿特拉斯峰（Mount Atlas），坐落在马克尼提斯（Macennitis），面朝西方，紧邻同名的海洋，比其他山脉都要高得多，因此诗人们都将它称为擎天巨柱，事实上，没有人攀上过或见过顶峰；所以它终年覆盖着积雪，在夏季就能提供大量的水源。4. 围绕着山脚的区域一年四季都是沼泽地，而在夏季，它的面积会更大，这样在收获的季节就能让尼罗河水量充沛。因为这是河流的源头，证据就是此地的鳄鱼与其他动物和尼罗河中的一样。5. 不必惊讶，我们现在的发现对古希腊人来说一无所知；由于马克尼提塔人（Macennitae）住在下毛里塔尼亚（Lower Mauretania）附近，所以有许多战士驻扎在远达阿塔拉斯山的地方。这就是事实的真相。

（14）普劳提阿努斯（Plautianus）不仅分享了塞维鲁的统治权，而且有近卫军长官的职权，对所有人都有最广泛和深远的影响，处死了许多和自己一样位高权重的著名人士……

2. 在杀了埃米利乌斯·萨图尔尼努斯（Aemilius Saturninus）①之后，普劳提阿努斯夺取了所有最重要的权力，它们本属于统帅近卫军的下级军官们②所有，以免某人获得超过所有人的权力，窥伺元首贴身侍卫总管之职，从而变得专横跋扈；而这已经成为他的野心，因为他不满足于近卫军长官之职，还想永远霸占。3. 他想要一切，向每个人索取，并攫取一切；他劫掠了每个行省和每座城市，从世界各地抢夺、聚敛所有财物。每个人献给他的都要远超献给塞维鲁的。最后，他派出百夫长们从红海③中的诸多岛屿上，偷取拥有老虎般纹理的马匹④奉献给太阳神。4. 我想这一句叙述已经足以说明他的滥权和贪婪，不过我还要再说另一件事。他在家阉割了100位出身贵族的罗马公民——直到他死后我们才得知这件事。从中任何人都能了解到他的无法无天和权势熏天到了怎样的地步。他不仅阉割孩童和青年，还有长大的成年人，有些人甚至已经有家室。5. 他的目的是让自己的女儿普劳提拉（Plautilla）——后来嫁给了安敦尼努斯（Antoninus）——身边全是阉人做侍从，特别是教授她音乐和其他艺术课的老师们。所以，我们看见同一个人既是宦官又是男人，既做了父亲又无法再生育，既是阉人又长着胡须。6. 见到这个，人们一定会承认普劳提阿努斯拥有超越所有人的权力，甚至可以和元首本人相媲美。7. 而且他的雕像和画像不仅数量众多，而且比元首们的还要大，不仅是在外面的各个城市，连罗马城中也是如此。不仅是个人或团体与城镇，就连元老院也为他立像。所有的士兵和元老向他的命运之神立誓，所有人都公开为他的健康安全祈祷。

（15）造成这一局面的一个主要原因是塞维鲁本人；他对普劳提阿努斯百般迁就，以至于让后者成为事实上的元首，自己沦为近卫军长官。简而言之，这个人绝对知道塞维鲁的一举一动，而自己的任何秘密则无人知晓。2. 元首为自己的儿子找了普劳提阿努斯的女儿，忽略了许多贵族家的少女，还任命普劳

---

① 他的军政官同僚。
② 军事保民官？
③ 波斯湾。
④ 可能是斑马。

提阿努斯为执政官,并且几乎是乞求他做元首继承人。实际上,在一封信中,元首写道:"我是如此热爱这个人,祈求他能活得比我更久。"

2[a].……这样……某些人真的就敢给他写信,就像是对第四任恺撒一样。

2[b].尽管元老院为他的荣誉通过了许多法令,他只接受了少数几个,并对元老们说:"用你们的真心,而不是法令来表达对我的好意。"

3.元首迁就他,眼睁睁看着他居住在更好的住所,享受更丰盛和优质的食物。有一次,在我的家乡尼西亚,当地的湖泊中发现了大量鲻鱼,塞维鲁想要一条鲻鱼,都只能派人找普劳提阿努斯去要。4.所以,尽管他也曾使些计策,有意削弱后者的权势,但在一些更重要也更明显的事情上,他的做法却完全背道而驰,令那些削权的努力变得徒劳无用。因此,一次塞维鲁前去拜访病倒在提亚纳的普劳提阿努斯时,后者身边的士兵不许元首的侍卫随同进入。5.还有,一位官员负责安排为塞维鲁陈述案情,元首命他等自己有空时再送来,他拒绝道:"除非是普劳提阿努斯下令,否则我不能这样做。"6.普劳提阿努斯的风头已经全面胜过了元首,甚至对尤利娅·奥古斯塔(Julia Augusta)也蛮横无理,对她厌恶至深,总是在塞维鲁面前对她恶语相向。7.他常常对她的行为发起调查,通过拷问贵族妇女搜集对她不利的证据。为此,她开始学习哲学,终日与诡辩家相伴。普劳提阿努斯则成为最放荡的人:他在宴会上狼吞虎咽,边吃边吐;他吞咽下大量的食物和美酒,根本没有能力消化;他用臭名昭著的方式对待少女和男孩,却不许自己的妻子见任何人或是被任何人看见,和任何人交谈,连塞维鲁和尤利娅也不行。

(16)在那些天,有一场体育竞技比赛,集结了无数被迫前来的运动员,就连我们都纳闷赛道上怎么才能容纳他们所有人。在这次比赛中,妇女们也参与其中,互相激烈地竞争,结果连其他著名的贵妇也成为笑柄。所以从此以后,妇女们不许参加一对一的竞赛,不论她们出身如何。

2.一次,塞维鲁看见人们正在大量制作普劳提阿努斯的雕像(这件小事很值得一说),十分不悦,就下令熔化了一部分,结果城内谣言四起,称那位近卫军长官已经被推翻灭口。有人撤掉了他的雕像,之后还为此受到惩罚。其中就有十分著名的撒丁尼亚总督拉齐乌斯·君士坦斯（Racius Constans）。①3. 而我要特别提及他的原因如下：指控君士坦斯的发言者还宣布说，普劳提阿努斯在受到塞维鲁的伤害之前，天空就会坍塌；一个人会因为更显著的原因而相信这一说法，而这一类的故事会传播开来。4. 虽然那个人做了声明，而且塞维鲁还亲自向我们（一直在协助他审理案子）肯定道："我不可能伤害普劳提阿努斯。"但是这个人最终还是没有活过今年，他的肖像也全都被销毁。5. 但在这件事之前，一头巨大的海怪来到以奥古斯都命名的港湾海岸上，被人捕获；海怪的模型被运进狩猎剧院，其内部能容纳五十头熊。而且，人们在好几天内能在罗马城看见一颗彗星，据说这是不祥之兆。

---

① 或者也许是莱奇库斯（Raecius）。

第 77 卷梗概

第 76 卷

（1）（公元 202 年）在自己当上元首的十周年纪念日，塞维鲁向全体民众发放粮食，同时赐给每个近卫军士兵等同于自己统治年数的金币。他对这笔丰厚的赠礼十分骄傲，之前从未有元首能一次性给民众送上如此巨额的赠礼，总共高达两亿塞斯退斯。2. 塞维鲁之子安敦尼努斯和普劳提阿努斯之女普劳提拉的婚礼也在这时举行。普劳提阿努斯给自己女儿的嫁妆足够五十位元首家族的妇女所用。我们亲眼见到搬运礼物的车队经过广场前往宫殿。大家在宴会上受到热情款待。菜肴品种既有皇室风格又有蛮族口味，不仅有所有传统的烹饪美食，还有未经烹调的新鲜肉类和各种活的动物。3. 同一时间还有许多庆祝塞维鲁的回归、出任元首后第一个十年纪念以及他取得的各种胜利的盛大活动。其中，普劳提阿努斯的六十头野猪听到命令后一起搏斗，同时还有许多其他野兽被杀，其中包括一头大象和一只科洛克塔（corocotta）。4. 就我所知道的情况，后者是一种来自印度的动物，这是第一次被带到罗马；它有着母狮和老虎混在一起的颜色，大致的样子就像是一只狗和狐狸的奇异组合。[①] 大竞技场内部布置了一座形似船只的设施，可以一次性容纳或放出四百头野兽。5. 当它突然倒下时，场内又冲进来熊、母狮、豹子、公狮子、鸵鸟、野驴和野牛（一种来自异域的牛，论品种和外观与常见的牛很不相同），一共有七百头驯养和野生的动物同时奔跑和被杀。为了和节日持续的日子（共有七天）保持一致，动物的

[①] 普林尼，《博物志》，viii.21，30。

总数也是一百的七倍。

（2）维苏威火山（Vesuvius）上冒起一团巨大的火球，其雷霆般的响声甚至传到了卡普亚。我在意大利就居住在那里。我选择卡普亚有很多原因，主要是因为它的宁静，这样一旦我从首都的公务中解脱出来，便能利用闲暇时间在那里创作这部史书。2.维苏威山上发生的状况似乎预示着罗马可能会发生变故。实际上，普劳提阿努斯的命运很快迎来了转折。此人确实已经变得权势日盛，就连民众们也在大圆形竞技场高喊："你为何颤抖？你为何脸色苍白？你所拥有的远超那三个人。"3.可以肯定，他们假装是在说别人，但那"三个人"指的正是塞维鲁和他的两个儿子，安敦尼努斯和盖塔（Geta）。普劳提阿努斯因为自己的生活方式、自己的野心和恐惧而面色苍白、不住颤抖。然而，在相当长一段时间内，塞维鲁本人并未察觉到普劳提阿努斯的这类行为，或者，即便他知道也不动声色。4.不过，他的兄弟盖塔在临死前揭露了有关普劳提阿努斯的所有真相。盖塔憎恨这个近卫军长官，而且此刻人之将死也不再怕他。此后，元首在罗马广场为自己的兄弟竖立了青铜像，不再让那位重臣享有同样的荣誉，而且剥夺了他绝大部分权力。5.普劳提阿努斯为此怒火中烧。在这之前他甚至已经开始恼恨安敦尼努斯，因为后者怠慢了自己的女儿。而这次因为遭到冷落，他恨意更盛，对安敦尼努斯的态度日趋恶劣。

（3）安敦尼努斯对普劳提阿努斯也是恨之入骨，不仅出于以上原因，还因为他嫌弃自己那无耻之尤的妻子，更因为自己的所有事务都一直在遭到普劳提阿努斯的横加干涉，无论做什么都饱受对方指责，所以他想方设法要除掉这个人。2.（公元205年）于是，他让自己的家庭教师欧奥杜斯（Euodus）说服了一位名叫萨图尔尼努斯（Saturninus）的百夫长，还有两名同级别的人，一起向塞维鲁报信，称普劳提阿努斯选出十名百夫长（包括他们三个在内），命其谋害塞维鲁和安敦尼努斯。3.他们还出示了一份手谕，假装是在这起阴谋中得到的命令。这一切发生在元首御所中，当时正处于纪念祖先的节日期间①，时间恰好在表演结束后、正准备上晚餐之际。这一事实本身就说明其中有诈。4.因

---

① 显然是"万灵节"（All Souls' Day），在这种情况下，去世的先祖（或"英雄"）很可能是神化的元首们。

为普劳提阿努斯从来不敢一次给十名百夫长下令，也不敢在罗马或御所中下令，也不敢在那一天那一刻下令，更不会用书面形式发布这样的命令。然而，塞维鲁却信以为真，因为他头天晚上梦到了阿尔庇努斯还活着，并派人来刺杀他。

（4）于是他紧急下令召集普劳提阿努斯，假装有要事相商。也许是普劳提阿努斯太过匆忙，或者是上天要暗示他即将大难临头，他骑的骡子在宫外的院子里摔倒了。2. 当他进宫后，格栅门旁的侍从只许他独自进入，不许任何人跟随，就像他当初在提亚纳对待塞维鲁那样。这令他心生疑虑，不由得警觉起来；但由于已经没有退路，他只好走了进去。3. 塞维鲁用非常柔和的语气问道："你为什么觉得可以这样做呢？为什么想要杀我们呢？"还给了他说话的机会，仿佛要听他辩解。但在普劳提阿努斯对这番话表示惊愕并极力否认之时，安敦尼努斯抢步上前，夺走了他的佩剑，挥拳将其击倒；4. 听到对方说"你已经阻止我杀人了"时，他本想亲手结果普劳提阿努斯，但被父亲制止，于是他命一名随从动手。有人拔了他一撮胡子，带给正在一起的尤利娅和普劳提拉，她俩还从未听说这件事。那人喊道："看看你们的普劳提阿努斯吧！"这个消息令一人哭泣、一人欢喜。5. 普劳提阿努斯是我那个时代权力最大的人，他曾心怀更大的野心，人们畏惧他更甚于元首，而他就这样被女婿杀死了，尸体也被抛到宫殿外的街道上。之后若不是有塞维鲁的命令，他甚至得不到安葬。

（5）之后，塞维鲁在元老院大厅召开大会，但对普劳提阿努斯没有半点怨言，只是哀叹人性的脆弱，因为它无法承担过度的荣誉，2. 并责怪自己太宠爱这个人了。然后他命令那些通报普劳提阿努斯的阴谋的人对我们坦白；不过一开始他把不必要的人都调离议事厅，通过拒绝泄露任何消息，以表明他对这些人完全不信任。3. 于是，许多人发现自己因为普劳提阿努斯而性命堪忧，实际上，一些人被处死了。至于科艾拉努斯（Coeranus），虽然他承认（毫无疑问只是借口，正如在涉及被命运垂青之人时，大多数人都会倾向于纵容一样）自己曾是普劳提阿努斯的至交，每当人们前往普劳提阿努斯家中向其致意时，其他受怀疑的元老们都会先受邀进屋，而他会一直陪伴他们候在大门最外面，但他否认曾参与普劳提阿努斯的秘密事务，4.坚称自己一直处在中间的位置，让普劳提阿努斯感到自己是外人，让外面的人觉得自己是内部人士。因此，他有重大嫌疑，更进一步的原因是，一次普劳提阿努斯梦到鱼儿跳出台伯河落在自己脚边，科艾拉努斯称这意味着他将同时统治陆地和海洋。5.此人被监禁在岛上7年后被召回，成为首个进入元老院的埃及人，然后像庞培那样，在先前没有担任过任何其他职务的情况下成为执政官。6.另一方面，凯奇利乌斯·阿格里可拉（Caecilius Agricola）作为普劳提阿努斯首屈一指的谄媚者和最无诚信、最放荡的人，被判处死刑。于是他回到家中，喝足冷藏的红酒，摔碎花20万塞斯退斯买的杯子，割断手腕，躺在碎片中死去。(6)至于萨图尔尼努斯和欧奥杜斯，他们一时获得荣誉，但之后就被安敦尼努斯杀害。当我们正在投票用各种言辞颂扬欧奥杜斯时，塞维鲁制止并说道："在诸位的法令中，有任何牵涉元首的被释奴的内容都是不光彩的。"2.而且他不止一次表达这样的态度。他还不许任何元首的被释奴举止粗鲁无礼，或是随意发表意见。对于这一点他值得一说。实际上，元老院曾经在盛赞他的时候喊出这样的话："自从您安稳统治以来，一切都很好！"3.普劳提阿努斯的孩子，普劳提拉和普劳提乌斯暂时保住性命，被流放至利帕拉岛（Lipara），但在安敦尼努斯统治期间被杀；即便在活着的时候，他们也过得胆战心惊，而且缺少生活必需品。

（7）塞维鲁的儿子，安敦尼努斯和盖塔，觉得自己已经摆脱了所谓的严师，即普劳提阿努斯，于是在行为上乖张不羁；他们虐待妇女和男童，盗用钱财，和角斗士、赛车手为伍，在类似的行为上互相比拼，结果在竞赛中争斗不休；2.如果其中一个与某个派别接近，另一个就去找对立的派别。最后他们带着各自的赛车队伍，在一些竞赛上互不相让。这种对立十分激烈，以至于安敦尼努斯跌落赛车，摔断了腿。3.在儿子因为意外事故受伤期间，塞维鲁对自己的责任也没有半点疏忽，而是在办公处开庭和处理事务。他为此受到赞誉，又因为杀死昆提卢斯·普劳提阿努斯（Quintillus Plautianus）①而遭受指责。他还处死了许多元老——其中一些当着他的面遭受正式的指控，在自我辩护之后被

---

① 希施菲尔德（Hirschfeld）推定此人是马库斯·普劳提乌斯·昆提卢斯（M. Plautius Quintillus）。

判刑。

4. 昆提卢斯出身于最高贵的家族,长期以来都是元老院的杰出代表,此时已渐入垂暮之年,一直住在乡村,不介入任何人的事务,没有任何不当举动,结果却成了告密者的牺牲品,丢了性命。临死,他要来自己很久以前就备下的裹尸布,在发觉布匹因为时间过久而裂成碎片后,他说:"这意味着什么?我们死得太迟了。" 5. 然后他在焚香时说道:"我要做的祈祷和塞尔维亚努斯为哈德良做的一样。"① 于是他在这个时代死去;此时举行了多场角斗比赛,除了许多新奇物种,还有 10 只老虎被一次性屠杀。

(8) 之后就迎来了阿普罗尼阿努斯 (Apronianus) 案的最后部分——听上去是难以置信的一件事,原因据说是他的护理员曾经梦见他会成为元首,而且据信他请魔法师达成这一结果;他因担任亚细亚总督而被缺席判刑。2. 当经过拷问获得的相关证据被宣读给我们听时,里面的陈述似乎是主持审查的其中一人询问讲述者和听闻者,然后接受审查的那人说道:"我看见一个秃头的元老在窥视。" 3. 听到这里,我们发现自己的处境很糟;虽然这个人没有明说,塞维鲁也没有写明是谁,但还是令很多连阿普罗尼阿努斯的家都没去过的人惊恐不已,不仅是秃头的元老,连只是前额有些秃的也都害怕起来。4. 虽然只有那些毛发异常浓密的人兴高采烈,我们还是环顾四周,看着那些不幸的人们,到处都是一阵咕哝:"是某某。""不,应该是某某。"我不会隐瞒当时发生在自己身上的事,简直是荒唐可笑。我当时已经乱了方寸,真的用手摸摸自己是不是长着头发。5. 好多人都这样做了。我们小心地盯着那些多少有些秃顶的元老,似乎可以借此将自己的危险转嫁到他们身上。直到后面的陈述说道,这位神秘的秃头元老身穿紫边托加时,我们才停下。6. 当这个细节出现后,我们将目光转向拜比乌斯·马塞利努斯 (Baebius Marcellinus):他当时任市政官,而且几乎是全秃。于是他起身走向前去,说道:"如果他看见是我,那一定能认出来。" 7. 当我们为此表示赞赏时,告密者被带入,马塞利努斯站在一旁;前者在很长时间里一直保持沉默,看着这个可以认出来的人,但最后在某人几乎难

---

① 对照 lxix. 17。

以察觉的点头示意下，他说马塞利努斯就是那个人。（9）于是马塞利努斯成了秃头窥视犯，被带离这个让他惨遭厄运的议事厅。当经过广场时，他不愿再前进半步，而是在这里与四个孩子道别，留下了感人至深的话语："只有一件事让我感到遗憾，孩子们，那就是在活着时抛下你们。" 2. 然后他当着塞维鲁的面被斩首，即便后者已经听到谴责声。不过正义的复仇降临在伯莱尼乌斯·塞贝努斯（Pollenius Sebennus）身上，正是他发起的指控害死了马塞利努斯；萨比努斯（Sabinus）将他交给了诺里库姆人（Norici），因为他在做他们的总督时毫无正派体面之举，现在不得不忍受最耻辱的一幕；3. 我们见到他躺在地上苦苦哀求，多亏他的叔叔奥斯派克斯（Auspex），他才能获得怜悯，不至于悲惨死去。这位奥斯派克斯在开玩笑和闲聊、蔑视所有人、满足朋友和报复敌人等方面聪明过人。4. 他对各种人物说的许多辛辣风趣的话广为流传，甚至包括对塞维鲁的。这里有一个例子。当元首成为马库斯家族的一员时，奥斯派克斯说道："恺撒，祝贺你找到了自己的父亲。"暗示在那之前元首因为身世寒微无名而一直被认为是没有父亲的。

（10）（公元206—207年？）在这一时期，一个意大利人布拉（Bulla）纠集了一支大约600人的匪帮，连续两年在元首和大量士兵的眼皮底下劫掠意大利。2. 尽管为此他被许多人追缉，尤其塞维鲁一直紧追不放，但此人始终来无影去无踪，从未真正被抓获，这得益于他的贿赂和聪明。他知道每一个从罗马出发的人，每一个在布隆狄西乌姆港登岸的人，知道他们是谁、有多少人、带了些什么以及有多少数量。3. 对于大多数人来说，他只是抢走所携带的一部分，然后马上放他们走，但会扣押艺术家一段时间，善加利用他们的技艺，然后赠予礼物送其离开。一次，他的两个手下被抓，就要被送入野兽口中，他就假扮成当地的①官员去见狱卒，要求提供长得怎样怎样的囚犯，用这一方法救出了他们。4. 他接近试图摧毁匪帮的一位百夫长，假扮成其他人告发自己，答应说如果百夫长能一起前去，就会把这个匪首交出来；他借口去找菲利克斯（Felix，这是他用的另一个名字），带百夫长进入一条长满灌木丛的山间狭道，

---

① 或者为"城市的"。

轻松将其拿下。5. 之后他穿上地方长官的衣服，登上演讲台，召集那位被剃了半边头发的百夫长说道："给你的主子们带个口信：'喂饱你们的奴隶，这样他们就不会成抢匪了。'"实际上，布拉身边拥有大批元首被释奴，一些是因为收入微薄，其他人则根本没有收入。6. 得知这些事后，塞维鲁十分不满，认为虽然自己通过其他人赢得了在不列颠的胜利，但本人却连一个意大利的土匪都不如。于是他从自己的卫队中选派一名军事保民官，带着许多骑兵出发，走之前威胁道，如果再不能活捉这名劫匪，就将他处以极刑。这位军官听说这个强盗与另一人的妻子关系密切，于是通过她的丈夫，许诺给予豁免权，说服她协助缉捕。7. 结果这位盗匪睡觉时在山洞被捕。近卫军长官帕皮尼安（Papinian）问他："你为什么要做劫匪？"他回答道："你为什么做近卫军长官？"之后经过适当的公告，他被投给野兽，他的匪帮也被粉碎——整个600人的队伍全都为他陪葬。

（11）（公元208年）塞维鲁见孩子们改变了生活方式，各军团因闲散懒惰而荒废，于是发动了不列颠战役，尽管他知道自己将有去无回。他主要是从自己出生时头顶的星辰得知的；他将星星画在宫中经常召开审判的各房间的天花板上，这样，所有人都能看见，除了他第一次看见亮光的那一部分天空，正如占星术士所谓的那个"观察到的时刻"①；他没有将这一部分天空绘画在房间中。他也从预言家口中得知自己的命运；2. 有一道闪电击中了他的一座雕像，位于他打算出征时走的城门附近，那里也能看到他前往目的地的大道；这道闪电抹去了他名字中的三个字母②。为此，预言家们明确表示，他不会活着回来，而是会在第三年死在那里。他带着一大笔巨款出发。

（12）不列颠人主要有两支，卡勒多尼亚人（Caledonians）和麦阿塔人（Maeatae），其他的则被他们吸收。麦阿塔人生活在把岛屿一分为二的罗马边墙附近，卡勒多尼亚人在更远的地方。他们全都居住在蛮荒缺水的山区和布满沼泽的荒原上，没有围墙、城市和耕地，靠着兽群、野味和一些浆果过活；

---

① 即占星术。
② 显然铭文是希腊文，而且名字是与格形式（ΣΕΒΗΡΩ），如果抹去前三个字母即变成 ΗΡΩ，与格的 ηρως，"英雄""半神"。

3. 他们从不碰在当地取之不尽的无数鱼类。他们住帐篷,赤裸身子,不穿鞋,妻子是共有的,就连所有的后代也是共有的。他们的统治形式大部分是民主的,而且很喜欢劫掠,所以他们选择最勇猛的人做领袖。3. 他们驾驶战车参战,也骑乘小巧快速的马匹;他们的步兵奔跑起来飞快,站立时坚定不移;他们的武器是一面盾牌和一柄短矛①,在矛柄末端连着一个青铜苹果,通过晃动碰撞发出声响震慑敌人;他们也有匕首。4. 他们能忍受饥寒和一切困苦,可以一头扎入沼泽中待上好几天,只露出自己的头;他们在森林中靠树皮和树根充饥,同时也会准备应急用的口粮,只要吃上豆子般大小的一块就不会感到饥渴。

5. 以上就是不列颠岛的大致特征,以及土著居民——至少是有敌意的那些人——的情况。这是个大岛,正如我说过的那样②,已经清楚地得到证实。它长九百五十一英里,最宽处三百零八英里,最窄处四十英里。③我们占据的领土差一点就达到一半的面积了。

(13) 于是塞维鲁妄想征服全岛,于是入侵了卡勒多尼亚。但是在穿过乡村的时候,他遇到了无数的险阻,包括砍倒森林、铲平高地、填满深沟、架桥过河等;2. 可是他一仗未打,甚至在战阵中也没有看到一个敌人。敌人故意把牛羊群放在罗马战士前面,让后者去追赶,直到他们越追越远,精力耗尽。实际上,沼泽水④给罗马人带来了很大的麻烦,当他们分散开时就会遭到攻击;由于无法行动,他们会被自己人杀掉,以免被俘,所以总共有五万人殒命。3. 而塞维鲁直到接近岛屿的尽头才停止行动;在这里,他极其精确地观察到了太阳运行的变化、一天长短的变化以及夜晚在夏冬两季的不同。4. 他几乎走遍了所有敌对部落地区(实际上,他大部分时间都是坐在一个有盖子的轿子里),在逼迫不列颠人签订条约后回到了安全地带(公元210年);条约规定后者应

---

① 对照马克斯·特鲁(Treu)的摘录:"只有一面盾牌,以代替头盔、胸甲和护胫。"

② 对照 xxxix. 50, 4, lxvi. 20。

③ 字面意思分别为七千一百三十二、二千三百一十和三百斯塔德。七点五斯塔德约合一英里。约达尼斯(Jordanes)(*Get.* 2, 11)使用的主要史料来自迪奥,他的前两个数字与迪奥相同,但省略了第三个。

④ 显然,他们被引入了沼泽,罗马人的身体无法忍受沼泽水,但不列颠人可以。对照赫洛迪安《罗马史》, iii. 14, 6。

该放弃一大部分领土。

（14）安敦尼努斯的放纵生活一直让塞维鲁感到警觉和忧心忡忡；前者显然想谋害自己的弟弟，只要时机成熟，最后甚至会谋害元首本人。一次他突然冲出大营，大声哭喊着说自己被卡斯托尔（Castor）冤枉了；2. 后者是陪伴塞维鲁出场的最优秀的被释奴，同时主管秘书[①]和内廷事务。于是一些事先做好准备的士兵们也集结起来加入哭喊当中，但是塞维鲁的现身让他们迅速停下，一些表现过火的人还遭到了惩罚。3. 还有一次，父子二人骑马前去会见卡勒多尼亚人，以获得他们的力量，讨论条约的具体细节，安敦尼努斯意图当场亲手害死父亲；他们正在前进的途中，塞维鲁也骑着马，不顾自己的一条腿因为有疾而紧绷着[②]，其他人紧随其后；敌人的战士同样也是目击者。4. 当大家都在默默列队前进时，安敦尼努斯勒住马缰，拔出佩剑，仿佛是要从背后袭击父亲。但是跟随着的其他骑士见此情形，大声喊叫着，惊恐的安敦尼努斯停止了谋杀。塞维鲁转向喊叫的人，看见了那柄剑，依然一言不发，而是登上演讲台，完成了自己该做的事，继而返回大本营。5. 接着他召集自己的儿子，还有帕皮尼安和卡斯托尔，命人把一柄剑放在触手可及的地方，责备那位年轻人胆敢做出如此举动，特别是差点就当着所有人（包括盟友和敌人）的面犯下如此凶残的罪行。6. 然后他说："如果你现在真的想杀我，就在这里把我了结了；你很强壮，我已经年老体衰；如果你不会为此退缩，只是不想脏了自己的手，旁边还站着近卫军长官帕皮尼安，你可以命令他动手；他一定会遵照你的命令做任何事，因为你几乎已经是元首。"7. 虽然他用这种方式批评，但却从未伤害安敦尼努斯，尽管事实上他经常责怪马库斯没有安静地解决康茂德，而且威胁儿子说自己会这么做。不过，这样的威胁总是在愤怒时说出口，而此时他对孩子们的爱甚至超过了对罗马的爱；尽管他这样做出卖了自己另一个儿子，而他也很清楚之后会发生什么。

（15）当岛上土著再次反叛时，他集结士兵，命令他们攻入反叛分子的领

[①] 这一官职即人们熟知的 *amemoria*。
[②] 文本此处不明。塞维鲁的旧疾是痛风，对照 ch. 16, 1 和埃利乌斯·斯巴提亚努斯（Spart）《塞维鲁传》, 16, 6（*affectus articulari morbo*）。

地，杀掉所有看见的人，他还引用了如下句子：

不要让一个人逃脱完全的毁灭，
不要让任何人逃过我们的双手，即便是尚未出生的婴孩，
如果是男的；无论如何都不能有人逃脱完全的毁灭。①

2. 在这之后，卡勒多尼亚人加入了麦阿塔人的叛乱，塞维鲁准备亲自领兵出征。（公元211年）刚出兵不久，他就在2月4日被病魔夺去了生命；他们说安敦尼努斯也帮了他一把。不管怎样，塞维鲁临死对他的儿子们说（我给出的是他说的原话，没有修饰之词）："要团结和睦，让士兵发财，不用管别人。" 3. 之后，人们将他穿着军装的遗体放在火葬柴堆上，他的士兵和孩子们绕着它奔跑以示敬意；至于士兵们的赠礼，手里握着东西的人像是送礼一般把东西抛向士兵，他的儿子们点燃柴堆。4. 之后，他的骨灰被放入一尊用紫色石头②做成的瓮中带回罗马城，放入诸位安敦尼努斯（Antonnines）的墓中。据说塞维鲁在死前不久派人取来骨灰瓮，在摸过之后说道："诸位将要抱住一个全世界都镇不住的人了。"

（16）塞维鲁身材矮小但充满力量，虽然他最终因为痛风而变得十分虚弱；他头脑敏锐，精力充沛。至于在教育方面，他渴求获得更多，为此他沉默寡言但想法很多。他不会忽视朋友，对敌人苛刻，对一切想要做成的事都很关注，但对别人如何议论自己漫不经心。所以他通过各种途径敛财，除了杀人抢钱的方法，而且在必要的支出上会慷慨解囊。3. 他重建或修复了一大批古代建筑，在上面刻上自己的名号，就像是他自己掏钱首先创造出来的一样。他在修复其他建筑和建造新建筑上也花了不少没有意义的钱，例如他为巴库斯和赫拉克勒斯建造了一座神庙。4. 而且，尽管他的开销巨大，可他还是在死后留下了不只一点而是成千上万的资金。此外，他谴责那些所谓的不忠贞之人，甚至制定了

---

① 荷马，《伊利亚特》，vi. 57—59，末尾稍有改动。
② 斑岩矿石（porphyry）？哈德良（iii.15, 7）说是雪花石膏。

一些针对通奸的法令；结果产生了许多这一类的诉讼指控（例如我在担任执政官期间就在备忘录上发现了三千份），可是鉴于很少有人会继续追究这些案子，他也不再为类似的案件劳神。5. 卡勒多尼亚人阿根托考克苏斯（Argentocoxus）的妻子，就此对尤利娅·奥古斯塔做过十分诙谐的评论。当条约签订后，元首夫人对她在不列颠和其他男子滥交打趣时，她回复说："我们满足自己生理需要的方法可比你们罗马妇女好多了；因为我们公开和最好的男人交往，而你们则在暗中被最无耻的男人勾引。"这就是那位不列颠女子的反驳。

（17）下面是塞维鲁在平时遵循的生活方式。他一定会在黎明前做些事，然后散散步，听取并讲述有关帝国利益的趣事。之后他主持庭审，除非遇到重大节日。不仅如此，他经常能做得很出色，因为他会给诉讼当事人大量时间[①]，也会给我们——即他的顾问团——充分表述的自由。他通常会听审案子到中午，2. 接着只要体力允许就会骑一会儿马，之后进行体育锻炼和洗澡。然后他会享用丰盛的午餐，或是一个人，或是和孩子们一起。接下来，他通常是小憩一会儿，起床后继续参加剩下的工作，后面在散步的时候用拉丁语和希腊语参加讨论。3. 临近傍晚时，他会再次沐浴，与同事们一起吃饭；因为他很少会邀请客人共进晚餐，只有在不可推卸的日子里才会安排奢华的宴会。4. 他活了六十五年九个月二十五天，因为他生于4月11日。在这段时期内，他统治了十七年八个月三天。总而言之，他总是表现得很勤勉，哪怕在即将断气时，还喘着气说："来啊，如果有什么事要做，就交给我。"

[①] 见 lxxi (lxxii). 6 注。

十三、普鲁丹提乌斯的《反叙马库斯》

奥勒利乌斯·普鲁丹提乌斯·克莱蒙斯（Aurelius Prudentius Clemens）是一位生活在罗马帝国晚期的帝国官员、基督教诗人，来自西班牙，出生于公元348年左右，逝世于公元413年左右，一生中创造了许多文学作品来捍卫基督教的地位。公元382年，罗马君主格拉提安努斯下令将胜利女神像搬离元老院，由此引发了以罗马市长叙马库斯为首的元老院诸多元老的强烈抗议。随后，分别以叙马库斯和米兰主教安布罗斯为中心，一场罗马传统多神教与基督教的冲突在公元4世纪末被掀起。普鲁丹提乌斯亦作为基督教的一方参与其中，针对叙马库斯要求将胜利女神像归还给元老院的言论，先后撰写了两篇文章来反对叙马库斯，批评罗马传统宗教和维护基督教。本中译文译自洛布古典丛书《普鲁丹提乌斯作品集》的拉英对照译本[1]。

---

[1] Prudentius, *Against Symmachus*, in two volumes, with an English translation by H.J.Thomson, Loeb Classical Library, London & Cambridge: William Heinemann, Harvard University Press, 1949—1953.

第一卷

　　上帝的使者保罗先是用他的圣笔征服了异教徒们未受教化的心灵，继而借助温和的教诲向行径凶猛的蛮族传播有关基督的知识，使得尚未开化的异教民族能够知晓上帝，摈弃原有的宗教仪式。这位使徒保罗曾意外遭遇一场暴风雨，经受着狂风巨浪的袭击。他所乘坐的船只亦遭损毁，无法继续航行。但当上帝之手令幽深、狂躁的大海归于平静后，这艘船只仍继续在海面上漂浮着，滑入一处避风港。被低温和暴雨折磨了许久的船员们纷纷下船，来到潮湿的岸上。他们上岸后仍不停地浑身打颤，随即便从岸边的灌木丛中拾得一些干燥的树枝，用以生起熊熊火焰。所有人都挤在火堆旁，渴求汲取篝火的温暖。保罗在一旁忙着收集细小的枝条，把它们扔进火堆中。这时，尚未留神的保罗把手伸入了树堆中。树堆里躺着一条毒蛇。它奄奄一息地盘绕在树枝上，原本已被冻得浑身僵硬。但当这条毒蛇从冒烟的火堆中汲取到温暖，原本僵硬的脖颈重新松动后，它再次变得凶猛，恢复了柔软灵活的躯体，昂起头部，用锋利的牙齿咬向保罗的手。当保罗颤抖着举起自己的手时，这条毒蛇正紧紧地缠住保罗的手指，在它造成的伤口处噬咬。其他人见状，纷纷大声尖叫，认为致命的毒液正在保罗体内扩散，并使得保罗的皮肤开始变色。但使徒保罗并不害怕。这般突如其来的极端危险没有惊吓到他。保罗举目仰望天空，在心中默默呼唤基督之名，再甩动手指，将毒蛇甩离身上。被保罗甩开的毒蛇在空中张开嘴巴，露出毒牙。这时，保罗手上的毒血和疼痛感立刻消失得无影无踪，仿佛他的手指从未被撕裂过。毒蛇留下的毒液亦开始变干，随即消失不见。那条毒蛇则被人大力扔入火堆中。燃烧着的毒蛇在大火中不断旋转。

　　因此，在我们眼下所处的时代，承载智慧的轻舟被狂怒的大海用风暴驱赶，因畏惧持偶像崇拜的统治者们而几乎无法扬帆前行。当她漂浮在汹涌的波涛之上时，船上的乘客们亦被卷入这个世界的风暴之中。她所代表的神圣律法亦因遭到噬咬而受到损害。这条毒蛇长久地潜伏在暗处，也不曾伸出它充满剧毒的头颅，而是甘愿隐藏在幽深的巢穴中，保持极度的沉默。"不义"的毒蛇本是僵硬麻木地躺在那里，尚未被察觉，却突然被激发出怨恨，愤怒地咬住"正义"的手。唉，基督徒的船只以保罗为诸民族创作的诸多神圣作品为桨，在海上日夜航行，最终却几乎徒劳无功！她在战胜了无数次狂风暴雨之后，还未完全驶入风平浪静的港湾安全地休憩，还未系紧停泊用的绳索，还未让船上的旅客们都踏上坚实的陆地，便突然陷入巨大的险境。当基督徒生起旺火驱赶疲惫与寒冷时，亦烧去了基督信仰的藤蔓上那些繁多却无用的嫩枝①，防止偶像崇拜再度滋长。然而，过度温暖的爱抚却使得灾祸重生。这条毒蛇开始缓慢爬行，再一次盘绕在树上，伸出能说会道的头颅。然而，一只坚不可摧的手盖住了这张能言善辩的嘴②，令它的呼吸变得徒劳。邪恶的才能从这张嘴里喷涌而出，却只能短暂地停留在基督徒的皮肤表面，无法对基督徒造成任何影响。

哦，罗慕卢斯后代的救世主，您将您的恩典赐予所有正在走向灭亡的人类，将每一个凡人都视作您的创造，悉心抚养他们。如果可以的话，我祈求您现在便怜悯这个已堕入深渊的人吧。此人茫然无知地呼吸着不敬的空气，愚昧且固执地犯着错。我恳求您不要将他迅速扔入火堆中遭大火燃烧。

我原本以为，曾因异教徒犯下的错误而备受折磨、异常痛苦的罗马在接受了掌有大权的君主的治疗后③，如今已令自己完全摆脱了旧患的威胁，也不曾留下任何后遗症。但眼见着灾难再次降临，并试图破坏罗慕卢斯的后代所拥有的福祉，我们必须请求我们的国父前来拯救。他不会令罗马重新沉沦于她那污秽的旧时代，也不会令罗马人的衣袍被硝烟和鲜血玷污。那么，当这位杰出的国父禁止人们同过去那般错误地信仰那些在污浊的空气中来回走动的神祇时，当这位世界的统治者将造物主的杰作奉为最高权威时，难道他真的一无所获吗？

---

① 此处应是指狄奥多西一世于381年在君士坦丁堡召开会议，定一些教派为异端。
② 普鲁丹提乌斯承认叙马库斯拥有高超的演说才能。
③ 指狄奥多西一世禁止罗马人信奉传统多神教。

实际上，狄奥多西大帝是唯一一位懂得如何正确守护国家的君主。这个国家的伤口从外表上来看，仅是皮肤上的一道已经愈合的疤痕。但由于外科医生的不诚实，表面上的看似痊愈会使得内里暗中滋生出一块位置极深、已完全腐烂的病疮。狄奥多西大帝费尽心力地寻求贵族们的支持，并知晓如何令罗马人在曾经致命的灾难中得以净化的灵魂免遭内在的再次毒害。在他之前的篡位者们在处理类似的情况时，均是思索有何种办法能尽快解决眼下的问题，而从不作长远考虑。唉，这些君主不曾认真治理过国家，只知一味讨好元老，令元老们同朱庇特以及他们的大群神灵径直跌入地狱。但狄奥多西大帝则通过竭力维系民众所拥有的福祉，使得自己统治期间的名望得以传播。一位博学的人曾这样确凿地说道："若国王充满智慧，或是由智者来出任国王，那么这个国家便会充满幸福。"[①] 我所言及的这位君主不正是少数几位全心全意聆听上帝所蕴含智慧的教诲的统治者之一吗？在他的统治之下，普通人和身着托加的元老们都拥有了一位明智的领袖。由于正义端坐在君主之位上，罗马这个国家眼下正在上帝的庇佑下茁壮成长。因此，你们必须听从君主的指示。狄奥多西大帝告诫称，罗马人须摒弃祖先那些有害的错误思想和盲目的迷信。我们应知晓世间只有上帝这独一的神。他至高无上，并创造了无限大的世界，除此之外别无他神。

难道萨图努斯（Saturn）就是用以下这些话语来塑造人类原始无知的思想和尚未开化的心灵，来更好地统治我们的拉丁祖先吗？——"我是神。我被驱逐至此地。请你们给我一个藏身之处，帮忙藏匿我这个年迈的神灵。我被我残暴的儿子夺走了权力，并被他赶下了宝座。我很高兴你们能允许我这个逃亡者和被流放者躲藏在此处。我将用'拉丁'一词来命名你们这个民族和你们的国家。若你们对修建葡萄藤一事感兴趣，我将为你们锻造一种弧形的铁制工具。我也将在河岸旁为你们建立一座名叫'萨图尼亚'（Saturnia）的城市。至于你们需要做的，便是敬献给我一片树林和一座祭坛（因为我是天之子），并在该处敬奉我。"于是，这些愚笨的子孙便将青铜像视作他们的诸神。我们在这群

[①] Plato, *Republic* Ⅴ, 473d.

十三、普鲁丹提乌斯的《反叙马库斯》

人的国家里亦能看见所谓众神的墓穴。萨图努斯这个对马匹有着特殊欲望[①]的无家可归的外来者便如此聚集了一批人,并将这群人带到了意大利。萨图努斯是第一个犯下通奸罪的人。当他在托斯卡纳的女仆们的身后发出马嘶声时,他还将自己伪装成了神灵。

接下来的朱庇特则比他的父亲更加可憎。朱庇特居住在树木茂盛的奥林匹斯山上。他极重色欲,曾玷污了拉哥尼亚的妇女们,亦曾为了掳走情人而将对方驮在牛背上,并因此犯下罪行;他也曾如天鹅歌唱甜蜜的丧曲一般,轻缓地吟唱柔和的求爱曲调来吸引女孩,令女孩自愿顺从于他带着双翼的爱情;或是当紧楔着的门闩将多道门牢牢锁住后,富有的爱人便会打碎瓦片,令黄金穿过屋顶在房中下起金雨,落在他情妇的大腿上;他还曾通过持盔者行邪恶的奸淫之事,将不幸的盖尼米德无耻地拥入怀中。朱庇特的姐姐因此变得更加愤怒,因为她的情敌里开始有了一个男孩。这些恶行的起因和源头在于,初始的愚昧无知使得年迈的外来者的统治时期被想象成为一个黄金时代。狡诈的朱庇特又利用他那些闻所未闻的聪明才智设计出许多灵巧的花招和诡计。因此,当朱庇特变换了自己的皮肤和面容后,人们便会认为他是一头公牛或是一只鹰,正在掳走猎物,或是一只坠入爱河的天鹅。而当他变成黄金时,他便能设法投入少女的怀抱。那群愚蠢、粗俗、未受过教化的人类对任何事都深信不疑。他们已习惯于一心一意地同牛群和野兽打交道。他们的思想里不曾有过任何神圣的理性。无论浪荡的朱庇特用狡猾的诡计令他们信仰何种事物,这个不幸的民族都会乖顺地听从。

紧跟在朱庇特的统治之后的是一个更加堕落的时代。它使得原本吃苦耐劳的公民沦为罪恶的奴隶。迈亚之子墨丘利教会了人们如何偷窃。他用熟练的技巧培养出了诸多盗贼。而这样的人如今竟被视作一位伟大的神灵!相传墨丘利还精于色萨利人的魔法。他用手中的魔杖令亡灵重见光明,使鬼魂挣脱科塞图斯河的死亡束缚,向上方飞去。同时,他杀死另外一些人,将这些人扔进幽深的阴间。可见墨丘利对这两种犯罪技能的掌握都十分熟练,并以它们为武器来

[①] 根据传说,萨图努斯曾将自己变成一匹马。据 Virgil, *Georgics* iii, 92—4。

保护自己。他罪恶地熟知如何用低声轻念的咒语唤醒飘荡着的灵魂、如何对坟墓里的骨灰熟练地施展魔法以及如何夺走他人的生命。头脑简单的古人们惊异于墨丘利的罪恶伎俩，认为他绝非凡人从而尊崇他，佯称墨丘利是用带翅的双脚乘着微风，穿过云层来到人间的。

往那边看。一座希腊人的青铜塑像正立于众神之间，在属于努马的巍峨的卡皮托利山上闪闪发光。此人拥有大片沃野良田，凭借庄园里的财富而享有名声。但同时，此人也是一个彻头彻尾的好色之徒。他不断纠缠可怜的乡村妇女，将无穷尽的欲望发泄在她们身上，淫秽地躺在柳树丛和茂盛的灌木丛中，内心冲撞着不受约束的、随时准备犯下罪恶的激情，体内流动着的淫秽血液亦不知停歇。此人以著名神祇的身份从家乡赫勒斯滂来到意大利的土地上，带来了传统的宗教仪式，"年复一年地收到牛奶和蛋糕作为奉献"，守护着萨宾人的乡间的葡萄园，将枝条牢牢地系在自己身上，形成了一幅可耻的景象。

赫拉克勒斯因爱上一名长相似少女的男孩而声名狼藉。当阿尔戈号在水面上颠簸时，他竟在船梁上释放自己的欲望。身披尼密阿巨狮狮皮的赫拉克勒斯无心掩盖自己的邪恶。当海拉斯（Hylas）失踪时，他如同是丢失了妻子，四处寻觅。而现在，阿文丁山的山坡上却矗立着此人的神庙。神庙里满是皮纳利安家族召来的祭司，在不断地跳舞、吟唱。

一个来自底比斯的年轻人[①]因征服了印度而成为神灵。他为庆祝自己的胜利而恣意狂欢，从被他征服的民族处带走大量黄金，并在战利品的环绕下任凭自己同那些阉人随从们一起沉溺于欲望中。嗜酒的他将自己浸泡在酒水中，并将从镶嵌着宝石的酒杯中溢出的费乐纳斯酒洒在负责牵引战车的野兽的背上。为纪念以上这些功绩，在每一座属于巴克斯的祭坛前，都会有一只山羊成为牺牲。而那些献祭的人为取悦布洛米乌斯，则会用嘴撕咬青蛇，一如当初喝醉了的半羊人们在他们的国王面前所做的那样。我敢说巴克斯的女祭司们在陷入极端的兴奋后亦是如此。酒水点燃了她们，使得她们犯下各式各样的罪恶。当众人围绕着巴克斯跳舞时，这个醉醺醺的通奸者发现有一个美丽的情妇被丢弃在

[①] 古罗马神灵巴克斯（可对应古希腊神系中的狄奥尼索斯，别称布洛米乌斯或利柏尔）。

一片偏僻的海岸的沙滩上。这个女人的不忠的年轻情人在厌倦了肮脏的激情之后便抛弃了她。于是,喝得酩酊大醉的巴克斯便牵起女人的手,将她带入自己那纵情声色、烂醉如泥的队伍中,并为她戴上一顶皇冠。由此,阿里亚德涅的圣火便也成了天上的一颗星星。利柏尔为表现自己的宠爱,令阿里亚德涅拥有了点亮天空的力量。

在那个时代,这群愚蠢、荒谬、无知的乌合之众就是用这些所谓的神力为所有国王授权。任何一个统治者都可以带着身上一切的污秽升入天上的永恒国度。当时的人们相信,这种高贵的力量无论有多渺小,都蕴含着至高无上的权力和对诸神的管理。而凡人的首领们则拥有为这些神灵点燃熏香、建起神殿的荣耀。随后,人们的恐惧、爱意或是希望被不断地寄托在这些所谓的神灵身上。可怜的罗马人将这些继承下来的传统习俗追溯到遥远的古早时期。虚假的虔敬表象被代代相传。一代又一代人无知的头脑始终被笼罩在错误的迷雾之中。当国王们在世时,人们对他们充满崇敬。当这些国王离开光明之地去往阴暗的坟墓以后,同样的敬奉之情依旧伴随在他们身边。被神化者的子孙们恣意放纵自己,从不知何为庄重节制。那时的法庭亦整日忙着处理王子们的不端行为。于是,随之而来的便是少女的不贞、关于爱情的誓言、婴儿的出生、少男间隐秘的激情以及通奸者对婚床的玷污。

那么现在,罗马,我将简单提及你那些来自天上的先祖们。因为他们的存在,人们称赞你拥有一半的神性。一个是格拉迪乌斯,他侵犯了一名女祭司①。另一个是塞西拉岛上的女神,她成了一个弗里吉亚人②的伴侣。但这两种行为对当事双方而言都是不平等的。一个女神不可能会与一个凡人结成世俗的婚姻。天上的情郎也不可能会来到人间凌辱一个女孩,或是与她隐秘地做爱。事实上,维纳斯只是一名有着贵族血统的妇女。她羞耻地违背禁忌,爱上了一个出身低下的普通男人。至于将瑞娅(Rhea)视作是浪荡的玛尔斯的玩物,称瑞娅在河岸旁的草丛中失去了神圣的贞洁,我想真相应当是某个出身高贵但品行

---

① 瑞娅·塞尔维娅,罗慕卢斯的母亲。
② 安基塞斯,埃涅阿斯的父亲。

低劣的男人强暴了一名处女。这个男人自称是一名神祇。这样便不会有人胆敢用神灵的淫荡行为来责备那位被玷污了的悲惨少女。这所谓的传说，或者称作是谬误，使得我们的意大利先祖们在罗马城的土地上不断地敬奉玛尔斯，在帕拉丁城内的卡皮托利山上刻下曾祖父朱庇特和希腊人帕拉斯的名字，并将玛尔斯的亲属——朱诺女神的神庙从阿非利加搬至罗马[①]；使得意大利人的首领们从厄伊克斯山上取来维纳斯的裸体塑像，从弗里吉亚的伊达山上请来众神之母，从青翠的纳克索斯岛上引入巴克斯的狂欢仪式。于是，所有诞生在人间的神灵都同住在一起。你可以数数看，罗马土地上的神庙数量同世界上所有英雄的坟墓一般多。我们这个民族始终尊敬和崇拜那些在生前便拥有传奇名声的死者。以上这些便是安库斯、努米托尔、努马和图路斯眼中的神灵，亦是所谓从特洛伊的大火中逃出来的众神。于是，我们有了维斯塔神庙，有了帕拉丁山，有了幻想出来的家族保护神。正是对于这些神灵的恐惧使得罗马在很久以前便成了安全的避难所。一旦这虚无的迷信侵袭了父辈们那异教的心灵，它便会在一代又一代子孙的头脑中肆意横行。年轻的后辈们在先祖规定崇拜的事物面前卑躬屈膝。襁褓中的婴儿错误地喝下了第一口奶水。当幼儿还只会哇哇大哭时，他们就已经尝过了祭祀用的食物。他们能看见的只有涂着蜡层的石头和房屋里肮脏不堪的、身上滴着油膏的众神。稚子发现家中竖立着一座戴有丰饶之角的命运女神像，而他的母亲则正在神像面前面色苍白地祈祷。随后，这个男孩亦坐在乳母的肩膀上，将自己的嘴唇贴在燧石上并亲吻它，诉说幼稚的心愿，向一块盲石索取财富，坚信所有人的愿望都必须在此处许下。他从未睁开过双眼、打开过心灵，去仰望智慧的宝座，而是带着他那被哄骗的信仰坚持着愚蠢的习俗，用羔羊的鲜血敬奉家族的保护神。当此人出国后，他会惊奇地观赏国家圣日里的公共庆典和各种游戏，会仰望高耸的卡皮托利山，会看到头戴桂冠的祭司们站在各自的神庙前，会听见罗马城神庙前的圣道上低声回响着牛哞声（"罗马"这一地名亦被视作是一位女神，同样接受鲜血的祭拜。罗马城神庙和维纳斯神庙并行而立。信徒们同时为两位女神焚香）。此人会认为由元老院认

---

① 分别指位于卡皮托利山上的朱庇特神庙、朱诺神庙和密涅瓦（帕拉斯）神庙。

| 十三、普鲁丹提乌斯的《反叙马库斯》

可的神灵必然是真实存在的，因此他信奉众神，相信他所敬畏的、成排矗立的神像必然是天上的主宰。僵直地立在那边的黄铜雕像是阿尔西德斯①（Alcides）。他在掠夺了卡迪斯之后成了阿卡迪亚的客人。这边的双生子则是勒达（Leda）的后代，是他们的母亲遭诱奸后产下的私生子。这两个夜行者是伟大的罗马的保护神。他们正站立在一片岬角上，向前弯下腰，为海上的船员指引方向，为罗马人带来作战大捷的消息。在他们的旁边，还有着几位昔日的罗马国王的塑像，包括特洛斯、伊塔卢斯、双面雅努斯、萨比努斯、老萨图恩和锈迹斑斑的皮库斯。据说皮库斯是因喝下情人给的药剂而全身长满斑点。每座神像的脚下都有一座属于自己的古老的小型祭坛。人们在每个月都会聚集在一起向雅努斯献祭，庆祝神圣的节日。唉，如今的罗马人也保留了这份久远的崇敬，至今仍在欢庆每月的第一天。所谓的传统习俗便是在很久之前的罪恶时代里如此形成的，并由我们的祖先传给他们的后辈，再如此代代相传，延续到很久以后。一代又一代罗马人的心灵被蒙蔽。愚蠢的仪式被一路传至堕落的时代。

遵循着这古老的习俗，后世的罗马人自然而然地便懂得了应崇敬奥古斯都。他们以奥古斯都之名来命名月份，令他拥有神庙、祭司和圣坛，用小牛和羊羔作为牺牲以平息他的怒火，跪拜在他的圣榻前请求神谕。众多铭文亦提及相关的内容。另外，元老院也曾颁布法令，要求仿照朱庇特神庙的样式建立恺撒神庙。由此也可知晓上述事件的存在。罗马人后来还增添了一场仪式，将李维娅神化成朱诺。事实上，李维娅在这场婚姻中得到的名声，不见得好于萨图恩的女儿爬上她兄弟的床榻一事。成婚时，李维娅的子宫里正孕育着一个还未出生的孩子，其生父是她的前任丈夫。当时的伴娘和婚床都是为已成为母亲的新娘专门准备的。当胎儿正在新娘的体内蹦跳时，新郎便告知朋友们，他已确信自己的未婚妻是可以生育的。由于这位继父已等不及他那还未出生的继子缓慢地来到世上，于是另一个男人的孩子便在一阵粗野的玩笑声中充当了新郎的继子。这便是所谓众神给出的神谕。阿波罗的洞穴给出了如下忠告：当新娘怀着孕与新郎结合时，这场婚姻会拥有最好的结果。哦，罗马，你就是把这种女

---

① 赫拉克勒斯。

人当作女神，用各种称号神化她，令她和你口中的芙洛拉、维纳斯一起接受持续的崇拜。但这倒也并不奇怪。毕竟，但凡有些理智的人都会知道，这些女性不过都是生活在人间的凡人，因充满魅力而闻名。她们的曼妙身材使得她们总是成为风流韵事的主人公，直至毁掉了她们原本的好名声。

那边还有着安东尼努斯的雕像。他亦生活在天上。安东尼努斯是一位元首的宠儿，现已被神化。他在元首的怀中摆脱了人性。这位哈德良神的盖尼米得没有在为众神持杯，而是同朱庇特一起斜倚在榻上，畅饮圣酒，和他的丈夫一起倾听神庙里众人的祈祷。

图拉真、涅尔瓦、塞维鲁、提图斯和勇猛的尼禄就是在这些所谓众神的支持下发动了各自的战争！在尘世间获得的荣耀令这些元首声誉卓著。他们作为英勇善战的凡人而享有赫赫盛名。可他们却屈从于这起源于凡间的迷信的力量之下。如这些元首这般的人竟被说服，相信自己和罗马的军队是依靠了玛尔斯的热情指引，这是多么地可耻啊。这个没有好结果的通奸者为讨得帕福斯女神的欢心，便鼓动埃涅阿斯的后代不断作战并赢取胜利。若这些元首能够知道他们获得的所有成功都是源于主基督的安排，那他们该会是多么幸福。上帝的旨意便是令各王国依照祂规定的轨迹前行，令罗马获得越来越多的胜利，而祂自己则会在时机成熟时降临人间。可事实上，这些元首却在朱庇特和奥古斯都的圣殿里，在两个朱诺的神庙里，在玛尔斯和维纳斯的圣坛前，将自己黑暗的、盲目的灵魂作为祭品，投入肮脏不堪的死亡深渊。他们认为这超凡的力量来自宇宙的深处，存在于世间的各个角落。

陆地上或是海洋里的每一种物质都成为一个神灵。我们的祖先将山丘、大海、河流、火焰以及所有元素都塑造成各式各样的人形，并在不会言语的雕像上刻下他们的人名，例如海神尼普顿、水神宁芙、森林女神德律阿德斯，荒野之处则被唤作纳帕亚斯。应我们的需要而被创造出来的火也拥有了神力。火神名叫伏尔甘，具有神灵的名字和外表，拥有自己的圣坛，据称管理着各式熔炉，统治着爱奥利亚或埃特纳地区。有人还从闪烁的星辰里找到神性，甚至敢于将太阳当作神灵。太阳必须在凡人的注视下保持不眠不休的工作，以圆球的形状通过固定的圆形轨道穿行宇宙。没有人会否认太阳的体积要小于宇宙和天

十三、普鲁丹提乌斯的《反叙马库斯》

空。跑道需大于赛跑者。赛马场需宽于马车。炽热的车轮在飞驰的车轴上转动时不停地发射光芒。尽管有人会认为地球的周长要短于那个高贵的圆圈,庞大的星火散布在一条宽于地球尺寸的圆环上,但如此一来,天空构成的圆圈也会变得更小、更狭窄。天空的表面似罗盘,从它中心的一点向外延伸,所有的边缘都必须被触及。祂才是真正的神灵。没有任何物质的体积能超越祂。祂是无边无界的。祂统治着万物,能够容纳所有事物。太阳则位于一个固定的区域内,被限制在固定的范围内,用运动的路径分隔出不同的时辰:它在早晨升起,在黄昏下落,在夜晚隐蔽地返程。太阳无法朝着北斗七星喷射火焰,也无法改变轨道靠近北风之门,更无法扭转身躯,在原本的路线上逆行。所以,从恒久的律法中接受指定任务的太阳难道会是一个神灵吗?甚至连凡人被授予的自由都要多于太阳拥有的自由。人类可以更改自己生活的状态和意愿,无论他是选择从右边的道路上升,还是从左边的道路下坠,是选择休息还是劳作,是选择服从上帝还是违背上帝。但太阳的创造者在向太阳交付每日工作时却没有将这种权力同时赋予它。太阳更像是一个仆人或是一个随从,没有选择的自由,只能唯命是从。这就是那些人想象中的星辰。太阳神驾驶着他的马车,带领着飞驰的队伍。他脑袋上方的光线、手中的鞭子、马匹的笼头、装饰物和上下起伏的胸膛都在镀金的青铜或大理石或黄铜塑像上闪闪发光。当太阳神身着象征国家的长袍,手擎象牙制成的鹰,坐入贵人椅后,一位留着胡须的老人将脸朝向地面,亲吻有着青铜蹄的马匹的四肢(这实在是不可思议!)。马车被玫瑰花环装饰着,或是被熏过香料,但车轮无法转动,缰绳也无法弯曲。

但其实对于将太阳视作神灵,我们勉强还是可以忍受的。但罗马,你竟将深渊中的荫翳视作三女神!复仇三女神的女主人、被掳走成为冥王的新娘的普洛塞尔皮娜,从冥河深处探出了头。有时她会纡尊降贵去视察她的罗马人。这时,她会通过割开一头无法生育的母牛的喉咙来取悦自己。人们认为普洛塞尔皮娜在天上和冥界都有着统治权。她现在正骑着一对公牛,手持着由蛇制成的鞭子,允许她残忍的姐妹们在人间恣意妄为。一会儿她又坐在野山羊的背上四处射箭,三次变换自己的形象,但事实上都是同一个她。当普洛塞尔皮娜是月亮女神时,她披着闪烁的斗篷散发出光亮。当她装备齐全准备射箭时,她是拉托那的尚未婚配的女儿。当她坐在自己的宝座上时，她是普鲁托的妻子，管理着复仇三女神，向墨纪拉发号施令。如果你想探求真相，那么事实便是一个来自地狱的魔鬼以特里维亚之名受到崇拜。这个魔鬼先将你带到天上，告诉你空中有一位神灵以星辰的模样接受崇拜；随后又迫使你在错综复杂的林间小道上四处奔跑，告诉你有一位林地女神会刺穿人们战栗的心灵，用致命的伤口杀死人们不虔诚的灵魂；最后将你的思想长埋地下，并利用恐惧压制住它，令你的思想向黑暗的精神作祈祷，主动顺从黑夜的力量。

看看这献给可怕的迪斯的沾满罪恶的祭品。这名角斗士倒在了充满厄运的竞技场上。他被当作牺牲献祭给冥界中的火焰之河（Phlegethon），错误地替罗马赎罪。这毫无意义的表演、罪恶技巧的展示、对年轻男孩的杀害、鲜血滋养出的愉悦、始终笼罩着观众的死亡的尘雾、露天剧院里的游行的狰狞景象，究竟都是为了什么呢？为何卡戎要通过谋杀这些可怜的人来获取他作为向导应得的祭品，要通过以宗教之名犯下罪恶来平息他的怒火？这便是死神朱庇特①的乐趣。这便是黑暗的阿佛纳斯（Avernus）的统治者寻求愉悦和满足感的方式。一个强大的帝国认为自己有必要为国家的福祉献上这般祭品，从地狱的墓穴中寻求宗教的帮助，这难道不可耻吗？唉，它用鲜血将死神的使者从阴暗的住所里召唤出来，献上盛大的死人祭。我们平常对泰瑞克祭仪②（the Tauric rites）的谴责是徒劳的：在拉丁神的节日里，凡人的鲜血亦在流淌。聚集在周围的旁观者在普鲁托的祭坛前献上残忍的祭品。有什么能比饮足了在祭祀用的武器之下喷溅出的鲜血的祭坛更加神圣？当你竭力寻找的神存在于无声的荫翳中，存在于地下的黑暗中，你是否动摇了你的信仰？看那里！你们为何要否认死者的灵魂是神圣的，明明你们的父辈已经在无数的纪念碑上证明了这一点？我看见无论是在拉丁的道路上还是在萨拉里安的道路上，那些守护着身后密密麻麻的坟墓里的古老骨灰的大理石墓碑上，均镌刻着"献给死者的神圣灵魂"。告诉我，你们崇敬着残忍的奥库斯的宝座，仿佛它代表着真正的权威，那你们又是为谁

---

① 指普鲁托（迪斯）。
② 希腊神话中的人祭。

十三、普鲁丹提乌斯的《反叙马库斯》

刻写这铭文?

这就是自我们的祖先早前传下来的宗教仪式。当有位君主接连两次取胜,杀死了两名篡位者①,并将胜利的目光投向罗马城高贵的城墙时,却发现这些仪式正在纠缠和玷污至高无上之权的所在之处。他看见置身于黑夜中的罗马城被乌云笼罩,看见阴霾遮蔽了七丘上方的明朗天空。于是,君主怀着悲伤与遗憾之情对罗马城说道:"虔诚的母亲,丢弃你这阴郁的传统吧。你因地大物博而闻名于世,怀揣着辉煌的战利品而仰起高昂的头颅,拥有着无数金银财富。可是现在,你壮丽的宝冠却被周围的水汽遮盖和玷污。阴郁的光线和浓厚的空气令你的无数珍宝黯淡无光。烟雾遮住你的面庞,令你额前的冠冕失去光泽。我看见肮脏的幽灵环绕在你四周,阴暗的灵魂和黑色的神像在你的身边飞舞。我劝你仰起脸庞,仰到高空之上,把一切的阴暗都踩在你的脚下。整个世界都臣服于你。这是来自上帝的训令。根据祂的旨意,你拥有至高无上的权力,负责统治全世界。世间的一切事物都应匍匐在你的脚下。你没有如同一位女王一般,站在高处,目光向下,注视着易消亡的大地,从天地间的低处寻觅威严。当我成为你的君主后,我便不会再令你坚持陈旧的无价值的观念,也不会再令你崇拜腐朽的畸形神灵。若这神像是石制的,那么它便会随着时间的流逝而风化,或是在轻轻一击之下便出现裂缝。若神像是被柔韧的金属片包裹住的石膏像,那么水泥很快就会显现出它的不可靠,神像的身上会逐渐出现一条条裂缝。若神像是用光滑的锉刀塑成的青铜像,那么要么是空心的躯体因不堪重负而倒向一侧,要么是斑斑锈迹侵蚀了塑像,令神像身上长满小洞。别让大地成为你的神,也别让天上的星辰、海洋或是地下的某种因其恶行而被判入地狱的黑暗之中的力量成为你的神灵;不要将人的品行或是那些以灵魂或精神为形的、四处飘荡的、非实体的虚幻之物视作神灵;不要将鬼魂当作你的神,也不要将某种特征、某个地点或是某个乘风而过的幽灵视作神。把这些异教的神祇留给那些外来的蛮族吧。对他们而言,一切由恐惧教会他们感到害怕的事物都是神圣的。征兆和奇迹迫使他们信仰可怖的众神。他们的习俗是在血腥的食物

---

① 狄奥多西大帝先击败了马克西姆斯,后击败了尤金尼乌斯以及后者的法兰克将领阿波加斯特。

中寻得满足感,因此他们在高大的树木下宰杀肥壮的牺牲,将肉浸泡在酒中。但对你而言,你曾为被你征服的众民族提供法律和法官,教导广袤大地上的蛮族如何作战与生活,成为文明之人。这样的你却坚守着和蛮族所持的思想相同的迷信,是多么令人感到遗憾又羞耻啊。他们可是在缺乏理性的无知中接受那些信仰的。女王,无论我们是不得不准备继续作战,还是可在和平与安宁中制定法律,或是在罗马城中将两名已被我们击败的篡位者的头颅踩在脚下,你都必须做好准备来迎接我的旗帜。旗帜上的十字架图案引领着军队向前进发。十字架的长轴或是闪烁着宝石的光芒,或是由纯金打造。当马克森提乌斯用他那暴虐的统治压迫你时,正是这面军旗令君士坦丁在以解放者的身份翻越阿尔卑斯山时,变得不可战胜,为你解除了残忍的束缚。如你自己所知,你曾为你的数百名被判处长期监禁的元老哀悼。若一个已经订婚的男人哀叹自己的未婚妻被某个可恶的奴才偷走,那么这个男人就会坠入黑暗,被套上残忍的枷锁来消除他的过错。或者说,若是一位新娘已经激起暴君淫乱的性欲,并被命令爬上君主的床榻,那么新娘的丈夫的愤恨就会以死亡作为代价。在这残暴的君主的监牢里,满是女孩们的父亲。如果有父亲在自己的女儿被带走时极其痛苦地抱怨或是悲鸣,那么这位父亲就会被严厉禁止显露他的愤怒,或是会因过于直白的叹息而受到惩罚。当踏上穆尔维安桥的篡位者被扔进台伯河时,这座桥见证了上帝的力量。它看见正朝罗马奔来的基督教将领手中获胜的武器,看见飘扬在军队的最前方的来自复仇之手的旗帜,看见标枪上闪耀着的徽记。紫色的拉伯兰旗上印刻着由宝石和黄金铸成的基督的标志。基督在盾牌上指明方向。顶端的十字架在发射光芒。高贵的元老们会永远记住这一刻。在那一天,他们发须蓬乱,手脚上绑着铁链或是戴着粗糙的镣铐。他们紧紧抓住胜利者的双脚,泪流满面地俯伏在伟大的旗帜前。那些元老们在那一天对这支复仇之军的称号充满崇敬,而这支军队中的兵器表面均闪耀着基督的尊贵之名。你作为高尚的世界之都,从此之后务必要当心,切勿再在无意义的崇拜中塑造那些虚幻的怪物和鬼魂,不可再轻视真上帝的力量。你现在已经见证了祂的力量。我希望你能够丢弃那些幼稚的节日和荒谬的仪式,以及那些与一个伟大的国度不相配的祭品。贵族们,去洗净那些沾满了腐臭的血液的大理石像,令这些由伟大的艺

十三、普鲁丹提乌斯的《反叙马库斯》

术家们创造出来的雕像恢复洁净，让它们成为我们国家最迷人的装饰品；不要再用低劣的用途玷污艺术的塑像，使之变成罪恶。

在这般景象面前，罗马纠正了她长期以来犯下的错误，将乌云从她苍老的面庞上抖落。罗马的贵族们现在正准备在勇敢无畏的君主的号召下，跟随基督探索永恒的道路，寻找无穷的希望。罗马在她的晚年第一次变得谦逊，并为自己过去的漫长历史感到羞愧，厌恶自己曾经的可耻的迷信。当她回忆起城墙下的河流边上的土地是如何被正义之士们无辜的鲜血浸染，看到四周成千上万座被控告者的坟墓时，她更加后悔自己曾经的严厉审判和权力的滥用，并狂怒于自己曾创造了一个卑劣的宗教。罗马试图通过迟来的顺从和请求宽恕来弥补正义曾遭受的巨大创伤。她担心自己的强大力量会因她曾拒绝仁善而受到严厉的惩罚，于是她便寻求应受的赎罪，全身心地信仰基督。罗马，当获胜的马略带着沦为俘虏的努米底亚人朱古达，在民众的欢呼声中凯旋时，他头上戴着的桂冠对你来说并没有那么大的用处。当你来自阿尔皮努姆的执政官①正确地处死西第古斯时，这位执政官对你的拯救，也远不如在我们的时代里，一位伟大的君主计划和准备赐予你的福祉。我们的君主为你驱逐了很多喀提林。这些人并非密谋烧毁你的建筑物，或是暗中刺杀你的元老们，而是在谋划令罗马人的灵魂坠入黑色的地狱，遭受百般折磨。这些敌人出没于神庙里和法庭上，占领了罗马广场和高耸的卡皮托利山。他们企图在暗中对罗马人的要害部位进行狡诈的攻击。他们习惯于令毒药无声无息地渗透进罗马人的骨髓，再在罗马人的体内悄悄扩散。于是，我们的君主通过和平的方式击败了潜伏着的敌人，赢得了声名远扬的、不曾流血的胜利，并教导奎里努斯的国度如何永久地拥有来自天堂的至高无上的权力。他没有为这权力设下边界，也不曾在时间上设限。他带来的永恒统治令罗马的勇气永不衰退，令罗马曾经赢得的荣耀永不消失。

人们看见世界上最高贵的群体——罗马元老们正在欢呼雀跃。这些老迦图们急于脱下原先的祭服，穿上更加纯白的托加，即象征着神圣的雪白长袍。伊万德的元老院中的安尼乌斯家族的后代和普罗比乌斯家族中出色的子嗣们亦匆

---

① 西塞罗。

忙前往拿撒勒人的纯净圣地，奔向使徒们受洗的河流。只有少数几人留在了塔尔皮娅岩石（the Tarpeian rock）上。据称是高贵的安尼奇乌斯家族的后代率先令元老院散发光辉（罗马城引以为傲的事物），而不再是鲜血与奥利布里乌斯之名的延续者。尽管他已被列入执政官的名单，拥有穿着刺绣托加的荣耀，但他仍急于在殉道者的门前放下布鲁图斯的束棒，将奥索尼亚式的刀斧谦卑地交给基督。保利努斯家族和巴苏斯家族亦毫不犹豫地转而信仰基督，携贵族家族的荣光迎接即将到来的时代。我不必再在诗句中述说格拉古家族作为平民的好友，同时受到当权者的青睐，并在元老院里占据高位，又是如何指挥众人拆除神像，与扈从一起谦卑地献身于全能的基督，从此接受祂的统治。我们可以列举出成百上千个拥有古老的贵族血统的家族。他们均离开了卑贱的偶像崇拜的深渊，得到基督的印记。若是称这座城市以及它的存在有任何具象化的表现，那便是反映在这些家族之中。若是称国家的特征由上层公民赋予，那么当普通公民的意志和上层公民的意志相结合时，当绝大部分公民与良好的公民同心协力时，贵族们自然就会做出这般选择。看看这个坐满了国家里的显赫人物的辉煌殿堂：你很难从中找到几个人仍被异教的自大困扰着心灵，无力地坚持着他们被压制的崇拜，坚守着已被驱离的黑暗，拒绝欣赏正午的阳光。

现在将你的目光转向普通的罗马人。到如今还能不憎恶朱庇特血迹斑斑的祭坛的罗马人是多么罕见啊！他们曾经在阁楼里不停地走来走去，直至将地面磨得一片漆黑，曾去高高的台阶下等着分发面包作为食物。这些人中的绝大部分现在要么涌到梵蒂冈山脚下的坟墓处，在那里对着受人敬爱的他们的父亲①的骨灰起誓，要么成群结队地赶往拉特兰努斯的教堂，获得君主施涂油礼的神圣印记。基督，我们是否还需要犹豫去相信这一点：罗马已经将自己献给你，把自己置于你的管理之下，她和她的全体罗马人民以及那些最杰出的公民们都正急于把她在大地上的国度扩展到浩瀚苍穹中的闪耀星辰之上？我并不会因此感到困扰。逗留在四处的那些人只是因一直紧闭着他们的双眼，不愿在阳光下睁开眼睛，所以只能徘徊不前。尽管这些人以担任的公职而闻名，拥有高贵的

---

① 圣彼得。

十三、普鲁丹提乌斯的《反叙马库斯》

血统；尽管他们在晋升高官要职的过程中为自己的功绩获得了高额的回报；尽管他们的名字已被列在了执政官名单里的最上方，并被用以记录年份[1]；尽管他们和其他年迈的领袖一起被雕刻成了蜡像或是青铜像，但这些人已经失去了原本的追随者。追随者的人数并不少，而且正是这些追随者代表着国家并组成了元老院。那些人所珍视的事物仅能依靠个人的意愿来维持，但这种意愿到如今已是少之又少。国家主动压制着这些人，并通过大量的反对之声来责备这些人不安的低声抱怨。既然在旧时，由元老提出的法令只有在三百名元老都投票同意的情况下才能生效，那么现在就让我们来遵守父辈的法律：让少数人微弱的声音为我们让路。他们应在他们的小团体里保持沉默。

看看这房间里的元老们如何决定必须把朱庇特那臭名昭著的座席和一切的偶像崇拜都从我们纯净的罗马城中驱逐出去！在我们伟大的君主的提议下，大部分人都自动自发地站在了他这边。没有人带着不满的情绪，也没有人被粗暴的命令胁迫着。显然，这就是他们内心的意愿。所有人都只是被理性说服，遵从了自己的判断而非他人的命令。我们的好君主为世俗的职位提供同等的酬劳，令崇拜偶像者亦能拥有最高贵的身份，允许他们为自己的家族赢取名望，不阻止那些仍被异教缠身的人晋升至他们应得的世俗官职中的最高阶层。天上的事物从不会阻止地上的人沿着他们惯常的道路前进。是我们的君主授予你[2]执政官之职和审判权，使你穿上由黄金制成的托加，但你却不支持他的宗教。你是陈旧的神灵的维护者，只有你在为恢复它们而求情，其中包括：伏尔甘、玛尔斯和维纳斯的诡计，老萨图恩的石头，福玻斯的荒谬预言，伊利阿之母的梅格拉西娅节，尼萨山神的巴库斯祭仪，伊西斯为哀悼她失去的奥西里斯而举办的、就连她自己光秃秃的脑袋看了都会发笑的滑稽葬礼，以及卡皮托利山上所有依习俗而存在的鬼怪们。

从这条舌头上流淌出的言辞是多么绝妙，彰显着罗马人善雄辩的荣光，甚至超越了图利乌斯本人！那些词句都是从这灵活的舌头里倾泻出的珍宝。若

---

[1] 指执政官纪年。
[2] 指叙马库斯。

这双唇愿赞美上帝，那么它们便会沐浴在永不褪色的金色光辉中。然而相比上帝，这双唇却更喜欢不洁的庞大怪物，用罪恶污染了嘹亮的声音，就像是一个人用象牙制成的钉耙耕耘泥泞的土地，令昂贵的锋利工具被肮脏的土地玷污。

我不害怕有人会指责我过于自信，认为我进入了一场才智的比拼。我没有忘记我是谁，也很清楚自己微弱的天赋。我不会冒险加入战斗，也不会用我有限的辩论技巧去挑战那从伟大的舌头上射出的飞镖。我们允许他的作品不受攻击，允许他光彩夺目的文章享有凭借着出众的雄辩术而赢得的名声，但也要允许我护住自己的胸膛免遭伤害，允许我用我的盾牌迎击并躲过朝我飞来的标枪。当我们的信仰在和平时代变得安全后，若是它再次受到敌对力量用尽所有技巧的攻击，难道这时的我不应弯下腰、侧过身来避开箭矢，使得这攻击变得徒劳无益吗？

但我的文章已越写越长。现在是时候停下它前进的脚步，以免我的诗歌在无休止中变得冗长乏味，令人反感。

第二卷

上帝最看重的门徒西蒙，即人们口中的彼得，曾在日落时分，在夜空从金色变为红色时，升起弧形的船锚，用船帆来迎接微风，希望能横渡大海。但夜里却刮起了逆风。深处的海水向上翻涌，不停地晃动船只。船员们悲痛的哭喊声在绳索的呼啸声中响彻夜空。他们已没有希望能逃脱遭遇海难和淹死在海里的命运了。就在这时，这些因身处险境而吓得脸色苍白的人看见，在不远处，基督正稳当地行走在海面上，如同行走在干燥的海岸上。船上的其他人都被这一奇迹吓得呆若木鸡，只有彼得镇定地认出了天和地的主，认出了无路可走的大海的主。全能的祂将海水都置于祂的脚下。彼得伸出双手进行祈祷，向他熟悉的主请求帮助。但基督却平静地招手示意，命令彼得从船上跳入海中。彼得听从了主的指示，但几乎当他刚刚碰触到海面时，他就感到自己的双脚不听使唤，脚步打滑，跌入海中。上帝责备了这个凡人，称彼得的信仰不够坚定，缺乏足够的力量来踏着海浪和跟随基督。随后，主用自己的双手扶起祂的仆人，令彼得站起来，教他如何在波涛起伏的海面上行走。

同样，我跨过了保持沉默的安全边界，因焦虑不安的舌头而被卷入紧急的危险之中。我就好比门徒彼得，无法同时信赖善行与信仰，但又随着承载着繁多的罪恶的船只遭遇了海难，在海面上漂荡。我的确很莽撞。尽管我十分了解我在黑暗的生活里曾经历过的黑夜，但我仍不惧怕对着由如此卓越的一个人掀起的浪潮呐喊出我的心声。在我们的时代，没有人比他更善于用言辞在雄辩的风暴中跳跃、呼号、怒吼与轰鸣。他很轻易就能使我沉没，因为我缺乏技能来驾驶我的船只，除非您，强大的基督，能伸出您的手，用您神圣的力量帮助我，使他滔滔不绝的雄辩不至于把我淹没在深海中，使我能在翻滚的海面上一步步地坚定前行。

到目前为止，我已谈论了旧时众神的来源和愚笨的迷信在世界范围内兴起的原因，以及如今的罗马如何信任我们的基督。现在，我将要审视我们对手的说法，并用证据来反驳他的证据。那么，他是从何处切入，来利用他具备吸引力的技巧更有效地改变我们的君主们①的虔诚思想的呢？正值花样年华的君主们骁勇善战。他们出生在父亲的远征途中，在成长过程中以祖父为典范，并不断地被家族里积累的那些史上的榜样们激励着。叙马库斯宛如一个技艺精湛的演说家煽动着君主们，仿佛正吹奏着战争的号角，试图用以下的话语来激励君主们的精神："陛下们，如果现在已经获得的胜利和今后将取得的胜利对你们来说是非常重要的，那就让贞洁的女神②在你们的统治期间保有她专属的神庙吧。有谁能对我们的敌人友好到否认女神应得到你们的代表着帝国权力的虔诚敬奉？她始终支持着你们并令你们载满荣耀。"

对于元老代表的这些话，我们的君主弟兄们平静地回答道："奥洛尼亚人里最雄辩的舌头，我们知道胜利对于勇敢者来说是多么甜蜜，但我们也知道这种胜利应通过何种方式和途径来召唤。当我们还是孩童时，我们的父亲便以这种技艺教导我们，而他也是在幼年时从他的父辈处学来的：并非用祭坛或是碾碎的麦子就能迎来充满吉兆的胜利，而是要依靠不知疲倦的辛劳、过人的勇气、非凡的精神意志、炙热的激情、慑人的气势和认真勤勉的态度，才能取得胜利，才能手持武器发挥出强大的实力。若是人们在战争中缺乏这些品质，那么即便金色的胜利女神——这尊耗费巨额钱财雕刻成的华丽塑像在大理石神庙中张开她闪亮的翅膀——也不会支持这些人。士兵们手中的长矛不停转动，只会显得仿佛是在冒犯女神。士兵们，若是你们连自己的力量都不愿相信，那又何必用一座女性塑像无用的援助来装备自己？任何一支戴甲披挂的军团都不会是由一名带着翅膀的处女来指挥气喘吁吁的战士们如何作战。你们是在寻找能主宰胜利的力量吗？这力量是人类自己的右手，是全能的上帝，而不是一名女

---

① 指狄奥多西一世的两个儿子霍诺留和阿卡狄乌斯，亦分别是帝国西部和帝国东部的君主。
② 胜利女神。

十三、普鲁丹提乌斯的《反叙马库斯》

战士盘着头发，赤脚盘旋在空中，身上系着带子，穿着的衣袍遮住她肿胀的乳房并在她的胸前飘动。要么是画匠的技艺教会你用虚假的形象创造一个由肆意任性的诗人杜撰出来的神，要么是画匠从你的神庙中得到启发，利用精湛的技艺，借助各式笔刷和熔化了的蜡，画出一尊塑像，并在诗歌伙伴的帮助下，用七彩的颜料恣意无拘地描绘它。同样，荷马与不受拘束的阿佩利斯[①]（Apelles）以及努马都是如此。他们均想象着毫无根据的幻境。绘画、诗歌与偶像崇拜有着相同的目的。虚假的力量通过这三种形式发展壮大。若非如此，那么请你说明为何诗人的故事为你提供了你通过图画和蜡像进行崇拜的对象？为什么当诗歌已经使迷人的阿提斯被阉割后，贝勒辛提安人的祭司仍要毁坏他的下半身？为什么当缪斯已在海边用飞翔的马车救走了一个忠贞的青年[②]之后，带着角蹄的马匹们却仍被扔进岔路女神的领地和受奉献的小树林内？一面墙亦能为你提供一幅关于此场景的色彩丰富的图画[③]。停下吧，愚蠢的异教徒，如果你还留有任何一点谦逊。停止用虚假的躯体塑造无形的事物，停止用羽毛覆盖人的背部。把一个女人伪装成一只鸟，将秃鹫和女神合二为一，这是无意义的。富裕的罗马，你是想装饰你的元老院吗？那就把通过武器和鲜血赢回来的战利品挂起来，把被你消灭的国王们的皇冠堆叠起来标记胜利，但还要打碎那些象征着已被你抛弃的众神的丑陋的装饰品。如此之后，为你储存在圣殿中有关胜利的记忆将不仅在大地上存续着，更会传播至星辰之上。"

当我们的君主们插入以上这番话语时，叙马库斯仍继续发表言论，和着响亮的音乐吹响号角，举出长久以来形成的习俗，宣称没有什么做法能比约定俗成的方式更能让人接受，而且各个民族、各个公民都应服从他们的法律。他说："如同每个孩子在出生时会被分配到不同的精神品质，每座城市在城墙筑起之初，专属于它的时辰和日期也会给它带来特定的命运或是守护神。城市应服从守护神的管理与统治。"他又指出事物的奥秘和真理的秘密都可以经由一些成功的人物的经历来掌握，利用他们受到庇佑的证据。若是一个人经受住了

---

① 古希腊的著名画家。
② 指希波吕忒斯（Hippolytus）。
③ 罗马人房屋中的壁画上绘制的场景经常取材于希腊神话。

试炼，他就会拥有一个快乐的结果；而对我们的父辈来说，偶像崇拜就曾给他们带来了幸福繁荣的结果。白发苍苍、眉头紧皱的他细数了罗马长久以来获得的力量，用哀伤的语调呼唤罗马，呼唤罗马众神的回归："我是自由的，请允许我依照自己的习惯生活吧。我们都生活在同一个太阳之下，呼吸着同样的空气。但当我们探寻神的存在和本质时，我们则踏上了不同的道路，经由相距甚远的途径去接近同一个秘密。每个民族都有它自己的风俗习惯。它只有沿着这条道路才能加速领略到伟大的奥秘。"

对于以上这些饱含技巧的美妙文字，我们的基督信仰已经给出了答案。祂能够率先打开通往真正信仰的本质的第一条通道。创造世界的主是无始无终的，祂在初始的黑暗之前便已存在。当我们关注神圣的事物，试图努力理解祂的本质时，凡人思维的力量对一项如此宏大的任务来说，实在是过于弱小和有限。若次一级的存在试图过于热切地凝视和洞察至高无上的上帝的奥秘，有谁会怀疑它的想象会被打破，它虚弱的力量会遭到挫败，它脑袋里的疲惫思索会在微弱的努力下变得迟钝并走向失败？而基督信仰带给我们的捷径便是要求我们相信祂是全能的。祂不仅赐予我们现世的恩宠，而且还向我们承诺了来世的祝福。祂的祝福将在漫长的年岁中延续不息，因此，我既不会完全地消失在空洞的虚无中，也不会在短暂地享受过光明后就彻底死去。我们应通过礼物本身来判断礼物的赠予者：永恒的存在赐予不朽的礼物，终有一死的凡人则赠予有时限的凡物。神圣的礼物来自上帝，昙花一现的礼物来自转瞬即逝的生命。一切有时间期限的事物都会有它们结束和消失的时刻，都因自身的短暂存在而变得毫无价值，配不上一个永恒的赠予者。永恒的赠予者的存在是没有尽头的，因此祂给予人类的事物也应是无止境的。倘若上帝提供的任何事物都是腐朽的或是注定要腐朽的，而且祂也不曾拥有更加珍贵之物，那么这上帝便是可怜的，是虚弱的，不配得到至高无上的荣耀。祂并非全能的上帝，而只是上帝的幻影。在这种情况下，基督信仰明智地——哦不，是自信地——推断出，真上帝能令我们相信：只要我们是应得的，那么我们的存在和生命就会永远不受损害。祂说："你们若想升上天堂，那就让地上的忧虑离开你们的心灵。如同下方的地狱和上方穹顶般的天堂与俗世分隔，你们的世俗之物与我的永恒之

十三、普鲁丹提乌斯的《反叙马库斯》

事亦是如此,如诅咒与祝福、罪恶与善行、黑暗与白天澄澈的光。我劝告你们避开一切注定要消亡的事物。所有在本质上即存在缺陷和必然衰退的事物都不值一提,因为它们注定要归于虚无。大地上所形成的或是所包含的一切都是由我在创世之初设立的。我给予这个幸运的世界以华美的装扮,并创造了生长于世上的各式美丽事物。但我仍规定了一个适当的尺度,允许它们被有节制地享受,至多满足人类的肉体及其短暂生命的脆弱而世俗的需求,而不可叫人被虚妄的欲望引诱,以为一切的美好都来自甜蜜、无形的事物。我已为这些事物安排好了它们的发展轨迹。我已设定了一个时期来彰显那些高尚的心灵,以免他们一直隐藏着的、未被教导过的仁爱沾染上虚弱的力量,在训练学校里得不到任何奖赏。这些事物的气味既是诱人的,也是害人的。当它们经过人类的身边时,它们会用一种奇特的快乐纠缠着人们的思想,使人们受到束缚。这种快感必须被约束。人们的意志力不可受到削弱,以免被柔软而牢固的绳索桎梏住,沦为它的囚徒。人必须全力以赴地奋斗,在艰难困苦中沿着德行的道路前进,如此,他的内心便不会沉迷于片刻的欢愉,不会积攒过多的黄金,不会因虚荣而热切地注视着各类颜色的宝石,不会在众人面前炫耀自己以求支持,不会因担任高官要职而自我膨胀、骄傲自大,不会试图扩大他继承而来的土地,不会让欲望瞄准其他人的地产,不会让他的所有意愿和行为都听命于身体的各处感官,不会把利益置于正义之前。但他会把所有希望都寄托在我身上。我赠予他的所有礼物永远不会消失,经得起时间的考验。"当上帝做出这般承诺时,哪个充满勇气、活力和善意的人会宁愿选择短暂而非永恒?哪个有理智的人会认为肉体上的欢愉比活着的灵魂能赢得的奖赏更重要?人类和田间的家畜的唯一区别难道不就是四足动物的好东西近在它们眼前,而我所追求的事物却目不可及,在遥远的未来等着我?若我的生命将与我的肉体一起彻底消失,属于我的一切都无法在我死后继续存活,那么我还何需畏惧任何天上的统治者、创世主或是上帝以及其他力量?我会怀揣着炙热的激情沉溺于各种不洁的嗜好;玷污婚床,践踏神圣的谦逊;在没有见证者的情况下否认亲属已交付给我的东西,哪怕我一直占有着它;从可怜的家人身上贪婪地掠取,用咒语害死一位长寿的母亲,因为这位老妇人的过世若是被推迟,那么下一任主人的继承也会被延后。我不会担心受到惩罚,因为公共法令已受到蒙骗。法律全副武装,却对暗中进行的犯罪一无所知;或是即使犯罪事实被暴露,法官也会被黄金收买,几乎不会用他们应使的斧头来惩罚有罪者。但我为何要思索这些行为?是上帝用祂令人敬畏的威严唤回我。祂告诉我,我的种种行为不会因我的死亡而消失。祂说:"灵魂还在呼吸的人是不会死的。他将因滥用受他控制的肉体而接受无穷尽的惩罚。对我来说,将一个灵魂置于火焰中并不难。尽管它是无形的,且飞得像风那般快,但我也是无形的,而且我是灵魂的唯一创造者。我还将规定他的身体也必须接受相似的惩罚。我可以使骨灰恢复成原本的形状,我也没有理由放弃这种力量。我能创造新事物,也能令死物复生。我的力量通过各类种子便可证明:大自然教导所有种子,它们都会死而复生。种子们在生前因失去活力而干枯,随后死去并被埋在沟壑里。尽管种子们仿佛是已被葬在坟墓中,但它们却从这坟墓中长出来,重新焕发生命。你能知道或推断出是哪个灵巧的工匠具有这种技艺,或是哪种力量在它们体内发挥作用吗?可怜的凡人,别再让知识的教导欺骗你。我是创世主,我能够令已经死亡和消逝的事物重生,令所有枯萎的花朵或是树叶恢复原本的模样。我也将对人类做同样的事,使人从无生命的骨灰中复活,长出原本的骨骼,或是根据它应受的惩罚,令它因自己的罪恶而忍受折磨,或是令它在至善之处闪闪发光,无论以何种形态存活,都永远不会再死去。与此同时,只要这两种形式的结合[①]一直存在,它就会牢记它的创造者,并向后者谦卑地崇拜与祈祷。并非由一个神创造会呼吸的灵魂,由另一个神创造身体,也并非由多种力量共同主导对现世生活的庇佑。不是由一个上帝提供玉米和麦穗,由另一个上帝在葡萄藤下提供葡萄酒,令红色的汁液从累累的葡萄枝条上流下来。我使绿色的橄榄树结出丰盛的果实,但你们却臆想它们是由希腊人帕拉斯[②]带来的,并将婴儿的出生归功于卢西娜[③]。只有遵循我的律法,男女两性才会在欢愉中结合,生育子嗣,并欢喜于种族的延续。但你们却用淫乱的交配来玷污这种情欲,并在你们的维纳斯女神的包庇下

---

① 指灵魂和肉体的结合。
② 指雅典娜。雅典娜是雅典城的守护女神。橄榄树在雅典被视作雅典娜赠予这座城市的礼物。
③ 卢西娜(Lucina)是生育女神。

遮掩你们的淫荡行为。我独自统治着一切。我不会像一些虚弱的可怜凡人那样对繁重的劳作感到疲倦。我有着无限的光、不朽的生命和以你们的思维无法理解的漫长时间。因此,我在统治这个世界时不需要任何帮助,也不需要任何同伴。另外,亦是我亲手创造了天使军团,是我令我创造出来的万物可以生存和延续。可你们却无视了我,想象出上千个神灵,佯称众神都在我的力量中得以显现,如此你们便能通过划分成多个部分来削弱我的作用。但我的存在是独一无二的,我不可能成为其中的一部分,我的任何存在或是任何形式都不可被分割。只有那些拼凑而成或是被制造出来的事物才可以被分割。我不是由谁创造出来的,因此我无法被分割。我是万物的唯一创造者。请放心,由我从无到有发明出来的事物并不属于我的其中一部分。来吧,凡人,为我单独建立一座圣殿,将我当作独一的神进行崇拜。我不需要采集而来的石块,也不需要帕罗斯岛上或是布匿的悬崖峭壁上的岩石,更不需要拉西第梦的绿色岩石或是辛纳的斑岩。不要让凡人把天然的红色石头供奉给我。我钟爱的是心灵的圣殿,而非由大理石筑成的殿堂。在其中,由信仰构成的金色根基牢牢竖立着,崇高的建筑周身闪耀着雪白的圣洁光辉,正义覆盖着高耸的屋顶。在室内,生命的纯净使得含苞待放的谦逊之花点缀着地面、装饰着庭院。这便是适合我的建筑,是我要进入的美丽居所,与它永恒的天国来客相配。这也并非什么全新的座席。我的荣耀和真光辉注入凡人的躯体。我让滋养的肉体得以领悟,将这副身体改造得适合自己居住,如此便能在合自己心意的殿堂中休息。我曾创造出完美的人类,命他仰视高处的事物,全身心地跟随我,直立地站在地面上,注视着天堂。但他却低头看向地面,向尘世间的财富弯腰,将我的神性从他的心灵中赶走。这样的他不得不被召回我的身边。我的圣灵纡尊降贵,下至他的体内,用神圣的力量塑造他那用泥土做成的肉体。现在,高处的上帝已具有了人性,并令人类拥有神性,教导他再次感知敬畏我时得到的温暖。"

  意大利人里最博学的监察官,我很乐意知道你用哪只耳朵聆听圣父的这些教诲。你是否将理智置之一边,只选择旧时的惯例?一个智者的敏捷才智难道会允许他说出"在我眼里,古老的习俗比正义的道路、上帝显现的仁慈、确信无疑的真理和真信仰的统治更受欢迎"这种话?如果我们必须一丝不苟地遵守和保持那个新生的世界在野蛮的时代里形成的所有习俗，那就让我们将时间的车轮倒退回最初，逐步地来谴责在后来的年代里累积而成的所有经验。当世界还崭新的时候，不存在耕种者令土地被开垦。犁能带来什么益处？耙又能有什么用处？最好是用橡树上的橡子来填饱肚子。最初的人类是用楔子劈开树木。让我们的斧头在火炉里从热模被还原成金属块，让铁器被熔成它原本属于的矿石。被宰杀的小牛的牛皮曾被充作衣物，寒冷的山洞便是一座小屋。所以，让我们回到洞穴里去，穿上没有经过缝制的粗糙皮毛。有些民族最初无比野蛮，后来褪去野性，变得文明开化。就让这些民族回归刺耳的叫喊声和非人的生活方式，回到他们以前的状态。让这个年轻人怀着斯基泰式的孝心，把他满脸皱纹的老父亲作为祭品扔到桥下，遵循曾经的习俗。让属于萨图恩的祭仪因杀害婴儿而发出臭味，残忍的祭坛上回荡着婴儿们的哭声与哀嚎。让罗慕卢斯的族人用脆弱的稻草搭建房屋（他们称这曾是雷穆斯的住所），用干草铺设国王的床榻，或是在他们毛茸茸的身体之外套上由非洲熊的熊皮制成的斗篷。特里纳克里人和托斯卡纳人的首领们都曾如以上这般生活。但罗马并未停留在先前的状态。随着时间的流逝，她在崇拜、服饰、法律和武器等方面都发生了改变。她实行了许多在奎里努斯任国王时不曾有过的做法。她下令改进一些事物，放弃另一些事物。她从未停止过更改她的旧例，否定经年累月形成的法律。罗马的元老，你为何要用罗马的惯常做法来反对我？在很多时候，一项决定通常并不牢固。若是有关于这项决定的想法发生了改变，来自元老院和公民的法令也会随之改变。即便是在现在，每当我们出于益处的考量，改变原本的习惯，抛弃旧有的方式而采用新做法时，我们都会感到喜悦。曾经不为人知的事物已被我们发现，并最终得以彰显。人类的生活就是在这些缓慢的进步中不断成长和发展，通过长期的经验累积得到改善。这就好比人类在不同年龄阶段的逐渐变化，在秉性上的变化亦是如此。在蹒跚学步的婴儿期，孩童的脚步就如同他的意志，既软弱无力又不稳定；成长到青年时期，充满活力的青年满腔热血；随后是有着坚定力量的成熟阶段；最后来到了老年时期，虽经验更足但精力不足，头脑仍是清晰的，但身体机能在衰退。整个人类生活亦是在不同的时期经历着不同阶段的变化。在最初的尝试中，他缺乏智慧，趴在地上，如同所有的四足动物一样生活；随后在少年时期，他拥有了懂得如何学习的头脑，能够习得技能，通过尝试不同的新鲜事物日益精进；接下来，他成长至激情似火的阶段，在膨胀中堕落，直至多余的活力被消耗殆尽，最终变得坚定有力；如今便是他应去理解神圣事物之时。他已经拥有相应的技能，有着清晰开阔的思维，能更加积极活跃地探索奥秘，最终来守护属于他的永恒福祉。但如果人们对旧时的习俗仍是如此喜爱和挂念，如此不情愿背离先前的传统，那么在古代作品中便有着一个著名的例子，能证明在大洪水时期，或是在大洪水时期以前，最早生活在年轻的大地上、居住在空旷的世界里的那批人类，便已经在侍奉独一的上帝。我们身上延绵已久的血统即源自这批人，现在我们不过是恢复他们最初的信奉习惯。但既然我们在谈论罗马人的崇拜，那么我便要指出，赫克托尔的后代[①]在很长一段时间里都并没有崇拜众神，而是满足于各处仅有一座神庙，也仅在山上设立极少数祭坛。后来，随着罗马凭借着勇气征服了各个城市，赢得了一场又一场著名的胜利，她亦为自己获得了数不胜数的神灵。胜利者在冒着硝烟的神庙废墟中，用武装着的右手夺走敌人的塑像，将它们当作战利品带回家，视作神灵进行崇拜。她从相隔两片海的科林斯的废墟中夺走一尊雕像，又从熊熊燃烧着的雅典城中抢走另一尊塑像，以此作为战利品。击败克里奥佩特拉令她得到了一些狗头塑像。当她征服亚扪的沙漠时，她的战利品中有着一些来自阿非利加沙漠的带着犄角的头部雕像。每当伟大的罗马用掌声迎接得胜的将军的战车凯旋时，她就会通过增添神祇的祭坛和存放战利品的神庙来为自己制造新的神灵，是神灵！尽管这些神灵并不能为自己的庙宇提供保护，因为它们已经连同它们的故乡一起被连根拔起。你难道没有看见古代习俗的发展是如何以这种方式飘忽不定，步履不稳，不断接受上一代人不曾知晓的神灵的吗？你难道没有看见它是如何献身于一些外来宗教，而不是专注于保持自己的宗教仪式的吗？各类崇拜都离开了自己的家乡，像一个外来者来到敌人的城市。因此，一意孤行的敬畏之心啊，坚守以往的祭仪是徒劳的。被上帝抛弃的人，你至爱的习俗并非继承自我们的祖先。不，它不是。

---

① 罗马人通常被认为是特洛伊人的后代。

然而，我们聪慧的演说家称，罗马被命运指定了一个守护神，并在这个守护神的管理下生存、发展。他说所有的民族和城市都被赋予了一种命运或是一名守护神，就如同我们的崭新灵魂在进入我们的身体时，会被分配到不同的性格品质。首先，我不知道这所谓的守护神是什么，也不知道它适合怎样的生存条件，更不清楚它有何种力量或是它来自哪里。我不知道它是一种无实体的精神，还是有形的。我既不知道它的思想是什么，也不知道它能发挥什么作用。另一方面，我知道人的灵魂是通过供给生命的血管在人体内散播。血液从灵魂处得到敏捷的流动和温暖的热量，再流经全身，加快人体内的运转，令寒冷变得温暖，令干燥变得湿润，令坚硬变得柔软。活着的灵魂就是以这种方式为自己调节人的生命的。但你却试图将它与想象中的罗马城墙的保护神相比较。这保护神既不存在也未曾存在过。另外，为统治我们的身体，活着的灵魂亦主宰着我们的思想，为肉体的无遮挡和虚弱提供保护，帮助肉体避开它们所恐惧的危险，为肉体供给有利之物，激励它习得各式技能，思索它应服从什么样的主，思考创世主应是谁，天地万物应当顺从谁。但请你告诉我，你所说的这个罗马城的保护神，它最初在何时来到幼小的罗马城？它是否在树木繁茂的山谷里，从母狼的乳房里流出，滋养了那对刚出生的双胞胎婴儿？还是说它作为一种不被人察觉的精神，和秃鹫一起在空中飞翔，突然从云中显现外形？它是坐在屋顶之上，还是守在内宅中？它是在法庭上颁布法律、主持正义，还是出现在营地的沟渠里，号召勇敢的战士们拿起武器，用号角鼓舞他们，迫使他们冲向敌人？任何人都会认为以上这一切必然会引得智者发笑。但不妨让我们设想一下，的确存在着某种灵魂或是精神在关注这些事。罗马国家通过它得到自己的命运，在它的温暖下生存。那么为何它不加入宗教活动？为何它不自由地仰望天空？为何它像一个囚犯一样，认为自己被规定的命运已无法改变，以为自己始终被占星术束缚着？如今，它已经可以自由地拒绝它先前能随意得到的事物，纠正曾经犯下的错误，改变原先的想法。曾经在长达约七百年的时间里，它始终飘忽不定，不知道自己想要怎样的统治方式，也不知道何为公正的管理机构。当罗马城刚建成时，它处于君主制之下，尽管长老们亦是国王在管理过程中的伙伴。紧接着，我们看到，元老阶级的贵族们掌着国策的船舵。随后，人数众多的平民加入元老的队伍中，在决定战争抑或和平之事上同贵族长期分享同等的权力。贵族依靠执政官，平民则倚赖保民官。突然之间，这种制度失去了支持。于是，十位最主要的官员①由最具名望的贵族家族中挑选出来。他们的身后紧跟着十二名肩扛束棒的扈从。之后，罗马国家作为一个整体再次将自己交到了两名领袖的手中，并允许执政官们登记造册。而在最后一段时间里，它一直被罪行累累的三执政折磨着。这便是罗马国家的命运或特质或称作精神，在很久以前四处飘零的过程。最终，它懂得了辨别正确的做法，将冠冕戴在一个充满威严的脑袋上，称戴冠者为祖国之父、罗马人民与元老院的管理者、战时的主帅、独裁官、出色的监察官以及道德的典范，负责保卫国家的财富、惩治犯罪和授予荣誉之职。那么现在，它经过了先前所有阶段，在过程中不断地变换看法，最终历尽艰辛找寻到受人们支持的事物，并为此订立不受侵犯的契约作为保护，为何它还要犹豫承认上帝的权威？上帝的权威曾经不为它所知，但最后已经显现在它面前。让我们祝贺它，因为它现在已不再犹豫不决。罗马已臣服于基督，侍奉上帝，厌恶自己过往的崇拜。我所说的罗马指的是罗马人。我们相信罗马城的精神即在罗马人的身上，而不是来自什么城市的守护神。所谓的守护神是一种虚无的、不真实的幻想。另外，我讶异你们这些异教徒为什么会认为罗马只有一名守护神，明明你们习惯于觉得大门、房屋、公共浴场和旅店都有着各自的守护神，想象出成千上万个守护神位于罗马城内的每一个角落，以至于没有一处地方不是有着它自己的灵魂。你们同样误以为每座建筑物都有着一个保护神，使得每一堵墙都在它专属的星辰之下被建起，在最初的时刻就被分配了指定的命运，何时应竖立，何时会倒塌。他们说拉克西斯手中易断的织线是砌墙用的石块，旋转着的纺锤是屋顶上的木料，她的裁决则是屋中的横梁，仿佛这棵耸立在屋顶上的白蜡树是在哪颗星星升起时被连根拔起，会造成什么不同。事实上，他们称既没有任何一项人类事务，也没有任何一段世界的进程，不拥有注定的命运。既然如此，那就让他们告诉我们，为什么要在十二铜表上确立法律，为什么禁止犯错的法令要始终充当威胁，如

---

① 指十人委员会。

铁的命运一般强迫作恶者去犯下罪行，令他们不得不接受法律的惩罚？事实上，它通过向人们暗中灌输邪恶的欲望来驱使这些人渴望犯罪，如此，这些可怜的人就无法自由地拒绝做出被禁止的事。若你们还有任何一点羞耻心，那就丢弃那些惩罚无辜者的残忍法律，磨钝你们的剑锋，毁掉囚禁众人的地牢！他们是无罪的，是他们的命运在犯错！若是命运主宰了所有的生命和行动，那么没有人会是有罪的。不，有罪的是那些敢于出于自己的意愿去做被禁止之事的人。他用自己的力量来决定是犯罪或是不犯罪。不是命运将罪行强加给他，而是他自己主动选择变得有罪，并为他犯罪的意愿和做出的恶事付出代价。他得到的惩罚是他自己取得的，而不是命运给他的。任何相信命运存在的人都应该明白，没有人会因为被藏于星辰中的天命阻挡着而无法认识上帝这万物之父。美好的愿望不会受阻于占星术中的指示。灵魂在星辰之上，呼吸着更加高尚的元气，越过了阴云密布的命运之路。所有被认为在初时就被规定好命运的运动都在它之下。所有人类，往这里来吧！带着你们的城市聚集在这里！无限的光在呼唤你们。学会认识你们的创世主。自由之路已经打开，正等着你们去跟随。所谓的命运根本什么都不是。即使它是某种东西，那么当它遇上基督时，它也会被基督毁去，消失得无影无踪。

然而，是罗马城的诸位神灵引领着罗马取得一次又一次的成功。因此，罗马崇拜众神，以感谢众神赐予她伟大的胜利①。那就来吧，骁勇善战的城市，说说是什么力量使你们征服了欧罗巴和阿非利加，告诉我们众神的名字。好心的朱庇特助你统治了克里特；帕拉斯令你拥有阿尔戈斯；辛西安人②使你得到德尔斐；伊西斯命尼罗河畔的民众向你投降；基西拉岛的女神③把罗德岛的居民交给你；狩猎少女④令以弗所顺从于你；玛尔斯命赫布罗斯河⑤听命于你；布洛米乌斯⑥放弃了底比斯；朱诺本人则允许她的阿非利加民众顺从于弗里吉亚

---

① 此处是叙马库斯所使用的另一个论据。
② 指阿波罗。
③ 指维纳斯。
④ 指狄安娜。
⑤ 色雷斯境内的一条河流。
⑥ 指狄奥尼索斯。

十三、普鲁丹提乌斯的《反叙马库斯》

人的后代,命令协助天后统领各国的那座城市①,"倘若命运许可,亦是天后最钟爱的对象",生活在罗慕卢斯的子孙们的统治之下。所有这些城市的陷落难道不是因为遭到它们本土神灵的背叛吗?这些神灵的祭坛难道不是因为众神自己的遗弃而沦为废墟吗?这是多么地忠诚啊!多么神圣的信仰啊!这些伟大的神灵显然是不值得依靠的。它们竟舍弃了它们曾经养育过的土地!你们竟信赖它们的力量。它们是通过背弃来获得你们的崇拜!还是说这些神灵曾经尝试拯救它们的人民,竭力苦战,试图赶走攻击它们的罗马军队,同罗马士兵顽强斗争,但最终仍是在硝烟弥漫的战场上被更坚定的斗志击败?是的,确实如此。缺乏真理的迷信被武器和意志力战胜。荣耀离开了空无一物的迷信。但对一个为战斗而生的民族来说,击败如此微弱的力量或是令这些混杂的众神弯下柔软的脖子,并不是一件非常困难的事,或是需要非常艰难地取胜。粗野的萨莫奈人和马尔西人同狄克忒(Dicte)的科律班忒斯人(Corybantes)交锋,几乎不费吹灰之力就已取胜,难道这也能被称作战争吗?埃特鲁里亚的士兵们是在同军人作战,还是在同遵照运动员的传统将双手涂满油脂的拳手作战?当拉西第梦被攻克时,就连戴着宽大帽子的墨丘利也无法拯救他的摔跤手们免于被击败。赛比利的追随者在宦官祭司的率领下,怎么可能打败来自亚平宁山脉的步兵,守住亚细亚和艾达?征服艾达利乌姆②的玫瑰花、持竖琴的预言家③的海湾和林地少女的弓箭,废除他们的仪式,把他们踩在脚下,显然不是什么需要耗费很大心力的困难任务。在亚克兴的海面上,只有单个乐器在给埃及发出作战的信号,而另一边则是号角声轰鸣。不结实的小船和脆弱的小艇领着它们的埃及军舰被夹击在高大的罗马战舰之中,而埃及的神灵萨拉匹斯和吠叫着的阿努比斯却对此无能为力。由朱利安家族的子弟率领的、来自寒冷的阿尔吉杜斯的急行军击败了埃及军队。罗马军队的身后既没有手持武器的维纳斯,也没有拿着盾牌的密涅瓦来帮助他们,更没有一排流亡异乡的变节神灵。这些神灵在之前自行攻克了自己,甚至都不曾援助过我们敌人的军队——假设他们能够维

---

① 指迦太基。
② 指维纳斯。
③ 指阿波罗。

持他们旧时的愤恨！但你却说这些神灵选择了一个地方。而在此地，他们拥有的神庙和崇拜者将永远和他们在一起，既没有尽头也不会遭到破坏。众神是出于自己的意愿，出于对国王努马的爱，主动追随由埃涅阿斯家族的战士们组成的胜利军团。当守护着帕拉斯的堡垒的卫兵们通通被杀害，悲痛的泪水浸湿了帕拉斯的雕像时，她是否也是自愿选择了戴奥米德的营帐和凶残的尤利西斯的营地？当马其顿人的勇猛领袖①征服阿米克莱，被烧毁的神庙的灰烬堆得极高时，被俘的神灵是否也主动选择被归入主人的战利品中，并被带到位于亚述统治下的巴比伦的要塞中？我不会允许罗马的名声、她经历过的艰苦卓绝的战争和她用无数鲜血换来的战利品被一一贬低。可他却轻视不可征服的罗马军团，诋毁罗马赢得的奖赏，抢走胜利者的棕榈叶，把罗马的全部英勇事迹归功于维纳斯。倘若是芙罗拉或玛图塔或刻瑞斯或拉伦蒂娜击败了布雷努斯、安条克、珀尔修斯、皮洛士和米特里达梯，那么我们对立于凯旋门顶上的四马战车的惊叹也是无用的。高处的将军们站在他们的战车上，有法布里齐乌斯，也有库里乌斯。这边是达鲁苏斯，那边是卡米鲁斯。将军们的脚下是屈着膝的战俘。俘虏们在枷锁的重压下低着头，双手被缚在背后。负重累累的树干上挂满了残破的武器。你还说，在众神的指挥下，良好的征兆带来了令人喜悦的胜利，幸运之鸟飞来我们这一边。若科尔维努斯是得到了阿波罗的其中一只乌鸦用翅膀或喙作援助，那么他身上的勇气或是他得到的荣耀还有什么意义？而且为什么在灾难性的那一天，这只乌鸦却消失了？当时，坎尼的苦痛大地上布满了罗马人的尸首。尸堆的最上方是牺牲的执政官。为什么在克拉美拉的平原上，没有神灵通过秃鼻乌鸦或田凫的事先鸣叫警告罗马人：费边氏族的三百人将会在不幸的战斗中丧生，整个氏族中只会存活一人？难道特利托尼亚的猫头鹰里就没有一只能飞到令人悲伤的卡雷，告诉克拉苏，女神在支持他？雪白的鸽子们就不能把帕福斯女神带到波斯人的面前，让波斯人在她的金腰带前颤抖吗？

但我看到这些古时的英勇事例感动了你。你说这个世界被罗马人从陆地上和海洋上征服，你列数了每一次成功和胜利，你回忆了数千次接踵而来的凯旋

---

① 指亚历山大大帝。

十三、普鲁丹提乌斯的《反叙马库斯》

式,满载着战利品从罗马城中穿过。罗马人,我可以告诉你吗,是什么使你的成就如此伟大,是什么滋养着你的荣耀,令你的声望如此崇高,以至于它可以统领全世界?是上帝,祂希望将说不同语言、有不同风俗的人都团结到一起,决定让整个已开化的世界接受同一种力量的统治,在枷锁之下和谐地承受温和的约束,如此,对宗教的爱便能将人们的心灵汇合到一起。没有哪一种纽带能配得上基督,除非通过精神上的统一将各个国家联合起来。只有和睦相处才能认识上帝,只有和睦相处才能在和平中正确地崇拜仁慈的圣父。人类团结一致后的无烦扰的和谐为世界赢得了祂的喜爱。四分五裂的世界则遭到祂的抛弃。残酷的战争令祂变得愤怒。世界只有通过献上和平来安抚祂,通过安宁和亲密友爱紧紧地守住祂。在所有被西方大洋围绕着的陆地上,奥罗拉在玫瑰色的破晓时分将大地照亮,愤怒的战争女神将全人类抛入混乱之中,将人们的凶猛双手武装起来,令彼此互相伤害。为制止这种狂乱的举动,上帝教导世界各地的民族服从于同一种法律,成为罗马人——包括生活在多瑙河与莱茵河畔的人、居住在流淌着黄金的塔霍河畔的人、居住在宽广的埃布罗河畔的人、生活在世界西部的牛角形河①畔的人、被恒河滋养着的人以及被温暖的尼罗河的七个河口洗涤着的人。万民法使得众人平等,将所有人系于同一个名字之下,将被征服者变成手足。我们生活在不同的国家,就如流着相同血液的同胞们住在各自家乡的要塞中,但都团结在共同祖先的家园中。相隔甚远的地区,被大海分开的两岸,如今相遇于同一个法庭之上。在商贸方面,各式手工艺品聚集在同一个市场上。在婚姻方面,人们可与来自另一个国家的配偶结成合法夫妻,子嗣可由两个不同的种族混血而产生。这就是罗马人的力量取得巨大成功与胜利的结果。毫无疑问,基督降临之时,正是我们之间追求和平的普遍意愿在罗马的统治下刚刚形成的时候。而在一个野蛮的世界里,在一个人心不一的世界里,每个人都根据自身的利益坚持不同的主张,就如同先前那样,上帝能有何容身之处?人们心中的情感被扰乱,协定被破坏,灵魂被分裂,这时既得不到纯粹的智慧,也无法迎来上帝。但若是灵魂中的至高无上的存在获得了统治

---

① 指台伯河。

的权威，压制住难以控制的欲望和肉体上的冲动，令所有的激情都变得遵守秩序，那么生命的构造就会变得稳定，坚定的思维方式会将上帝吸引到心中，主动臣服于独一的主。

来吧，全能的主。这是一个充满和谐的世界。请你进入它吧。哦基督，一个将和平与罗马紧密联系在一起的大地正在迎接你。你命令罗马人成为世界的领袖和最高的权威。没有处于和平中的罗马是不会得到你的青睐的。正是罗马的至高无上确保了和平，利用其他国家对她的绝对权威的敬畏压制住了各处的混乱，令你从和平中感到愉悦。她没有失去先前的勇猛力量，也没有随着年岁的增长而变得虚弱。她并没有感受到时间的威力。当她受到战争的召唤时，她并非颤抖着手臂去拿起武器。她向她威严的君主们请愿时，并没有如同那位非常高贵的元老一般，说出充满漏洞的话语。那位元老是一位演讲术方面的大师，擅长编造巧妙的论据，并搬出一尊宏伟的雕像来给虚假的论据增添分量，就像是一名悲剧演员在表演时用一块空心的木板遮住自己的脸，用尽全力透过木板的缺口大声叫喊出极其邪恶的话语。

若是罗马能发出声音，那么现在我以她的名义所说出的话肯定更契合她。她认为，哀痛自己的神庙被否定、称宙斯在紧急关头为她而战、承认她被岁月的重量压弯了腰都是不光彩的。她拥抱了她的领袖们，并兴高采烈地宣布道："声名卓著的领航人们，我向你们问好。你们是一位不可战胜的君主的高贵的儿子们。在你们父亲的统治下，我年老体衰的生命得以焕发新生，我灰白的头发又变回了金色。尽管时间能摧毁所有俗世之物，但岁月的长河却给我带来了新的生命。我已学会了通过长久地活着来对抗死亡。现在，我的年岁终于得到了应有的正确敬畏。我被称作可敬的对象，被唤作世界之首。我在橄榄枝下晃动着我的头盔和头盔上的红色饰章，用绿色的花环遮挡住残忍的剑带。我用武器崇拜上帝，但并无流血的不安。正是为了犯下罪过（唉，我现在很痛苦！），恶毒的朱庇特驱使着我去犯罪，用正义者的神圣鲜血玷污我的双手，用正义者之死的罪行亵渎那把本应用于战场上的剑。正是在朱庇特的怂恿下，尼禄在杀死自己的母亲后，首次饮用了使徒的鲜血，用对虔诚者的屠杀来败坏我的名声，将他的残酷邪恶烙刻在我的身上。在尼禄之后，德奇乌斯同样以杀戮为

十三、普鲁丹提乌斯的《反叙马库斯》

乐，来满足自己的狂暴欲望。紧接着，很多人亦爆发了类似的狂热情绪，剥夺高贵的生命，制造出累累伤痕，把惩罚当作乐趣，令死亡的洪流朝我涌来，通过法庭的判决砍掉无数无辜的头颅。只有你统治的时代洗净了我身上这些有罪的污点。在你的领导下，我的生命是虔诚的。我承认在先前，因为朱庇特的诡诈，我的生命是不虔诚的。有什么血腥的残忍行为是他没对我做过的？他何时有过温和节制的行为？他担心对基督的崇拜在未来会生根发芽，就提前发泄他的怒火，用鲜血污损这个悲惨的世界。然而，有些人毫不犹豫地责备我们，称我们在战争中遭遇厄运是因为我们抛弃了神庙中的祭坛，并坚称阿非利加人汉尼拔是被朱庇特和玛尔斯的力量自科林门的铰链下击退，获胜的塞农人之所以在卡皮托利山的堡垒前溃败，是因为神圣的力量在高处作战。让那些再次将过去的灾难和旧日的悲伤故事传入我耳内的人意识到，在你的时代，我从未再遭受过这些苦难。既没有野蛮的敌人用他的长矛毁坏我的城墙，也没有身着奇怪装束的人游荡在我被攻克的城市中，将我的年轻人驱赶至阿尔卑斯山的另一侧沦为奴隶。不久之前，一个哥特人的国王从他的家乡多瑙河攻来，试图摧毁意大利，发誓要将所有要塞夷为平地，烧毁我们的金顶建筑，让我们穿着托加的贵族们都换上兽皮。当他一路向前猛攻时，他已经率领他的军队踩躏了威尼托的土地，抢光了利古里亚的财富，践踏着波河畔的美丽乡村，并渡过河流，踏上托斯卡纳的土地。但最后赶走这成群的骑兵的，并不是苏醒着的鹅揭露了隐藏在黑夜中的危险，而是罗马人的勇猛力量，他们宁可在战场上粉身碎骨，是罗马人不怕为国捐躯的精神，他们用伤痕彰显光荣。难道那一天因英勇无畏而获得的巨大奖赏也是来自朱庇特的支持？领导我们的军队和指引我们的力量的，是一位年轻的基督徒战士和他的伙伴兼父亲斯提利科。基督是这两位领帅独一的主。当他们在基督的圣坛前完成敬拜，当十字架的标记被刻印在他们的眉间时，号角声随之响起。走在龙标军旗前方的，是一支高高地举着基督饰章的枪杆。侵扰了潘诺尼亚长达三十年的民族终于被消灭，并受到了惩罚。那些人曾经通过无耻的劫掠发家致富，而现在他们的尸体堆积如山。后代子孙们，你们将会惊叹于那些尚未入土的尸体还躺在地上，他们的白骨已覆盖了波伦提亚的战场。若是我被高卢人打倒后，还能从满目疮痍中抬起头；若是在卡米卢

609

斯赶回时，仍是硝烟弥漫的我还能用笑脸迎回我的军团；若是我可以用花环装饰我不幸的废墟，用月桂枝条缠绕我的塔楼，那么最英勇的君主，我该怀揣什么样的感情让你走入我心里？我应该在大厅里撒上怎样的鲜花、在城门上悬挂怎样的帷幔作为庆祝？这场大战并没有触及我。当你拿起武器时，我就已经自由了。哥特人的入侵只能停留在我的耳边。请登上凯旋的战车，带着你的战利品，和你身后的基督一起向这里走来。妇女和年轻人们，让我将你们这些俘虏身上的锁链取下，将长久以来束缚着你们、已被磨平的镣铐摘下！让老人不再是远离故土、流亡在外的奴隶。让孩子开始知道他自己生来就是自由民，因为他的母亲已回到他父亲的家中。将所有恐惧全部赶走！我们已经赢得了胜利。现在的我们将欢欣雀跃。在很久以前，当迦太基人的将领被赶走时，我们是否也拥有过类似的胜利？当时汉尼拔在攻打我们的城门、用刀枪晃动我们的门闩之后，在贝伊的海水中削弱了自己的力量，因纵情享乐而抛弃了吃苦耐劳的意志，因沉溺欲望而令他的刀剑失去了战斗力。但我们的斯提利科与敌人顽强搏斗，迫使敌人丢盔弃甲，逃离战场。事实上，我们的主基督和十足的勇气都站在我们这一边。丰饶的坎帕尼亚，是你的声色犬马打败了我们堕落的敌人。不是朱庇特保护了勇猛的法比乌斯，而是塔伦图姆的魅力援助了法比乌斯，使得法比乌斯能够击垮一个已被塔伦图姆的诱惑征服的暴君。为答谢这些帮助，我不知应如何进行正确的回报。用雕像来展现你是没有价值的（而没有价值的事物不配成为奖赏），因为会随着时间而消逝的东西是没有意义的。青铜像倒下了。黄金像消失了。白银像因长期弃置而失去光泽。金属像因疏于养护而发黑，颜色变得斑驳。我们的君主，你应得的是鲜活的荣耀，是对你的功绩的鲜活奖赏，因为你一直追求的是不朽的荣誉。作为世界的统治者，你将永远与基督为伴。在他的引领下，你把我的国度带向天堂。我祈祷不要让那个伟大的演说家的声音说服你。他打着元老的幌子，哀叹那些已经死去的仪式的命运，唉，胆敢用他所有思维上的武器和言辞上的力量攻击我们的信仰。他没有看见你和我都是向上帝立过誓的。为了上帝的荣耀，我们关闭了肮脏的神庙，推倒了血迹斑斑的祭坛。让基督独自统治和守护我们的宫殿，任何邪恶的灵魂都不会再知晓罗慕卢斯的堡垒，我的宫廷只会侍奉和平的主。"

| 十三、普鲁丹提乌斯的《反叙马库斯》 |

如此说来，罗马已说服了她忠心的儿子们拒绝元老那不可容忍的请求。这元老代表的是朱庇特神庙的占卜师，而不是他的国家。他的国家的真正荣耀在于基督。然而，他继续宣称，在寻找独一上帝的过程中有着各式各样的不同路径。寻觅者从不同的地方分别出发，走着各自的蜿蜒道路，去匆忙追逐祂，但这些道路最终会在同一个终点交会，合而为一。他声称，天空和大地、风和大海以及云朵被给予所有人，既包括我们这些崇拜你基督的人，也包括那些将腐烂的内脏奉献给石像的人。我不否认，空气、星辰、海洋、土地和雨水属于所有活着的生命。的确，不正义的人和正义的人生活在同一片天空之下。不虔诚的人和虔诚的人、纯洁的人和不纯洁的人、妓女和合法妻子都呼吸着同样的空气。牧师和角斗士自口中呼出的是同样的气体。在春天，西风吹来，云层中就下起了雨，但这雨水同时滋润了盗贼和诚实的农民的田地。在夏天，旅人和强盗在疲惫时，都会去喝纯净的溪水。大海既为海盗服务，也为商人服务。大海的波涛在面对敌人时同样温和，如同它们在承受一艘合法船只带来的阻力时。那么，大自然在哺育人类时是冷漠的。她无法区分活人的不同品质，因为她唯一的任务就是喂养活人。世界是我们的仆人，而非我们的法官。这个功能是大自然的至高无上的主为祂自己在规定的时间预留的。于是，人类现在拥有了本是给予祂的礼物。所有人在相同的条件下都可获得：溪泉流淌，河水满溢，以帆作翼的大海上满是船只，雨水落下，微风轻扬，空气凉爽而舒畅。只要服务于我们的各要素按部就班地运转，自然界的物质就会成为所有人都可使用的共同财产。因此，好人和犯下死罪的人会欣赏到同样的星辰，一齐享受到宽容的天空的仁慈。生命是属于所有人的，但奖赏不是。于是，罗马人、达安人、萨尔马提亚人、汪达尔人、匈人、盖图里人、阿勒曼尼人、撒克逊人和迦洛利安人，都在同一片大地上行走，拥有着同样的天空和同样的海洋作为世界的边界。不仅如此，动物也饮用着我们的泉水；给野驴带来青草的露水同样给我们带来了谷物；肮脏的母猪在我们的河里洗澡；我们呼吸着的空气进入狗的体内，轻盈的气息令野兽的躯体充满活力。然而，罗马人和蛮族之间的差异，就如同四足动物和两足动物之间的区别、哑巴和能言语者之间的不同。而忠诚地遵从上帝指令的人和坚持无意义的祭仪与迷信的人之间的差别也丝毫不小。共

享空气与天空并没有使得他们在宗教上的信仰变得相同。大自然不过是孕育、滋养和复原了他们的身体，并保证他们能代代相传。至于他们有何种特征、外表与品行，则都不重要，只要他们在这世上出生，他们的身体能从自然的各要素中吸收能量。在第一个人类亚当玷污他自己之前，圣父和创世主便已将这份自然的眷顾不分区别地给予每一个种族，带着毫不吝惜的慷慨。它不会因使用者的过错而遭到限制或是被缩短，也不会从不配拥有的人身上收回自己，更不会避开肮脏、卑鄙的事物。同样，当太阳发散光芒，照亮所有地方时，它既穿透了金色的屋顶，同时也穿透了被黑烟笼罩的屋顶。它照入了闪耀着大理石雕像的光芒的卡皮托利山，也照入了牢房的缝隙和恶臭的粪堆表面，以及污秽的妓院。但这不会使阴暗的监狱变得和君主的宫殿一样，后者的天花板因镶嵌着带有宝石的黄金而变成黄色的；更不会使那些在骨灰坛和坟墓里寻找神性、用鲜血取悦鬼魂的人，变得和那些崇拜天上至高无上的主、用正义供奉祂并为祂润饰心中的圣殿的人一样。而他说，有关神秘真理的伟大奥秘只能通过多条道路和分布广泛的各式途径来寻得；若想找出隐藏着的上帝，则必须经由多种多样的路线，踏着上百条道路去追踪祂。事实远非如此：大量道路都包含着蜿蜒曲折、犹疑迷茫和更加混乱的偏离方向。只存在一条道路是令人不会迷失，无须转弯，也没有岔路口可供犹豫。

然而我并不否认，我们总是会面临一条双重的道路。死后的人会走上两条道路，无法确定它的无知会领着它的脚步迈向哪边。其中一条道路分裂成多条岔路，另一条道路则是单一的。一条道路追随上帝，另一条道路则崇拜众神，且有着许多分径。神庙里的塑像或鬼魂则以虚假的丑陋外形在这条路上来回飘荡。这条路把一些人带去参加巴库斯的狂欢仪式，欣赏他的酒神杖；引诱另一些人参加萨图恩的节日；或是教人将婴儿朱庇特隐藏在铜管声中而索要赎金的仪式。随后，这些人追逐牧神节中赤身裸体的年轻男子们的鞭打和奔跑。美加拉西亚的阉人被可怕的狂热刺激，被要求说出黑暗的神谕。有些人则准备取道更短的交叉路口，在尼罗河畔的庄园里崇拜不名一文的蔬菜，敢于把韭菜和洋葱放入云端当作神灵，把大蒜和芥菜置于空中的星辰之上。伊西斯、萨拉匹斯、长尾猿猴与鳄鱼其实就是朱诺、拉维尔纳与普里阿普斯。尼罗河，那些是你崇拜的对象。台伯河，这些则是你崇拜的对象。它们属于同一种迷信，尽管披着不同颜色的错误外衣。另一条道路始于别处，隐藏在暗处的灌木丛中。牛、不会说话的动物和一些人类沿着这条路在密林中向前走：在这条路上，人类的思想被遮蔽。人们对天堂一无所知，生活在残忍暴君的束缚之下。这条道路认为上帝是不存在的。所有事物都是凭机遇运动。时代在没有管理者的情况下自行旋转。这条路和你们所走的那些道路相距不远。你们认为存在着许多神灵，但这群至高无上的神灵其实仅仅是巨大而丑陋的怪物。我们的这条路是单独的。上帝是我们的向导。祂命人类沿着单一的路向前走，使这条路沿着右边的山坡笔直向上，通往高耸的山峰。这条道路的起点似乎有些简陋，充斥着一些崎岖、险峻和艰难，但它的终点是最美丽的，被丰盈的财富装点着，到处都散发着永恒的光，足以弥补人类先前受过的苦难。而在那条歧道繁多的路上，魔鬼充当着向导，在左手边把一条道路分成了上百条杂乱的小径。他把蓄着大胡子的哲人们拉到其中一条道上，又把有钱或有势的人拽到另一条道上。他还用鸟类的叫声引诱这些人，用预言欺骗他们，用胡言乱语的老西比拉的晦涩难解之词煽动他们，用占星术纠缠他们，驱使他们研习魔法，用征兆哄骗他们，用占卜诓骗他们，用野兽的内脏吓唬他们。你们难道看不见这条路在一个向导的引领下是如何蜿蜒曲折吗？他不会带你去寻找救赎之主，而是给你指了一条通往死亡的道路。这条道路上有很多旁道。这些旁道上充斥着短暂的好处，但它们的终点是阴郁可怕的，会让你一头栽向卡律布狄斯。你们这些异教徒快走开！你们不会在路上和上帝的子民成为同伴。你们快走得远远的，进入你们自己的黑暗之中，往你们的向导呼唤你们的方向走去。他领着你们在地狱的黑夜里，走过一条又一条远离主路的蜿蜒小道。但对我们来说，当我们在寻找生命的主时，这独一的道路是光明的，是天朗气清，路上充满了纯粹的恩典。我们跟随希望，凭借信仰前行，享受凭借现世生活的幸福无法获得但在未来会拥有的事物。已经得到的快乐和未来将得到的快乐并不相通。

  这位元老的最后一个悲伤的含泪控诉是指帕拉斯祭坛无法再得到祭祀用的谷物，维斯塔贞女们无法再拥有特权，纯洁的合唱队失去了支持，维斯塔祭坛的火焰不再如旧时那般被照看。他说这便是为何我们的农田会荒芜，地里长不出粮食，严重的饥荒四处肆虐，全世界的人类都因缺乏食物而变得面色惨白。当前出现的大规模的致命饥荒是由特里普托勒摩斯和克瑞斯的愤怒引起的。他们是为了报复维斯塔失去的支持。我无法想象这种规模的饥荒，甚至连流言都不曾造谣这种事。我倒是听说尼罗河如往常那般漫溢至埃及的平原，把绿色的坎帕努斯的玉米地变成了一个湖泊。否则就会有信使传来消息称尼罗河干涸了，孟斐斯在尘土的堆积下变得贫瘠而干旱，佩鲁西乌姆的沼泽地里的泥水也不再冒出蒸汽。难道隐藏在大自然深处的秘境里的源头已经干涸，泉眼里几乎流不出一滴水？难道河流已经掉转方向，不愿再冲刷我们的河岸，而是改道奔向皮肤黝黑的印度人①？难道是干渴的河道在中途吞噬了河水？难道尼罗河的水流突然涌入了某个裂开的洞口，以至于河水无法灌溉沟渠，无法流经埃及的干旱平原，无法用洪流把干硬的土块浇灌成肥沃的黏土，以使得谷物如发绺一般在田间飘动，广袤的土地上结出更多的饱满谷穗？看看阿非利加乡下的农民是否不再把谷物装船，不再把成堆的小麦运到台伯河口来喂养罗马人；在莱昂蒂尼的平原上犁地的人是否没有及时将他载有谷物的船只驶离利利俾的海岸；负责运送撒丁岛上的谷仓里的屯粮的船队是否不再在海上张开风帆，是否无法再用粮食填满罗马的仓库。迦太基的农民的餐桌上是堆满了野梨吗？西西里的农民是以从地里拔来的野草为食吗？撒丁岛现在是在用橡树上的橡果为雷穆斯的子民供应食物吗？罗马人现在是以石生茱萸为食吗？有谁会饿着肚子来大竞技场看表演？罗马城有哪个区因为台阶上空空如也而在遭受粮食匮乏的折磨？在雅尼库鲁姆有哪座磨坊在安静地休息？哦罗马，国家给予你的人民的食物表明，每个行省提供的收成是多么丰盛，这个富饶的世界是多么地物资充足与慷慨大方。它更是养活了一大群长期闲散的人。纵使某一年的粮食产量要比另一年的少一点，这也并不奇怪，根本不是什么世上的新鲜事。前人们在常常忍饥挨饿时就已经体会到了这一点。在春天，当作物还很嫩绿时，在太阳的炙烤下，干燥的空气晒干了薄云。云朵无法生成频繁的雨水降下甘霖。谷物还没来得及用鲜嫩的乳汁把自己孕育出来的谷粒留住就已经成熟。它的汁液被炎热

---

① The Indians。这里指埃塞俄比亚人。

的东风吹散。于是作物长成了没有肥力的秸秆。一片贫瘠的秸秆林欺骗了农民的希望，令农民们一无所获。我确信土地在很早之前就曾遭到破坏，甚至早于帕拉狄昂或维斯塔带着火种躲藏在特洛伊人的房子里以守护粮仓的灵魂，早于普里阿摩斯的父亲雇佣工匠修建城墙，早于处女帕拉斯建立她心爱的雅典城。如他们自己所说，维斯塔的火种最初是取自原生的朽木。随后，弗里吉亚人或希腊人供养炉灶，将它视作神圣之物。自然界中各要素的偏离正轨与不稳定自古就有。它们常常被震荡到规定的限度之外，导致一些不符合自然法则或是不合乎一年里的发展规律的事件发生。有时，由于沾染了空气中难闻或有毒的气体，生出的铁锈会损害庄稼；有时，在西风吹过的温暖春天里，来自寒冷的北方的寒流会烧毁谷物，把枯萎了的茎秆头部烧成灰黑色；有时，当叶片从幼嫩的种子开始生根发芽时，它会被不曾停歇的严寒冻死，从而变得干瘪；有时，因霜冻的继续入侵，它纤细的根部会被拽到地面上并被扯裂，裸露在土壤之外。于是双尖角的铁蒺藜和多刺的蓟草便出现了，前者源自过度的干旱，后者源自极度的潮湿。气候运行的不足或过度引发了这些大地上的灾难，使得我们的世界患上病痛、受到伤害。同样地，人类身体的运转也经常会出错，落入有瑕疵的状态；它没有在正确的系统里继续运行，反而因失控而使我们的器官出现一些疾病。这个世界的组成部分和我们身体中的结构是一致的，是由同一种本质支撑着两者。它们都诞生自虚无，也注定要回归虚无，或是因患病而变得虚弱，或是被时间打败，变得年老体衰。一个注定会终结的大自然是不可能完美无缺的。请确信在任何时候，天空都在以不同的增速编织着岁月的纹路。有时收获极丰，有时注定是不幸和贫瘠的。农民们报以希望的劳作最终在失望中一无所获。但若真的是这个来自我们无法相信的世界的残忍诅咒在为维斯塔贞女复仇，那么为何它不单单令基督徒的土地荒芜？毕竟是由于基督徒，你们的贞女才会得不到原本该有的馈赠。我们已从我们的耕地和耕种方法中获益，没有任何理由再为我们的劳动感到遗憾：若是有块石碑[①]立在那里，古代的迷信曾用带子缠绕它，用母鸡的肺片向它祈求愿望，那么现在这块石碑被打碎了，

---

① 指界碑。

特里米努斯①因得不到动物内脏作祭品而遭到亵渎,那棵缠满了带子、被用来挂冒烟的灯笼的树也被复仇之斧砍倒了。但土地上的收成并没有因此减少,气候也没有变得不再温和、宜人、舒畅,能带来雨水缓解耕地干渴的风也没有变少。然而,清醒地生活着的人并不会有过多需求。当庄稼极度丰收时,我们不会允许自己沉溺在充盈的财富中尽情享乐,也不会滋生贪婪的欲望而急于攫取利益。对于那些希望得到永恒的人来说,在现世生活里拥有的每一件好事都是微不足道的。这样的人会拥有三倍的快乐,因为他同时也是智者和农民。他一齐照料土地和灵魂,不眠不休地爱护两者。当他雇佣在田地里劳作的人时,他对这些人指示道,如同创造我们的基督教导人类那般:"当你们把种子撒进犁沟里时,你们要注意那些坚硬、多石、贫瘠的土地,以免让播撒的种子落在那里。嫩芽起初是充满肥力的,生长得很快,但随后汁液枯竭,干渴的植物就会在烈日的高温下被烤焦、烤干。你们也不要让种子滚到多刺的灌木丛中,否则当作物生长时,它就会被粗糙的枝条盘绕,脆弱的茎秆会被荆棘用带刺的枝条紧紧捆住。也不要把你们播种的谷物撒在大路上,不然它们都会被鸟类吃光,任凭不洁的乌鸦飞来对它们作恶。"上帝便是用这些建议帮助农夫,而农夫亦令圣父的神律进入耳中和心里,依此看管灵魂中和地里的农田,使他的心灵通过教化得到的收获,不亚于田地里的丰厚收成。我们要将粗粝的荆棘自心中拔除,以免它们有毒的荆条杀死生命的嫩芽,以免邪恶又有害的多刺荆棘用各式各样的罪恶掐断灵魂结出的果实;也不可让由无生气的沙砾堆积成的松软土壤抽干我们的信仰,让我们的信仰在心中枯萎;不可让酷热在心中灼烧,烧焦疲惫肉体中的精神恩赐;不可让谦卑的注意力离开上帝,让心中对上帝的感情被耗尽,被不祥的鸟儿吞食,放弃我们的内在本质赖以存在的希望,让信仰被抛弃,令自己沦为有翼的敌人的猎物。通过使用这些技巧,我们能从我们的土地上得到百倍的回报。这些技巧在田地里积极地活动着,既不怕象鼻虫会损坏储藏着的谷物,也不怕黑蚂蚁会把谷物搬回自己的洞穴。我们的贞女亦拥有她们高贵的奖赏,包括谦逊、蒙着神圣面纱的脸庞、这个不为公众所知的群体在私

---

① 罗马神话中的界神。

十三、普鲁丹提乌斯的《反叙马库斯》

下获得的荣耀、很少举行且适度的盛宴、永远懂得节制的精神和至死方休的贞洁律法。于是，百倍的果实涌入了这些人的谷仓。夜间的盗贼永远不会偷盗这些谷仓，因为没有盗贼会袭击天堂。天上之物的封印永远不会被不诚实破坏。只有在地面上才会存在不诚实的图谋。

现在，我要来验证维斯塔贞女之贞洁的崇高声誉和这一贞洁被要求视作有关纯贞的全部荣耀的标准的公平性。首先，维斯塔贞女们在幼嫩的童年时期便被选中。当时的她们尚且无法根据自己的意愿做出自由选择，便被要求怀着对贞洁之荣耀的热忱和对众神的爱，拒绝拥有合法的婚姻关系。她们的纯贞被俘获，并被送上无用的祭坛。这些可怜的女孩丧失了身体上的满足感，不是因为她们轻视此事，而是因为被强行剥夺。她们的身体被保持无瑕，但她们的心灵却没有如此。未婚的女孩们躺在床上，不停地叹息隐秘的伤痛和失去的成婚机会。但她们对此的希望仍在，因此那束火也没有完全熄灭。等到以后的某一天，点燃沉睡的火束、为白发苍苍的年老妇人披上幸福的新娘面纱便会变得合法。维斯塔要求贞女们在规定的时间内保持无瑕的身体，但到最后却鄙弃年迈的贞女。处于适婚年龄的贞女们虽然有着充沛的活力，但她们的身体却不曾孕育过子嗣。她们无法展露母爱。然而，已经履行了神圣职责的年老贞女却结婚了。她抛弃了自己年轻时曾侍奉过的炉灶，带着陈旧的皱纹坐到婚床上，作为新娘在冰冷的床榻上学习如何取暖。与此同时，当贞女散乱的头发被弯曲的带子系住时，当未婚的女祭司正看管着神灵之火熊熊燃烧时，维斯塔贞女被抬到街道中央，在庄严的公共游行的队列中行进。她坐在带有软垫的马车中，脸上没有戴着面纱，令一个充满敬畏之情的城市能欣赏到受人崇拜的贞女的模样。随后，这位以纯洁和不流血的虔诚为生的贞女进入了竞技场的集会中。她注视着血腥的战斗和凡人的死亡，用她神圣的双眼看着人们为活命而遭受伤痛。她戴着令人敬畏的头饰醒目地坐在那里，欣赏着驯兽师们的成果。这是一颗多么柔软、温和的心啊！每当一名胜利者刺中牺牲者的喉咙，她就会起身呼唤胜利者为她的宠儿。随后，这位谦逊的贞女会转动拇指，命胜利者刺穿已倒下的敌人的胸膛，如此便不会有残存的生机潜伏在生命的深处。而在被刀剑进一步深深刺入后，斗士浸没在了死亡的痛苦中。所以，维斯塔贞女的杰出功绩在何处呢？是永远守护拉丁姆的帕拉丁城的伟大，负责保护罗马人的生命和罗马贵族的福祉，或是让头发披散在脖子上，或是用精美的丝带绕过眉毛再把头发系成结，在地下的鬼魂面前割开小牛的喉咙，作为取悦神灵的牺牲放于祭火之上，低声献上含糊不清的祈祷？还是说她们坐在看台上更好的位置，看着矛杆是多么频繁地用带有三叉的尖端猛击戴着青铜头盔的脑袋，看看负伤的角斗士在逃跑时，他身上有多少裂开的伤口溅染了竞技场，又流了多少血来标记他逃跑的路线？最尊贵的奥索尼亚王国的首领，我向你请求，请让黄金时期的罗马不要再沾染这种罪恶，请你下令废除这残忍的仪式，如同废弃其他仪式一般。你看，难道你的父亲不正是在他自己的功绩中留下这个空白，而来自上帝和你的先辈们的仁爱都决定把它交给你来填补吗？你的父亲为了不独享伟大的仁慈应得的奖赏而说道："我的儿子，我留出一部分给你。"他把未被缩减也未被损害的荣耀留给了你。我们的君主，紧紧抓住为你的时代而准备的荣光，并以你父亲的继承者的身份接收他留给你的荣誉吧。你的父亲曾下令禁止用公牛的鲜血沾湿罗马城，那么你是否也应下令不可把不幸之人的尸体当作牺牲用来献祭？不要让活人在罗马倒下，令他们的痛苦变成他人的快乐，也不要再让贞女们用数不尽的杀戮来取悦自己的双眼。现在，让臭名昭著的竞技场只接纳野兽，不要再用血腥的武器进行杀人的游戏。让罗马把她自己献给上帝；让她同伟大的君主相配，既英勇无畏，又清白无罪；让她在仁慈方面追随她战场上的领袖。

十四、出访阿提拉

公元448年，历史学家普利斯库斯曾陪伴他的朋友马克西姆访问匈奴首领阿提拉。普利斯库斯记录并描写了出使阿提拉的情况，内容翔实，是我们了解东罗马帝国、西罗马帝国与阿提拉的关系的重要资料。本文译自 J. B. Bury, *History of the Later Roman Empire*, Volume I, pp. 279-288。

出访阿提拉

我们和野蛮人一起出发,到达了萨迪卡(Sardica)。对于脚程快的旅行者来说,从君士坦丁堡(Constantinople)到萨迪卡的行程需要十三天的时间。在萨迪卡停留期间,我们想去邀请伊迪康(Edecon)和他身边的野蛮人共进晚餐,认为这当属明智之举。当地居民把牛羊卖给我们。我们将其宰杀并准备了一餐饭。在餐宴上,当野蛮人赞美阿提拉(Attila)而我们赞美君主时,比吉拉斯(Bigilas)说,把人和神作比较是不公平的。在他的语境中,人指的是阿提拉,而神指的是狄奥多西(Theodosius)。这一说法激怒了匈人。但是我们很快转移了话题,并安抚了他们受伤的感情。在晚饭后临别之前,马克西姆(Maximin)给伊迪康和俄瑞斯忒斯(Orestes)赠送了丝质衣服和印度宝石……

当我们到达那西苏斯(Naissus)时,我们发现这座城市已经被遗弃了,仿佛它遭到过一场洗劫,只有几个病人躺在教堂里。我们在离河不远的一块空地上停了下来,因为河畔到处都是阵亡将士的尸骨。第二天,我们来到阿金修斯(Agintheus)的驻地。他是被安排在离那西苏斯不远的伊利里亚(Illyrian)军队的总司令。我们来此向他宣布帝国命令,并将接收十七名逃兵中的五名。阿提拉曾写信给君主提到过这些逃兵的情况。我们和阿金修斯进行了会谈。在友好地探讨了逃兵(的情况)后,他将他们交到了我们手中。次日,我们从那西苏斯地区启程,向多瑙河前行。我们进入了一个有许多迂回曲折小路的隐蔽山谷。我们以为我们的行进方向是正西,但当黎明到来时,太阳从我们面前升起。我们中一些不熟悉地形的人大声疾呼,称太阳走错了方向,这预示着不寻常的事情(将发生)。而事实是,由于土地不规则,这段路是朝东的。在穿过这些崎岖不平的土地之后,我们来到了一片树木繁茂的平原。在河边,我们得

十四、出访阿提拉

到了几位野蛮人船夫的迎接。他们撑着用凿空的树木制成的小船载我们渡河。他们造船不是为了我们,而是已经搭载着我们曾经路遇的一股野蛮人力量过了河。因为阿提拉想假装进入罗马领土去打猎,但是这位斯基泰贵族实际是为战争做准备,(开战的)借口是没有获得全部俘虏。我们渡过了多瑙河,和那些野蛮人一起向前行进了大约七十斯塔德。随后,我们不得不在一片平原上等候,让伊迪康和他的队伍走在前面,告知阿提拉我们的到来。在晚上用餐的时候,我们听到了迫近的马蹄声。一会儿,来了两名斯基泰人,告诉我们阿提拉所在的方向。我们邀请他们先享用我们的晚餐,他们于是开心地下了马。第二天,在他们的带领下,我们在三点前后来到了阿提拉众多帐篷的所在地。当我们想在一个山丘搭设帐篷的时候,野蛮人拦住了我们,因为阿提拉的帐篷位于低处。于是我们在斯基泰人指定的地方停了下来……(后来,我们从阿提拉那里得到了一条信息。他意识到他们使团的性质,称如果他们没有更进一步的内容和他交流,他将不再接待他们,所以使团人员不情愿地准备打道回府。)当行李已经装在驮兽的身上,而我们不得不准备连夜出发之时,由于天色已晚,从阿提拉处来的信使叫我们略作等待。随后,阿提拉派人送来了一头牛和一些河鱼。在享用完晚餐后,我们累得睡着了。第二天天亮,我们期待着能从这位野蛮人那里获得一个文雅且有礼貌的消息,但是阿提拉再次表示,如果我们在他已知的情况之外没有其他授权的话,他命令我们离开。我们一言不发,准备离开,尽管比吉拉斯坚称我们应假装有其他情况需要交流。当我看到马克西姆异常沮丧的表情时,我带着懂得匈人语言的鲁斯提修斯(Rusticius)走向斯科塔斯 [Scottas,匈人贵族之一,奥涅盖修斯(Onegesius)的兄弟]。鲁斯提修斯曾和我们一起到过斯基泰。但他不是作为使团的一员,而是和埃提乌斯(Aetius)派给阿提拉做私人秘书的意大利人君士坦提乌斯(Constantius)一起出差而来。在鲁斯提修斯的翻译帮助下,我告诉斯科塔斯,如果他(马克西姆)能被安排与阿提拉见面,马克西姆会给他很多礼物;此外,使团(的行动)将不仅有助于两国的公共利益,而且会使奥涅盖修斯个人受益——因为君主期望他作为大使被派往拜占庭,来调解匈人和罗马人的纠纷;而在那里,他将获得极好的礼物。因为奥涅盖修斯不在场,我说,应该由斯科塔斯来帮助我们，或者说，是来帮助他的兄弟，同时也证实一则传闻的真实性。这则传闻称，斯科塔斯对阿提拉的影响与他兄弟对阿提拉的影响是一样的。斯科塔斯骑上马前往阿提拉的帐篷，而我转身回到了马克西姆那里。我发现他与比吉拉斯正一起躺在草地上，一副惶惑不安的样子。我描述了我与斯科塔斯的会面，并吩咐他准备好迎接阿提拉的接见。他们都跳了起来，赞许我所做的一切，并召回了那些已经带着负重牲口出发的人。正当我们在考虑该对阿提拉说些什么以及如何赠送君主的礼物时，斯科塔斯前来迎接我们了。我们进入了阿提拉的帐篷，那里围着一群野蛮人。我们看到阿提拉坐在一张木椅上。我们站在稍远的地方。马克西姆走上前，向那野蛮人行了礼，把君主的信交给了他，代君主向他问好。这位国王回复道："把同样的祝福也送给你们罗马人。"随后，他立刻与比吉拉斯展开对话，称后者是个不知羞耻的畜生，质问他为什么竟敢在没有接手所有逃兵的时候前来……①

比吉拉斯回到了帝国（名义上是为了找到阿提拉要求归还的逃兵，但实际上是为了给他的同谋伊迪康筹集资金）。在他离开后，我们在当地停留了一天，然后和阿提拉一起出发去该国的北部地区。我们与这位野蛮人一道走了一段时间。但当我们到达某一地点时，斯基泰人命令我们走另一条路，因为阿提拉将前往一个村庄。在那里，他打算迎娶埃斯卡姆（Eskam）的女儿，尽管他已经有了许多其他的妻子，但还是按斯基泰的习俗迎娶了她。我们沿着平原上一条平坦的道路前进，遇到了可通航的河流，其中最大的是临近多瑙河的德列康（Drecon）、提伽斯（Tigas）和提菲萨斯（Tiphesas）。我们乘坐独木舟渡过了那三条大河——这船是河岸上的居民使用的——又乘坐野蛮人用大车负载的木筏穿过较小的河流，目的是穿越沼泽。在村子里，提供给我们的食物有小米但没有谷物，有当地人所说的蜂蜜酒，但没有葡萄酒。跟在我们身后的侍从收到了小米和一种用大麦制成的饮料，野蛮人叫它kam。傍晚时分，在走了很长一段路后，我们在一个淡水湖的岸边搭起了帐篷。这个淡水湖可供邻村居民取水饮用。可是，一阵狂风暴雨，伴随着电闪雷鸣，几乎把我们的帐篷掀翻。我

---

① 伊迪康把他和比吉拉斯设计谋害阿提拉的计划泄露给了阿提拉，这才是阿提拉对后者粗暴的真正原因。

们所有的器具都滚进了湖水里。由于受到这场灾难和大气干扰的惊吓，我们离开了这个地方，在雨夜走散了。我们各自沿着似乎最容易走的通路行进，但（最终）都从不同的路径到达了村庄，并为得到我们所缺少的东西而发出了求救信号。村里的斯基泰人一听到声音就从小屋里冲了出来，点燃了他们用来生火的芦苇，询问我们想要什么。我们的领导者回答称，暴风雨把我们吓了一跳。他们因此邀请我们去他们的小屋，用芦苇点燃篝火为我们供暖。统治村庄的女士——她曾是布莱达（Bleda）的妻子之一——给我们送来了食物和漂亮的姑娘来安慰我们（这是一种斯基泰人的恭维）。我们邀请这些年轻的女士分享食物，但拒绝进一步利用她们的存在。我们在小屋里一直待到天亮，然后去寻找我们丢失的器皿，这些器皿一部分是在我们搭帐篷的地方找到的，一部分是在湖岸上，一部分是在水里。我们利用在村子的那天来晾晒东西，因为（第二天）风暴已经停歇，阳光灿烂。在照看好我们的马和牛后，我们径直走向公主，向她表示敬意，并赠送礼物，以回报她的恩惠。这些礼物包括野蛮人认为本国不出产的东西——三个银瓶（phialai）、红色的皮、印度胡椒、棕榈果和其他美味食品。

在又行进了七天后，我们在一个村庄停了下来，因为我们和阿提拉剩余的路线是重合的，所以我们必须等待，以便他能走在我们前面。在这里，我们遇到了一些"西部罗马人"。他们分别是罗慕卢斯（Romulus）伯爵，诺利库姆（Noricum）的总督普罗图斯（Promotus）和一名军事长官罗马努斯（Romanus）。他们也是跟着一个使团来到阿提拉所在地的。同他们在一起的还有被埃提乌斯派给阿提拉当秘书的君士坦提乌斯和俄瑞斯忒斯的父亲塔图洛斯（Tatulus）。这两个人和使团没有关系，但他们是大使们的朋友。君士坦提乌斯早在意大利就认识了这几位大使，俄瑞斯忒斯则已娶了罗慕卢斯[①]的女儿。

使团（此行）的目的是软化阿提拉。后者要求（罗马人）交出一位名叫西尔瓦努斯（Silvanus）的罗马银盘商人，因为他从一位名叫君士坦提乌斯的人那里得到了金器。这位君士坦提乌斯是高卢人，比做秘书工作的同名者更早来

---

① 罗慕卢斯和他的女儿是在诺里库姆（Noricum）的波爱图伊奥（Poetvio）。

625

到了阿提拉那里。当潘诺尼亚（Pannonia）的西米乌姆（Sirmium）被斯基泰人包围时，该地方的主教将金器交给他（君士坦提乌斯）保管。如果城市被占领，而主教还活着，它们可以被用来赎回他；若主教被杀害，它们可以被用来赎回被掳的市民。但当城市被征服时，君士坦提乌斯违背了他的诺言。因为他当时碰巧在罗马出差，为了一笔钱把金器典当给了西尔瓦努斯，条件是如果他在规定的时间内交付了赎金，西尔瓦努斯就必须归还金器；否则金器将归西尔瓦努斯所有。君士坦提乌斯因涉嫌背叛而被阿提拉和布莱达钉死在十字架上；后来，当阿提拉得知金器之事后，他要求（罗马人）交出西尔瓦努斯，理由是西尔瓦努斯偷窃了他的财产。埃提乌斯和西罗马帝国的君主于是派人解释说，西尔瓦努斯是君士坦提乌斯的债主，这些器皿是被（君士坦提乌斯）当掉的，而不是由（西尔瓦努斯）偷来的；此外，西尔瓦努斯已经为了神圣的目的把它们卖给了牧师和其他人。如果阿提拉坚持自己的要求，他，君主，将按金器的价格赔偿阿提拉，但不会交出无辜的西尔瓦努斯。

我们等待了一段时间，在阿提拉行进到我们之前后，我们才继续前行。在穿过了几条河后，我们来到了一个大村庄。据说阿提拉在这个村庄里的家比他在其他地方的住宅更加豪华。房屋是用抛光的木板建造的，周围有一圈木制的围墙。设计围墙的目的不是为了防护，而是为了美观。奥涅盖修斯住房的豪华程度仅次于国王，也有木制的围墙包围，但是没有像国王的房子那样装饰有堡垒。在围墙的不远处有一个巨大的澡堂，这是奥涅盖修斯——斯基泰人的第二掌权者——用从潘诺尼亚运来的石头建造而成的。他这样做是因为这个地区的野蛮人没有石头和树木，故而（需要）使用进口的材料。澡堂的建造者是一个来自西米乌姆的俘虏，他希望凭借建造澡堂来获得自由。但是结果令他感到失望。并且，除了（继续）在斯基泰做俘虏外，他还有了更大的麻烦——奥涅盖修斯任命他为搓澡师，当奥涅盖修斯和他的家人洗澡的时候，他必须一直服侍他们。

当阿提拉走进村子时，迎接他的是一排排女孩子。她们站在由外围妇女撑起的薄薄的白色亚麻布罩子之下。罩子很大，每个罩子下有不少于七个女孩子在行走。这样在罩子下行走的女孩子有好几排。她们唱着斯基泰人的歌曲。当阿提拉顺路来到奥涅盖修斯的房子附近时,奥涅盖修斯的妻子带着许多奴隶,端着酒和肉,在门前向他致敬,请求他接受她的款待。这是斯基泰人所能表达的最高敬意。为了满足他朋友的妻子愿望,阿提拉骑在马上享用了餐饮。他的侍从们把托盘举到他的马鞍前。在品尝了葡萄酒后,他步入了宫殿。宫殿比其他的房屋要更高,建造在一片架高的区域上。而我们应奥涅盖修斯的邀请,仍然留在了他的房间。他带着阿提拉的儿子远征回来了。由于必须向阿提拉阐述他远征的结果,并说明发生在年轻王子身上的事故——他滑倒了,摔断了右臂——所以他自己没有时间,是他的妻子和亲戚宴请了我们。晚饭后,我们离开了奥涅盖修斯的房子,在离宫殿更近的地方住了下来,这样马克西姆就能够比较方便地去拜访阿提拉,或是和他的宫廷大臣进行交流。第二天黎明时分,马克西姆派我带着他和国王交给我的礼物去见奥涅盖修斯。我要去弄清阿提拉是否会和马克西姆见面,以及在何时见面。当我和拿着礼物的仆人们一起到达(阿提拉所在的)房子时,我发现那里大门紧闭。我不得不等待有人出来,(向屋里人)传报我们的到来。当我在环绕房子的围墙前来回踱步等待时,一个男人走了过来。我从他斯基泰人的衣着上判断他是野蛮人。他用希腊语跟我打招呼,说:"嗨!"我惊讶于一个斯基泰人会说希腊语。因为匈人的臣民从不同的地方聚集在一起,除了他们自己的野蛮语,即匈人语言和哥特语外[①],一些与西罗马人有贸易往来的人还会说拉丁语;但除了来自色雷斯(Thracian)或伊利里亚(Illyrian)海岸的俘虏外,没有人能自如地使用希腊语。这些俘虏能够被陌生人轻易地识别,因为他们(往往)穿着破旧的衣服,顶着肮脏的脑袋。形象与他们相反的人同样容易被辨别。这个人(与惯常的认知)相反,像一个富裕的斯基泰人。他衣着讲究,头发按斯基泰人的方式盘成一圈。在回应了他的问候后,我询问他是谁,从哪里来到这片陌生的土地并过上了斯基泰人的生活。当他好奇我因何有了这些疑问时,我告诉他,他的希腊语引发了我的好奇心。听完,他笑了笑,说他出生在希腊,曾经在多瑙河上的维米那西姆(Viminacium)做商人,并在那里待了很长一段时间,还娶了一个非常有钱的

[①] 换言之,匈人语言和哥特语是匈人帝国认可的语言。

妻子。

但是，这座城市被野蛮人侵占，他的财富被剥夺了。他的财产被分配给了奥涅盖修斯，因为按照斯基泰人的习俗，首领们把富有的俘虏留给自己。在勇敢地与罗马人和阿卡提利人（Acatiri）斗争之后，他把赢得的战利品交给了主人，从而获得了自由。后来，他娶了一名野蛮人为妻并生下了孩子，还获得了与奥涅盖修斯同桌吃饭的特权。

他认为他与斯基泰人过的新生活比过去与罗马人过的生活要更好。他给出的理由如下："战后，斯基泰人过着懒散的生活，享受着他们所拥有的一切，根本不受骚扰，或很少受到骚扰。而罗马人，首先，他们很容易在战争中死亡，因为他们不得不把（自己获得）安全的希望寄托在别人身上，而且由于他们的**暴君**的缘故，他们不被允许使用武器。而那些使用武器的人则因为他们将军们的懦弱而受到伤害——这些将军不能胜任战斗指挥工作。而在和平时期，臣民的处境远比在罪恶的战争时期要更加悲惨，因为课税是很严重的，且没有道德的人会向他者施加伤害，因为法律实际上并不是对所有阶级都有效。一名属于富人阶级的罪犯不会因为他不讲道义而遭到惩罚，但一名不懂业务的穷人将承受法律的处罚。这是因为，如果他不在审判之前离开人世，那么诉讼的过程就会旷日持久，并且他们将在诉讼上花销巨大。最大的不幸在于他们想要获得正义也必须花钱。因为没有人愿意给一个受伤的人组织一场庭审，除非他给法官和法官的书记员支付一笔钱。"

为了回应这种对帝国的攻击，我请他耐心倾听问题的另一面。"罗马共和国的创建者们，"我说，"是聪明、优秀的男人，为了防止事情被随意处置，他们把一类人任命为法律的保护者，把另一类人任命为职业武装人员。他们的目标只是要随时为战斗做好准备，以及在参加战争的时候能够毫无畏惧，就如同在参加一场日常的训练。（实现这目标的方式是）通过练习让他们提前克服所有恐惧。另一些人被分配去耕种土地，通过供应军粮来维持自己的生存并支持那些为保卫他们而战斗的人……对于那些保护当事人利益的人，后者支付一笔钱给他们，就好比农民在给士兵支付工资。支持帮助他的人，报答他的仁慈，难道不公平吗？供养马匹会使骑手受益……那些把钱花在一场官司上但最终输掉官司的人，除了将之归因于对自己的案件（的判罚是）不公正的之外，把它归因于其他原因都是不公正的。至于花在诉讼上的漫长时间，那是出于对正义的考虑，为了使法官不至于因为不得不立即做出判决而不能做出正确的判决；与其让他们仓促地做出判决——这既伤害了人类，又违背了神——不如让他们更缓慢地思考和总结案件……罗马人对待他们的奴隶比斯基泰人的国王对待他的臣民要更好。

"他们像父亲或老师一样对待奴隶，告诫后者要戒除罪恶，遵守他们所重视的行为准则；他们谴责奴隶的错误，就像责备自己的孩子一样。他们不像斯基泰人一样被允许将死亡强加于奴隶身上。他们有许多给予（奴隶）自由的方式；他们不仅可以在生前，而且可以通过自己的遗嘱释放奴隶，罗马人关于财产的遗嘱是法律。"[①]

与我谈话的人流下了眼泪，承认罗马人的法律和宪法是公正的，但也表达了对那些没有继承前辈精神的总督正在毁灭这个国家的惋惜。

在我们讨论得热火朝天的时候，一个奴隶走了出来，打开了围墙的门。我赶忙前去询问奥涅盖修斯的情况，因为我想替罗马大使捎个信给他。这个奴隶回答说，奥涅盖修斯正准备离开，如果我再等一会儿，就会见到他。于是，过了一会儿，我看见他走了出来，便对他说："罗马大使向您致敬，我带来了他的礼物和君主送给您的黄金。大使非常迫切地想要见到您，请求您指定一个时间和地点会面。"奥涅盖修斯吩咐他的奴隶收下金子和礼物，并让我通知马克西姆，称他将马上去见他。我传递了这个口信，而奥涅盖修斯则很快出现在了帐篷中。他对马克西姆和君主送来的礼物表示感谢，不解为何他也得到了礼物。马克西姆回答说，如果他愿意去见君主，用他的智慧来解决罗马人和匈人之间的纷争，并使他们和解的话，奥涅盖修斯在人民中的声誉将进一步提升；他还将因此为自己的家族获得许多好处，因为他和他的孩子们将永远是君主和皇室的朋友。奥涅盖修斯询问有什么办法能让君主满意，他又该如何处理争端。在马克西米努斯回答说，如果他跨过边界进入罗马的领土，他将会得到

---

① 这段文字很有趣，它表明了5世纪帝国上层阶级对奴隶制的态度。

罗马皇帝的感激，他可以通过调查争端的起因来解决争端，并根据和平条款消除争端后，奥涅盖修斯表示，他只会告诉皇帝和他的官员们阿提拉想要实现的愿望。马克西姆回答说："如果你跨过边界进入罗马帝国的领土，你将使君主承担一种义务，并将协商有争议的事项，在和平的基础上调查这些争端并做出决定。"奥涅盖修斯说他会把阿提拉的愿望告诉君主和他的大臣们，但是罗马人不要认为他们能说服他背叛他的主人、背弃他接受的斯基泰人的训练、忽视他的妻子和孩子，或者（认为）依附阿提拉不如在罗马人中拥有财富。他补充说，如果他的主人对罗马人不满，他留在自己的国土上，同时纾解他主人的愤怒，这会对罗马人有更大的帮助，而不是去拜访罗马人，并因为他做出了阿提拉不赞成的安排而受到责备。他同意由我充当中间人，替马克西姆转达口信给他。因为经常拜访他将有损马克西姆作为大使的尊严。随后，他离开了帐篷。

第二天，我带着礼物走进阿提拉的宫殿，将礼物送给他的妻子克雷卡（Kreka）。克雷卡有三个儿子，其中最年长的统治着阿卡提利和其他居住在本都的斯基泰民族。

围墙内有许多建筑物，有些是用切好的木板精心地拼合在一起的，有些是用笔直的木板固定在离地面中等高度的圆形木块上的。阿提拉的妻子就住在这里。在门口得到野蛮人的允许后，我进入了房间，看到她斜倚在一张柔软的卧榻上。房间的地板上铺着可供行走的羊毛垫子。许多奴隶在她身旁站立，坐在她面前地板上的女仆们正在用彩色亚麻布刺绣。这些布料将被用来装饰斯基泰人的衣服。在靠近她，向她致敬并奉上礼物后，我走出了屋子，走向阿提拉所在的另一所房子，等候着奥涅盖修斯。据我所知，他当时是和阿提拉在一起的。我站在一大群人中间——阿提拉的卫兵和侍从们都认识我，所以没有人阻挡我。我看见许多人在前进，感受到一阵骚动并听到了嘈杂声，预料阿提拉将要离开。他随后以威严的步态从屋子里走了出来，环顾四周。在奥涅盖修斯的陪同下，他站在了房子前面；很多有诉讼请求的人出现并接受了他的判决。然后，他回到屋子里，接待野蛮人的大使。

在我等待奥涅盖修斯的时候，从意大利来的使节罗慕卢斯、普罗图斯和罗马努斯和我搭讪，讨论黄金器皿的问题；他们由鲁斯提修斯和康斯坦蒂罗斯

（Constantiolus）陪同。康斯坦蒂罗斯是潘诺尼亚领地的人，该领地隶属于阿提拉。他们问我，我们是被赶出来的还是被迫留下来的。我回答说，这正是我想从奥涅盖修斯那里知道的，所以我才在宫殿外面等候。当我反问他们阿提拉是否已经提供给他们一个友善的答复时，他们告诉我，阿提拉的决定是不会动摇的，他威胁说，除非交出西尔瓦努斯或金器，否则就开战。

当我们正谈论世界形势时，奥涅盖修斯出现了。我们走到他面前，向他阐述了我们的担忧。在首先和一些野蛮人交流过后，他让我去问问马克西姆，罗马人准备派哪位领事为大使来和阿提拉会面。回到我们的帐篷，我把这条口信传递了马克西姆，并和他商量我们应该如何回答野蛮人的提问。当再次返回奥涅盖修斯的面前时，我表示，罗马人希望他到他们那里去解决争端，否则君主将随意选择一位大使前来。奥涅盖修斯于是吩咐我接来马克西姆，由他将马克西姆带到阿提拉面前。不久，马克西姆出来了，他对我说，野蛮人希望诺曼斯（Nomus）、阿纳托利乌斯（Anatolius）或元老院元老充当大使，除了这三个选项，他不接受其他任何人充当大使。当他（马克西姆）回应称，不应该提到（具体）人的名字，这样就会使他们在君主的眼里遭受怀疑时，阿提拉表示，如果他们不愿意遵从他的意愿，他将用武力来调解分歧。

当我们返回自己的帐篷时，俄瑞斯忒斯的父亲带来了阿提拉的请柬。他邀请我们两个参加三点钟举行的宴会。时间一到，我们就和西罗马人的使团人员一起去了宫殿，并在大厅的门前见到了阿提拉。

侍酒师按照民族习俗给了我们一杯酒，让我们在坐下之前可以先祈祷一番。我们品尝了杯中酒，然后就座。所有的椅子都沿着房间两边的墙壁排列着。阿提拉坐在中间的一张卧榻上；他身后还有一张卧榻，边上紧贴着他的床。床上铺着亚麻布床单和用来装饰的精美被罩。（这些床品）就仿佛希腊人和罗马人用来给新娘的床布置的一般。阿提拉右边的座位是最尊贵的，而我们所坐的位置在他左手边，尊贵指数仅排名第二。斯基泰人中的贵族贝里库斯（Berichus）坐在我们一侧，但地位高于我们。奥涅盖修斯坐在阿提拉卧榻右边的椅子上，他对面的一张椅子上坐着阿提拉的两个儿子。阿提拉的长子坐在他的卧榻上，但不是紧挨着他，而是在卧榻边缘。他的眼睛盯着地面，带着对他父亲羞涩的尊敬。当一切都安排好后，一名侍酒师走上前来，递给阿提拉一只木制酒杯。阿提拉接过酒杯，先向第一位贵客敬拜。受敬者起立，直到国王品尝或饮尽了酒，将酒杯递给侍从后才能坐下。所有的客人随后用同样的方式向阿提拉致意，并品尝杯中酒，但是阿提拉并没有起立。我们每个人都有一个专门的侍酒师，当阿提拉的侍酒师退下时，他会走上前来添酒。当第二尊贵的人以及他旁边的人受到同样的致敬后，阿提拉按照座位的顺序以同样的方式向我们敬酒。当这个仪式结束后，侍酒师退到一旁，在阿提拉的桌子旁摆上了足够三四个人甚至更多的人坐的大桌子，这样，每个人都可以在自己的座位上拿到盘子里的食物。阿提拉的侍从首先端着一大盘肉走了进来，随后，其他侍从端着面包和食物步入房间，并把这些东西放在了桌上。一顿用银盘盛着的豪华大餐早已为我们和那些野蛮人客人准备好了。但阿提拉除了木盘里的肉外什么也没吃。在其他事情上，他也表现得很有节制。他的酒杯是木头做的，但提供给客人的是金质和银质的酒杯。他的衣着也很简单，显得他只求干净的样子。他腰间佩带的剑、斯基泰鞋上的钩子、马的缰绳，都没有像其他斯基泰人那样装饰着黄金、宝石或任何贵重的东西。在第一道菜吃完后，我们全体起立。直到每个人都按照前面提到的顺序，用自己面前的酒为阿提拉的健康祈福后，我们才回到座位上。随后，我们坐了下来，而第二道菜已经被放到了每张桌子之上。在上菜后，我们又完成了和之前相同的仪式。当夜幕降临时，火把被点燃，两个野蛮人走到阿提拉面前，唱着他们创作的歌曲，庆祝他在战争中取得的胜利和完成的英勇事迹。在场的客人在看到歌手时，有些人因为歌词而感到高兴，有些人想起了激荡他们灵魂的战争，还有一些人因为年事已高、身体虚弱、精神不济，所以流下了眼泪。

歌唱完毕，会场出现了一个精神错乱的斯基泰人，他说了一些古怪的、毫无意义的话，把大家都逗笑了。紧随其后进屋的是摩尔侏儒泽肯（Zerkon）。泽肯是阿提拉送给埃提乌斯的礼物。伊迪康曾说服他到阿提拉那里去找回他遗落在斯基泰的妻子。他的妻子是他凭借恩人布莱达的影响娶来的斯基泰人。他没有成功地把她找回来，因为阿提拉对他的返回感到生气。在宴会上，他出现了。除了阿提拉以外，所有的人都因为他的外表、衣着、声音，他那混杂着拉丁语、匈人语言和哥特语的表达而忍俊不禁。然而，阿提拉却不为所动。他的表情没有丝毫改变。无论是说话还是行动，他都没有流露出一丝开心的微笑。只有在他的小儿子厄纳斯（Ernas）进来的时候，他扯了扯他的脸蛋，带着平静而满意的神情注视着他。我对他如此重视这个儿子而忽视了其他的孩子感到惊讶。但坐在我旁边的一个懂得拉丁语的野蛮人让我知道了（缘由）——先知们已经预先警告过阿提拉，称他的种族将会灭亡，但也将被这个男孩复兴。他要求我不得泄露他讲话的内容。夜深后，我们离开了宴席，不想再继续帮忙作陪了。

后 记

《古代罗马文明文献萃编》是"一带一路"古代文明文献书系的重要组成部分，分为上、下两册。

《古代罗马文明文献萃编》上册主要选择了传记、自传、书信、演说辞、论水道等作品，从多个层面展示罗马人的思想、生活以及与公民生活有密切关系的公共建筑。传记人物性格鲜明，自传个性独特，书信真实可靠，演说取材巧妙，论水道气势恢宏。上册所选的内容虽然有限，行文也各不相同，但都能反映罗马人的精神风貌与物质成就。此书对于人们深刻了解罗马的精神世界和物质世界有重要的参考价值。

翻译"监察官迦图"的是北京师范大学的杨共乐教授、北京邮电大学的陈凤姑副教授；翻译"萨鲁斯特书中的部分演说辞与相关信件"的是北京师范大学历史学院的莫凡博士候选人；翻译"奥古斯都自传"的是北京师范大学的李雅书先生；翻译"小普林尼颂词"的是中国传媒大学新闻传播学部的李小迟博士后；翻译"小普林尼致塔西佗书信两封"的是李雅书先生；翻译"罗马颂"的是山东师范大学美术学院的李艳辉副教授和杨共乐教授；翻译"论水道"第1—97节的是北京师范大学珠海校区人文和社会科学高等研究院的张尧娉讲师，翻译"论水道"第98—129节的是李雅书先生；翻译维克托"罗马帝王简史"的是吉首大学人文学院的尹宁副教授。

《古代罗马文明文献萃编》下册主要选择的是异族人眼中的罗马早期社会与罗马帝国和罗马人对自身文化尤其是对演说术的衰落的反思，思想深刻，观点独特，从这里可以看到与客观存在的"罗马"不同的另一个"罗马"，这就是学者笔下的"罗马"。此外，下册还选择了当时人对罗马宗教、文化以及外交上的一些看法，展示了东罗马帝国、西罗马帝国与匈奴人之间的矛盾、基督教与罗马传统文化之间的关系，为人们更好地认识晚期罗马帝国提供了一手的资料。

翻译"狄奥尼修斯的《罗马古事纪》"的是北京警察学院思想政治理论教研部的安凤仙讲师，首都师范大学历史学院的崔丽娜教授负责校对；翻译"约瑟夫斯的《约瑟夫斯自传》"的是付杰博士；翻译"塔西佗的《演说家的对话》"的是北京师范大学教育学部的博士候选人王聿闻；选译"迪奥·卡西乌斯的《罗马史》"的是李小迟博士后；翻译"普鲁丹提乌斯的《反叙马库斯》"的是博士候选人莫凡；翻译"出访阿提拉"的是中国政法大学政治与公共管理学院的杨晨桢讲师。

在编辑出版《古代罗马文明文献萃编》的过程中，我们得到了华夏出版社责任编辑罗云同志的大力帮助和指导，特此感谢！

杨共乐
北京师范大学史学理论与史学史研究中心
2021 年 12 月 26 日